한국 노동사와 미래 I
- 임노동의 맹아에서 4·19까지 -

한국 노동사와 미래 I
- 임노동의 맹아에서 4·19까지 -

초판 1쇄 인쇄 2005년 2월 1일
초판 1쇄 발행 2005년 2월 4일

지은이   김영곤
펴낸이   윤관백
펴낸곳

등 록   제5-77호(1998. 11. 4)
주 소   서울시 마포구 마포동 324-1 곶마루B/D 1층
전 화   02) 718-6252
팩 스   02) 718-6253
E-mail   sunin72@chollian.net

정가 · 25,000원

ISBN 89-89205-94-8 (93300)
ISBN 89-89205-93-X (set)

· 저자와의 협의에 의해 인지 생략.
· 잘못된 책은 바꾸어 드립니다.

I

17-21C
한국 노동사와 미래
김영곤

임노동의 맹아에서 4·19까지

책을 펴내며

1. 왜 노동자의 삶과 운동의 역사를 정리 연구하는가?

우리가 살고 있는 사회인 한반도 그리고 남한 사회에서 임금노동자가 발생한 지 4세기가 되고 노동계급이 형성된 지 적어도 1세기가 넘었으나 노동자는 생산의 주역이면서도 여전히 수탈・착취・억압당하고 소외되고 있다. 더구나 최근 세계화 지구화의 추세에 직면해 실업과 고용의 불안정 그리고 사회적 소외를 겪으면서 '과연 노동자의 삶에 전망이 있는가'라는 회의가 일어나고 있다. 이런 현상은 초국적 자본과 제국주의의 한국사회에 대한 지배가 심화되고 또 이데올로기적으로 현실 사회주의라는 하나의 대안이 무너지고, 신자유주의 공세 속에 노동자들의 희망이 파편화하는 데서 온다.

이에 대한 대책은 사안에 따라 문제의 원인을 분석하고 목표의 설정, 조직화, 투쟁, 사유의 심화와 같은 대안을 세우기 위해 역사적인 분석으로 접근할 수 있다. 미래를 역사 속으로 들어가 찾는 것이다. 필자는 이러한 접근방법으로 한국노동자 민중의 역사를 정리 연구하고자 한다. 첫째, 과거에서 현재에 이르기까지 노동자의 삶 투쟁 조직 이념을 우리 역사에서 복원하고 그 과정에서 문제점을 찾으려 한다. 한국 사회에서 임노동의 발생과 노동자계급의 형성, 노동계급으로서 민족적 계급적 억압에서 해방을 위한 지향, 이에 대한 자본 정권 제국주의의 공격을 밝혀 이에 대한 노동자의 요구 반격 그리고 그 성과와 한계를 살펴본다. 특히 노동자 민중의 객관적 요구에 대한 대응으로서의 노동운동의 성공과 실패 그리고 그 원인을 찾아보려 한다.

둘째, 이 역사의 연구를 통해 미래에 대한 전망과 함께 대안으로 희망을 찾는 것이다. 그것은 노동자, 우리 사회, 나아가서 세계체제의 대안을 모색하는 길이기도 하다. 노동운동의 목표를 설정하고 주체를 형성하는 문제를 비롯해 노동자계급과 민중을 전체적으로 아우르는 문제, 민주주의 자주 통일 평화 문제와 생태환경의 변화에 직면한 노동자가 해야 할 과제와 원칙의 모색을 통해 노동운동 전망을 탐색하는 것이다.

필자는 한국사 통사가 부문별로 독자가 한국 역사를 이해할 수 있게 풍부한 내용을 담고 있는 것을 보고 한국의 노동운동에도 이러한 내용이 있어 노동운동에 종사하거나 현장의 선진 노동자들이 쉽게 접근하면 좋겠다는 생각을 했다. 또 W. Z. 포스터의 『세계노동운동사』 I, II가 비록 세계노동운동의 기록을 사회주의 운동의 측면에 주목해 기록한 것이지만 세계노동운동을 일목요연하게 분석 정리한 것을 보면서 한국의 노동자에게도 이러한 서술 방식의 노동자 민중운동의 역사 기록이 있으면 했다.

전태일 열사가 한자로 가득한 근로기준법 책을 보면서 "나에게 대학생 친구가 한 명 있었으면 좋겠다"고 했다. 이 말 속에는 흔히 노동의 역사가 노동자의 입장이 아닌 지배자를 위해 서술하고 노동자를 위해 쓴 노동의 역사마저 노동자가 접근하기 어려운 한자말로 쓰였음을 의미한다. 필자는 이 연구에 들어가면서 대중이 쉽게 볼 수 있는 글을 쓰고 싶다. 그러자면 노동자의 삶을 바로 이해하고 노동운동에 대해 이해가 깊어야 하는데, 그것을 필자가 얼마나 소화해 기술할 수 있을 지 두려움이 앞선다.

2. 도움에 감사드리며

1997년 8월부터 한국노동운동사 정리, 연구의 가능성을 염두에 두고 한국사, 세계사에 관한 독서를 시작했다. 석사 박사 과정을 거치지 않은 필자에게 정리, 연구를 위한 입문과정이었다. 이 과정에서 서술의 범주가 노동운동사에서 노동자 농민 도시빈민 국내외 이주노동자를 포괄하는 노동사로 확장되고 과거의 노동을 넘어 미래의 노동을 그려보자는 쪽으로 생각이 바뀌었다. 1999년 새해에 들어서면서 '한국 노동사와 미래'를 정리하기로 정하고 작업에 착수했다. 목차를 정하는 데 1년 반이 걸렸다. 그리고 집필을 시작했다. 짧게는 1세기, 길게는 4세기에 걸친 노동자의 고통스럽고 힘찬 투쟁이 집필의 원동력이 되었다. 그리고 노동자계급과 노동자민중운동에 애정을 가지고 서술한 저서 논문 기사 수기 시 소설 평론 영화 TV 프로그램 그림 노래 그리고 증언이 이 글의 바탕이 되었다.

집필하는 데 여러 분의 도움을 받았다. 책의 체계와 목차 구성에 강만길(한국 근현대사) 김동애(중국 노동운동사), 자본주의 맹아에 관해 강만길(한국사) 주종환(경제학), 1950년대 노동자민중운동에 관해 고 김말룡(삼성 노동조합) 노중선(1950년대 노동운동 연구), 4·19혁명 시기의 노동자 민중운동에 관해 서정복 황건(이상 4·19혁명 참가자), 1960년대의 노동자 민중운동에 관해 손정박, 1970년대에 노동자 민중운동에 관해 조지송 정진동(이상 산업선교회), 1980년대에 관해 박민서(광주민중항쟁) 유경순(1980년대 노동운동 연구), 여성노동자운동에 관한 정인숙, 언론노동자운동에 관해 노향기 윤후상 남영진 유성규, 1987년 이후의 노동조합운동에 관해 이상학(민주노총) 김성환(삼성 노동조합) 신원철(조선산업노동조합 연구) 김학기(산업재해), 국외의 노동운동에 관해 이종구(일본 노동운동 연구) 안봉술(인도 ILO) Rasiv Dimri(인도 노총 AICCTU 사무총장) Sripai Nonsee(태국 YCW), 실업자 운동에 관해 양재덕, 이주노동자에 관해 이인하(일본) 히라마마사코(方正子 일본) 강무의(독일) 고태훈(부천) 이재관(아산), 지역운동에 관해 정밝이(서울) 최평곤(당진) 백선기(부천) 김규복(대전), 주민공동체 운동에 관해 조말다(노동자기업) 유정길(공동체운동 이론) 이소영(유럽의 공동체운동 연구) 이은진(도서관운동), 협동조합에 관해 이준희(인천) 이실관(ICAROAP) Daljeet Singh(인도

Punjab Agricultural Univ.), 진보정당 운동에 관해 정윤광(민주노동당), 농민운동에 관해 김종유(철원) 이두열(가톨릭농민회) 이창동(홍성), 생태환경을 지키려고 싸우는 충남 당진의 당산리와 슬항리 농민들 부산청년환경운동센터, 평화운동에 관해 김승국(평화만들기) 오용호(정의구현사제단) 리민수(성공회), 노동자민중의 문예에 관해 임헌영(문학평론) 문동만(시인), 노동자 민중의 국제연대에 관해 장창원(APWSL Korea) 사토요시유키(일본) 야마하라가쯔지(일본) 나효우(필리핀 주민공동체운동) 김애화(KIWA), 노동의 미래에 관해 박현서(서양사) 김인걸(한국 근현대사) 전순옥(여성노동운동) 도츠카히데오(일본 국제노동연구센터) 김용기(일본 오타루상대) 오학수(일본 노동성 노동연구기구) 아키모토요코(ATTAC Japan) 신준식(호주 비정규직건설노조)의 조언과 자료제공이 있었다. 그리고 하혜정(국사편찬위원회)의 한문 자문과 박준성(역사학연구소)의 사진 제공이 있었다. 이 책의 틀과 내용을 구성하는 데 큰 도움이 되어 감사드립니다.

    필자가 거주하는 인천의 공공도서관들 가운데 주로 사회과학도서를 모으는 북구도서관의 서적을 많이 이용했다. 책을 쓰는 동안 작고하신 부모님 김용덕, 조옥순과 이 책을 쓰기까지 견디고 교열교정까지 함께한 아내 김동애, 이를 지켜준 두 자녀에게 고마움을 표합니다. 이 책을 집필하는 동안 집을 빌려준 고 김관회의 가족을 비롯한 여러 동지들의 도움과 이 책을 출판하는 도서출판 선인 여러분께 깊이 감사 드립니다.

차 례

책을 펴내며 / 4

서론-한국 노동사와 미래를 서술하며 / 13
  1. 연구 방법 / 15
  2. 시대 구분 / 29

1부 조선후기 자본주의 맹아 / 33

제1장 자본주의와 한국의 노동운동 / 35
  1. 자본주의와 노동운동 / 35
  2. 세계 노동운동의 전개 / 42
  3. 한국사회의 성격과 노동운동의 조건 / 79

제2장 자본주의 맹아시기의 임노동자 / 83
  1. 자본주의 맹아의 개념과 쟁점 / 83
  2. 조선후기 봉건사회의 분해와 임노동의 형성 과정 / 99
  3. 산업의 발전과 임노동자 계층의 형성 / 105
  4. 봉건시대 임노동자의 생활 / 112
  5. 실학과 근로민중의 사상 / 126
  6. 임노동자 발생의 특징 / 132

제3장 개항과 임노동자계층의 형성 / 135
  1. 제국주의와 세계정세 / 135
  2. 제국주의 조선 침략과 대응 / 140
  3. 노동자 계층의 형성과 민중의 움직임 / 143
  4. 지배이데올로기와 노동자민중의 반봉건 반침략 사상 / 170
  5. 성과와 과제 / 173

2부 일제 식민자본주의 아래 노동자계급 형성 / 175

제4장 1910년대 노동운동 / 177
1. 일제와 동아시아 정세 / 177
2. 일제의 조선 강점정책 / 181
3. 식민지 노동자 민중의 투쟁 / 190
4. 식민자본과 노동자민중의 사상 / 212
5. 성과와 과제 / 214

제5장 1920년대 노동운동 / 217
1. 러시아혁명과 세계정세 / 217
2. 일본독점자본과 지배정책 / 223
3. 노동운동의 확산과 민중운동 / 230
4. 사회주의 민족주의와 노동자 민중 / 298
5. 성과와 과제 / 300

제6장 원산총파업 / 303
1. 총파업의 원인과 배경 / 303
2. 원산 노동자의 요구와 총파업 / 308
3. 성과와 과제 / 318

제7장 1930년대 이후의 노동운동 / 323
1. 파시즘과 세계정세 / 323
2. 일제의 조선 병참기지 정책과 군수공업의 진출 / 331
3. 비합법 노농운동과 민족해방투쟁 / 342
4. 민족말살정책과 노동자민중의 사상 / 405
5. 성과와 과제 / 408

3부 해방 분단 전쟁 혁명의 시기 / 411

제8장 해방공간 노동운동의 희망과 좌절 / 413
1. 8·15해방과 세계정세 / 414

2. 미군의 점령과 분단체제의 형성 / 420
　　3. 북한의 정권 수립과 정책 / 444
　　4. 미국지배와 분단에 저항한 노동자 민중 / 446
　　5. 분단과 노동자민중의 사상 / 505
　　6. 성과와 과제 / 506

제9장 6·25전쟁과 노동자 투쟁 / 511

　　1. 6·25전쟁의 전개 / 512
　　2. 6·25전쟁의 정치와 자본 / 530
　　3. 전쟁과 노동운동 / 532
　　4. 6·25전쟁이 남긴 과제 / 539

제10장 원조경제기의 노동운동 / 543

　　1. 냉전과 세계정세 / 543
　　2. 원조경제와 지배정책 / 549
　　3. 폐허 위에 싹튼 노동자 민중 운동 / 560
　　4. 민주주의 평화와 노동자 민중의 사상 / 587
　　5. 성과와 과제 / 590

제11장 4·19민주혁명과 부활하는 노동운동 / 593

　　1. 4·19민주혁명의 전개 / 593
　　2. 민주당 정권의 통치정책 / 602
　　3. 노동운동의 부활과 민중운동 / 605
　　4. 노동자 민중 이데올로기의 복권 / 628
　　5. 성과와 과제 / 630

　　찾아보기 / 633

Prologue

자본주의의 톱니바퀴 속에 갇힌 사람의 모습
-찰리 채플린 감독 영화 '모던타임즈'

서론 한국 노동사와 미래를 서술하며

1. 연구 방법

　기존 연구의 검토는 노동운동사 연구의 내용과 이론을 비판적으로 집적하는 과정이며 또 이를 바탕으로 연구를 한 단계 진전시키는 작업이다.
　한국 사회에서 기존의 노동자 민중운동의 서술은 대체적으로 강단적인 것과 조합주의적인 것에 치중했다. 특히 노동자의 그것도 제도화된 노동 즉 노동조합을 넘어선 노동자계급 나아가 민중운동 전체의 움직임을 포괄하는 경우는 드물다. 그 원인은 한세기를 넘는 오랜 식민지배와 독재 통치가 학문 연구를 억압하고 지식층의 실천 의지가 약한 점 그리고 대중이 자신의 운명을 바꿀 수 있는 지식에 접근하기 어려운 데 있다. 그러나 노동운동사를 직접 서술한 것은 아니지만 노동자의 생활과 노동운동을 서술하는 사회학 역사학 경제학 철학 예술론 등 학술분야의 부문별 관련 연구가 풍부하게 축적돼 있다. 다만 그것이 당대와 역사 연구가 서로 교직되고 용해되는 과정을 거치지 못하면서 대중에게 전달되지 못했을 뿐이다.
　이 문제에 대해 통사 시대사 부문사의 연구를 구분해 서술한다.

1) 노동운동사 연구

　통사 기존에 간행된 노동운동 부문의 통사로는 그 내용이 그것의 발간 시점까지를 아우르는 것으로 김윤환의 『한국노동운동사 Ⅰ』(1982), 김낙중의 『한국노동운동사』 해방후편(1982), 인간사 엮음의 『간추린 한국노동운동사』(1985), 한국노총의 『한국노동운동사』(1979),[1] 한국민중사연구회의 『한국민중사 Ⅰ, Ⅱ』(1986), 노동자대학 교재편찬위원회의 『일하며 배우는 노동운동사』(1990), 구로역사연구소의 『우리나라 메이데이의 역사』(1990), 방현석의 『아름다운 저항』(1999), 민주노총의 『민주노조 투쟁과 탄압의 역사』(2001) 등이 있다. 그리고 고려대학교 노동문제연구소의 『한국노동운동사 전 6권』(2004) 등이 있다.

시대사 각 시대별 연구에 노동자의 생활과 노동자 민중운동에 관한 내용을 담고 있는 연구가 많다. 그 가운데 필자는 다음의 연구에서 많은 도움을 받았다.

조선 후기에 관해 김용섭의 『조선후기농업사연구 Ⅱ』(1971), 강만길의 『조선후기 상업자본의 발달』(1973), 정창렬의 「갑오농민전쟁연구 —사상과 행동을 중심으로」(1991) 등이 있다. 그리고 개항 이전의 우리 역사 전반의 노동사에 관해 이종하의 『우리 민중의 노동사』(2001)가 있다.

국권상실기에 관해 홍순권의 『한말 호남지역 의병운동사』(1994) 등이 있다.

일제강점기에 관해 김준엽·김창순의 『한국공산주의 운동사』 1~5권(1967~76), 한국사연구회 1930년대 연구반의 『일제하 사회주의운동사』(1991), 김경일의 『일제하 노동운동사』(1992) 등이 있다.

해방공간에서 4·19혁명에 이르는 시기에 관해 박현채의 「해방후 한국 노동쟁의의 원인과 대책」(1983), 해방 전후기에 관한 연구 논문

---

[1] 이 책은 한국노총의 기획과 김윤환 조동걸의 자문 아래 1967년 저술작업을 시작해 강동진(일제하), 조영건(8·15 이후)이 초고를 쓰고 이를 바탕으로 조성준, 유영표, 안병직, 정성진 등이 1979년 집필을 완료했다.(조영건의 증언, 2004. 9. 9;유영표의 증언, 2004. 8)

들을 모은 『해방전후사의 인식』 전 6권(1995), 서중석의 『한국현대민족운동 연구』(1991), 김남식의 『남로당 연구』(1984) 등이 있다.

　군사개발독재기 노동운동에 관한 연구에는 1970~80년대에 관한 연구로 전태일기념사업회의 『한국노동운동 20년의 결산과 전망』(1991), 한국민주노동자연합의 『1970년대 이후 한국노동운동사』(1994), 한국기독교교회협의회의 『1970년대 노동현장과 증언』(1984), 김장한의 『80년대 한국노동운동사』(1989), 민중석의 『남한노동운동사 1』(1989), 김동춘의 『한국사회 노동자연구-1987년 이후를 중심으로』(1995), 안승천의 『한국 노동자 운동, 투쟁의 기록』(2002), 구해근의 『한국 노동계급의 형성』(2002) 등이 있다.

　1987년 노동자 대투쟁 이후의 노동운동에 관한 연구에는 전노협의 『전국노동조합협의회 백서』 1권, 민주노총의 『민주노조 투쟁과 탄압의 역사』(2001), 장홍근의 『한국 노동체제의 전환과정에 관한 연구, 1987~97』(1999), 김영수의 『한국 노동자 정치운동과 민주노조운동간의 연대관계 : 1970년에서 1995년까지』(1999), 노중기의 「한국의 노동정치체제의 변동(1987~97)」(2001) 등이 있다.

　초국적 자본과 노동운동에 관한 연구에는 전태일을 따르는 민주노조운동연구소의 『신자유주의와 세계민중의 저항』(1997), 장회익 등의 『굿 모닝 밀레니엄』(1999), 이매뉴얼 월러스틴의 『우리가 아는 세계의 종언』(2001) 등이 있다.

　부문사 본 연구의 주제인 노동운동사와 관련된 한국사와 세계사 사회사 경제사 정치사 사상사 등에 많은 연구가 있다. 특히 1980년대에 들어서 연구가 많이 축적되었다. 그 가운데 사회사 연구가 활발했다. 1990년대가 되어 연구가 수적으로 줄고 그것도 주로 1987년 노동자 대투쟁 이후 노동운동의 변화에 관한 것이다. 그 원인은 소련 현실 사회주의의 붕괴 이후 노동운동에 대한 회의가 커지고 사회운동의 다양화로 노동운동의 역할과 그에 대한 관심이 줄어든 데 있다.

자본에 대한 연구는 홍덕률의 『한국 대자본가의 조직화와 계급실천에 대한 연구』(1993), 서재진의 『한국의 자본가 계급』(1991), 이한구의 『한국 재벌형성사』(1999) 등이 있다. 놀라운 것은 자본가 집단에 관한 연구가 거의 없다는 점이다. 전경련에 대한 연구는 비판과 긍정을 불문하고 황순경의 석사논문 『이익집단이 정책결정 과정에 미치는 영향에 관한 연구-노동법 개정안에 대한 전경련의 영향을 중심으로』(1999) 하나만을 발견했다.

노동법에 관한 연구에는 김진웅의 「노동운동과 노동법-현행법과 노동운동을 중심으로」(1960), 신인령의 『노동기본권연구』(1987) 등이 있다. 계급문제에 관한 연구에는 서관모의 『한국사회 계급구성의 연구』(1987), 구해근의 『한국 노동계급의 형성』(2002) 등이 있다. 사회운동에 대한 조희연 편 『한국사회운동사』(1990), 정현백의 「21세기 한국과 시민운동」(2000), 박원순의 『국가보안법연구 1~3』(1994), 이우재의 『한국농민운동사 연구』(1991), 이재오의 『해방 후 한국학생운동사』(1984), 전상봉의 『한국 근현대 청년운동사』(2004) 등이 있다. 여성노동운동에 관해 박용옥의 『한국근대여성사』(1975), 이승희의 「인간해방·여성해방을 향한 80년대 여성운동」(1990), 이옥지·강인순의 『한국여성노동자 운동사』Ⅰ, Ⅱ(2001) 등이 있다. 언론노동운동에 관해 손석춘의 『언론노동운동 10년 평가 전망』(1999) 등이 있다.

노동자 민중의 사상사에 관한 연구에는 박찬승의 「민족해방운동사론」 『한국사인식과 역사이론』(1997) 등이 있다. 일제하 노동운동사 연구에서 이데올로기에 관한 남한의 연구에서는 김준엽·김창순의 연구가 이데올로기의 변천을 지적하고 있는 것을 제외하고는 노동운동의 목표 임무를 말할 때 암묵적으로 민족주의 이데올로기를 설정하고 있다. 반면 북한학계의 연구에서 말하는 정치적 성격이란 '1920년대 초반부터 급속하게 보급되기 시작한' 사회주의 이데올로기를 전제로 한 것이다. 식민지 노동운동의 정치투쟁이 지니는 두 가지 차원에 대해 민족주의는 반일 민족독립운동의 측면에 전적인 관심을 가지고 노동계급의 사회적 해방의 측면을 도외시하는 반면 사회주의는 원칙적으로 전자와 후자의 동시적 해결을 표방했다.(김경일, 1992, 373쪽) 그러나 김경일의 연구 역시 서술 범위를 합법적인 운동 영역에 한정했다.

북한 학계의 연구 북한학계의 노동운동 연구 가운데 필자가 접할 수 있는 것으로 김경일의 『북한 학계의 1920, 30년대 노동운동연구』, 권의식의 「우리나라에서 노동계급 형성과정과 그 시기」(1989), 김인걸·강현욱의 『일제하 조선 노동운동사』(1964), 박득준의 『조선교육사 2』(1995), 사회과학원 역사연구소의 『조선통사』 상·하(1958) 등을 참고했다. 이들은 일제시대까지의 연구이다.

세계노동운동에 관한 연구 노동운동 연구에서 세계사적 관심이 적고 특히 1970년대 이후 세계노동운동의 흐름에 관한 저서와 역서는 드물다. 월러스틴이 이미 1800년대에 자본주의의 세계체제가 형성되었다고 하듯이, 한반도도 이 때 이미 세계체제에 포섭되었다. 세계(국제) 노동운동에 관한 연구, 번역서에는 W. Z. 포스터의 『세계노동운동사』 I, II(1987), 소련과학아카데미 세계경제·국제관계연구소의 『세계노동운동사』 I, II(1989), 오꼬우찌가즈오大河內一男 외의 『세계노동운동사』(석탑 편집부 옮김, 1986), 장석준·김덕련의 『세계를 바꾸는 파업』(2001), 안승천의 『세계노동자운동사』(2003, 울산노동자신문 연재 중) 등이 있다. 영국 프랑스 독일 이탈리아 중국 일본 노동운동사와 러시아혁명 관한 번역서 등이 있다. 아시아의 노동운동 연구에는 님 웨일스의 『중국노동운동사』(1981), 중화전국총공회 편·김영진 옮김의 『중국노동조합운동사』(1999), 시오다쇼오베(塩田庄兵衛), 우철민 옮김의 『일본노동운동사』(1985), 정진성의 『현대일본의 사회운동론』(2001) 그리고 일본 자료로 사루하시 마코도猿橋 眞의 『日本勞働運動史』(2001), 휴 윌리암슨의 『日本の勞動組合』(1998) 등이 있다.

한계의 자본주의와 노동의 미래에 관한 연구 세계화를 한계에 이른 자본주의라는 관점에서 본 연구에는 미셸 초스도프스키의 『빈곤의 세계화』 (1998), 울리히 벡의 『지구화의 길』(2000), 이매뉴얼 월러스틴의 『우리가 아는 세계의 종언』(2001) 등이 있다.

노동운동과 신사회운동의 관계에 대한 관점과 대안사회에 관한 연구에는 송희식의 자본주의와 사회주의의 지양(1992), 정현백의 「21세기 한국과 시민운동」(2000), 최병두의 『녹색사회를 위한 비평』(1999), 이병철 외의 『녹색운동의 길찾기』(2002), 한국도시연구소 엮음의 『도시공동체론』(2003) 등이 있다.

사회주의 과거와 미래에 관한 연구에 오니시 히로시의 『자본주의 이전의 사회주의와 자본주의 이후의 사회주의』(1999), 알렉 노브의 『실현 가능한 사회주의의 미래』(2001), 김수행·신정완의 『현대 마르크스경제학의 쟁점들』(2002) 등이 있다.

2) 연구의 관점

한국노동운동의 역사에 관한 기존 연구 가운데 많은 것이 서술 대상을 노동조합에 관한 것에 한정하고, 대부분 노동자 민중의 시위 봉기 무장투쟁을 서술 대상으로 삼지 않았다. 이러한 서술 방식은 노동자 계급의 입장에 충실하지 못한 것이 될 수 있다. 왜냐하면 노동운동 서술의 대상을 노동조합에 한정해 노동운동 전체의 상을 그리는 것은 연구자의 의도와 달리 독자를 노동조합주의에 물들게 할 우려가 있기 때문이다.

박현채는 김낙중의 『한국노동운동사』가 개량주의적이며 사회성격에 대한 연구가 결여되었다고 비판했다.[2] 이것은 노동운동의 지향이

---

[2] "예컨대 일본자본의 성격변화, 모순관계의 변화, 이에 따른 민족집단의 이합집산 등에 대한 설명없이 논리가 단순화되어 있음으로 해서 노동운동의 과학적 인식을 위한 기초가 불철저하게 처리되어 있고, 따라서 그 귀결로서 관점 없는 노동운동사 연구, 나아가 개량주의적 노동운동사 연구로 빠질 수밖에 없었다."(박현채, 「해방후

사회의 근본적인 변혁에 있다는 점을 간과했다는 지적이다. 김윤환 등의 논문들은 그 선구적 역할에도 불구하고 당시 독재가 학문의 자유를 억압하는 시대상황에서 오는 점도 있지만 노동운동의 범주를 노동조합활동에 한정했다. 한국노총의 『한국노동운동사』(1979) 역시 노동조합운동에 치중하는 문제가 있지만 서술이 구체적이고 원자료를 풍부하게 담고 있다. 전노협의 『전노협 백서』(1997)와 민주노총의 『민주노조 투쟁과 탄압의 역사』(2000)는 자신의 활동 기록으로 노동조합활동에 한정했다. 고려대 노동문제연구소에서 발간한 『한국노동운동사』(2004)도 노동조합 활동 서술에 치중하고 있다.

노동운동의 서술 범주를 노동조합 또는 노동조합 활동과 직접 연관된 것에 한정할 경우 노동자의 관심이 조직노동자의 이해관계에 한정하는 것으로 서술의 폭이 좁아져 노동자가 노동자 민중, 민족, 세계 민중과의 연대, 세계평화를 위하는 인간이 가져야 할 기본적인 생각이나 그것을 바탕으로 하는 노동자해방, 인간해방을 지향하는 점을 표현하기가 어렵다. 이러한 비판에 유의해 각 시대의 사회구성체, 노동자뿐만 아니라 농민 빈민 청년학생 여성 소수자의 권리와 최근에 대두한 생태 환경 평화의 문제 등 민중 전체의 관련 그리고 국제 노동자의 상황과 운동에 유의해 서술할 필요가 있다. 노동운동을 사회경제적 바탕 위에 입체적으로 서술해야 하며(박현채, 1992 참조), 공산당의 연구조차 노동운동과 분리해 서술한 연구는 문제가 있다.

노동운동사의 서술이 어느 일정 시기를 대상으로 하고, 우리 사회 노동자의 역사 전 과정을 대상으로 하지 않아 노동운동사 서술이 통시성(通時性)을 지니지 못했다. 노동운동사의 통시적 서술 요구는 지금까지의 노동자 민중운동사 연구 성과의 축적과 아울러 노동자운동이 발전하면서 노동운동사 연구에 대한 요구 수준이 높아졌음을 반영한다.

노동운동사 연구현황과 방법론, 『한국근현대 연구입문』, 역사비평사, 1992

기존 노동운동사 연구는 연구 시점이 뒤로 갈수록 세월이 흐를수록 발전한 모습을 보였다. 1960, 70년대 사실의 확인, 1980년대 변혁적 입장에서 계급, 사상, 사회경제의 측면에서 입체적으로 연구하려는 노력이 발전을 거듭했다. 박현채는 노동운동사 연구의 '규범적인' 틀을 만들려고 했다. 김승호의 「운동노선을 통해 본 한국노동운동」(1985), 김용기·박승옥의 『한국노동운동논쟁사』(1989)는 노동운동의 사상에 대한 접근이며, 김동춘의 『한국 노동자의 사회적 고립』(1993), 김영수의 「한국 노동자 정치운동과 민주노조운동간의 연대관계 : 1970년에서 1995년까지」(1999a)는 노동조합과 노동자 정치운동에 관해 살펴보았다. 1990년대에 들어와 사회사 등 부문사에서 노동계급의 운동에 관한 연구가 활발해졌다. 강만길 외의 『우리 민족해방운동사』(2000)는 사회주의와 민족주의 그리고 대중운동 사이에 전개된 통일전선운동을 입체적으로 서술했다. 비슷하게 김봉우의 『민족해방의 과제와 노동운동』(1985), 박현채·정창열 편 『한국민족주의론 Ⅲ』(1985), 김금수·박현채 외 『한국노동운동론 Ⅱ』(1986), 김준 「일제하 노동운동에 관한 연구」, 『일제하 사회운동』(1987) 등이 있다. 그리고 김경일은 일제하 노동운동 연구를 통해 기존의 연구가 노동운동의 목적을 민족주의의 달성에 있다고 한정한 것을 비판하고 일제 시기 노동운동의 목적인 사회주의 역시 노동해방과 아울러 민족해방을 지향하고 있다고 했다. (김경일, 1992 참조)

마지막으로 '한계의 자본주의와 노동의 미래'에 관한 서술에서, 세계화는 한계에 이른 자본주의가 세계화를 통해 그 한계를 극복해나가는 과정이지만 동시에 자본축적의 한계, 전 세계적인 빈부의 격차, 지구생태환경의 위기 등 때문에 반세계화운동을 전세계적으로 촉진하고 있다. 미셀 초스도프스키의 『빈곤의 세계화』(1998), 울리히 벡의 『지구화의 길』(2000), 이매뉴얼 월러스틴의 『우리가 아는 세계의 종언』(2001) 등이 이러한 관점에서 지구화, 세계화를 서술하고 있다. 노동운동과 신사회운동이 서로 보완하고 결합해야 한다는 관점에서 서술한 것으로 조한혜정의 「새로운 사회운동의 모색」(1992), 최병두의 『녹색 사회를 위한 비평』(1999), 정현백의 「21세기 한국과 시민운동」 (2000), 이병철 외의 『녹색운동의 길찾기』(2002) 등이 있다.3)

사회주의에 대해서는 과거 현실 사회주의의 한계를 지적하면서 미래에 자본주의가 고도화하고 축적의 한계를 드러낼 뿐만 아니라 생태환경 파괴와 같이 인류 자체를 멸망시킬 수 있다는 우려 속에 자본주의가 사회주의로 대체될 것이라는 견해가 다수 있다. 그러나 미래 사회주의의 모습은 역사적 사회주의와는 달리 민주적인 사회주의 일 것이라는 의견이 우세하다.

필자는 신사회운동과 대안 공동체에 관해 서유럽 논자의 주장을 많이 받아들였지만 한국에서 전통적으로 그리고 현재 전개되고 있는 실험과 논의를 대안 모색 과정으로 보고 가급적 충실하게 소개하려고 한다.

---

3) 이와 관련해 서유럽의 노동사 연구 추세를 적는다. 서유럽에서는 1968혁명 뒤 역사학 분야에서 에릭 홉스봄과 E. P. 톰슨과 같은 영국의 마르크스주의 역사가들은 변혁적 에너지를 '밑'으로부터 발견하고 축적시키기 위해 문화에 대한 새로운 관심을 고조시키는 한편 문화적 전략의 새로운 가능성을 모색하고자 했다. 그 이전의 제1세대 노동사가들이 국가적 혹은 민족적으로 고립된 채 노동운동과 노동계급에 대한 조사 연구를 진행시켰다면 1960년대 후반의 노동사가들은 세계적인 정치적 상황과 결합된 여성과 같은 여러 사회운동의 성장을 토양삼아 변화를 추구했다. 1980년대 중반부터는 노동사에 대한 대중의 관심이 하락했지만, 노동운동과 노동계급의 문화 교육 빈곤 민족주의 이주 일상생활에 대한 새로운 관심이 일어났다. 특히 여성, 종족(인종)의 역사가 노동자들의 단일한 계급 이해에 기초한 정체성 개념에 균열을 가져왔다. 종족 젠더 종교적 정체성도 노동자들의 정체성 형성의 중요한 기초로 인식했다. 서유럽의 노동사가들은 새롭게 대두하는 이러한 다양한 카테고리를 발전시켜야 할 상황에 직면했다. 이들의 과제는, 첫째 구술사 작업과 풍부한 자료의 도움으로 노동자의 삶의 재구축을 위해 보다 구조적 방법을 구성하는 작업, 둘째 노동자의 계급적 정체성과 다르게 서로 다른 복수적인 정체성(젠더 종족 종교 연령 세대 민족)의 문제를 분석하는 작업, 셋째 노동계급 개념의 이해가 계급 개념을 고수하는 흐름과 단일한 인관 관계에 의한 설명을 거부하고 '언어로의 전환'을 주장, 담론 분석으로 옮겨가는 흐름으로 구성된다.(양동숙, 2001, 417쪽)

3) 자료의 이용

18세기부터 21세기에 이르는 한국의 노동과 노동운동사 연구를 사회경제적 배경까지 포함해 연구하려고 먼저 기존의 노동운동사 연구의 바탕 위에 역사학 정치학 사회학 경제학 정치학 사상 철학 등과 그 역사 연구에서 노동운동과 관련된 내용을 뽑아 소화하려고 했다. 그것은 필자가 전문적인 학자가 아닌 노동운동의 일선에 있던 사람으로 전문 연구자들이 하는 어느 한 부분을 깊이 연구하고, 그 영역을 확대하는 방법을 사용할 수 없기 때문이다. 따라서 2차 자료를 이용하는 방식에 의한 노동운동 내용의 정리는 기존 연구자들의 연구 노력과 성과가 있었기 때문에 가능했다. 다음으로 각 시대 노동자들의 삶 생각 정서를 이해하기 위해 노동자의 글, 노동운동 당사자의 성명서, 신문과 예술매체를 두루 참고하는 것이 올바른 작업 태도이지만 실제로는 그러지 못했다. 다만 그 정서를 이해하려고 노력했다. 마지막으로 부문별로 구별된 항목을 통시적으로 연결 지어 서술하려고 했다. 그런데 사회사 연구 이론에 관한 웹 부부, 하몬드, 코올, 엥겔스, 홉스봄, 톰슨[4], 쿠즈네츠스키, 아리기 등 연구를 깊게 살펴보지 못했다.

---

[4] 톰슨(E. Palmer, Thomson, 1924~94)에 따르면 영국에서 노동자들의 계급의식이 싹트기 시작한 것은 1830년대 사회계층이 부자와 빈민으로 양극화되고 감리교 부흥운동, 급진주의 사상, 표현의 자유 등이 대두되면서부터이다. 그 뒤 산업혁명을 거치면서 기계파괴운동 선거법개정투쟁 결사금지법 반대운동 등 노동자들의 계급의식을 대변하는 사상적 움직임이 나타났다. 이 과정에서 노동자들은 계급적 동질감과 다른 계급에 대한 차별성을 인식하게 되었다고 했다. 톰슨은 "노동자는 자본주의 사회에서 구조적으로 만들어진 피동적인 계급이 아니라 스스로 사상과 문화를 창조한 주체적 계급"이라고 강조했다.
그러나 그의 주장에 대해 생산관계가 계급의식을 형성한다는 경제 결정론적인 마르크스주의자들로부터 "자본주의적 생산관계의 구조적 측면을 등한시했다"고 비판받았다. 이와 함께 '1830년대 영국에서 노동계급이 등장했는가'라는 역사적 사실 문제를 놓고 논란이 일었다. 일부 학자들은 "자본주의 생산관계가 확립되지 않은 시기에 일부 노동자의 경험을 일반화시켜 노동계급 운운한다는 것은 타당치 않다"는 반론을 제기했다.(톰슨 지음 / 나종일 외 옮김, 2000, 『영국 노동계급의 형성』, 창작과비평사를 소개하는 글(『경향신문』 2000. 1. 18))

노동의 미래와 관련해 국내에서 발간한 자료를 참조하고 이에 관심이 있는 분들과 토론한 데 이어 2003년 9월 2일부터 한달 동안 일본에 가서 '일본에서 노동운동과 주민운동의 단절과 만남'이라는 주제를 가지고 관찰했다. 그리고 2004년 1월 13일부터 4주간에 걸쳐 인도 뭄바이에서 열린 제4차 세계사회포럼에 참가해 지구화의 대안을 모색하고, 이어 인도의 실업문제에 대한 대안과 타일랜드의 노동자 농민 사정을 관찰했다.

4) 연구와 서술의 범주

연구의 범주 위에서 살펴본 것처럼 기존 노동운동사 기술의 내용은 노동운동 기술의 범위를 노동자 또는 노동자계급 사이에 일어난 일에 한정했다. 노동운동사 연구가 노동자들만이 모여 일으킨 사건을 추적하는데 그쳐서는 안된다. 왜냐하면 노동자의 삶이 노동자 계급 그리고 노동계급의 범위를 넘어 민중 민족 내외의 공동체와 연관되어 있기 때문이다. 이 문제의 기술을 피하는 것은 노동운동의 범위를 노동조합적인 것에 한정하고 사회변혁의 기술을 기피하는 태도와 사상적으로 뿌리가 같다. 노동운동의 관심이 민중, 민족에까지 이른다면 노동운동의 범주에 민중의 삶, 민족의 자주와 통일 평화 문제, 생태환경 문제, 생산에 관련된 인간의 존엄성도 서술의 대상이 되어야 한다. 투쟁 전술과 관련해 요구의 해결 방법인 교섭 시위 봉기 무장투쟁까지 확장되어야 한다.

연구와 서술의 기준은 한국사회에서 노동자의 발생 발전 투쟁의 과정을 기록하는 것이다. 그러나 실제로 장의 구분은 자본의 흐름에 따랐다. 왜냐하면 자본이 노동보다 앞서서 현실을 반영했기 때문이다. 노동이 사회의 흐름을 선도 주도하는 단계에 이를 경우 이러한 서술의 한계는 보다 명확하게 바뀔 것이다. 따라서 노동운동의 범주를 노동조합 활동에 한정하지 않았다. 노동자의 생활을 규정하는 것이 노동조합의 활동 대상을 넘어 한층 복잡하기 때문이다. 이 글에서는 노동운동에 미치는 노동자의 경제적 이익을 넘어 민족해방과 자주 통일 평화, 국내외 연대의 내용을 담기 위해 노동조합, 노동자 정당과 선진노동자의 조직, 통일전선, 국제연대활동을 노동운동 서술의 범주로 삼았다.

서술의 범주 서술의 범주는 크게 보아 세계정세, 지배 측의 요구, 노동 측의 대응, 지배측과 노동자 민중의 이데올로기라는 4가지 항목으로 설정하고, 각 항목을 다음과 같이 세분했다.

1. 세계정세는 세계체제5)라는 관점에서 자본-노동 관계와 그것이 한반도에 미친 영향을 서술했다.

2. 지배측의 목표와 요구는 ① 통치정책 : 통치 대외정책 남북관계 ② 경제정책 : 이윤과 자본의 축적과정 ③ 노동정책 : 노동정책일반 노동관계법(넓게 보아 일제의 관련법 헌법 국가보안법 반공법 등), 이데올로기 선전과 노동운동 탄압 그리고 분열책 등을 담았다.

3. 노동운동은 노동계급의 상태, 요구와 투쟁, 조직, 사상으로 구분해 서술했다.

1) 노동자의 상태와 노동운동의 과제는 ① 계급구조와 노동자계급의 구성 ② 노동자계급의 상태 : 노동과정(노동시간, 노동강도, 작업과정, 노동환경 등과 관련한 노동자들의 권리), 노동시장(고용의 질과 실업, 직업훈련), 임금상태(임금수준과 생계비) ③ 노동자의 생활과 문화(노동자의 의·식·주, 노동자의 의식과 교육 문화, 노동자의 사회적

---

5) 마르크스는 "자본의 근대사는 16세기에 이루어진 세계적인 통상과 세계적인 시장의 창출로부터 시작된다"고 했다.(월러스틴, 1994, 16쪽) 월러스틴은 18세기에 자본주의가 세계적으로 확산되면서 세계체제가 형성되었다고 본다. 레닌도 19세기 말에 자본주의가 최고의 단계인 독점자본주의에 도달해 제국주의 시대가 되었다고 했다. 이에 대해 일부 논자는 초국적자본주의의 형성과 더불어 세계체제가 형성됐다고 했다. 필자는 월러스틴이 말하는 '18세기 자본주의의 세계적 확산'이 한반도에 직접 영향을 미쳤다고 본다.

지위) 등이다.6)

2) 노동자의 요구와 투쟁

경제투쟁과 정치투쟁은 상호연관성이 커서 분리하기가 쉽지 않다. 특히 우리 사회처럼 식민지배와 독재정치가 가중된 사회에서는 자본과 제국주의가 노동자를 초과착취, 수탈하기 때문에 비록 작게 보이는 경제적 요구라 할지라도 그것의 정치적 파장이 커질 수 있다. 예컨대 YH 노동자의 투쟁(1979)이 폐업반대의 경제적 요구에서 시작되었지만 신민당사 농성, 김경숙의 사망에 이르러 결국 박정희 군사정권을 궁지에 몰아 넣은 경우가 그렇다.

이 사항은 (1) 요구에 따라 ① 경제적 요구 ② 사회적 요구 ③ 정치적 요구(제도개선과 변혁적 요구를 구분) ④ 노동해방의 요구(노동해방 민족해방 자주 통일 평화 생태환경) ⑤ 국제적 세계적 기준과 공통의 요구(초기에는 연대활동, 다음에는 공동활동으로 발전했다) 등으로 구분했다. 경제적 요구는 단순한 경제적 요구와 사회성을 띤 노동조합의 요구로 나누었다. 총노선으로 정치적 요구는 시기에 따라서 봉건

---

6) 사회기술체계론에서는 기술과 기계의 변화와 기타 노동력의 특성, 작업 조직의 변화, 노사관계 양식의 변화가 상호 연관되어 있다고 본다. 즉 1) 기술과 기계, 생산도구 2) 이러한 생산 도구를 사용하는 인간인 노동력 3) 기계와 노동력을 생산하고 배치하고 조정하고 통제하는 작업조직 4) 생산의 문제뿐만 아니라 노동력을 관리하기 위해 필요한 집단적인 노사관계의 네가지 요소로 나눈다. 노사관계의 측면은 단순히 작업장 내의 경영자와 이에 종속된 노동력간의 사회관계일 뿐만 아니라, 이를 규정하는 국가의 행위 또는 경제적인 상황까지 포함한다.(이은진, 1997, 137쪽) ILO는 노동시장의 핵심지표로 7개 분야별 18개를 다음과 같이 정하고 있다. △노동의 세계에 참여(1. 노동력 참여 비율) △고용(2. 취업인구비율, 3. 취업상태-봉급생활자, 자영업자, 가사노동자로 구분, 4. 1·2·3차 산업의 비율, 5. 단시간(파트타임) 노동자 인구비율, 6. 노동시간, 7. 도시지역 비정규노동자의 취업비율) △실업, 비계발, 비활동(8. 실업, 9. 청년실업, 10. 장기실업, 11. 교육과정에 있는 실업, 12. 비정규노동자 비율, 13. 비활동 비율) △교육취득상태와 문맹율(14. 교육취득상태와 문맹률) △임금과 노동비율(15. 실질 제조업 임금지표, 16. 시간외 근로비), △노동생산성과 단위노동비용(17. 노동생산성과 단위노동비율) △가난과 소득분배(18. 가난과 소득분배).

시대에는 반봉건적 요구와 투쟁, 개항시기에는 반봉건 반외세, 일제시대에는 민족해방과 반자본의 내용, 해방 이후에는 사회 재구성과 민족국가 수립에 관한 요구, 개발독재 시기에는 반독재 민주주의와 제도개선에 관한 요구, 초국적 자본의 도전기에는 반초국적자본 반신자유주의적 요구와 제도개선 투쟁 등으로 변모했다.

(2) 투쟁전략과 전술은 ① 노동자 노동조합의 단체교섭과 단체행동(파업 사보타지 시위 피켓팅 불매운동) ② 노동자 민중의 투쟁과 연대행동(자연발생적 또는 조직적인 시위와 봉기) ③ 의병운동 무장투쟁 등으로 구분했다.

3) 노동자민중의 요구와 투쟁

이 부분은 노동자 민중의 요구를 중심으로, ① 경제적 요구 ② 사회적 요구 ③ 정치적 요구(제도개선과 변혁적 요구를 구분) ④ 민중해방의 요구(노동해방 민족해방 자주 통일 평화 생태환경) ⑤ 국제적 세계적 기준과 공통의 요구(초기에는 연대활동, 다음에는 공동활동으로 발전) 등을 서술했다.

4) 노동자 조직의 종류와 운영

조직의 종류에는 ① 경제적 요구 중심의 조직인 노동조합, ② 노동자민중의 정치적 요구 중심의 조직인 노동자(민중)정당, 선진노동자조직 등 노동자정치조직을 서술하고 ③ 통일전선과 민중운동단체에서는 먼저 노동자 농민 빈민 청년학생 여성운동 민중운동 상호간의 연대(통일전선)와 개별 민중운동단체의 활동, 아울러 시민운동과의 협력7)을 살펴보고 ④ 마지막으로 국제적인 노동자민중의 연대와 활동을 서술했다.

노조의 결성과 수호, 어용노조반대와 노동조합의 민주화 투쟁에 관한 것은 노동조합의 조직과 관계된 것으로 보아 '노동자의 요구와 투쟁'

---

7) 시민운동은 과거 만민공동회 등으로 거슬러 올라가지만, 1987년 6월민주항쟁 이후 활동이 활발해졌다.

의 항목에서 다루지 않고 이 항목에 담는다. 그리고 노동자민중의 문예를 다루었다.

북한과 관련해 남북 노동자의 문제를 병렬적으로 일부를 서술하는 데 그쳤다. 그리고 남북 노동자의 교류가 재개된 1987년 이후 흐름을 간단히 적었다.

4. 지배이데올로기와 노동자민중의 사상

여기서는 먼저 각 시대의 내외 지배계급의 지배이데올로기를 다루고, 다음으로 노동자 민중의 사상과 그 운동에 관한 이론을 다루며 노동자계급 내부의 이데올로기 차이와 대립을 소개했다.

5. 노동운동의 성과와 과제를 서술했다.

23장 부문별로 관통해본 한국 노동사에서는 위에서 말한 각 항목을 세로로 꿰뚫어 서술했다.

마지막으로 24장에 21세기 자본주의와 노동의 미래에 관한 내용은 필자의 주관적 견해에 따라 자본과 노동의 변화, 노동자 민중의 대안 만들기, 사회주의에 대한 재평가, 한국과 아시아 노동의 당면 과제를 서술했다.

2. 시대 구분

위와 같은 연구의 범위를 다음의 시대 구분에 따라 서술했다. 시대 구분은 조선후기부터 2002년에 이르는 기간을 다음과 같이 6개의 시대로 구분하고, 각 시대를 다시 몇 시기로 구분했다.

1. 조선후기 자본주의 맹아기(17C~1910. 8)에는 조선 농촌사회가 해체되고 상품경제가 발달하면서 자본이 축적되고 임노동자가 발생했고, 그러다가 1876년 개항과 더불어 제국주의 열강에 의해 자본주의 맹아가 짓밟히고 국권이 상실되는 시대이다. 조선 후기와 개항기(국권

상실기)로 구분했다.

2. 일제 식민자본주의 아래 노동자계급 형성기(1910. 8~1945. 8)는 조선시대의 자본주의 맹아가 일제에 의해 단절된 채 식민 자본주의가 외세의 강제에 의해 전개되었다. 이 때 공장노동자와 같은 근대적 노동계급이 형성되었다. 1910년대, 1920년대, 1930년대 이후 시기로 구분했다.

3. 해방·분단·전쟁·혁명의 시기(1945. 8~1961. 5)는 8·15해방 직후 노동자의 해방을 향한 상승 국면, 남북의 분단, 6·25전쟁기의 노동자 민중운동의 좌절, 원조경제하의 이승만 정권 시기를 거쳐 4·19민주혁명 과정을 통해 노동운동이 동력을 회복하는 과정이 숨막히게 전개된 시대이다. 이 시대는 8·15의 해방공간, 6·25전쟁기, 정부수립 후 이승만 정권 시기(원조경제의 시기) 그리고 4·19민주혁명의 시기로 그 시기를 나누었다.

4. 군사 개발독재 시기(전기)(1961. 5~79. 10)는 5·16군사쿠데타를 계기로 군사독재 아래 경제개발 계획이 진행됨에 따라 노동계급이 급격하게 증가, 우리 사회의 주력계급이 된 시기이다. YH투쟁과 김경숙 열사의 죽음, 부마항쟁에 의해 박정희의 피살이 촉발되었다. 5·16군사쿠데타 이후의 군사독재 시기, 유신독재 시기로 구분했다.

5. 군사·개발독재 시기(후기)(1979. 10~1992. 4)는 개발독재 1기를 거쳐 산업구조가 경공업에서 중화학공업 위주로 변화하고, 노동자 계급의 주력도 여성노동자에서 남성노동자로 이전했다. 이 시기는 전두환 정권 시기와 노태우정권 시기로 구분했다.

6. 초국적자본의 도전과 문민독재의 시기(1992. 4~ 2002)는 초국적 자본이 명실상부하게 세계체제를 형성해 자본축적의 한계(위기)를 해결하려는 대안의 하나로 남한 사회에 직접 개입해 개방을 요구하고 이어 IMF를 통해 경제신탁통치를 하며 신자유주의 정책을 펴던 시기이다. 김영삼 정권 시기와 IMF경제신탁통치 아래 김대중 정권시기

로 나누었다.

 그리고 각 장의 중간에 우리 노동운동사에서 일어난 큰 사건 가운데 원산총파업(1929), 개발독재시기 노동운동의 암흑 속에서 한줄기 빛이 된 전태일 열사의 삶과 죽음의 의미(1970), 6·25전쟁 이후 4반세기만에 한국 노동운동을 복권시킨 1987년 노동자 대투쟁, 신자유주의 정책에 대한 전초전의 성격을 띠었던 96~97총파업, 삼성 재벌 노동자의 노조 결성 추진 등을 구체적으로 서술하는 장을 두었다. 이러한 서술은 현장 노동자가 깊은 관심을 가진 부분을 구체적으로 적으려는 의도에서 비롯했다.

1부 조선후기 자본주의 맹아

#1 김홍도의 민화 '논을 가는 모습'
이앙법의 보급은 농민분해의 큰 원인이었다.

#2 수원성 팔달문
18세기 말 임노동자를 고용해 세웠다.

#3 운산광산
평안북도 운산군 북진읍에 있는 우리나라 최대의 금광산

이 시기는 임진왜란을 거친 조선에 자본주의의 맹아가 발생하고 임금노동자가 하나의 계층으로 형성된 시기이다. 제2장 자본주의 맹아기의 임노동자, 제3장 개항과 임노동자계층의 형성으로 구성돼 있다.

 자본주의와 한국의 노동운동

1. 자본주의와 노동운동

자본주의란 무엇인가? 봉건사회에서 생산의 원천인 토지에서 생산되는 잉여를 영주 지주가 차지하고 토지생산에 종사했던 농노 농민은 소외되었다. 농업생산의 발전, 대외교역의 발전 등과 같은 과정에서 자본을 축적한 상인, 자본주는 자가 소비가 아니라 판매를 목적으로 농산품, 수공업제품을 생산하고, 생산된 물건을 상품으로 내다 팔아 이윤을 확보함으로써 자본의 양은 더욱 커지게 되었다. 이렇게 성장한 자본주 상인 등 부르주아는 봉건체제를 무너뜨리고 부르주아가 사회체제를 지배하는 부르주아혁명을 수행하고, 자본주의는 하나의 체제로 자리잡았다.

마찬가지로 자본주의에서는 상품의 생산, 판매과정에서 노동자의 노동이 잉여가치의 원천이다. 그러나 잉여가치는 자본가의 것이 되고 노동자는 노동의 생산물에서 소외되어 임금노동자로 살게 되었다. 이러한 문제 때문에 노사간의 문제가 발생되며, 자본가는 끊임없는 잉여가치의 창출을 꾀하고 노동자는 노동의 소외에서 해방을 꾀하게 되었다. 이것이 노동운동 또는 노동자운동이다. 노동운동은 임금노동제도가 있는 곳에서 일어나는 것이고, 임노동제가 완전히 철폐될 때까지 계속 존재할 것이다.

좀바르트나 막스 베버의 주장에 따르면 계산이 뛰어나고 합리적인 기업정신, 일종의 모험정신, 합리적이고 체계적으로 이윤을 추구하는 태도가 자본주의 정신이다. 이 자본주의 정신이 그에 상응하는 경제조직을 만들었는데, 이것이 바로 자본주의이다. 또 어느 학자는 자급자족의 자연경제가 아닌 재화를 획득하기 위해 화폐를 사용하는 화폐경제를 자본주의라 불렀다.

이러한 자본주의 개념은 자본주의 역사상 어느 한 시대에 한정해 사용할 수 없으며, 역사에서 거의 모든 시대가 자본주의적이었던 것으로 될 수 있다. 인류가 문명을 이룩한 이래 자본주의적인 활동은 끊임없이 계속되면서, 때로는 그런 활동이 일시적 쇠퇴도 있었으나 기본적으로는 계속 확대 발전되어 마침내 근대에 이르러 완전히 무르익었다는 식이 된다. 만약 이것이 맞는 말이라면 자본주의란 인류의 오랜 꿈과 이상을 실현한 사회제도요, 인류역사의 궁극적인 도달점이 되는 셈이다.

칼 마르크스는 자본주의의 정의를 기업정신이나 이익을 얻기 위해 일련의 매매나 교환을 하고자 돈을 사용하는 데에서 찾지 않았다. 그는 자본주의의 본질을 특수한 생산양식에서 찾았다. 그가 말하는 생산양식이란 단순한 기술상태 - 그는 생산력의 상태라고 불렀다 - 뿐만 아니라 생산수단의 소유방식, 생산과정과의 관련에서 생기는 사람 사이의 사회적 관계까지 포함했다. 다시 말해 자본주의란 생산수단을 가진 자본가 계급이 노동자계급에게서 노동력을 사서 생산활동을 해 이익을 추구하는 경제구조, 또는 그 바탕 위에 이루어진 사회제도이다.

따라서 자본주의는 시장을 위한 생산체계(마르크스의 상품생산체계)가 아니라, 노동력 자체까지 상품화해 다른 모든 교환대상과 마찬가지로 시장에서 매매하는 체계이다. 자본주의 체제는 사회의 극소수에 불과한 한 계급의 수중에 생산수단이 집중될 때 결과적으로 자신의 노동력을 팔아야만 생계를 꾸려갈 수 있는, 물적 소유가 없는 계급이 출현할 때 비로소 출현했다. 따라서 생산활동은 법적인 강제를 통해서가 아니라 임금계약을 기초로 이루어졌다.

자본주의는 자본의 끝없는 증식, 축적을 추구하는 체제이며, 이것을 강제하는 기구로서 시장과 경쟁을 가지고 있다. 임금을 억제하고 생산성의 증대를 요구했다. 자본의 유기적 구성도가 고도화되었다. 1825년 이래 주기적으로 공황이 일어나고 있는데, 이것은 과잉생산을 의미한다. 공황의 직접적 원인에 대해서는 대립된 견해가 있다. 어쨌든 주기적인 경제위기의 부담은 결국 노동자에게 전가되었다.

마르크스의 정의에 따르면 자본주의란 역사의 발전 속에서 주어진 사회적 생산력 수준 위에 세워진 하나의 생산양식이고, 다른 생산양식과 마찬가지로 생성 발전 소멸하는 것이다. 다른 말로 표현하면 '역사적으로 경과적' 성격을 지니는 것이다.

자본주의 이전의 사회에 대해서 마르크스는 원시공산제, 노예제, 봉건제1), 자본주의의 단계로 구분하고. 이후는 사회주의가 될 것이라고 했다. 이것은 역사의 발전과정이며, 이후 발전을 예고하는 사고이다.

끊임없이 발전해온 인류역사 가운데 자본주의 사회제도는 이전의 어떤 사회제도 보다도 더 큰 자유를 가져다 주었다. 그러나 '신분제의 질곡에서 자유계약으로'라는 말을 통해 미화된 자본주의의 한 가운데에는 교묘히 숨겨진 형태로 한 계급이 타인의 잉여노동을 빼앗아가는, 따라서 가장 발전된 잉여수취 제도인 임금노동제도가 버티고 있다.

초국적 금융자본주의는 정보통신혁명에 따라 노동과정의 변화와 노동계급의 지형 변화를 가져왔다. 노동가치론이 시대의 변화에 따라 위상이 변화했지만 근본적 존재 의의는 여전히 유효하다.

임금노동제도 인간이 주로 수렵 채취생활을 하면서 먹고살았을 때에는 한 사람이 일해 한 사람이 먹고살기에도 바빴을 것이다. 그러나 농경 목축생활이 시작되고 생산력이 발전하자 한 사람이 노동해 한사람 이상을 먹여 살릴 수 있게 되었다. 일하지 않는 자가 생기고 계급이 발생했

---

1) 여기서 서양의 봉건제와 대치해 아시아에는 아시아적 전제주의가 있었다고 했는데, 이 주장에는 서유럽 중심의 사고가 담겨져 있다.

다. 이때 노동하는 사람의 노동 가운데 자신이 먹고사는데 필요한 만큼을 필요노동이라 하고, 필요노동 이외에 일하지 않는 자를 먹여 살리는 노동을 잉여노동이라 한다. 계급이 생긴 이래 자본주의사회에 이르기까지 일하는 사람의 노동에는 항상 필요노동과 잉여노동이 있었다.

그렇다면 잉여노동은 어떤 식으로 이루어져 왔는가? 노예제사회에서 노예는 말하는 도구에 불과했고 가축만도 못한 존재였기 때문에 사실 필요노동이니 잉여노동이니 따질 여지가 없었다. 영주(지주)가 농노(소작인)의 노동을 통해 먹고살던 봉건제사회에서 잉여노동은 두 가지 형태로 이루어졌다. 처음에는 영주가 농노에게 땅을 나눠주고 경작하게 하는 대신 자신의 직영지에서 농노가 일주일에 며칠씩 일하게 했다. 이때 농노가 자신에게 배당된 땅에서 하는 노동은 필요노동이고 영주의 직영지에서 하는 노동은 잉여노동이었다.

이런 식으로 잉여노동을 빼앗는 방식이 관리하기도 번거롭고 농노가 직영지에서 일할 때는 아무래도 자기 땅에서 일할 때만큼 열심히 하지 않자 영주는 직영지까지 농노들에게 나누어주고 생산물의 일정량을 지대로 바치게 했다. 이때 잉여노동은 영주에게 바치는 지대를 생산하는 노동만큼이다. 농노는 자신의 집과 농사도구 그리고 완전한 소유는 아니지만 땅도 가졌다. 이런 상태에서 농노에게 직영지에서의 노동을 시키거나 지대를 거두려면 법적인 강제력과 엄격한 신분제도가 있어야 했다. 이처럼 봉건제 아래 잉여노동이 강제적으로 이루어졌고 농노는 토지에 속박되어 있고 영주에게 예속되었다.

그러나 자본주의사회가 되면서 사태는 달라졌다. 이러저러한 과정을 통해 많은 농민과 수공업자들은 땅과 생산도구를 전혀 갖지 못하게 되었다. 영국에서는 16, 17세기에 양모업이 발전하자 지주들이 농민을 모조리 내쫓고 울타리를 쳐 양을 치면서 많은 농민이 토지를 잃었다. 그러나 그들은 신분제의 질곡으로부터 벗어나 '빈털터리 자유인'이 되고 자본가에게 순수한 경제적 계약을 통해 자신의 노동력을 팔아야만 살

수 있게 되었다.

자본가에게 팔려 가는 노동자의 값은 어떻게 매겨지는가? 예컨대 기술 수준과 같은 구체적인 내용을 빼고 생각하면 자본가는 노동자가 먹고살아서 내일도, 다음달에도 일할 수 있는 노동력을 재생산할 만큼 값을 쳐준다. 그리고 일을 시키되, 품값만큼 생산할 수 있는 시간 외에 더 많은 시간동안 일을 시킨다. 자유로운 계약 아래 8시간의 노동 가운데 3시간의 필요노동이 생산한 몫을 노동자에게 임금으로 주고 나머지 5시간의 잉여노동이 생산한 몫을 자본가가 차지하는 임금노동제도가 등장한다. 이것이 자본주의의 본질이다.

임노동의 기원과 관련해, 인간의 노동은 인류의 발생으로까지 거슬러 올라가지만 노동하는 인간이 자신과 자신이 속한 공동체(가족 마을 등)의 자급자족을 넘어 자신의 노동을 팔게 된 임노동자의 발생은 수천 년의 역사를 가지고 있다. 유럽에서는 임노동의 기원이 로마시대에 있다.(포스터, 1986, 21쪽) 그러나 임노동자가 계급을 형성하게 된 것은 자본주의 시대의 일이다. 중국과 일본 한국 그리고 제3세계의 경우도 대부분 임노동의 기원을 가지고 있다. 특히 중국에서는 임노동이 나타난 시기를 가깝게는 명말청초(明末淸初), 멀리는 남송 시대까지 거슬러 잡고 있다. 한국에서 임노동자계급의 기원은 임진왜란 이후 조선의 봉건사회가 해체되던 과정에서 찾을 수 있다. 그러나 공장노동자로 구성되는 근대적 노동자는 개항기 또는 일제에 의해 공업화가 전개된 1910년대의 일이다.

노동운동의 목표와 방도 자본주의사회의 노동운동의 가장 근본적인 문제는 임노동제를 폐지할 것인가, 아니면 개선할 것인가? 폐지한다면 어떻게 폐지하고, 개선한다면 어떻게 개선할 것인가 이다. 노동해방이란 말도 바로 임노동제에서 해방하는 것을 의미한다. 500여 년에 걸친 세계노동운동의 역사 또한 이 문제를 부둥켜안고 이 문제를 해결하기 위해 싸워온 역사이다.

노동운동은 그 목표와 방법에 따라 노동운동의 성격도 달라진다. 좁은 의미로는 주로 경제적 이익을 위한 투쟁과 넓은 의미의 투쟁인 정치투쟁(레닌이 말하는 쟁취물의 법제화)으로 구분된다. 또 자본주의 모순의 대안에 따라 개량적 노동운동, 혁명적 또는 변혁적 노동운동으로 구분한다. 후자의 경우, 그 대안이 반드시 사회주의이냐는 것은 소련 현실 사회주의의 붕괴 이후 고민 중인 과제가 되었다. 최근 초국적 자본에 의한 신자유주의의 폐해가 극단적으로 나타나면서 그 대안의 모색이 절실하게 되었다.

노동운동의 범주 노동운동은 노동계급의 기원으로부터 따진다면 15세기 말 이래 500년의 역사, 노동계급이 하나의 계급으로 통합되고 조직화된 19세기부터만 잡아도 200년에 가까운 역사를 가졌다. 노동운동의 역사는 노동자 조직, 투쟁 전술, 사상에서 진보를 거듭해 온 역사이다. 우리는 이 세 가지 측면의 역사적 경험을 익히고 그 속에서 얻은 교훈을 우리 현실에 창조적으로 적용해야 한다.

첫째, 노동자의 개념을 살펴보고자 한다. 우리 사회에서 노동자의 개념은 역사적으로 변화, 확장되어 왔다. 그것을 보면, 노동자와 실업자 그리고 빈민의 구분이 모호하다. 또 경제개발 시기에는 노동자와 농민 사이의 경계도 불분명했다. 또 제3차 산업이 발전하고 IT산업이 발전하면서 노동자의 개념도 제조업에서 서비스업으로 크게 확장되었다. 따라서 이 글에서는 노동자의 개념을 제조업을 넘어 서비스 기타까지 확장하고 또 노동자와 실업자, 빈민 그리고 농민의 연관도 서술의 대상으로 삼았다.[2)]

둘째, 조직적인 측면을 살펴보고자 한다. 노동자의 조직에는 노동조합, 협동조합, 정치조직(정당), 통일전선의 네 가지가 있다. 노동조합은 18세기 후반의 지방적 범위의 동업조합으로부터 거대한 전국적

---

2) 그러므로 이 글은 노동운동의 역사 서술이며 동시에 노동자 민중의 노동 일반 역사의 서술이다.

산업별조합조직으로 성장해 왔다. 노동자의 상호부조를 위해 조직되어 노동조합만큼이나 긴 역사를 지니고 있는 협동조합은 물론 노동자와 관련된 정치조직인 정당과 통일전선에 깊은 관심을 기울여야 한다. 정치가 경제의 집약적 표현이라 할 때 자본주의 아래 노동자의 생활상의 여러 문제는 결국 정치적으로 해결될 수밖에 없기 때문이다.

위에서 말한 네 가지 조직이 생산과 노동자를 둘러싼 조직이라면, 이와는 좀 각도를 달리해 지역주민공동체는 노동자의 생산 소비 주거 교육 건강 등과 직결된 생활공간이다. 이 글에서는 노동자의 지역주민 공동체도 노동자 생활에 큰 영향을 미치는 공간으로 보고 서술의 대상으로 삼았다.

셋째, 노동자의 요구와 투쟁전술을 살펴보려 한다. 요구에서는 경제적 요구와 정치적 요구가 있다. 그런데 경제적 요구가 반드시 경제적인 것에 한정되는 것이 아니며 정책적 요구와 같은 것이 반드시 정치주의를 의미하지는 않는다. 우리말에 '가랑비에 젖고 잦은 매에 무너진다'고 말하는 것과 마찬가지이다. YH사건과 부마항쟁에서 확인되듯이 경제적 요구도 정권의 저변을 무너뜨리는 정치투쟁이 될 수 있다. 투쟁전술은 우리 모두 익히 알고 있는 태업 파업 농성 정치파업 가두시위 등의 투쟁 형태, 운동의 평화적 발전의 시기와 운동의 대중적인 급격한 폭발을 수반하는 변혁기에 따른 투쟁전술 등은 오랜 역사를 통해 발전해왔다.

넷째, 노동자 민중의 사상과 이론의 문제이다. 각자의 입장에서 상황을 유지 발전 또는 변혁시키기 위해 지배 피지배세력은 끊임없이 충돌했다. 계급적 지형은 부분적으로 이동했다. 지배측은 노동자 민중이 변혁을 요구하면 개량을 하고, 개량을 요구하면 거꾸로 물리적 공격을 가해왔다. 지배측은 지배의 모순을 은폐하기 위한 이데올로기를 끊임없이 변형시켰다. 이렇다 보니 이데올로기는 그가 가진 본질적 측면보다 선전적 측면과 자신의 계급을 결속시키고 중간계층을 끌어안는 헤게모니론이 팽배했다.

피지배측은 현상의 개선이나 변혁을 요구했다. 노동운동 또한 그 내부에 자본가 계급과 대립하는 의식과 함께 협소한 경제주의적 시각에 머무르려는 속성을 가지고 있다. 이런 상황에서 노동자 민중운동은 사회변혁 또는 개혁의 대안을 제시하는 한편 자신의 이데올로기를 창출해야 하는 두 가지 임무를 동시에 가지고 있다.

가장 초보적인 수준에서 노동자적 입장이란 무엇이며 나아가 오늘 우리에게 요구되는 '우리나라 노동자의 입장'은 무엇인지 살펴보아야 한다. 노동운동의 역사는 어느 나라를 막론하고 경제 정치 이데올로기에서 부르주아의 입장에 기초한 사상과 끊임없이 투쟁해온 역사이다. 이러한 역사 속에 노동계급의 사상적 발전의 발자취를 더듬어 우리 현실에 부합하는 새로운 빛을 찾을 수 있다.

2. 세계 노동운동의 전개

1) 고전적인 노동운동

노동운동의 출발 여기에서 세계 노동운동의 역사를 간략하게 짚는다. 그 이유는 세계 노동자의 입장에서 세계 노동운동의 역사가 갖는 법칙성을 찾고, 한국의 노동운동의 입장에서 세계 노동운동의 역사가 한국의 노동 정세에 미친 영향을 알려는 데 있다.

서유럽[3]에서 18세기 말 산업혁명 때 토지에서 밀려 도시에 모인 노동자들은 반세기 뒤에 영국과 독일을 시작으로 속속 노동조합을 설립했다. 1600년대 영국에서 최초의 노동조합이 결성된 지 200년이 지

---

3) 이 글에서 '서유럽'이라는 말은 '서유럽 지역' 뿐만 아니라 서유럽과 이와 비슷하게 자본주의가 전개된 미국 일본 그리고 부분적으로 한국을 지적한다.

난 1850년경에 이르러 노동조합이 서유럽 국가에 일반화 되었다. 노동조합을 중심으로 뭉친 노동자들은 태업과 파업을 전개했다. 조직 형태는 주로 직종별 혹은 직능별로 조직되며, 영국의 노동교환소, 프랑스의 상호부조협회, 독일의 상호보험기금이 그것이다. 영국의 오웬, 프랑스의 푸리에, 생시몽 등 일개 자본의 자선에 의지하는 공상적 사회주의가 한 때 풍미하지만 한계를 드러냈다. 노동자들은 현실에서 스스로 싸우고 스스로의 힘에 의지하는 법을 배웠다.

1789년 프랑스, 1830년 독일에서 일어난 자본가들의 지주에 대한 부르주아혁명에서 노동자들은 자본가의 우군으로 가장 전투적으로 싸우지만, 노동자가 얻은 것은 그 혁명으로 형성된 자본주의 가운데 노동자라는 임금노예의 지위뿐이었다.

노동자들은 1830년대 프랑스 노동자의 봉기, 1839~1850년 영국 노동자의 차티즘운동, 1836년 결성된 독일의 의인동맹과 같은 각종 정치활동을 통해 독자적인 정치세력으로 성장했다.

이 때 이미 각국 노동자의 연대 움직임이 나타나 1847년 6월에 '공산주의자동맹(Bund der Kommunisten)'이 결성되었다. 이 동맹은 독일을 중심으로 한 각국 망명자의 단체에서 발전된 것으로, 그 결성대회에서 마르크스와 엥겔스의 사상을 받아들였다. 그리해 이 해 11월 2차대회에서 두 사람에게 강령 작성을 위탁해 1848년 2월에 "만국의 노동자여, 단결하라!"고 끝을 맺는 『공산당선언』을 발표했다. 『공산당선언』은 ① 부르주아와 프롤레타리아 ② 프롤레타리아와 공산주의자 ③ 사회주의와 공산주의적 문헌 ④ 여러 반대당에 대한 공산주의자의 입장 등 4장으로 구성했다. 이 책은 이제까지의 역사를 계급투쟁의 역사라고 단정지으면서 프롤레타리아 계급을 혁명적인 계급이라고 지칭하고, 모든 사회질서의 전복을 선언했다. 이 선언은 공산주의 최초의 강령 문서이고 과학적 사회주의를 확립해 노동운동의 국제성을 이론화한 점에서 의의를 가진다. 그러나 유럽에서 '계급의 지배기관으로서 국가'

의 문제를 제기한 1848년혁명의 패배와 1849년 이후 보수진영의 공세에 따라 공산주의자동맹의 활동이 곤란해지고 1852년에 해산했다.

제1차 인터내셔널 1860년대에 들어서 서유럽 각국 노동운동이 발전하면서 노동조합운동의 지도자들은 국제연대를 모색했다. 영국과 프랑스의 노동자들은 1863년 폴란드 봉기의 탄압에 항의하는 집회를 개최했고, 여러 지역에 흩어져 있던 망명 사회주의자들도 이에 참가해 1864년 9월 28일 '국제노동자협회(International Workingmen's Association, 제1인터내셔널)'를 창립했다. 국제노동자협회는 노동자 대중이 결성한 최초의 국제적 대중적 혁명조직이었다. 여기에 각국의 사회주의자그룹 노동조합 생산협동조합 노동자교육단체 등을 결집했으며 마르크스와 엥겔스가 그 이론적 지도자가 되었다. 특히 마르크스는 총무위원회 서기로서 창립선언을 비롯한 많은 결의와 성명을 기초했고 이 협회를 중앙집권적 조직으로 통합했으며 여기에 참가한 프루동주의 오웬주의 블랑키주의 라쌀레주의 등 마르크스주의 이전의 여러 사회주의 조류가 통일되어 마르크스주의로 교육하고 단일한 노동자 당의 창설에 노력했다. 마르크스가 작성한 국제노동자협회의 선언은 노동자계급의 권력획득과 그를 위한 국제적 단결의 필요성을 명확히 했다. 또한 국제노동자협회는 8시간 노동제 등 노동자의 일상적 요구 투쟁을 지도하고 점차 각국의 노동운동에도 영향을 미쳤다. 파리코뮌(1871)의 봉기에 대해서도 국제노동자협회는 마르크스가 집필한 『프랑스 내전』을 발표해, 세계사에서 최초의 프롤레타리아 독재 권력인 파리코뮌의 역사적 의의와 교훈을 명확하게 했다. 그러나 코뮌의 패배 이후 협회는 각국의 탄압과 노동대중의 힘에 의지하지 않고 소수의 폭동에 노동해방의 모든 것을 걸려는 협회 내 바쿠닌파의 분파활동으로 극히 약화되었다. 마르크스와 엥겔스는 각국에서 프롤레타리아 당 창설에 노력을 집중하고 그 뒤 바쿠닌파의 분파활동을 피해 1872년 협회 본부를 미국 뉴욕으로 옮겼다. 이후 협회는 침체되고 1876년 해산했다.

파리코뮨 1871년 프랑스가 프로이센과의 전쟁에서 패배했다. 파리 민중 봉기로 나폴레옹3세 정권이 무너지고 공화제를 수립했다. 공화파 정부에 의한 파리 노동자의 무장해제 시도에 맞서 파리 민중과 정부군은 국민군 중앙위원회를 창설했다. 1871년 4월 16일 파리 코뮨 평의회의 선거를 실시해 92명의 시의원을 선출했다. 5월 21일 베르사이유 정부군의 파리를 공격했다. 일주일간에 걸친 피의 시가전 끝에 파리 코뮨은 붕괴했다.

노동자의 독자적 권력을 수립한 코뮨의 활동은 다음과 같다. 코뮨은 육군 재무 식량 외무 노동 사법 공익사업 정보 보안 등 9인의 집행위원회를 구성했다. 상비군을 폐지하고 노동자가 중심이 된 국민방위군으로 대체했다. 파리시의 각 구에서 코뮨 의원을 보통선거로 선출해 언제든지 소환 가능한 시의원들로 구성했다. 코뮨은 단순한 의회기구가 아니라 행정부인 동시에 입법부의 기능을 수행했다. 프랑스 노동조합은 무장부대와 협동생산조직에 적극 참여했다. 코뮨의원의 임금 수준을 노동자들의 임금 수준과 비슷하게 조정했다. 코뮨의 한계는 경험부족, 준비부족이었다. 코뮨은 프랑스 은행이 보유한 30억 프랑을 몰수하지 않았고, 농민을 충분하게 설득해 우군으로 만드는 정책이 결여되었다. 파리코뮨의 의의는 72일간의 길지 않은 기간이지만 세계 최초의 노동자정부를 세웠다는 데 있다.

코뮨이 무너진 뒤에도 노동자의 노동조합 결성과 파업이 계속되고, 프랑스 노동운동사에서 처음으로 전국노동자대회(1876)가 열렸다. 그러나 가장 발전한 자본주의 국가인 영국의 자본가가 해외에서 얻은 높은 이익의 일부를 노동운동의 개량화에 쓰면서 영국의 노동운동은 개량화 되었다. 영국의 노동조합은 아일랜드 해방투쟁을 반대하고 파리코뮨을 거부해 선진 자본주의국가의 개량화된 노동운동의 전례를 보여주었다.

제2차인터내셔날 1870~1900년의 약 30년 사이에 자본주의는 발전해 독점이 형성되었다. 이 시기에는 자본주의의 발전과 함께 노동운동도 크게 발전했고, 유럽 각 나라에서 사회주의 정당이 결성되고 노동조합 수준에서도 전국적 조직과 중앙조직이 결성되기 시작했다. 이를 바탕으로 1889년 7월 프랑스대혁명 100주년 기념일에 20개국 391명의 사회주의자와 대표가 파리에 모여 '제2차인터내셔날(국제사회주의자협회)'을 결성했다. 제2인터내셔날은 중앙집권적인 제1인터내셔날과 달리 각국의 자주적 조직의 연합체 형식을 취했고, 명확한 강령이나 지도부도 없었으며, 1900년까지는 상설 사무기구조차 없었다. 이 시기에는 마르크스주의가 노동운동의 주류를 이루었고 제2차인터내셔날은 처음 10년 동안 노동자계급의 결집에 주력했다. 같은 시기 노동조합의 독자적인 국제조직도 결성했다. 1889년 인쇄공들이 파리에서 국제회의를 개최했고, 1890년에 '국제탄광노동자연맹'이 결성된 데 이어 1900년까지 17개의 국제산별조직이 결성되었고 1914년에는 그 수가 32개에 이르렀다. 또한 1903년에는 각국 노동조합 중앙조직의 연락기구로 '국제노동조합서기국(International Secretariat of Trade Union)'이 설립되었다. 1913년에는 그것을 '국제노동조합연맹(International Federation of Trade Union)'으로 개조하는 것이 결정되었다.

이 당시 자본주의는 평화로운 발전을 계속했고 혁명적 정세는 존재하지 않았다. 정치 경제 양 측면에 걸쳐 자본가들의 부분적인 양보가 있어 제2차인터내셔날의 당들은 의회를 통한 개량이 가능하다는 생각을 하게 되었다. 더욱이 레닌이 말하는 제국주의 단계에 들어서자 독점자본이 식민지 초과이윤을 노동자계급의 상층에 제공해 이들은 노동귀족이 되었다. 1898년 베른슈타인이 『사회주의의 전제』(Voraussetzungen des Sozialismus)를 통해 자본주의는 저절로 망하지 않으니 마르크스주의의 결정론은 수정되어야 하며, 자본주의는 점진적 개량을 통해 새로운 사회로 평화적으로 이행되어야 한다고 주장했다. 카우츠키 등의 중도파는 원칙적으로는 그들을 비판하면서도 실천적으로는 그들에 동조하는 모습을 보였다. 그리해 20세기에 들어서 제국주의 침략 전쟁이 세계 곳곳에서 일어났는데도 우파와 중도파에 의해 지도된 제2차인터내셔날은 전쟁반대 결의를 되풀이할 뿐 실효성 있는 행동을 조직하지 않아 제국주의의 식민지 정책에 사실상 동조했다. 그 결과 1914년 제1차 세계대전이 일어나자 러시아의 볼셰비키당을 제외한 제2차인터내셔날의 모든 정당과 그 지도 아래 있던 노동조합들은 거의 모두가 제국주의 전쟁을 지지해 제2차인터내셔날과 국제 노동조합 조직을 무너뜨렸다.

1886년 5월 1일 미국에서 시카고를 중심으로 35만명이 시위했다. 이를 계기로 건축노동자를 포함한 약 18만 5천명의 노동자가 8시간 노동을 쟁취했다. 이 파업은 노동운동을 고무하는 큰 효과를 올리고 많은 조합이 이 투쟁을 계기로 조직되었다. 이 위대한 투쟁은 1889년 파리 제2인터내셔날 창립대회에서 이 날을 세계노동자의 날로 결정해 국제 메이데이가 생겨났다.(포스터, 1987, 181쪽) 앨버트 파슨스는 1886년 5월 1일 시카고 총파업 당시 경찰이 죽인 8명 가운데 한 사람으로, 그가 사형 직전에 남긴 "나 한 사람을 죽이는 것은 쉽다. 그러나 나의 피는 대지를 사르는 들불이 될 것"이라는 말은 지금도 자주 인용된다.

러시아노동자의 투쟁 봉건 짜르체제의 러시아는 1904년 러일전쟁에서 패배했다. 1905년 1월 피의 일요일에 노동자 농민의 봉기는 러시아 전역으로 확대되었다. 금속노동자들은 반짜르 정치파업을 하고, 섬유노동자들은 경제파업을 하고, 농민은 파업을 하고 농민의 아들인 병사들은 반란을 일으켰다. 짜르 타도에는 실패하지만 입법의회를 쟁취했다.

1914년 제1차 세계대전이 일어났다. 1917년 2월 총파업과 민중봉기로 짜르체제가 무너지지만 3월 자본가의 임시정부가 수립되었다. 러시아는 노동자 농민 병사 소비에트와 임시정부가 대립하는 이중권력 상태에 놓였다. 7월 4일 페트로그라드 노동자들의 평화 시위에 대해 임시정부가 무장 공격했다. 7월 24일 연립내각을 수립했다. 8월 25일 코르닐로프 장군이 군사쿠데타를 일으키지만 페트로그라드 적위대가 분쇄했다. 새로운 소비에트 선거로 볼세비키가 다수파를 장악했다. 10월 24일 페트로그라드 무장봉기를 일으키고, 10월 25일 노동자·병사 소비에트 전러시아대회에서 권력 장악을 선언했다. 그 뒤 내전과 제국주의 국가들의 간섭에 대항해 전쟁을 계속하고 1922년 전쟁이 끝났다.

제3차 인터내셔날(코민테른) 1917년 러시아혁명의 승리로 최초 사회주의국가가 세워지고 이후 70여년 동안 현실 사회주의의 실험이 전개되었다. 러시아 10월혁명의 승리, 전쟁 종결 뒤의 세계적인 혁명 고양, 독일 등 각국 공산주의 그룹의 형성을 배경으로 1919년 3월 모스크바에서 30개국 대표가 모여 코민테른(공산주의 인터내셔날, 제3차 인터내셔날)을 결성했다. 코민테른은 제국주의 시대의 마르크스주의인 레닌주의를 사상적 기초로 삼고 민주적 중앙집권의 조직 원칙에 기초한 혁명적 프롤레타리아 국제조직이었다. 모스크바에 본부를 두고 각국 공산당은 지부가 되었다. 코민테른은 프롤레타리아 독재 원칙을 견지했다는 점에서 제2차 인터내셔날과 구분되었다. 코민테른은 1921년 혁명적 노동조합운동의 국제조직인 '적색노동조합 인터내셔날(Red Interantional of Labour Unions)'(프로핀테른)을 조직했다. 프로핀테른은 산업별 노동조합을 조직하고, 1921년 제1회 대회에서 "세계자본주의에게 착취를 받고 있는 터키 인도 한국 중국 이집트 등에서 노동자가 힘을 결집해 부르주아의 세계지배를 타도하기 위해 또 그 타도의 방도 위에 과거의 피착취 근로대중과의 산업동맹을 창설하기 위해, 형제와 같은 프로핀테른의 가족으로 가입하도록" 한 결의에 따라 식민지 반식민지의 노동조합과 민족해방운동을 지원하고 파업전술을 개발했다.(포스터, 1987, 83쪽) 이것은 볼쉐비키가 고대하던 독일혁명이 일어나지 않으리라는 현실에 직면해 소련 내부로는 일국 사회주의의 건설에 박차를 가하고, 외부로는 자본주의 중심국인 유럽 최선진국의 프롤레타리아 혁명을 포기하고 동방의 아시아와 그밖의 식민지에서 사회주의 실현에 주력하는 노선 변화였다.(이매뉴얼 월러스틴, 2001, 27쪽) 이후 아시아의 노동자들이 국제노동운동의 무대에 조직적으로 등장했다. 이 과정에서 각국의 자주적 활동을 강화해 통일전선의 장애를 제거하기 위해 1937년 프로핀테른이, 1943년 코민테른이 각각 해산했다.

트로츠키는 '타락한 노동자국가라도 자본주의보다는 선진적'이라고 주장하며 스탈린주의와 선을 긋고 1938년 파리에서 제4인터내셔날을 조직했다. 이들 가운데 소련에 대한 다른 입장을 가진 부분이 1951년 국제사회주의(IS)운동을 조직하는데, 코민포름은 이를 미국 독점자본에 봉사하는 단체라고 비판했다.

통일전선 방침과 관련해, 코민테른 6차 대회(1928)에서는 꾸우시넨의 연설에 의해 채택된 테제는 민족 부르주아가 제국주의에 대한 반대 투쟁 세력의 의미를 갖지 않는다고 언급했다.(이후 소련공산당 제20차 대회에서 꾸우시넨은 그러한 평가가 '일정한 종파적 공격성을 갖는다'고 인정했다. 샤브시나, 1996, 291쪽) 그 가운데 조선에 관한 '농업혁명의 요구와 민족독립 투쟁의 밀접한 결합에 관해, 거대한 민족 종교조직(천도교와 다른 종교)의 포로가 되어 있는 노동자들 사이에 끈기 있는 사업의 불가피성에 관한' 내용이 들어있는 데, 이 테제는 좌편향을 반영했다. 공산주의자들은 프롤레타리아 공산주의자 지도 아래만의 혁명인자 연합의 결성을 목적으로 했다. 이 때 그들은 소부르주아 민족주의자들의 호지부지함과 동요를 비판했다. 그것은 제국주의의 압제는 강하고 노동자 계급의 힘은 수적 조직적으로 미약하고 농민을 비롯한 피압박 민중의 비율은 큰 상태를 고려할 때 비현실적 과제였으며 반제국주의 단일전선 정책의 후퇴였다.

제1차 세계대전 이후 전후 복구기와 안정기를 거치면서 회복과 성장을 지속하던 세계 경제는 1929년 10월 24일 뉴욕 주식시장 붕괴를 계기로 자본주의 사상 초유의 장기적 전산업적 전세계적인 대공황에 빠져든다. 미국의 공황은 노동생산성의 급격한 상승, 독점기업의 지배와 가격경직화, 노동운동의 쇠퇴와 상호 연관되어 대중적 소비의 한계에서 촉발되었다. 세계 자본주의의 생산수준은 1908~1909년 수준으로 후퇴시키고, 세계의 완전실업자는 2,640~3,000만명으로 추정되었다.

파시즘과 인민전선 세계대공황을 배경으로 1930년대에 각국에서 파시즘 세력이 대두해 침략전쟁을 개시하자 코민테른은 1935년 제7회 대회에서 반전 반파시즘의 통일전선과 인민전선을 결성하는 정책을 채택해 일정한 성과를 거두었다. 또 제2차 세계대전 중 반파시즘연합을 수립해 전후 동유럽과 아시아에서 인민민주주의 혁명 성공의 바탕을 마련했다. 중국에서도 항일통일전선이 형성되지만, 조선에서는 신간회(1927~31) 해체 이후 뒤늦게 1930년대 말 만주지역의 광복회 등 통일전선이 일부 영역에서 형성되었다.

한편 제국주의 전쟁을 지지하고 전후에는 혁명의 억압과 탄압을 위해 부르주아와 협력했던 우파와 중앙파도 조직재건에 착수했다. 우파는 1920년 6월 제네바에서 개최된 회의에서 제2차인터내셔날을 부활시켰고, 중앙파는 1921년 2월 비인에서 우파와는 별도로 '국제사회당동맹(International Working Union of Socialist Parties)'를 결성했지만 국제사회당동맹이 제2차인터내셔날에 합류해 '사회주의노동자인터내셔날(Socailist and Labour Interantional)'을 결성하고 본부를 런던에 두었다. 또한 노동조합 우파 지도자들은 1919년 7월에 암스테르담에서 세계 노동조합회의를 개최해 '국제노동자연맹'을 부활시켰다. 이들 조직은 프랑스 등 일부 국가의 가맹조직이 통일전선에 참가했음에도 불구하고, 1923~24년의 자본주의의 상대적 안정기에는 코민테른과 프로핀테른이 호소한 통일행동을 거부하고 자본주의적 합리화에 협력하고 소련을 적대시했다. 제2차인터내셔날과 국제노동자연맹은 결국 제2차 세계대전까지 그들의 조직은 붕괴되었다.

미국에서는 뉴딜 정책 아래 1935년 제정된 일명 와그너법(Wagner Act)으로 부르는 미국의 전국노사관계법(National Labor

Relation Act; NLRA) 아래 미국의 노동조합은 단체교섭을 통해 임금인상과 노동조건 개선을 이룩하면서 단체교섭은 노동자계급의 입장보다는 취업자 중심의 쟁의 해결 수단이 되었다. 이후 미국 노동운동은 "와그너법(1929)의 효과를 지속적으로 취소하는"(촘스키, 2001, 231쪽) 과정이었다. 산업별 교섭은 노동자가 계급적으로 단결하지 못하고 산업별로 분화되어 자본과의 교섭에 포섭됨을 의미했다. 이후 미국의 노동운동은 세계노동자의 단결, 자본주의 체제의 변혁, 제국주의 반대와 전쟁 반대에 힘을 싣지 못하고 이익균점 투쟁에 안주했다.

국제노동기구(ILO)가 국제연맹의 한 기구로 1917년 10월 워싱턴에서 볼쉐비키의 영향이 유럽에 퍼지는 것을 막기 위해 조직되며, 국제연맹보다 오래 존속해 현재 유엔의 일부분으로 존속하고 있다. ILO는 사용자, 정부, 노동자 각 대표의 3자를 기초로 설립되었지만, 그것은 1인 1표가 아닌 1달러 1표의 의사결정구조를 가져 노동자의 급진적인 행동을 막는 역할을 했다. ILO는 노동일의 단축, 여성과 연소노동자의 보호, 각종 사회보장, 재해보장 등에 관심을 둔다. 문제처리 방식은 이들 문제에 대해 '협약'이나 '권고'를 택하는 방식을 취하지만, 그것이 각국 정부와 자본가에게 구속력을 가지는 것은 아니다.[4] 이것은 자본의 입장에서 강제력을 가지는 WTO와 차별성을 가진다.

식민지 노동자들의 투쟁 라틴 아메리카 노동조합은 처음부터 반식민지와 식민지 노동운동이 가지는 특성을 지녀, 노동조합은 도시상인이 고용한 보통 직인뿐만 아니라 플란테이션에 고용된 다수의 농업노동자를 포괄했다. 제1차 세계대전 이전에 라틴 아메리카 노동자는 각 나라에 전국 조직을 건설하는데 성공했다. 페루(1884) 아르헨티나(1890) 쿠바(1890) 칠레(1909) 멕시코(1912) 볼리비아(1912) 엘살바도르(1914) 등이다. 1912년 멕시코 노동자는 사파타(Zapata)와 빌라

---

4) 한국은 1991년 12월 9일 ILO에 가입했다.

(Villa)의 지도 아래 멕시코 혁명에 참가했다.

라틴 아메리카의 사회주의는 뿌리가 깊다. 이들은 주로 이주한 산업노동자에 의존해 농촌지역에 영향을 미치지 못했다. 그러나 칠레 사회주의자는 3차례에 걸쳐 연립정부와 인민전선에 참가했다.

아프리카에서는 제1차 세계대전 이전에 오직 남아프리카에서만 노동조합운동이 일어났다. 광산노동조합이 1913년 2년간 연거푸 총파업을 감행했는데, 영국군은 이를 진압하고 무려 1만여 명의 파업노동자를 구속했다.

아시아의 노동운동 아시아 지역에서도 노동운동이 활발하게 전개되기 시작했다. 중국에서 1921년 결성된 중국공산당은 반제반봉건투쟁, 신민주주의혁명 운동을 전개했다. 1924년 제1차 국공합작을 했으나 1927년 4월 12일 장개석의 상해쿠데타로 국공합작이 무너졌다. 1928년 국민당 장개석 정권이 수립되었다. 1925년 6월부터 26년 10월에 걸쳐 홍콩과 광동의 노동자 25만명이 참가하는 대파업이 있었다. 1927년 농업노동자 다수를 포함한 중국 노동조합원 수는 모두 280만명이고 농민단체 가맹자수는 950만명에 이르렀다. 당시 중국의 공업노동자수는 단지 275만 명이었다(포스터, 1987, 142쪽). 모택동은 1931년 농촌에서 시작해 도시를 포위하는 전략을 가지고 강서 소비에트를 수립했다. 장개석은 중국공산당 군대에 대해 대규모 토벌작전을 펴고 1934년 강서 소비에트는 붕괴했다. 모택동은 대장정을 시작하는데 20만명이던 군사가 대장정이 끝난 뒤 3천명만 생존한 큰 희생을 치렀다. 1936년 제2차 국공합작을 해 항일투쟁을 고조시켰다. 1945년 일본이 패망한 뒤 공산당과 국민당 정부 사이에 내전이 일어났다. 결국 중국공산당이 승리해 1949년 중화인민공화국이 성립했다.

인도 노동운동은 영국 지배당국의 극심한 박해 속에서 발전해 1920년 전인도노동조합회의(AITUC)를 조직했다. 1947년 2월 인도가 대영제국 자치령으로 지위를 획득한 뒤, 전인도노동조합협의회는 공업국유화의 확대와 노동자 권리의 증대를 요구했다. 네루 정부의 완만한 국유화 정책에도 불구하고 그 무렵 철도 항공 우편 전신 전화사업과 몇몇 은행이 이미 국유화되었다. 파키스탄 노동자들은 1947년 인도에서 분리해 파키스탄노동조합총연맹을 결성했다.

필리핀의 경우 노동자들은 임금수준이 매우 빈약했고 노동시간은 하루 10~15시간에 이르렀다. 모든 식민지 국가에서와 마찬가지로 토착인민은 미개한 것으로 취급했다. 필리핀의 노동자 전국 조직은 1935년 조직되었으나 일본 점령 아래 일소되고 말았다. 필리핀은 1946년 미국으로부터 정식 독립하고 노동자회의와 필리핀노동자연맹을 결성했다. 1948년 필리핀 조직노동자는 45만명인데 그 가운데 30만명이 플랜테이션 노동자였다.

1926년 수마트라와 자바에서 돌발적인 노동자 파업이 일어났으나 네델란드 제국주의가 무자비하게 진압했고, 이들에게 협조하는 개량주의적 또는 우익민족주의 세력만이 합법적으로 존재할 수 있었다. 인도네시아 노동자들은 1946년 5월 20개 산업별 조직으로 구성된 인도네시아 노동조합연맹(SOBSI)을 결성했다. 이들은 네델란드 식민당국의 파괴 계획을 물리쳤고, 그 얼마 뒤인 1949년 인도네시아 인민은 제국주의자들을 물리치고 정치적 독립을 달성했다. 인도차이나에서 1928년 처음으로 노조가 결성되고 일본 점령 시대 게릴라 투쟁을 전개한 베트남 노동자들은 1946년 베트남노동조합회의를 결성했다.

1929년 한국의 원산총파업이 있었고, 조선노동총동맹의 조합원은 4만 4천명으로 추정된다.5) 그리고 전버마노동조합회의(1945), 실론노동조합연맹(1945 스리랑카), 전말레이시아노동조합연맹(1946), 샴

---

5) 이 부분은 W. Z. 포스터(1987, 256쪽)의 기록이며, 그는 제2차대전이 끝난 뒤의 상황을 "북조선노동조합연맹이 1945년 12월 결성되고 1948년까지 70만명의 가맹인원을 가지고, 남한에는 두 개의 연합체가 있었으며 32만 5천명의 인원을 헤아렸다"고 기록했다.

노동조합총연합(1947 태국), 히스타드루트(Histadrut : 유태인노동조합 1920) 등이 조직되었다.

1905년 명실상부한 제국주의 국가가 된 일본에서는 1897년 도쿄에서 철공 노조가 처음 생긴 이래 철도종업원, 인쇄공 등이 조직되었다. 1898년 철도를 정지시킨 대파업이 유명하다. 1901년 일본사회민주당을 창립했고, 사회주의자들은 러시아와의 제국주의 전쟁에 반대하고, 1904년 사회주의자정당의 대표인 가타야마 센(片山潛)(1859~1933)이 암스텔담에서 열린 제2인터내셔날 대회에 참석해 전쟁반대를 결의했다. 1936년 사회대중당은 태평양전쟁기간에 탄압을 받았다. 1947년 사회당은 제1당이 되고 가타야마 데쓰(片山鐵)가 연립정부의 총리가 되었다. 그러나 1948년 사회당은 소련편으로 돌아서는 혁명파와 미국과의 관계 개선을 주장하는 점진파로 분열되었다. 이들은 1950년 각기 일본사회당과 민주사회당을 결성했다.

코민테른과 프로핀테른의 전략과 방침은 아시아민족해방운동과 노동운동에도 큰 영향을 미쳐 곳곳에서 노조를 결성하고 그 연합체를 구성했다. 또 1929 프로핀테른은 범태평양노동조합 서기국을 중국 한코우(漢口)에 설치했다. 아시아 지역의 노동조합은 보통 범태평양 노동조합 서기국에 가맹했고, 한국 대표도 그 설립 협의회에 참석했다.(포스터, 1987, 140쪽) 이 협의회는 행동강령으로 임금인상과 노동조건 개선을 위한 투쟁, 증대하는 전쟁 위기에 대한 투쟁, 제국주의 침략에 대한 투쟁, 민족적 인종적 편견의 장애를 타파할 것, 노동조합의 통일을 위해 노력할 것 등을 결의했다.

냉전시대 노동운동의 분열 2차 세계대전 중 각국 노동조합은 반파시즘의 기치 아래 맺은 협력관계를 발전시켜 1941년 '영·소 노동조합위원회', 1944년 '프·소 노동조합위원회'가 만들어졌고, 영국과 미국 노동조합도 긴밀하게 협력했다. 이것을 바탕으로 1945년 10월 3일 파리에서 '세계노동조합연맹'(World Federation of Trade Unions

WFTU)이 창립되었다.

세계노련은 사회주의 국가와 자본주의국가, 신식민지 국가 등 사상과 이념에 관계없이 전세계 노동자가 모인 획기적인 국제 노동조합 조직이었고 국제노조연맹, 국제산업별 서기국도 이에 합류하지만 미국의 '미국 노동총동맹(AFL)' 등의 주요조직이 참가를 거부했다. 세계노련은 파시즘의 종결, 전쟁 근원과의 투쟁과 항구적인 평화의 확립, 임금생활 수준의 개선을 목표로 삼았다.

그러나 미국은 1947년 이후 냉전정책을 펴고 달러와 군사력을 이용해 유럽의 각국 정부에게 반소블록에 가입할 것을 요구했다. 그 대가인 마샬플랜(유럽부흥계획)은 각국의 독점자본주의에 대한 원조와 재군비를 위한 군사원조이었다. 이를 계기로 우파세력은 세계노련의 분열에 착수하고 세계노조연맹(WFTU)에 가맹했던 영국의 TUC와 미국의 CIO 그리고 세계노조연맹에 가맹하지 않고 있던 AFL(뒤에 CIO와 합병) 등이 중심이 되어 세계노조연맹과는 별도로 1949년 11월 런던에서 국제자유노조연맹(ICFTU)를 결성하고, 대한노총이 1949년 12월에 가입했다.

국제자유노련은 반공주의를 정치적, 사상적 원리로 삼았고, 미국을 선두로 한 제국주의국가들의 국제정책을 지지해 노사협조의 입장을 취했다. 국제 노동전선은 1991년 소연방 해체 때까지 세계노련과 국제자유노련의 양자로 크게 양분되었다. 이를 전후해 미국노동연맹(AFL)과 미국노동연맹산별회의(AFL-CIO)는 실리주의 노조운동의 상징이 되었다.

냉전의 격화에 따라 1947년 9월 유럽의 공산주의 당들은 유럽'공산당·노동자당 정보국(코민포름)'을 결성했다. 반면 사회민주주의 당들은 이에 대항해 같은 해 '국제사회당회의 COSISCO)'를 결성했고, 1951년 7월 '사회주의 인터내셔날Labour and Socailist International SI)'로 개편했다. 1956년 코민포름은 이러한 방식이 당시 실정에 맞지 않았기 때문에 해산했고 이후 세계 공산당들은 필요에 따라 국제회의를 열어 정책과 활동을 조정했다. 이 회의 가운데 가장 중요한 것은 1960년 모스크바에서 열렸던 세계 81개국 공산당 노동자당회의였다. 한편 사회주의 인터내셔날은 서유럽의 우파 사회민주주의당에 동유럽 국가들의 망명 사회주의자를 포함했고 전쟁 전의 제2차 인터내셔날보다 훨씬 더 우익적 경향을 강하게 띠고 마르크스주의와 결별해 민주사회주의를 주장하고 있으며 그 주요한 적은 제국주의가 아니라 공산주의로 삼았다.

이 과정에서 자본주의와 제국주의에 저항하는 흐름은 소련을 비롯한 사회주의권으로 집중되었다. 한편 소련은 1944~47년 2차대전이 끝날 무렵 적군이 진출한 모든 지역, 주요하게는 엘베강 동쪽의 유럽지역에 소련에 추종적인 공산주의체제를 마련하려고 했다. 그러나 소련 사회주의의 전제성이 드러나면서 그리스 유고슬라비아 알바니아는 소련 추종을 거부하고, 중국공산당도 소련과 결별하고 미국과 수교하면서 소련은 세계 노동운동에 대한 지도성을 완전히 상실했다.

중국은 소련을 사회제국주의라고 비판하면서 중소분쟁이 전개되었다. 소련과 동유럽 사회주의체제는 체제의 경직성에 의한 창의성, 자생력의 부족으로 생산력의 저하와 분배 왜곡에 따라 붕괴했다. 그 뒤 세계 자본주의는 미국이 단일적으로 지배하는 초국적 금융자본이 지배하는 체제로 변화했다.

서유럽의 사회민주주의 노동운동은 복지국가, 강력한 산별노조와 사회민주주의 정당에 근거한 노사정합의체제이다. 선진자본주의 국가에서 제국주의자들은 국내 노동자의 착취와 제3세계에서 획득한 초과이윤을 가지고 국내 노동자를 포섭하면서 유럽, 미국과 일본의 노동운동이 개량화되어 노사협조주의를 지향했다. 유럽 노동운동과 의회정치의 개량화는 제도정치권에 모든 것을 위임하기보다는 사회운동의 힘으로 제도정치를 강제할 수 있어야 한다는 교훈을 남겼다.(정병기, 2002,

92쪽)

　　일본은 1945년 패전 이후 맥아더 사령부에 의해 노조가 복원되었으나 냉전이 격화된 뒤 1955년 노사협조적인 체제를 갖추었다. 1960년대의 고도성장기에 평생고용 완전고용 기업별노조의 노사협조체제가 정착되었다.

　　1970년대 세계 경제의 국제화 물결, 달러시장의 팽창, 중앙은행의 긴축 통화정책, 재정적자 증대 및 경제 주축국의 국내 이율결정권 상실은 1980년대 초반에 이르러 '일국 케인즈주의 전략'의 유용성을 소멸시켜 사민당들에게 전통적 사민주의 전략을 포기하게 만들었다. 1970년대 중반 프랑스 이탈리아 스페인 공산당은 유러코뮤니즘을 형성했다. 이들 세 공산당은 68혁명 시기 소련의 체코 침공을 소련의 국가이익 추구라고 비판하고, 1970년 중반 자신들의 지지율 확대를 바탕으로 소련 공산당에 대해 독자노선을 걸었다. 유러코뮤니즘을 규정하는 핵심적인 이념은 민족적 의회주의적 공산주의 사상이다. 이탈리아 공산당을 선두로 프롤레타리아 폭력혁명과 그에 따른 프롤레타리아 독재를 포기해 더 이상 동유럽 현실 사회주의의 범례를 추구하지 않았다. 그러나 공산주의 정당으로 잔존하기는 했으나, 유러코뮤니즘 정당들은 구체적 집권전략에서 사민주의적 정당들과의 차별성을 명확히 하는데 실패했다. 1990년대에 이탈리아 공산당이 '공산주의' 이념을 당명과 강령에서 삭제하고 사회주의 인터내셔날(SI)에 가입하게 된 것은 이러한 역정과 관련이 있다.(정병기, 2001 참조)

　　1983년 6월 세계노련의 조직인원은 전세계 66개 국가 137개 조합에 1억 9천만명이었다. 세계노련의 활동에는 1947년 전아프리카 노동조합회의 개최, 1949년 아시아 대양주 노동조합회의 개최, 1954년 노동조합 권리헌장의 채택, 국제사회보장회의 개최, 1961년 국제노조 법률위원회 설치, 사회보장헌장 채택, 1962년 경제적 제결과에 대한 국제노조회의 등이 있었다. 그 밖에 국제자유노련에 호소해 미국의 베트남전 참전 반대 캠페인을 벌였고, 원수폭 금지 세계대회 등에 참가했다. 특히 1973년 제8회 세계노동조합대회에서는 다국적 기업의 진출에 의해 임금 고용 노동기본권이 불이익한 영향을 받는 것을 막기 위해 노동조합의 국제적 협력관계를 강화하고자 했다. 세계노련은 1989년 소련 현실사회주의 해체와 더불어 사실상 유명무실해졌다.

국제자유노련은 반공주의의 입장에서 노조에서 공산주의 배제, 노사협조에 의한 노동자의 생활 조건 개선, 미국 원조정책의 지지, 집단안보체제의 확립과 자유세계의 방위 등을 목표로 삼았다. 조직인원은 1983년 12월 현재 96개국 130개 조합 8539만명에서 소련 붕괴 후 1992년 1백17개국 164개 조합 1억 1,300만명의 노동자가 가입했다. 활동내용은 주로 서방측의 정책을 지지하는 것이고, 산하 조직에게 세계노련과의 교류를 금지했다. 그 밖에 자본주의 국가의 경제적 곤란을 해결하기 위한 가격과 시장에 관한 무역협정, 무역자유화, 저개발국에 대한 국제개발기관 설치 등을 지지했다. 그리고 가톨릭 계통의 세계노동자협회도 1983년 6월 73개국 84개 조합 1,500만명의 조직인원을 갖고 국제자유노련과 유사한 활동을 전개했다.

2) 68혁명 이후의 노동운동

68혁명과 노동운동 1968년 5월 유럽에서는 기존의 모든 질서를 불신하고 변혁을 지향하는 5월혁명이 일어났다. 1968년은 모든 대륙의 주요 도시 거리에서 갖가지 저항과 반란이 이어지면서 일상성, 자율성, 다양성과 차이의 인정 등 새로운 진보주의가 세계적으로 퍼졌던 해였다. 이름해 '68혁명'이다.[6)]

1960, 70년대에 들어서면서 세계의 노동자들은 베트남전쟁과 같은

---

6) 한국에서 일어난 한일협정 반대(1964), 3선개헌 반대(1969), 전태일 분신(1970) 등의 저항이 68혁명과 시기적으로 일치했다.

전쟁 위협과 공황을 탈출하려는 자본의 지배방식 전환에 위기를 느꼈다. 이러한 일은 북아메리카와 일본 유럽 중국 멕시코를 비롯한 여러 세계적 지역적인 현장들에서 새로운 변혁운동이 일어나기 시작했다. 미국의 학생운동 반전운동, 일본과 멕시코의 학생운동, 유럽의 노동자 학생운동, 중국의 문화대혁명, 1970년대의 여성운동 등이다. 파키스탄 학생들이 군부정권을 몰락시켰고, 일본7) 멕시코 그리스 등에서 학생들의 시위가 일어났다. 베트남전쟁은 미국 청년에게 기존의 생활방식과 생명에 위협을 주고, 중국 인민의 안보에 위협을 주고, 유럽의 청년과 노동자들에게 안보와 생명을 직접 위협하지는 않았지만 세계통화위기, 시장경쟁의 격화, 전쟁의 격화는 각 나라의 청년학생 노동자를 자극하기에 충분했다. 미국 영국 프랑스 독일 오스트렐리아 등의 청년학생들은 베트남전쟁 징병 소집장을 불태웠다. 그리고 동서 양쪽의 구좌파 즉 서유럽의 사회민주주의와 노동조합연맹, 동유럽 공산주의, 남의 민족해방운동 공동체가 대중에게 비판받았다. 즉 이 구좌파가 나약하고 부패했으며 지배세력과 공모하고 진정으로 소외된 계층에 대해 태만하고 게다가 오만해졌다는 것이다.

    68혁명 이후 주요한 변화가 일어났다. 첫째, 동서간의 군사력 균형이 바뀌지 않았음에도 동이든 서이든 남을 규제하는 능력이 제한되어, 미국도 베트남전쟁에서 결국 철수하게 되었다. 둘째, 연소자세대 여성 소수인종 등 종속적 지위집단들은 연장자세대 남성 다수인종집단의 통제에 저항했고, 부르주아와 프롤레타리아 독재 모두 위기를 겪었다. 1973년이래 부르주아독재는 남유럽의 포르투갈 그리스 에스빠냐

---

7) 1968~69년 일본에서는 가두투쟁의 실패 뒤 학생운동 활동가 중심으로 공산주의자 동맹 안에 '군대를 조직하고, 총과 폭탄으로 무장봉기'를 내걸고 1969년 적군파(공산주의자동맹 적군파)를 결성했다. 적군파는 결성 직후 무장투쟁 훈련을 하다가 대량 검거되고, 일본항공기 납치, 팔레스타인 해방인민전선과의 공동투쟁을 하며, 1980년대 말 소련과 동유럽 사회주의의 붕괴와 중동평화협상이 진전되면서 존립 근거를 잃었다.

(1975), 동아시아의 필리핀, 라틴아메리카의 브라질과 아르헨티나에서 민주정권에 자리를 내주었다. 특히 1970년 칠레에서는 인민연합의 아옌데가 대통령에 당선됨으로써 라틴아메리카 역사상 처음으로 좌파 정권이 탄생했으나, 아옌데 정권은 미국이 사주하는 반민주 쿠데타에 의해 3년만에 무너졌다. 셋째, 자본주의 세계체제 공간 영역 전체에서 노동의 자본에 대한 복종관계에도 변화가 일어나 전지구적 차원에서 노동통제의 안식처를 찾으려는 자본관리들의 노력은 점점 더 큰 좌절을 겪게 되었다. 1968년 자본관리들은 '쫓기는' 신세가 되어 버렸다. 그리고 이렇듯 커진 지리적 유동성은 자본관리들이 도망쳐 나온 곳에서는 노동자들의 반항적 기질을 둔화시키는 경향을 보인 반면에, 그들이 새로 자리잡은 제3세계 곳곳에서는 그 반대 효과를 일으키는 경향을 보였다. 1970년대 초만 해도 자본주의적 생산을 위해 핵심부 지역의 다루기 어려운 노동환경에 대한 유망한 대안을 제공하는 듯했던 많은 지역들이 노동소요 지역으로 변했다. 포르투갈 에스빠냐 브라질 이란 남아프리카 그리고 남한이 그러한 예이다.(이매뉴얼 월러스틴 외, 1994, 125쪽)

선진자본주의권 미국에서는 인권운동 학생운동 베트남전쟁반대 평화운동이 일어났다. 베트남전쟁은 미국이 군사행동을 통해 주변부를 강제로 세계질서에 편입시키는 데 한계가 있음을 폭로하는 하나의 전환점이었다.

현재 미국에서는 노조 대신 새로운 직업조직이 단체교섭을 대체하고 점점 임단투 자체가 사라지는 추세이다.

유럽의 신자유주의 세력은 포드주의의 축적 위기를 초국적화로 돌파하고자 했다. 유럽의 초국적 기업과 글로벌 금융자본이 주축이 된 신자유주의 세력은 시장자유화, 규제완화를 추진하고 국가봉쇄정책을 저지하기 위해 역내 비관세 장벽을 철폐하는데 주력했다. 기존의 산업화 세력은 시장점유율 잠식을 막기 위해 유럽연합 시장의 창설과 보호에 주력했다.

서유럽의 노동운동과 사회민주주의 정당은 1968년 5월혁명을 고비로 큰 변화를 겪었다. 노조와 공산당이 임금인상에 동의하면서 변혁을 포기하고 개량주의로 치달았다. 조직화된 노동세력을 대변하는 사민주의자들은 유럽통합을 통해 유럽 차원의 사회정책과 초국가적 단체교섭, 유럽연방 등을 실현하고자 단일시장, 사회헌장, 유럽 차원의 노사관계, 적극적인 거시경제정책의 결합을 공약했으나 가시적인 성과는 거두지 못했다. 이는 유럽 노동운동의 분열 등으로 사민주의자들의 지지기반이 약해진 데 원인이 있었다.(전창환, 2001, 381쪽)

서유럽에서는 구좌파에 대한 대안으로 환경운동 반핵운동 여성운동 신평화운동과 대안적 생활방식운동 등으로 대변되는 신사회운동이 일어났다. 서유럽의 녹색당은 신사회운동단체들이 독자적으로 추진한 정치세력화의 시도였다. 신사회운동은 어떤 측면에서는 지나치게 포괄적이고, 어떤 측면에서는 지나치게 특수했다. 한편으로는 세계 자본주의 질서의 탈피와 대안사회를 모색한다는 점에서, 다른 한편에서는 지역문제를 중심으로 각 지역 주민들이 조직화되어 지역정치를 감시하고 문제 해결을 시도하는 경우가 많았기 때문이다.

또 신사회운동은 기존정당이나 계급투쟁적인 운동체의 관료화를 비판하는 까닭에 비공식적인, 소그룹 중심의 조직방식을 통한 내부민주주의를 앞세우고, 이는 폭넓은 의사소통의 네트워크를 만드는데 기여했다. 신사회운동은 '사적인 것은 정치적인 것이다'라는 구호와 함께 등장한 '생활세계의 식민화'에 대해 문제를 제기했다. 즉 제도 정치영역에서 지배의 정당성 확보를 위해 사적인 영역이나 비제도적인 정치 영역이 동원되는 데 저항해, 생산영역 외에 일상세계에서의 혁명, 특히 가족관계나 남녀문제 그리고 생활방식에서 새로운 실험을 시도했다. 그 예가 1980년대 서유럽에서 일어난 생활공동체운동 동성애운동 대안문화운동 주택점거운동 등이다.(정현백, 2000, 49쪽) 이것은 '생활세계의 식민화'에 대한 저항으로 단순한 사회운동이 아닌 사회변혁운동의 성격을 띠었다. 68혁명 뒤 서유럽의 '자율운동'(아우토노미아, automia)은 정치를 전복시키는 힘을 지녔다.(조지 카치아피카스, 1999 참조)

프랑스와 이탈리아 노동운동의 위력은 1968년 이후 약화되었다. 1968년 5월 프랑스에서 구좌파의 주도 아래 다수 노동자 계급이 학생과 연합해 혁명을 일으키지만 대폭적인 임금인상, 대학생수를 늘리는 등의 교육정책 개량화 조치에 밀려 급작스럽게 종결되었다. 이탈리아 역시 1968, 69년 학생운동과 노동운동이 연대했지만 양적 요구의 충족으로 길들여지고 무력화했다. 프랑스와 이탈리아에서 노동자 파업의 주력은 초과 착취당하는 반숙련공이었는데, 이들은 종전의 블루칼라 노동자계급의 미숙련 숙련노동자계층에 비해 급속히 증가했다. 프랑스에서는 노동자들이 이주노동자들 공격하는 등 국수주의에 기대어 불만을 삭혔다. 유럽의 노조는 유럽 통합에 대응해 1973년 ETUC(유럽노조회의)를 조직하지만 유럽의 주류 노동운동이 제국주의적 수탈에 입각한 조합주의적 이익만을 추구하면서 유럽 내 각국에서 전개되는 신자유주의 정책 저지에 힘을 발휘하지 못해 국주수의적 경향을 유발하며 제3세계 노동자와의 조직적 연대는 아주 취약해졌다.

독일 정부와 함께 유럽통합을 주도한 미테랑 프랑스 사회당 정부조차 초기에 공약했던 반신자유주의 정책이 레이건과 대처 정부의 반대로 한계에 부딪치자 결국 1980년대 초 신자유주의로 정책을 전환하고 복지국가 정책을 포기했다. 유럽 사민주의 정권은 유고공습에 참가해 미국의 신자유주의 전략을 옹호했다. 프랑스 사민주의자들은 1990년대 후반에 와서 실업률이 12%(1997)나 되고 그 가운데 20%가 2년 이상 장기실업자가 되는 등 장기 고실업문제가 심각해지자 신자유주의 정책을 버리고 반신자유주의 정책으로 전환하고 주당 노동시간을 35시간을 단축하는 오브리법(1998)을 제정했다.

영국의 대처 정권은 1980년을 전후해 대대적인 민영화와 정리해고를 하는 한편 1984년에는 글래스고 탄광노동자들의 파업을 철저하게 짓밟았다. 당시 그녀의 "협상은 필요없다(There is no negotiation!)"는 말은 아직까지 보수당에게 금과옥조처럼 전해오고 있다. 레이거노믹스와 굳건한 힘의 동맹을 맺었던 대처리즘에 대한 기억이 민영화와 구조조정의 몸살을 앓고 있는 상황이 그녀를 떠올리게 한 배경으로 풀이된다. 대처 집권기간에 케인즈주의조차 버리면서 65만 종업원의 17개 거대산업이 사유화되었다. 노조운동은 8개의 반노조입법을 통해 타격을 받고, 복지국가는 체계적으로 침식되고, 소득과 물가에 관한 코포라티즘적 정책관행은 사라졌다. 블레어가 당수로 선출되면서 대처리즘을 계승해, 노동당정책은 완전히 우경화했다. 노동당은 보수당보다 더 고소득층의 정당으로 변했으며 정강정책은 이전의 사민주의적 색채마저 지워버리고 노조가 아니라 기업과 부르주아들에게서 정치자금을 지원받았다. 미국을 지원해 이라크전쟁과 아프카니스탄 공격에 가담하는 것에서 보듯이 영국 개량주의 세력은 지배자의 편에 서서 세계 지배의 헤게모니 가담과 이권 확보에 주력했다. 영국 노동당이 80년간 유지하던 당헌의 사회주의조항(조항 4)을 폐기하는 등 당 이념과 조직의 우경화가 가속화하자 이에 반대하는 세력은 따로 사회노동당(The Social Labour Party)을 결성했다. 특히 한때 50%를 넘던 노조가입률은 30%를 간신히 넘는 실정이었다.(고세훈, 1999, 13쪽)

스웨덴의 노조연합(LO) 등은 스웨덴 전체 430만 노동자 가운데 85%를 포괄하고, 집권 사민당과 협력해 낮은 실업률, 저소득층에 유리한 소득재분배와 복지제도(국민연금, 주택, 공공탁아제도, 교육과 의료의 무료 제공, 무상 공교육), 기업경영에 대한 노조의 영향력 증대를 꾀했다. LO는 강력한 조직을 바탕으로 산업 기업의 지불능력에 관계없이 '동일노동 동일임금'의 연대임금정책을 전개했다.(1976) 연대임금정책 아래 동일노동에 대한 동일임금이 지급되면 생산성이 낮아지고 이윤율이 낮은 기업은 경쟁에서 탈락하고 경쟁력을 갖기 위해 합리화와 기술개발을 꾀하게 되고, 이것이 스웨덴경제의 국제경쟁력을 제고시켰다. 경제성장에 대한 조세는 적극적인 사회보장정책을 가능하게 했다. LO는 기업에서 대주주의 영향력이 커지는 것을 막기 위해 1976년 임노동자기금을 채택했다. 이는 기업의 초과이윤에 대한 과세와 노동자들의 추가적 기여금으로 임노동자기금을 만들고, 이 기금이 기업의 주식을 매입해 대주주가 됨으로써 기업의 투자행위를 노동자들의 관할 아래에 두고 규모의 경제를 가능하게 하려는 것이었다. 노동자기금의 비중은 크지 않아 스웨덴 주식시장에서 10%의 주식을 매입할 수 있었다. 그러나 1990년대 들어 신자유주의와 노동시장 유연화의 세계화가 진전되면서 스웨덴자본의 해외고용비율과 해외직접투자가 급증했다. 1991년 집권한 부르주아 연립정권이 1984~90년까지 적립된 임노동자기금을 해체하면서 스웨덴모델은 한계에 이르렀다.(신정완, 2002, 317쪽)

일본의 노자관계는 기업 차원에서 타협에 의해 제약되는 미시적 코포라티즘을 갖고 작업과정과 지배구조에 노동자의 실질적 참여가 배제되었다. 이것은 독일에서는 사회적 계급타협(거시적 코포라티즘)과 도제제도를 통한 숙련형성을 바탕으로 지배구조에 노동자가 일정 범위 안에서 참여할 수 있는 것과 다르다. 일본 기업은 정부를 대신해 기업 차원에서 주택제공, 건강의료서비스 그리고 연금의 지불 등 사회적 복지를 제공했다. 그러나 이것은 전체 노동자의 30% 정도를 포괄하는 대기업에만 해당되었다.(홍영기, 2001, 116쪽) 일본의 이원적 경제구조 속에서 하위 기업들은 열악한 급료를 받는 여성들과 부분시간 피고용자들을 고용해 경제적 구조 조정과 매출액의 동요에 따른 위험감수를 모두 부담시키고 있다. 결과적으로 일본만큼 남성과 여성의 급료가 차이나는 곳도 없다.(벡, 1999, 437쪽) 노동과정의 측면에서 볼 때 도요타생산방식은 본질적으로 단순노동자를 많은 작업할당과 장시간노동으로 속박했다. 일본의 기업지배구조가 종신고용 연공서열 기업별노조라는 회사주의 시스템과 일본식 생산방식의 전근대성과 맞물려 기업경영의 안정성과 효율성의 기초가 되었다. 그러나 세계화와 더불어 이 시스템도 붕괴되기 시작했다.

일본의 노동조합은 기본적으로 생산직과 사무직을 포괄하는 기업별 노조의 조직으로 1989년 더욱 보수화된 일본노동조합총연합회(連合)을 설립했다. 같은 해에 이와 입장이 다른 전국노동조합연합(全勞連)과 전국노동조합연락협의회(全勞協)가 결성되었다. 일본의 노동조합운동은 10년을 넘는 장기불황 아래 악화되는 노동조건과 생활수준의 하락에 대해 아무런 대안을 제시하지 못하고 춘투마저 포기하는 사태가 속출하고 있다. 일본 노사관계의 특징인 종신고용제는 무너졌다. 그리고 일본의 주류 노동조합은 제3세계나 동아시아 노동자들과 연대에 나서지 않았다. 한편 노동운동이 다수 대중과 유리되면서 그 빈 공간은 생활협동조합운동을 주로 하는 주민운동으로 채웠다. 노동자생활협동조합운동은 1970년대에 시작되어 회원이 1980년 672만명, 1990년 1,410만명, 2002년 약 2천만명으로 늘어났다. 일본의 생협, 마을만들기 등 사회운동의 주류는 서유럽의 신사회운동이 그러하듯이 자본주의 체제 자체를 문제삼지 않았다.(정진성, 2001, 17쪽)

사회주의권 변화의 물결은 사회주의권에서도 일어났다. 사회주의권에서는 기득권층이 형성되어 애초의 변혁운동의 의미가 퇴색하고 민중은 저항했다. 권력을 잡은 변혁운동이 변혁의 대상이 되어버린 것이다. 소련은 산업화를 효과적으로 이룩했지만 소련이나 동중부 유럽국가들의 경제는 1970년에 들어서면서 나빠지고, 동중부 유럽 국가의 민중들은 소련의 정치군사적 간섭과 경제적 수탈에 저항하기 시작했다.

소련 폴란드 체코슬로바키아에서도 시위가 일어나 "현실 사회주의가 폭발"(타리크 알리, 2001, 363쪽)하지만, 소련은 체코에서 일어난 '프라하의 봄'을 탱크로 진압했다. 동유럽 민중의 요구는 뒷날 고르바초프의 개혁 개방 내용과 비슷했다. 민중봉기의 주된 이유는 생산과정을 공산당이 전면적으로 장악해 민중을 억압하고 새로운 인텔리켄챠가 자신의 기술적 능력을 효과적으로 전개시키거나 그에 상응하는 지위와 힘을 획득하는 길이 막혔기 때문이다.

1970년 이후 폴란드에서 일어난 노동자들의 투쟁은 계속 억압당했지만 결국 지배층은 밀리고 밀려 연대노조에게 정권을 넘겼다. 그러나 연대노조는 집권 뒤 스스로 혁신하지 못하고 이익집단화하고 관료화되면서 동유럽 사회에 대한 대안을 제시하지 못했다. 1968년 이후 소련의 억압은 동유럽 민중을 봉기시켜 1989년 동유럽과 1991년 소련 현실사회주의 체제의 붕괴로 나타났다.

중국에서 역시 유소기의 수정주의 노선을 비판하고 사회주의 노선을 주창하는 문화대혁명의 '조반(造反)'이 일어났다. 그 뒤 중국은 등소평의 주창으로 전제주의, 비능률, 사회제국주의의 모순을 비판하면서 생산력 향상을 위해 '개혁 개방'의 실용주의적인 사회주의 시장경제를 도입했다.(1978) 중국의 실험에서 생산성은 비약적으로 증대하고 국부는 증대하지만 개체호 사영업자 등 새로운 자본가 계급이 생성되면서 계급의 격차가 생기고 노동자의 생활이 곤궁해지고 도시에 유랑농민이 넘치고 있다. 자본가와 노동자 농민, 도시와 농촌, 해안과 내륙의 생활 수준에서 격차가 심해지고8), 일자리, 노동자의 재훈련, 주택문제에 국가가 책임지지 않아 사회주의 국가라는 이름이 무색하다. 이러한 문제는 마침내 1989년 6·4천안문 사건으로 폭발했다. 중국은 2001년 외자기업의 노동문제를 해결하기 위해 외자기업의 노동조합 조직과 활동을 강화하고 파업을 용인하는 법률을 제정했다. 중국공산당은 1당체제를 유지하면서도 노동자 농민에서 개인기업인까지 당원에 포함시

---

8) 중국사회과학원의 「당대 중국사회계층연구보고」에 따르면 10개 계층을 상대로한 여론조사에서 59.7%가 덩샤오핑의 '소수가 먼저 부자가 된다'는 '선부론'에 동의했으나, 계층간에 충돌할 수 있고(89.4%), 돈 있는 사람이 가난한 사람을 도와야 한다(81.4%)고 말해 부의 균형 문제가 중국 최대의 과제임이 드러나(『노동일보』 2002. 2. 4), 최근에는 '공동부유'의 문제가 제기되었다.

켜 유럽식 사회민주주의로 간다는 견해도 있다.

2001년 12월 중국의 WTO 가입 뒤 공기업의 사영화와 감원이 증가하면서 노동자들은 시위를 하고 독립노조를 만들었다. 2002년 헤이룽장성 다칭(大慶) 유전지대 노동자 5만여명이 구속노동자 석방, 임금 연금 지급을 요구하며 3주동안 농성을 하자 중국정부가 군대를 동원해 해산했다. 랴오닝시 노동자 1만여명은 해고중단, 체불임금 지급을 요구하며 한 때 시 청사를 점거하며 시위했다.[9] 2003년에 들어 노동자 시위는 한층 격화되어 요녕성 노동자들이 북경 천안문에 가서 시위를 하고 남부지방에서는 일가가 분신하는 사태가 일어났다. 산재문제도 심각해져 2003년에 1만 3천명이 광산 사고로 사망했다.

제3세계 1960년대 들어 제3세계가 대두했다. 민족해방운동과 제3세계 단결운동이 일어났다. 알제리아 등 아프리카 여러 나라의 독립과 쿠바사회주의 혁명이 있었다. 제3세계 여러 나라는 비동맹체제를 형성해 제국주의에 저항하는 민족해방운동을 전개했다. 베트남 민중은 유럽과 미국 제국주의에 반대하는 전쟁을 일으켰다. 제3세계 민중은 베트남 전쟁을 제국주의에 대한 투쟁의 창구로 보고 각각의 나라에서 시위 등의 방법으로 지배세력에 저항했다. 거기에는 제1세계에 대립하는 소련 중국의 지원이 있었다. 그러나 그 지원은 소련의 아프카니스탄 전쟁 수행에서 보듯이 곧 한계를 드러내고 제3민중은 국제적 연대가 약화된 채 스스로 민주주의 민족주의 민중주의를 지향하는 권력 쟁취 투쟁으로 전환했다.

1960년대 이후 전개된 개발과 독재에 대한 반성으로 민중들이 투쟁하고, 민주화 운동이 일어났다. 한국의 4·19, 파키스탄의 반독재 파업(1960), 필리핀과 한국의 피플스 파워(1980), 남미의 반미운동을 들 수 있다. 민주화운동은 노동자 학생 지식인의 연대, 나라에 따라서

---

9) 『한국일보』 2002. 3. 21.

는 부르주아와 연대했다.

　제3세계 특히 남미와 동아시아에 대한 다국적 자본의 투자로 산업화가 전개되었다. 그에 따라 형성, 성장한 노동계급은 노동조합을 조직하고 노동운동을 일으켰다. 남미의 브라질(1979, 1980), 남아공 필리핀 한국(1987)에서 노동자 대투쟁이 있었다. 이들 노동운동은 대중투쟁을 전개하고 투표를 통한 집권을 시도했다. 브라질의 노동운동세력은 다양한 시민운동 세력들이 연대해 정치세력화를 추진해 노동자당(PT)을 조직했다. 노동자당의 룰라가 대통령 선거에 나서지만 패배하면서 대중투쟁을 약화시켰다고 자평하며, 브라질 대중운동의 주도권은 노동운동에서 빈민운동 농민운동 주민공동체운동으로 넘어갔다. 미국과 자본은 제3세계 노동운동이 민족해방운동의 흐름으로 가지 않고 조합주의로 흐르게 하기 위한 방어 조치를 취했다. 제3세계 노동운동은 1990년 이후 초국적 자본과 신자유주의의 전면적인 등장으로 새로운 국면을 맞이했다.

　인종주의에 대한 반대가 미국 아프리카에서 일어났다. 아프리카에서는 반자본의 운동과 반인종주의 운동이 결합되었다. 미국의 흑인민권운동, 남아공의 인종차별 정책 반대운동은 1990년대 흑인의 참정권 획득과 집권으로 이어졌다.

　제3세계 민중운동이 가지는 또 하나의 성격은 반제국주의 운동이다. 1959년 피델 카스트로가 지휘하는 혁명군의 아바나 입성으로 쿠바 사회주의혁명이 이루어졌다. 쿠바혁명에 참가한 체 게바라(1928~67)는 그 경험을 총괄해 제3세계 인민의 반미제국주의, 인민해방투쟁은 민족해방전선(군)에 의해 조직된 농촌과 산악지대의 인민 게릴라 투쟁을 기본적인 형태로 삼아야 하며, 제2, 제3의 더 많은 베트남을 창조하자고 호소했다. 체 게바라는 1965년 4월 쿠바를 떠나 볼리비아로 가서 정부군과 싸우다가 CIA요원에게 총살당했다.(타리크 알리, 2001, 24쪽) 편협한 국경에 갇히지 않고 자본주의에 온 몸으로 저항한 체 게바라의 삶은 이후 제3세계 해방운동에 영향을 주고, 1990년대 신자유주의 공세 시기가 되면서 세계적으로 게바라 열풍으로 부활했다.

해방신학은 중남미 등 제3세계를 중심으로 일어난 신학으로 교회는 억압받고 차별 받는 이들의 해방을 위해 혁명에 참여해야 했다는 남미 가톨릭계의 교의에 바탕을 두었다. 해방신학의 중심은 페루이며, 체 게바라의 친구인 구스타보 쿠티에레스 신부가 『해방신학』에서 이를 구체화했다. 이 밖에 쿠바혁명에 참여한 사르데니아 신부, 콜롬비아 산 속 게릴라전에서 전사한 토레스 신부, 브라질의 카마라 주교, 엘살바도르의 로메로 대주교가 대표적인 인물이다. 해방신학은 1970년대 한국과 필리핀의 민주화운동과 한국의 민중신학 형성에 영향을 미쳤다. 로마 교황청은 1984년 해방신학을 탄핵하고, 1986년 한 발 물러서서 억압받는 사람들의 저항을 위한 무장투쟁을 인정하지만 마르크스주의 배척을 분명히 했다. 최근 쿠티에레스 신부는 세계화에 대해 "오늘의 세계화는 가난한 삶을 만들고 있다. 이들에 대한 관심과 구체적 행동이 없는 교회는 예수가 없는 회당이며, 이들과 연대하지 않는 사회운동은 부패한 정부처럼 썩어갈 것"10)이라고 했다.

1969년 집권한 리비아 혁명정권의 가다피는 노동자가 임금을 받고 있기 때문에 국가 위정자로부터 착취를 당하므로, 모든 착취 형태를 없애야 한다며 '비자본주의적 발전'(박현채, 1983b, 374쪽)을 지향하는 '자연적 사회주의'를 제기했다.(와르소 칼데론, 1990, 137쪽) 이란의 민중들은 친미 팔레비왕정을 전복하고 이슬람혁명정부를 수립했다.

그러나 제3세계의 변혁운동 일각에서는 개발과 야합하고 보다 낮은 계층을 소외시키고 제4세계 민중을 소외시키는 모순을 일으켰다. 자원도 자본도 기술도 없는 제4세계의 더 많은 민중들이 가난과 독재의 지배에 고통스러워했다.

---

10) 나효우, 「교육이 세계를 자유케 하리라」, 『한겨레21』 2002. 7. 17.

3) 지구화와 노동운동의 변화

1991년 소련 체제의 붕괴는 소련과 경쟁하며 핵전쟁을 막아야 한다는 강박에 시달리는 미국을 자유롭게 하고 세계는 자본기구와 미국 단일 지배 체제가 되고 신자유주의가 지배적 이데올로기가 되었다. 그러나 미국에 상대하는 소련의 존재가 없어졌지만 미국의 힘도 상대적으로 약화되었다. 세계는 미국 유럽연합 일본 또는 중국의 3강체제로 분할되고, 남북간 경제적 양극화가 강화되어 복잡해졌다.

초국적 자본에 대한 저항이 일어나면 이에 대한 미국의 보복이 뒤따랐다. 세계체제는 미국 헤게모니의 보호 아래 조직되고 초국적 기업들의 IMF와 IBRD를 통한 지능적이고 일사불란한 전술전환으로, 미국은 그 안에서 자본의 세계적 축적을 위한 기회를 극대화하고자 했다.

세계경제의 위축과 동유럽의 지도자들은 일국만의 독자적 발전이 불가능하다는 것을 인식했다. 사민주의 국가들의 계획경제, 중공업화, 사회주의적 동원, 전위적 단일정당에도 불구하고 그 경제적 성과는 형편없었다. 레닌주의식의 일국적 발전 역시 실패했다. 동유럽의 후계정권이 내놓은 정책은 대안이 못되었다.

제국주의 국가에서의 노동운동은 그 선진성에도 불구하고 개량주의적 성격을 겸하고 있다. 이것의 근거는 이들이 제국주의 침략에 협력하며 피식민지에서 오는 초과착취의 성과물을 나누는 데 있다. 이들은 제국주의에 대해 간접적으로 또는 직접적으로 지지하고, 행동하고 있다. 제1, 2차 세계대전 시기 제국주의 국가 노동운동이 그러했으며 ICFTU 또한 그러한 길을 가고 있다.

북의 노동운동 1970년 무렵부터 선진 자본주의 국가들의 노동운동은 더 이상 사회변혁운동의 대안이 아니었다. 신사회운동이 대두했다. 선진국에서 노동운동의 쟁점은 개량이나 변혁이냐로 구분되었다. 초국적 자본이 주도하는 현재의 자본주의는 국민국가의 범주를 해체하려는 경향을 띠고 있다. 분명히 국가의 권한은 해체되고 있다. 초국적 자본이 임금수준이나 장소를 가지리 않고 언제나 투입이 가능한 노동력을 가진 '유연화된 인간'을 선호함에 따라 선진국의 노동자들은 복지정책의 해체와 실업의 위험에 시달린다. 선진국 노동자를 더 이상 초과이윤에 뒤따르는 분배를 누리지 못해 일자리와 생존을 위해 투쟁에 나섰다. 프랑스 공공파업, 미국 팀스터 파업 등이 그러한 예다. 또 자국의 노동조건 저하를 막으려고 이웃 나라의 노동자 조직과 투쟁을 지원했다.

자본의 초국적화에 비교할 때, 선진국의 개량적인 노동운동은 일국주의를 벗어나지 못하고 자본의 지역주의에도 못 미쳤다. 오히려 제국주의와 결합하는 양상을 보였다. 유럽의 노동운동은 선진국의 정규직 중심이 된 노동조합은 국내에서는 비정규직노동자 실업자 이주노동자와 분절되고, EU 안에서는 각 나라의 노동조합과 분절되는 반면 유럽 또는 지구 차원의 노동자 연대에 대한 대안을 제시하지 못했다. 노동조합은 유러화의 도입으로 유럽연합 전체의 집단교섭이 가능할 것으로 보고 노조의 대형화를 추진하지만[11] 유럽 단위의 집단적 임금교섭은 이루어지지 않고 있다.

유럽 노조들은 지금까지 별다른 역할을 하지 못했던 유럽노조연맹(CES)을 구심점으로 결집하는 움직임을 보이고 있다. 공산당 계열로 다른 노조들의 태도와 거리를 두었던 CGT도 1995년 CES에 가입했다. CES는 현재 EU 전체에서 5천 9백만명의 노조원을 회원으로 확보하고 있다. 하지만 어느 노조도 자신을 발전적으로 해체하고 CES라는 초국가적 기구에 흡수 통합되기를 바라지 않는다. 노조원들의 요구조건이 궁극적으로 국내 문제이기 때문이다. 그만큼 유러생디칼리즘은 태생적 한계를 가지고 있다. 그러나 영국에 본사를 둔 유통기업 '막스 앤드 스펜서'

---

[11] 2001년 독일의 상업 금융 보험노조, 공공서비스 수송 교통노조, 미디어노조, 독일사무직노조, 체신노조의 5개 서비스노조가 통합해 노조원 320만명, 13개 분야 1,000여개 직업군을 포괄하는 세계 최대 노조가 되었다.

가 1996년 프랑스 독일 스페인 등 영국을 제외한 유럽 7개국에서 모두 철수하기로 결정해 유러생디칼리즘의 불을 댕겼다. 2001년 4년 4,400명 이상의 노동자가 일거에 일자리를 잃게 된 7개국의 주요노조들은 그 다음 달 초순 런던에서 폐쇄결정 철회를 요구하는 시위를 벌였다.

반면 자본은 지역 단위 연대를 활발히 했다. 서유럽의 EU, 북중미의 NAFTA, 북미 동아시아의 APEC, 동남아시아의 ASEAN, 남미와 아프리카의 자유무역 협정 등이 그 예이다. 동아시아에서 동아시아자유무역협정이 체결될 것으로 예상된다. 이에 비해 노동자의 지역내 연대는 부진하거나 아예 이루어지지 않고 있다.

EU는 1996년 다국적 기업의 사회적 덤핑을 방지하기 위한 유럽노사협의회(Works Council)를 출범시켰다. 정리해고에 대한 사전대비책을 노동자들에게 부여하겠다는 뜻이다. 노사협의회 설립은 권고규정이다. 그러나 소속사 노동자들이 협의회 구성을 요청할 경우 반드시 이에 응해야 한다. 설립대상 업체는 유럽 내 전체 종업원수가 1,000명을 넘는 기업 가운데 2개국에 최소 150명 이상을 고용한 기업에 국한되었다. EU 안에서 노동자의 연대에 대해 각국의 노동조합은 자국의 노동 기준이 EU의 그것에 비해 어느 정도냐에 따라 대응했다. 독일의 노동조합은 무심하고, 영국의 노동조합은 유럽의 수준을 밑도는 노동조건을 향상시키기 위해 유럽노조연맹(ETUC) 활성화에 한 가닥 희망을 걸고 있다.

북중미에서는 NAFTA 내부 노동자가 공동의 운명임을 인식하기 시작했다. 미국의 노동조합이 저임 노동을 찾아 멕시코 등지로 간 자본을 뒤쫓아가 섬유 등의 노동자를 조직했다. ILO가 총 2,700만명을 고용하고 있는 전세계 850개 수출전용지역을 조사한 결과, 이런 곳에서 자유로운 노동조합과 최저노동기준의 존재는 '극히 드물다'는 사실이 드러났다. 이렇게 많은 수의 미조직 노동자들은 대부분 개발도상국에 집중되어 있지만 수백만명은 선진산업국에 살면서 일했다. 전세계의 수많은 미조직노동자들 때문에 의류산업 노동조합은 '일을 따라 노동자가 있는 곳으로 간다'. 과거 미국에서 뉴욕시의 노동자들이 노동조합을 조직한 뒤 제조업자들은 값싼 노동력을 찾아 이동해 중서부의 필라델피아까지 옮겨가자 노동조합도 그 곳으로 따라갔다. 이와 마찬가지로 기업체들은 지구의 반바퀴를 돌아 생산지를 옮김에 따라 국제적으로 최저노동기준의 설정을 필요로 하게 되었다.

미국의 노동운동은 이제 미국 남부 국경선을 넘어 인근 국가의 노동운동을 지원하는 일을 했다. NAFTA 역내 멕시코 미국 캐나다에는 약 200만 의류관련 노동자가 있었다. 미주에서 섬유노동자들이 역내 섬유노동자의 노동조건 유지 향상을 위해 노력했다. 전미피복의류섬유노조(UNITE)는 국제산별노련인 국제섬유의류피혁노조총연맹(ITGLWF)과 함께 지난 5년간 중앙아메리카와 카리브해 연안의 50만 섬유산업 노동자를 조직화하기 위해 노력했다.

유럽 프랑스를 중심으로 일자리 나누기 움직임이 커졌다. 프랑스는 주당 노동시간을 40시간에서 35시간으로 줄이는 오브리법을 제정하고, 독일은 폴크스바겐의 노동시간 단축처럼 기업 차원에서 노동시간을 단축했다. 1997년 12월 프랑스 실업자는 정부의 노엘(=크리스마스) 상여금 동결 조치에 항의하면서 실업자 보조금을 관리하는 ASSEDIC(상공업고용협회)12)와 프랑스 최고의 엘리트 학교인 에콜 노르말을 점거해 실업자 특별 보조기금 10억 프랑(약 2,500억 원) 조성안을 쟁취하고 나아가 '사회적 최저생계비 인상' 요구로 발전해 실업자 복지 혜택을 확대하는 반소외 법안을 쟁취했다. 실업자 투쟁은 실업자를 '일자리를 박탈당한 노동자'로 규정하면서 노동운동이 제기하지 못한 소외 문제를 본격적으로 제기했다.(최연구, 2000, 156쪽) 사회학

---

12) 이 조직은 전국경영자총평의회와 노조간의 협정으로 만들어져 UNEDIC(상공업 부문 고용을 위한 직종간 전국연합) 산하에 있으면서 실직수당, 실업자보험 등의 업무를 담당했다.

자 알랭 투렌은 "1995년 파업이 후위운동이라면 1997년 투쟁은 전위운동이며, 정작 역사적 중요성을 가지고 있는 것은 1997년의 실업자 투쟁"이라고 했다.

독일의 녹색당은 국유화와 과잉생산, 그리고 제3세계에 대한 산업주의의 수출에 반대했다. 이른바 국제노동분업 체제 아래 제3세계 국가들의 산업과 농업은 대외원조와 국제은행들의 부채에 의해 통제되기 때문에 결과적으로 대규모의 부채를 초래했다. 제3세계 국가들은 자신의 부채를 상환하기 위해 기아임금에 의존하는 수출을 증대시켜야 했다. 이처럼 대규모의 빈곤이 대외의존적 경제의 토대가 된 상황에서 선진국과 제3세계의 바람직한 협력에 입각한 무역관계는 불가능해졌다. (스프레트낙·카프라, 1990, 159~161쪽)

남의 노동운동 유럽 미국의 제조업이 제3세계로 이전하면서 제조업 부문의 노동자가 증가하고 노동운동도 활발해졌다. 중국 브라질 한국 남아프리카에 존재하는 산업 노동자들은 노동조합을 조직하고 근로조건 개선과 사회의 민주화를 위해 투쟁했다. 각국 노동자들의 투쟁의 근저에는 자본에 대한 저항과 각기 나라별로 특징이 있다. 한국은 오랜 외세의 지배와 분단에 대해 자주와 통일 요구가, 남미에서는 방대한 빈민 투쟁의 동력과 미국 지배 반대가, 남아공에서는 인종주의에 대한 반대가 그것이다. 이들 나라에서는 1989년 이후 공산주의자가 붕괴하자 어떤 숙명론과 사회의 현 질서를 받아들이는 태도가 발생하기도 했지만, 자신의 조건을 변혁시키기 위해 투쟁했다.

선진국의 노동운동은 제3세계에 참고가 될 수는 있으나 모델이 될 수는 없다. 한국에서도 노동조합운동이 천민자본과 대립 의존하는 관계, 아제국주의적 경향과 아울러 선진국의 노동운동을 추수하는 경향이 있다. 이러한 견해는 IMF 사태 이후 비정규직 노동자가 급증하면서 약화되고 있지만 바탕에는 이런 문제의식이 있다.

한국은 남과 북의 중간에 위치해 지배층은 북의 입장에서, 노동자

민중은 남의 입장에 서게 되었다. 노동자 민중은 초국적 자본에 대해 저항하지만 세계의 열악한 노동조건에 시달리는 다수의 제3세계 노동자와 소수의 선진국 노동자의 어려움을 대변하려 하지 않았다.

동유럽 지역에서는 전반적으로 옛 공산당 세력이 우위를 점했다. 소련과 동유럽에서는 자본이 등장하지만 사회주의와 평등에 익숙한 대중의 요구에 따라 자본주의도 사회주의도 아닌 절충적인 정치 형태가 자리잡았다. 1970년 12월 동유럽 폴란드 그다니스크를 비롯한 발트해 연안 3개 도시에서 조선노동자들이 격렬하게 파업을 했고, 폴란드 정부는 계엄령을 선포, 강제 진압해 최소 44명이 숨지고 1,200여명이 다쳤다. 그러나 폴란드 연대노조는 동유럽 사회주의의 전제주의를 반대하고 민주화를 요구하지만 노동계급의 입장을 반영하지 못하고 자본주의화를 지향하는 한계가 드러났다. 그다니스크조선소 파업을 이끈 레흐 바웬사는 냉전 해체 뒤 1990년 대통령에 당선하지만, 계속되는 인플레와 빈부격차 확대로 1995년 대선에서 좌파연합당의 알렉산더 크바스니에프스키에게 패배했다.

개별 나라의 중요한 투쟁에는 남아프리카공화국 노동자의 인종차별 철폐, 멕시코 사파티스타의 투쟁(1994), 프랑스 공공부문 노동자의 투쟁(1995), 한국 노동자의 총파업(1996~97), 인도네시아노동자의 투쟁(2000), 아르헨티나 노동자 총파업(2002) 등이 있다. 자본운동의 세계화에 맞선 세계 노동자의 신자유주의 반대투쟁이 1999년 시애틀 시위를 고비로 전세계적인 네트워크를 형성하며 전개되었다. 초국적 자본은 시애틀 시위 이후 제3세계의 부채 상환의 유예 감면 조치를 취하고 토빈세의 도입을 고려했다. 이러한 양보는 초국적 자본의 붕괴를 막으려는 몸짓이며, 아직 구체적인 조치로 이어지지 않고 있다.

제4세계[13] 민중으로 불리는 멕시코 필리핀 등의 무토지 농민의 토

---

[13] 1974년 유엔자원총회에서 중국 대표 등소평은 미·소의 초대강국을 제1세계, 일본과 유럽을 제2세계, 중국을 포함한 개발도상국을 제3세계라고 불렀다. 그는 또 제3

지 점거 운동과 같은 저항이 일어났다. 북과 남의 어느 나라에서도 정치적 경제적으로 배제된 제4계층이 존재했다. 이들은 프랑스 무주택자의 주택점거 운동과 같은 제4세계 민중운동과 흡사한 운동을 전개했다.

2002년 브라질 대선에서 노동당의 루이스 이나시오 룰라 다 실바가 대통령에 당선되었다. 실바 정권은 전투기 구입 비용과 부자에게서 더 거둔 세금으로 빈곤층에게 직접 식생활비를 지급하는 '포미 제로(fomy 0) 프로젝트를 추진하는 한편 외환의 이탈을 방지하기 위해 환율안정 조치를 취했다. 이로서 2002년 남미에서 좌파가 집권한 나라는 브라질 에콰도르 볼리비아 베네주엘라 그리고 쿠바였다.

국제주의의 재등장 소련 사회주의 붕괴와 더불어 그 이전의 세계노련 등으로 대표되는데 초국가 단위 노동운동은 무너졌다. 그러나 세계화와 더불어 IMF 세계은행 WTO로 대표되는 초국적 자본과 미국의 노동운동에 대한 공격이 심화되면서 노동운동의 국제적 연대와 조직의 중요성이 인식되었다. 세계 노동운동의 전개는 한국뿐만 아니라 세계 민중이 사회의 주인이냐, 노예적 삶이냐를 가름짓는 중요한 고리가 되었다.(김수행, 1998 참조)

국경을 가로질러 노동자들이나 현장 노조활동가를 연결시키려는 시도는 1970년대부터 시작되어 1990년대 중반에 이르러 국경을 넘나드는 활동은 점차 남과 북의 많은 나라 노동운동가들에게 공통적인 현상이 되었다. 남북의 선을 가로지르는 연계는 TIE(초국적 정보교환, Transnational Information Exchange), 아시아태평양노동자연대회의(APWSL, 1981년 조직), 여성과 여성(Mujer a Mujuer), 미국-과테말라 노동교육사업(US-GLEP), 마퀼라도라 정의를 위한 연합(CJM) 등이 있다. 이러한 노력 가운데 TIE는 전 세계를 포괄하고, 생

세계 가운데 자원이 많은 나라와 없는 나라 사이의 입장 차이가 1974년 2월 회교국 수뇌회의, 3월 비동맹제국회의, 개발도상국 77개국그룹회의에서 표면화하는데, 자원도 없고 공업화를 위한 자본이나 기술도 없는 35개국의 후발개발도상국을 제4세계라고 불렀다.

산연쇄 개념을 실제적으로 활용하여 사회운동 노조주의의 명확한 분석과 발전된 개념으로 이끌었다. TIE는 1970년대 후반 유럽에서 벌어진 보수주의 물결에 대응해 1977년 세계교회협의회(WCC)의 후원으로 나이로비에서 개최된 초국적 기업과 제3세계에 관한 회의에서 조직되었다. TIE는 브라질과 아시아의 새로운 노조운동, 혹은 오래된 북쪽의 노조들내의 반대세력에 기초해 린 생산방식에 의해 발생하는 작업장 문제와 사회 문제에 공통적인 접근해, 산업노동자들뿐만 아니라 유럽의 대체로 조직돼 있는 실직노동자, 인종주의와 다운사이징과 이주 이후 부상하고 있는 이민노동자의 권리 문제에 많은 관심을 기울였다.(킴 무디, 1998, 405~434쪽) TIE에는 아시아의 APWSL, 독일의 '비판적 노조 활동가 모임(KG)', 프랑스의 '연대/통일/민주(SUD)', 이탈리아의 '노조의 본질(Essere Sindacaro)'이 참여했다.(정병기, 2002, 88쪽)

1999년 시애틀시위는 반신자유주의 투쟁의 신호였다. 그 뒤부터 초국적 자본가와 제국주의자들이 모이는 곳에는 노동자 민중의 반대행동이 일어나고, 일상화되었다. 2001년부터 브라질 포르투 알레그레에서 열린 세계사회포럼(WSF)(2002)에 모인 150여개국 대표들은 신자유주의 경제모델이 가져오는 노동자 권리와 생존권의 파괴, 해고 임금삭감 살인적 노동 강요, 빈부의 격차, 인종차별, 폭력, 불의에 반대하고 토빈세 도입, 전쟁반대 등을 요구했다.

노조조직과 관련해, 지난 30년 동안 선진국의 노동조합들은 기업과 함께 성장하고 반공의 도구가 되면서 번영의 혜택을 분배받았다. 그러나 소련이 붕괴된 뒤 노동조합은 정치적으로 사용가치가 적고 기업의 이윤 창출에 장애가 되는 것으로 비쳐졌다. 대기업이 초국적 기업이 되어 노동조합을 압박하면서 노동운동은 더욱 국제주의적이게 되었다. 기업은 노동자들의 임금 인상 요구를 막기 위해 외국으로 기업을 옮기나 기업자체가 외국회사인 경우가 많다. 노동자들은 해외의 조건이 국내의 노동전망에 분명히 영향을 준다는 사실을 알았다. 이에 대항해 노동조합도 국제적으로 연대하기 위해 국경을 넘었다. 노동조합은 초국적 자본인 사용자의 실상과 취약점을 정확히 알고 압박하기 위해 전세계의 노동자와 노동조합과 네트워크를 구축했다. 노동조합은 지구화된 경제 안에서 고용주의 민첩성과 기동성에 반드시 대응해야 했다. 몇 년 전 AFL-CIO 소속 2/3 이상의 조합들이 통상적인 업무의 일환으로 국제연대활동을 벌이는 것으로 나타났다. 국제자유노련 내부에서 한국의 민주노총은 남아공의 COSATU, 네델란드 노총, 브라질의 CUT와 함께 소수파를 형성하지만 남북간의 모순 해결 시도와는 거리가 있다. 자본 중심의 아시아 태평양의 블록화에 맞선 아시아 노동운동과의 연대활동에는 아시아 태평양 노동자연대회의APWSL, 아시아여성노동자연대CAW, 남반구노동조합연대 등이 있다.

한국의 노동운동은 96~97총파업을 계기로 국제연대투쟁이 급속도로 확산했다. 이 때 오스트렐리아의 부두노동조합은 한국 정부가 명동성당에 공권력을 투입할 경우 한국 화물의 하역을 전면 거부하기로 결의했다. 원진레이온 노동자들이 1994년 6월 '원진레이온 살인기계 중국 이전 반대 대책위원회'를 결성하고 가동을 중단하고 폐기하는 이황화수소 발생 기계설비의 중국 이전에 반대하는 투쟁을 한 것은 노동자들이 국가주의 민족주의를 극복한 사례이다.

한국 노동조합의 국제자유노련을 통한 산업별 국제노련(ITS)과의 연대에는 사무노련 대학노련 전문노련의 국제상업사무노련PIET 가입, 건설노련의 국제건설노조연맹IFBWW 가입, 언론노련의 IFJ 가입, 전교조와 한교총의 세계교원노조총연맹EI 가입 등이 있다. 2001년 1월 창설된 국제노조네트워크(UNI)는 가입노조가 정보통신 금융 미디어 부문의 약 1,000개 노조, 노조원 총수는 1,500만명이었다. UNI는 세계화는 전세계 노동자의 희생 위에 기반하고 있다고 지적하고 노동자의 권리가 보장될 수 있는 공정하고 안정된 경제체제를 수립하자고 했다.

개별 자본내 노동자의 투쟁도 전개되었다. 전미운수노조(IBT)의 18

만 5천 조합원이 참여한 1997년 UPS 파업은 2주간 파업을 승리로 이끌었다. UPS는 미국 배송업계의 선두주자로 파업을 견딜 수 있었는데, IBT는 UPS가 극심한 경쟁상태에 있고 유럽시장 진입을 극히 중시했다. IBT는 지구화된 조직구조 안에서 취약점인 유럽을 공략했다. 프랑스 운송노동조합이 파리 오를리공항의 UPS분소 폐쇄 계획을 추진하면서 협상은 타결되었다.(제이 마저, 2000, 137쪽) 코카콜라, 맥도날드 산하 노동자들은 국제적 연대 투쟁하며, 국제적 배송업체의 한국지사인 페덱스코리아(2001) 파업에는 다른 나라 사업장 노동자가 파업파괴자로 한국의 현업에 배치되었다.

자본주의체제 아래 지구의 생태환경의 치명적 파괴가 예측되는 가운데 생태환경운동의 측면에서도 자본주의의 한계가 분명해졌다. 녹색당 그린피스 등 생태환경 조직이 국제적으로 활발하게 활동했다. 국가권력이 초국적 자본에 봉사하는 대신 자국의 노동자 민중을 위해서는 무기력한 모습을 보였다. 반권력 반중앙집권의 인식이 높아졌다. 체제로서의 사회주의가 무너진 뒤 대안의 실험으로 미시적 공동체운동이 활발하게 일어났다. 세계 노동운동에서 대안의 모델은 없다. 변혁운동의 전략이 없다면 자본주의 세계경제가 해체되는 때가 오더라도 좋은 방향으로의 변혁을 보장해줄 어떤 보이지 않는 손이 있다고 굳게 믿을 근거는 없다. 그 대안 전략의 모습이 궁극적으로 무엇인지 아직 알지 못하는 가운데, 대안을 다양하게 모색하고 있다.

3. 한국사회의 성격과 노동운동의 조건

사회구성은 노동자계급 민중의 삶을 객관적 보편적으로 표현하며 사회구성의 규정에 따라 요구와 대안 그리고 투쟁 과제도 정해진다. 어떤 사회구성에서 피지배자계급은 사회구성 체제가 변화해야 신분이 변화하고 해방되는 것이며, 체제 안에서 신분상의 변화나 약간의 이동은 이들의 삶 전체를 통해 변화를 줄 수 없다.

우리 사회 각 시대의 사회구성체는 역사적으로 조선 후기의 봉건사회, 개항기의 반식민지사회, 일제하의 식민지 자본주의, 미국 지배 하의 반식민지 자본주의, 최근의 초국적 자본이 직접 지배하는 자본주의, 여섯 시대로 대별된다.

첫째, 조선 후기 봉건시대에 도시의 발달, 대토지 경영, 공산품 수요의 증가, 유통업의 발달, 농민계급의 분해와 이농의 증가, 이앙법의 보급과 노동과정의 변화, 도시 노동자와 빈민의 증가와 같은 자본주의의 맹아가 발생했다.

둘째, 조선 말기 조선 사회가 봉건주의의 질곡을 넘어 새로운 지배계급을 형성하기 전에 일본 등 제국주의의 침략을 받으면서 자생적인 자본주의 발달의 흐름이 끊기고 반식민지 상태가 되었다.

셋째, 한국은 일본제국주의의 식민지가 되면서 종래의 자본주의 맹아는 질식되고 식민지 자본주의가 자리잡았다. 식민자본주의 아래 노동자의 과제는 자본주의 모순의 극복, 민족해방의 달성, 봉건잔재의 청산이었다.

넷째, 미군정에서 4·19혁명 이전의 시기이다. 미국의 군사지배, 분단, 원조와 독재, 6·25전쟁에 따른 생태환경의 파괴가 특징이다. 이 시기에 미군의 점령정책과 친일파의 득세 아래 미국식 자본주의가 식민주의와 결합해 정착했다. 1948년 냉전체제 이후 미 원조(PL408), 차관 경제가 한국에 자본주의 체제를 정착시켰다.

다섯째, 개발독재 시대는 산업화, 노동계급의 증대와 독재, 아제국주의적 경향, 즉 제3세계 노동운동이면서도 선진국 자본주의의 성격을 부분적으로 함께 띠었다. 한국의 노동운동은 1980년대 한국 자본주의가 아제국주의적 양상을 띠면서 자본의 이익을 제한하지 않는 한계 내에서 투쟁을 사실상 제한했다.

여섯째, 초국적 자본의 지배시대는 초국적 자본이 직접 지배하며 국내 자본과 결합하는 시기이다. 정규직 비정규직 노동자 문제가 대두했다. 국내외 이주노동자가 증가하고, 국제연대의 활성화를 요구했다.

한국사회는 조선 후기 자본주의 맹아가 일제의 침략에 의해 무너진 뒤 일본과 미국에 의해 연이어 지배되는 가운데 자본주의와 식민주의가 혼재되는 방향으로 전개되었다. 현재 한국의 자본주의는 선진 독점자본의 하청 고리에 해당되며, 거기에 대외의존과 분단의 모순을 안고 있다. 따라서 한국사회는 자본주의, 식민주의와 분단을 기본 주요모순으로 하되, 봉건주의와 아제국주의 경향을 동시에 가지고 있어 제3세계 노동운동이면서도 선진국 자본주의의 성격을 부분적으로 함께 띠고 있다.

한국의 노동운동은 자본가계급과 노동자계급, 제국주의와 식민주의, 분단과 통일공동체, 아제국주의와 식민주의의 모순을 해결해야 하는 과제를 가지고 있다. 노동해방의 내용은 이런 것이다. 따라서 한국의 노동운동은 자본과 외세의 중층적인 착취 수탈 폭력에 저항할 수밖에 없다.14) 동시에 우리가 아직 진보적인 또는 계급적 이해관계에 토대를 둔 정당정치가 뿌리를 내리지 못한 사회에서, 서유럽이 이미 70~80년 전에 경험한 의회민주주의의 실험, 후기자본주의 사회가 동반한 핵위협 전쟁 지구화 성차별 등에 대한 저항운동까지를 노동자 민중운동이 함께 끌어안아야 하는 현실이다.

따라서 한국사회에서 노동운동의 과제는 역사적으로 노동자와 자본 사이의 모순을 기본모순으로 해, 식민지(반식민지), 분단과 평화의 정착, 생태환경의 문제 등이 부차적인 모순이라고 할 수 있다. 노동운동의 이념 또한 반자본, 민족해방, 자주와 통일, 평화, 그리고 초국적 자본에 반대하는 세계와 제3세계 노동자의 연대이다.

---

14) 김동춘은 '한국노동자의 현실적 상태와 그를 둘러싼 조건'에서 식민지, 분단국가, 국가주도의 산업화라는 특수한 역사적 조건에서 형성된 노동자 계층과 이들을 둘러싸고 있는 현실적 상황이라고 분석했다.

 자본주의 맹아시기의 임노동자

이 장은 한국사회에서 임노동자 계급의 기원에 맞추어 서술한다. 초국적 자본의 도전기에 들어서고 국민국가의 해체 경향이 전개되면서 일부 논자들은 우리 사회에서 자본의 축적과 노동자의 발생이 외래 자본의 도입에서 비롯되었으며, 세계화 논리에 따라 민족 존재는 이미 끝났다고 말하고 민중의 주체성을 부정하는 논리를 펴고 있다. 이에 대해 우리 사회에서 임노동자의 기원과 계급 형성의 맹아와 내재적 발전의 사실을 찾는 것은 임노동의 뿌리를 찾는 것과 아울러 21세기에도 우리 사회가 주체적으로 발전할 수 있는 논리적 근거의 하나를 찾는 것이다.

1. 자본주의 맹아의 개념과 쟁점

1) 자본주의 맹아 개념의 의의

자본주의는 화폐 상품 자본 그리고 임노동자의 존재를 가진 사회적 생산양식을 말한다. 자본주의 사회에서는 자본(가치증식을 목적으로 하는 가치) 또는 자본의 화신인 자본가가 지배하는 사회이다. 자본주의 사회는 자본가가 생산수단을 소유하고 생산물을 자기 마음대로 분배하고 처분하며 노동과정을 조직하고 지휘한다. 자본이 자기의 가치를 증식시키려면 노동자를 착취해야 하기 때문에, 자본가와 노동자 사이에 절대적으로 형성되는 적대관계는 자본주의 사회의 기본적인 계급관계이다. 이것이 바로 자본주의 사회의 기본구조이다. 이 구조 안에서 자본가는 노동자를 착취해 더 많은 이윤을 얻으려 하고 노동자는 단결해 착취에 대항하고 해방을 향해 투쟁한다.

자본주의 맹아는 무엇인가? 그것은 첫째 자본주의 맹아는 하나의 점진적 과정으로 수백 년을 거치는 봉건사회 내부의 희소한 존재이었다. 그것의 출현은 때로는 폭력적, 원시적 축적을 필요로 한다. 둘째 자본주의 맹아는 일종의 생산관계로 한 공장, 한 상점을 열거해 규명하는 것이 아니다. 그것은 일종의 사회관계로 독립적으로, 개별적으로 볼 수 있는 것이 아니다. 이 생산관계는 봉건사회 말기에 사회경제가 일정한 단계로 발전했을 때 나타난다. 셋째 자본주의 맹아는 일종의 선진적 생산관계로 그것은 새로운 생명력을 가진다. 맹아는 일단 생성되면 그것을 중단시키려는 요소를 물리치고 중간에 요절하지 않고 새로운 생산방식을 이끌어 내고 연속성을 가진다. 다시 말해 자본주의 맹아는 자본주의로 발전할 가능성을 의미한다.

유럽과 미국에서 자본주의 맹아는 원시시대 노예제와 기원을 같이 한다. 역사가 매우 오랜 요소이다. 유럽에서는 로마의 노예에 의해 경작된 거대한 토지소유—라티푼디아—를 기초로 한 경제제도에 그 기원을 두고 있다.1) 먼저 로마에서는 고대 상업의 발달, 화폐의 넓은 유통, 도시 발달과 더불어 세력을 형성한 상인들은 영주의 징세에 맞서 상인조합(길드)을 만들고 수공업자는 수공업 길드를 조직, 무력도 갖추어 자유로운 상업 수공업을 추구했다. 농노도 영주의 수탈을 벗어나 도시로 나갔다. 당시 "도시의 공기는 인간을 자유롭게 한다"는 말도 생겼다. 이에 따라 다양한 곡물의 생산, 과일 채소의 재배, 산림과 목초지의 개

---

1) 칼 마르크스는 유럽에서 자본주의의 일반적 기원을 16세기로 잡았다. 이 시기 이전에는 5세기 무렵 로마제국의 붕괴 이래 봉건제가 유럽의 기본적인 사회체제였다. 그러나 자본주의 맹아는 그보다 수세기 거슬러 올라가 멀리 로마의 경제제도, 노예에 의해 경작된 거대한 토지소유, 라티푼디아를 기초로 한 경제제도에 그 기원을 두고 있다.(포스터 지음·정동철 옮김, 1986, 21쪽)

간, 기존 농토의 철저한 개간, 양털과 고기의 생산, 짐끄는 동물의 사육과 같은 생산력의 발전이었었다. 유럽에서 십자군 전쟁 이래 영주는 지대의 대가로 받은 생산물의 판매만으로는 돈이 부족한 상태에서 영주는 직영지를 농노에게 나눠주고 일정한 양의 생산물을 지대로 받는 것이 유리하다는 것을 알게 되었다. 거기에다 14세기 초 흑사병으로 인구가 절반으로 줄어 일손이 부족해지자 영주들은 생산물 지대를 더욱 선호했다. 상업의 범위가 확대되고 왕권이 강화되면서 화폐지대가 발생했다.

봉건체제는 영국의 청교도 혁명과 명예 혁명, 프랑스 대혁명, 미국의 독립 혁명을 거치면서 해체되어 갔다. 십자군 전쟁의 영향으로 상업이 발달하고, 화폐가 발달하면서 화폐로 상품을 구매하게 되었다. 수공업의 발달은 도시를 형성하고, 지대 대신에 화폐로 공부를 징수하는 것이 계기가 되어 왕권의 절대 강화, 식민지 침략과 상품수요의 급증, 임노동자 계급의 형성과 노동운동이 함께 전개되었다.

세계사의 전개과정에서 모든 나라의 자본주의 발전은 자본주의적 생산양식이 지배적인 사회로 되어왔으나, 각 나라의 특수한 조건에 따라 다양한 형태로 전개되었다. 역사적으로 볼 때, 자본주의 사회로의 이행에서 영국이나 프랑스처럼 부르주아혁명을 거쳐 자본주의 발전을 이룬 선발자본주의 나라들, 봉건적 관계를 다분히 내포한 채 부르주아적 개혁으로 자본주의 발전을 해나간 러시아나 일본과 같은 후발자본주의 나라들, 그리고 식민지적 또는 신식민지적 자본주의 발전으로 나아간 나라들로 구분할 수 있다.

영국에 이어 독일 프랑스 이탈리아 러시아 등이 자본주의화의 길을 걸었다. 후발 독일과 러시아는 국가 주도로 경제를 개발했다. 미국은 '미국혁명'이라고 부를 만큼 봉건성이 거의 없는 상태에서 자본주의화의 길을 걸었다.

부르주아혁명에 의해 자본주의 발전의 길로 나아간 나라에서는, 산업혁명에 의해 성장한 부르주아계급이 자신의 물질적 힘을 기반으로 봉건적 계급을 혁명으로 타도하고 자본주의로 발전했다. 한편 러시아나 일본처럼 뒤늦게 자본주의 발전을 시작한 나라에서는 부르주아적 개혁에 의해 자립적 자본주의 발전을 해나갔다. 물론 이러한 발전과정을 거친 나라들에서는 봉건적 잔재를 다분히 내포한 채 자본주의 발전으로 나갔고 적지 않은 경우 군사적-봉건적 제국주의로 발전했다.

한국사회는 기본적으로 봉건사회의 틀 속에서 일정한 내재적 발전(자본주의의 싹) 과정을 겪었지만, 그러한 내재적 발전의 토대 위에 산업혁명을 통해 자본주의화를 이룬 것은 아니었다. 내부적 자본주의적 축적이 미약하고 주체(부르주아) 역량도 부족해 부르주아적 변혁(혁명 내지는 개혁)을 통해 자본주의화를 이루지 못한 상태에서, 제국주의의 침략으로 내부적인 자본주의 발전의 싹이 억제되고 식민자본에 의한 자본주의 발전의 길로 나아갔다. 봉건적인 여러 관계가 철저하게 해체되지 않은 채 자본주의적 생산양식이 이식 발전되었고 더욱이 식민지적 조건 속에서 발전했다. 그 때문에 제국주의 자본과 정책에 의해 자본주의 발전과정이 변화할 뿐만 아니라 제국주의 본국을 위한 수탈체제로 성립되어 가는 복잡한 모습을 보였다.

동아시아 아시아에서 일본 중국 조선에 자본주의의 맹아가 있었으나 그 전개에는 각기 차이가 있다. 일본은 미국에 굴복해 산업자본주의의 길을 재빨리 걸으면서 제국주의로 갔다. 중국은 영국을 선두로 한 제국주의 침략에 패배해 제국주의 열강의 반식민지가 되었다. 조선은 중국의 패배를 보고 굳게 쇄국하고 저항했으나 제국주의의 잇따른 공격을 이겨내지 못하고 식민지가 되었다. 기타 제3세계 역시 서유럽의 세계체제에 흡수되면서 자본주의의 자생적인 발전이 한계를 가졌다.

일본은 1543년 포르투갈선에서 대포를 본 뒤 유럽의 물질문명을 받아들였다. 1853년 개국으로 비록 미국의 압력에 굴복했지만 서양의 산업기술을 받아들이고 자체의 자본주의 맹아를 발전시키는 과정을 걸었다. 그 이전에 일본은 상업 혁명을 거치며 농업생산이 증대하고 임노동이 생성되었다.

막부 말기 일본은 영국이 주도하는 자본주의 상품의 판매시장이면서 동시에 원료 공급처였다. 자유무역의 발전은 생산과정을 급속히 상품생산으로 이끌어 갔다. 그 결과 생사는 양잠과 제사의 생산공정이 분리되어, 제사 매뉴팩처가 발생했다. 이와 함께 집하나 자금 대부를 하는 하주(荷主)가 활발히 움직여 기존의 생산과정과 상품유통기구를 밑에서부터 흔들어 놓았다. 무역의 발달은 농촌의 화폐경제의 파급과 농민층의 분해를 가속화시켰다. 또 상품유통의 전개가 막부의 시장통제를 파괴했지만, 수출품을 비롯한 물가등귀는 일부 상인과 지주에게 부귀영화를 가져다 주었다. 미쓰이(三井)상사 같은 수백년의 역사를 가진 자본이 형성되는 반면 많은 소농은 더욱 궁핍하게 되었다. 이런 가운데 도꾸가와(德川) 말기～메이지(明治) 초기에 걸쳐 전국 각지의 광산에서 광산노동자 봉기가 일어났다. 이것은 극도의 압제와 착취에 대한 노동자의 자연발생적이고 본능적인 저항이었으며, 노사간에 일어난 최초의 계급투쟁이었다. 최초의 공장 노동자 파업은 1886년 고부아메미야(甲府雨宮) 생사방적장의 여성노동자 100여명의 투쟁이었다. 이때 노동조합 결성을 시도했으나 성공하지 못했다.

중국은 명말 청초에 자본주의적 맹아가 성숙했지만 결국 제국주의 열강이 중국을 분할, 지배하는 반식민지가 되었다.[2] 중국에서 자본주의 맹아와 임노동을 발생하게 한 변화가 있었다. 그 원인은 첫째 화폐

---

[2] 중국의 자본주의 맹아는 명대 중엽에 발생했다. 소주성 내외에는 비단을 짜서 살아가는 많은 기호(機戶)가 있었다. 이들 대다수는 소상품 생산자로서 가내수공업에 종사했다. 이들은 처음에는 모두 베틀과 북으로 집안을 일으켜 부자가 되었으며, 각각 수만금의 부를 갖게 되었고 어떤 사람은 백만금에 달했다. 또 소주성 내외에는 생산기술을 장악한 직공이 대단히 많았다. 어떤 사람은 자신의 직기가 없어서 노동력을 파는 것으로만 살았다. 그들은 직업을 얻으면 살고 직업을 잃으면 죽으며, 또 모두 하루 벌어 살았고, 기호는 자본을 대고 기공은 노동력을 대는 상품화폐관계이었으며 이미 인신의존에서 자유로웠다.(전백찬(翦伯贊) 편／이진복·김진옥 역『중국전사』하, 학민사, 1990, 193쪽)

경제의 진전이었다. 정부는 노동력을 징발하던 기존의 요역을 은납으로 전환했다. 명청시대에 남아 있던 자연경제 혹은 물물교환경제는 끝이 났다. 둘째 명초부터 시작된 인구급증도 경제를 새롭게 발전시켰다. 인구증가에 따른 인구압력으로 농민은 더욱 영세화하고 소작료와 조세가 인상되었다. 농민은 생활을 위해 부업을 했는데 이것은 생산을 더욱 확대시키는 요인이 되었다. 셋째 인구가 증가하고 장원제가 쇠퇴하면서 도시가 발달했다. 16세기가 되면서 농민은 자유롭게 농촌을 떠날 수 있었고, 16세기에 지주도 대량으로 도시로 떠났다. '지주계급의 도시화'와 인구집중으로 소주 항주 남경 광동의 기존 도시는 더욱 발달했다. 북경은 1450년 60만명에서 1825년 100만명으로 증가해 17세기에는 콘스탄티노플, 18세기에는 에도(지금의 도쿄)와 더불어 세계 최대 또는 두번째 도시가 되었다. 도시발전의 이유는 인구증가도 원인이지만 주요한 자극은 상업화 증대에서 비롯되었다. 명말에 이르러 자급자족적인 지역경제가 갈수록 와해되었으며 많은 지역이 지방시장이나 원격지 시장을 위해 작물이나 상품을 전문적으로 생산하기 시작했다. 16세기 설탕의 90%가 광동과 복건 두 성에서 생산되었다. 뽕나무는 절강에서, 면화는 산동 하남 하북에서 대부분 생산했다. 넷째 상업화의 발달은 정기시장제도를 확대했다. 장주의 경우 정기시가 1628년에는 65개나 되었다. 다섯째 수공업부문이 발달했다. 견직물은 16세기 전문화되어 강남지역에서 집중 발전했다. 청초에 소주의 한 견직물공장은 800대의 직기와 2,330명의 노동자를 고용했고, 18세기 남경은 직기가 3만대에 이르렀다. 도자기 생산은 질과 양에서 세계 최고였으며, 제철소의 생산력은 영국 제철소에 버금갔다. 그러나 면직물은 영국과 달리 공정이 단편적으로 느슨하게 분산돼 도매상인을 통해 집중해 전국에 공급되었다.

　반면 중국이 자본주의 맹아를 꽃피우지 못한 이유는 첫째 중국인은 기술 창조면에서 우수한 재능을 발휘했지만 변화와 지배보다도 안정과 조화에 높은 가치를 두었다. 16~18세기의 맹아가 충분히 발화하지 못한 주된 요인은 여기에 있다. 둘째 중국에서는 문인관료의 지위가 존중되었고, 의사 법률가 실업가 성직자 등 어떤 직업 어떤 전문가도 문인관료와 동등한 대우를 받지 못했다. 따라서 엘리트들의 지적 흥미는 기술과 과학 분야가 아니고 좁은 문학적 교양 영역에 쏠렸다. 유교가 발전에 질곡이 되었다는 데는 양론이 있다. 위계질서를 갖춘 사회, 연장자에 대한 사실상의 맹종, 과학 기술과 대립하는 인문적인 교양의 강조가 '맹아'의 발전에 질곡이 되었다는 견해가 있는가 하면 양명학의 폭넓은 사고와 일본 경제발전의 예를 들어 부정하는 견해가 있다. 셋째 사적인 재산이나 사업에 대한 투자가 정부의 수탈 때문에 불안정했다는 점이다. 황제와 정부의 권한은 막강했고, 생산에 대한 투자와 부의 축적에 불가결한 재산권의 보장은 극히 취약했다. 넷째 시장수요가 상대적으로 안정되었다는 점이다. 따라서 기업가는 새로운 기술의 도입을 주저했다. 기술의 도입은 옛 설비의 폐기와 새로운 설비, 건물을 필요로 하기 때문에 생산에 미치는 연쇄효과가 크다. 그 밖에 화폐 운송 금융 시스템도 자본축적에 자극을 주지 못했다. 중국은 자본과 물자의 소통이 어려운 대륙국가로서 수천 년 동안 농업을 중시하고 상업을 억제해 왔기 때문에 자본주의로 변화하기 어려웠다.(레이 황, 2001 참조)

2) 아시아적 정체성론과 반론

현재 동아시아의 일본 중국 조선에 자본주의 맹아가 있었다는 데 학자들의 견해가 대체로 의견이 일치한다. 그러나 그 이전 유럽의 학자들은 아시아적 정체론이 보여주듯이 동아시아의 자본주의 맹아를 부인했다. 마르크스가 말한 아시아적 정체성[3]은 아시아에도 서유럽과는 다

---

3) 마르크스는 『정치 경제학 비판』 서문에서 '고대적 공동 소유 및 국가 소유' 형태에 기반한 생산 양식을 '아시아적 생산 양식'(die asiatische Produktionsweise)과 '고대적 생

른 형태로 봉건사회가 존재하고 또 오래 전부터 자본주의적 맹아와 임노동자가 광범위하게 존재한 사실을 밝히지 못한 상태에서 나온 것으로 보인다.4) 이것은 동아시아 사회의 발전이 저급하다는 주장으로 서양과 일본 제국주의가 동아시아를 식민지로 삼는 근거로 이용했다. 일본의 어용 학자들이 아시아적 생산양식에 관한 논의를 일본 제국주의의 침략을 합리화하는 데 차용해 논쟁거리가 되었다.

제3세계 학자들의 연구에 따라 서양 제국주의의 침략 이전에 이미 오래 전부터 자본주의적 요소가 생성되었음을 확인했다. 세계2차대전 후의 연구에 의해 동양사회도 나름대로 발전하고 있었음을 확인하고 이것이 제국주의적 침략에 대한 저항의 내생적 요인이 되었다. 비록 아시아 지역에서 자본주의적 맹아가 서양의 제국주의에 의해 질식되고 여기에 식민지 자본주의가 이식되었지만 자본주의적 맹아의 존재는 아시아 여러 나라가 이러한 문제점을 극복할 수 있는 근거를 제공한다.

산 양식'(die antike Produktionsweise)이라고 불렀다. 아시아적 생산양식은 역사에 나타난 최초의 계급사회로서 원시 사회로부터 직접적으로 발전한 생산양식이었다. 마르크스와 엥겔스는 서남 아시아와 인도의 고대 계급 사회를 아시아적 생산양식으로 규정했다. 토지를 공동으로 소유하는 촌락공동체를 기반으로 하는데, 치수나 전쟁과 같은 공동의 활동을 위해 권력이 요구되고 이에 따라 점차 관료계급이 형성되기 시작했다. 그리고 부분적으로 노예제 관계도 등장했다. 이에 비해 '고대적 생산양식'은 고대의 노예제를 가르키는 것으로서 노예 소유자가 생산 수단과 생산에 종사하는 노예를 소유해 생산 활동을 하는 생산양식을 지칭했다.(한국철학사상연구회, 1997, 814~815쪽)

한편 아시아적 생산양식이 독자적인 하나의 생산양식으로 간주될 수 있느냐에 논란이 있다. 스토이스로프에 따르면 어떤 사람들은 아시아적 생산양식을 노예제에 선행하는 특수한 경제적 사회 구성체로 즉 초기 계급사회로 여기고 있지만 다른 사람들은 마르크스가 이 용어를 동양의 봉건적 생산양식이 지니는 특성을 표현하기 위해 사용했기 때문에 하나의 독자적인 사회구성체는 아니라고 말했다.(스토이스로프, 역사적 유물론, 144쪽) 또 막스 베버는 유럽의 발전을 프로테스탄티즘에서 찾으며 상대적으로 아시아는 합리성이 결여돼 정체를 면치 못한다고 했다.

4) 조선 말기에 일본으로부터 외래자본주의가 유입되면서 근대사가 시작되었다는 일본 관학의 식민사관은 학계에서 1960년대 말부터 이우성 김용섭 강만길 신용하 등의 연구에 의해 극복되기 시작했다. 실학에 대한 연구는 중국 베트남 싱가포르 미국에서도 이루어지고 있다.(역사문제연구소-이우성, 2000, 44~45쪽)

일본인 학자들은 마르크스의 아시아적 정체성론을 일본을 제외한 아시아 지역 전역에 적용해, 조선에 대한 식민사관 형성의 근거로 삼았다. 식민사관의 요체는 "한국사회는 스스로 역사를 발전시킬 수 없는 정체사회이고 따라서 근대사회로 발전할 수 있는 주체적 역량을 갖추지 못했기 때문에 일본에 의해서 타율적으로 근대사회로 이행할 수밖에 없다"고 해 한국 사회의 내재적 발전논리를 부정했다. 이러한 이론적 근거를 추구한 글이 후쿠다(福田德三 : 1874~1930)의 「한국의 경제조직과 경제단위」이다.(김준보, 1993 참조) 후쿠다는 한국사회 정체성의 원인을 봉건제 결여에서 찾고 이처럼 뒤떨어진 한국을 경제적으로 발전시킨 것은 일본이라는 결론을 내려 그들의 식민지배를 정당화시키려 했다. 더욱이 일제는 일본 자신은 아시아적 정체성의 예외라고 주장하면서 조선은 열등하다는 논리를 만들어, 일제가 조선을 식민지배하는 이데올로기로 삼았다.

그러나 1960, 70년대에 걸쳐 베트남전쟁 등 세계적으로 일어난 민족해방운동의 흐름은 한국사회의 내재적 발전 동력을 연구하는데 활력을 주었다. 1960년대 이후 김용섭, 강만길 등이 조선 후기는 이미 봉건사회가 해체되고 자본주의 사회로 이행하던 시기였으며 봉건사회의 질곡을 뚫고 근대사회로 전환할 수 있는 주도적인 사회계층이 성장했다는 사실을 확인하면서 일본 학자의 식민사관을 부정했다. 실제로 조선 후기 생산력 발전에 따라 농민층분해가 진행되고 토지에서 떨어져 나온 몰락농민을 임노동자로 흡수해 새롭게 부농으로 성장해 가는 층(경영형 부농)이 형성되었다. 농업에서 자본제적 생산방법이 나타나고 지주제 모순이 심화되고 농민들의 계급구성은 지주 부농 중농 소빈농(作人) 임금노동자 층 등으로 변모했다.5)

---

5) 농민분해의 결과에 대한 평가는 세 가지 견해가 있다. 첫째 위의 내재적 발전론이다. 둘째 생산력 발전의 결과 소농경영의 자립도가 높아지고 그 내부에서 부농으로의 성장 가능성이 현저해진 것은 사실이지만, 그 같은 기초 위에서 오히려 지주제

일본학자 가지무라 히데끼(梶村秀樹)의 「이조말기 조선의 섬유제품의 생산 및 유통상황」은 맹아적인 형태이기는 하지만 한국사회의 내재적인 사회발전과 갑오농민군 민족해방운동이 유기적인 관계에 있음을 밝혔다. 그는 조선 중국 일본 3국은 봉건국가로서 상부구조의 형태는 달랐지만 그 틀 안에서 상품경제가 전개된 정도는 대동소이했다고 보았다. 조선과 일본은 후발자본주의 발전에 실패하거나 성공하는 분기점에 있었으며 갑오농민군이라는 변혁의 주체가 있었으나 1894년 일본이나 중국에 비해 훨씬 강하고 복잡한 성격의 외압에 직면해 변혁의 가능성을 파괴당했다고 했다.(가지무라, 1983, 69쪽)

중국의 역사가들은 시, 문인의 수필 그리고 왕조의 역사서 속에서 끌어낸 수많은 인용을 통해 공장제 수공업, 노동의 자유시장, 농업의 상업화, 그리고 교역과 수공업 중심 도시들의 성장을 증명하려고 노력했다. 여진우(呂振羽)는 1939년 "중국 봉건사회에서 상품경제의 발전은 이미 자본주의적 맹아를 키우고 외국 자본주의의 영향이 없이도 중국은 완만하게 자본주의 사회로 발전하고 있었다"고 했다. 모택동도 1939년 "중국의 봉건사회는 상품경제를 발달시켰고 자체 내에서 자본주의 맹아를 지니고 있었기 때문에 비록 외국 제국주의의 영향을 받았더라도 서서히 자본주의사회로 발전해 갔을 것이다"고 했다.(이스트만, 1999 참조)

가 강화되고 아울러 지주층들의 직영지 경영이 동시에 발달했다는 견해이다. 셋째 위의 견해가 사적 지주제론에 입각해 있음을 비판하고 국가적 토지소유론에 따르는 견해로, 당시 생산력 발전이 농민적 소유 및 지주적 소유를 가능하게 하는 객관적 조건이 되고 있었음에도 불구하고 사적 지주제가 규정적 우클라드로 자리잡지 못하고 여전히 국가적 토지소유가 관철되었다는 견해이다.(김인걸, 1990, 201쪽) 이와 관련된 초기 연구에서는 내재적 발전론을 강조했으나 최근의 연구에서는 1960년대 한국자본주의 발전 과정을 겪으면서 내재적 발전론에 집착하지 않은 경향을 보이고 있다.

3) 조선의 자본주의 맹아와 임노동 형성 연구

남한의 연구 1960년대부터 자본주의 맹아와 임노동에 관한 연구가 있었다. 농업 부문에는 김용섭6)의 연구가 있다. 상공업사를 통한 맹아의 연구에 강만길 김영호의 연구가 있다.7) 이들은 개항 이전의 조선사회에 이미 상품화폐경제의 발전을 동력으로 한 사회경제적인 변화가 격렬하게 일어났으며, 일본이나 서유럽 나라들의 조선진출이 이러한 자생적인 자본주의로의 길을 억압 왜곡했다고 보았다. 이 방법으로 조선왕조 후기의 사회경제 면에서 일어난 대변동이 움직일 수 없는 역사 연구의 성과가 되었다.(윤건차, 2000, 217쪽)

북한의 연구 북한에서는 봉건사회가 자본주의 사회를 거쳐 사회주의 사회로 발전한다는 마르크스주의의 사회발전단계 이론에 입각해 조선에서 자본주의 맹아의 존재를 규명하는 데 큰 의미를 부여했다. 1950년대 후반 최병무는 조선사회 내부에 자본주의적 요소가 나타나고 있음을 지적한 이래 자본주의적 요소를 검증하려는 연구와 논쟁이 활발히 이루어졌다.8) 즉 개항 이전 조선사회에는 이미 상품화폐경제의 발전을 동력으로 한 사회경제적 변화가 격렬한 기세로 일어났으며, 일본이나 구미 나라들의 조선 진출이 이러한 자생적인 자본주의로의 길을 억압 왜곡했다고 보았다.9)

---

6) 김용섭, 『한국근대농업사연구』, 일조각, 1975.
7) 강만길, 『조선후기 상업자본의 발달』(고려대학교 출판부, 1973).
  김영호, 「조선후기에 있어서의 도시상업의 새로운 전개」, 『한국사연구』 2(한국사연구회, 1968).
8) 최영호, 「북한에서의 '자본주의적 관계' 발생에 관한 연구」, 『북한이 보는 우리역사』, 1989 ; 오성, 「자본주의 맹아론의 연구사적 검토-초기의 연구를 중심으로」, 『한국사시민강좌』 9, 1992.
9) 조선사회정체론에 반대해 내재적 발전을 강조하는 입장에서는, 조선 봉건사회 내부에서는 자본주의적 관계가 발생 발전했다는 점을 강조하면서, 외래자본주의(일본제국주의)가 침입해 내재적 발전의 싹을 짓밟아 그 이후에는 정상적인 자본주의 발전을 이루지 못했다고 주장했다.(전석담·허종호·홍희유, 앞의 책: 김광진·정영술·

다음은 전석담 허종호 홍희유의 연구이다.

우리 역사가 봉건제에서 자본주의를 거쳐 사회주의로 발전한다는 합법칙적인 과정을 밟았고, 조선후기가 자본주의로 이행하는 과정에 있는 시기라 한다면, 자본-임노동 관계가 형성되는가를 밝히는 것이 연구의 주된 목적이다.

18세기 이후부터는 봉건적 특권과는 관련이 없을뿐더러 도리어 봉건적 구속을 반대하는 상인들이 각 지방에 속출했고, 그 가운데 부유한 자들이 주요 도시들과 새로 형성된 포구와 큰 장시에서 활동하면서 전국의 상품유통과 상품생산, 화폐신용과 운수체계의 중요한 고리를 장악했다. 이러한 발전이 갖는 의미는 자본주의 발생을 위한 예비 조건으로서 화폐재산이 축적되었다는 데서 찾았다. 왜냐하면 화폐재산이 자본으로 전환하는 예비 조건이 되려면 이동할 수 있는 재산인 화폐 또는 상품형태로 되어 있어야 하며, 따라서 역사적으로 자본의 형성은 그러한 동산을 가지고 있거나 화폐를 일정하게 소유한 상인 또는 고리대금업자들의 수중에 축적된 재산에서 출발하기 때문이다.

아울러 자본주의적 관계가 발생하기 위해서는 화폐재산이 축적되었다는 것 하나만으로 부족하며, 축적된 화폐재산이 자본으로 전화하기 위해서는 무엇보다도 자유로운 노동자를 찾아내는 데 있다.

분명한 것은 조선의 봉건 체제가 더 이상 봉건적 수취관계로는 조용조의 운용으로는 국가의 운영이 더 이상 불가능했기 때문에 화폐제도, 공인(貢人)제도 등에 변화가 있었다는 점이다.

조선 봉건사회의 태내에서도 17세기 이래 18세기 중엽에 걸쳐 상품-화폐관계가 발생 발전해갔다. 모내기법의 보급과 수리시설의 확대에 의한 농업생산력의 발전은 생산량의 증대를 가져왔고, 봉건사회에서 행해져오던 부역제적 관영광업의 해체경향이 두드러졌으며, 금속가공업 등 수공업에서도 부역노동에서 임금노동으로 점차 넘어가면서 개인경영이

손전후,『조선에서의 자본주의적 관계의 발전』, 열사람, 1988). 이에 대해 일부 남한 학자들은 "물론 내재적 발전의 요소들을 밝히는 것, 그리고 이러한 내재적 발전에 의한 자본주의 발전의 싹이 외래자본에 의해 어떻게 그리고 얼마나 위축되었는가를 밝히는 것은 중요하지만, 이것이 조선 봉건사회 말기의 자본주의적 관계의 발생·발전을 객관적 사실 및 현실과 동떨어지게 과장 강조하는 정당한 근거가 되지는 않는다"(서울사회과학연구소,『한국에서의 자본주의 발전』, 새길, 1991, 27쪽)라고 했다.

나타났다. 물론 중소규모의 독립적 소경영체로 분산되어 있었고 생산기술은 수공업적이었지만, 노동도구가 다양화되고 새로운 도구가 도입되기 시작했다. 이러한 농업생산력의 일정한 발전과 광업과 수공업에서의 생산력 발전은 상품-화폐관계의 확산을 가져왔으며, 이에 따라 자연경제가 점차 해체되었다.(전석담 외, 1989, 제1장)

이러한 상품-화폐관계의 광범한 발전을 토대로 해 18세기말~19세기 초엽 이후에는 자본주의적 생산방식의 요소들이 생겨났다. 광업이나 수공업에서는 초기적인 매뉴팩처[10]의 형태들이 등장했고, 농업에서도 광농경영이 부분적으로 나타났다.(전석담 외, 1989, 57쪽)

북한의 연구는 일제가 한반도에 들어오지 않았더라도 자본주의로 갔을 것이라고 가정했다. 또 갑오농민전쟁의 주된 원인은 농촌에서 더 이상 살기 어려운 농민, 유민이 일으킨 운동이지 흔히 설명하듯이 삼정의 문란이 반란의 주된 원인은 아니라고 했다.[11] 이 논지는 조선 후기의 사회경제 면에서의 대변동이 움직일 수 없는 사실로 승인됨과 동시에 사상사와 정치사에서 실학사상의 연구 진전과 더불어 역사연구에 커다란 성과를 올리게 되었다.(윤건차, 2000, 217쪽) 북한의 이런 연구는 일본을 거쳐서 한국의 역사학계에 전해졌다. 1970년대 초 북한에서 이 논쟁을 정리한 저서가 나왔으며,[12] 북한에서 연구된 결과는 남한과 큰 차이는 없다.(이욱, 2000, 241쪽)

임노동의 발생 시기 동서양을 막론하고 비교적 발전된 봉건사회에서는 그 말기에 자본주의적 생산관계의 맹아 형성이 일반적인 현상이었

---

10) 여기서 '매뉴팩처'는 광업이나 금속가공업 등에서 나타난 것으로, 수공업적 기술수준이지만 십수명 내지 수십명이 협업적으로 작업을 하는 작업장의 등장을 말한다. 그런데 광업이나 금속가공업에서는 수공업 단계에서부터 작업공정의 특성상 일정한 분업과 협업이 필수적이기 때문에, 이것을 자본주의적 요소의 발생으로 과도하게 강조해서는 안될 것이다.
11) 전정 군정 환곡제도의 3정.
12) 전석담·허종호·홍희유,『조선에서 자본주의적 관계의 발생』(1972) ; 김광진·정영술·손전후,『조선에서 자본주의적 관계의 발전』(1973).

다.13) 임노동 또한 봉건사회 이전에도 있었지만 봉건사회가 성숙하면서 임노동자의 출현이 활발하게 되었다. 유럽은 물론 중국 한국 일본의 경우도 마찬가지이었다. 한국에서도 임진왜란 이후 17세기경부터 자본주의 맹아가 발생했다. 그 맹아는 고려시대까지 거슬러 올라간다는 설14)이 있으나 여기에는 검증이 필요하다. 또 고려시대의 임노동자의 모습이 봉건제체에 예속된 장인인지 아니면 초보적인 형태의 임노동자인지는 아직 밝혀지지 않았다. 그러나 조선시대에도 임란 호란 이후 변화된 사회경제 조건 아래 봉건사회가 급격하게 분화 해체되면서 임노동자가 발생했다. 기록에 따르면 그 시기는 적어도 17세기로 거슬러 올라가고, 17~19세기에 임노동자가 발생해 광범위하게 존재했다.

남한의 학자들은 18세기 무렵의 조선에서 자본주의적 경영형태의 모습을 제기했다. 이에 대해 북한의 역사학자 권의식은 17세기 후반

---

13) 막스 웨버는 "어느 한 시대를 자본주의라고 규정하려면 수요, 충족의 중심점이 전적으로 자본주의적 방식으로 조직 운영되어야 하며, 이러한 조직을 제거한다면 그 사회의 수요, 충족의 기능은 완전히 파멸되어 버리는 경우에 한 한다"라고 했고, 덧붙여 자본주의적 요소는 근대 이전의 사회에서도 부분적으로 찾아 볼 수 있다고 했다.(조기준, 1985 참조)

14) 조선 시기 이전에도 수공업 산품의 생산을 위한 조직이 있었다. 고려에서 향·소·부곡의 천민이 수공업 제품의 생산을 담당했다. 공주 명학소의 난리, 망이(亡伊)·망소이(亡所伊)의 난(1176), 만적의 난(1198)이 이것을 입증하고 있다. 고려시대 소(所)는 수공업을 주로 해 중앙에 공물을 바쳤던 지역으로 여러 면에서 일반 양인과 차별을 받는 지역이었다. 게다가 무인정권이 들어서면서 수탈체제가 강화되자 그들은 분연히 일어났다. 이에 대해 조정에서는 명학소를 충순현으로 승격시키고 현령을 파견하는 회유책을 썼다. 그러나 조정에서 이들과의 약속을 어기자 이들이 1년후인 명종 7년에 다시 봉기하면서 "이미 우리의 고향을 현으로 승격시키고 또 수령을 두어 안무하게 하더니 다시 돌이켜 병사를 발해 토벌하고 우리의 어머니와 아내를 잡아 가두니 그 뜻하는 바가 어디에 있으랴. 차라리 창칼 아래 죽을지언정 항복한 포로는 되지 않을 것이며 반드시 서울에 이르고야 말겠다"라고 했다. 그러나 향·소·부곡은 점차 소멸하고, 고려 말에 과전법 체제가 탄생하면서 완전히 사라지게 되었다. 조선조에 들어와 도시에서 수공업에 종사하는 일꾼들 사이에는 비밀결사인 계(契)가 유행했다. 이들은 살약계(殺掠契), 검계(劍契) 등을 만들어 자신의 권익을 지키고, 군사 훈련을 하기도 했다. 노비가 그 주인을 살해하기 위해 동료들과 함께 살주계(殺主契)를 조직했다는 기록도 있다.

(김경일, 1989a, 71쪽)으로 그 시기를 앞당겼다.

조선사회에 임진왜란 이후 상품경제가 발달하고 농업생산력이 크게 발전하면서 농촌사회가 점진적으로 분해하던 17～19세기의 사회경제적 변동이 고용노동을 발전시킬 수 있는 기초가 형성되었다.(윤용출, 1998, 320쪽) 17세기 후반기부터 조선의 법전 또는 법률관계 서적에는 농촌에서의 '고공(雇工)'15) 또는 수공업에서의 '임용사공(賃用私工)'16) 등이 나타났다. 1781년에 편찬된 『추관지』에 고공이란 이름이 등장했다. 또 조선의 관영수공업체에서 필요한 경우에 사공을 임용하기도 했는데 이들을 임용사공이라 불렀다. 근대적 임금노동자는 민영광산에서 처음으로 등장했다. 관용고공에 관한 논문에 그 예가 풍부하게 실려 있다.(윤용출, 1998 참조)

임노동자의 발생 경로 조선의 임노동자 발생은 농수산업에서 먼저 발생해 광업 수공업으로 확대했다. 남한 학자 김윤환은 "임금노동은 본래 자본주의적 생산관계를 전제로 해 논의될 수 있는 노동형태이지만 노동력이 완전히 상품화하지 않은 봉건적 생산관계에서도 일정한 반대급부로서 노임을 받기 위해 생산과정에 투입된 것은 임금노동의 맹아적 형태로 보아야 한다"는 입장에서 1781년 『추관지(秋官志)』에 나타난 고공(雇工)이나 임용사공을 임금노동의 잠재적 요소를 내포하는 맹아적 형태로 파악했다.(김윤환, 1982, 21～29쪽)

북한 학자 권의식은 『추관지』와 『비변사등록』을 인용해 농촌의 고공이나 수공업의 임용사공(賃用私工), 은광의 용인(傭人), 점민(店民)

---

15) "民家一時作傭者 謂之雇工 此類旣以衣食供役其家 민가에서 일시적으로 고용하는 자를 일컬어 고공이라고 하는데, 이러한 부류는 이미 의식을 대가로 해 그 집에서 노동(役)을 제공하는 자이다." "以雇工名者 不過村店間乍去乍來 一時留接之類也 고공이라고 하는 것은 촌(村)과 점(店) 사이를 수시로 왔다갔다 하면서 일시적으로 머무르는 부류에 불과하다."(『秋官志』 권6 雇工立案條)
16) "官有使役 則賃用私工 관에서 사역이 있으면 삯을 주어 사공을 고용한다"(『大典通編』工典 外工匠條)

등을 원시적 형태의 임금노동으로 규정했다.(권의식, 1989, 71~72쪽) 이들 두 연구자는 모두 조선에서 임금노동의 발생이 광업분야에서 이루어졌다는 점에 동의했다. 즉 임금노동의 맹아적 형태인 수공업이나 농촌에서 고공의 단계를 지나 광산에서 발생했다고 보았다.

이는 서양에서 임노동자 형성과정이 도시의 길드 수공업에서 광업으로, 다시 농업에서 공업으로 진행한 것과 차이가 있다.17) 19세기 유럽 노동자계급의 투쟁에서 주도적인 역할을 한 것은 공장노동자가 아니라 장인인 점과 차이가 있다. 프랑스와 영국에서, 그리고 정도는 덜하지만 독일에서도 장인들이 노동자투쟁에 필요한 지도력, 조직적 자원 그리고 언어를 제공하면서 노동계급을 이끌었다.(구해근, 2002, 31쪽)

그 원인에 대해 두 연구자는 조선의 수공업이 강력한 관권의 통제 아래 놓여 있었고, 노동력 자체가 상품화하는 과정이 광업 분야에서 가능했기 때문이라고 파악했다.(정혜경, 1996, 354~355쪽) 또한 문윤걸은 임노동자층의 형성을 개항 직후의 부두노동자에서, 그리고 임노동자 계급의 형성은 토지조사사업을 비롯한 일제의 식민지 농업정책에서 찾았다.(문윤걸, 1990, 100~122쪽)

또 다른 연구를 보면, 임노동자 발생의 첫째 요인은 시장 상품 화폐의 발생으로 농민의 신분적 예속에서 해방된 점에 있다.(구로역사연구소, 1990, 187~214쪽) 17세기 초에 대두했던 임노동자층은 17세기 말 벌써 상당한 규모로 늘어갔다. 농업생산에서 고용노동을 쓰는 일은 노비노동의 비효율성을 극복하는 유력한 수단으로 널리 수용되었다. 18, 19세기 이후 고용노동의 발달은 일용노동자 단기고공을 크게 늘여갔으며, 농업경영은 빈부를 막론하고 임노동제 위에서 행해지게끔 되었다. 고용노동은 농업뿐만 아니라 다른 분야에서도 널리 적용되었다. 조

---

17) 정혜경, 「식민지 시대 노동운동사연구의 현황과 과제」, 『한국근대현대사연구』 제4집, 1996, 한울, 352~354쪽; 김경일, 『북한한계의 1920, 30년대 노동운동 연구』, 71~72 중 권의식의 논문 인용 부분을 재인용.

선 후기 임노동자층은 광업 수공업의 임노동자로 고용되거나 조창(漕倉) 주변, 경강(京江) 주변에서 물자의 하역 노동에 종사하거나 도성과 같은 도회 주변에 머물면서 관부에서 주관하는 각종 토목공사와 잡역에 고용되는 등 이 시기 다양한 방식으로 존재했던 고용노동에 종사했다. 임노동자 발생의 두번째 배경은 농업의 생산력 확대로 농촌에서 토지겸병의 확대로 지주가 발생하고 과잉 농업노동력이 퇴출된 데 있다.

2. 조선후기 봉건사회의 분해와 임노동의 형성 과정

조선 후기 정부의 경제운영의 방법과 그에 따른 인민의 경제활동과 생활양상이 달라졌으며, 가치의식에도 큰 변화가 있었다. 이와 같은 변화의 싹은 임진왜란과 병자호란을 겪으면서 서서히 움터나기 시작해 조선사회는 더 이상 과거의 전통적인 사회경제 질서를 유지할 수 없었다. 농촌경제의 변화(17C)에서 상품 화폐경제의 발전과 수공업 광업의 발달로 계급의 분화, 인신적 구속과 부역노동의 쇠퇴, 고립제의 발달에 임노동 발생의 기원이 있다. 서양에서 임노동이 도시의 수공업노동에서 시작된 것과 달리 한국에서는 농업노동자에서 출발했다.

1) 농촌경제의 변화

조선시대의 전통적인 생산업은 농업이었고, 이 농업도 대지주제(정부 관료와 양반 거족 소유)의 영세소작경영이 주축이었다. 여기에서 경작농민은 토지와 더불어 지주의 예농이 되었다. 16세기 말에서 17세기 초 대전란으로 다수 농민이 죽거나 또는 토지를 떠나서 각처로 이산했으므로, 지주는 농민을 토지에 묶어 둘 수 없었다. 그리해 지주들은 새로이 경작자를 모아 소작경영을 하거나 농업노동자를 고용해 임금을 지불해 농지를 자영하는 경영방법이 점차 성행하게 되었다. 한편 노동여력이 있고 근면한 농민들은 지주의 토지를 임차해 스스로 농업을 경영하고 소작료 또는 지대를 지불하는 병작반수제(竝作半收制)도 나타났다. 이러한 경영적 농민이나 자영지주들 가운데 중산농으로 성장하기도 했다.

2) 상업 수공업 광업의 발달

상업과 수공업도 조선 중기 이후 활발하게 전개되었다. 특히 대동법실시 이후18) 한성을 비롯해 지방에 향시도 성행하게 되어 사상(私商) 사장(私匠)이 활기를 띠었다. 임진왜란 이후 농민이 사방으로 흩어져 농민가호에 부과하던 현물공납제를 실시하는데 어려움이 많았다. 그리해 정부는 1608년(선조 41)부터 농민의 상공(常貢)을 폐지하고 그 대신 농민의 경작지에 공미(貢米)를 부과하는데, 이것이 대동미(大同米)이었다. 정부는 물품조달의 상인을 공인(貢人)으로 정하고 농민으로부터 징수한 공미(貢米)를 상인에게 주고 그 대신 정부에서 필요한 물품을 경시(京市)와 향시에서 구입 납품케 했다. 이에 따라 한성에 각종 생산물이 유입되었고 지방 향시에서도 물화교역이 활발해졌다. 지방시장이 발달해 농민의 생산물도 상품화하고 지방시장을 순회하는 전문적인 행상인 보부상의 활동도 활발하게 되었다. 특히 한성 주변의 농촌에서는 경시에 판매하기 위한 상품농업이 주류를 이루었다. 대동법의 실시는 상품생산과 교환의 발전을 촉진시켰다.

상업 15세기 말에서 16세기 초 삼남지방에 출현하기 시작한 농촌시장은 17세기말에서 18세기 초에 이르면 읍치(邑治) 중심의 제한된 범

---

18) 대동법은 조선중기 이후 공물을 현물로 통일해 수납한 조세제도인데, 대동법에서는 종래 농민가호에서 현물로 징수하던 공물제를 폐지하고 전(밭)의 면적에 따라 부과하되 전 1결에 춘추 2기로 매기에 미 8두를 징수했다. 정부는 이 미곡을 공인이라는 정부지정상인에게 주어 필요한 물품을 시장에서 구입하게 했다.

위를 벗어나 산간에까지 확대되기 시작했다. 이러한 사실은 당시 상품 경제의 발달 방향을 잘 보여준다.19) 이시기에 이르면 농민 수공업자가 소상품생산자로 전환하는 일이 활발했다. 이를 바탕으로 각 장시 사이에 일정한 연계가 가능하게 되었고 각 장시에서 상인들과 여각 객주 등의 활발한 활동은 그것을 더욱 촉진시켰다.

상인들은 전국 무대로 상업활동을 해 많은 돈을 모았다. 서울의 경강(京江=한강)상인은 서울에서 소비되는 연간 100만톤의 쌀 가운데 절반을 조달했다. 개성상인(송상)은 전국의 상업중심지에 '송방'이라는 큰 상점을 차렸다. 의주상인(만상)과 동래 상인은 각각 청나라와 일본과 무역을 했다. 이들은 생산지에서 매점이나 주문생산으로 돈을 벌었다. 간접적인 증거이지만 허균의 소설에 나오는 매점매석의 내용은 상인층의 영향력이 전국 범위에 미쳤음을 말한다.

금속화폐의 전국적 유통은 광해군 시기 실시한 대동법(大同法)20)과 같은 부세제도의 변화가 일어남에 따라 조세 전반에 걸쳐 금납화를 가능케했고, 이는 기존 현물경제체제의 해체에 결정적인 역할을 하면

---

19) 이 시기 전국의 장시는 가장 많을 경우 1770년 『동국문헌 비고(東國文獻 備考)』에서 확인된 것으로 1,064곳이었다. 그러나 이 숫자는 상권의 범위가 확대되고 도고상인(都賈商人)과 같은 대상인의 활동이 활발해진 반면 기존의 소상품생산자의 성장이 위축되면서 줄어들었다.

20) 대동법은 1608년 5월 광해군 때 경기도 지역에서 처음 시행돼 전국적으로 시행되기까지 100년이 걸렸다. 그만큼 기득권층의 반발이 거셌다. 관청에서 필요한 물품을 공물(貢物)이라는 명목으로 각 지방의 백성에게 현물로 받아들이는 과정에서 관리와 상인들은 물품 조달을 대신하면서 농간이 심해 가난한 백성들은 죽을 지경이었다. 대동법은 이를 시정하기 위해 공물을 특산품 대신 쌀로 바꾸어 내도록 했다. 그 방법은 경기 삼남에는 밭과 논을 통틀어 1결에 쌀 12말을 거두고 관동도 이와 같게 하되 양전(量田)이 되지 않은 읍에는 4말을 더하며, 영동에는 2말을 더하고, 해서(황해도)에는 상정법(詳定法)을 시행해 15말을 거두니, 통틀어 칭하기를 '대동'이라고 했다. 옛날 제도(諸道) 각 읍에서 각각 그 토산물로써 공납하던 것을 모두 경공(京貢)으로 만들고, 경공 주인을 정출(定出)해 거두어들인 미곡으로 그 가격을 헤아려 정하고 어린작등(魚鱗作等)해(단등(單等)·양등에서 혹은 7·8등에 이르며 또한 달마다 지급하는 것도 있음) 공인에게 출급하고 진배케 해 제향어공(祭享御供)의 수용으로 삼고, 남으면 각읍에서 저치해 공용의 비용으로 준비했다.(萬機要覽)

서 상업자본 화폐자본의 축적을 가져왔다.

이같이 상품경제의 발달에 따라 지방단위로 국지적인 상권이 형성되면서 기존의 특권상업체계인 시전상인 중심의 금난전권(禁亂廛權)에 대립하는 사상층(私商層)이 등장해 유통분야에서도 질적인 발전이 이루어졌다. 1791년 발표된 '신해통공(辛亥通共)'은 육의전을 제외한 대부분 상인들에게 금난전권을 철폐하고 상업의 경쟁을 인정했다. 도고(都賈) 중도아(中都兒) 등으로 불리는 이들 사상층들은 기존의 유통구조를 전면적으로 해체했을 뿐 아니라 축적된 상업자본을 통해 농민 수공업자들을 그들의 수중에 두고 기존의 중세적 산업구조를 크게 바꾸어 나갔다. 그러나 사태의 추이가 각급 권력기관을 배경으로 한 상업종사자의 족생(簇生), 시전상인에 의한 난전 단속의 강화라는 방향으로 나가 상품유통의 확대가 지배체제의 동요를 곧바로 불러일으킨 것이 아니었다. 분산화 자립화의 방향에 있던 각 급 권력기관의 재원을 확보하려는 움직임과 결합하고, 또 보완적으로 작용했기 때문이다. 결국 상업의 발달은 화폐적 상품적 외피를 쓴 정치적 수탈의 강화로 귀결된 것이고, 각급 권력기관의 입장에서 보면 새로운 이권의 출현을 의미했다.(강만길, 2000c, 254쪽)

수공업 조선시대 수공업조직도 고려시대와 같이 관영수공업과 민간수공업으로 나뉘어진다. 16세기에 접어들어 차츰 쇠퇴의 징조를 나타낸 관영수공업은 임진란 이후 급격히 붕괴했다. 반면 민간수공업은 발전해 18세기 후반기부터 민간수공업부문에 자본주의적 관계가 발전했다. 18~19세기의 전업적 수공업의 대부분은 주로 가족노동에 의하거나 혹은 약간의 장공인과 수습공을 사용하는 소영업자들이며 그들은 많은 경우 도시상인 또는 공인(貢人)의 지배를 받고 있었다.

상업의 발달은 정부의 관영수공업제도에도 변화를 가져왔다. 정부는 중요한 공산품도 시장에서 조달할 수 있게 되었으므로 관영수공업장을 계속 유지 운영할 필요가 없게 되었다. 그 결과 민간에게 맡기기 어려운 무기와 도자기 생산과 같은 특수공업을 제외하고는 관영수공업장을 폐지했다. 이를 계기로 종래 경공장(京工匠) 외공장(外工匠)에 편입되었던 장인(匠人)들은 스스로 수공업장을 차리고 생산품을 시장에서 판매하는 자영수공업도 등장했다. 생산기술의 발전과 수공업제품 수요가 증가함에 따라 18세기말부터 제철공업 철가공업 유기공업 가구공업 직포공업 등에서 완만하게나마 자본주의적 관계가 성장했다. 그 가운데 일부에서는 초기적인 매뉴팩추어가 성립해(김옥근, 1997, 259쪽) 기계제(원동력) 생산의 전 단계에 이르렀으나 기술 발전이 정체되고 봉건체제의 수탈만이 강화되고 사회발전은 더디었다.

광업 자본주의적 발전은 광업부문에서도 발전하기 시작했다. 18세기 후반으로부터 금 은 동 철을 생산하는 큰 광산에서 소영업 단계를 벗어나고 자본주의적 공장제 수공업 형태가 발생했다. 광업에서 자본주의적 관계가 먼저 발생하게 된 요인은 광산이 봉건통치자들의 통제가 힘든 깊은 산 속에 있는 것과 금 은 동을 비롯한 광물수요가 증가한 데 있다. 18~19세기에 대외무역의 확대로 금 은의 수요가 늘고, 동전의 유통과 유기의 수요 증대로 동의 수요가 증가했다. 이러한 요인으로 합법적 수세점 이외에 많은 잠채광산을 개발했다. 조선 정부는 15세기 이래 광업생산을 요역노동을 통한 관영 이외에는 일체 금했으나, 1651년부터 은점, 1706년부터 동점에 대해 개인 영업을 허가하기에 이르렀다.

3) 상품 화폐 경제의 발달과 자본형성

상업의 발달은 화폐경제의 발달을 촉진했다. 금속화폐의 주조통용을 시도한 정책은 고려 초와 조선 초에도 있었으나 실패했다. 정부의 모든 공납이 현물로 납부되고 상업이 발달하지 못해 농민경제가 자영경제에 머물러 있는 상황에서 화폐의 유통은 원활하게 이루어질 수 없었기 때문이다. 화폐가 일반백성의 경제생활에서 유통수단으로 중요성을 갖게 된 것은 조선후기에 상공업이 발달한 때부터였다. 정부는 17세기에 금속화폐를 주조했고, 이후 금속화폐를 대량으로 주조 유통시켰다. 이 시기부터 화폐는 물물교환의 중요한 매개체가 되었으며, 정부에서도 조세의 일부를 화폐로 수납했다. 그리해 화폐경제는 18세기 이후 국민의 경제생활에 정착했다.21)

시장관계가 발전하면서 시장이 발달하고 국내 상품유통의 증대와 더불어 대외무역도 성장했다. 이러한 조건 속에서 상업자본과 고리대자본이 성장했으며, 특히 상업자본이 생산부문에 침투해 그것을 지배해가면서 일부 소상품 생산자들을 예속화하는 과정도 부분적으로 나타났다.(강만길, 1973, 201~207쪽)

4) 농민의 분해와 임노동자

조선 후기 사회경제적 조건은 촉진된 농민계층의 분화로 인한 많은 빈농과 농업노동자의 발생과 봉건지배층의 과중한 농민수탈로 농민들의 불만이 고조되고 봉건지배체제가 완화된 것이다.

농민층의 분해과정은 우선 19세기 조선말기에 경종법의 개선 등 농업기술의 발전과 교환경제의 발전으로 농업경영의 개선을 가져왔다. 농업을 통한 축적은 필연적으로 봉건지배층과 지주층의 경지면적 확대를 초래했으며 새로운 농지의 개간이나 토지의 매입은 농지의 집중현상을 가져와 지주계급과 농민 내부에 경영형부농을 등장시켰다. 이 같은 농민층의 분해과정을 통해 많은 농민이 빈농과 토지 없는 농민으로

---

21) 박지원(1737~1805)의 소설 『허생전』은 당시 부의 축적, 상업, 대외무역의 모습을 그렸다. 소설에서 가난한 선비인 주인공 '허생은 장안의 재벌인 변씨의 돈을 빌려 장사를 시작한다. 안성으로 가서 전국의 과실을 매점했다가 팔아서 10만 냥을 벌고, 제주도에 가서 그 돈으로 말총을 사서 막대한 이득을 올린다. 또 많은 도둑떼들을 교화해 일본 나가사키에 양곡을 팔아 다시 거금을 모아, 그 일부는 바닷속에 버리고 일부는 변씨에게 빚을 10배로 갚은 뒤 다시 원래의 가난한 선비로 돌아간다'는 내용이다.

전락했다. 농민층 분화는 이 시기의 신분사회에서 지배계층인 양반층 내부에서도 광범하게 전개되고 있어서 경제적으로 몰락하는 양반층은 소작농민으로 전락하지 않을 수 없었다. 이러한 사정이 18세기와 19세기에 이르면 농민층 분화가 심화되면서 더욱 확대되었다. 18세기 초 무전농민의 수는 경상도와 충청도에서 각각 5만명, 10만명이 넘었고 이들은 농업노동자 계층의 주축을 이루었다.(김용섭, 1971b, 184쪽)

토지에서 유리된 농민은 농촌사회에 그대로 남아 농업노동자가 되든지 아니면 상공업인구로 전화했다. 더 사정이 나쁜 농민들은 정처 없이 떠돌아다니는 유리농민이 되었다. 유리농민은 봉건체제 아래 신분적 예속에서 해방되어 비교적 자유로워졌지만 농업노동자(소작인)가 되거나 임금노동자 등으로 전화될 운명이었다.

3. 산업의 발전과 임노동자 계층의 형성

농업 농업생산력 발전과 더불어 농민층 분화가 빠르게 진행되었다. 임란이후 농업은 농지의 확대, 관개, 이모작, 종자개량으로 농업생산이 확대되었다. 농산품 가운데 자급을 넘는 부분은 시장으로 나가고 그 대신 농민은 시장에서 농기구 그릇 등 농업에 필요한 부분을 구매했다.

임노동자는 경영 지주(광작농)나 경영형 부농과 같은 경영규모가 크고 많은 노동력을 필요로 하는 곳에 흔히 고용되었다. 이들은 가족노동 외에 고용노동을 썼다. 고용노동은 단기 고공(날품팔이=일용노동자, 계절노동자)과 고공(머슴)을 썼다.

수전(논)농업은 농법의 전환에 따라 이앙 시기에 많은 노동력을 필요로 했다. 신분제적 예속 관계가 해체하면서 계급적 모순 관계가 심각하게 개재했던 노비노동에 비해서 고용노동은 대단히 편리하며 효율적이라는 인식의 전환이 있었다. 농업생산 부문에서 찾아 볼 수 있는 고용노동의 발전상은 바로 중세적 사회체제의 전반적 구조 변동의 산물이었다.

중세사회에서 기간산업이었던 농업의 발전은 농법의 발전이 기초가 되었다. 농법 발달은 논농사에서 이앙법(모내기)의 전면적 보급과 밭농사에서 작부체계의 발전이 그 핵심이었다. 모판을 만들어 싹을 틔우고 그것이 자라면 한 옹큼씩 논에 옮겨 심는 이앙법은 조선 전기에도 경상도 일부 지역을 중심으로 실시되었지만 대부분의 지역에서는 직파법에 의존했다. 봄에 거의 비가 오지 않는 우리나라의 기후로 보아 수리시설이 필수적인 이앙법은 좀처럼 채택하기 어려운 농법이었고, 정부에서는 이를 금지했다. 그러나 이앙법은 임진왜란 이후 남한의 전지역으로 확대되고 호남 지방에서는 90%에 가까운 지역에서 채택했다. 이렇게 이앙법이 확산된 것은 적은 노동력으로 넓은 토지를 경작할 수 있는 점과 단위 면적당 생산량을 크게 높일 수 있다는 장점에 있었다. 이앙법은 직파법에 비해 거의 75%에 달하는 노동력이 절감되었고 동시에 이모작을 가능하게 했다.(김인걸, 1990, 199쪽)

밭농사는 땅을 깊게 파고 밭두둑을 높이 해 이랑과 고랑에 각각 알맞은 작물을 효과적으로 재배하는 것이 중요한데, 16세기 이래 먼저 간 흙을 뒤엎어 높은 이랑을 만들어 주는 역할을 하는 볏(䎈)이 달린 쟁기를 사용하게 됨에 따라 그 문제를 해결했다. 이로써 작부체계가 크게 발전하게 되었으므로 지역적 특성에 맞는 1년 2작, 2년 3작의 윤작체계가 정립되어 토지생산성이 높아졌다. 이 같은 한전(마른 밭)농법의 변화는 밀 콩과 같은 작물을 재배하는 데도 큰 효과가 있었고, 특히 당시 상업적 농업의 발전에 중요한 기초가 되었다.

논농사와 밭농사에서 이루어진 이러한 발전은 자연히 합리적인 경영으로 생산성을 올리고 있던 농민층에게 부를 축적할 수 있는 기회를 제공했다. 이제 이 시기가 되면서 농업생산은 단순히 자가소비만을 목적으로 하던 단계에서 벗어나 시장을 상대로 한 상품생산의 의미를 보다 강하게 띠기 시작했다. 18세기 중엽 전국 구석구석까지 정기적인 장시(場市)가 서게 된 것이 그것을 말한다.

그 결과 농민 내부에서도 분화가 나타나게 되었고, 또한 그로 인해 구 지주층들의 지위도 결코 안정적일 수만은 없었다. 농민 내부에서도 부민으로 성장하는 이들이 나타나는가 하면 토지를 잃고 농토에서 축출되는 사람들이 다수 발생했다. 과거의 양반 지주들 가운데서도 지주의 지위를 상실하고 심한 경우 전호(佃戶)로 전락하는 경우가 있었다. 이렇게 농업분야에서 농법의 발달, 이에 따른 농업 생산력의 발달은 농촌사회를 지주와 전호로 분화시키고 많은 노동력을 농촌사회에서 도시로 몰아냈다.

그 밖의 농업노동은 『흥부전』을 한 예로 보면 알 수 있다. 흥부는 기경(起耕) 파종 등 농작업뿐 아니라 이엉엮기, 멍석매기, 나무베기, 역인(役人), 서기, 마당쓸기, 물긷기, 태전(馱田)지기 등 다양한 고용노동으로 생계를 꾸려 간다고 묘사했다.

이 때의 농업고용노동은 봉건적 생산관계가 해체하는 것을 보여 주며 나아가 충분하지는 못하지만 고용노동의 대가로 임금을 받고 있었기 때문에 임노동자화 되어가던 추세를 반영했다. 이것은 또한 불안정한 반프로레탈리아층의 농촌과 도시의 출현을 말했다. 이들은 전형적인 일고(일용노동자)의 초기적 형태였다. 그러나 농업에서 지대가 너무 높기 때문에 부농은 돈을 벌면 농업 경영에 투자하기 보다 토지를 사서 지주가 되려고 했고, 따라서 농업 경영에서 자본 임노동 관계는 널리 퍼지지 못했다. 농업 부문에서 상품화율은 확인되지 않고 있다.

관부 조선시대에는 관부(官府)가 필요한 노동력은 원칙적으로 농민의 부역으로 충당했고 양반지주층의 노동력은 노비노동이나 소작농민의 부역노동으로 충당했다. 그러나 왕조 후기로 들어서면서 정부가 필요로 하는 노동력도 농민들이 거부하고 달아나 부역동원이 불가능해지면서 점차 임금고용으로 바뀌어 갔다.(강만길, 1984a, 133~135쪽)

특히 국가는 저항하는 농민들을 무마하기 위해서도 부역노동의 개편을 모색하지 않을 수 없었다. 그 대안으로 나온 것이 농업에서 고공(雇工)과 날품팔이, 광업에서의 광점군(鑛店軍), 수공업에서 모작배(募作輩) 등이 있었다.

관영수공업은 원래 관장제(官匠制)라는 관의 통제 아래 장적에 등록된 장인들의 부역노동에 의해 운영했다. 장인의 신분은 다양했지만 공천(公賤)이 차지하는 비중이 컸다. 그러나 17세기에 이르러 관영수공업에 변화가 발생했으며 민간수공업이 크게 발달했다. 17, 18세기에 들어와 부역의무를 지는 공장(公匠)의 수가 줄어들고 장인세(匠人稅)를 내는 민간수공업자가 늘어나면서 공천이 차지하는 비중이 현저히 줄었다. 이로 인해 관영수공업의 운영방식도 임노동제로 전환되었다. 또한 주전(鑄錢) 사업 등 관영수공업에서는 관이 주체가 되어 상인자본을 끌어들이는 경우도 나타나게 되면서 기존의 봉건적 예속관계는 점차 느슨해지기 시작했다. 이는 수공업 분야에서 봉건적 질서가 더 이상 지탱할 수 없었음을 의미한다.

관부 부분에서도 임노동 도입이 일반화했다. 조선 시대의 정부기관이나 궁궐 안에서 일반 잡무를 하는 차비군(差備軍)은 조선조 전기에 부역 동원했으나 17세기 후반에서 18세기 전반에 차비군 동원의 64%가 고립(雇立)이 될 정도로 일고(日雇) 노동제가 발달했다. 축성, 치도(治道)에 임노동자가 고용되었으며, 일부분이지만 군대에도 임금을 받는 용병이 등장했다. 유형원의 『반계수록』은 "경공장들에게는 세를 부과하지 않고, 관청에서 일을 시킬 것이 있으면 공장들을 끌어다가 일을 시키고, 관청 요역이라고 해서 품값을 적게 준다"고 했다. 『화성의궤』의 기록에 따르면 영의정 채제공의 총 감독 아래 화성(현재의 수원성)을 축성하면서(1794)에 임노동자를 고용하고 천주학과 함께 들어온 서양기술(정약용이 고안한 거중기)을 채용하면서 작업능률이 높아지고 하자가 적어져, 부역노동에 의했더라면 10여년 걸릴 축성공사 기간이

2년 9개월로 단축했다.(주영하, 1996 참조) 이 책은 모든 고용된 임노동자의 이름과 그에게 지급한 임금 명세를 밝히고 있는데, 그 총액은 63,735냥 5전이라는 방대한 액수였다.(이종하, 2001, 336쪽)

또 17세기 초엽 관부(官府)의 각종 토목공사에서나 운송노동을 비롯한 잡역 분야에서 모군(募軍)이라 불리는 잡역부가 고용되기 시작한 것도 이 같은 고용노동의 한 유형에 속했다. 이전에는 무상의 강제노동으로 징발 역군을 사역해 왔던 분야에서 새로운 노동력 수급체계가 적용되었다. 관역官役의 분야에서도 부역노동이 쇠퇴하고 고용노동이 성립 발전했다. 이것이 모립제(募立制)의 고용노동이었다. 관부 임금고용의 노동조건은 매우 열악했지만 경제적 강제가 없는 임노동의 성격을 띠었다.

민간 수공업 18세기 후반부터 화폐자본을 축적한 일부 상업자본들 가운데 단순히 상품을 파는 일만이 아니라 더 많은 이윤을 획득하기 위해 자그마한 생산직장을 차려 놓고 몇명의 노동자를 고용해 그것을 운영하는 산업자본가로 변신하는 자들도 나타났다. 또 부유한 일부 수공업자들 가운데서 작업장을 확대해 직접 산업자본가가 되기도 했다.

민간수공업은 전업제 생산이 이루어지면서 점차 공장제 수공업으로 전화했다. 중세사회에서도 민간의 가내수공업은 수공업 생산의 상당부분을 차지했으나, 이 시기에 이르면 자가소비의 목적을 벗어나 상품생산의 성격을 띠고 발전하면서 상업자본과 결합했다. 초기 수공업은 자기 직물 유기 철물 제지업 등의 분야에서 상업자본의 지배를 받는 선대제(先貸制) 수공업 생산이었지만, 점차 독자적인 공장제 수공업으로 전환되는 추세였다. 그리고 어떤 경우이든 그 경영방식은 임노동에 기초한 점에서 과거의 생산방식과 질적으로 구별되었다.

수공업은 1850년대에 매우 발달했다. 유기, 야철(冶鐵), 광주분원의 도자기 제조 등의 수공업이 발달했다. 금속가공업에서 자본주의적 관계가 발생했다. 19세기 중기 정주 납청에 50여개의 놋그릇 작업장 있었다. 그 가운데 대야 양푼 바리 등을 만드는 큰 규모의 작업장은 20

여명의 임노동자를 고용했다. 숟가락점 촛대점 대통점 등의 작업장에서는 주인이 서너명을 고용해 일했다. 이 시기 납청에서 놋쇠 그릇을 만들기 위해 1년동안에 30~40만 근(180~240톤)의 구리를 썼다.

광산 자본제적 생산이 특수하게 발전했던 분야의 하나는 광업분야이다. 광업도 수공업과 마찬가지로 이전에는 철저하게 관의 통제 아래 있었으나 이것은 점차 무너져, 잠채, 설점수세(設店收稅), 덕대의 형태로 민간이 운영했다. 19세기 금 은의 수요 증대로 광산에 대한 통제가 불가능해졌고 또 부산 원산 인천 등의 항구가 외국의 공업제품 유입과 더불어 금은의 유출이 성행하면서 광산개발을 더 이상 막을 수 없었기 때문이다. 상인 관리들까지 광산경영에 참여해 관영광업의 운영방식이 크게 바뀌었다. 동시에 민간광업도 성행했다.

이 시기 농토에서 떨어져 나온 많은 유민들이 광산에 몰려들었는데, 이들을 임노동자로 고용하면서 광산주들은 경영규모를 확대했다. 이 때 자본주를 물주(物主)라고 했고, 그와는 별도로 덕대(德大)는 노동과정을 지휘했다. 덕대는 수백명 또는 수십명의 노동자를 통솔하기 위한 전통적인 노동조직체였다. 이 제도 아래 일하는 사람들이 '토지가 없어 농사를 짓지 못해(無土不農之民)' 생계를 유지하기 위해 일정한 보수를 받고 일하게 될 때 바로 임금노동자로서의 성격을 가졌다. 그러나 기술이나 장비는 아직 낮은 수준에 머물렀고 정부의 통제 등으로 발전이 제한적이었다. 그러나 당시 농민층의 분해와 상품경제의 발전을 배경으로 광업분야에서도 자본주의적 관계가 발생 발전했다.

광업 발달로 형성된 광산노동자들은 당시 약 2만명 이상 추산되었다. 18세기말 수안 흘동 금점의 경우, 광부 550명, 움막 700개, 광산촌 인구 1,500명이었다. 갑산 고진동 광산은 협업 작업을 했다. 한 갱에서 40명이 광석을 캐고 20명이 운반하고 2~4명이 갱을 꾸미고 6~8명이 물을 퍼내는 협업으로 작업했다. 광산에는 광부 등에게 일용잡화를 공급하는 시장도 형성되었다. 평안도 농민전쟁(1811)의 자금책이었던 이희저, 우군칙은 상인이며 운산에서 금광을 경영 수만 금의 돈을 벌었다.

기타 이 같은 조건은 어업 임업 수운 등 여타 산업분야에서도 마찬가지였다. 19세기 중엽에는 도시와 포구에서 합자형태의 산업기업체들이 활동하기 시작했으며, '객주회' 상인들이 상인들에 의해 조직되어 유통분야에서도 자본주의적 관계가 확대 발전했다. 개항과 더불어 일본 상품이 도입되면서 많은 운반노동자가 필요했다.

이상에서 살펴본 바와 같이 농업 수공업 등의 분야에서 이루어진 생산력의 발전에 기초한 상품화폐경제의 발달은 당시 사회의 계급구성을 크게 바꾸어 놓았으며, 기존의 사회경제적 토대에 기초한 사회체제를 크게 동요시켰다. 그 결과 중세사회를 떠받치고 있던 지주제와 신분제의 전면적 동요를 초래했다. 농업생산력의 발전에 기초해 소농경제가 발달하면서 농민층 분해가 급속히 진행되었고, 기존의 지주경영에서도 변화가 나타났다. 농민층 내부에서는 한편으로는 상업적 농업을 통해 부를 축적하고 토지소유와 경영을 확대했던 부농층이 형성되었지만, 다른 한편에서는 토지소유뿐만 아니라 토지경영에서 조차 밀려나는 무전농민이 광범위하게 형성되었다. 무전농민은 농촌에만 집착하지 않고 도시로 진출해 상고(商賈)를 업으로 하거나 도시 노동자가 되기도 했으나 그 대부분은 농촌에 머물 수밖에 없었다. 그리해 이 시기의 농촌사회에서는 임노동에 생계를 거는 농업노동자가 더욱 많아졌다. 따라서 농민들의 계급구성은 지주 부농 중농 소빈농(作人) 임금노동자층 등으로 변모해 나갔다. 토지 소유와 농업 경영을 둘러싼 농민층의 분화현상은 신분제의 해체를 수반하면서 광범위하게 진행되었다. 농민들은 개별지주에 대한 인격적 예속관계에서 현저하게 벗어날 수 있었고, 더 이상 토지의 부속물로 남지 않았다. 농민들은 국가 권력의 통제를 동요하게 했다.

4. 봉건시대 임노동자의 생활

1) 노동자의 상태

(1) 계급구성

인구동향 당시 통계자료를 통해 대체적 인구동향은 17세기 중엽에는 대략 131만호에 인구가 502만명, 18세기 중엽에는 169만호에 697만명, 18세기 말엽에는 175만호에 737만명, 154만호에 655만명이었다. 조선 시대 인구는 17, 18세기에 이르러 계속 증가추세에 있었으며, 특히 18세기에는 정부의 행정력이 강화되어 인구 파악의 강도가 높아졌다. 그러나 19세기에는 전염병22)과 기근으로 인한 자연 감소 외에도 세도정치의 여파로 행정력이 이완된 결과 인구가 감소된 것으로 집계되었다.(강만길, 1984a, 137쪽)

조선왕조 전체 시대에 걸친, 전국적인 신분별 인구통계를 근거로 한 양반신분 인구 증가수를 밝힐 만한 자료는 없지만 특정 지역에 관한 통계를 통해 유추해 볼 수 있다. 대구지방의 경우 양반호는 1690년 9.2%에서 1858년 70.3%로 증가하고, 상민호는 53.7%에서 27.2%로 감소하고, 노비는 37.1%에서 1.5%로 감소했다.(강만길, 1984, 119쪽)

조선 시대의 지배계층인 양반은 17세기 이후 급격히 분화해 일부 몰락하면서 사회경제적으로 농민층과 일체화된 일부 양반층은 직접 민중봉기에 가담하고 그것을 지도했다. 노비는 두 차례의 전쟁을 통해 많은 수가 면천되었으며, 19세기에 접어들면서 해방노비를 다시 묶을 수 있는 조건이 전혀 조성되지 않았다. 문호개방 이후 1886년에는 노비의 신분 세습제가 폐지되고 다시 1894년 갑오경장에 사노비까지도 법제적으로 해방되었다.

---

22) 1821년 콜레라가 창궐했다. 이는 인도에서 중국을 거쳐 조선에 들어와 일본으로 전염되었다.

계층형성 임노동자의 기초가 되는 무전농민은 농촌에만 집착하지 않고 도시로 진출해 상고(商賈)를 업으로 하게되고 도시의 노동자가 되기도 했다. 그러나 대부분은 농촌에 머물 수밖에 없었고 농촌사회에서는 임노동에 생계를 거는 농업노동자가 더욱 많아졌다. 그러한 무전농민은 18세기초의 경상도와 충청도에서 각각 5만명과 10만명을 넘었다.[23] 이 수치는 조선의 인구 577만명(숙종 25년, 1699) 가운데 경상도와 충청도의 인구 각각 182만명, 71.5만명(1717년)임을 고려하면 경상도와 충청도의 무전농민의 비율은 각각 2.7%, 14%로 추정되었다.(방동인, 1990 참조) 광산노동자는 2만명으로 추정했다.(김인걸, 1990 참조) 따라서 농민들의 계급구성은 지주 부농 중농 소빈농(作人) 임금노동자층 등으로 변모해 나갔다.

또 계급구성의 변동에 따라 자연히 중세사회의 또 하나의 지주이었던 사회신분제도도 동요하였다. 이것은 양반호구의 격증 외에도 상민호구의 격감, 노비호의 실질적 소멸과 솔거노비의 절대수 감소 속에서의 존속 등으로 전통적인 신분구조는 더 이상 유지될 수 없었다. 17세기까지만 해도 10%를 넘지 않던 양반의 신분구성비가 바뀌고, 18세기 중엽을 전후로 노비호가 실질적으로 소멸되었다.[24] 이것은 일정하게 부를 축적할 수 있었던 여건이 조성되면서 그를 바탕으로 평민 천민들이 대대적인 신분상승 운동을 추구했던 결과였다.(양반전의 사례)

(2) 노동과정

노동과정과 노동조건 수전 농법의 전환으로 중경中耕 제초작업을 절

---

[23] 『숙종실록』 권 41, 숙종 31년 3월, 40책, 145쪽. 김용섭, 1971a에서 재인용.
[24] 지금 호남의 백성을 볼 때 대략 100호가 있었다면, 그 가운데 다른 사람에게 토지를 빌려주고 지대를 받는 자는 불과 5호에 지나지 않고, 자경자는 25호이며, 타인의 토지를 빌어 지으면서 지대를 바치는 자가 70호나 되었다.(다산 정약용이 말한 호남지방 농민의 어려움)

약했으나 이앙기에는 일시에 많은 노동력이 필요했다. 남보다 다작을 하고 있는 부농에게는 2, 3차의 중경제초나 그 밖의 수확 타작에 많은 노동력이 필요했다. 18세기말 화성지방에서 이앙을 포함한 모든 노동 과정에서 노동력은 1인당 1일 3식 제공에 10문 이상의 임금을 지급, 고용했다.25)

농촌 임노동자에는 일고(日雇) 노동자 이외에 일정한 기간을 두고 고용되는 고공(雇工)이 있었다. 머슴이라고도 불린 고공은 물론 조선 전기의 농촌에도 있었으나 대부분 장기적으로 고용되었다. 그러나 조선 후기로 오면서 장기 고공제보다 단기 고공제가 일반화해 자유노동자, 계약노동자적인 성격이 훨씬 높아졌다. 왕조 전기에는 양반과 부유층의 가사노동력과 농업노동력이 대부분 노비로써 충당되었다. 조선 후기에는 노비층의 신분 해방이 확대되면서 대신 고공이 그 노동력으로 충당되어 갔다. 그러나 부농층에게 고용된 고공이라 하더라도 단기 고공이 대부분이어서 예속성은 약화되었다. 또 양반 지주층이 아닌 일반 농민층이 고공을 채용하는 경우도 많아지고 고용주와 고공 사이도 신분적으로는 대등한 관계였다. 서유거(1764~1845)에 따르면 황해도와 평안도 지방의 농가에서 해마다 연초에 일꾼을 고용하는데 한 사람의 1년 품삯이 300전에 불과하며 만약 500전 내지 700전만 주면 하루 사이에 수백명을 모집할 수 있을 것이라고 했다. 이 시기의 농촌에 1년을 계약기간으로 하는 품팔이 노동력이 많았음을 말해주고 있으며, 또한 농촌 임노동의 상당한 일반화를 말한다.(강만길, 1984, 135쪽)

상업적인 경영을 하는 경영형 부농층의 농업경영에 많은 노동자가 고용됐지만, 이들이 모두가 '계일취직(計日取直)'해 생활하는 임노동자는 아니었다. 경영형 부농층에게 고용된 노동자의 용역은 혹독했다.

---

25) 夫農夫雖以八口之家 至於三農並劇之時 必須雇人 雇人一夫 過十文饋飽三時 然後可以得治.
『일성록』 정조 23년 3월 28일. 김용섭, 1971a, 116쪽에서 재인용.

부농 경영에서 노동자 사역이 혹독하고 그것을 통해 수탈하는 바가 크고, 비록 부농들이 임금을 지급하고 노동자를 사역하고 있을망정, 임노동으로 농업을 경영하면서 그 농리(農利)가 전적으로 그들에게 돌아가는 폐해를 이대규(李大圭), 성호(星湖)는 "재산이 있다하면 반드시 일없이 놀고 있는 사람을 부려 일을 시키는데, 농토를 넓히고 씨를 많이 뿌려서는 수확한 것을 독점하곤 한다有財 則必使役游手 廣耕多播 合收專利"26)라고 했으며, 반계(磻溪)는 "이익만을 탐내는 무리들이 땅이라는 땅은 다 가지고 있고 백성들은 이리저리 떠돌아 옮겨다니며 그들에게 품팔이나 하고 있으니 그 해독이 더 할 수 없이 크다牟利之輩 盡有土地 而良民相率流移 爲其傭作之人 其害所至不可勝言"27)고 지적했다. 이들은 균전론이나 한전론으로 영세소농층의 자립을 보호하자고 했다.28)

광업 철가공업 동철가공업의 노동과정을 사례를 들어 살펴본다.(이종하, 2001, 342~344쪽) 금광 채취에서 사금보다는 석금 분야에서 먼저 공장제수공업 형태가 나타났다. 1799년 황해도 홀곡의 석금점은 3개소에서 채금했다. 그 해 여름 개발된 갱이 39개소, 장마 때문에 중지된 갱이 99개소였다. 여기서 직접 채광노동에 종사한 연군(烟軍)은 장마철인데도 550명이며, 광산마을의 전체 인구는 1,500명, 점막의 수는 700여 동에 이르렀다. 기록에 따르면 당시 광산노동자인 연군은 많으면 30명, 적으면 10명 정도가 한 조를 짜서 분업에 기초한 협업을 하고 있으며, 또는 직업 채금에 종사하는 자 100명과 운반공 50명, 나

---

26) 『星浩僿說』人事門 本政書, 상권, 251쪽 ; 김용섭, 1971a, 186쪽에서 재인용.
27) 『磻溪隨錄』田制下, 46쪽. 김용섭, 1971a, 186쪽에서 재인용.
28) 한편 서유거徐有渠는 경영형 부농을 "力檣起家者 …… 智廬足以役使莊戶"(『擬上經界策 下』)라며 역농자(力農者)로 파악하고 노동자의 사역을 수탈한다는 입장에서가 아니라, 그만큼 지혜가 있고 사려분별력이 있어서 다시 말하면 경영적인 두뇌가 있어 노동자를 사역할 수 있다고 보았다. 그는 둔전론(屯田論)에서 그들을 둔전관으로 임명한다면 둔전의 경영에도 성공할 것이라고 했다.

무꾼 10명의 비율로 조직된 경우도 있었다. 철기제조에서 쇠부리 물주들은 채광업자들이 독자적으로 채굴한 쇠를 직접 사들이기도 하고, 채광업자에게 미리 주문하면서 선금을 주기도 했다. 쇠부리칸에서 가장 중요한 설비는 철덕(爐)이었다. 한 개의 철덕을 움직이려면 약 30명의 일꾼이 협동해야 했다. 그 가운데 대부수군(용해담당 기술자)은 책임자인 호주와 조역인 앞쟁이로 구분했다. 철덕에는 웃거리군이 4명이 있었으며, 이들은 쇠들과 숯을 잘 배합해 철덕에 넣는 일을 했다. 송풍작업에 종사하는 풍구질군은 '너울군'이라고도 했는데, 16명이 2조로 나뉘어 주야 교대로 작업했다. 이 밖에 쇠를 운반하는 돌패쟁이 2명과, 숯을 공급하는 숯패쟁이, 그리고 보조원을 합쳐 큰 규모의 경우 30명 정도가 협업노동을 했다.

동철가공에서 공장제 수공업은 조총 화포를 만드는 총포주조업, 동전주조업, 유기업의 세 종류가 있었다. 유기업의 경우 18~19세기 안성과 정주 남천이 2대 중심지였다. 안성의 경우 각 유기수공업장에서는 대체로 숙련장인 11명으로 구성된 '모작패'를 한 단위로 해서 작업을 진행했고, 유기점 경영주들은 그 제품을 '전내기' 또는 '장내기'라 해서 장날마다 내다 팔아서 임금을 지급했다. 19세기 안성에는 50개의 유기점이 있었으며 소규모로 15~20명의 기술자를 고용했다.

(3) 노동자의 생활

임금 노동시간 신분 생활 개항 이전 시기의 임노동자는 생산수단에서 완전히 분리될 뿐만 아니라 봉건적 속박으로부터도 벗어난 이중의 의미에서 자유로운 근대적 노동자로 보기는 어렵다는 한계가 있다. 당시의 임노동자는 생계대책을 임금노동에서 완전하게 구하지 못했다. 그 생활은 반농 반노이지만 농업에 바탕을 둔 노동자였다.

당시 임노동의 조건을 살펴본다. 고공(雇工)에는 전기의 장기고공과 후기의 단기고공이 있었다. 18세기 말기에 장기고공에 관해 제정한 법을 보면 생명의 보장에서 평민과 차등을 두고 있어 장기고공의 속성은 노비노동에 가깝다. 후기에는 단기고공을 중심으로 변화하는데, 단기고공은 농번기에 또는 몇 개월 동안 계절적으로 고용되는 노동자로 본질적으로 임노동자와 다름없었다.(김용섭, 1971a, 191쪽)

18세기 전반기 충청도의 농촌실정을 보고한 박문수(朴文秀)는 불과 열 마지기의 소작지를 경영하는데 세 번 김 매고 벼 베고 타작하는데 소요되는 노동력이 연 50명이나 되었다. 이들은 모두 임노동으로 충당하는데 한 사람의 품삯이 쌀 다섯 되와 돈 5푼이라 했다. 또 18세기의 자료에는 "8명의 가족을 가진 농부라도 농번기에는 반드시 고인(雇人)을 써야 하는데 1인당 3식을 제공하고 돈 10푼을 주어야 고용할 수 있다"고 했다.(강만길, 1984a, 134쪽) 경영형 부농은 노동력을 철저하게 잘 이용하고 수탈했다. 비록 부농이 농업노동자에게 임금을 지불하지만 그 농리(農利)가 전적으로 부농에게 돌아가는 모습을 보고 성호(星湖)나 반계(磻溪)는 균전론이나 한전론으로 영세소농층의 자립을 주장했다.

조정에 행사가 있을 때 차비군은 하루에 1천명 가까이 고립했다. 1637년의 한 기록에 따르면 인조 비의 능 조성 공사에 필요한 역군 150명을 모집하는데, 한성부는 방문에 하루의 임금으로 쌀 5승을 지급하고 또 식량미로 별도로 하루 3승씩을 지급했다고 밝혔다. 이것을 보면 관부가 차비군을 모집할 때는 정부가 한성부에 인원수와 노임까지 알려서 모집했다. 한성부가 서울 성안의 행인이 많은 곳에 고가와 또 어쩌면 고립기간까지 밝힌 방문을 써 붙여 방민들이 모집에 응하게 한 것으로 추정한다.(강만길, 1984b, 350쪽)

17세기 창덕궁 수리공사에서 수리도감은 모군의 고가(임금)를 1개월에 면포 1필, 쌀 10두로 정했다. 도감은 임금노동자들이 불응할 경우를 대비해 쌀 6두, 면포 2필로 하는 인상 상한선도 미리 정해 두었는데,

이것은 당시 '노사'간에 임금을 두고 팽팽하게 대립했음을 의미한다. 17세기 말(1677) 남별전 중건역을 전후해 고가 액수가 면포 3필과 쌀 6두 또는 면포 2필과 쌀 9두로 일정해졌다. 18세기 산릉역에 고용한 모군의 1개월 품삯은 면포 3필과 쌀 9두로 관례화했다. 고가는 상평통보가 유통하기 시작한(1680) 때부터 쌀 9두와 은자(銀子) 2량을 지급했듯이 동전을 지급했으며, 18세기 후반 본격화했다. 고가의 지불방식은 처음에는 1개월 단위로, 나중에는 점차 일당 형식으로 지급했다. 고립의 재원은 전국을 대상으로 요역을 징발했던 지난 날의 부역노동을 물납세화해 거둬들인 전(錢 : 화폐) 쌀 포(布)로 충당했다. 모군의 노동시간은 일조시간에 해당하는 10~14시간 정도 일을 했는데, 이것은 15, 16세기 징발역군들이 악천후 속에서 작업을 강요당하고, 때로는 야간에도 횃불을 내걸고 작업하던 것과 다른 모습이었다. 모군은 스스로 관의 역사에 응모한 노동자로 작업의 강도가 높아지면 품삯 또한 늘어났기 때문이다. 그러나 특별한 경우 야간에도 작업을 했으며, 이 경우 특별한 대가를 지불했다.(윤용출, 1998, 259~301쪽) 화성 축성공사의 경비 873,517량 7전 5푼 가운데 잡역부의 고가로 지불된 것은 전체의 35%에 가까운 301,363량 5전 2푼에 이르며, 여기에 공정의 차질로 인한 공일空日의 식대, 치료비, 숙소 건립 등 간접비까지 포함하면 인건비 지출은 전체 경비의 절반을 초과했다.

광산노동자의 고용형태는 일급 등 임금을 받는 형태와 식량 등 생활자료를 현물 또는 화폐로 지급받고 또는 광상의 일부를 지급 받아 여기에서 얻는 소득을 차지하는 두 가지 형태가 있는 것으로 추정된다. 평안도농민전쟁에 참여한 광산노동자의 임금은 하루 3전이었다. 후자의 경우는 금을 채집하지 못하면 소득이 없으며 그리고 이 때문에 이탈이 부자유스러운 면이 있었다.

2) 노동자의 요구와 투쟁

(1) 경제적 요구와 투쟁

조선 후기 봉건 질서가 무너지는 가운데 항조, 항세운동의 역할이 중요했다면, 새로운 자본주의적 관계가 발생하는 과정에서 쟁고운동 즉 노동자의 투쟁이 나타났다. 고가를 중심으로 한 고주와 고용=고공 간의 갈등관계가 심화되는 가운데 고공층은 고주에게 자신의 노동력에 대한 정당한 대가를 요구하게 되었다. 쟁고는 항조, 항세운동과 함께 18, 19세기에 중첩되어 나타났다. 단적인 예로 소농층의 경우 직인으로서, 고용농민으로 존재하는 동시에 국가에 조세를 상납해야 하기 때문이었다.(최윤오, 1991, 306쪽) 임노동자들의 요구는 임금의 지불, 인간적인 대우 등이었다.29) 모군은 현물 화폐의 가치가 불안정할 경우 교환가치를 고려해 임금으로 지급 받는 미곡이나 포목의 어느 한쪽을 선호했다. 실제 모군은 미곡이나 포목의 가치가 크게 떨어질 때마다 화폐 지급을 요구했다. 1701년 고양군 인현왕후 산릉공사에서 보토 작업장 경모군 600여명은 한밤중에 도주해 작업이 일시 중단되었다. 모군 가운데 자체적으로 선발된 행수(行首) 소임(所任)이 중심이 되어 조직적으로 이탈한 것이다. 사건 뒤 모군의 품삯은 면포 1필, 쌀 9두에서 면포 2필, 돈 3량, 쌀 9두로 인상하고, 다시 면포 1필, 돈 9량, 쌀 9두로 환산해 지불했다.(윤용출, 1998, 309쪽)

---

29) 노동운동으로 발전하기까지는 많은 시간이 필요했다. 노동운동의 기점에 대해 권의식 김윤환 두 연구자는 1888년 함경도 고산군 초산역에서 광점군들이 봉기한 사건이 폭동의 성격을 띤 것으로 근대적 노동운동은 아니지만 노동운동의 전사(前史)를 이룬다는 점에 일치했다. 권의식은 근대적 노동운동의 기준을 노동자들의 집단적 파업에 두고, 1898~1900년에 걸쳐 일어난 부두노동자의 파업을 기점으로 설정했다. 이에 비해 김윤환은 1898년에서 1900년대 초에 걸친 목포항의 부두노동자 파업이 최초의 동맹파업으로 발전된 단계의 운동이라는 점은 인정하지만, 근대적 노동운동의 조건에 합치되는 운동은 1920년대 전후, 구체적으로 조선노동공제회(1920)의 창립 이후로 보았다.

(2) 반봉건 투쟁

신분의 해방 임노동자들은 토지에 예속되거나 노비 신분인 신분적 예속은 벗어났으나 봉건적 폭압은 여전했다. 북한의 연구자 권의식은 18세기 임금노동자들이 종래 수공업자와는 달리 인신적으로 자유롭고 노동력 매매에 경쟁이 작용하며 분업화한 부문 노동자이기는 하지만 프롤레타리아가 갖추어야 할 징표를 다 갖춰 있지 않다는 점에서 프롤레타리아 전신으로 보고, 프롤레타리아(현대적 임금 노동자)는 1880년 이후 개항장 노동자로부터 발생했다고 했다.

18세기 후기 부를 이룬 서민계층이 증대해 점차 사회기층을 형성하고, 치부한 상공업자들 중에는 납속수작(納粟授爵)30)으로 관명을 얻어 신분상승을 도모했다. 그러나 보다 중요한 현상은 이들 상공업자들의 인간적 각성이었다. 이들은 문학이나 예술의 대상이 되었을 뿐 아니라 그들 자신이 문학과 예술활동에 참여했다. 18세기 말에 자주 나타나는 시정잡사(市井雜事)를 소재로 한 문학과 예술은 이러한 사상의 변화를 표한 것이며, 작자미상의 민화나 민요 등은 바로 이러한 서민층의 자아의식의 발로였다. 이와 같은 경제 사회적 변화는 사람들의 가치관과 경제의식에도 변화를 가져왔다. 재출어농(財出於農)이라 해 농업만이 가치창조의 유일한 산업이며 상공업은 가치를 이전하거나 형태를 바꾸는 것에 불과하다며 경시하던 사상이 점차 바뀌어지면서 상공업의 중요성을 인식했다. 그리고 정부에서도 상공업을 주요한 세원으로 삼

---

30) 조선 후기에 들어오면 양반의 수가 크게 증가해 그들 가운데 관직에 등용되지 못하고 경제적으로 몰락하는 사람도 다수 증가했다. 이러한 몰락 양반들은 재화를 축적한 상공업자를 선망의 눈으로 바라보게 되었고, 한편 치부한 상공업자들 가운데 납속수작(納粟授爵)으로 관명을 얻어 신분상승을 꾀했다. 납속수작은 정부의 재정정책으로 실시해 온 것으로 기근 전란시에 보충하기 위해 양반이 미곡을 상납하면 관직을 주었고, 공사천(公私賤) 및 중인 상민의 경우에는 상납한 미곡량에 따라 신분의 상승 또는 관직으로 표창했다. 이 제도는 조선후기에 들어오면서 정치부패의 원인이 되었다.

았다.

당시 중인은 관청에서 일하던 전문 행정인력과 의학 통역에 종사했던 기술인력 서얼 등을 포함하는 계층으로 양반과 농민 사이의 계층이었다. 중인은 19세기에는 북학사상을, 구한말에는 개화사상을 받아들여 새로운 변화를 모색했다. 특히 통역을 하는 역관은 직업의 특성 때문에 서유럽 문물을 경험해 개화사상에 일찍 눈을 떠 구한말에 이르러 엘리트지식인으로 발전했다.

농민항쟁과 임노동자의 결합 19세기 더욱 늘어난 몰락농민층이 '무리를 짓는成群作黨' 현상은 농촌사회 분해의 결과였다. 이들은 도시의 일거리를 찾아 흘러들어 가거나 수공업장이나 광산으로 모여들었다. 중세 말기의 해체기의 상징으로 등장한 몰락농민과 임노동자들은 봉건체제와 노동의 착취에 여러 가지 방식으로 저항했다. 그것은 폭동 민란의 형태로 나타났다.

봉건지배계급은 상품-화폐관계의 확대와 자본주의적 관계의 발생 발전을 억압하면서 봉건적 수탈을 더욱 강화했고, 또한 부분적으로 이러한 자본주의의 싹을 이용하면서 대응했으나 이는 위기를 더욱 첨예화시킬 뿐이었다.

특히 농민의 계급분화 과정에서 몰락한 농민들의 저항은 봉건제의 위기를 심화시켰다. 이는 봉건지배체제의 위기로 표출되었고, 그에 따라 봉건정부는 전정 군정 환정의 조세 수취제를 통해 봉건적 수탈을 더욱 강화했으며, 또한 그 과정에서 중간관리층의 수탈(가렴주구)은 더욱 심해졌다. 이에 농민들은 다양한 방식으로 항세투쟁을 벌였다. 그런데 이 시기 조세수취제도의 모순은 봉건국가의 농민지배 과정의 모순만이 아니라, 지주제 확대에 따른 농민층 일반의 몰락이라는 조건도 반영했다. 토지사유화와 함께 토지의 상품화가 진전되고 지주-소작관계가 널리 확산되던 과정에서, 특히 17세기이래 각 궁방, 아문과 양반관료들의 공전 침탈과 농민소유 농지 탈취가 광범하게 행해졌다. 이러한 토지수탈의 결과 나타난 소작료 인상에 대해 농민들은 항조투쟁을 광범하게 벌였다.

18세기 이후 농민항쟁은 대부분 봉건적 수탈에 대한 저항이었으나 점차 상인자본의 이해를 반영한 운동도 전개했다. 1710년 전라도 노령蘆嶺 주변 유민들의 무장봉기, 1727년 전라도 변산반도와 영암 월출산을 근거로 한 유민들의 봉기, 1733년 전라도 진도 나주 일대 노비들의 투쟁, 1738년 평안도 삼등현 유민들의 무장 봉기, 1811년 평안도 농민폭동 등이 일어났다. 특히 1811~12년에 일어났던 평안도 농민전쟁에는 평안도 지역에서 성장한 상인들과 수공업자들이 일정하게 참여했다.(서울사회과학연구소, 1991, 28쪽)

19세기 중기 농민 봉기가 광범위하게 나타났는데, 특히 1862년부터 1863년에 걸쳐 봉기한 진주농민항쟁을 계기로 전국적으로 20여건의 항쟁이 일어났다. 고종조 민란은 1864년부터 갑오농민전쟁까지 46곳에서 47회 일어났다. 농민항쟁은 빈농층이 주도하고 조직화했던 운동으로, 삼정문란으로 나타난 봉건적 조세수탈과 봉건권력의 각종 억압(중간관리층을 통한)을 극복하는 과제를 안고 있었다.

이 과정에서 노동자들은 평민농민전쟁에서 볼 수 있듯이 민중, 농민의 투쟁(봉기, 전쟁)과 결합했다.

평안도 농민전쟁 1811년 평안도농민전쟁은 상인과 이들이 모은 광산노동자(광점군)들이 투쟁에 참여했다. 당시 서북지역은 청나라와의 교통로로 무역이 발달한 지역이었다. 더구나 무역에서 은의 수요가 늘어나자 은의 채굴이 급속하게 증가했고 금광도 개발되었다. 따라서 평안도 지방에는 잠채광업이 일반화해 광범위한 광산노동자층을 형성했다.

홍경래란으로 알려진 이 사건은 홍경래 우군칙 이희저 등 항쟁 주체들이 10여년간 치밀한 사전계획을 세워 추진한 것으로 이후 중세사회의 해체에 커다란 영향을 끼쳤다. 이들은 지방지배층들을 규합하고, 신흥 부상대고(富商大賈)들을 끌어들여 거사했는데, 그 주력군은 이들이 훈련시킨 광산노동자들이었다. 따라서 엄밀한 의미에서 이 사건은 농민운동의 성격을 띤 것이라기보다는 중세적 정치권력에서 배제된 지방 향리가 추진한 정치투쟁, 정변의 성격이 강했다. 그러나 당시 농민들의 일정한 지원이 있었기 때문에 상당기간 관군과 항전을 계속할 수 있었다.

평안도농민전쟁은 농민의 항쟁이지만 여기에 운산금광의 광점군을 주력군으로 하는 노동자가 다수 참여해 노동운동사적 의미도 크다. 우군칙 한신행 등이 광산을 채굴한다는 소문을 내고 상인층의 화폐자본을 이용해 광산노동자를 모집하는 방식으로 일반 군사력을 구성했다. 초기 봉기군 모집이 광산노동자를 모집한다는 명목으로 이루어진 사실이 '광산노동자' 자체의 동원을 의미하지는 않는다. 우군칙은 운산촉대봉에서 금점을 개설한다면서 "점장은 서울에서 온다", "군칙의 물주는 서울 사람으로 수천냥을 군산군에 보내와 군칙에게 사람을 모아 채금하게 한다"고 해 미리 1~3냥의 선금을 주어 채금군을 모집한 뒤 서명을 받아 군대조직으로 편성했다. 이 때 강득황(군칙의 처 작숙)은 "덕대변수(德大邊手)"로서 선금을 주어 고용하는 방법으로 채금군을 모집했다. 여기에는 농민 행상 사공 지게꾼 등 금점에서 돈을 벌리는 부둣가 빈민들과 이미 전문적 광산노동자인 '채금에 능한 자(善採者)'가 포함된 79명의 인원이 고용되어 가산 다복동에서 서명을 하고 군대조직으로 편성되었다. 여기에 모군한 광산노동자에게 하루에 1명에 3전의 임금을 지급했다.(임병훈, 1981, 143쪽) 사람을 모으면 즉석에서 화폐로 대가를 지급했던 것은 당시의 발달된 상품화폐경제를 반영했다. 사실 광산노동이 생업인 사람이 봉기에 참여한 사례는 발견하기 어렵기 때문이다.(오수창, 1992, 141~184쪽)

임술농민항쟁 부세제도의 변화로 농민의 부담이 가중되면서 농민들의 항쟁이 거세어 졌다. 1862년에는 전국적으로 농민항쟁이 일어났다. 그 가운데 규모가 가장 큰 것은 진주농민항쟁이었다. 진주농민항쟁

(1862)은 경상 우병사이었던 백락신(白樂莘)과 진주목사 홍병원(洪秉元)의 수탈과 탐학 때문에 일어났다. 이들은 도결(都結)이라해 자신들이 개인적으로 사용한 공금을 주민들에게 부담시켰으며 환곡제도도 부당하게 운영해 수년동안 많은 부당한 이득을 챙겼다. 뿐만 아니라 농민들이 땀흘려 개간한 땅이나 광산을 불법이라 해 돈을 거두기도 했다. 1860년대부터 90년대까지 30년간 계속된 기근도 하나의 원인이었다.

이에 그 지역의 잔반이었던 유계춘(柳繼春)이 중심이 되어 농민들은 스스로 초군(樵軍)이라 부르고 낫과 죽창을 들고일어났다. 이 때 항쟁의 주체는 최하층 즉 몰락농이면서 생계를 이어나가기 어려운 유민(流民)이나 부객(浮客) 용고(傭雇) 등이었다. 이들은 '장시를 떠돌아다니던 무리場市浮浪之輩'로서 오래 전부터 날품을 팔거나 혹은 땔나무를 팔아 생계를 이어오던 용군(傭軍)이고 초군(樵軍)이었다. 이들은 봉건 지배층이나 부농층의 토지집적 경영확대 과정에서 몰락한 자들로 자신의 노동력 외에는 가진 것이 없던 계층이었다. 그들은 진주성을 점령하고 부패한 관리들을 살해했다. 이에 정부에서는 백낙신과 홍병원을 파직하고 군사를 동원해 진압했다.

진주농민항쟁도 결국 민중의 패배로 돌아갔으나 그것이 미친 영향은 매우 컸다. 그 이후에도 민란이 계속 일어났다. 진주민란 이후 40여 일 뒤 전라도 익산에서 농민 봉기가 있었으며, 이어 제주도에서 세 차례의 농민항쟁이 일어났다. 이 시기를 전후해 전국 각 지역에서 70여회에 걸친 농민항쟁이 있었다.

그러나 이들 농민항쟁은 아직 여러 가지 한계가 있었다. 우선 연합적 연대를 통해 자신들의 문제를 해결하지 못하고 군현 안에서만 고립 분산되어 항쟁했다. 또 봉기의 내용이 봉건적 토지제도나 신분제의 전면적 부정에 이르지 못했다. 중앙에서 파견된 안핵사 암행어사에게 호소하는 수준에 그치는 정도였다. 이러한 한계는 동학농민전쟁에 이르러 어느 정도 극복되었다.

노동자의 조직 고용주와 고용인 사이의 관계는 근대사회의 그것처럼 자유롭고 대등한 것은 아니었다. 비록 신분제가 해체하면서 몰락한 양반층도 고공이 되던 상황이기는 했지만 쌍방간의 계약관계는 갈등을 빚기 마련이었다. 고주와 고용인의 갈등관계는 다양한 형태로 나타났다. 고용의 대가인 임금(雇價)을 받지 못해 관청에 소장을 내는 경우와 고가를 올려달라고 태업을 하는 경우처럼 소극적인 대립관계로부터 고용층끼리 단결해 고용주에 대항하는 관계도 있다. 자신들끼리 동류의식이 싹트는 가운데 태업을 종용하는 경우였다. 그들의 조직은 상부상조 조직(契), 작업단위(편수, 덕대, 십장 아래)에 따라 계 등으로 조직되었다.(방현석, 1999, 290쪽)

□ 노동자민중의 문예

남은 기운 뻗어 영풍에 쌓였으니,
가슴이 답답하게 트인 데가 없는,
그 밑에서 귀한 구리쇠가 난다고,
권세 있는 자들이 캐고 녹이누나.

사납고 완악한 패들이 달려들어,
어중이떠중이로 장마당 이루었고,
만 명 되는 인부들이 삼태와 삽으로,
천길 구덩이를 파고 들어간다네.

구덩이가 무너져 사람이 죽는데도,
노회한 광주 제 욕심에 모른 체 하니,
저런 광주들 죽어 없어지기 전에,
같은 불행 다른 산에도 미치리라.[31]

---

31) 이 시는 김낙서가 1780년 무렵 안변 영풍동광의 산업자본과 임노동자들의 모습을 그린 것이었다.(이종하, 2001, 342쪽)

5. 실학과 근로민중의 사상

1) 실학의 내용과 한계

실학사상이 봉건사회를 비판하지만 왕권 부정에 이르지 못했다. 실학에서 요즘 말하는 근대적 기획이 엿보이지만 이것이 동학농민운동에서 분출되는 열망의 분위기와 접맥되는 지는 의문이다.(김진균, 2000, 302쪽) 정약용은 이용후생의 측면에서 개혁안을 제시하고 화성건축에서 보듯이 노동자를 이용했으나 노동자 봉기의 규제를 주장했다.

실학 실학은 일반적 통념으로 17C에서 19C 전반 조선봉건사회의 쇠퇴기에 성리학에 반대하는 유학자들이 전개한 진보적 학문체계로서 실용주의 학문을 뜻한다.

실학은 경세치용 이용후생 실사구시의 세 가지 유파를 이루었다. 실사구시는 주로 경전연구와 금석고증학을 중심으로 하는 유파이지만 원래 실사구시는 광의로 해석할 수 있다. 실학사상은 18세기초 개화사상으로 이어졌다.(역사문제연구소-이우성, 2000, 43쪽) 근대적 사상의 맹아는 자본주의의 맹아와 표리일체를 이루었다.

임진왜란 이후 양반관료와 봉건관료의 토지집중이 급격히 일어나 수많은 자영농민들이 소작농으로 혹은 농토에서 이탈해 노동자가 되었다. 이러한 현실을 반영해 반계 유형원은 균전론(均田論), 성호(星湖) 이익(李瀷: 1681~1763)은 한전론(限田論), 다산(茶山) 정약용(鄭若鏞: 1762~1836)은 정전론(井田論) 여전론(閭田論) 등 토지문제의 대안을 제시했다.32)

---

32) 그 가운데 정약용은『경세유표(經世遺表)』「전제(田制)」에서 토지문제 해결을 위한 이상적인 제도를 토지를 정자형(井字形)을 구획해 중앙의 1구를 공전으로 하고 나머지 8구의 사전경작자가 공동으로 경작해 국가의 모든 공세(公稅)에 충당하고 사전 8구의 수확물은 그 경작자가 차지하고 일체의 조세를 폐지한다는 정전론을 폈다. 그는 정전론에서 사적 지주제도의 폐지를 주장하지 않았다.『경세유표』에서 정전론을 전개한 정약용은 정전제의 모순을 인식하고,『전론(田論)』7장에서 토지겸병과 지주

임란 이후 상품경제의 발전을 반영해 유형원 유수항(柳壽恒) 박제가(朴齊家) 최한기(崔漢綺) 등의 실학자들은 상공업을 산업발전의 측면에서만 파악하지 않고 중세적 신분제의 개편과 관련해 논했다. 그들은 사민(四民)이라는 사·농·공·상을 신분제적 서열로 보지 않고 직업으로 파악해 놀고 먹는 양반도 상업이나 다른 생산적 직업에 종사할 것을 권장했다. 전통적 신분제를 타파하고 농업과 함께 광공업을 개발하고 내외상업을 발전시킬 것을 주장한 학자들의 상공업 진흥론은 조선 후기 봉건사회의 해체를 조장하는 진보적 사상체계였다.

반계(磻溪) 유형원(柳馨遠)(1622~73)은 사람이란 본래 완전히 평등하다고 보면서 노심(勞心)과 노력(勞力)은 정신노동과 육체노동의 분업상 차이에 불과하고 사회에 이로운 일을 하는 사람은 다 동일하다고 주장했다. 이로부터 출발한 그는 노비제도에 증오를 표시했고, 공상에 대한 천시를 반대하고 그들 사이에 우열과 신분상 차이가 없다고 했다. 문벌제도 적서차별 지방차별을 반대하고 인재본위 등용과 과거제도 폐지를 주장했다. 봉건제도 아래 인권의 존중과 고문 매질의 폐지를 주장했다. 유형원은 국내물화의 자유로운 유통과 발전을 위해 화폐 통용의 필요성을 제기했다. 화폐통용의 실제적 방책으로 조세의 부분적 금납화, 국가지출과 봉급지불의 화폐화를 제기했다.

18세기 북학파 학자들은 기술개발이 경제발전의 요체라고 인식하

제의 폐해를 제거하고 농민의 균산(均産 : 경제적 평등)을 실현할 목적으로 여전론(閭田論)을 전개했다. 그가 제시한 여전론은 토지에 대한 모든 사유제를 폐지하고 여(閭 : 마을) 안의 토지를 여민(閭民)이 공동으로 소유하고 경작도 여민이 공동으로 해 얻은 수확물 가운데 전세와 여장의 봉급을 공제한 나머지를 각 가족성원이 제공한 노동량을 기준으로 가족단위로 분배하자는 것이었다. 또한 정약용은 여전을 경작하는 여민을 하나의 전투소대로 편성해 병농을 일치시켜 여장의 지휘하에 군사훈련을 실시하며, 여진의 1/3은 군사에 복무하고 2/3은 호포를 내어 군수에 충당하면 군포제도의 폐단이 제거될 것이라고 했다. 협업농장의 성격을 띤 이 같은 여전제는 지주적 착취와 관리들의 중간착취에서 농민들을 해방하는 것으로 당시에 진보적 개혁안이었다.

고 청조의 선진문화를 배워야한다는 북학론(北學論)을 전개했다. 박지원은 기술의 낙후에 따른 낮은 생산성이 극심한 빈곤의 원인이며, 그것은 결국 중국에서 농업과 수공업의 기술을 배우지 않기 때문이라고 믿고 북학을 통한 선진기술을 도입해 기술혁신을 추진하자고 주장했다.

정약용이 주장한 여전제(閭田制)는 농민적 공상적 사회주의 사상이 담긴 분명히 당시 사회에서 진보된 인식이었다. 그는 양반제도의 폐지를 주장하고, 민권옹호 인민평등 민주주의적 협의에 기반을 둔 봉건적 군주제를 꿈꾸었다. 그러나 그의 민본 이데올로기에서는 민이 통치권의 원천적 발생처라는 범위 안에서만, 민은 통치권에 관계되어 있을 뿐이었고, '통치권 행사의 주체의 한 부분으로의 민'이라는 관념은 결여되어 있었다. 정약용의 경우에서도 민은 기본적으로는 통치대상인 객체적인 존재였다. 정약용이 유배지 강진에서 '홍경래란'의 소식을 접하고, 전라도 일대의 유생들에게 그 토벌에 나설 것을 권유하는 통문을 지었다는 사실도33) 그것을 반증한다. 정약용의 민본이데올로기에서 민이 통치권의 원천적인 소재처 발생처로 확인되었다는 사실은 민에 대한 인식이 19세기 전반기에 한 걸음 전진되었음을 반영했다.

정약용은 일생에 '주자의 조선'을 개혁하는 일을 했다. 그는 경세학에서 맹아적이지만 가장 급진적인 부분은 민중이 스스로의 힘으로 왕을 뽑아야 한다는 정치사상과 농민이 자신의 땅을 책임지고 경작해 그 수확의 일정한 양을 세로 바쳐야 한다는 경제사상이다. 기본적으로 정치에 참여하는 자영농을 지향했다. 이 점에서 그는 근대성의 문턱을 넘어섰다.

실학자들은 '실사구시'의 정신으로 조선후기 봉건사회의 현실을 분석하고 나라의 부강과 민중의 복리증진을 위해 노력했다. 실생활에 아

---

33) 정약용, 「전라도창의통문」, 『증보 여유당전서 1』, 464쪽 ; 정창렬, 「한국사(학)에서의 민중 인식」, 1989 ; 백낙청·정창렬 편, 『한국민족민중운동연구』, 두레, 95쪽에서 재인용.

무런 도움도 줄 수 없는 추상적 공리공론을 일삼는 정통적 주자학을 비판하고 민중의 생활향상에 이바지하는 선진 과학기술의 적극적인 도입을 주장하고 실천했다. 그들은 봉건사회 질곡의 하나인 신분제도 적서차별 노비제도 등을 개혁하고 재능에 의한 인재등용의 실시를 강력히 주장했는데 이는 봉건적 불평등, 신분적 예속에서 인간의 개성을 해방시키려는 사상이었다.

정약용의 임노동자관 정약용은 18년간의 유배생활을 하면서 민중의 삶을 누구보다도 잘 이해했다. 먼저 정약용의 유민 발생의 원인이 되는 토지겸병과 지주의 발생에 유의했다. 정약용은 특히 전제에 관심이 많았다. 그는 특권 양반과 부호들이 토지를 겸병하고 농민을 수탈해 다수의 농민이 토지를 잃고 소작농과 유민으로 전락하는 당시의 실정을 깊이 우려했다. 그가 제시한 토지개혁의 대안은 여전제(閭田制)였다. 그는 「전론田論」에서 "부자의 것을 덜어내어 가난한 사람에게 보태 주어 그 재산을 골고루 제정하기에 힘쓰지 않는 자는 군목(君牧)의 도로써 그 군을 섬기는 것이 아니다"라고 해 군목의 의무가 백성의 재산을 고르게 하는 '균산(均産)'에 있음을 밝혔다. 그는 균산의 실천방안으로 농사짓는 사람에게 전지를 얻도록 하는 농자득전(農者得田)의 원칙을 제시하고, 그 실천을 위해 여전제를 실시해야 한다고 주장했다. 그는 사적인 토지소유를 혁파하고 공동경작과 그에 따른 분배방식을 택해 당시 토지겸병과 수탈을 배제하고자 했다.(한국철학사연구회, 2000, 275쪽) 또 「전론」에서 양반은 생산에 참여하지 않는 한 생산물의 분배를 받을 수 없도록 하는 양반신분의 생산자화를 주장했다. 양반은 농업 상업 수공업 교육 생산력 향상과 노동력 절약의 실리 강구 등에 종사해야 한다고 했다. 다산은 이 가운데 양반들이 낮에는 농경에 종사하고 밤에는 독서하기를 기대했으며 도저히 육체노동을 할 수 없는 자는 토질에 적합한 농작물의 연구, 수리 연구, 노동력을 절약할 수 있는 기기의 제조와 연구, 농사기술의 연구 지도, 목축법의 연구와 지도 등 실리

강구에 종사하는 것을 가장 높이 평가했다. 만일 양반이 실리강구에 종사한다면 그들의 노력과 공헌은 육체노동에 비할 바가 아니므로 1일의 연구노력을 10일로, 10일의 연구노력을 100일로 평가해 그에 따른 생산물을 분배해야 한다고 했다.(신용하, 1990, 96쪽) 이것은 정약용이 당시 봉건제 아래 토지겸병으로 인한 유민의 발생을 막고 사회의 생산력 향상에 주목했음을 의미한다.

다음으로 정약용은 임노동자 고용의 이점을 알고 실행에 옮겼다. 화성축성에 임노동자를 고용했다. 화성의 축조 기간은 당초 10년을 계획했으나 거중기와 같은 과학적 장비를 사용한 데다 공사에 참여한 노동자에게 일한 만큼 돈을 지불하는 성과급제를 실시, 공기를 33개월(1794~96. 9. 10)로 단축했다. 화성은 원형 그대로 유지하고 있다는 평가를 받아 1997년 12월 유네스코 지정 세계문화유산으로 등록되었다.

정약용은 조선 후기 사회문제의 큰 원인인 토지겸병을 막고 생산력의 향상을 꾀하면서도 사회질서를 유지하기 위해 봉건 기구가 지녔던 권력 구조에 그 해결책을 호소했다.(홍이섭, 1994, 274쪽) 정약용의 민본이데올로기는 민이 통치권의 원천이라는 점을 인식하면서도 인민은 통치권의 객체적 대상일 뿐 통치권 행사 주체의 한 부분이라는 관념은 결여되어 있다.(정창렬, 1989, 95쪽)

정약용은 노동자 집단의 힘이 소요로 변화하는 것을 경계했다. 정약용은 다음과 같이 말했다. "금 은 구리 철은 예전부터 있어 온 광산에 대해서는 간악한 짓을 살펴야 하며, 새로 광산을 채굴하려는 자에 대해서는 그 제련 설비를 금지시켜야 한다." 예전부터 있던 광산이면 간악한 자가 모여들지 않는가를 살펴 뜻하지 아니한 환란에 대비해야 할 것이다. 예를 들면 가산(嘉山)에서 난을 일으킨 홍경래도 금광으로 무리를 모아들었다고 했다. 무리를 새로 개설한 광산이면 그 수모를 잡아서 변란의 싹을 없애야 할 것이라고 했다.(이정섭, 1992, 358쪽)

2) 근로민중의 사상

실학이 왕권을 존중하며 경세치용 실학 이용후생 기술발전 민생 균분사상에 기초했다. 실학파는 실권을 장악해 1791년 신해통공(辛亥通共)을 발표하고 금난전권을 대부분 철폐하고 상업에 대해 경쟁을 인정하고 사설상인을 인정했다.

이에 비해 당시 근로민중의 사상은 좀더 변혁적이었다. 사회변동이 급격히 이루어지고 그 가운데 모순이 심화되는 상황에서 민중의 의식도 점차 성장했다. 봉건체제에 대해 난리를 생각하고 봉기하는 현상은 봉건체제에 대해서 뿐만 아니라 지주 부농층에 대한 적대의식에서 발원했다. 민중의 의식 성장은 지식을 습득하기가 쉬워지고 생활의 폭이 넓어진 데 기인했다. 즉 향교에 들어가기가 쉬워졌고 서당이 늘어나면서 일반민이 교육받을 기회가 점차 확대되고 서울 등 도시 지역에 소설 등을 빌려주는 세책점이 등장해 지식을 얻을 길도 넓어졌다. 또한 장시의 발달로 정보유통이 활발히 이루어지고 두레나 초군과 같은 노동조직을 통해 공동체의식이 성장했다. 이들의 성장한 의식은 판소리와 가면극, 소설이나 민화 등 민중문화로 표현되었다.

18세기 후반 성리학과 배치되는 천주교가 일부 양민과 일반민 사이에 빠르게 퍼졌다. 보편적인 구원자로서 천주의 관념은 민중의 의식 가운데 현실체제를 부정하고 평등한 사회를 바라는 욕구를 확산시켰다. 17세기 후반 미륵신앙으로 표출된 이상사회론은 19세기에 이르러 더욱 본격화되는데, 『정감록』, 다산의 비밀기록『경세유표(經世遺表)』등 비기(秘記) 류를 이용한 왕조교체설, 먼바다 어느 섬에 진인이 있어 그가 와서 새 나라를 세울 것이라는 해도진인설(海島眞人說) 등 그 내용도 다양했다. 이상사회론은 민중에게 변혁을 꿈꾸게 하고 민중의 의식성장을 바탕으로 성립하며, 국권침탈기에 반봉건, 반외세, 인내천, 척양척왜, 천지개벽을 내용으로 하는 동학사상의 변혁적 내용의 사상적 기반이 되었다.

민중의 저항은 소극적 형태로 「관서비기사건」(1804), 청주괘서사건(1826)처럼 괘서 벽서를 이용해 관리의 가렴주구를 폭로했다. 이달우(李達宇)는 정전법이나 균전법의 시행을 주장하는 가사를 지어 유포하다가 처형당했다. 일부는 검계 살주계를 만들었다(1684). 일부는 명화적 수적(水賊)으로 변신하고, 서강단(西江團 : 서울) 폐사군단(廢四軍團 : 평양) 유단(流團 : 유민) 채단(彩團 : 광대 대인)과 같은 규모가 큰 저항적 범죄단을 조직했다. 민중의 저항과 집권층의 반동화가 동시에 강화되고 저항이 빈번해져 차차 민란으로 발전했다.

6. 임노동자 발생의 특징

첫째, 임진왜란 이후 농민이 사방으로 흩어져 농민가호에 부과하던 현물 공납제를 실시하는데 어려움이 많자 정부는 1608년부터 대동법을 실시했다. 대동법 실시는 상품생산과 교환의 발전을 촉진했다. 18세기말부터 19세기 초의 이러한 자본주의적 요소와 관계의 발생 발전에도 불구하고, 개항 이전 조선 봉건사회의 가장 기본적인 토대였던 농업 생산관계는 지주 전호관계를 축으로 하는 봉건지대의 수취관계가 특징이다. 또한 상공업을 중심으로 한 자본주의적 요소와 관계의 확산으로 나타난 자본주의의 싹은 봉건적 경제체제를 무너뜨릴 정도로 성숙하지 못했다.

둘째, 조선 후기 농민층 분화와 농촌사회 분해 결과 출현한 몰락농민들의 반프로화는 체제 전반의 위기를 반영하는 증거였다. 17세기 부역노동의 쇠퇴와 고립제의 발달, 그리고 농업 수공업 광업 등에서 고용노동의 광범위한 확산은 이들 하층 몰락농민을 흡수하면서 전개되었지만 항상적인 고용처를 제공해주지는 못했다. 이 같은 봉건사회 말기적 상황에서 유래한 임금노동자의 불안정성과 여기에서 유래된 폭발적 성격은 이들에게 평북농민전쟁 갑오농민전쟁과 같은 농민항쟁의 선두에 서 서게 만들었다.

셋째, 고용주와 고용인 사이의 관계는 근대사회의 그것처럼 자유롭고 대등한 것은 아니었다. 비록 신분제가 해체하면서 몰락한 양반층도 고공이 되던 상황이기는 했지만 쌍방간의 계약관계는 갈등을 빚기 마련이었다. 고주와 고용인간의 갈등관계는 다양한 형태로 나타났다. 고용의 대가인 임금(雇價)을 받지 못해 관청에 소장을 내는 경우와 고가를 올려달라고 태업을 하는 경우처럼 소극적인 대립관계로부터 피고용층끼리 단결해 고용주에 대항하는 관계도 있었다. 자신들끼리 동류의식이 싹트는 가운데 태업을 종용하는 경우였다. 그들의 조직은 상부상조 조직인 계(契)와 작업단위인 편수 덕대 등이었다.

넷째, 실학은 왕권을 존중하며 경세치용 실학 이용후생 기술발전 민생 균분사상에 기초했다. 실학파는 실권을 장악해 1791년 신해통공을 발표하고 금난전권을 대부분 철폐하고 상업에 대해 경쟁을 인정하고 사설상인을 인정했다. 이에 비해 당시 근로민중의 사상은 좀더 변혁적이다. 봉건체제에 대해 난리를 생각하고 봉기하는 현상은 봉건체제에 대해서 뿐만 아니라 지주 부농층에 대한 적대의식에서 발원했다. 민중의 의식 성장은 지식을 습득하기가 쉬워지고 생활의 폭이 넓어진 데 기인했다. 즉 향교에 들어가기가 쉬워졌고 서당이 늘어나면서 일반민이 교육받을 기회가 점차 확대되고 서울 등 도시 지역에 소설 등을 빌려주는 세책점이 등장해 지식을 얻을 길도 넓어졌다. 또한 장시의 발달로 정보유통이 활발해지고 두레나 초군과 같은 노동조직을 통해 공동체의식이 성장했다. 이들의 성장된 의식은 판소리와 가면극, 소설이나 민화 등 민중문화로 표현되기도 했다. 이상에서 살펴보았듯이 조선에도 맹아단계로서 임노동자층이 형성되고 투쟁 또한 전개되었다.

# 3장 개항과 임노동자계층의 형성

앞장에서 살펴보았듯이 조선 사회에는 사회분화가 급격해져, 농촌이 분해되고, 자본주의 맹아로서 임노동자가 발생했다. 이렇게 분화되기 시작한 조선사회에 1870년대의 개항과 서유럽 일본 제국주의의 간섭과 침략으로 조선 사회는 더욱 급격하게 변화하기에 이르렀다. 산업구성에 변화가 발생하고, 임노동자도 기존에 형성되어 있던 농업 광업 수공업 분야 이외에도 부두 철도 분야 등 새로운 산업에서 임금노동자가 증가했다.

조선의 민중은 갑오농민전쟁을 통해 민중이 요구하는 방향으로 사회를 변화시키고 외세를 막으려 하고 개화파는 갑오경장을 시도했지만 결국 실현에 이르지 못하고 결국 조선은 식민주의와 식민자본주의의 나락으로 떨어졌다. 이 때부터 조선의 민중과 임노동자는 기존의 봉건적 억압 이외에도 외세의 개입, 임노동이라는 중첩된 모순 아래 놓였다. 기존의 사회발전 과정과는 단절될 위기 속에 민중은 변화된 새로운 사태에서 자신의 운명을 개척하기 위해 투쟁해야만 했다. 이러한 배경 때문에 이 장에서는 노동자보다는 노동자를 포함한 민중 일반의 상황과 투쟁에 많은 지면을 할애하고자 한다.

1. 제국주의와 세계정세

1) 제국주의의 동아시아 침략과 한반도 정세

제국주의 19세기 말의 공황과 독점자본주의 체제, 즉 레닌이 말하는 독점자본주의의 최고의 단계로서의 제국주의는 계급구조가 양극화하고 사회적 위기가 심화되면서 자본은 이 위기를 국내에서 노동계급의 탄압, 대외적으로는 제국주의적 침략에서 찾았다. 이러한 배경 아래, 영국 프랑스 미국 독일 등 서유럽 열강은 제국주의로 이행해 동아시아까지 진출했고 그 영향이 한반도까지 미쳤다.

월러스틴은 세계화의 시기를 식민주의와 제국주의가 시작된 18세기로 보고 있으며, 제3세계가 식민지가 되면서 이미 자본주의의 세계체제에 편입되었다고 했다. 그에 따르면 한국의 자본주의는 개항시기부터 이미 제국주의의 영향을 받은 것이다. 즉 조선은 국권상실의 결과, 직접적으로는 일본, 간접적으로는 미국 영국 제국주의의 지배고리 속에 놓였다.1)

유럽인들은 이미 임진왜란 이전에 동아시아에 진출했다. 그러나 제국주의 침략의 성격을 띤 진출은 중국 태평천국 때의 일이었다. 영국은 청국에게 아편전쟁(1840~42)을 도발해 1942년 불평등조약(남경조약)을 체결하고, 이어 1844년 미국과 프랑스가 청국에게 각각 망하조약(望廈條約)과 황보조약의 불평등조약을 체결했다. 1854년 미국은 일본에게 불평등 통상조약을 강요, 체결했다. 1860년 영국 프랑스 연합군이 북경을 점령해 중국은 반식민지화 했다.2) 그러므로 서유럽 열강의 조선 침략에 방해 요소는 거의 없었다. 청일전쟁 이후 제국주의의 조선 침략은 서유럽 제국주의의 침략인 동시에 일본 제국주의의 침략이었다.

일본의 대외침략 일본은 1854년 미국의 흑선에 굴복해 미일화친조약을 맺고 1868년 메이지유신을 채택, 적극적인 개방정책을 폈다. 메이지

---

1) 월러스틴은 식민지는 오히려 멀리 떨어져 있는 식민 모국과 연계할 때 좀더 명확한 실체가 드러난다고 했다.(『근대세계체제』 3권, 나종일 등 옮김, 까치, 1999 참조)
2) 중국의 반식민지화는 1513년 포르투갈 선원이 마카오 상륙한 뒤, 1557년 포르투갈의 영구적 교역소의 설립, 1841년 영국의 홍콩 식민지화로 거슬러 올라간다. 홍콩은 1997년, 마카오는 1999년 12월 중국에 귀속되었다.

유신의 내용은 막부타도, 신분제 철폐, 국민개병제, 유학생 파견과 같은 서양문물의 도입 등이었다. 일본은 내부 문제의 해결책을 대외침략에서 찾았다. 일본은 조선이 개항 요구를 거부하자 무력에 의한 조선개국책을 쓰기 시작했다. 이 방법은 미국이 일본을 개항시키는데 쓴 방법이었다. 일본이 문호개방을 요구하는 배경에는 일본 자본의 진출 요구와 정한론이라는 대조선 정책이 있었다. 일본은 운양호사건을 일으키고, 이 사건을 빌미로 조선과 1876년 2월 조·일수호조규(강화도조약)를 체결했다. 이 조약은 불평등조약이었다. 이 조약에 이어 조선은 각국에게 문호를 개방하는 수호조약들을 연이어 맺었다. 당시 미국은 남북전쟁 이후 스페인전쟁에 승리해 획득한 미국의 서부, 멕시코, 필리핀 지배에 주력하고 있어 일본의 조선 지배를 양해하기로 담합했다.(1905)[3]

2) 세계의 노동운동

첫째 서유럽에서 18세기 말 산업혁명이 노동자운동의 조직화를 잉태하면서 반세기 후 영국과 독일을 선두로 노동조합이 속속 설립되었다. 1600년대 영국에서 최초의 노동조합이 결성된 지 200년이 지난 1850년경에 이르러 노동조합이 서유럽 국가에 일반화되었다. 이때 각국 노동자의 연대 움직임이 나타나 1847년 6월에 '공산주의자동맹(Bund der Kommunisten)'이 결성되었다. 이 동맹은 마르크스와 엥겔스 두 사람에게 강령 작성을 위탁해 1848년 2월에 "만국의 노동자여, 단결하라!"고 끝을 맺는 『공산당선언』을 발표했다. 그러나 유럽에서 '계급의 지배기관으로서 국가'의 문제를 제기한 1848년혁명의 패배와

---

[3] 조선 합병 당시 일본 수상 가쯔라桂太郞는 미국 루즈벨트 대통령의 특사 태프트W. H. Taft와 만나 조선과 필리핀에서 미일 양국의 상호 지배권 존중에 관한 가쯔라·태프트협정을 체결했다. 또 일본은 미·영의 지원으로 러일전쟁에 승리한 뒤 청국에게 요구해 만주와 간도에 관한 협정을 맺었다.

1849년 이후 반동의 공세에 따라 공산주의자동맹의 활동이 곤란해지고 1852년에 해산했다. 영국과 프랑스의 노동자들은 1863년 폴란드 봉기의 탄압에 항의하는 집회를 개최했고, 여러 지역에 흩어져 있던 망명 사회주의자들도 이에 참가해 1864년 9월 28일 '국제노동자협회(International Workingmen's Association, 제1차인터내셔날)'를 창립했다. 국제노동자협회는 노동자 대중이 결성한 최초의 국제적 대중적 혁명조직이었다. 1871년 러시아 프랑스 전쟁에서 프랑스가 패배하고 파리 민중 봉기로 나폴레옹3세 정권이 무너지고 공화제를 수립했다. 공화파 정부에 의한 파리 노동자의 무장해제 시도에 맞서 파리 민중과 정부군은 국민군 중앙위원회를 창설했다. 1871년 4월 16일 파리 코뮨 평의회의 선거를 실시해 92명의 시의원을 선출했다. 5월 21일 베르사이유 정부군의 파리를 공격했다. 일주일간에 걸친 피의 시가전 끝에 파리 코뮨은 붕괴했다. 파리코뮨의 의의는 72일간의 길지 않은 기간이지만 세계 최초의 노동자정부를 세웠다는 데 있다.

1870~1900년의 약 30년 사이에 자본주의가 발전해 독점이 형성되었다. 이 시기에는 자본주의 발전과 함께 노동운동도 크게 발전했고, 유럽 각 나라에서 사회주의 정당이 결성되고 노동조합 수준에서도 전국적 조직과 중앙조직이 결성되기 시작했다. 이를 바탕으로 1889년 7월 프랑스대혁명 100주년 기념일에 20개국 391명의 사회주의자와 대표가 파리에 모여 '제2차인터내셔날(국제사회주의자협회)'을 결성했다. 제2인터내셔날은 중앙집권적인 제1인터내셔날과 달리 각국의 자주적 조직의 연합체 형식을 취했고, 명확한 강령이나 지도부도 없었으며, 1900년까지는 상설 사무기구조차 없었다. 같은 시기 노동조합의 독자적인 국제조직도 결성되고 발전했다. 1889년 인쇄공들이 파리에서 국제회의를 개최했고, 1890년에 '국제탄광노동자연맹'이 결성된 데 이어 1900년까지 17개의 국제산별조직이 결성되었다. 또한 1903년에는 각국 노동조합 중앙조직의 연락기구로 '국제노동조합서기국(International Secretariat of

Trade Union)'이 설립되었다. 1913년에는 그것을 '국제노동조합연맹(International Federation of Trade Union)'으로 개조했다.

1886년 5월 1일 미국에서 시카고를 중심으로 35만명이 시위를 했다. 약 18만 5천명의 노동자 특히 건축노동자가 1일 8시간노동제를 쟁취했다. 이 파업은 노동운동을 크게 고무하고 이를 계기로 많은 노동조합이 조직되었다. 이 위대한 투쟁은 1889년 파리 제2인터내셔날 창립대회가 이 날을 세계노동자의 날로 결정해 국제메이데이가 생겨났다. (포스터, 1987, 181쪽)

둘째 세계여성의 날은 1908년 미국의 노동하는 여성들이 정치적 평등(투표권)의 요구와 노조결성, 임금인상 등을 걸고 대대적인 시위투쟁을 벌였던 3월 8일을 기념해 제정되었다. 이것은 여성운동일 뿐만이 아니라 노동운동이며, 민주주의의 쟁취를 위한 정치운동이었다. 그것은 소수나 일부의 이익을 위한 운동이 아니라 사회 전체의 발전을 위한 운동이었다.

셋째 아시아의 일본에서는 1864년 개국에서 1897년 노동조합 기성회가 결성되기 이전의 33년 사이에 노동자 농민의 투쟁이 활발하게 전개되었다. 그러나 비조직적인 투쟁이었다. 농민폭동의 시기(1864~69), 탄광 광산폭동의 시기(1869~85), 제사 방적 여공파업의 시기(1885~97)가 이어졌다. 중국은 1842년 남경조약 등 불평등조약에 잇따라 서명하면서 봉건경제는 해체되고 자본주의 맹아의 독립적 발전은 질식되었다. 중국은 점차 반식민 반봉건사회로 전락하면서 근대적 자본주의와 노동계급이 형성되었다. 이 시기 중국 노동자들은 외국자본가의 착취에 대해 저항하고 투쟁했다. 통계에 따르면 1840년 아편전쟁부터 1894년 청일전쟁까지 50년 동안 근대공업의 등장에 따른 산업노동자 수는 대략 9만명, 여기에 선원 교통운수 노동자들과 기타 누락된 기업의 노동자들을 더한다면 전체 수는 10만여명으로 늘었으며, 모두 71회의 파업이 있었다. 1895년부터 1913년까지 19년 사이에 중국의 근대공업이 한층 더 발전해, 1913년 전국 산업노동자수는 대략 1백만명이 되었고 277회의 파업이 있었다.(중화전국총공회, 1999, 33~51쪽)

2. 제국주의의 조선 침략과 대응

1) 조선의 사회와 제국주의 침략 대응

1876년 개항으로 봉건제의 해체기에 있던 한국은 세계 자본주의와 관련을 갖기에 이르렀다. 그리고 선진 자본주의와 접촉하는 과정에서 1876년 강화조약을 비롯한 일방적 강제로서 불평등 관계가 맺어져 사실상 한국은 반식민지 상태가 되었다. 세계 자본주의의 지배세력은 한국의 국가권력에 대한 선진 자본주의 제국의 지배력으로 구체화되나 기본적인 경제제도는 봉건적인 것이 되고, 그런 의미에서 이 시기의 사회구성체 성격은 봉건제이며 반식민지라고 볼 수 있다. 1905년 보호조약은 이와 같은 반식민지 상태를 열강에 의한 지배에서 일본 자본주의에 의한 지배로 한정지었다. 1905년의 보호조약에 의한 통감부 권력의 창설로 이미 한국사회는 일본의 반식민지로서 식민지 경제의 확립기, 자본주의로 가는 과도기에 들어섰으나 본격적인 식민지 전락은 1910년 총독부 설치에서 비롯되었다.

봉건세력은 처음에는 국민국가 건설을 희망했으나 그 의지는 매우 약했다. 1894년 갑오농민전쟁을 겪으면서 폐정개혁을 단행했지만 무너져 가는 정세를 반전시킬 수는 없었다. 갑오개혁을 통해 공사노비법을 폐지해 봉건 신분의 해방을 공식화했다. 지배세력의 한 분파인 개화파는 국민국가건설을 목표로 삼고 일본의 도움을 받아 갑신정변을 일으켜 정권을 장악했으나 '3일천하'에 그쳤다. 그 세력의 일부는 순사와 의병전쟁 참여 등으로 저항했고, 일부는 친일파로 전락했다. 개화파 인사 박규수가 정부측의 안핵사로 갑오농민전쟁 진압에 나선 것을 보면 개화파와 기층민중의 입장에 차이가 있음을 알 수 있다. 독립협회 회장을 지낸 이완용은 평북 운산의 금광채굴권을 미국인 모오스에게 넘겨주고 미국공사와 결탁해 아관파천을 성공시키고 1905년 11월 을사조약을 이등박문과 체결해 을사오적의 수괴가 되는 등 친미파에서 친러파로, 다시 친일파로 변절하는 행각을 계속했다. 한편 매천 황현(1855~1910)은 외세에 지나치게 의존하는 개화파와 고루하게 옛것만 주장하는 척사세력을 함께 비판하며 국정개혁을 요구했으나, 조선이 일본에 합병되자 끝내 순사했다.

당시 민중은 갑오농민전쟁에서 보듯이 삶의 보장과 평등한 인간상을 제시했으나 지배측은 이를 받아들이지 않았다. 오히려 외세를 끌어들여 이를 진압했다. 민중의 요구, 동력을 무시하면서 정부의 기초가 살아날 수가 없었다. 결국 조선 정부는 좁은 폭의 양반층 이해관계만 반영하고 다수 민중과 함께 하지 않은 결과 외세의 공격 앞에 지배권을 내주었다.

2) 산업구조의 변화와 임노동자의 증가

(1) 일제 침략과 경제구조의 변화

개항으로 일본 등의 경제적 침략이 보장되었다. 1876년 7월 조일수호조규부록과 조일무역규칙에 의해 개항장에서 일본화폐유통권, 수출입 상품에 대한 무관세권, 쌀과 잡곡의 수출허가 등을 규정해 일본의 경제적 침략을 보장했다. 이어 청은 1882년 군인봉기를 진압한 뒤, 조선에 주둔한 군사력을 배경으로 1882년 조·청상민수륙무역장정을 체결했다. 이어 독일(1882)·영국(1883)·러시아(1884)·이탈리아(1884)·프랑스(1886)·오스트리아(1892) 등과 수호통상조약을 체결했다. 이들

조약에는 최혜국조항이 적용되어 조선은 이중삼중의 불평등조약체제에 얽매이게 되었다. 특히 조불수호통상조약에는 천주교의 포교권까지 인정해 본격적으로 기독교 세력이 침투하는 길도 열어 놓았다.4)

 개항기 동안 대외무역이 발달해 근대적 상인계급이 약간 성장했고, 특히 대한제국 시기에 들어서서 방직업 등에서 국내산업도 어느 정도 발달했다. 그런데도 합병 다음 해 작성된 일본인들의 통계에 따르면 당시 조선에 들어와 있던 일본인이 경영하는 공장수 109개, 공칭 자본금 506만원이었던 데 비해, 조선인이 경영하는 공장수 66개, 총자본금은 64만원, 종업원 총수 2,500명, 연간 총생산액 2백만 원이었다. 이 정도의 상업부르주아의 성장으로는 지식인 부르주아가 어느 정도 성장했다 하더라도 두 세력이 합쳐 자율적으로 산업혁명과 시민혁명을 수행해 내고 부국강병을 이룩함으로써 일본의 군사적 강압을 막아내고 국가적 민족적 독립을 유지하기는 역부족이었다.

 1876년 강화도수호조약 체결 이후 개항이 되어 일본자본주의가 침투하면서 임노동자가 형성되었다.5) 이 당시 각 개항 항구로 침투해 들어온 외국상품은 봉건사회 체제를 붕괴시키고 자본주의적 생산관계로의 재편성을 불가피하게 만들었다. 국권침탈기, 일제 초기의 고리대 자본과 상업 자본은 광산, 쌀의 수집, 개간에 의한 양곡생산, 운송, 부두를 운영했다. 당시 주된 산업은 농업이었기 때문에 이들 산업의 범위는 지역적으로 한정되었다. 결국 일본자본주의의 침투로 인해 몰락하게 된 많은 농민들은 생계를 유지하기 위해 자연히 도시의 공장지역, 개항 부두, 광산 등지로 나가 임금노동자가 되거나 토지를 잃은 채 농촌에 남아 소작농이 될 수밖에 없었다.

---

4) 가톨릭계는 이로부터 100여년이 지난 뒤 프랑스군의 강화도 외규장각 문서 약탈에 천주도교가 도움을 준 것을 공식 사과했다.

· 5) 일본인 이주자가 급증했다. 1876년 54명, 1886년 22,048명, 1896명 98,011명, 1905년 300,976명, 1909년 754,607명이었다.

(2) 일본자본의 침투와 자본주의 맹아의 질식

앞장에서 살펴보았듯이 한국에는 자본주의적 맹아가 있었다. 그러나 일제의 침략으로 이 자본주의적 맹아가 질식된 가운데 일본을 비롯한 제국주의 국가들의 침략이 전면화되었다. 국권이 침탈되던 시기에 제국주의 국가들의 상품과 고리대 자본은 한국 시장을 독점하고, 광산 벌목 부두 섬유공장 농업부문에 침투해 많은 임노동자를 산출시켰다. 지주제의 확대로 농업노동자가 증가했다. 식민지 자본아래 노동자 생활은 비참했다. 더 이상 참을 수 없는 상태에서 노동자의 싸움이 시작되었다.

3. 노동자 계층의 형성과 민중의 움직임

1) 노동자의 상태

(1) 계급구조와 노동자계층의 형성

개항 이후 조선사회는 아래로부터 신분제 해체 현상이 가속화되고 있었고, 갑오개혁에서 법제적으로 신분제가 폐지되면서 경제외적 강제가 이전 시기에 비해 약화되었다.

개항을 하면서 일본자본주의의 침투에 따른 임금노동의 형성과정은 첫째 부두 광산 노동자의 성장, 둘째 식민지적 공업으로 정미공장 같은 가공업 중심의 공장노동자의 초기적 형성 과정이다.

개항 이후 식산흥업정책이 진행되면서 근대적 공장이 들어서고 일부 민간의 공장에서도 생산공정의 근대화를 통해 매뉴팩쳐적 경영형태를 보이는 사례도 있으나 제조업은 대개 농공(農工)이 미분리된 상태였다. 직물업이나 솥과 같은 철기류, 유기 등의 생산은 근대적 공정으로 임노동자를 고용하는 공장이나 전업적인 생산농가가 증가하고 선대

제 방식의 부농경영도 상당한 정도로 진전되어 갔지만 여전히 농가부업적 성격이 대부분이었다. 이들 제조업은 수입자본제품과 대립할 경우 취약한 자본과 생산과정의 전근대성으로 언제나 몰락의 위험성을 안고 있었고 노동자의 노동조건도 열악할 수밖에 없었다. 이 같은 근대적 공업의 미성숙으로 이 시기 노동자의 비중은 공업노동자보다는 농업노동자 광산노동자 부두노동자 철도노동자의 비중이 훨씬 높았다. (하원호, 1997 참조)

한일합병 직전인 1910년 3월에 조사한 직업 자료에 의하면 전국 호수의 84.1%가 농민이고, 상업 6.2%, 노동 2.4%, 양반 유생 2.6% 등이었다.6) 한성 주민 가운데 임금노동자로 분류된 인구비율은 1904년 10.4%에서 1910년 17.5%로 증가했다. 이들 노동자들은 공장노동자로 또는 철도와 도로건설 등 각종 건설사업에 동원되었다. 특히 대한제국기 방직공업이 발달하면서 방직공장의 노동자층이 생성되었다.

반농민 반노동자의 상태에 있던 유리 농민들은 광부 부두노동자 철도노동자 등 전업적 노동자로 전화되어 갔으며, 미약하지만 한성을 중심으로 공장노동자도 출현했다. 걸꾼(乞軍), 연꾼(鉛軍), 역꾼(役軍) 등으로 불리던 광산노동자는 대부분 농민층 분해의 결과 토지와 농업경영에서 유리된 농촌 임노동자들이 대부분으로 계절적 노동자와 전업적 노동자가 혼재해있다. 몰락 농민 가운데 만주나 러시아 연해주 지역으로 이주하거나, 취업을 위해 하와이 일본 등지로 이민하는 경우도 많았다.7) 그리고 또 다른 수많은 유리농민들은 농촌과 산간지역을 떠도는

---

6) 내무부 경무국,『민적통계표』융희 4년 5월 10일 조사.
7) 1860년대부터 시작된 이민의 역사를 보면 이주지역의 경우 1903년에서 1905년까지 하와이로 7,226명, 멕시코로 1,031명이 그 시초였다. 그러나 멕시코 이민은 악덕 노예상인의 속임수에 빠져 본인도 모르게 멕시코 농장에 노예로 팔려간 비극적인 불법이민이었다. 그 후 이민은 주로 간도를 비롯한 만주일대와 연해주, 일본 등지로 갔는데, 8·15해방 직전까지 만주 이민수는 200만을 넘었으며 일본 등지에도 50여만에 이르렀다. 일제 시대 이민은 일제에 의한 강제이민으로 한국 전체 인구의 10%에 가까웠다.

유민으로 존재하기도 했다. 이들 가운데 일부는 화적집단을 구성, 정부의 개혁정책과 제국주의 침략에 저항하는 항쟁을 조직하기도 했다.

부두노동자 개항을 계기로 무역이 활발해지면서 개항장이 무역유통의 중심으로 자리잡았다. 개항장을 중심으로 한 부두에서는 화물을 싣고 내리거나 화물의 포장 등의 일에 노동력이 필요했다. 이에 부두를 중심으로 일정한 임노동자층이 형성 운영되었다. 이들은 대부분 농촌에서 축출된 이농민들로, 인천 부산 원산 목포 등 개항장을 중심으로 형성되었다. 부두노동자는 부두노동의 작업과정에 따라 미곡을 계량하고 포장하는 두량꾼(斗糧軍), 각종 화물 운송에 종사하는 칠통꾼(七桶軍) 지게꾼 하륙꾼(下陸軍) 등으로 분화되었다. 전반적으로 당시 부두노동은 반숙련 미숙련 노동의 상태였다 이들 부두노동자들은 직업적인 노동자와 비직업적 노동자로 나눌 수 있다. 직업적 부두노동자 수는 전국적으로 볼 때 1897년 1천여명, 1902년 2천여명, 1903년 3천여명, 1906년 5천여명을 넘었다. 부두노동자는 개항을 하면서 1910년 무렵 1만명 정도가 존재했다. 비직업적인 부두노동자들까지 포함하면 부두노동자의 수는 훨씬 많았을 것이다. 부두노동자들의 임금은 화물의 운반거리 무게 등에 따라 차별 적용되는 능률급제이고, 미숙련노동이었기 때문에 다른 업종에 비해 상대적으로 아주 적은 액수였다.(양상현, 1986, 199쪽)

이들 부두노동자들은 비록 생산부문의 자본가에 의해 고용되지는 않았지만 세계자본주의가 조선의 유통구조에 요구한 기능을 수행하던 개항장의 자본가에게 고용되었다는 점에서 원칙적으로 자본제적 임노동자로 볼 수 있다. 이들을 고용한 일본자본은 조선인 노동자들에게 민족적 차별을 했고, 당연히 이에 저항도 일어났다. 이들의 저항은 기본적인 임금문제를 비롯해 반십장(反什長) 반일본패(反日本牌) 운동으로 발전했다. 임금투쟁은 일본자본가가 조선인 노동력이 과잉상태인 것을 이용해 임금인하 조치를 취한 것에 반대해 전개되었다. 반십장운동은 일본측이 조선인 부두노동자에게 거류지패(居留地牌)인 일본패

착용을 종용했기 때문에 일어났다. 부두노동운동은 자본주의 열강의 침략에서 비롯된 반식민지 식민지화의 위기와 이로 인한 민족모순에서 촉발되었다. 하지만 노동자들의 조직력이 낮았고 조직형태가 전근대적이었기 때문에 노동운동도 자연발생적이었다.

철도노동자 철도는 산업발달을 뒷받침하는 사회간접자본으로 근대 산업사회를 형성 발전시키는데 중요한 교통수단이었다. 그러나 조선에서 철도는 제국주의의 조선 침탈을 위한 수단으로 건설되었고 그 과정에서 반일철도 운동이 일어났다.

철도부설에는 부지 자재를 비롯해 막대한 인력이 소요되었다. 이 가운데 인력은 소수의 관리직 전문기술직도 필요하지만 대부분은 단순작업에 필요한 노동력이 중심을 이루었다. 경인선 공사가 시작된 1897년 9월부터 러일전쟁 이전 시기인 1903년까지 경인선 경부선 일부 구간 공사는 비교적 소규모로 진행되었다. 이때 철도공사에 소요되는 노동자들은 경인지방과 부산지방의 도시지역에서 이미 형성되어 있었던 도시노동자만으로 가능했다. 이들 도시지역의 노동자 이외에 영세농민들이 생업을 포기하고 철도 건설노동자로 나서는 일이 빈번했다.

일제는 1904년 러일전쟁 시기 철도건설에 노동력을 강제 징발했다. 군수물자 수송의 편의를 위해 철도를 더욱 빠르게 완공할 필요가 있었다. 이에 경부철도 잔여구간의 속성공사와 경의선과 마산선 부설을 동시에 추진했다. 이와 같이 방대한 철도건설사업을 추진하면서 막대한 노동력을 동원해야만 했다. 일제는 이를 위해 공사지역 가까운 곳의 농민들을 우선 동원했으며, 기존의 도시 임노동자 역시 계속 철도건설에 이용했다. 일제는 농민들을 강제 징발하기 위해 조선의 지배층을 압박해 해결했으며, 결국 그 피해는 철도 연변의 농민들에게 집중되었다. 철도 건설이 강행되는 동안 노동력의 강제 징발에 반대하는 저항이 일어났지만 일본 군사력에 의해 쉽게 진압되고 말았다. 이러한 저항의식은 반일철도운동으로 발전되었으며, 철도는 의병들의 중요한 공격대상이 되었다.

광산노동자 1880년대에 들어 봉건정부의 광업정책은 종래 국가가 지정한 광산만 인정하고 수세하며 광업을 소극적으로 저지하던 설점수세제(設店收稅制)의 정책에서 각 아문과 민간이 자유롭게 채광할 수 있는 사자개채제(私自開採制)로 이행했다. 이 시기 광산의 개발은 대규모화해 1886년 영흥금광은 광부가 5, 6천에서 1만명 정도까지 이르렀다. 운산광산 등 외국인의 광산소유도 증가하면서 광산노동자는 급증했다. 광업의 생산조직은 물주(物主)-덕대(德大)-임금노동자로 이어지는 형태로, 경영을 담당하는 덕대가 10~20명 규모의 전업적 광산노동자나 농민인 계절노동자를 거느리고 자금을 대는 물주에게 소속된 경우가 많았다. 물주의 자본은 주로 상업이나 고리대자본 또는 관료자본 등 전기적 자본의 성격이 강했다. 덕대는 이에 일정하게 예속되나 덕대제 경영은 하나의 경영단위이며 동시에 노동조직이었다. 노동조건은 매우 열악했지만 경제외적 강제가 없는 임노동의 성격을 띠었고 일부 덕대 경영에서는 매뉴팩처적 형태도 존재했다.(박찬일, 1982 참조) 정부에서는 이러한 광산임노동자의 증가가 민란과 연계될 것을 우려해 정탐하기도 했다. 실제로 함경도 단천군의 대동광에서 광군들이 관아에 쳐들어가는 사건이 발생했다. 외국인 광산의 경우 민족적 감정과 열악한 노동조건에 대항해 파업 시위가 빈발했다. 광산노동자는 19세기 말 전국에 2만명 정도가 있었다.

농업노동자 농업노동자의 존재형태나 조직 형태는 개항 이전과 크게 다르지 않고, 개항 이후 열강의 침탈로 모순이 더욱 심화되면서 1894년의 농민전쟁으로 폭발했다. 봉기에 참여한 농민군 주력은 빈농과 농촌 임노동자 영세상인 등이었다. 1차 봉기에 참여한 농촌 임노동자층과 빈농층은 아직은 자신들의 욕구를 스스로 표출하기보다는 농민군 상층지도부를 통해 간접적으로 표출했다. 집강소 시기에 농민군의 주류였던 계층은 반노동자화한 빈농과 농업노동자층과 영세상인 영세수공업자 실업자층이었다. 집강소 시기 직접생산자 농민층은 농번기가 되면 농사에 복귀해야 하므로 직접 활동을 하지 못하는 경우가 많았다. 반면에 본업이 일정치 않은 농촌임노동자층이 무장농민군의 주력을 형성했다. 이들은 농지를 소유한 농민층보다 과격한 행동양태를 보여주었는데, 토호 요호부민층의 전곡을 약탈하기도 했고, 원한관계가 있던 양반 유생층을 응징하기도 했다. 이 단계에서는 상층지도부의 통제 밖에서 자신들의 욕구를 스스로 표출하고 관철하고자 했다.

9월의 2차 봉기에 참여한 농민군은 집강소 시기 하부조직에 대거 들어온 하층민들이 주력을 형성했다. 이 시기 농민군 참여층은 빈농층과 농촌임노동자, 도시의 잡역자, 실업자층이 주력을 이루고, 여기에 중농 영세상인 영세수공업자층도 상당수 참여했다. 일본군의 개입으로 농민전쟁에서 농민군은 패배했지만 그 뒤 이들은 각종 농민항쟁에 참여하거나 의병과 영학당 활빈당 등으로 편입되어 저항을 계속했다. 영학당 활빈당은 이후 1905년 무렵 의병투쟁이 나타날 때까지 봉건세력과 외세에 저항했다.

여성노동자 1900년대부터 여성들은 공장에 취업하기 시작했다. 1900년 정부 전환국에서 지폐를 만들기 위해 최초로 여직공을 모집했는데 25대 1의 높은 경쟁률 속에 15명을 선발했다.(한국여성연구소 여성사연구실, 1999, 317쪽) 이후 근대적 시설을 갖춘 공장에서 꾸준히 여직공들을 모집해 당시 전체 노동자 가운데 여성노동자의 비율은 낮았지만 그 숫자는 계속 증가했다.

공장노동자 공장노동자의 수는 식민지화 무렵에 2,500명 정도였다. 공장수와 공업노동자수는 1911년 252개, 15,575명, 1921년 2,384개 49,320명, 1930년 4,261개 101,943명으로 늘었다.(김윤환, 1982, 53쪽)8)

---

8) 상시 5명 이상 상공장으로 관영공장을 제외한 수치이다.

이주노동자 우리 역사에서 이주노동의 역사는 길다. 1860년대 바로 임술농민항쟁이 일어나던 농민이 살기 어렵던 시기에 유리농민들은 만주나 연해주로 이주해 이주노동자 농민이 되었다. 또 멕시코에 1905년 1,033명이 영국계 멕시코인 존 마이어스와 일본 이민회사의 협잡으로 '지상낙원'을 꿈꾸며 멕시코 유카탄 에네켄(용설란) 농장에 도착했으나, 그들의 현실은 노예나 다름이 없었고, 계약기간 4년이 끝난 뒤에는 고국이 한일합병의 위기에 놓이면서 귀국의 희망까지 잃어버렸다.

(2) 노동자의 상태

노동과정과 임금 당시 임금노동자의 분포를 보면 매뉴팩처적 공장에서 일하는 임노동자는 적고 대부분 농업노동자로 또 일부는 광산 부두 철도건설 노동자로 존재했다. 특히 임노동의 전형과는 거리가 있는 농업노동자의 비중이 높았다. 또한 임노동자의 임금지불 방식에서 현물 화폐지급방식을 병행했지만 현물지급 비중이 높았던 점과 노동조건에서 봉건적 제약들이 가해졌던 점에서 아직 임노동자의 전형과는 거리가 있었다.

경부철도 기공 전후에는 대규모 철도공사의 노동자 모집이 사회문제가 되었다. 이에 정부에서는 '대한경부철도역부회사(大韓京釜鐵道役夫會社)'를 설립하고, 노동자 관리체계를 역부(役夫 : 10명) → 십장(什長 : 5명) → 패장(牌長 : 10명) → 총모(摠募)로 체계화했다. 경부철도 공사에 고용된 노동자 임금은 매우 낮은 수준이었으며, 일급제 형태를 취했다. 보통 '일꾼'이라고 불리는 노동자들의 하루 임금은 두세 끼 식사와 담배를 지급하는 경우 6~20전이었다. 식사 등을 전혀 제공하지 않는 경우에는 14~50전까지 지급했다. 예외로 인근 농민을 임시고용할 때는 네다섯 끼의 식사와 8~20전을 제공했다. 전문기술자인 대공大工은 식사와 술 담배가 제공되는 경우에는 20~36전까지 지급되었고, 식사 등이 제공되지 않을 경우에는 40～60전까지 지급되었다. 당시 조선인 노동자의 고가는 단순 노동자가 최고 40～50전, 전문기술자가 60전까지 받았다. 이러한 임금수준은 일본인 노동자의 1/2～1/3 수준에 불과했다. 남부지방의 경우 현금이 아닌 어음(韓錢證票)으로 지급되기도 했는데 1904년에 폐지되었다.

광산노동자의 임금은 지역과 일의 종류에 따라 차이가 있었다. 평안도의 경우 채굴 배수에 종사하는 일반 노동자의 1일 임금은 대개 1냥 5전～2냥 5전 정도였고, 중부지방의 경우 채광사업이 없을 때 생활을 보장하는 조건으로 임금을 받지 않고 식사와 연초와 짚신을 지급 받기도 했다. 이러한 악조건 때문에 1904년 직산광산에서 광산노동자가 임금인하에 반대해 투쟁했다.

부두노동자와 철도노동자들의 임금은 화물의 운반거리 무게 등으로 차별 적용되는 능률급제였고, 미숙련노동이어서 다른 업종에 비해 낮았다. 1909년 부두노동자의 1일 평균임금은 쌀 3～4되 정도로 3～4인의 하루 식사가 해결되는 정도였다.

방직업 등 제조업에 종사하는 노동자들의 임금과 노동조건은 정확히 알 수 없으나, 본인이 짠 직물의 양에 따라 필당 혹은 척당으로 임금을 지급받기도 했다.(강만길, 2000, 79쪽)

(3) 노동자의 생활

부두 광산노동자는 일본을 비롯한 외국자본들이 자기 나라의 상품을 판매하고 광산물을 약탈하기 위해 부두나 광산을 설치, 개발한 데서 형성되었다. 그런데 이들은 대부분 농촌을 떠나 온 빈민들이며 도시의 산허리나 강변 그리고 광산 부근의 산 속에 토막을 짓고 빈민촌을 이루며 비참한 생활을 했다. 그러나 그들은 반농반노의 상태를 벗어나지 못했다.

이러한 상황 속에서 임노동자들이 스스로를 노동자로 인식하고 공동의 경험과 이익의 도모를 기대하기 어려웠다. 그러나 봉건적 신분제의 폐지와 더불어 신분적으로 자유롭고 경제외적 강제에서 어느 정도 벗어난 임노동자층이 광범위하게 존재했다는 것은 자본주의가 성장할 수 있는 바탕을 제공했다는 점에서 중요한 의미를 갖는다. 또한 아직 큰 비중을 차지하지는 못했지만 공장노동자의 생성은 자본주의 발달과정에서 매우 의미 있다.(강만길, 2000, 79~80쪽)

2) 노동자의 요구와 투쟁

노동자 투쟁의 성격 노동자 투쟁의 대부분은 봉건관료와 외국자본가의 수탈이나 현장 감독관의 폭행에 시달리다 못해 분노가 폭발한 것으로 자신들의 노동조건을 개선하려 한 자연발생적이며 미조직적인 투쟁들이었다. 노동자들은 상부상조 차원의 자구책으로 단결을 도모했다. 이전의 계와는 다른 형태이었다.

그러나 당현 광산노동자와 운산 금광(1895년 미국인에게 채굴권을 넘김)노동자들의 파업은 단순한 노동조건의 개선을 넘어 채광권이 독일인이나 미국인에게 넘어간 것을 반대해 채광을 집단적으로 거부한 것으로 민족적 투쟁의 의미를 지닌다. 즉 노동조건의 개선과 함께 반일 반외세 투쟁이 동시에 이루어졌다.

광산노동자 가장 먼저 자본주의가 도입되고 노동자의 고용 규모가 컸던 광업분야의 쟁의가 두드러졌다. 광산은 외국인이 직접 경영하거나 내국인과 결탁한 매판적 성격을 띤 것으로, 노동자의 요구는 임금과 같은 생활상의 요구뿐만 아니라 민족적 차별 대우를 반대했다. 당시 노동자의 투쟁은 반봉건 반외세의 성격을 보여주었다. 아직 노조의 형태를 띠지는 못했고, 투쟁형태도 자연발생적인 것이었다.

사건으로 기록된 최초의 노동쟁의는 『일성록(日省錄)』에 의하면 1888년 6월 함경도(나중에 강원도) 초산역에서 발생한 광부들의 투쟁이었다. 가혹한 세금 수탈과 핍박에 분노한 광산 노동자들이 관청을 습격하고 관리들을 징치한 이 투쟁은 폭동형태로 전개되었다. 봉건관리에 의해 작성된 보고서『일성록』에 따르면 광산노동자들이 '술에 취해 소요를 일으키고 관청에 돌입해 지방관리와 그 부인을 끌어내어 구타해 상처를 입혔으며 가옥 65채가 파괴되었고 상처 입은 사람이 9명'이었다. 정부는 안핵사를 파견해 사태를 진정시켰다.(김윤환, 1982, 41쪽)

　1892년 경북 예천 광점군의 폭동이 있었지만 자세한 내용은 알려지지 않았다. 1898년 강원도 금성군 당현금광에서 노동자가 돌을 던지며 파업을 했다. 1901년 평북 운산 금광노동자들은 파업을 하고 외국인을 공격했다. 1909년 8월 15일에는 삭주의 신안동 광산에서 광부 1천여명이 들고일어나 6명의 부상자가 발생했다. 삭주에는 일본 헌병대가 출동해서야 노동자들을 진압할 수 있었다.

　부두노동자 광산노동자들과 함께 초기 노동자의 투쟁을 주도한 것은 부두노동자였다. 1898~1900년 사이 부두노동자들의 투쟁은 광산노동자들의 투쟁과 대조적으로 매우 조직적이었다.9)『목포지』에 따르면10) 목포항에서는 1898년 2월, 9월, 1900년 3월, 1901년 1월, 1901년 12월, 1902년 12월, 1903년 1~2월, 1903년 12월 등 8차례에 걸쳐 동맹파업 등 단결된 행동으로 노동조건의 개선을 위해 투쟁했다.

　1898년 2월 목포에서 일어난 최초의 부두노동자 쟁의는 동맹파업이었다. 개항장인 목포는 부산과 인천, 원산에 비해 그 규모는 작았지만 노동운동은 매우 활발해 200여명의 한국인 노동자들이 조직적인 동맹파업을 감행했다. 목포 노동자들은 개항 5개월째인 1898년 2월 임금지급방식을 복잡하게 만들어 노동자를 수탈하는 일본인에 대항해 파업에 돌입했다. 그들은 단순히 '맹파'에 그치지 않고 일본상인과의 거래를

---

9) 북한의 연구자 권의식은 1898~1900년에 걸쳐 일어난 부두노동자의 파업을 근대적 노동운동의 기점으로 보았다.
10) 목포지편찬회,『목포지』, 1913, 576쪽 ; 김윤환, 1982, 41~42쪽에서 재인용.

저지하고, 날마다 거류지안 죽동의 산허리에 집결해 밤이 되면 모닥불을 피우면서 일본인 거류지에 대해 시위를 했다. 그 해 9월에도 임금인상을 요구하며 10여일 동안 동맹파업을 단행했다. 1901년에는 목포 부두노동자들은 일본 용역회사의 운반노임 인하 책동을 저지하고 임금인상을 쟁취하기 위해 동맹파업을 벌였다. 일본 용역회사가 공임 인하를 발표하자 노동자들은 도리어 이전보다 공임을 올릴 것을 요구하며 두량꾼(斗量軍)과 하륙꾼(下陸軍), 지게꾼이 단결해 '맹파'에 들어갔다. 또한 그들은 '한편에서는 이탈해 노동하려는 자를 저지시키고 또 한편에서는 일본인 집에 고용된 조선인을 다시 불러내고, 급수인부까지도 파업시킴'으로서 단결력을 드러냈다. 여러날 투쟁 끝에 1월 30일, 종전대로 임금을 받기로 하고 일단 업무에 복귀한 뒤 3월 3일에는 '화물의 대중소 구별 없이 모두 8문씩 임의 협정하는 취지'의 임금인상안을 관철시켜 노동자들은 당당한 승리를 거두었다. 1903년 목포 노동자의 파업은 부두노동자들은 임금인상 뿐만 아니라 반십장 반일본패운동을 전개해 항일운동의 양상을 띠었다.

이러한 부두노동자의 파업에는 대체로 화물의 재포장, 미곡의 두량 등에 종사하는 두량군이 선두에 서고 하륙군 지게꾼이 합세했고, 또 심지어 일본인 가정이나 상점에 종사하던 고용노동자들까지 공동보조를 취했다.

철도 전기 노동자 다른 부분 노동자의 쟁의도 있다. 1901년에는 5차례 파업이 있다. 1901년 2월 경인철도회사 종업원들이 임금인상을 요구하며 파업을 했다. 1909년 7월에는 경성전기회사 노동자들이 집단적으로 노동조건 개선 요구하며 집단적으로 투쟁했다.

3) 노동자 민중의 반봉건 반외세 투쟁

(1) 도시 하층민의 증가와 항쟁

도시하층민은 명화적 집단과 마찬가지로 대부분 조선후기 농촌에서 축출된 농민들이었다. 이들은 농민 겸 상인, 즉 소상품생산적 농민이나 농업고용노동자로서 도시 주변의 향촌공동체나 상인 수공업자의 동업조합, 군대, 세마계(貰馬契), 운석계(運石契) 등 특정 이익집단에 소속되어 생활했다.

개항 이후 도시하층민의 생활은 곡가의 급등으로 더욱 곤궁해졌으며, 외국상인의 내지행상으로 생활기반이 점차 침식 당했다. 이와 더불어 봉건정부의 특권상인 육성책은 이들의 생업활동을 크게 제약했다. 정부는 도시하층민의 상업활동을 육의전을 중심으로 한 특권상인에 대한 침해로 규정해 강력히 단속했다. 이 단속으로 생계수단을 잃는 경우가 속출했다. 그 위에 각 관청의 서리층과 봉건특권상인, 포교 등이 단속을 빌미로 불법탐학을 일삼아 불만이 커졌다.

개항 후 봉건정부가 특권상인 보호를 위해 실시한 난전 단속은 도시민 항쟁의 직접원인이 되었다. 특히 군병과 포도청의 충돌이 빈번하게 일어났다. 도시민 항쟁은 대부분 군병과 관련되었다. 1877년(고종 14)에 훈련도감 군병들이 급료를 받지 못하자, 방문을 작성해 길거리에 붙이고 민중을 모아 시위를 전개했다. 1882년(고종 19) 6월 9일에 일어난 임오군란은 이런 상황 속에서 구식군병과 도시하층민들 사이에 잠재되어 있던 불만과 저항의식이 도봉소사건을 계기로 폭발되어 당시의 최고 지배층인 민씨정권을 직접 공격한 사건이었다. 임오군란의 주도층은 왕십리에 거주하는 하급군병과 향촌조직 책임자인 동님으로 향촌공동체와 군병 조직을 매개로 민과 훈련도감의 하급간부를 동원했다. 이들은 주된 공격대상은 봉건지배권력자 개인이나 권력기관에 집중되었고, 나아가 외국인에게까지 공격을 확대했다. 6월 9, 10일에 이들은 민태호를 비롯한 민씨 씨족과 대신집 40여채를 파괴하고, 외국상인과 긴밀하게 연결돼 있던 역관의 집 70여채를 파괴했다. 이들은 서울에 거주하던 일본인들과 공사관을 습격하고, 인천에까지 쫓아가 도망간 일인을 공격했다. 일인에 대한 공격은 이들의 정치 경제적 침략을 직접 피부로 느끼고 있던 도시민들의 반외세 감정의 표현이었다. 1890년(고종 27) 1월 26일부터 1주일간 전개된 서울상인들의 철시동맹파업과 시위투쟁은 외국상인 특히 일·청상인의 경제침탈에 대한 본격적인 저항이었다. 이 투쟁에는 싸전을 제외한 서울의 모든 상인들이 이해관계의 편차에도 불구하고 외국상인에 대한 경제침탈을 민족 위기로 간주한 공통의 인식 위에 참가했다. 이 투쟁은 폭동으로 전개되기 직전에 조정과 원세개의 타협으로 해소되었지만, 1894년 농민군이 외국인의 도성 내 상업활동 금지를 개혁안 속에 넣은 만큼 농민들의 반외세 의식에 영향을 주었다.(백승철, 1992, 334쪽)

또 조선 후기 농촌사회의 분화가 시작된 이래 농촌에서 쫓겨나고 도시에서는 외국상인의 침투와 봉건 특권 상인의 행패에 몰린 맹아적이던 농촌 수공업과 도시 소상인의 자립기반을 크게 위축시켜 과잉노동력이 상공업에 흡수될 여지를 박탈했다. 오갈 데 없는 이들은 대부분 유민이 되어 유리걸식하거나 도시로 몰려들었다. 그 결과 영세소상인 승려 걸인 고공 등 일부 유민들을 명화적의 무장 집단이 되어 지주가와 여각(旅閣) 객주를 중심으로 한 장시, 외국상인 그리고 중앙정부에 보내는 상납전 등을 약탈했다. 특히 개항 이후 명화적의 조직은 점차 체계화되고 활동도 반관 반침략의 성격으로 발전하고, 이들의 공격목표도 주로 지방관청에서 서울로 수송하는 각종 상납전이 되었고, 명화적들은 빈번하게 외국인 행상을 습격했다. 명화적은 무리를 지어 행동하며, 공격을 할 때 불을 지르는 화공을 사용한다는 점에서 일반 강절도와 다른 특성을 가지는 무장집단이었다. 그리고 명화적의 일부는 1894년 농민전쟁에 참여해, 농민들에게는 없는 무장력과 조직력을 제공하는 역할을 했다.

(2) 갑오농민전쟁

1894년 갑오농민전쟁이 발생했던 사회경제적 조건이 1860년대이래 계속되었던 민란의 배경과 같은 것이나 1890년대 초에 발생한 민란과 동학이 다른 성격을 갖는 것은 단순한 민란의 연장과 양적 확대의 의미만을 갖는 것은 아니었기 때문이다. 19세기에 들어와 천주교 선교사의 침입과, 대포와 군함으로 위협하는 서유럽 열강의 통상 요구는 일제를 비롯한 서유럽 열강의 제국주의적 침략의 시작이었고 극에 달한 민비 일파 세도정치의 부패, 민비일파와 대원군의 국내 정치권력 싸움은 제국주의의 한반도 침략에 촉매 역할을 했다. 이러한 조건 속에서 사상적으로 천주교 서학에 대한 대응으로 천도교 동학사상은 민족 민중의 사상이 되었고 갑오농민전쟁에서 척왜양이의 반제국주의적 기치를 들었다. 갑오농민전쟁의 출발은 천도교의 참여로 시작되기는 했으나 그 참여인원이나 주장하는 내용, 그리고 전쟁과정에서 나타나는 구체적 양상은 종교운동이 아니고 반봉건제를 목표로 한 농민해방전쟁이었다.

갑오농민전쟁의 1차봉기는 반봉건 투쟁이고, 2차봉기는 일본의 침략 저지 투쟁이었다. 2차 봉기 때 농민군은 공주 우금치 회전에서 패배, 혁명운동이 종료되었다. 혁명 과정에서 농민군의 사상자는 30만명 이상이었고 일본군에게 5만명 이상이 학살당했다. 전봉준은 태인전투 후 순창 피호리에 피신해 재기를 꾀하다가 상금에 현혹된 지방민에 의해 12월말 체포되어 1895년 4월에 손화중·최경선·성두한·길덕영 등과 함께 사형 당했다. 이로써 이 나라 4천년 역사이래 가장 위대했던 농민혁명은 보국안민 척왜양이의 반봉건 반제투쟁의 과제는 뒤로 넘겨졌다. 일본군의 개입으로 농민전쟁이 실패로 돌아간 뒤 농민군들은 각종 민란에 참여하거나 의병과 영학당 활빈당 등으로 편입되어 저항을 계속했다.(강만길 엮음, 2000, 77쪽)

주체와 조직 조선 후기 농민층 분해과정에서 형성되어 민란의 기본 세력이 된 소빈농층이 특히 개항 이후 개화정권의 파국적 정국운영으로 인해 엄청나게 부과된 조세에 저항해 지속적으로 농민항쟁을 일으켰으며, 갑오농민전쟁 기간에 그들의 권력기관을 창설해 부당한 조세 저항의 혁파를 시발로 사회 전반적인 문제, 신분 차별의 철폐와 지주 토호들의 무단을 제거하려는 목표를 가졌다. 이 점은 갑오농민전쟁의 주된 원인이 농촌에서 더 이상 살기 어려운 농민 유민이 일으킨 운동이지 흔히 설명하듯이 삼정의 문란에 대한 저항에만 원인이 있지 않았다는 점에서도 확인되었다. 이러한 저항의 바탕은 일본의 침략에 대항해 농민군이 스스로 왕명을 항거하면서 9월에 재기병했듯이 궁극적으로 봉건체제를 지양하고 근대민족국가를 수립하는 데 있었다.

전주화약이 성립된 뒤 농민군은 각 지방으로 철수하고 전라도 53주에 농민적 가치기관인 집강소를 설치해 농민대표가 지방자치에 참여했다. 집강소는 공식적으로 인정되면서 행정기관화 하면서 조직이 정비되었다. 집강소에는 집행기관 기능이 있어 집강의 지침을 받으면서 행정관련 사무를 처리하고 집강소에서 거둔 조세는 중앙에 수납하지 않고 지방질서의 유지와 농민군의 무장력 유지에 사용하고, 집강소에는 의결기관과 호위군을 갖추었다.(국사편찬위원회, 1999, 404~405쪽)

농민군이 제시한 폐정개혁안은 27개 조항이었지만 현재 14개 조항만 전해지고 있다. 주된 내용은 양반들의 부당한 가렴주구를 배격하며 외국상인의 침투를 반대하는 것이었다.

집강소를 설치한 농민군은 신분제 철폐, 민중의 수탈자와 억압자 처단, 고리대의 무효화, 토지를 고루 경작할 것, 일본의 침략을 반대하는 12개 조목의 개혁안[11]을 다시 제의했다. 집강소에서는 노비 문서를

---

11) 집강소의 개혁 요강 1. 동학교도와 정부와 사이에 쌓인 원한을 씻어 버리고 모든 행정에 협력할 것. 2. 탐관오리는 그 죄목을 조사해 내어 일일이 엄징할 것. 3. 횡포한 부호의 무리는 징벌할 것. 4. 불량한 유림과 양반의 무리는 징벌할 것. 5. 노비문서는

불태우고, 묵은 빚을 무효로 했고 악질 지주와 부정 부패한 관리를 처단했다.

갑오농민전쟁의 조직이 "당시의 사회경제구성에서는 자본주의적 관계의 진전이 아직은 미약해 계급관계의 분화가 사회적 결합의 유대로서 등장할 만큼의 수준에까지는 이르지 못했고, 당시 지역의 고립 분산성을 뛰어 넘어 변혁역량을 동원할 수 있는 매개체는 동학의 교문조직 이외에서는 발견할 수 없었다"(정창렬, 1991, 186쪽)고 해 동학조직이 당시 농민들의 고립 분산을 극복할 수 있는 유일한 매개체였다. 농민봉기 지역에 동학조직이 있었다면 그것은 바로 봉기와 직결되었고, 이 점 때문에 전단계 농민항쟁의 고립 분산성이 극복되어 전국적인 규모로 확산될 수 있었다.

농민군 속의 노동자 갑오농민전쟁에서 농업노동자가 적극적으로 참가했다. 그러나 공업노동자의 동향은 자료가 거의 없어서 밝히기 어렵다. 집강소 시기의 농민군 총사령관 손화중이 편성한 천민농민군의 구성에 백정(屠漢) 재인 역부 등과 함께 대장장이(冶匠)가 포함되어 있다. 대장장이의 농민전쟁 참여는 공업노동자로서 농민군에 적극 참여했다고 볼 수 있다. 황해도에서는 농민군(爲東學黨)의 태반이 사금채집 광부였다고 하는데, 이렇게 광업노동자가 농민전쟁에 적극 참가했다.(신용하, 1993a, 94쪽)

농민전쟁의 지도부는 하층양반 요호부민층이 중심을 이루고 있었으나, 농민군은 빈농과 농촌지도자 영세상인 영세수공업자 천민층 등이었다. 농민군은 전주입성 단계까지는 대체로 상층지도부의 구상대로 움직였으며 아직 자신들의 욕구를 스스로 표출하기 보다 상층지도부를

불태워 버릴 것. 6. 칠반천인(七班賤人)의 대우는 개선하고 백정이 머리에 쓰는 패랭이는 벗겨버릴 것. 7. 청춘과부의 개가를 허락할 것. 8. 명분 없는 잡세는 모두 거두지 말 것. 9. 관리의 채용은 지벌(地閥)을 타파하고 인재를 등용할 것. 10. 왜와 통하는 자는 엄징할 것. 11. 공사채를 물론하고 기왕의 것은 모두 무효화할 것. 12. 토지는 평균으로 나누어 경작(分作)하게 할 것.

통해 간접 표출했다. 그러나 집강소 단계에 이르면서 신분제 폐지와 관련해 평민 천민층, 사회적 불만계층의 다수가 참여하면서 더 이상 상층부의 지휘에 따라 움직이는 수동적인 존재가 아니라 스스로 주도권을 쥐고 급진적 투쟁을 전개했다. 농촌임노동자층이 무장농민군의 주력을 형성하면서 토호 요호부민층의 전곡(錢穀)을 약탈하고 원한관계가 있는 양산유생층을 응징했다.

전봉준 김계남의 부대는 치안질서 유지를 위해 집강소를 설치, 민중권력을 창출했다. 이 집강소에 모인 농민혁명군은 농번기가 되면 고향인 농촌으로 돌아갔는데 일부는 그대로 남아 있어 조직의 근간이 되었다. 이들은 고향에 토지가 없는 이들로 넓은 의미의 임노동자군으로 볼 수 있다.

동학사상 동학사상이 당시 여러 민간신앙적 요소와 사회사상을 수용해 창립된 종교이며 사회사상으로서 조선사회의 지향점과 서유럽적인 세계를 종합해 새로운 사회로의 전망을 일정하게 담고 있었지만 구체적인 현실에서 스스로의 한계로 인해 농민전쟁에 긍정적이고 적극적으로 기여하지 못했고, 오히려 농민들의 저항에 역기능의 작용을 했다. 오히려 동학은 복고적이고 새로운 정치체제에 대한 구상이 없었고, 당시 화이적 세계관에서 초보적이거나 환상적인 반봉건 반외세 수준을 보여주었으며, 발전적 역사관과는 배치되는 전통적 순환사관을 갖고 있었다. 그나마 그것마저도 실현할 수 있는 구체적인 프로그램 강령이 부재해 현실적 기여는 거의 없었다. 이러한 성향은 농민전쟁이 끝난 뒤까지도 극복하지 못해 천도교단측에서는 농민전쟁의 이념 혹은 지향을 그 전단계 '민란'이나 변혁운동의 과정에서 찾아야 했다.(우윤, 1993 참조)

동학은 "관념 환상 추상의 영역에서 미래상을 그리면서 현실을 비판했지만, 현실을 총체적으로 비판했기 때문에, 추상 관념 환상에서 일거에 비약해 현실 국가의 도덕적 기저를 전면적으로 부정할 수 있었다." 그러나 사회적으로는 "민중 생활상의 문제를 해결해 나가기 위해 폐정개혁안을 제기하고 그것을 실현하기 위해 집단의 힘으로 투쟁한 것은 아니었다. 그 사상과 행동은 스스로의 사회적 이익을 실현하기 위한 농민들의 주체적 창조물이었다. 다시 말하면 동학사상에서는 생활상의 문제를 해결하기 위한 폐정개혁안의 제기와 그 실현을 위한 투쟁 같은 것은 차단되었다."(정창렬, 1999, 42쪽)

의의 갑오농민전쟁은 문호개방 후 한층 더 심화된 정치 경제 사회적 모순 위에 외세에 대항하면서 봉건적 지배체제를 타파하기 위해 억압받던 민중이 일으킨 혁명전쟁이었다. 그러나 갑오농민전쟁이 가지는 한계도 분명히 있다. 전국 농민의 지역간 조직의 결속이 부족했으며, 일본의 경복궁 침입으로 인해 위로부터의 개혁을 담당할 세력과의 제휴가 차단된 상태에서 농민전쟁을 치렀다. 또 사회 경제면에서 높은 혁명성에도 불구하고 권력구조상의 개혁 대상은 중앙정부의 권력자와 귀족에 한정되고 조선왕조 자체나 왕권을 타도 대상으로 삼는 데까지는 이르지 못했다. 농민군들이 완전히 근왕적 사고를 탈피하지 못해 왕조와 왕권마저 부정하지는 못했다. 그러나 갑오농민전쟁은 조선왕조 정부에게 갑오개혁을 단행하지 않을 수 없게 했다. 비록 농민군이 요구한 '토지의 평균적 분작' 즉 획기적인 농민적 토지소유의 진전에는 효과가 없었지만 갑오개혁에서 전제 군주권을 어느 정도 제한한 것이라든지 노비제도의 전면적 폐지, 무명잡세의 정리 등에는 상당한 진전이 있었다. 이와 같이 갑오농민전쟁은 19세기 우리 민족의 반침략 반봉건 투쟁의 정점으로 위로는 갑오개혁의 추진력으로, 아래로는 반일 의병투쟁—민족해방운동의 기점으로 역사적 의의가 크다. 동시에 그것은 자본주의 열강의 침입에 반대해 일어난 19세기 아시아 민족해방 투쟁의 역사에서 중국의 태평천국 혁명, 인도의 세포이 투쟁과 함께 3대 농민전쟁으로 기록되었다.

(3) 의병의 무장투쟁 20년

박은식의 『한국독립운동지혈사』을 보면, 의병은 국가의 명령을 기다리지 않고 자발적으로 궐기해 국가를 위해 싸운 지방 유생출신의 의군(義軍)과 갑오농민혁명 이후 몰락의 길을 걷고 있는 농민세력이었다. 매천(梅泉)의 기록에 "많은 천민들이 천씩 백씩 무리 지어 다니면서 의병이라 칭"했는데 그 가운데 '동비(東匪) 잔당'들이 상당부분을 차지했다. 초기 의병은 갑오농민혁명군 잔여세력이 많이 가담했음을 알 수 있다.

1910년을 고비로 국내의 의병운동은 이진용의 중국 동북부로의 망명을 계기로 그 잔존 세력인 한진만 최순거·김진안 등의 소부대활동을 비롯해 황해도 경기도 강원도에서 강기동·채응언·강두희 등의 소수정예 분자에 의한 활동 등이 현저했는데 일제는 그것이 1914년으로 일단 끝났다. 그러나 의병운동은 완전히 소멸된 것은 아니었다. 의병의 잔존 병력과 3·1운동 이후 이 운동에 관계했던 일부인사가 탄압을 피해 두만강 압록강을 넘어 중국 동북부, 특히 서간도와 북간도 지방 그리고 러시아 연해주 지방으로 이주했다.

<표 1> 반일의병 투쟁 상황

연 도	전 투 회 수	참가 의병수(명)
1907년(8~12월)	323	44,116
1908년(1~12월)	1,452	69,832
1909년(1~12월)	898	25,763
1910년(1~12월)	147	1,891
1911년(1~ 6월)	33	216

김의환, 「의병운동」『대한근대민족운동사』, 돌베개, 1980, 405쪽.

제1단계(1895. 10~1896. 5) 청일 전쟁에 승리한 일제가 조선 침략을 강화하자(민비시해 사건 등) 위정척사 사상을 지닌 유생들이 궐기했다. 유인석(柳麟錫) 부대(제천), 이소응(李昭應) 부대(춘천), 허위(許蔿) 부대(선산), 이우만(李(奇)宇萬) 부대(전라도) 등이 대표적이었다. 이 시기 의병은 존왕양이를 내세우고 곳곳에서 관군과 일본군과 대적해 싸웠으나 아관파천으로 친일세력이 후퇴하고 친일 김홍집(金弘集) 내각이 무너진 것을 계기로 의병부대는 해산했다. 그러나 의병의 하부조직, 특히 갑오농민군의 잔여세력은 화적 영학당 활빈당으로 남아 계속 항쟁하는가 하면 자산가의 재물을 빼앗아 빈민들에게 나누어주기도 했다. 활빈당은 "철도 부설 기타 이권을 외국인에게 허여하지 말라","금광채굴을 금하라","악형을 폐지하고 무고한 인민을 치죄하지 말라","형벌을 덜고 관세를 낮추어 인정을 시행하라"고 정부에게 요구했다.(사회과학원, 1989, 89쪽)

제2단계(1905. 4~1907. 7) 러일전쟁 후 일본의 독점적 지배와 침략이 강화되는(을사보호조약 등) 시기로, 이 단계 의병운동의 주역 역시 유생층이었다. 그러나 1단계 때와는 달리 유생들의 의병 궐기뿐만 아니라 을사보호조약을 반대하는 상소 자결과 애국계몽운동 계열의 언론활동 등 여러 형태로 나타났고, 운동 목표 또한 1단계의 '원수를 보복하는' '국수보복(國讐報復)'에서 '국권회복'으로 진전되었다. 대규모 의병부대는 원용팔(元容八) 부대(원주), 민종식(閔宗植) 부대(충청도 홍주), 최익현(崔益鉉) 부대(순창), 정용기(鄭鏞基) 부대(영천), 신돌석(申乭石) 부대(영해) 등이 있다. 평민 출신의 의병장인 신돌석 부대는 3천명의 군세로 경상도 동해안을 중심으로 유격전을 벌였고, 정용기 부대는 그가 전사하자 그의 아버지 정환직(鄭煥直)이 대신 흥해 영덕 청송 일대에서 활약했다.

제3단계(1907. 8~1909. 10) 군대해산에 반대해 정부군이 항일전쟁에 나선 시기이다. 가장 먼저 항일전선에 나선 것은 원주진위대와 강화도분견대의 장병들이었고, 이어 수원 홍주 진주에서 들고 나왔다. 이 가운데 강화도분견대 장병에는 이동휘(李東輝)가 포함되어 있다.

해산 군인의 가담으로 무기와 병력이 크게 강화된 전국의 의병부대는 연합전선을 형성, 이인영(李麟榮)을 13도 총대장, 허위를 군사장으로 해 관동 교남 호남 호서 진동 관북 등 전국의 의병대장들이 이끄는 약 1만명의 병력이 양주에 집결했다. 그 가운데 해산 군인 약 3천명은 양총으로, 나머지 농민군은 화승총으로 무장했다. 총대장 이인영은 먼저 사람을 각국 영사관으로 보내 의병부대를 국제 공법상 전쟁단체로 인정해 줄 것을 요청하고 선발대를 인솔해 서울 30리 밖까지 진출했으나 후속부대와 연결이 끊어진 데다가 일본군의 완강한 저항으로 일단 후퇴했다. 이 때 이인영은 부친의 부고를 받고 불효할 수 없다며 곧 귀향해 버렸다. 총대장이 없는 가운데 의병 연합군은 서울 진격을 감행했으나 실패해 다시 전국으로 흩어져 작전을 수행하다가 일본군의 이른바 '남한대토벌작전'을 당했다. 1907년부터 1909년 사이에 끊임없는 전투 끝에 약 55만여명의 사상자를 내면서 점차 진압되었고 나머지는 만주지방으로 망명해 무장독립운동군에 합세했다.

제4단계(1909. 11~1914) 1910년 8월 일제의 조선강점을 계기로 황해도 경상도 강원도 산악지대에서 일어난 역경과 시련의 항쟁 기간이다. 의병은 일본군의 집중적인 포위공격으로 1914년까지 전국 각지에서 분산 궐기하다가 유인석의 북으로 옮기자는 제안에 따라 새로운 독립운동기지를 건설하기 위해 두만강을 넘어 동북만주 연해주로 이동했다.

당시의 의병투쟁과 농민전쟁은 농민 노동자를 비롯한 민중투쟁이라는 관점에서 보아야 하고, 이것은 이후의 민중운동과 맥락이 이어진다. 합방 이전의 의병전쟁은 그대로 합방 후의 독립전쟁으로 연결되었고, 동학 농민혁명에서 의병전쟁으로, 다시 만주에서의 무장독립전쟁을 연결하는 농민군 중심의 반봉건 투쟁과 독립전쟁은 우리 민중운동의 가장 큰 줄기라고 할 수 있다.

1, 2단계의 의병전쟁은 근왕운동적인 성격이 짙었지만 3단계부터는

유생출신 30%, 평민출신 70%였으며,12) 이에 따라 의병전쟁의 횟수도 늘었다. 대한제국 정무부의 조사에 따르면 1908년 후반기의 접전회수는 1,900여회, 참가 의병수는 약 8만 3천여명, 1909년 후반기에는 접전회수 1,700여건, 참가 의병수는 3만 8천여명이 참가했다. 1906년에서 1911년까지 6년 동안, 일본경찰군을 제외한 정규 일본군과의 접전회수만도 2천 8백여회에 이르고 참가의병수는 연인원 약 14만명이나 되었다. 이 때 의병수는 해산당시 정부군의 수가 8,800여명인 데 비해 엄청난 인원동원이었다. '합방' 전의 의병전쟁에서 우리 쪽 사상자가 약 5만명이나 났다.

의병 속의 노동자 한일협약 체결 이후 일본인은 '토지가옥증명규칙' '토지가옥저당규칙'을 근거로 한국인의 토지를 마음대로 구입하고, 고리대금으로 저당 잡은 토지를 쉽게 탈취했다. 그렇기 때문에 토지를 빼앗긴 농민 노동자 머슴이 의병에 많이 참여했다. 1906년 충주의진에는 금광노동자 수백명이 합류했다.(안병직, 1973 참조)

당시『의병항쟁재판기록』의 판결문에 나타난 1,008명의 의병 직업을 보면 농업 594명으로 과반수를 넘고, 퇴역병 고용인과 무직자가 상당수이었다. 목수 7, 은공 1, 노동7, 미장이 2, 고용인 8, 인력거차부 3, 대장장이 5, 배군 2, 용인 1, 유기산 1, 수부 1, 측량사 1, 짐꾼 1, 대목 1, 인부 1, 마부 1, 광부1 등이었다.(김호성, 1987, 280쪽)

호남지역의 경우, 의병 469명 가운데 농민 295명(74.5%), 상업종사자 62명(15.7%), 대장장이 목수 등 수공업종사자 17명(4.3%), 품팔이(傭人)와 기타 합계 22명(5.6%)이었다. 의병장 17명 가운데 1명이 노동자 출신이었다. 의병의 주력은 조선후기 이후 형성된 소작빈농계층이었다. 농민층과 상인층 이외에 일고(日雇 : 날품팔이)와 머슴 농촌의 임노동계층과 무직자 부랑배 노름꾼 등 유민적 성격을 띤

---

12) 박성수의 연구.

실업자 목수 대장장이를 비롯한 각종 수공업자, 기타 각종 형태의 직업종사자들이 의병운동에 참여했다. 이들의 구성비는 작지만, 당시 농촌사회 최하층에 속한 점에서 과소평가될 일이 아니다.(홍순권, 1994, 266~278쪽)

(4) 개화파와 갑오개혁

열강의 한반도 공략 의도가 더욱 노골화하는 가운데 권력내부는 동도서기론자와 근대 국민국가 수립론자로 나뉘고, 또 친일파와 친청파의 혼재로 어지러웠다. 권력 밖에서는 여전히 위정척사파와 급진적 개혁파가 자리잡았다. 일본을 등에 업은 개화파와 청을 배경으로 한 위정척사파가 대결해 1882년 임오군란을 일으키고 1884년 김옥균 박영효 등 급진적 개혁파들은 개혁개화를 이루겠다며 갑신정변을 일으켰다. (허동현, 1999 참조)

갑오개혁은 갑오농민군의 폐정개혁 요구를 반영했으며, 세계를 제패하고 있던 서유럽 제국과 그에 편승해 서양화의 길을 걷고 있던 일본의 문물 제도를 수용한 기점이다. 그것은 친일개화파들이 주체가 되어 부국강병의 근대국가 수립을 목표로 위로부터 추진한 개혁이며, 변혁주체의 변동과 토지개혁을 수반하지 않은 채 기존의 최고계급이 주도한 개량적인 근대화 작업이었다. 그러므로 이 개혁은 아래로부터의 혁명세력인 농민군을 진압한 뒤에 가능했으며, 그 방법도 일본의 정치 군사적 압력과 일본의 차관을 기반으로 하면서 일본의 개혁을 모방해 수행한 외세 의존적인 것이었다.

즉 갑오개혁은 19세기이래 조선사회의 모순을 해결하고자 한 내재적 개혁의 흐름이면서도, 청일전쟁의 결과 동아시아에 형성된 일본 중심의 근대적 제국주의 질서 속에 조선이 편입된 과정을 법제화한 양면성을 띤 개혁이었다. 결국 이는 주관적으로는 부국강병의 근대국가 수립이 목표였으나 반침략자주화의 민족적 과제를 상실한 예속적 개혁운동이었다. 결과적으로 과거제도, 노비제도가 철폐되면서 봉건적 신분제한이 철폐되었다. 보수세력은 갑오경장을 통해 일본류의 개혁을 추진했지만 이것은 외세를 업은, 특히 일본의 메이지유신과 자금을 바탕으로 한 것으로 조선의 대일 예속화를 가속화했다.

(5) 애국계몽운동

주로 지식인들을 중심으로 자강운동(애국계몽운동)이 전개되었다. 이것은 국권회복 운동의 한 갈래였으나 제국주의 침략의 본질을 제대로 이해하지 못했다. 이들은 무력항쟁의 길을 포기하고 국채상환, 물산장려와 같은 활동에서 대책을 찾으려고 했다.

자강운동 그룹 가운데『대한매일신보』의 양기탁 신채호, 상동청년학원의 전덕기·이준·이동녕·이회영, 전직 무관출신의 이동휘·이갑·유동열 등 주로 신민회 내의 급진파와 주시경 등 국문학자 그리고 대종교 관계자들은 인종경쟁론에 입각한 아시아연대론이나 일한동맹론에 비판적이었다. 이들은 일본의 한국 보호국화를 병탄으로 인식하고, 자력에 의한 실력양성을 강조했다.

일본과 러시아의 침략이 보다 노골화되고, 1896년 독립협회가 조직되어 자주독립 애국계몽운동이 일어났으나, 이 운동은 일정한 성과를 거두었으나 1899년 해산되고, 그 뒤 대한자강회(1906), 서북학회(1908) 등 계몽단체가 조직되어 애국계몽운동을 계승했다. 또 대성학교 신흥학교 등 사립학교가 설비되어 애국주의교육이 행해지고 대한매일신보 등의 신문을 발간하고 이순신 프랑스혁명사 아메리카독립사 등 단행본을 간행해 독립애국사상을 고취했다.

그러나 이들은 조선의 국권이 일본에게 넘어가게 되는 1909년 무렵 선실력양성론을 철회하고 선독립론을 제기했고, 1910년 말 이들은

서간도에 독립군 기지 건설을 시작했다.13)

여성운동 1898년 조직된 찬양회(양성원)는 여성의 권리가 남성과 동등하다는 인식 아래 정부에게 여성교육 실시를 촉구하고, 외세침략 위협에 대해 주권을 수호할 여성인재를 육성한다는 '구국을 위한 민족 주권운동'의 성격을 띠었다. 1910년 한일합방이 이루어지자 농민여성 빈민여성 천직에 속하는 여성 등이 전국에서 조직적으로 의병운동에 참여했다. 1919년 3·1운동 때 여학교와 기독교 및 종교단체들을 중심으로 여성들이 조직적으로 참가하고, 애국부인회와 비밀결사들을 조직해 싸우다가 구속 처형당했다.

4) 노동자의 조직

계 형태의 노자혼합 조직 임금노동자가 출현하면서 노동자들의 조직과 투쟁도 나타나기 시작했다.『한국지(韓國誌)』에는 다음과 같은 기록이 있다.

---

13) 애국계몽운동이라는 용어는 정확히 자강운동이라는 말이 맞다. 자강운동의 4개 그룹에는 ① 그룹으로 헌정연구회의 윤효정, 천도교계의 권동진 오세창, 서북학회계의 정운복 최석하 등으로 정권의 직접 장악 또는 참여를 주장했다. 이들은 러일전쟁을 백인종과 황인종의 전쟁으로 보고 백인종의 침략을 막기 위해 일본 중국 조선의 3국이 연합해야 한다는 이른바 아시아연대론을 수용하고, 선실력 후독립을 주장했다. ② 그룹은『황성신문』을 중심으로 활동했던 장지연 박은식 류근 등을 들 수 있다. 이들은 러일전쟁을 인종전쟁으로보는 데는 비판적이지만 아시아연대론, 일한동맹론에 찬성하는 입장이었으나 보호조약은 일한동맹에 배치된다며 비판적 입장을 취했다. 이들은 국권회복의 방법으로 교육과 식산흥업, 조국정신과 국가사상의 고취를 제시했다. 그러나 이들은 국권만회의 길은 무(武)가 아닌 문(文)에 있다면서 무장투쟁 노선의 의병에 비판적이었다. ③ 그룹에는 청년학우회의 안창호 최광옥 안태국 등과 이승훈 등 서북지방의 신흥상공인들로 주로 신민회 내의 온건파들이었다. 이들은 일본의 기만적인 아시아주의에 비판적인 입장을 취하면서 일본의 침략성을 규탄했다. 그러나 독립은 실력을 양성한 뒤의 일이라며 선실력양성 후 독립을 주장했다. 특히 이 계열의 안창호는 수양(修養)을 강조했고 이것은 나중에 1910년대 흥사단, 1920년대 수양동우회 설립으로 이어졌다. ④ 그룹은 양기탁 신채호 등이다.(박찬승, 1997, 15~20쪽)

"평민은 자위상 조합의 필요성을 느끼는 바가 크며 따라서 협동일치의 정신이 크게 발달해 단체와 노동조합이 대단히 많다."
"노동조합은 이해관계가 공통되는 여러 가지 소단체의 집합으로 직업의 동일을 요소로 하는 것이 가장 많고 한국에서는 동일한 방법으로 생활하는 인민은 모두 일정한 규칙과 장長의 밑에 특수한 조합을 조직하고있다고 단언할 수 있다."14)

여기서 『한국지』가 말하는 것은 각종 장인계(匠人契) 따위를 지칭하는 것이며 반드시 임금노동자의 조합을 의미하는 것은 아니다. 그러나 조선 말 각처 광산에서 일하던 노동자들이 계(契) 형식으로 자기들의 조직을 만들었을 것이다. 그들은 처음에 의형제 또는 만동생(萬同生) 등의 형태로 결합되어 있었으나, 이것은 점차 상호부조의 목적으로 약간의 회비를 거두어 노계(勞契) 또는 노동조합을 조직했다. 계는 서로 돕고 친목을 다지는 울타리였고, 때로는 공동의 권익을 지키기 위한 행동 통일의 중심이었다.

이와 달리 한 작업단위의 책임자를 중심으로 한 노동자들이 조직되었다. 편수나 덕대, 십장 등으로 불리는 노동자의 통솔책임자는 전체 노임의 1, 2할을 자기 몫으로 챙기면서 말단 노동통제기관 역할을 했다. 한편으로 이들은 이익이 일치할 경우에는 노동자들을 보호하고 옹호하기도 했다.

최초의 노동조합 결성 위와 같은 과정을 거치면서 1898년 처음으로 이규순(李奎順)이 성진 본정부두에서 47명의 노동자들로 노동조합을 조직했다. 이러한 조직들은 다른 개항장들에서도 부두노동자에 의해 조직되었거나 아니면 그들은 유형의 조직은 아니지만 변두(弁頭) 접장(接長) 십장(什長)의 통솔 아래 무형의 조직으로 단결했다. 이후 운수와 부두를 중심으로 한 직업별 노동조합이 목포 군산 등 여러 곳에

---

14) 노국(러시아) 대장성 편, 『한국지』, 일본농상무성 역, 1906, 314쪽 ; 김윤환, 1982, 38~39쪽에서 재인용.

서 만들어졌다. 다양한 직종에 종사하는 같은 지역의 노동자들의 조직된 지역합동 노동조합도 잇달아 등장했다. 그러나 이들 조합은 물론 오늘날과 같은 노동조합은 아니었으며 거의가 자연발생적으로 조직된 직장별 조합이었다.(김윤환, 1982, 39쪽)

□ 노동자 민중의 문예

권학가

생존경쟁 당차시대에
국가흥망이 내게 달렸네
렬국의 대우를 생각할수록
노예희생의 치욕뿐일세

이천만 동포 우리 형제들아
이 때가 어느 때이며 이 날이 어느 날인가
류대주 대륙의 형편을 살피니
약육강식과 우승렬패라

국권을 보전하고 동포구제는
우리들 량어깨에 질머진 의무라
피눈물을 뿌리고 분발심으로
실지상 학문을 연구합시다

일신이 영귀하고 일국흥함은
학문일사밖에는 다시 없네15)

---

15) 『서우』 제4호, 39쪽 ; 박득준, 1998, 132쪽.

4. 지배이데올로기와 노동자민중의 반봉건 반침략 사상

지배이데올로기 서양의 경우 봉건시대의 양반(지주) 계급 사회는 민중 세력의 혁명적 항쟁에 의해 해체됨으로써 봉건적 질서가 붕괴되고 자유롭고 공평한 사회로 발전하는 것이 일반적이었다. 그러나 우리의 경우 봉건 지주 계급이 일본 제국주의 치하로 편입되면서 곧바로 매판적 지주계급으로 살아남았다. 양반과 상놈이라는 명칭은 없어졌으나 봉건적 신분질서는 유산자와 무산자, 지배와 피지배의 계급 질서로 탈바꿈해버린 것에 불과했다.

외세의 공격에 대해 개량파는 스펜서 사회개량주의를 도입, 애국계몽운동을 전개했다. 그러나 이들 일부는 조선의 국권이 일본에게 넘어가는 1909년 경 선실력양성론을 철회하고 선독립론을 제기했고, 1910년 말 이들은 서간도에 독립군 기지 건설을 시작했다. 성리학자 매천 황현(1855~1910)은 외세에 지나치게 의존하는 개화파와 고루하게 옛것만 주장하는 척사세력을 함께 비판하며 국정개혁을 요구했으나, 조선이 일본에 합병되자 끝내 순사했다.

자본주의적 지향을 견제하는 봉건 체제와 이념은 조선에서 자본주의적 맹아의 발전을 가로막았다. 또 일본을 필두로 한 제국주의 국가들의 조선 침략은 조선의 자본주의가 자생적으로 발전할 가능성을 봉쇄하고, 그 대신 제국주의의 자본주의를 이식했다. 이를 근거로 일부 논자는 식민자본주의를 이식 자본주의라고도 한다. 월러스틴은 구미선진국의 식민 대상이었던 아시아 아프리카의 식민지를 세계자본주의 지배 피지배 영역 가운데 피지배 부분으로 이해했다.

일제의 식민사관 개항 전후에 사이코 다카모리(西鄕隆盛)을 비롯한 일본 군벌과 후꾸다(福田德三)와 같은 일본학자들은 일본의 조선 지배를 합리화하는 정한론을 폈다. 이들은 한반도 침체 과정을 유난히 강조하며 조선에는 근대화의 동기는 고사하고, 봉건제의 존재마저 없다고 했다. 이 문제를 해결하려면 조선에서는 토지로부터 노동을 분리시키는 과정부터 진행시켜야 하는데 내부에 그러한 동기가 없으므로 타율적 생산을 진행해야 하며 그 적격자는 일본이라고 했다. 이것은 일본인의 침략을 정당화하는 논리였다.(김준보, 1993, 29쪽)

조선에는 "자본축적도 없고, 기업적 정신이 충만된 계급도 없었으며, 대규모 생산에 쓰여질 기계도 없고"16) "근대의 경제 조직을 배양할 아무런 맹아도 발견할 수 없다."17) 「이미 봉건적으로 토지와 인간을 결부시키고, 더욱이 이를 집중시키는 시대가 없었던 것이니 어찌 도시경제가 일어날 것인가.」 「한국에는 욕망의 증진, 생산력의 활동을 구하고, 경제 단위의 발전을 급속하게 하는 봉건제도의 성소로서, 따라서 근대 국민경제의 시대 요건인 토지와 인민의 두 요인에 관해 Kapitalistsche Mobilmachung(자본주의적 동원)을 수행하는 일을 급선무로 한다. 토지를 해방해 이를 자본으로 화化해야 한다. 인민을 해방해 진정한 개인성을 환시시켜야 한다.」 「한인을 노동자로 고용해 이를 계발하고, 이를 유도해 완전한 인격을 발휘해야 한다. 한국의 토지를 개척 경작하고 서서히 이를 자본화하도록 그 기술을 해득시켜야 한다. 그런데 한국에 이미 많은 경제적 설비를 해놓고 수천년래의 교류에 의하면 얻은 바 지식과 더욱 동정심으로써 한인을 사역하는데 익숙하며, 한국의 토지를 사실상 사유화하되 서서히 농업경영을 시도하며, 더구나 그 생산품인 쌀에 대해 최대의 고객인 우리 일본인은 이 사명을 충당함에 가장 적당하다 하지 않겠는가. 하물며 그 봉건적 교육은 세계문화사상 가장 완전한 것에 속하고, 토지에 대한 가장 집약적 농업자이며 인간성에 대해서는 한인이 가장 결핍한 그 용감한 무사적 정신의 대표자인 우리 일본 민족은 설령 국경을 접하지 않고, 정치상 이를 필요로 하든 않든 간에 아직 봉건적 교육과 경제 단위의 발전을 결여한 한국과 한인에 대해서는 그 부패 쇠망의 극을 이루는 '민족적 특성'을 뿌리로부터 근절시켜 우리에게 동화시키는 자연적 운명과 의무가 있는 "유력 우세한 문화"로서 사명의 무거움을 말아야 하지 않겠는가.……」18)

---

16) 西方博, 「朝鮮における 近代資本主義の 成立過程」, 京城帝大 法文學會, 『朝鮮經濟史研究』, 1933, 7.
　　김준보, 『한국근대경제사 특강』, 연세대학교 출판부, 1993, 27쪽에서 재인용.
17) 大內武夫, 『朝鮮經濟史研究』, 235쪽 ; 김준보, 1993, 27쪽에서 재인용.
18) 福田德三, 『韓國の 經濟組織と 經濟單位』, 1903~1904. 김준보, 1993, 27~29쪽에

노동자 민중의 사상 첫째 최제우(崔濟愚: 호는 水雲, 1824~65)는 당시 유교적 봉건사회제도에 불만을 표시했으며 사회개혁을 연구했다. 그는 불교 도교 기독교 등을 연구하고 각종 교리의 장점을 취해 독창적인 사상체계를 수립해 동학을 창시했다. 그의 저작으로『동경대전(東京大典)』등이 있다. 동학사상에서 주되는 내용은 유기론적 유물론을 중심으로 해 독창적으로 체계화한 범신론적 견해이었다. 그는 세계를 지기(至氣) 즉 음양의 기로 보았으며 또한 신이라고 간주했다. 그에게 신은 자연과 동일한 것이며 사람도 곧 신이다. 그는 이로부터 신의 질서로 설명된 당시의 봉건사회를 반대했으며 인간의 평등을 논증하려 했다. 또한 그의 사상은 부패한 봉건사회를 비판하면서 외래침략자 반대를 강하게 표현했다. 그는 인간이 즉 신이며 인심이 곧 천심(人乃天)이라고 했으니 이것은 인간 이성에 대한 존중이며 봉건적 질서로부터 개성의 해방을 요구하는 것과 일치했다. 이것은 당시 역사적 조건에서 진보적인 측면이었다. 이와 같은 그의 사상은 당시 봉건질서를 반대하는 농민들의 사상을 표현했다.

그와 결부된 종교적 신비주의적 의식과 견해들은 봉건적 농민의 낙후성을 반영하는 부정적인 역할을 했다. 그러나 보국안민(輔國安民)의 구호를 들고 지상에 천국을 건설하려는 종교사상은 유교와 조선 봉건통치와 외래 침략자를 반대(斥倭洋倡義)하는 농민봉기에 사상적 영향을 미쳐 갑오농민전쟁으로 확대하는 데 기여했다. 천주교는 인간이 평등하다는 점에서 선진적이었으며, 실학 동학 사상의 형성에 영향을 미쳤다. 그러나 외세를 업고 왔다는 점에서 민중의 비판을 받았고 동학 등에서 지양의 대상이 되었다.

둘째 개항기 임노동자층은 근대적 공업노동자는 적고, 대부분 광산 부두 철도건설 농업노동자로 존재했다. 특히 농업노동자의 비중이 높

서 재인용.

았던 점은 당시 임노동차층의 발달 정도를 알 수 있다. 또한 임노동자의 임금 지불방식에서 현물 화폐 지급방식이 병행되었던 점에서 볼 때 아직은 근대적 임노동자의 전형과는 거리가 있는 모습이었다.

일반 노동자의 삶은 민중투쟁과 불가분의 관계에 있다. 김중열은 당현광산파업(1898) 운산금광파업19)(1900, 1901) 등의 예를 들어 애국적 운동으로 평가했다. 이러한 평가는 이 시기 노동운동이 반외세 반봉건투쟁이라는 시대적 요구에 입각해서 일어난 것으로 파악하는 이해를 바탕에 둔 것이다.(김중열, 1978, 17~18쪽) 노동자는 농민신분은 벗어났으나 계 또는 상부상조의 정신을 가지고 있어 완전히 임노동자의 사상을 가진 것은 아니었다. 계 형식의 상부상조 활동을 했다. 이를 바탕으로 광산, 부두노동자들의 투쟁을 통해 초보적이지만 반제 반자본의 의식을 발전시켰다.

5. 성과와 과제

첫째, 한국 사회는 개항이 되면서 자본주의와 제국주의의 세계체제의 영향권 안에 들어갔다. 조선은 러일전쟁을 계기로 국권을 상실하고 직접적으로는 일본에게 간접적으로는 미국 영국 제국주의 지배 영역에 들어갔다. 조선의 자본주의는 일본의 영향으로 이전의 맹아적 자본주의와 임노동과 단절된 채 식민지 자본주의의 형태로 전개했다.

둘째, 봉건 지배층은 외세의 공격과 국민국가 건설의 요구에 대해 수구와 개항으로 분립되었으며 민중의 요구를 담아내지 못했다. 봉건세력은 프랑스 미국 영국과의 싸움에서 패배한 뒤 대부분 타협적인 자세로 전환했다. 그러나 일부는 저항해 의병전쟁에 참가했다. 후자는 갑

---

19) 운산금광에서 얻는 이익은 국채보상운동 때 대상이 된 외채 1300만량에 해당하는 액수이었다.

오농민전쟁의 잔류 부대와 합류해 20여년에 걸쳐 투쟁하다가 1915년 이후 독립군에 편입되었다.

셋째, 개항 이후 조선사회는 아래로부터의 신분제 해체 현상이 가속화되었다. 갑오농민전쟁에서 집강소의 행정력을 통해 노비문서를 불태우고 천인의 대우를 개선했고, 갑오개혁에서 법제적으로 제도화해 신분제가 폐지됨에 따라 경제외적 강제가 이전 시기에 비해 약화되어 임노동 증가의 조건이 되었다. 일본 자본이 급격하게 침입했던 광산 부두 철도건설 운수유통 분야에서 임금노동자가 크게 늘어났다. 도시빈민은 외세의 경제침탈에 저항해 철시와 시위를 했다. 또 임금을 받지 못한 군병들과 합류해 봉건지배권력자나 일본상인 등을 공격했다. 농촌에 있던 농업노동자들은 갑오농민전쟁 때 농민군에 가담해 농번기인 봄이 되어도 농촌에 돌아가지 않고 군대에 남는 모습을 보였다.

넷째, 이 시기 임노동자들은 상부상조 형태를 넘어 다양한 직종에 종사하는 같은 지역의 노동자들의 조직된 지역별 노동조합이 잇달아 등장했다. 1898년 처음으로 이규순이 성진 본정부두에서 47명의 노동자들로 구성한 직업별 노동조합을 시작으로 이후 목포 군산 등 여러 곳에서 만들어졌다. 1898년에는 목포 부두노동자의 동맹파업이 일어났다.

2부 일제 식민지본주의 아래 노동자계급 형성

#4 기념비각 앞의 군중들
서울 광화문의 기념비각 앞에 모인 3·1운동 시위 시민들

#5 전조선노농총동맹 창립(1924.4)

#6 원산총파업
원산부두노동자 대파업 광경과 신문보도

#7
왼쪽-큐슈 슈 아하타시에서 강제 노동에 종사하고 있는 한국인들
오른쪽-큐슈 슈 조요스 탄광의 한국인 합숙소 벽에 쓰인 한글 낙서

일제시대를 일본 자본의 움직임에 대응하는 민족주의 운동의 변화에 따라 다음 세시기로 구분한다. 먼저 1910년대는 대체로 '합방'에서 3·1운동까지 일본 자본의 원시축적에 대응해 노동운동이 민족주의의 추상적인 민족적 요구를 수렴하는 시기이다. 1910년대는 흔히 무단통치시기로 불린다. 식민지화에 반대하는 의병전쟁과 애국계몽운동을 깨려고 군사 정치 문화활동을 일절 금지하고 공포분위기 속에 행정 경제 사회 문화면에 걸친 식민통치의 기반을 굳혀가던 가던 시기이었다. 헌병경찰제도가 한반도 전체를 철저히 장악해 주민을 숨도 못 쉬게 했다. 그러한 탄압정책 아래서도 민족적 저항운동은 끊임없이 계속되었고, 마침내 3·1운동과 같은 전국적 전민족적 민족해방운동이 폭발했다.

1920년대는 3·1운동 이후 대공황(1929)이 일어나기까지 일본 자본의 산업자본 단계에 대응해 민족운동이 노동운동에서 노동자 계급운동으로 분화하고, 통합되었던 시기이다.[1] 1930년대 이후는 만주사변부터 일본이 패전해서 물러나기까지의 기간으로 일본 금융자본의 요구에 따라 일어났던 15년 사이의 전쟁 속에 노동자 민중운동의 고양과 비합법투쟁이 이어졌던 시기이다.

이 시기부터 8·15까지(1910~45)의 사회구성체는 일본제국주의가 직접 지배하는 식민지자본주의였다. 식민지시대에는 지주와 소작의 반봉건적 모순이 자본주의적 모순과 밀접하게 결합되었다. 따라서 노동운동의 목표는 경제적 요구와 반제국주의 침략 민족해방의 달성이었다.

이 시기는 제4장 1910년대 노동운동, 제5장 1920년대 노동운동, 제6장 원산총파업, 제7장 1930년대 이후 노동운동으로 구성돼 있다.

---

[1] 박현채는 1920년대를 민족주의운동의 계급적 분화기(1919~27)와 통합기(1927~31)로 구분했다.(박현채, 1984, 47쪽) 북한의 김인걸(1964)은 1920년대를 1920년대 전반기, 1920년대 중반기, 1920년대 말에서 1930년대 초의 세 시기로 구분했다. 또한 항일무장투쟁 시기를 연구한 강현욱(1964)은 1930년대 이후를 1930년대 전반기, 1930년대 후반기, 1940년대 전반기로 나누었다. 북한 학자의 시기 구분 기준은 1920년대 전반기 마르크스-레닌주의의 보급, 조선공산당의 창건(1925), 대중적 노동운동의 고양, 1930년대 혁명적 노동조합 운동, 후반기 항일무장투쟁, 그리고 1940년대 항일투쟁과 같은 노동운동에 내재한 변수이다.(고려대 노동문제연구소, 1999, 21~22쪽)

# 1910년대의 노동운동

이 시기에 일본의 군국주의와 자본은 한국의 기존 자본주의적 맹아를 질식시키고 한반도에 강력한 지배체제를 구축했다.

식민지 자본주의 아래에서 노동자들이 겪는 고통은 이루 말할 수 없을 정도로 심각했다. 노동자들은 일상의 생활 속에서 고통을 벗어나려는 자연발생적 투쟁과 아울러 자본주의와 식민주의의 질곡을 벗어나려는 조직적인 운동을 전개했다. 후자는 농민 지식인과 연대해 전개했다.

1. 일제와 동아시아 정세

1) 세계 제1차대전과 일본의 자본주의

세계정세의 특징은 첫째 제국주의에 대한 사회주의적 반대세력의 등장이다. 이것은 제국주의국가의 내적 발전에서 오는 힘이며, 1917년 러시아에서 소비에트체제가 성립되면서 훨씬 강화되었다. 두번째 힘은 식민지 해방운동의 성장이다. 제국주의는 식민지에 자본수출 상품수출을 통해 식민지의 낡은 사회관계를 해체시키고 자본주의적 생산관계를 만들어 갔다. 이에 따라 식민지에서는 노동계급이 성장해 민족해방운동의 주체로 참여했다. 이처럼 식민지지배가 진전되면서 식민지에서 노동자 농민을 주축으로 한 민중세력이 제국주의 지배에 저항해 민족해방운동을 전개했다. 2차대전 이후 대부분 식민지는 이와 같은 두 가지 힘에 의해 제국주의 지배에서 벗어나 민족자주정부를 세웠으며, 그렇지 않은 나라들은 제국주의 세력이 지배방식을 달리 하면서 다시 종속국으로 지배당하게 되었다.

둘째, 일본 자본의 대한 진출 과정이었던 한국의 자본제화 과정은 일본 자본의 운동 양식에 의해 규정되었다. 1910년대는 일본 자본의 본원적 축적과정(1910~18년 또는 1924년)에 해당한다. 일본은 제1차대전의 호황 국면의 대정(大正) 시기(1912~26)에 대정데모크라시를 실시했다.

일본에서는 이보다 40년전 도쿠카와 이에야스(德川家康)가 막부 시대를 열면서 당시 국부의 잣대였던 농지를 늘리기 위해 신전 개발을 장려, 농토를 개발하면 세금을 완전히 면제하고 5년 동안 정해진 세금의 50%만 징수했다. 제3섹터 방식으로 정부와 기업이 상인자본을 이용해 개발한 결과, 45억평이던 농지가 100년 만에 90억평으로 늘었다.

2) 세계의 노동운동 혁명운동

이 때는 세계 민중 혁명의 시기였다. 멕시코혁명(1910) 중국혁명(1911) 러시아혁명(1917)이 일어났다. 1920년대 중국에서는 제국주의와 매판자본 군벌에 반대하는 혁명이 일어났다.

1914년 일어난 1차대전은 제국주의 세력간의 영토분할 전쟁이었다. 이 대전에서 일본은 독일과 연합하고 패전했다. 일본의 패배는 일본 민중을 압박하고, 한국에서 지배의 내용을 강화하는 원인이 되었다.

에릭 홉스봄은 19세기 말에서 1차대전까지 자본주의의 팽창이 군사적 침략에 의한 제국주의적 세계분할의 형태로 나타났고, 사회주의 운동의 발전은 민족 식민지 문제와 교차하면서 서유럽 사민주의와 러시아 레닌주의로 분화했다고 보았다.

제1차 세계대전은 로자 룩셈부르크가 주장했듯이 자본주의가 외부의 출구로 세계 재분할 전쟁을 필요로 한 결과이며, 이것은 생산의 균형적 발전이 자본주의에 자체의 시장을 제공했다는 주장이 오류임이 드러났다. 각국의 사회당이 전쟁 지지로 돌아섬에 따라 제2인터내셔날이 붕괴되었다.(1914)

러시아 혁명(1917) 시기에 레닌은 로자 룩셈부르크와 베른슈타인 등 개량주의 세력과 대립했다. 레닌은 러시아 혁명의 성공 뒤 세계혁명의 비전을 갖고 제3세계 민족해방운동을 지원 지도했다. 레닌주의는 20세기 초 레닌에 의해 러시아에 적용된 마르크스주의로 제국주의 시대의 보편적인 프롤레타리아 혁명이론이라고 했다. 레닌주의는 나로드니즘(인민주의), 카우츠키의 경제주의, 베른슈타인의 수정주의, 멘셰비즘 등과의 이론적 사상적 투쟁을 거치며 형성되었다. 레닌은 「무엇을 할 것인가」(1902)에서 조합주의적 경제 투쟁을 비판하고 의식성과 정치투쟁을 강조하면서 소수정예로 이루어진 중앙집권적인 전위당 건설을 주장했고, 「두 가지 전술」(1905)에서 부르주아민주주의 혁명의 과정에서 프롤레타리아가 헤게모니를 쥐고 노동자 농민의 계급 동맹을 실현함으로써 사회주의 혁명으로 나아갈 수 있다고 주장했다. 또 「제국주의론」(1917)에서 초기의 자유경쟁적 자본주의가 독점자본주의 단계로 이행했음을 논증한 뒤, 제국주의를 사멸하는 자본주의 최고 최후의 단계로 규정했다.

독일의 스팔타쿠스단, 독일공산당을 이끈 로자 룩셈부르크(1871~1919)는 러시아혁명을 적극적으로 지지하면서도 민주적으로 선출된 제헌의회를 무력으로 해산하고 자신의 지지자 일색의 노동자 병사 평의회 정부를 선포한 레닌을 비판했다. 그는 사회주의와 민주주의는 분리될 수 없다고 주장했다. 러시아 사회주의혁명과 소련의 세계혁명전략은 1920년대에 한국에 전파되어 한국의 노동운동 고양에 영향을 미쳤다.

국제노동기구(ILO)는 국제연맹의 한 기구로 1917년 10월 워싱턴에서 조직되었으며, 국제연맹보다 오래 존속해 현재 유엔의 일부분으로 존속한다. ILO는 고용주 정부 노동자 각 대표의 3자를 기초로 설립되었지만, 그것은 노동자의 급진적인 행동을 막는 역할을 한다. ILO는 노동일의 단축, 여성과 연소노동자의 보호, 각종 사회보장, 재해보장 등에 관심을 갖고, 이들 문제에 대해 '협약'이나 '권고'를 택하는 방식을 취하지만 그것이 각국 정부와 자본가에게 구속력을 가지는 것은 아니다.

일본에서 자본주의의 확립, 노동자 총수의 증가, 대공장 집중 증가에 따라 노동운동이 발전했다. 아시오동산(足尾銅山) 나가사키제선소 벳시동산 등에서 대규모 파업이 일어났고, 자본은 군대를 출동시켜 진압했다. 1906년 1월 사카이 도시히코(堺利彦) 등이 일본 최초로 일본사회당을 결성했다. 1910년 일본 정부는 일본왕 암살을 모의했다고 날조해 다수의 사회주의자들을 체포 처형했다.

1912년 스즈키분지(鈴木文治)가 우애회(友愛會)를 결성했다. 1차 대전 중의 산업발달에 따른 노동자 총수의 증가와 대공장 집중 증가에 의해 노동운동 조직화의 기반이 형성됨에 따라 우애회는 서서히 회원을 늘려, 1916년에 1만명을 조직하기에 이르렀다. 동시에 초기의 협조적 색채는 옅어지고 노동조합적 성격을 강화해 각지에서 일어나는 노동쟁의에서 지도적 역할을 담당했다. 우애회가 투쟁적으로 변화해 가는 과정에서 급진적인 젊은 민본주의자와의 제휴도 이루어졌다. 나아가 사카이도히코(堺利彦), 야마카와 히토시(山川均), 아라하타간손(荒畑寒村) 등의 사회주의자, 오스기 사카에(大杉榮) 등의 무정부주의자도 우애회나 민본주의자의 불철저한 점을 공격했다. 이 노동운동의 발전은 대전 말기 러시아 혁명의 성공으로 한층 자극을 받아 노동자의 조직화에 노력하게 되었다.

1918년 1천만명이 이상이 참가한 쌀폭동과 8시간노동제 요구 투쟁이 일어났다. 노동쟁의의 빈발에 이어 노조, 노동자 정치조직이 발전했다. 1919년 우애회는 대일본 노동총동맹 우애회로 개칭하고, 종래의 지역별 조직을 산업별 직업별로 재조직했다. 1920년 최초의 메이데이 행사에 1만여명이 참가했고 그 후의 노동운동은 8시간노동제와 보통선거 요구로 발전했다. 우애회는 일본노동총동맹(1921)으로 발전되고, 일본농민조합(1922)이 결성되고 1922년에는 일본공산당이 비합법적으로 결성되어 코민테른 지부로서 승인을 받았다.

반식민지가 된 중국의 청년들이 프랑스 독일 등지로 유학(勤工儉学) 가서 공산주의를 배워 중국 사회주의 운동의 초석이 되었다. 1921년 결성된 중국공산당은 반제반봉건투쟁 신민주주의혁명 운동을 전개했다.

2. 일제의 조선 강점정책

1) 일본 독점자본의 성장과 조선 지배의 목표

일본 독점자본의 성장 러일전쟁에서 승리한 일본은 만주 철강자원을 확보해 중공업체제를 확립시키고 일본 산업혁명을 완성시켰다. 그 사이에 면사 방적업 등 경공업부문이나 은행업에서 중소기업의 합병에 의한 기업집중이 진행되어, 중공업 부문과 함께 독점이 형성되었다. 미쓰이(三井)·미쓰비시(三菱)·야스다(安田)·스미토모(住友) 등의 재벌도 콘체른(Konzern)1) 형태로 정비되었다. 한편 '합병'과 대륙에서 획득한 이권을 기반으로 남만주철도주식회사의 발족을 비롯해 중국 대륙 경영을 위한 자본수출이 진행되어 일본자본주의가 제국주의 단계로 이행했다. 러일전쟁 이후 불황을 겪던 일본은 제1차세계대전으로 커다란 호황을 맞이했다. 이것은 1차세계대전(1914~18) 기간에 일어난 국제시장의 일시적 경쟁후퇴를 틈탄 호황이었다. 특히 이 때 면사방

---

1) 지주관계에 따라 결합된 기업집단이다. 서로 다른 산업부문에서 독점적 지배를 확립할 수 있는 특징을 갖는다.

적업, 제사업, 화학공업, 기계조선업, 철강업 등의 호황으로 거대자본 집중이 강화되고, 은행자본도 커져 독점자본의 지배체제가 확립되었다. 일본은 전쟁을 통해 확보한 자금을 조선과 만주에 투자했다.

조선지배의 목표 일본 제국주의의 식민지 영유는 1860년대 근대 일본의 통일정권으로서 '천황제'가 생겨난 때부터 일관해 추진해 온 군국주의적 침략정책이 주도하고, 1890년대 청일전쟁 이후 급격히 발달된 일본 자본주의의 해외 시장과 자원을 획득하려는 욕구에 의해 군국주의적 침략 충동이 배가되어 이루어졌다.

일본은 영국과 미국의 지지를 받아 러일전쟁(1904)에서 승리, 남만주철도주식회사(滿鐵)를 대동맥 삼아 중국 동북지방 남반부의 광대한 지역을 세력 범위 안에 넣고, 한반도를 완전한 식민지로 삼았다. 개항 이후 일본의 한반도 경제침략은 개별 자본을 중심으로 한 분산적이고 국지적 침투 차원에 그쳤지만, 을사조약(1905)을 계기로 일본은 국가적 차원에서 한반도 전체를 자국의 경제권에 편입시켜 식민지로 경영할 수 있는 조건을 만들었다.

중상주의 시대만 해도 식민지 경영의 본질은 약탈이었지만, 산업혁명으로 자본주의 체제가 정착되면서 식민지 경영은 생산과 상품교환에 기반을 둔 안정적이고 항구적인 수탈에 초점을 두게 되었다. 본국을 위한 식량 및 원료공급지, 상품시장, 자본 투자처로서 식민지 경제는 제국주의의 요구에 맞게 재편될 필요가 있었다. 이 과정에서 제국주의 본국이 주도하는 개발, 식민지 자본주의화가 수반되었다.

일본으로서도 조선을 식민지로 경영하기 위해 자본주의적 제도와 설비가 필요했다. 1905년부터 1910년말까지는 이러한 기초작업이 수행된 시기였다. 이 기간에 화폐 재정 금융과 관련된 제도 및 기구가 정비되었고, '토지조사사업'을 통해 근대적 토지제도가 확립되었으며, 철도를 중심으로 한 유통망의 골간이 형성되었다.

2) 일제의 정책

(1) 지배체제의 확립

일제의 조선 식민지 지배의 틀은 '병합' 이전부터 진행되었지만, 이를 본격적으로 추진한 것은 조선총독부이었다. 조선총독부는 일황에 직속되었으며, 일본 관제상 최고의 관리인 일본의 내각총리, 각부대신과 동격의 위치로서 식민지 조선에서 입법 사법 행정 및 군사에 관한 전권을 부여받았다. 식민지 전기간 동안 조선에 부임한 총독은 모두 8명인데 이들은 예외없이 육해군 대장 출신이었다. 초대 총독은 육군대장 출신으로 '병합' 당시 통감이었던 데라우치 마사타케(寺內正毅)였다.

무단통치 일본 제국주의가 중국의 영토였던 대만을 식민지화할 때 대만 주민의 격렬한 저항에 직면했고, 한국에서는 반일의병과 애국계몽 운동과 같은 무력적 문화적 수단에 의한 조선민중의 반침략 투쟁에 직면했다. 이에 대응해 전화된 일본의 식민지 지배방식의 특징은 군사적 억압에 의한 무단통치와 식민화 정책의 두 가지였다. 식민화란 피압박민족의 민족적 특성을 말살해 동화시키는 '일본인화(化)' 정책이었다. 일본 제국주의가 동화정책을 추진한 까닭은 군사력에 의한 폭압만으로는 식민지배의 안정을 얻기 어렵기 때문이었다. 그래서 식민지 민족의 정신까지 파고들어 민족의 독자성을 잃게 하고 일본인화시키려고 했다.

무단통치의 성격과 실상은 폭력적 통치수단인 헌병경찰제도에서 잘 드러난다. 헌병경찰제도가 조선에서 자행된 것은 통감부 시기부터였다. 1907년 10월 「조선 주차(駐箚) 헌병에 관한 건」을 제정해 "한국에 주둔하는 헌병은 주로 치안유지에 관한 경찰업무를 장악한다"고 했다. 1910년 10월 이를 「조선총독부 경찰관서관제」로 개편해 중앙의 조선 주둔 헌병사령관이 경무총감을 겸임토록 하고 지방에도 일본군 헌병대장이 경찰부장을 겸임하면서 헌병경찰제가 식민지 조선 통치수단으로 자리잡았다. 일제는 강력한 권한을 가진 헌병기관, 경찰기관을 1910년에 전국 1,135곳에 두어 조선인을 일일이 감시했다.

한편 일제는 식민지민중을 지배하기 위해 많은 탄압 법률들을 제정했다. 1910년 합방 직전에 공포된 「집회취체법」으로 사실상 모든 정치집회를 금지하고 여러 단체들을 해산시켰다. 여기에는 애국계몽운동을 전개하던 단체만이 아니라 일진회 등 친일적인 단체까지도 포함했다. 이로써 조선민중은 자신들의 정치적 견해를 대변해 줄 하나의 단체도 갖지 못하게 되었다. 단체나 집회만이 아니라 언론 탄압 역시 마찬가지였다. 1907년 이후로 신문지법과 출판법 등을 공포해 신문과 출판을 규제하고 독립사상을 불어넣는 서적을 몰수하던 일제는 합병되기 전날 조선인들이 경영하는 모든 신문의 발행을 금지시켰다.

일제의 무단정치는 무력과 결합해 행사했다. 특히 항일의병전쟁에 대한 무력탄압은 철저했다. 초토작전으로 전개된 의병토벌작전은 1909년 말 현재 의병 17,000여명이 사살되고, 36,000여명이 부상할 정도로 지독하게 이루어졌다. 의병투쟁이 국내에서 조직적 투쟁을 포기하고 만주 연해주를 기지로 해 국내진공전략을 전개해야 할 정도로 일제의 탄압은 무자비했다.

일제의 무력 탄압은 의병전쟁에게만 가해진 것이 아니었다. 애국계몽운동에 대한 탄압 역시 단체의 해산이나 집회금지를 넘어 주요인물의 구속으로 나아가 그 뿌리를 뽑으려고 했다. 그 대표적인 사례가 '안악사건'과 '105인 사건'이었다. 안악사건은 독립운동 자금을 모집하던 안명근(安明根)의 검거를 기화로 황해도지방 애국인사 160여명을 검거한 사건이었다. 105인 사건은 비밀결사 신민회를 없애기 위해 날조한 사건이었다. 이후로도 의병운동과 비밀결사에 대한 탄압은 계속되었으나, 이 탄압에 저항하는 조선인들의 독립투쟁 역시 끊이지 않고 일어나 3·1민족해방운동과 무장독립운동으로 연결되었다.

(2) 경제 수탈과 경제 정책

이 시기 한국의 자본주의는 일제의 상업자본이 이전되어 형성된 식민지 자본주의였다. 일제는 조선의 산업발전을 자신들의 이해와 일치하는 정도에서만 허용했다. 쌀과 값싼 원료의 운송에 필요한 교통 통신 해운업과 원료채취 그리고 원료 가공에 필요한 정미 광산 등으로 산업발전을 한정했다.

토지조사사업 일제는 '병합'과 동시에 경제수탈을 강화했다. 그 대표적인 것이 토지조사사업(1910~18)의 실시였다. 토지조사사업은 '근대적 토지소유제도를 확립한다'2)는 명목아래 전국의 토지소유권 토지가격 지형 및 지목 등에 관한 조사를 통해 토지소유권의 재편성과 지가조사에 따른 지세부과 등 경제수탈을 하려는 데 목적이 있었다. 1912년 「토지조사령」을 공포하고 1914년 「지세령」을 시행하면서 본격적으로 추진된 토지조사사업은 1918년까지 진행되었는데, 조선총독부는 이 사업에 2천만엔을 들였다. 그 결과 조선농민의 경우 토지소유권을 물론 경작권 개간권 도지권을 잃고 소작인으로 몰락했으며, 상당한 국유지가 총독부 소유로 귀속되어 동양척식주식회사와 일본인 지주에게 넘어갔다. 총독부는 역둔토 약 13만 5천 정보와 민유지 약 4만 6천여 정보를 차지해 조선 최대의 지주가 되었다.

조선총독부가 토지조사사업을 실시한 목적은 막대한 총독부 소유지를 확보해 식민지 지배의 경제적 기반을 만드는 데 있었다. 토지조사사업은 조선총독부의 지세수입을 급증시켰다. 지세수입은 1910년 600여만 엔이던 것이 1918년에는 1156만 9천여 엔으로 2배 가까이 증가했다. 조선 농민의 세부담은 그만큼 무거워졌고 호별세 가옥세 등 새로운

---

2) 일제는 조선의 토지제도의 근간이 토지공유 국유이고 토지사유제도가 성립되어 있지 않은 조선에서 토지조사사업을 통해 토지를 탈취하는 것을 정당화했다. 토지사유제는 부분적이지만 신라 때부터 있어 왔던 제도이다.

세부담이 가중되었다.

토지조사사업은 또 조선에 침입한 일본인의 토지소유를 급격히 증가시켜 그것이 실시된 7년 사이에 일본인 토지경영은 경영인수는 약 10배, 투자액은 5배 이상, 면적은 약 4배 증가했다. 토지조사사업으로 방대한 토지가 조선총독부 동양척식회사 그리고 일본인 개인지주로 넘어간 만큼 조선인들은 토지를 상실했다. 조선인 지주보다 자작농 자소작농이 주로 토지약탈 대상이 되었다.

토지조사사업을 계기로 자작농과 자소작농이 소작농으로 몰락한 사실은 일본제국주의의 식민지 경제정책에 의해 조선농촌에서 자생적 부르주아가 발전할 수 있는 길이 철저히 저지되었음을 말한다. 문호개방 이후 상업적 농업의 발전으로 어느 정도 자작농 및 자소작 상농층이 성장하고 있었으나 토지조사사업을 중심으로 하는 조선총독부의 식민지 경제정책의 결과 이들이 대부분 소작농으로 전락했다. 그 결과 전경작지의 절반 이상이 총가구 호수의 4%도 못되는 지주의 수중에 집중되고 토지를 전혀 소유하지 않았거나 매우 적은 토지밖에 소유하지 않은 빈농은 농가 호수의 80%에 달했다.

이러한 현실에서 파산 당하고 몰락한 허다한 농민들이 농업노동자로 전락하거나 또는 도시나 일본 만주 시베리아 등지로 이주해야 했다. 도시에 모인 실업군은 저임금노동력을 공급하게 되었다. 노동자는 노동입법이 없고 노동운동이 탄압되는 가운데 기아임금에 시달렸다.

또한 토지조사사업과 병행해 「조선회사령」(1910)·「조선어업령」·「조선광업령」(1905) 등을 공포하며 민족자본의 발전을 원천적으로 봉쇄하는 등 일제는 1910년대 식민지 수탈체제와 지배구조를 강력히 구축했다.

조선인 자본의 억제 개항기에 조선 정부는 정책 빈곤, 토착 경제기반의 취약성, 외래 자본주의의 침략 등 여러 가지 조건 때문에 자율적 산업혁명에 실패했으며 근대공업의 발달도 미약했다. 1910~20년 사이 일본의 한국 식민통치의 기본적인 목적은 일본 경제를 위해 식량생산을 전담하는 것이었다. 일제는 조선을 식량공급지역으로 간주, 토지조사사업과 미곡증산정책을 펴고 이와 관련된 공업정책을 추진했다.

한국 합병 뒤 가장 결정적 조치의 하나는 '회사령'(1910. 12)이었다. 회사령은 일본의 자본이 비농업 부문으로의 유출 규제가 목적이었다. 또 한국기업을 차별하는 목적으로도 이용했다. 회사령은 조선인의 회사 설립과 경영을 억제해 조선인 자본의 성장과 발전을 저지하고 나아가서 산업 부르주아의 성장을 저지하는 데 목적이 있었다. 실제로 1911년 초 일본의 왕자제지(王子製紙) 대일본제당(大日本製糖) 등이 들어오고 또 일본인이 출원한 회사는 인가되었으나 조선인의 회사설립은 엄격히 규제되었다. '합병' 이전에 설립된 조선인 회사 몇 개는 강제 해산되었다. 1914년 「회사령」 개정으로 회사 설립이 다소 완화되었다. 1911년과 1917년을 비교해 보면 공칭자본금의 경우 일본인 자본 비율이 26.4%에서 75.2%로 증가한 대신 조선인의 자본은 18.6%에서 15.0%로 줄었다.(강만길, 1994, 146쪽)

조선인 공업회사 설립 억제에 조선인 자본의 대응은 다양하게 나타났다. 일부 대자본은 조선에 있는 일본인 자본과 결탁해 합자공업을 일으켰고, 대부분의 중소자본은 회사화를 미루고 일단 개인경영으로 자본축적으로 도모했다. 1911년 조선인 공업회사(단독)는 4개소에 자본금 7만 9천엔인데 비해 개인경영공장은 66개소에 자본금 63만 7천엔이었으나, 1919년에는 개인경영공장이 958개소에 자본금 758만 9천엔으로 증가해 공업회사(단독)에 비해 공장수는 73배 자본금은 9배 이상이 되었다. 한편 조일합자공업은 1911년 3개소 자본금 11만 7천엔이어서 단독회사보다 자본액이 많았다. 그러나 회사령 완화 이후 공업회사(단독)가 증가하는 것과는 반대로 1919년에는 3개소에 자본금이 불과 2만 8천엔으로 감소했다.

생산형태면에서 보면 식민지 초기 공업은 염직업 제지업 피혁제조업 요업 제분업 등에 한정되었다. 1911년 전체 공장수의 26%이던 조선인 공장이 46%로 증가했으나 생산액은 15%에 불과했다. 그 영세성을 짐작할 수 있다. 이처럼 1910년대의 조선인의 자본은 법인화를 통한 산업자본화의 길을 거의 봉쇄 당했다. 1907년 경성방직이 설립되었다.

한국인 지주들 또한 토지의 잉여자본을 산업에 전화하기보다는 토지 재투자를 선호했다. 한국의 전통적인 유교사회가 농업을 천시하는 이유 외에도 일본이 공출이라는 일제의 기본정책을 용이하게 하기 위해 고율의 소작료를 부과함으로써 지주의 토지소유는 오히려 강화되었다. 그 결과로 1919년 한국에 있는 기업의 17%만이 한국인 소유였으며, 총자본금으로 보면 11%에 지나지 않았다.(〈표 1〉참조) 당시 산업은 일본 식민정책과 연관이 있는 분야들이었다.

<표 1> 국적별 기업의 수와 자본금   (1919)

국적 \ 자본	기 업 수	자 본 금
일 본	280(76%)	77%
한 국	63(17%)	11%
한일 합자	22(7%)	10%
미일 합자	1	2%

자료 : 조선총독부, 1921.

자본가 단체 1905년 을사조약이 체결된 뒤 조선에 진출한 일본자본은 주요도시에 일본인상업회의소를 결성했다. 조선인 객주들도 일본 상인의 활동에 위협을 느끼고 객주협회를 개편해 1912년 경성 원산 인천 동래 등 15개 지역에 조선인상업회의소를 결성했다. 일본인상업회의소와 조선인상업회의소가 대립하자 일제는 1915년 조선상업회의소령을 공포해 그때까지 병립하던 조선인상업회의소를 일본인상업회의소에 통합, 편입시켰다. 이 조선상업회의소령은 상업회의소에 대한 조선총독부의 감독권이 강하게 반영되어, 조선총독부는 각지방 상업회의소

의 역원 대부분을 일본인으로 선출하고 조선인의 운영권을 배제했다.(권두영, 1993, 199쪽)

3) 노동 교육 문화 정책

1910년대 한국에 진출한 일인계 기업은 식민지 초과 이윤 확보에 조선총독부의 비호를 받았으며, 조선총독부는 1920년대까지는 개별기업의 인사노무관리를 노자문제로 일임했다. 일본 자본의 각 기업은 노동문제를 개별적으로 해결하는 경향을 보이고 기업가 사이의 조직적 행동은 별로 없었다.(권두영, 1993, 201쪽)

식민지 초기 아직 본격적인 근대적 공업이 이식되지 않았던 시기에는 조선인 일반에 대해 조선 민족의 열등성을 강조하면서 자신들의 조선 지배를 정당화하는 동화의 논리를 내세웠다.

일본이 한반도를 영구히 식민지로 만들기 위해 그 정책을 가장 적극적으로 펴 나간 부문이 교육분야였다. 정치 경제적 독립성을 박탈하는 데 성공한 일본은 한반도 주민의 문화적 정신적 독립성을 말살하고 그들을 영구히 식민지 피압박민으로 묶어 두기 위해 '합병' 직후 1차 「조선교육령」을 만들었다. 조선교육령은 조선에서 교육의 목적을 일본 군국주의의 교육정신을 담은 이른바 '교육에 관한 칙어'의 취지에 바탕을 둔 '충량한 국민'을 만드는 데 두고, 조선의 교육을 보통교육과 실업교육 전문교육으로 한정했다.

이 기간 동안 사회 문화정책은 우민화 정책으로 조선의 민족적 고유문화 말살과 아울러 총독부 기관지 이외의 모든 언론을 정지시키고 집회를 금지했다. 또 교육도 조선인에게 열등의식을 주입시키면서 천황주의를 강요하고 봉건도덕인 유교 불교를 장려하면서 음으로 미신과 원시적인 민간신앙을 조장했다.

3. 식민지 노동자 민중의 투쟁

1) 노동계급의 상태와 과제

(1) 계급구조와 노동자계급의 구성

농민 분해와 노동계급의 형성 토지조사사업으로 토지를 상실하거나 소작인으로도 농촌에 정착할 수 없는 농민들은 토지를 떠나 자신의 노동력을 팔아서만 먹고사는 노동자로 변신할 수밖에 없었다. 그러나 1910년대 당시에는 이런 노동자를 받아 줄 근대적 공장이 극히 적어 노동자계급의 형성에 한계가 있었다. 대다수의 농민들은 농촌에 주저앉아 차라리 농업노동자(품팔이)가 되는 경우가 많았다. 앞에서 말했던 것처럼 일본자본의 진출이 확대되고 식민지공업이 서서히 뿌리를 내리면서 자연히 노동자계급도 성장했다. 공장노동자 수만을 따져도 1919년 단계에서 4만명을 넘었으며, 여기에 관영 공장 노동자와 광산노동자 토목노동자 운수노동자 등을 합친다면 15만명이 넘는 것으로 추정된다. 전국민 가운데 농민은 84%였다.

노동 형태별 구성 문호개방 이전의 조선후기 사회에도 이미 도시에서 일고노동자가 발생했으나, 문호개방 이후에는 개항장의 부두노동자를 비롯해 일부 생산공장에서 임금노동자수가 차차 증가했다. 그러나 식민지화 무렵의 공장노동자수는 2,500명 정도에 지나지 않았다. 1910년 이후에도 일본 자본주의의 식민지 경영에 따르는 토목공사장 일고노동자는 어느 정도 증가했으나 공장노동자 수의 증가는 대단히 완만했다.

개항이래 1919년까지 일본자본주의의 침투에 따른 산업노동의 발생은 두 가지 측면에서 고찰할 수 있다. 첫째 각 개항장의 물동량 증대에 따르는 부두노동자와 운반노동자의 발생과정이고, 둘째는 상품과 원료시장으로서 식민지에서 필요한 가공업의 점차적 발달로 인한 공장노동자의 발생이었다. 따라서 1910년대 조선인 노동자계급은 크게 보아 일용노동자 광산노동자 공장노동자의 세 가지로 분류한다.

일용노동자 이 가운데 가장 먼저 발생한 것은 개항장이나 철도 연선(沿線) 지역에서 짐을 부리거나 운반하는 일에 고용되는 일용노동자였다. 이 사정은 조선이 일본 제국주의 상품판매시장, 원료와 식량 공급지로 전화되는 과정을 반영했다. 식민지 조선에서는 공장노동자 계층이 형성되기 이전에 자유노동자 계층이 형성되었으며, 이것은 노동자 계급 형성의 식민지적 특성을 잘 드러낸다. 이들 자유노동자들은 일본자본의 침입과정에서 발달한 무역업 운수업 건설업 서비스업에 고용되었다. 그들은 주로 부두의 하역 노동, 토목 건설 현장의 일용 노동, 그 밖에 지게꾼, 인력거꾼, 기타 잡직 노동에 종사했다.

부두 노동자의 임금은 화물의 운반거리와 무게에 따라 운임을 책정하는 개수 임금제였으며, 이것은 일종의 능률급으로 노동자의 생활은 극도로 불안정했다. 그들은 대부분 독신이었고 자기 소유의 집도 없는 형편이었다. 부산에는 1910년대 말에 약 3,000명의 부두 노동자가 존재했는데 그 가운데 반수인 1,500명은 집도 없이 주막에서 먹고 자며, 여름에는 해안의 방파제나 노천에서 잠을 잤다.

광산노동자 광산노동자도 빠르게 증가했다. 그것은 일본 등 제국주의가 (반)식민지 조선으로부터 공업 원료와 연료를 값싸게 얻기 위해 일찍부터 광산 개발에 투자한 때문이다. 1910년 광산노동자 수는 대체로 3만명이었다. 광산 노동자의 임금은 운산 금광의 경우 하루 평균 82전으로 일본인 노동자의 2원 45전에 비하면 1/3에 불과한 수준으로 극심한 민족적 차별을 받았다. 노동환경 역시 열악해 산업재해로 사망하거나 부상당한 경우가 무려 9.7%(1919년의 경우)에 달했다.

공장노동자층의 형성 공장노동자는 조선에서 가장 뒤늦게 증가했다. 이들은 대체로 1880~1890년대에 매뉴팩쳐에 따라 나타났으며, 그 후 원동력의 기계 체계 채용과 공업 발전으로 그 숫자가 증가했다. 전국 공장노동자수는 1919년 약 4만 2,000명, 1920년 4만 6,000명(전체

국민의 0.3%)이었고 1928년에는 약 8만 8000명으로 증가했다.(〈표 2〉 참조) 식민지 공업화가 진전되던 1930년대에는 그 증가폭이 커져서 1936년 통계에 따르면 약 19만명이었다. 이 숫자는 5인 이상의 노동자를 고용하는 공장만을 집계한 것이므로 5인 미만의 소규모 사업장에서는 일하는 노동자와 관영 공장노동자를 포함하면 실제 노동자수는 훨씬 많아진다.

1910년대 공장노동자의 증가 추이는 1917년을 기점으로 노동자수가 급히 증가했음을 알 수 있다.3) 이렇게 공장노동자의 숫자가 급격히 증가한 것은 이 시기 조선의 공업은 후진성과 기형성을 지닌 전형적인 식민지 공업이지만 공장수나 투하자본 면에서 점차 증대 발전했다. 이것은 제1차 세계대전(1914~18) 기간에 일어난 국제시장의 일시적 경쟁후퇴를 틈타 커다란 호황을 이루었기 때문이다. 특히 이 때 면사방적업 제사업 화학공업 기계조선업 철강업 등이 호황을 맞이했다.

<표 2> 1910년대 공장노동자수의 증대

연도	공장수	종업원 수			
		일본인	외국인	조선인	계
1911	252	2,136	259	12,180	14,575
1912	328	2,291	119	14,974	19,376
1913	532	3,227	284	17,521	21,032
1914	654	3,345	293	17,325	20,763
1915	782	3,782	447	20,310	24,539
1916	1,075	4,323	536	23,787	28,646
1917	1,358	5,039	1,315	35,189	41,543
1918	1,700	5,005	1,708	40,036	46,749
1919	1,900	5,362	1,470	41,873	48,705

자료 : 『조선총독부통계년보』 1920. 1920년 말 인구 16,916,078명.

3) 1917년은 조선 공업이 크게 확대되고 조선 프롤레타리아트의 생성과정에 큰 의의를 가진 시기이다. 그 해에 조선방직 조선제사 조선제지공장 등이 이식 창설되었고 일철(日鐵) 겸이포 공장이 조업을 시작했다.

노동자 구성 식민지지배 초기에는 사회간접자본의 투자가 이루어지면서 토목 건설 부두 교통 부문에서 일용노동자가 다수 증가했다. 1910년대 말 공장노동자, 토목 운수 직종의 일용노동자 등은 대략 15만명으로 추정한다. 이들 가운데 대다수의 노동자는 수공업적 영세소공업, 광산 혹은 각종 토목공사장의 인부로서 매우 열악한 노동조건 아래 일했다.

1919년 조선 내의 공장을 업종별로 살펴보면 총 1,900개 공장에서 정미업 440개소(조선인 공장 228개), 금속공업 273개소(192개), 요업 248개소(158개), 양조업 135개소(32개), 제지업 77개소(73개), 인쇄업 69개소(17개), 재봉업 59개소(40개), 염직업 56개소(51개) 순으로 거의 경공업 분야가 중심이었다. 노동자의 경우 1919년 4만 8,000명 가운데 정미업에 고용된 수가 1만 409명(조선인 9,645명)으로 약 21%를 차지해 가장 많았고, 다음으로 연초제조업 요업 정련업 제면업 제사업 인쇄업 등의 순이었다.

(2) 노동과정

공장노동자들도 계급적 민족적으로 이중의 착취를 당했는데, 같은 직종이라도 일본인의 임금은 조선인에 비해 1.5~2배정도 높았다.

노동시간 노동시간 역시 고용주나 작업지휘자의 자유재량에 맡겨 하루 12~16시간이 대부분이었고, 18시간인 경우도 상당히 있었다. 이것은 일본인 노동자의 약 1.5배 정도였다. 노동시간도 조선인 노동자의 46.9%가 12시간 이상 노동했는데, 일본인 노동자의 0.3%만이 12시간 이상 근무했다. 이들 소수 공장노동자들보다 훨씬 많았던 각종 공사장 일고노동자의 경우 노동조건이 더욱 열악했다. 임금이나 노동시간의 민족적 차별 외에 기술 부문에서도 배제되어 단순노동에 종사하는 경우가 대부분이었다.

노동강도 일본의 지배와 더불어 작업장에 서유럽 생산방식이 도입되었으나, 서유럽의 기계와 기술의 도입, 숙련의 형성, 노동시장의 변화, 노사관계와 노동조직의 변화를 그대로 답습한 것은 아니었다. 서유럽 열강의 침탈과 일본의 식민지 지배는 바로 식민지적인 기술과 기계의 도입, 한국인의 저숙련 공정 배정, 차별적 노동 시장의 발전, 억압적 노사관계의 형성으로 나타났다. 신규 진입 노동자에게는 노동과정 자체에 적응하는 것조차 고통스러운 일이었다.(강이수, 1991 참조)

(3) 노동시장

공장노동자의 연령별 구성을 보면 15세 미만의 유년 노동자와 60세 이상의 고령 노동자, 그리고 여성 노동자가 전체 노동자 수의 33.4%를 점하고 있었다. 이들은 30~50세 사이의 성인 남성 노동자 평균 임금 1원 51전에 비해 1/5~1/3에 지나지 않는 극도의 저임금 속에서 노동해야만 했다. 그나마 성인 노동자라 할지라도 일인 노동자에 비해 현저한 차별대우를 받았다. 예컨대 진남포 제련소의 경우 조선인 노동자의 평균임금은 53전인데 비해 일인 노동자는 1월 12전으로 2.1배나 많았다. 한편 하루 평균 노동시간은 12시간 42분(휴식시간 포함)이었으며, 심한 경우에는 16시간을 넘는 경우도 있었다. 조선노동자의 저임금은 일제가 저임금구조를 유지해서 노동시장을 안정화시키고, 일본 기업의 이윤을 최대한 보장하려는 데서 왔다.

일본 이주노동자 1916년까지 해외 이주 조선인이 만주로 향했으나 1920년부터는 일본 이주가 만주를 앞섰다. 일본이 제1차 세계대전으로 호황이 되어 많은 노동력을 필요로 했기 때문이다. 1911~13년 오사카 방직공장에 조선인 노동자 13명이 처음으로 취업했다. 일본인 회사들은 한국에 모집사무소를 설치하고 노동자를 모집하면 바로 일본으로 송출했다. 회사간의 경쟁이 심하자 조선총독부는 1918년 '노동자 모집취제 규칙'을 발표하기에 이르렀다. 일본이주자는 1905년 303명, 1917년 14,501명, 1925년 133,710명, 1931년 318,212명으로 급증했다. 일본에서 조선인 노동자는 방직공 제사공 유리제조공 석탄노동자 벌목장 토건공 도로공 운송잡부 탄소공 급사 등으로 기술이 필요치 않은 단순노동자로 일했다. 이들이 분포된 지역은 오사카 주변, 큐슈지방 그리고 북해도가 95%로, 대도시 아니면 산간지역이었다. 만주나 연해주로 이주한 조선인들과 달리 일본 이주노동자는 1, 2년 노동해 돈을 벌면 한국으로 돌아올 예정으로 도항했다.

1924년 조사에 따르면 피조사자 8만 8272명 가운데 7만 7980명이 육체노동에 종사하고, 그 가운데 6만 1528명이 토목노동자였다. 이들 토목노동자는 5~6명이 한 조가 되어 조장의 지시에 따라 작업하기에 일본어를 몰라도 불편이 없었다. 이들은 작업장 근처 하숙집이나 빈민가에 임시로 설치한 판잣집에 거주해 생활이 남루하기 짝이 없었다. 조선인들은 점차 '조선촌'이라는 민족 공동체를 형성했다. 조선촌은 일본의 통제정책이 강화되는 가운데 고국의 문화관습을 보전하고 정체성을 유지하게 해 노동운동이 지속적으로 전개할 기반을 구축했다.

그런데 1923년 9월 1일 진도 7.9의 역사상 드문 높은 강도의 관동대지진이 발생했다. 일본 가옥은 목조라서 지진은 화재를 낳고, 여진과 더불어 약 3일간 화재가 계속되었다. 가옥 44만 7천채가 불타고, 9만 9천여명이 죽고, 10만 4천여명이 실종되었다. 9월 2일 혼란이 극도에 달할 때, "조선인이 방화했다" "조선인이 우물에 독약을 풀어 일본인을 독살하려고 하고 일본 여자를 강간했다" "조선인이 집단으로 습격한다"는 유언비어를 퍼뜨리고, 일본인 자위대들은 조선인을 닥치는 대로 칼 창 대창 낫으로 살해했다. 광기는 9월 16일 수습되는데, 일본측의 조사로는 조선인 6천여명이 살해되고 민단의 조사로는 적어도 2만명이 살해되었다. 관동대지진 사건은 신한촌 사건(1920), 중앙아시아 강제이주(1937), LA 흑인폭동(1992)과 더불어 한인 이주 역사에서 4대 비극의 하나이다.

(4) 임금수준

당시 노동자의 임금수준은 최소한의 생활을 하기도 어려운 지경이었다. 경성지역 노동자들의 임금지수와 물가지수를 비교해 실질임금수준을 추정해 보면 1910, 1920년대 거의 전 기간 동안 임금수준이 하락했고, 특히 1918년을 전후한 시기에 물가의 등귀현상이 두드러져 실질임금이 절반 수준으로 떨어졌다.(일본 쌀폭동) "쌀값은 전례 없이 높고 제반 물가가 하나같이 높아서 월급이나 일급으로 지내는 사람은 죽을 지경"인 데다가, "모조리 깡그리 야속하게 올라서 정말 무서운 세상이 되었다." 이에 노동자들의 식생활은 "좁쌀과 보리, 그리고 참외, 오이, 일본인이 먹다 버린 수박껍질, 부식은 고추, 된장으로 1인 하루 생활비가 3전 정도로 1개월에 1원으로 보면 연 12원"정도의 열악한 상태였다.(강만길, 2000a, 138쪽)

1910년 조선인 노동자들은 일본인 자본가에 의한 민족적 차별대우와 장시간 노동, 열악한 노동조건, 저임금 등으로 고통받고 있었다. 일반적으로 가장 높은 임금을 받는 조선노동자는 일본 노동자의 최저임금과 비슷했다. 예컨대 1912년 연초제조공 조선노동자 임금은 40전이었으나, 일본 노동자는 1원 1전이었다. 민족차별에 기초한 임금격차가 상당한 수준이었음을 알 수 있다. 임금상승률은 1910년 8월을 지수 100으로 했을 때 1918년 당시의 물가지수는 235였으나 임금지수는 120에 지나지 않았다. 이러한 실질임금의 저하는 1920년대 들어 노동운동 발전의 한 요인이 되었다.

(5) 노동자의 생활

1910년대 토지에서 밀려난 농민들을 받아 줄 도시의 근대적 공장이 극히 조금밖에 없었으므로 이들은 농촌에 눌러앉아 농업노동자가 되거나 일제의 식민지배 체제 구축을 위한 철도 도로 광산 항만 건설

공사장을 찾았다.

노동자 거주지역은 전염병의 온상이었다. 노동계급은 그들의 사회경제적 처지 때문에 이 시기 민족해방운동에 대해 다른 어느 계급보다도 치열하고 절실한 이해관계를 갖고 있었으며, 1910년대 조선에서 근대적 산업과 결합한 가장 선진적인 역량이었다.

(6) 노동운동의 과제

일본 자본의 운동 과정에서 그들의 식민 지배의 대상이었던 노동자 그리고 민중의 하급범주이었던 농민층 그리고 광범한 한국 사회의 민족주의적 여러 세력의 당면 과제는 민족해방과 반봉건의 민주주의 변혁이었다.

2) 노동자의 요구와 투쟁

(1) 경제투쟁

임금인상 요구(임금인하 반대) 쟁의 1910년 이전, 개항기의 노동운동은 우리나라 노동자 계급 발생의 반식민지적 특수성 때문에 주로 자유노동자와 광산노동자들에 의해 수행되었다. 1910년대에 들어서면 공장노동자들의 파업투쟁이 나타났다. 일제의 무단통치와 노동자계급의 성장이 억압되는 가운데 민족적 차별임금에 기반한 저임금 장시간 노동 등 노동조건에 반대해 파업이 발생했다. 1919년 3·1독립운동을 고비로 노동쟁의가 질적 변혁기에 들어섰다.

1910년대 노동쟁의는 전국 각처에서 보편적인 것이 되었는데 조선총독부의 조사에 따르면 〈표 3〉에서 보는 바와 같이 1912년 6건 1,573명이 참가했는데, 1919년 84건 9,101명이 참가해 크게 증가했다.

<표 3> 1910년대 노동쟁의 상황

연도	공장수	종업원 수			
		조선인	일본인	중국인	계
1912	6	1,573	·	·	1,573
1913	4	420	·	67	487
1914	1	130	·	·	130
1915	9	828	23	1,100	1,951
1916	8	362	8	887	458
1917	8	1,128	20	·	1,148
1918	50	4,443	475	1,187	6,105
1919	84	8,383	401	327	9,011

자료 : 조선총독부 경무국, 1933,『최근조선치안상황』, 143쪽.

1910년대에 총독부가 집계한 파업투쟁 사례는 170건인데, 그 가운데 파업의 발생, 경위, 규모를 확인할 수 있는 것은 1919년의 84건뿐이다.

1919년 3·1운동을 전후해 일어난 노동쟁의는 단순한 노동조건 개선을 위한 쟁의가 아니라 일반대중들의 항일시위와 관련해 근본적으로 일본의 한국침략에 항거하는 애국적 운동으로 전개했다. 3월 2일에는 서울지역 노동자 400여명이 만세시위를 하고, 3월 10일 이후에는 공장노동자 90% 이상이 결근하고 전차에 돌을 던지는 행위가 나타났다. 3월 3일 겸이포제철소에서는 200여명의 노동자들이 반일시위를 전개했고, 3월 7일 경성 동아연초공장에서 500여명이 파업을 했다. 3월 9일 경성 전차 운전부와 차장의 파업, 3월 19일 충북 괴산의 노동자 20여명이 선두에 서서 400명의 군중이 만세시위를 했다. 3월 27일 충남 직산 금광노동자 100여명이 중심이 되어 일본 헌병 주재소를 습격했다. 더욱이 3·1운동이 퇴조하는 7월 이후에도 노동자들은 과감하게 투쟁했다. 특히 8월 18일 경성전기 노동자들의 파업은 경성시내를 암흑천지로 만들고 전차운행을 중단시키는 등 위력을 떨쳤다. 그리고 10월 12일 경성 동아연초공장 노동자들이 요구조건을 내걸고 파업을 계속하다가 승리했고, 11월 11일 겸이포제철소 250여 노동자들이 용광로를 점거하고 파업을 탄압하려는 일본 관헌에게 대항 투쟁했다.

노동자들의 파업투쟁은 1915, 6년에는 8, 9건이던 것이 3·1운동이 일어난 1919년에는 약 10배인 84건으로 격증하고 파업참가 인원도 천명 미만에서 8천여명으로 증가했다.

이것을 당시 공업상태와 비교해 보면 일제는 1910년 조선회사령을 공포해 근대공업 건설을 정책적으로 억제했기 때문에 1919년에는 일본공업의 원료가공 또는 일본공업과 비경쟁적 부문에 속하는 산업화로, 소규모공업을 중심으로(조기준, 1965, 417~418쪽) 공장수 1,900개에 노동자수 약 5만명이었다. 그러므로 1919년 파업에 참가한 인원수는 전 공업 노동자의 약 16%에 해당되었다. 이 같은 노동자들의 투쟁에 따라 그들의 조직운동은 3·1운동 이후 급격히 진전했다.

1919년까지의 노동자 투쟁의 특징은 다음과 같다.

첫째, 이 시기 파업투쟁의 치열성과 빈도수는 공장의 분포와 정비례했다. 경기 경남 평남의 3개도의 파업투쟁건수가 63건으로 75%를 차지하고 있다.

둘째, 파업기간을 보면 1~3일에 걸쳐 파업을 한 경우가 60건으로 71%의 대다수를 차지했다. 이것은 아직 지속성을 담보할 만한 주체역량이 서지 못했음을 뜻한다. 그런데 8~17일간의 비교적 장기간 파업을 지속한 건수가 6건이나 되었다. 예를 들어 1919년 10월 12일 서울의 동아연초회사의 담배제조 노동자 175명은 "임금 20원 인상, 수당 50% 인상, 8시간 노동제 실시, 상여금 지급회수 증가" 등의 요구를 내걸고 파업을 단행, 17일간의 장기간 투쟁을 한 결과 수당 100% 인상에 합의했다.

셋째, 파업 참가 인원수를 살펴보면, 파업투쟁에 참가한 노동자 수는 당시 공업발달 수준에 비추어 볼 때 상대적으로 규모가 컸다. 100명 이상이 파업투쟁에 참여한 사례가 1919년 1년 동안에 28건으로 33%

를 차지했다. 특히 대규모 파업으로 주목되는 것은 1919년 2월 25일의 용산 스탠더드 무역회사의 노동쟁의이었다. 이 회사에 근무하는 담배 제조 노동자 600여명이 공장 감독자의 여성 노동자에 대한 가혹한 처우에 분노해 파업을 했다. 이 파업은 그 규모에 놀란 일제 헌병대의 개입과 협박에 하루만에 중단되었으나 노동계급의 단결과 투쟁역량의 잠재력을 보여주었다.

넷째, 소수의 사례이지만 노동계급의 국제적 연대 실현도 있었다. 당시 노동자의 국적별 구성통계에 비추어 볼 때 대부분 조선인 노동자만이 참여한 파업투쟁이지만, 이 시기에 조선인과 일본인 그리고 중국인 노동자의 공동투쟁 사례가 3건이 있었다. 예를 들어 황해도 겸이포에 소재하는 미쓰비시(三菱)제철소의 용광로 직공 250명은 1919년 11월 14일 임금 50% 인상, 8시간 노동제 실시, 상여금 인상 등을 요구하며 파업에 들어갔다. 이 투쟁에 참여한 노동자들은 조선인 90명, 일본인 100명, 중국인 60명으로 이루어졌다. 이는 일본 독점자본에 반대해 노동자들이 인종에 구애하지 않고 투쟁을 한 사례였다. 한편 1918년 4월 황해도 겸이포에서 중국인 광산 노동자 1,000여명과 조선인 제철소 노동자 1,500여명이 충돌해 백여명의 사상자를 낸 사건은 노동자들이 아직 민족 배외주의에서 벗어나지 못했음을 보여준다.

다섯째, 이 시기 파업투쟁에서 주목되는 것은 한 공장에서 파업이 연속적으로 조직되는 사례가 늘어났다는 점이다. 1919년 경성인쇄소는 4회, 경성 조선연초회사는 4회, 경성 가스전기회사는 3회, 조선총독부 용산인쇄소는 2회, 평남 광량만 전매과 출장소는 2회 연속파업했다. 자유노동자들은 노동조합을 조직해 임금인상 처우개선을 요구하고 민족적 차별을 반대하는 투쟁을 했다. 당시 투쟁은 태업과 폭동주의적 투쟁 형식을 띠었다. 태업은 파업 못지 않게 어려운 전술로 주동이 보이지 않는 조건에서 현장 관리자와 치열하게 투쟁을 전개했다. 1919년 파업은 대부분 3·1운동 이후에 발생했으며, 3·1운동의 영향으로 노동운동이 고양되었고 투쟁도 보다 완강한 형태로 전개되었다. 1920년대에 이르러서는 전국적 노동자조직으로 결집되어 민족해방운동에 적극적으로 참여했다.

(2) 민중의 투쟁

일본 식민지 지배 아래서 근로 민중의 생존권 요구를 바탕으로 하는 사회운동은 그 배경에 민족해방의 지향을 담고 있기 때문에 넓은 의미의 민족해방운동과 구분되는 것은 아니다. 그러나 여기서는 서술의 편의상 민중운동과 민족해방운동으로 구분한다. 비밀결사를 주된 형태로 하는 1910년대 국내 민족해방운동전선에는 일제의 무단통치가 진행됨에 따라 여러 변화가 일어났다. 1910년대 민중운동에는 노동자 농민층과 학생층의 참여가 점차 높아지기 시작했다.

① 1910년대의 독립운동

일제가 강압적인 무단통치를 자행하는 속에서도 우리 민족의 독립 열망은 끊이지 않았다. 3·1민족해방운동이 일어나기 전까지 나타난 독립운동은 대개 두 가지 유형이다.

첫째, 의병전쟁이나 애국계몽운동의 연속선상에서 일어난 유형이다. 일제가 1909년 말까지 실시한 초토작전, 남한대토벌작전 등으로 의병은 돌이킬 수 없을 정도로 막대한 피해를 입었다. 의병투쟁은 1911년 이후에도 집요하게 계속되었지만 1915년경에 이르러 국내에서 집단적 투쟁은 도저히 불가능한 상태에 이르렀다. 이들은 국경 넘어 만주 연해주를 기지로 독립군을 편성하고 국경경비대를 습격, 국내진공 투쟁을 전개했다. 일제의 직접적 탄압을 피할 수 있는 국외에 독립운동의 거점을 마련하려는 움직임은 애국계몽운동 쪽에서도 나타났다. 대표적인 사례가 신채호 박은식 등을 비롯한 신민회 회원들이 1909년에 대거 만주로 이주한 경우이다. 이 때 이후로 식민지시대의 민족해방운동은 국내뿐만 아니라 국외에서도 전개되었다. 국외에서 독립투쟁은 무장투쟁이 그 주류를 이루었다. 무장투쟁은 일제의 침략성 때문에 우리 민족이 선택할 수 있는 최고의 항쟁 방법이자 결정적인 항일투쟁 수단이었다.(한국사연구회, 1996, 507쪽) 대한독립군 사령관 홍범도가 이끈 봉오동 전투와 일본군 정규군을 맞아 대승을 거둔 청산리 전투가 있었다.

한편 국내에 남아 있던 애국계몽운동계의 인사들은 안악사건, 105인 사건 등 일제의 조작된 탄압에도 불구하고 국외의 세력과 연결하거나 혹은 독자적으로 비밀결사를 조직해 일제에 대한 저항을 계속했다. 1912년에서 1918년까지 일제에게 검거된 비밀결사의 숫자만 해도 15개이고, 체포인원수는 246명에 달했다. 비밀결사 외에도 사립학교를 중심으로 한 애국문화 교육활동은 3·1민족해방운동에 학생들이 적극적으로 참여할 수 있는 기초를 마련했다.

둘째, 3·1운동 이전부터 서서히 나타났고 3·1민족해방운동의 전개과정에서 비로소 뚜렷하게 드러나는 민중적 저항의 맥락에서 볼 수 있는 유형이다. 그 예는 1918년 철원군 마장면의 농민 500여명이 면사무소를 습격, 문천군 농민 50여명의 헌병대 분소 습격 등이다. 일제에 저항하는 노동쟁의 역시 이 유형에 속한다. 주로 임금문제와 대우개선을 내세웠던 노동자들의 동맹파업은 끊이지 않고 계속되었고, 물가가 앙등하는 1918년에는 건수로 50건, 참가인원은 6,105명에 달했다.

② 3·1운동

개항 이후 상이한 주도계층과 투쟁방식 그리고 이념을 견지하면서 전개되어 온 반침략 반봉건투쟁은 3·1운동을 통해 하나로 합류되었다. 1917년 인류역사상 처음으로 노동자 정부를 수립한 러시아 혁명의 자극이 있었다.

전개 3·1운동 초기에는 33인으로 대표되는 종교인 지식인 소부르주아들에 의해 시작했으나, 운동이 지방으로 확산되면서 점차 농민주도 민중운동의 양상을 띠었다. 초기 지도층은 오히려 투항주의적인 자세를 보였음에 반해 민중들은 일제에 폭력적으로 저항했다.

1919년 3월에서 5월에 이르는 기간 전국에서 일제에 의해 학살된 한국 민중의 수는 7,509명에 이르렀고 부상자수는 15,961명에 달했다. 그리고 3월에서 4월말까지 2개월 동안 618곳에서 332회의 폭동과 757회의 시위가 일어났다. 봉기는 한반도뿐만 아니라 만주와 소련의 연해주에서도 일어났다. 일본 정부는 조선의 독립운동의 장기화가 조선의 식민 지배를 위태롭게 만들뿐만 아니라 시베리아와 중국 침공 거점인 조선을 불안정하게 할 것을 두려워했다. 그래서 일제는 3·1운동을 군경과 총검 심지어 대포를 동원해 진압했다. 1919년 3월부터 12월까지 가두에서 학살당한 사람은 집계된 숫자만도 7,509명이고, 부상자는 15,961명이었다.

3월 1일부터 4월 30일까지 시위가 발생한 총 207개 부·군(전국 218개 부·군)에서 최초의 시위양태를 조사한 것을 보면 30.3%가 폭력투쟁이었다. 충북 경북 강원 평남 함남 함북 등지는 각 지방에서 폭력투쟁의 비율은 높았다. 특히 3·1운동의 3대 시위의 하나였던 안성군 원곡 양성지방의 운동은 일제의 지방권력을 타도하고 '지방독립'을 획득하기 위해 시위를 계획하고 이를 실천에 옮긴 것이다. 민중들의 비타협적 투쟁은 33인의 감옥생활이 길어야 3년이었던 데 비해 지방시위를 주도한 농민지도자의 감옥생활이 15년이나 되었다는 사실에서도 입증된다.

3·1운동에 와서 과거의 복벽주의적 반침략운동의 한계가 극복되고 근대적 민족국가 수립을 지향하기에 이르렀으나, 운동을 지도할 위치에 있었던 민족부르주아는 계급적 취약성, '민족대표'의 투항주의적 자세와 일제의 가혹한 탄압에 막혀 완전한 민족독립으로 나아가지 못

했다.

농민의 참여 시위에는 농민의 참여도가 높았다. 3~5월에 일제 관헌에 체포 기소된 농민의 58.4%가 농민이었다. 당시 농민은 전 인구의 8할 이상으로 무단농정, 중과세, 부역징발, 토지수탈, 소작료 인상 등 일제 무단정치의 최대 피해자였다. 농민들은 "조선이 독립하면 부역, 세금도 낼 필요 없고" "조선이 독립하면 국유지는 소작인의 소유로 된다"는 기대를 가지고 시위에 참가했다. 농민들은 돌멩이 몽둥이 낫 죽창 곡괭이 삽 등으로 무장하고 그 동안 뼈에 사무쳤던 경찰관서 헌병대 면사무소는 물론 우편소 소학교 공립보통학교 금융조합 일본인 집 등을 파괴하고 각종 수탈용 장부 비품 무기를 소각했다. 또 과거 의병 출신자들이 합세하거나 조선 후기 농민항쟁 때 자주 사용하던 횃불시위, 산상 봉화시위를 배합해 투쟁의 열기를 북돋우고 면단위, 군단위의 대단위 지역 연대투쟁을 전개했다. 3·1운동에는 여성의 참여도 활발했다.

노동자의 활약 노동자는 3·1운동 이전부터 파업투쟁을 통해 하나의 계급 범주로 역량을 축적해 왔다. 1919년 1, 2월만 해도 1,650명의 조선인 노동자가 9건의 파업을 감행했다.

3·1운동의 봉화가 오르자 노동자들은 농민 소부르주아와 함께 일제 식민 지배의 최대 피해자라는 인식을 갖고 일제히 봉기했다. 노동자들은 독자적으로 또는 다른 계급, 계층과 연대해 노동자를 상징하는 공구를 손에 들고 나와 대열을 이루었다. 특히 도시의 잡역 노동자는 개별적으로 시위 대열에 참가해 투쟁에 앞장섰다. 노동자는 동맹파업을 하거나 만세 시위를 주도했다. 당시 참여인원 200여만명 가운데 10%가 노동자였다. 농민이 50~60%였고 나머지는 중소상공인 학생들이었다. 노동자들의 참여는 노동자가 전 인구의 1%도 안 되는 현실에서 많은 숫자였다.(샤브시나, 1996, 249쪽)

3월 2일 서울 시내 노동자 400여명이 만세시위 이후 노동자가 있는 곳에서는 어디서나 파업과 만세시위가 있었다. 마침내 3월 10일 이후 서울에서는 노동자가 평상시의 1할밖에 출근하지 않아 조업이 불가능했다. 광산노동자도 시위와 파업을 전개했다. 특히 이들은 전화선은 절단하고 일제의 권력기관을 습격하는 등 폭력투쟁의 양상을 보여주기도 했다. 또한 광구를 파괴하고 광석을 탈취해 일제의 자원수탈에 대항했다.

노동자와 일부 학생 시민들도 폭력투쟁을 전개했다. 3월 하순 서울에서는 민중의 파업 요구를 무시하고 운행을 한 전차에 돌멩이와 기와조각을 던져 전차운행을 중지시켰다. 특히 3월 22일 서울에서 청년학생과 노동자들이 준비한 노동자대회는 학생 시민 노동자들이 참여해 시위대를 형성했고, 전차종업원, 경성철도 노동자, 만철 경성관리국 직공의 파업을 유도했다. 이 사건은 이후 서울 경기도의 폭발적 시위를 촉발시켜 3월 하순 운동이 다시 불타오르는 계기가 되었다.

무산자 농업노동자(일고 머슴 등)도 일어섰다. 3월 19일 진주읍내와 4월 2일 통영읍내 걸인들은 시위 대열을 형성해 만세시위 운동에 참여했다.

노동자계급의 이러한 투쟁은 부분적으로 지식인, 청년 학생의 선전선동에 자극 받았다. 『진민보』, 『조선독립신문』, 『전기회사에 근무하는 제군에게』 기타 파업촉구 선전문이 서울 대구 인천 전주 지역에 살포되었다.4) 지역적으로 서울 평양 진남포 부산 군산 등 공장노동자와 자유노동자들이 집중된 도시지역에서 파업과 시위가 빈번하게 일어났다.

3·1운동의 의의와 영향 3·1운동이 일제를 물리치는 데까지 나아가지 못한 이유는 일제의 탄압뿐만 아니라 비폭력 무저항주의 투쟁방식, 민중투쟁의 비조직성 등에 원인이 있다. 그러나 3·1운동이 민족해방운동에 끼친 의의는 크다.

첫째, 무엇보다 큰 의의는 외국의 지배에 저항하는 전민족적인 투

---

4) 이러한 선전물에는 "철도 종업원인 동포는 전부 직을 포기함으로써 기차의 운전은 불가능하게 되었다. 이때 왜놈에게 혹사되면서 운동에 가담하지 않은 자는 사람이 아니다. 하루 속히 자살하라"는 내용도 있었다.(임경석, 1989, 242쪽)

쟁의지를 보여줌으로써 우리 민족의 해방운동사에서 혁명적 전통을 수립했다는 점이다. 이 항일운동은 일제의 식민통치에 큰 타격을 주어 일제는 어느 정도 양보하고 좀 더 교활한 통치방식인 이른바 '문화통치'로 후퇴했다.

둘째, 3·1운동의 결실로 상해임시정부가 수립되었다는 상징성을 갖게 되었다. 상해임시정부는 우리 역사상 최초의 공화주의 정부로서 3·1운동의 직접적인 결과라기보다는 의병전쟁과 애국계몽운동의 흐름을 통합시킨 것에 불과하다는 한계가 있다.

셋째, 3·1운동은 민족해방운동의 주체를 민족부르주아에서 식민지 민중으로 변화시키는 계기가 되었다. 3·1운동은 처음에는 민족부르주아가 선두에 섰으나 곧 한계를 드러내고 학생 노동자 농민이 선두에 서므로써 민중들의 투쟁은 점점 고양되었다. 그 결과 1920년대에 들어서서 민중운동은 반제운동의 성격과 반봉건운동의 성격을 동시에 지니게 되었고, 민족해방이라는 과제가 선차적으로 제기되어 일제에 협력한 지주 자본가 친일관료를 제외한 모든 민족세력이 일제에 저항할 수 있는 객관적 토대가 마련되었다.

넷째, 3·1운동은 당시 사회운동계에 사회주의 사상을 보급하고, 1920년대 노동운동의 발전을 가져다 준 중요한 요인이 되었다. 3·1운동을 이끈 지도세력의 낮은 정치의식에도 불구하고 민중들은 운동과정에서 그들의 사회적 지위를 반영해 맹아적 형태이지만 공화주의 사회주의 사상을 수용해 갔다. 총독부 경무국의 민정보고에 "대통령이 선출되면 국민 전체에 걸쳐 재산의 균분을 하게 될 것이라고 칭해 자못 공산주의적 언사를 농하는 자가 있다"든가, 어떤 농민이 "조선이 독립하면 국유지는 소작인의 소유가 되니 지금 만세를 부르는 것이 득책이다"라고 선동한 사실이 있는 것을 보면 민중의 전통적인 균산주의가 점차 불어오는 사회주의를 수용하는 내부 토대를 만들었음을 알 수 있다. 3·1운동에서 33인의 추상적인 근대 공화제론을 뛰어 넘어 반제국주의, 반봉건투쟁의 싹이 자라고 있었다.(김성보, 1997, 59쪽) 3·1운동의 평가를 두고 민족부르주아는 조선민족이 독립할 수 있는 역량이 성숙하지 못했기 때문에 실패했다는 입장에서 '실력양성론' '준비론' 강대국에 의존해 독립해야 한다는 '외교론'을 내세웠다. 한편 비폭력 무저항주의적인 투쟁방식을 택했기 때문에 막대한 희생을 낸 것을 반성하고 만주나 연해주에서 강력한 무장독립군부대를 양성했다.

다섯째, 3·1운동은 1차대전 이후 식민지국가에서 일어난 최초의 민족해방운동으로 비슷한 상황에 있던 다른 민족들에게 큰 영향을 미쳤다. 3·1운동 직후 중국에서는 5·4운동이 일어나 반제민족해방운동이 고양되었고 인도의 독립운동이 고양되었다.

③ 농민운동

일본의 식민지 농업정책은 조선 농민을 전반적으로 빈민화시킨 첫째 단계가 중소지주층 자작농층 자소작농을 소작농화시키는 과정이었다면, 둘째 단계에서 급증한 소작농 일반의 소작조건을 급격히 악화시켜 소작농민 전체의 생활을 몰락시켰다. 1919년 자소작농 소작농의 비율은 무려 86.8%에 이르렀다. 황해도 재령 여물리 농장의 소작조건을 예로 들면 문호개방 전후의 궁장토로 있을 때에는 왕실에서 '반분타작'을 요구했지만 농민들의 항조(抗租) 때문에 실제 소작료는 수확의 1/3 또는 1/4에 불과했다. 그러나 일본 보호국 체제에 들어가면서 지주권이 강화되고 소작권이 통제되면서 소작료도 4할 내지 4.5할로 올랐다. 이후 식민지시대가 되어 이 농장은 동척농장이 되었는데 소작료는 1/2로 정해졌으나 실제는 그보다 높았고 때로는 7할이나 8할이나 되었다. 이 밖에도 식민정책의 하나로 일본 농업이민의 조선농촌 침투와 그들의 지주화, 그리고 동양척식회사 등의 토지약탈이 또한 소작농민을 급증시켰다. 1910년에 일본인 농업호 2,132호에 인구는 6,892명이었다. 그러나 1919년에는 그것이 10,210호, 44,174명으로 증가했고 그 소유지 면적은 개인과 동척을 합해 320,350정보였다.

토지조사사업의 결과 소작농으로 몰락한 농민층이 생존권 수호를 위한 소작쟁의를 일으키면서 운동전선에 나섰다. 농민 소상인 등은 토지조사사업, 임야조사사업, 각종 잡세의 신설 증설 등에 집단적으로 저항했다. 1910년대 말에는 주재소 면사무소 우편국 등 일제지배기구를 습격하기도 했다. 이들의 투쟁은 아직 식민지 체제 자체에 반대하는 투쟁으로 발전하지 못했으나 점차 정치적 요구를 내세우며 발전, 3·1민족해방운동으로 폭발했다.

④ 교육문화운동

일제가 「조선교육령」(1911), 「사립학교규칙」(1915), 「서당규칙」(1918) 등을 발표해 민족교육을 억제하려고 했으나 이는 오히려 항일 민족의식을 고양시키는 결과를 낳았다. 청년 학생층이 민족해방운동의 주체로 급부상했다. 협성학교 학우회, 숭덕학교와 기전학교의 송죽형제회, 숭실학교의 조선국민회 등은 겉으로는 친목과 물산장려를 표방했으나 민족해방운동 조직으로서의 성격이 강했다.

1915년 이후 과거 이념논쟁과 노선에서 차이를 보였던 사회계층이 결합해 조직을 결성하면서 운동성이 높아졌다. 계몽운동 계열의 신지식층 자산가 유림층이 결합해 조선국권회복단을 조직했다. 기독교계 지식인층과 청년 학생들로 구성된 조선국민회, 교사 등 지식인층과 청년이 참여한 조선산직장려회 그리고 과거 양반층과 평민층이 함께 결성한 대한광복회 등이 이에 속했다. 3·1운동에서 보이는 전민족 전계층의 연대와 결합이 이 때부터 이미 이루어졌다.

또 국권을 강점 당한 뒤 국내에서 진행된 문화운동은 교육운동, 언론 출판운동, 우리말 지키기와 한글보급운동 등으로 대표되었다. 일제의 식민지 교육에 대응한 반일민족교육운동은 서당교육과 사립학교운동, 노동 농민야학운동으로 전개되었다.[5]

개항 이후 점차 줄어들던 전근대적 교육기관인 서당이 국권을 강점당하면서 오히려 크게 늘어났다. 1912년 현재 1만 6천여개이던 것이 1919년에 이르면 2만 3천여개에 달했다. 이는 일제가 운영하는 식민지 교육기관에 자녀를 보내지 않으려는 반일민족의식에서 비롯되었다. 강점 이후에도 독립의식과 배일사상의 고취를 목적으로 한 역사서가 사립학교 교재로 널리 사용되었으며, 검열이 존재하는 가운데서도 조선어 잡지가 발간되었고, 한글학자의 우리 글에 대한 연구서와 문예작품이 쏟아졌다.

1910년대 노동야학으로 전주 제1노동야학, 울산 신화리 노동야학이 새로 설립되었으며, 이미 전부터 마산 노동야학, 합천적중 노동야학이 운영되고 있었다. 노동야학은 반일민족운동교육에서 차지한 위치가 사립학교나 서당들보다 못했으나 인간이하의 생활고에 허덕이던 노동자와 그 자녀들을 대상으로 반일애국 교육했다는 점에 의의가 있다.(박득준, 1998, 170쪽)

3) 노동자의 조직

(1) 노동조합

1910년 일제의 조선 강점 이전에도 조선에는 여러 형태의 노동자 단체가 존재했다. 광산의 덕대제, 수공업제의 모작제, 자유 노동자들간의 십장제과 계 조직 등이다. 그런데 1910년 이후 일본 자본주의의 노골적인 식민지화가 진행되면서 명확히 노동조합이라는 명칭 아래 적지 않은 노동자 조직이 출현했다. 현재까지 밝혀진 바에 의하면 1905~19년 사이에 조직된 노동자 단체로는 32개 조직이 알려져 있다.[6] 이들이 당시 설립된 노동자 단체를 모두 망라한 것이 아니지만 다음과 같

---

5) 야학의 시초는 1906년 함흥 보성야학을 꼽는다.
6) 김윤환,『한국노동운동사 Ⅰ』, 1982, 40쪽에서는 25개를 기록했다.

은 몇 가지 특징을 발견할 수 있다.

첫째, 1910년대 노동자단체는 대체로 자유노동자들이 중심이 되어 조직했다. 조직대상이 밝혀져 있지 않은 단체들은 제외한다면, 18개 단체 가운데 15개 단체(83%)가 부두 노동자와 토건 노동자 등 자유노동자들을 조직 대상으로 했으며, 또한 단체 소재지가 개항장이거나 철도 연선 지역에 집중되었다.

둘째, 1910년대 노동자단체가 비록 그 이름이 노동조합으로 되어 있지만 대부분 노동자의 정치적, 경제적 처지를 개선할 목적으로 만들어진 자주적 노동자조직은 아니었다. 왜냐하면 당시 대부분의 노동단체는 임금의 1/10 정도를 조합비 명목으로 징수하는데, 이는 노동자들에게 무거운 부담이었고 간부들에게는 수입 원천이 될 만큼 높았다.

결국 1910년대 노동자 단체들은 다음과 같은 기능을 복합적으로 수행했다. 첫째 조직원 사이의 친목을 도모하고 길흉사에 상호 부조하는 기능, 둘째로 자유노동자의 경우 일감 확보를 위해 비조직원에게 배타적인 이익 집단의 역할을 수행하는 것, 셋째 전근대적 노무공급기구의 기능 수행 등이다.

이 시기 노동자단체의 간부(십장, 변두(辨頭) 등)와 조직원 사이의 관계는 양면성을 띠었다. 한편에서는 간부들과 일반 조합원들 사이의 이해관계가 공통되어 상호 의존했다. 이 경우에는 간부들이 노동자들의 일상적 경제적 이익을 보호하는 역할을 수행했다. 1920년대 초 부산 부두 노동자 파업 당시 십장이나 변두들이 조직적으로 3,000명의 부두 노동자 임금인상 투쟁을 지도한 것이 그 사례이다. 다른 한편에서는 간부들이 노동자들을 통제 지배하는 역할도 수행했다. 즉 간부들은 고용주의 청부를 받아 노동자들을 동원 통제하는 한편 그들에게 알선료 명목으로 수입의 1/10 정도를 수탈하는 위치에 있었다. 부두 노동자와 토목 노동자들 대상으로 하는 노동자단체 가운데 일부는 이미 1910년대 '목포조(木浦組)'니 '장문조(長門組)'니 해 노동력 공급 기구의 성격을 분명히 했다. 1910년 무렵 원산노동회의 기본단위로서 조직되었다고 하는 '도중(都中)'이라든가, 또는 임금의 평등분배를 기반으로 적립금 마련을 위한 '공목(空木)'과 같은 제도들에 주목할 수 있다. 이 제도들은 「봉건적 청부노동계약」이나 십장의 온정과 전횡이라는 부정적 현상들과 연관돼 있지만, 조합의 기금 등 재정적 기초를 마련하기 위한 중요한 자원으로 기능했던 측면도 있다. 또 1920년대가 되면 아예 회사형태로 바꾸어 노무공급용역회사로 등장한 예가 있다.

이 시기는 노농이 완전히 분리되지 않고 상호부조적인 단계였고, 노동자는 임금노동과 봉건적 압박에 시달렸다. 1920년 조직된 우리나라 최초의 전국적 노동조합인 조선노동공제회가 그 강령에서 '상호부조' 등을 내걸었던 것은 이러한 사정을 반영한 때문이다. 이러한 흐름은 1920년대에 가서 노동계급의 의식에 바탕을 둔 조직으로 변화했다.

(2) 정치조직

앞장에서 상세하게 살펴보았듯이 1910년대 초반 노동자 민중은 갑오농민전쟁 이래 20년에 걸친 의병의 무장항쟁의 연장선에서 항일투쟁을 전개했다. 1910년 8월 일제의 조선강점을 계기로 의병은 황해도 경상도 강원도 산악지대에서 항쟁하다가 일본군의 집중적인 포위공격으로 1914년까지 전국 각지에서 분산 궐기하다가 유인석의 북으로 옮기자는 제안(北遷之計)에 따라 새로운 독립운동기지를 건설하기 위해 두만강을 넘어 동북만주 연해주로 이동했다.

러시아 극동지역에는 조선 이주민 약 25만명이 살았는데, 이들은 권업회라는 단체를 만들어 『권업신문』도 발행했다. 러시아 혁명 뒤 전로한족회(全露韓族會), 중앙총회(1917. 5)를 결성했는데, 여기에는 이동휘 같은 국내 신민회 활동에 참여했다가 망명한 사람들이 참여했다. 이동휘·박애·김립·김알렉산드라 뻬뜨로브나 등 볼쉐비키에 찬성한 정치세력들이 최초의 공산주의단체인 한인사회당을 창립했

다.(1918. 5. 10)

노동조합의 전국조직, 공산당, 통일전선 조직과 같은 이전과는 다른 새로운 모습의 노동자 민중의 정치조직은 3·1운동 이후 전개되었다.

□ 노동자민중의 문예

아리랑

말깨나 하는 놈 재판소 가고
일깨나 하는 놈 공동산 가고
아이깨나 노을 년은 갈보질 가고
목도깨나 멜 놈은 일본 가고
신로新路 가상다리 아까시아목은
자동차 바람에 춤을 춘다
아리랑 아리랑 아라리요
아리랑 고개다 날 넘겨주소

(김소운, 『조선 구전 동요집』, 1931)[7]

4. 식민자본과 노동자민중의 사상

지배이데올로기 일제 식민지시대는 침략적 민족주의가 횡포를 부린 제국주의 시대이다. 일본은 제 민족의 이익과 발전을 내세우면서 군사적 강압으로 한반도를 무단히 식민지로 만들었고 한민족을 노예로 삼았다.

일본 우익은 19세기 서유럽에 의한 강제개항이라는 위기에서 시작되었다. 일본의 우익은 1853년 미국에 의해 강제로 개항되면서 서유럽

---

[7] 이 책에 나오는 노동시는 주로 맹문재, 『한국 민중시 문학사』(박이정, 2001)에서 인용했다.

화에 대한 반감, 존황양이(천황을 옹립하고 외세를 배격함)운동에서 비롯되었다. 일본 우익 사상은 강대국인 서유럽에 대해서는 배타적 민족주의로, 약소국인 동아시아 국가들에 대해서는 대동아공영권과 같은 제국주의로 전개되었다. 가장 극단적인 형태의 국가주의이며, 태평양전쟁을 주도한 군부세력이 그 주인공이었다. 지금까지 이어진 우익의 역사적 전통과 특징은 천황과 국가에 대한 절대적 충성, 외래문화에 대한 경계, 일본의 전통과 문화 존중, 민족적 사명감과 권위주의적 가부장적 질서의 존중이었다.[8] 한반도를 강점한 일본 제국주의자들은 조선인은 열등하므로 일본에게 지배받는 것이 마땅하다는 정한론을 유포했다.

식민지 조선의 대표적인 친일파 이완용은 이른바 '대국민 경고장'이라는 것을 발표해 "이 치열한 약육강식의 마당에서 민족은 우리 스스로 나라를 운영해 나갈 능력이 없고 일본에 의지해서만 살아갈 수 있다. 경거망동하지 말고 일본의 지배를 달게 받아야 한다"고 했다.(강만길, 1999, 24쪽)

노동자민중의 사상 첫째, 일본 자본의 운동 과정에서 그들의 식민 지배의 대상이었던 노동자 민중의 하급범주이었던 농민층 그리고 광범한 한국 사회의 민족주의적 여러 세력의 당면 과제는 민족해방과 반봉건의 민주주의 변혁이었다.

둘째, 노동자의 의식은 아직 노농간의 의식이 아직 분리되지 않았

---

8) 문제는 이런 일본의 우익성향이 1990년대 들어 일본에 급속히 확산하고 있었다는 점이다. 1999년 일부 일본 교과서에서 종군위안부와 관련, '종군'이라는 말을 없애고 '강제연행'이란 표현을 삭제한 것이 바로 이 사관의 영향이다. 1994년 도쿄대 후지오카 노부쓰카(藤岡信勝)가 주창한 자유주의는 일본인이 지금까지 잊어온 국가의식과 역사적 자신감을 회복하자는 사관이다. 이와 대비되는 말은 1945년 이후 강요되어온 '자학사관' 또는 '도쿄재판사관'이었다. 이는 2차대전 이후 전범재판과정에서 미국에 의해 심어진 죄의식 등으로 일본인들이 자신을 학대하고 비하해온 사관이라는 뜻이다. 자유주의 사관은 일본의 '1910년 강제합병'에 대해 "조선이 자기관리 능력이 없었던 결과이며, 조선인은 스스로 독립해야 한다는 의지도 능력도 없었기에 당연한 귀결"이라고 설명했다.(『중앙일보』 2000. 3. 10, 한상일 외, 『일본우익연구』 서평에서 인용)

다. 노동자는 반프롤레타리아 의식의 수준이었다. 상부상조 정신의 개량적 성격을 지녔다.

셋째, 3·1운동은 당시 러시아 사회주의 혁명과 아울러 국내 사회운동에게 사회주의 사상을 보급할 수 있는 좋은 조건을 마련했고, 1920년대 노동운동의 이론적 근거를 가져다 준 중요한 요인이 되었다. 3·1운동을 이끈 지도세력의 낮은 정치의식에도 불구하고 민중들은 운동과정에서 그들의 사회적 지위를 반영해 맹아적 형태이지만 공화주의 사회주의 사상을 수용해 갔다. 사회주의 이념은 자본주의에 대해서는 사회주의 체제, 제국주의에 대해서는 민족해방의 대안을 의미했다. 이 사상은 일제시기 전 기간을 통해 노동자 민중운동의 주요한 지표가 되었다.9)

5. 성과와 과제

첫째, 이 시기에 일제의 식민지배 식민통치체제가 완성되었다. 그것은 토지조사사업을 통한 농민의 분해와 노동자의 양산, 지주제의 확립, 군국주의적 통치체제의 구축이었다.

갑오농민전쟁 이래 전개된 민중의 반일본 반침략 무장투쟁은 1915년을 고비로 국내에서 더 이상 싸우기 어려워 장소를 만주로 옮겨 계속했다. 이 20년에 걸친 항쟁은 우리 역사에서 부각되지 못하고 있지만, 개항 이후 지금에 이르는 150년 역사에서 가장 어려운 싸움을 했던 시기였다.

1919년에 일어난 3·1운동은 일제를 물리치는 데까지 나아가지 못했지만 노동자 민중운동에 큰 변화를 가져왔다. 외세의 지배에 저항하

---

9) 이 시기 미국 노동운동의 이념, 예를 들어 메이데이나 여성의 평등권과 같은 개념이 직접 또는 일본을 거쳐 한국에 들어온 것으로 보인다.

는 전민족적인 투쟁의지를 보여 우리 민족해방운동사에서 혁명적 전통을 수립했다. 그리고 민족해방운동의 주체를 민족부르주아에서 식민지 민중으로 변화시키는 계기가 되었다. 한편 비폭력 무저항주의적인 투쟁방식을 택했기 때문에 막대한 희생을 낸 것을 반성하고 만주나 연해주에서 강력한 무장독립군부대를 양성했다.

둘째, 일본 자본의 진출과 농촌 붕괴로 노동자 숫자가 급격하게 증가했다. 토목공사장 일고노동자는 어느 정도 증가했으나 공장노동자수는 완만하게 증가했다. 공장 노동자수는 식민화 무렵 2,500여명에서 1919년 약 4만 2천명으로 늘었다.

3·1운동 기간 한국 노동자는 그들의 조직 역량을 급속히 강화시켰으며, 1918년부터 노동자의 동맹파업이 현저하게 증가했다. 노동자들은 지도부의 변절에도 불구하고 끝까지 조직적으로 투쟁했다. 그 결과 1920년의 조선노동공제회와 1924년의 조선노농총동맹의 결성으로 나타났다. 이 시기의 노동자투쟁은 표면적으로 경제투쟁의 성격을 지녔다.

1910년대 활발하게 설립되기 시작한 노동야학은 반일민족운동교육에서 차지한 위치가 사립학교나 서당들보다 못했으나 인간 이하의 생활고에 허덕이던 노동자와 그 자녀들을 각성시키고 민족해방을 교육했다는 점에 의의가 있다.

5장 1920년대 노동운동

3·1운동의 저항에 충격을 받은 일본 제국주의는 소위 문화정치를 한다. 하지만 내면적으로는 경찰기구를 강화하고, 친일파를 양성하고 참정권의 부여와 자치운동을 부추겨 민족해방운동의 요구를 분열, 차단하려고 했다. 식민지 자본주의 아래 명실상부한 계급[1])으로 성장하게 된 노동자들은 노동조합의 전국적인 조직을 결성하고 조선공산당과 연계해 조직적으로 투쟁했다. 당시 노동운동의 이념으로 사회주의가 강세를 띠었다. 대표적인 싸움은 원산총파업이다. 조선공산당의 조직, 통일전선 조직 등을 살펴보자. 이 장의 서술 시기는 3·1민족해방운동 이후 세계대공황(1929)까지로 한다.

1. 러시아혁명과 세계정세

1) 제1차 세계대전 종전과 일본 독점자본

20세기 초반에 발생한 제1차 세계대전과 러시아혁명이 인류에게 미친 영향은 실로 컸다. 1914년에서 1918년까지 전 세계적으로 30여 개 나라가 참가했던 1차대전은 사망자가 1,000여만 명에 이를 정도로 대규모의 전쟁이었다. 1차대전 기간에 일본은 아시아에서는 일본이 연

---

1) 김윤환은 근대적인 노동계급의 형성은 1920년대로 보았다. 근대적인 노동계급이란 사회변혁의 주체로서 집단적인 힘을 가지게 된 단계를 말한다.

합국 측에 가담, 독일이 유럽전선 때문에 여력이 없어진 틈새를 이용해 중국에 있는 독일 조차지 청도와 태평양의 독일 영토를 점령했다. 또 중국의 원세개 정부에게 21개조를 요구, 산동・만주・몽고 등의 이권을 따냈다.

제1차 세계대전 종전 뒤 전쟁의 폐해를 경험한 인류는 세계평화안을 구상했으며, 제국주의 전쟁을 배태시킨 자본주의의의 변혁과 대안을 모색했다. 또한 1917년 러시아 10월혁명으로 이론상으로만 존재했던 사회주의가 현실화했고, 신생 소비에트 러시아를 중심으로 한 국제 공산주의자의 모임인 코민테른이 1919년 3월 결성되어 미국과 함께 전후 국제정세의 한 축으로 작용했다.

제1차 세계대전의 전승국들은 독일 등 패전국에 대한 가혹한 영토적 경제적 조치를 취하면서 식민지체제를 유지하고 자본의 이해관계를 지키기 위해 반소비에트적 반공체제를 모색했는데 이것은 2차대전 발발의 한 요인이 되었다.

제1차 세계대전 이후 영국을 대신해 등장한 미국은 국제적 갈등을 조정할 수 있는 기구로서 세계연맹의 수립 논의와 함께 워싱턴회의를 주도했다. 1921년 11월부터 1922년 2월까지 열린 워싱턴회의는 동아시아 국제관계의 중요한 축으로 작용했던 영일동맹을 해체하고, 그 대안으로 이 지역에 깊은 이해관계를 가지고 있는 미국 영국 일본 프랑스 등의 조약 체결과 해군력 감소, 중국문제의 해결방안을 모색했다. 회의 결과 미국은 일본의 팽창정책을 저지하는 등 동북아시아 정세에 큰 영향력을 발휘했다. 한편 소비에트 러시아도 제정 러시아가 중국에서 획득했던 이권을 포기하는 등 양국관계를 정상화했다. 레닌은 코민테른을 통해 식민지를 포함한 각 민족의 권리를 보장하는 민족자결의 원칙을 선언했다.

이러한 국제정세의 변화는 식민지 피압박 민족에게 큰 자극을 주었다. 1차대전 당시 연합국의 일원으로 참전했던 일본의 식민지로서 러시아와 국경을 접하고 있던 조선은 1차대전과 러시아혁명의 영향을 크게 받았다. 민족해방운동세력은 언론매체를 통해 워싱턴회의의 추이와 소련의 외교활동 등을 보도하고, 세계평화안과 자본주의 체제의 모순을 극복하기 위한 방안으로 다양한 서구사상을 소개했다. 서양의 새로운 사조로 톨스토이의 박애주의, 무정부주의, 기독교사회주의, 길드사회주의, 마르크스 레닌주의 등이 소개되었으며, 민족해방운동세력은 이를 기반으로 민족해방운동의 방안을 모색하기 시작했다. 특히 마르크스 레닌주의를 수용한 사회주의 세력은 부르주아민족주의 계열과 함께 1920년대 식민지 민족해방운동의 주도세력으로 등장했다.

1921년 결성된 중국공산당은 이후 30여년 동안 사회주의와 민주연합전선의 전략에 따라 노동자 농민의 투쟁과 항일운동을 전개해 1949년 중국공산당이 지도하는 중화인민공화국을 세웠다.

일본 자본주의와 영향 일본의 자본은 산업 자본 단계(1924~29)로 변화하면서 대정(大正) 민주주의라고 불리는 부르주아 민주주의 개혁을 시도했다. 그러나 이내 독점자본의 규모에 비해 시장과 원료조달의 한계에 부딪쳐 만주침략으로 전환했다.

1920년대 일본제국주의는 끊임없이 동요했다. 파행적으로 발전된 산업구조는 1918년의 쌀 폭동을 불러와 일본사회에 큰 충격을 주었다. 또 급격하게 확대되었던 경제는 1차대전 종전 후 전시물자수요가 줄어들어 갑자기 불황의 국면으로 치닫게 되었다. 이런 상황을 만회하기 위해 결사적으로 국외시장을 구했다. 미국 유럽은 1920년대 이후 상대적 안정기에 들어선 반면, 중국에서 세력권 확보로 간신히 전후공황을 극복한 일제는 이후에도 지속적으로 불황에 시달렸다. 1923년의 관동대지진으로 야기된 불황과 1927년의 금융공황은 일본경제의 기형적인 구조에서 일어난 일본 특유의 불황이었다. 이런 불황을 겪으면서 일본민중의 생활은 더욱 압박 받고, 국내시장은 더욱 좁아져 외부에서 시장을 찾아야 할 필요성은 더욱 증대되었다. 이런 가운데 1929년 세계 대공황의 영향은 일본경제에 돌이킬 수 없는 타격을 주었다. 결국 국내시장만으로는 회생이 불가능했던 일제는 그 해법을 찾으려고 만주사변을 일으켜 군국주의의 길에 본격적으로 들어섰다.

2) 세계의 노동운동

1919년 2월 러시아에서 제3인터내셔날 즉 코민테른이 결성되었다. 코민테른은 창립 대회 때 자본가계급의 착취를 끝내고 노동의 결과인 모든 생산물이 노동자와 민중 자신의 행복과 발전을 위해 사용되는 사회 건설을 목적으로 밝히고, 이를 위해 노동자계급이 자본가계급의 손에서 정권을 탈취해야 한다고 했다. 또 각국의 노동자 정당이 제2인터내셔날과 손을 끊고 이들을 정당에서 추방하고, 공산당이란 명칭을 사용하고, 농촌 의회 군대 개량주의적 노동조합 내부에서 활동하는 내용의 21개조를 선언했다. 이에 따라 각국에서 혁명적인 정당을 건설하거나 개량적인 정당을 개조했다. 독일에서는 개량주의 정당인 독립사회당의 진보적 부분이 독일 공산당과 통합해 코민테른에 가입했다. 프랑스 사회당은 공산당으로 개편해 코민테른에 가입했다.

1921년 소련 바쿠에서 열린 동방민족대회에서 볼쉐비키는 고대하던 독일혁명이 일어나지 않자 일국사회주의 건설이라는 독트린을 선포했다. 그리고 불쉐비키는 고도 산업국의 프롤레타리아 혁명에서 식민지 반식민지의 반제국주의 투쟁으로 중심을 이동했다.

소비에트 러시아 노동조합의 제안으로 진보적 노동조합의 연대와 협력을 위해 혁명적 노동조합 인터내셔날(프로핀테른)을 결성했다. 프로핀테른 결성대회에서는 두 가지를 결정했다. 먼저 프로핀테른 참여 노동조합은 황색노조에도 참여해 노동자 대중을 개량주의에 넘기지 말아야 한다"고 하며 "조합을 파괴하는 것이 아니라 획득하는 것"이라는 구호를 다수결로 채택했다. 그러나 영국 등의 '소수파 운동'은 여전히 개량적 노동조합 내에 머물러 개량주의에 일조했다. 다음으로 대부분 노동조합이 코민테른 가입에 찬성했지만, 프랑스 등 몇몇 나라의 참가자는 이에 반대했다. 프랑스 노동조합들은 전통적으로 생디칼리즘, 공산당은 필요 없으며 노동조합만으로 충분히 노동해방을 이룩할 수 있다는 견해가 강했다. 프로핀테른은 이들의 의무가입을 요구하지 않기로 했다. 프로핀테른은 노동계급이 증가하면서 많아지는 미숙련 반숙련 여성 흑인 아동 노동자를 포함하기 위해 숙련공 중심으로, 직업별 노동조합은 산업별 노조로 추진하면서 '하나의 산업에 하나의 조합을!' 결의했다. 직업별 조합의 경우 한 공장 노동자가 여러 조합에 가입하거나 미가입 노동자가 생겨 자본가에 대항하는 단일한 대열을 형성하기 어려운 점을 극복하기 위해 부서별이나 라인별로 대표를 뽑고 이를 공장위원회라고 불렀다. 공장위원회는 노동조합이 개량주의적 지도부에 장악된 경우 진보적 세력의 활동근거였다. 프로핀테른은 전세계 노동조합을 통일하려고 '세계노동운동 통일위원회'를 두었다.

　이 시기에 노동자 투쟁이 계속되었다. 1924년 7월 이탈리아 노동자 50만명의 반파쇼 총파업, 1925년 10월 프랑스 노동자 90만명의 '식민전쟁, 증세, 임금인하 반대' 파업, 1925년 영국 탄광노동자 400만명 파업 등이 있었다. 영국 노동자 파업에는 프랑스 노동자 10만명이 동정 파업하고 소비에트 러시아 노동조합이 파업기금을 보내고 네덜란드 벨기에 독일 해운노조는 영국 배의 출항을 방해해 연대했다.

　코민테른과 프로핀테른의 전략과 방침은 아시아민족해방운동과 노동운동에도 큰 영향을 미쳐 곳곳에서 노조를 결성하고 그 연합체를 구성했다. 1921년 중국 공산당이 창립되었다. 1929 프로핀테른은 범태평양노동조합 서기국을 중국 한구(漢口)에 설치하고, 그 설립협의회에 한국 대표가 참석했다.(포스터, 1987, 140쪽) 이 협의회는 행동강령으로 임금인상과 노동조건 개선을 위한 투쟁, 증대하는 전쟁 위기에 대한 투쟁, 제국주의 침략에 대한 투쟁, 민족적 인종적 편견의 장애를 타파할 것, 노동조합의 통일을 위해 노력할 것 등을 결의했다. 1929년 6월부터 1926년 10월에 걸쳐 홍콩과 광동의 노동자 25만명이 참여하는 대파업이 있었다. 1929년 한국의 원산총파업이 있었다.

일본의 노동운동 일본에서도 소비에트 러시아 성립이 노동운동에 큰 영향을 미쳤다. 1920년에 노동운동과 사회주의운동이 결합해 일본사회주의 동맹이 결성되고, 1922년 7월 일본공산당이 창립되었다. 당시 이론적 지도자였던 야마가와(山川均)는 「무산계급운동의 방향전환」이라는 논문을 발표, '대중 속으로' '정치투쟁으로'를 강조해 큰 반향을 일으켰다. 1923년 일어난 관동대지진은 천재일 뿐만 아니라 노동운동에도 큰 영향을 끼친 인재(人災)였다. 사회적 대혼란 속에서 지배계급에 의해 세가지의 백색테러가 발생했다. 첫째는 재일조선인 6,000명의 학살이었다. 둘째는 당시 가장 전투적인 노동단체였던 낭가쯔(南葛)노동회의 9명의 투사를 학살한 가메이도(龜戶)사건이었다. 셋째는 지도적인 무정부주의자인 오스키(大杉榮) 부부를 헌병대가 학살한 사건이었다. 이러한 사건들의 쇼크로 노동운동에 개량주의 사회민주주의의가 확산되었고, 공산당 내부에서도 당 해체의 주장이 나타나는 한편 이에 대립해 권력과 정면으로 대결하는 혁명적 노동운동이 등장했다.(시오다 쇼오베, 1985, 64쪽)

우애회 이래 노동조합운동의 지도권을 장악한 우익 사회민주주의에 좌파의 발언권이 강해져, 마침내 1925년 총동맹은 분열되어, 좌파는 일본노동조합평의회(평의회)를 결성했고, 총동맹은 우익조합의 성격을 분명히 했다. 평의회는 1926년 '태양이 없는 거리'로 유명한 공동인쇄쟁의와 105일간에 걸친 일본악기쟁의 등을 지도했다.

1925년 의회에서 남자보통선거법과 치안유지법이 제정되었다. 남자보통선거법의 제정은 이제까지 부르주아와 지주가 독점하던 의회에 노동자 농민이 참가할 수 있는 길을 열었다는 점에서 일보 진전한 것이다. 그러나 치안유지법은 사회주의 운동을 탄압하기 위한 법률로 이러한 상반된 두가지 법률의 제정은 전형적인 파시즘 정책이었다. 1928년 제1회 보통선거에서 각각의 무산정당이 후보를 내세워 노골적인 선거간섭 속에서 8명의 의원을 당선시켰다. 이미 1925년 재건되어 공공연히 활동을 계속한 공산당은 선거 직후인 3월 15일 전국적인 일제 대검거로 타격을 입었고, 노농당의 결사도 금지 당했다.

1927년 3월의 금융공황, 1929년 10월 미국에서 시작된 세계대공황에 의해 일본자본주의의 축적 위기는 첨예화했다. 사회주의자에 대한 탄압은 계속되어 1929년 3월에는 노농당의 국회의원 야마모토겐지 山本宣治가 우익에게 암살되고, 4월 16일에는 전국적으로 공산당과 그 지지자를 검거했다. 그 후에도 다수의 무산정당의 이합집산이 계속되었으나 노동당을 제외하고는 모두 반공과 의회주의와 개량주의에 서서 하부조직과 일상투쟁을 결여한 정당이 되었다. 공산당은 정부의 극심한 탄압 아래 극좌적 경향으로 나아가면서 대중의 투쟁 에너지를 통일 결집시키지 못한 채 운동의 규모를 점차 축소시켰다.

노동자들은 '산업합리화'정책의 해고선풍과 임금인하, 노동강도 강화에 반대해 격렬히 투쟁했다. 1930년 실업자는 무려 300만명에 달했으며, 가네보(鐘紡) 등 대파업이 일어났고 1931년에는 쟁의건수가 2,456건으로 2차대전 전에 가장 많았다.

1920년 5월 2일 도쿄 우에노 공원에서 5천여 노동자가 처음으로 5·1절 기념행사를 열고, "치안경찰법 17조의 철폐" "최저임금제의 확립" 등을 요구했다.

2. 일본독점자본과 지배정책

1) 식민통치

문화통치의 속임수 일본 자본은 일본에서 대정민주주의 개량화 정책을 폈지만 식민지에 대해서까지 그렇게 할 여유는 없었다. 3·1운동

이후 기존의 무단통치만으로 조선을 지배하지 못할 것으로 판단한 일제는 '문화통치'라는 유화정책을 쓰면서 새로운 친일세력을 양성하고 민족해방운동을 분열시키려고 했다. 오히려 유화정책을 실시해 3·1민족해방운동에서 지도적인 역할을 했던 민족부르주아계층의 요구를 어느 정도 받아들임으로써 이들과 식민지 민중을 분리하고, 3·1운동으로 높아진 민족해방운동의 열기를 산업과 교육 중심의 문화운동 쪽으로 유도해 절대독립론 독립전쟁론을 약화시키려 했다. 사회경제적 모순을 완화시켜야 했던 일제의 입장에서 보더라도 기만적인 문화통치를 실시해 식민지착취를 좀더 원활하게 할 필요가 있었다. 왜냐하면 노골적인 폭력과 무력을 필요로 했던 식민지구조의 편성은 1910년대에 이미 끝났기 때문이다.

문화통치는 1910년대와 달리 조선인 관리의 임용과 대우개선을 통한 민족차별 철폐, 언론 출판 집회 결사의 인정, 교육 산업 교통 경찰 위생 사회제도의 개선, 조선 문화와 관습의 존중 등을 내세웠다. 그 배경에는 일본내의 쌀폭동, 대정민주주의, 미국 영국 자본주의의 압박, 중국 민족운동의 고양, 국내의 3·1운동 등이 작용했다.

그러나 본질에서 내용이 더 강화되었고, 그것은 경제수탈의 강화, 친일적 분자의 포섭 등으로 나타났다. 윌슨의 민족자결주의는 아메리카에 해당된 것이고, 필리핀 한국과 같은 식민지에는 해당된 것이 아니었다. 미국 특사가 여운형 등을 만났고, 이것은 조선의 개량주의자들에게 약간의 혼란을 주었다.

한편 조선인 자본가는 '자본축적'의 가능성을 맞이했다. 일제는 일차적으로 제1차대전을 통해 성장한 일본 독점자본의 조선진출을 용이하게 하기 위해 '회사령'(1920. 3)을 철폐했지만, 이를 통해 조선인 자본을 식민지 지배의 동맹자로 포섭해 민족해방운동전선을 분열시키고자 했다.

민족분열정책 조선총독부는 전국적으로 친일단체를 조직하고 새로운 친일세력을 양성해 민족해방운동전선을 분열시키는 정책2)을 실시했다. 친일여론을 조성하기 위해 전국적으로 교풍회(矯風會) 국민협회 대동동지회(大同同志會) 등을 조직하고, 계급별 계층별로도 친일단체를 조직했다. 대지주 계급과 예속자본가의 친일단체로 대정친목회(大正親睦會) 유민회(維民會)와 농민들 대상의 조선인소작인상조회 등이 있다.

민심을 수습하려고 조선태형령을 폐지하고, 유생을 회유하기 위해 향교를 조성했으며, 중추원을 개편 확대해 친일파의 우대에 힘썼다. 그리고 민족독립운동전선을 사회주의운동과 민족개량주의로 분열시켜, 민족부르주아지가 중심된 우파 개량주의자들이 문화운동과 실력양성운동을 했다.

또 민족해방의 의지를 개량화시켜 한국인의 독립 의지를 말살시키려고 했다. 민족개조론은 사회진화론의 한 갈래로 약자는 망할 수밖에 없다는 주장이다. 이들은 제국주의를 문명전파라는 점에서 지지하고 사회진화론의 태도를 취해, 열등한 민족인 조선민족의 패배는 정당한 것이며 실력양성을 통해 독립의 길로 나아가야 한다고 주장해 민족독립의지의 퇴색을 꾀했다. 민중 고통의 근본적인 원인이 일제 침략의 지배에 있는데 이광수 안창호 등이 주장하던 민족개조론은 한민족의 민족성 탓으로 돌렸다.3)

---

2) 총독 사이토가 '조선민족운동에 대한 대책'으로 수립했던 친일분자 육성 구상은 다음과 같다. ① 친일분자를 귀족 양반 유생 부호 실업가 교육가 종교가 등에 침투시켜 각종의 친일단체를 조직한다. ② 사찰령을 개정해 불교종파의 총본산을 서울에 두고 그 장급에 친일분자를 임명하고, 기독교에 대해서도 편의와 원조를 제공한다. ③ 수재교육의 이름 하에 조선청년을 친일분자로 양성한다. ④ 학식 있는 유지출신에게 관직을 주어 구제한다. ⑤ 조선인 부호 자본가에 대해서 일본자본가와 연결시켜 준다. ⑥ 민간유지에게 수제회(修齊會)를 조직하게 해 농촌지도를 담당하게 한다.
3) 이광수의 『민족개조론』(1922)은 우파 개량주의자들의 이론 중심이었다. 상해 독립운동 전선에서 이탈한 이광수는 이 글에서 독립협회 운동이 실패한 이유는 정치적 색채를 띤 점에 있다며 교육의 진흥, 산업의 발전, 민중의 진작 등을 민족개조운동의 방법으로 내세우며 탈정치를 선언했다. 그 이후 『민족개조론』은 식민통치를 인정하는 범위 안에서의 '자치론'으로 나아갔는데 이는 그의 『민족의 경륜』(1924)에 잘 나타나 있다. 동아일보 사설로서 5회 연재된 『민족의 경륜』은 실력양성론에서 자치론으로 나아가기 위해 동아일보 그룹의 송진우 김성수와 천도교 신파의 최린 등이 중

문화통치의 상징으로 창간된 『조선일보』, 『동아일보』는 창간 초기에는 신문의 가치를 높이기 위해 총독부에 의해 압수 정간당하는 것을 환영했으나 기업경영이 자리를 잡아가면서 이러한 경영은 사라졌다. 『동아일보』는 1924년 1월 2일부터 5회에 걸쳐 「민족의 경륜」이라는 사설에서 "우리는 무슨 방법으로나 조선 내에서 전민족적인 정치활동을 하도록 새로운 국면을 타개할 필요가 있다. 우리는 조선 내에서 허락되는 범위 내에서 일대 정치적 결사를 조직해야 한다는 것이 우리의 주장이다"라며 이른바 자치운동으로 전향했다.4)

2) 경제정책과 자본

(1) 경제정책

산미증식계획과 농산물수탈 일본에서는 이미 산업화 과정에 따른 쌀값 앙등으로 대중의 생활이 크게 궁핍해졌고, 1918년 '쌀소동'이라는 대규모의 식량폭동이 일어났다. 일제는 이 식량문제를 해결하려고 조선에서 산미증식계획(1920)을 실시했다. 30년 동안의 장기 계획 속에서 쌀 900만 석을 증산하고, 그 가운데 절반을 일본으로 가져가려 한 산미증식계획은 예정대로 진행되지 않았지만, 일본으로의 식량공급 목적은 상당히 달성되었다.

조선의 농업은 산미증식계획으로 다양한 농산품을 생산하지 못하고 쌀 중심의 농업으로 전환되었다. 그리고 일본으로 쌀이 수출되면서 조선농민의 쌀 소비량은 감소하고 대신 잡곡 소비량이 증가했다. 또한 식

심이 된 연정회가 의도적으로 쓰게 해 실은 것으로, 사이토의 문화통치 정책과 우파 개량주의의 문화운동 및 실력양성운동이 어떻게 짝지어 나가는 모습을 보여 준다. 자치론자들은 뒤에 모두 친일세력으로 본색을 드러냈다.(강만길, 1988, 155~156쪽)
4) 조선총독 아베는 이광수를 귀국시켜 동아일보에 입사시켜 편집국장의 직을 맡게 하고 임금도 일반기자의 15배나 주었다.

량생산 증식이라는 명분 아래 이루어진 토지개량은 일본인과 일부 조선인 지주의 토지겸병이 증대했다. 토지자본이 산업자본으로 이행하는 것을 막기 위해 토지소유 자체를 어떤 산업보다 이익이 되게 했다. 소작료를 매우 높은 고율로 정해 비농업 산업보다 토지에 투자하는 것이 훨씬 더 수지가 맞도록 했다. 소작료가 조선시대의 33%에서 55~65%까지 고율로 인상되었다. 그래서 토지자본의 잉여는 지주-소작제도를 강화하는 쪽으로 재투자되었다.

(2) 자본의 성격

일본자본의 진출 일본제국주의는 1920년을 전후해 독점자본을 확립하고, 제1차 세계대전 기간 비약적으로 축적한 자본력을 가지고 1920년에는 적극적인 자본수출의 단계로 들어갔다. 물론 이 시기에도 한국에서 식량이나 원료를 수탈해가고 자기 나라 상품을 높은 가격으로 판매하여 식민지의 부를 착취하는 방법은 아직도 남아 있었다. 그러나 자본수출의 시작은 보다 적극적으로 한국의 노동력 착취를 위해 생산과정에까지 침투해 간다는 점에 특징이 있다. 자본수출은 1914년 17억 5천만 원에 불과하던 것이 1921년에는 80억원으로 무려 5배 가까이 증가했다. 일제는 조선회사령에 의해 회사설립을 허가해 주던 허가주의 정책을 폐지해 일본 자본의 국내진출 확대가 용이하도록 했다.

그러나 일본정부로서는 한국에 근대적인 공업을 발전시키려는 의도는 없었으며[5], 다만 식민지 지배에 필요한 국책기간산업(철로 등)에 국가자본을 투입하고 그 밖에는 농림 수산업 광업 등 원시산업 부분과 농산물 가공업을 중심으로, 초기적이고 식민지적인 영세가공업과 방직공업 등에 일본 민간자본을 투자하는 데 그쳤다. 그런데도 공장과 노동자수는

---

[5] 이에 대해 사회주의자들은 민족자본가도 일본자본가와 같은 자본가라는 문제의식을 제기했다.

이전에 비해 급증하게 되었다. 〈표 1〉에 따르면 5인 이상 고용하는 공장 규모로 볼 때 1911년에 공장수가 252개이던 것이 1921년에는 2,384개, 1930년 4,261개로 증가했다. 노동자수는 1911년에 14,575명이던 것이 1921년에는 49,320명, 1931년에는 101,943명에 이르렀다.

〈표 2, 3〉을 보면 당시 공업은 일제의 식민지 정책을 그대로 반영해 중화학공업이나 대규모 공장은 극히 소수이고, 95%가 50인 미만의 작은 공장으로 정미공장 제유공장 시멘트공장 제사공장 양말공장 등 대부분 원료가공적인 성격을 가졌다. 이에 따라 당시 노동계급의 구성도 영향을 받아 정미소 등의 식료품공업이나 방직공업에 많이 치중되고, 가스 금속 기계기구 공업에는 공장과 노동자수의 비중이 적었다.

〈표 1〉 공업발달 상황

연도	공장수	노동자수
1921	2,384	49,000
1925	4,238	80,000
1930	4,261	102,000
1931	4,613	406,781

조선인 자본 일제는 조선 내에서 일본자본, 일본인 지주 양성과 아울러 한국인 지주, 한국인 자본가를 양성했다. 한국쌀의 일본 판매는 조선의 지주를 양성하는 길이 되었고, 물산장려운동 또한 조선의 친일 자본을 축적하게 했다. 물산장려운동은 사상적 배경으로 민족적 혹은 애국적 감정을 고취 고조시켜 일종의 정치적 색채를 띠었다. 그것은 곧 외래의 자본적 제국주의의 착취와 수탈을 떠나, 조선의 자본가 중산계급의 수중으로 일체의 경제적 정치적 권리를 집중해 그 지배권을 장악하자는 것으로 민족적 정치운동이라는 아류적 태도를 띠게 되었다.[6]

---

6) 『동아일보』 1923. 3. 20, 물산장려운동을 비판하는 이성태의 글.

그 뒤 총독부가 자치나 실력양성을 내 건 부르주아운동까지 탄압하는 바람에 조선의 부르주아는 친일파 일색이 되었다.

1928년말 현재 일본인 공장이 전체의 45.4%이고, 한국인 공장은 51.5%를 차지했다. 자본금은 일본인 자본 90.8%이고 한국인 자본은 4.6%에 지나지 않았다. 그러므로 대규모 파업의 대부분은 일본인 소유 공장에서 일어났다. 이들 쟁의는 반제투쟁의 정치적 목표도 아울러 가졌다.

<표 2> 국적별 공장수, 총자본금, 공장 평균 자본금(1921)

국 적	공 장 수	총자본금(K 1,000)	평균자본금(KY 1,000)
한 국	2,457	23,289	9
일 본			
대기업	14	115,960	8,283
중소기업	2,265	303,558	34
기타 외국	93	18,609	200

자료 : 조선총독부,『통계연감』, 1927.

<표 3> 규모별 공장의 수   (1930:1936)

규모 종업원수	1930		1936	
	공장수	%	공장수	%
5~49	2,031	97	2,307	93.4
50~99	42	2.0	120	4.8
100~199	12	0.6	30	1.2
200 이상	8	0.4	14	0.6

자료 : 조선총독부,『조선공장명부』, 1931, 1937.

3) 노동정책

일제식민지 시대에는 한국은 물론 일본에서조차 사회정책적 노동입법은 전개되지 않았다. 이 기간은 제국주의적 식민정책에 따라 노동운동의 탄압, 그리고 일제의 전쟁수행을 위한 각종의 임금통제령(임금급

여통제령 선원급여통제령)과 노동조정령 등 전쟁의 완수를 위한 노동력의 동원에 주력했다. 근로자 보호와 관련한 부차적인 법령(조선광부노무규칙 1938, 조선직업소개령 1940)조차 한국에서는 적용하지 않았다. 오히려 치안유지법을 노골적으로 적용했다.

일제는 조선 노동자가 게으르고 시간관념이 희박하기 때문에 생산성이 낮으며, 책임감 결여, 부화 뇌동, 지속성 취약 때문에 노동 이동율이 높으며, 도벽 반항 무위도식하려는 성격이 있어 단순 육체노동자로 적합하지만 기계공업에는 적합하지 않다고 했다. 이러한 논리는 저임금, 장시간 노동, 철저한 노동통제와 감시, 차별적 대우를 합리화하는 논리였다.(강이수, 1997, 137쪽)

1920년대 한국에 진출한 일인계 기업은 식민지초과이윤 추구에 조선총독부의 비호가 전제조건이지만 인사 노무관리면에서 개별 기업단위로 대처하는 것이 일반적이었다. 조선총독부도 1920년대까지는 노동문제를 노자문제로 일임했다. 일본 자본의 각 기업은 노동문제를 개별적으로 해결하는 경향을 보이고 기업가 사이의 조직적 행동은 별로 없었다.(권두영, 1993, 201쪽)

3. 노동운동의 확산과 민중운동

1) 노동계급의 상태와 과제

(1) 계급구조와 노동자계급의 구성

농촌의 빈곤화에 견디다 못한 농민들의 일부는 도시나 국외의 만주 시베리아 일본 등지로 이주해 일거리를 찾았다. 1932년에 만주에 거주한 조선인의 수는 60여만명, 일본의 경우는 40여만명에 달했다. 이들은 일본 본국이나 일본의 반식민지였던 만주에서 저렴한 노동력으로 혹사당했다.

　1910년대는 공업발전의 정도가 미약해 1920년 조선인 공장노동자 수는 4만 6000명 정도로 전체 인구의 0.3%에 불과했고 1928년에도 8만 8000명 정도에 그쳤다. 반면에 식민지 초기에는 사회간접자본의 투자가 이루어짐에 따라 토목 건설 부두 교통 부문에서 일용노동자가 다수 출현했다. 또 제국주의의 자원수탈에 따른 광산노동자도 증가했다. 1910년대 말 공장노동자, 광산노동자, 토목 운수 직종의 일용노동자 등을 합하면 15만명 가량 될 것으로 추산되었다. 이들 가운데 대다수의 노동자는 수공업적 영세소공업, 광산 혹은 각종 토목공사장의 인부로서 매우 열악한 노동조건에 있었다. 국내노동자들도 기형적인 식민지공업구조에서나마 수적인 증대를 보였다. 1921년에 5만 명이었던 가내공업노동자는 1931년에 10만 6000명에 달했고, 여기에 광산노동자와 운수, 건설노동자까지 합친다면 약 22만명 정도에 달했다. 당시 국내 조선인 인구 1900만여명 가운데 농가 인구가 1600만여명이었고, 노동자는 일용노동자(자유노동자)를 포함해 약 100만여명이었다.

　이 같은 산업부문의 기형적 구성은 노동자의 성별구성에도 영향을 미쳐 노동자의 대다수가 경공업, 특히 방직과 식료품공업부문에 종사했다. 여성노동자는 전노동자 수의 35.2%를 점했다. 여성노동자는 일반적으로 가계보조를 위해 취업했으며, 가족의 기아를 면하기 위해 지독한 저임금도 감수했다. 여성노동자만이 아니라 상당수의 소년노동자(전체노동자 수의 7.5%)까지도 보조적인 취업을 했다.

　1920년대 들어와 제한된 형태나마 자본주의 발달이 이루어지면서 노동자는 새롭게 성장하는 가장 진보적이고 혁명적인 세력으로 자리잡았다. 노동자들은 일제와 국내자본의 식민지적 초과이윤을 위해 저임금과 장시간노동을 강요당했다. 이러한 근대적 '공장노동자'의 증가는 1920년대 노동운동 성장의 객관적 토대가 되었다.

(2) 노동과정

봉건적 식민지적 억압 아래 농촌의 곤궁은 노동자계급의 생활수준과 임금수준을 떨어뜨리는 조건이 되었다. 노동자들은 노동력의 가치 이하로 노동력을 팔 뿐만 아니라 기아 수준의 저임금과 견디기 어려운 장시간 노동에 시달렸다. 일본인자본가들은 이 혹독한 노동조건을 기반으로 보다 많은 식민지초과이윤을 남겼다.

여공은 마치 감옥에 갇힌 것과 같았다. 작업 속도가 느리거나 졸면 구타와 욕설이 있었고, 벌금이 가해져 어떤 때는 벌금이 임금보다 많은 적도 있었다. 여공들은 위험을 무릅쓰고 노동현장에서 탈출하기도 했고 회사는 감시망루를 설치했다. 식민지 아래 자본주의 제국주의 군국주의가 중첩된 체제에서 강제노동의 모습이었다. 종연방직(현재의 일신방직)의 경우 12시간 맞교대였다.(한국여성연구소 여성사연구실, 1999, 317) 임금이나 노동시간의 민족적 차별 외에 조선인 노동자는 기술 부문에서 배제되어 단순노동에 종사하는 경우가 대부분이었다.

(3) 노동시간과 임금

1929년 공장노동자의 노동시간은 조선인 노동자의 46.9%가 12시간 노동을 하는 데 비해 일본인 노동자의 0.3%만이 12시간 이상 근무했다. 여성노동자가 많은 방직공장과 식료품공업에 노동시간은 더욱 길었다. 각종 공사장 일용노동자의 경우 노동조건은 공장노동자 보다 훨씬 열악했다. 1929년 성인공장노동자의 경우 조선인남자의 임금을 1로 본다면 일본인남자는 2.32, 조선인여자는 0.59, 일본인여자는 1.01이어서 조선인 노동자의 임금은 일본인의 절반에 미치지 못했다. 더욱이 이런 낮은 임금도 물가등귀로 해가 갈수록 줄어들어 1920년의 임금지수를 100으로 할 때 1925년에는 85, 1927년에는 83, 1929년에는 83에 그친 것은 이러한 사실을 입증했다.

(4) 노동시장

1920년대를 통해 농촌을 떠나는 인구는 매년 약 15만명인데 이 가운데 약 11% 정도가 공업 기타 노동자로 나갔다. 이 시기 공장노동자 수는 전체가 1년 이농자 수보다 적은 10만명을 밑돌았고 그 가운데 조선인 공장노동자 수는 3~4만명선이었다. 나머지 이농자들은 철도 항만 도로 수력발전시설 수리조합사업 등 식민지 산업의 기초적 시설에서 흡수했다. 이렇게 해 실업자 문제도 해결하고 식민지 기초시설도 확보했다. 노동자들 가운데 잠재적 실업상태에 있었던 사람들도 극히 많았다. 이들은 농번기에는 농업노동자로, 농한기에는 공업노동자로 전전하거나 아예 도시로 이주해 빈민층을 형성했다. 1929년의 불충분한 자료를 보더라도 반농반노의 상태에 있었던 사람들이 약 100만명에 달했으며, 도시의 실업자 또는 유민의 수는 10만명이나 되었다. 이들이 부양하고 있는 가족까지 합친다면 이들의 인구 가운데 차지하는 비율은 아주 높았다. 이들의 생계는 극히 불안정했으며, 끊임없이 정규노동자로 교체되면서 일고(日雇)나 영세상업 등 주변적 노동에 종사했다. 이주민의 1/3 가량은 당시 부유층 집에 기거하며 머슴살이를 했고, 나머지 이주민들은 하천변과 산허리에 흙으로 토굴형태의 토막집을 지어 기거했다.

실업자 실업자가 급히 증가해 사회문제가 된 것 역시 '토지조사사업' 실시 뒤인 1920년대부터였다. 식민지 시기 농촌빈민의 급증과 그 결과로 인한 이농인구의 증가는 화전민과 토막민, 토목공사장 막일꾼의 증가를 가져왔고 또 많은 노동력이 일본 만주로 흘러나갔지만 그것으로 이농인구가 모두 해결된 것은 아니었다. 농촌에서 계속 실업자가 양산되고 토막민이나 공사장 막일꾼이 된 인구도 계속 실업자화해서 조선총독부 조사에 나타난 수만으로도 1930년대 전반기의 경우 조선인 도시 실업률은 10%를 웃돌았고 농촌 실업률도 10% 내외였다. 조선인의 경우 일용노동자 기타 노동자를 합친 실업자수가 전체 실업자의 거의 90%를 차지했다. 일본인은 도시의 급료생활자 실업자가 많았고, 조선인은 도시와 농촌의 일용노동자 실업자가 많았다. 조선인 노동자의 실업률은 조선에 온 일본인 노동자의 그것보다 배 이상 차이가 났다. 일제는 실업자 대책으로 조선인 여자는 옥내 사용인, 이른바 일본인 가정의 하녀로 취업하고 도시와 농촌의 남자노동자는 식민지 지배의 기초시설에 취업하게 했고 공장노동자로 안정된 급료 생활자가 되는 길은 극히 제한되었다. 실업률은 1930년 후반기로 들어가면서 상당히 떨어졌는데, 그것은 제국주의가 침략전쟁을 확대하면서 모집 징용 보급대로 전쟁노동력으로 강제동원한 결과였다. 그렇지만 8·15 뒤 이들이 조선으로 돌아오면서 국내 실업자 문제는 그대로 남을 수밖에 없었다.

(5) 노동자민중의 생활

도시빈민 다른 한편으로 도시 쪽으로 분출되어 10만명이 넘는 토막민(土幕民)7)과 그보다 훨씬 많은 공사장 막일꾼 그리고 전체 남자인구의 10%가 넘는 도시빈민층을 형성했다. 이들은 전국 각지에 일시적으로 형성되는 토목공사장을 철새처럼 따라다니면서 싼값으로 날품을 팔아 연명했다. 1930년대 후반기로 들어가면서 일본 제국주의가 침략전쟁에 이른바 모집 징용 보국대 등으로 강제동원을 확대해 가면서 실업률은 상당히 줄었지만, 해방 후 그들이 돌아오고 실업자 문제 역시 그대로 남았다.

공사장 일용노동자 농촌에서 경작지를 잃고 갓 분출된, 전혀 기술을 가지지 못한 단순 육체노동자, 막일꾼들은 각종 토목공사장에 날품팔이인 일용노동자8)로 고용되었다. 그러나 임금은 대단히 낮고 작업조건도

---

7) 땅을 파서 온돌을 만들고 짚이나 거적대기로 지붕과 출입구를 만든 집.
8) 일제 때부터 토목공사장에서 일하는 막벌이꾼을 의미하는 노가다는 일본어 토가타(土方)에서 온 말이다.

아주 나빠서 가족을 부양하기는커녕 혼자 생활도 이어나가기 어려워 한 달에 며칠씩 굶었다. 특히 겨울철이 되어 토목공사가 중단될 때는 빈민의 성격이 더욱 두드러졌다. 일본의 식민지 지배정책이 일부의 부일(附日) 자본가와 지주 그리고 지식인을 제외한 모든 조선인을 빈농 빈민 실업자로 만드는 과정이어 민족운동전선의 우익노선까지 빈민화된 대다수 민중의 사회경제적 처지를 바탕으로 한 정강 정책을 세웠고, 또 해방 후 모든 독립운동전선이 토지와 중요 생산기관의 국유화 정책을 채택할 정도였다.9)

　이 시기 전체 노동자 가운데 가장 수가 많았던 공사장막일꾼의 의식주를 조선토목건축협회『조선공사용각종노동자실상조』에 실린 한 노동자의 경우를 들어 살펴본다. 용산 한강제방공사장에 상용으로 고용된 전업노동자인 24세의 한 노동자는 1일 생활비 총계는 66전 2리인데 그가 받은 1일 노임이 70전이어서 생활비 총액을 빼면 겨우 3전 8리가 남지만 그는 1개월에 26일 밖에 일하지 않으므로 1개월 30일 생활에 1월 66전이 부족했다. 생활비가 부족하면 식사를 줄이거나 빚을 내며 1개월에 2일쯤을 굶어야 했다. 그리고 3인 가족의 세대주인 용산 욱천제방 공사장의 40세 된 전업노동자는 하루 85전을 벌며 3인가족의 1일 평균생활비는 1월 2전 2리로 달마다 9월 41전의 적자가 계속되었다. 생활비 부족은 역시 적게 먹거나 빌리거나 한 달에 이틀쯤 굶은 것으로 대처했다.

　독신노동자가 대만미를 먹는 데 비해 3인 가족노동자는 그보다 값싼 안남미를 먹어 식사비용이 독신노동자의 그것보다 오히려 적어 가족을 가진 토목공사장 노동자 생활의 비참함을 알게 한다.

---

9) 1919년에 성립된 상해 임시정부의 헌법은 부르주아적 민주주의 체제를 구현하는 데 한정했다. 그러나 1930년대 중엽 이후의 독립운동전선에 성립된 정당들은 좌우익을 막론하고 사회주의적 경제정책을 채택했다. 예를 들면 김구를 중심으로 한 우익 한국국민당(1935) 한국독립당(1940)이나 임시정부의 건국강령(1941)은 토지와 대생산기관을 국유화해 국민의 생활권을 평등하게 할 것을 정강으로 내세웠다.

토목노동자의 교육 정도는 조사 대상 13,372명 가운데 주소 성명을 쓸 수 있는 유교육자가 39%로, 1925년 공장노동자의 교육정도 조사에서 중학교 또는 고등보통학교 졸업 또는 중퇴 1.06%, 소학교 또는 보통학교 졸업 또는 중퇴 17.90%, 서당 또는 가정수학 23.83%, 무교육 57.20%가 별 차이가 없다. 자녀 교육은 조사 대상 53가구 가운데 통학자녀를 둔 가족은 5가족이었다. 그래도 토막민은 이들의 상당부분이 농촌을 떠나 도시로 온 점을 생각해보면 농민이나 화전민보다는 그래도 호구책을 구하기가 나았을 것으로 짐작한다.(강만길, 1987, 314)

노동자의 주거 일반 토목공사장 주변에 모여든 유민노동자는 대개 토막과 유사한 빈민굴을 형성했고, 단신 노동자는 함바(飯場)에서 기거했다. 함바는 노동자들에게 숙소이면서 동시에 식당이었다. 그곳에는 노동자를 관리하는 반장두(飯長頭)가 있었는데 일반적으로 십장이 그 역할을 했고 어떤 곳에서는 이들이 밥장사를 했다. 장옥(長屋)이기 때문에 몇 칸을 나눠 한두 칸은 반장두나 밥장사가 쓰고, 노동자들은 나머지 칸에서 집단생활을 했다. 함바는 극히 비위생적이었다.

한편 도시나 공장지대에는 노동숙박소라는 주거형태가 등장했다. 아직 일자리를 잡지 못한 사람과 뜨내기 노동자를 대상으로 했다. 서울의 경우, 종교단체가 운영하는 큰 규모의 노동숙박소가 종로 3가, 서대문 등지에 있었다. 이런 숙박소는 주거공간이라기 보다 말 그대로 잠자리에 불과했다.

공장지대에서도 새로운 주거공간이 만들어졌다. 공장노동자 가운데 일부는 공장기숙사에서 지냈지만, 공장 부근에는 통근노동자들이 사는 비좁은 주택이 들어찬 공장촌이 형성되었다. 한편 기술자나 사원 등은 공장촌의 길 건너 벽돌집에 기거했다. 1930년대 대표적인 공업지대인 흥남지역이 그러했다. 공장촌에는 단순 육체 미숙련자인 조선인 노동자가 기거하고 벽돌집에는 기술직이나 관리인인 일본인이 차지해 민족적 차별을 느끼게 했다.

토막민 토막이란 일정한 깊이로 땅을 파고 거기에 삼각형으로 짚을 덮은 움집형과, 거적으로 된 벽과 온돌을 갖춘 가옥형이 있다. 토막민(土幕民)은 이런 집에 사는 빈민을 가르킨다. 토막민은 농민 화전민과 함께 조선의 3대 빈민의 하나였다. 토막민은 대체로 '토지조사사업'이 끝난 1920년대 이후 농촌에서 쫓겨난 농민이나 도시의 재개발에서 쫓겨난 인구들이었다. 식민산업구조가 이들 이농민에게 공장노동자로 수용할 수 없었고 또한 식민지 구빈사업이 이들에게 집을 마련해 줄 조건에 있지 못했기 때문에 토막을 지어 살게 된 것이다. 토막민호수는 1931년 서울에는 신당동 등에 1,538여 가구, 기타 지역에 787가구가 있었다. 1941년에는 전국에 36,335가구로 급격히 늘었다. 이들의 직업은 대부분 날품팔이 노동자나 잡역부였다. 1931년 서울 토막민 조사에 따르면 일용인부 462명, 지게꾼 164명, 공사장인부 202명, 그 다음이 행상 인력거부 직공 운동점인부 등이었다. 일용인부는 무직이나 다름없고 가장 부유하다고 할 인력거부는 6명에 그쳤다.

토막민의 의생활은 봄 가을에 겨울옷의 솜을 빼어버리고 입는 일이 조선인 일반에게 흔히 있는 일이었지만 토막민에게는 극히 심했다. 여름옷의 천은 목면 인견 조선마포 등을 사용하는데 여러 번 기워도 옷은 이름뿐이고 살을 가릴 수 없는 남루한 자가 적지 않았다. 토막민의 생계에 관한 도이(藤井忠治郎)의 연구에 따르면, 영국 런던의 경우 4인 가족으로 주수입 10원 50전 이하이면 빈민이고 일본의 경우는 그 내무성 조사가 월수입 20원 이하, 집세 3원 이하를 빈민으로 하고, 조선의 경우 그가 실사한 빈민굴 67호는 평균 월수입은 12원이었다. 영국은 월수 60원 이하가 빈민이어서 일본의 빈민보다 그 수입이 3배나 높고 조선의 빈민보다는 6배나 높았다.(강만길, 1987, 267쪽)

여성노동자 식민지 조선 사회를 밑에서부터 떠받쳐 준 원동력이 되었던 것은 제조업의 생산직 여성노동자들이었다. 일본 독점자본이 들어오면서 값싼 미숙련 여성노동자 수요가 급증해 여성노동자의 증가가 두

드러졌다. 많은 농촌 여성들이 도시로 일자리를 찾아 나섰다. 그러니까 끼니를 이을 수 없을 정도로 가난한 생활 속에서도 미혼의 딸이 집을 떠나려 할 때 가족들은 신발이나 옷가지를 감추거나 아예 방문을 잠그고 금족령을 내리는 경우가 적지 않았다. 그래도 가족의 생계를 걱정하거나 돈을 벌어야 한다고 생각했던 여성들은 밤중에 가족 몰래 친구에게 옷과 신발을 빌려 집을 나오기도 했다. 고용주들은 행정관청이나 연고자의 소개, 모집원에 의한 모집 등 다양한 방법으로 여성 노동자들을 적극 모집했다.

이들은 일본의 대규모 자본이 투자한 제사업과 방직업 정미업 고무공업 같은 근대적 공장이나, 영세한 가내노동 형태의 연초 성냥갑제조 홍삼제조 통조림 자수 모자 제조업 등에 종사했다. 이들은 업종은 대부분 노동집약적 산업으로 값싼 노동력과 적은 투자로 손쉽게 높은 이윤을 얻을 수 있는 경공업 부문이었다.

일제시대 전반적으로 여성의 1%만이 공업에 종사해 공장노동자의 20%를 차지하는 수준이었으나, 1940년이 되면 1.8%로 증가했다. 공업 분야에서 차지하는 여성노동자의 비율은 1913년에 15.38%에서 1920년 31.7%로 대폭 늘었다가 1930년 25.19%, 1938년 19.58%로 다시 감소하는 현상을 보였다. 업종별로는 1934년 전체 여공 중 방직공업에 50.27%, 화학공업(남자는 비료제조, 여자는 고무 제약) 23.82%, 식료품공업(정미업)이 20.32%였다. 특히 방직업의 경우 전체 방직 노동자의 80~90%가 여성이었고, 이들 중에는 12~15세의 유년 여공도 많았다.

이들이 고용주와 체결한 노동계약은 공장에 따라 약간의 차이는 있으나, 평균 3~5년의 고용기간, 하루 평균 14, 15시간의 노동시간, 사생활까지도 침범 당하는 기숙사 생활, 노동과정에서 발생하는 불량품에 대한 배상이나 지각 결근 등에 따른 벌금제, 그밖에도 일본인이나 한국인 남자 감독은 심한 욕설과 구타, 심지어 성희롱이나 강간 등 성폭행 같은 비인간적 통제방법으로 여공들을 괴롭혔다.

또한 이윤확보에 혈안이 된 일본 독점자본은 여성 노동의 가치를 낮게 평가해 최저 생존비에도 못 미치는 저임금을 주었다. 실제로 일본인 노동자와 조선인 노동자, 남자 노동자와 여성 노동자 사이의 임금 격차는 컸다. 평균적으로 한국인 남자노동자의 임금은 일본인 남자노동자의 1/2~1/3의 수준이었다. 한국인 여성노동자의 임금은 다시 한국인 남성 노동자의 1/2 수준에 불과했고, 그것도 작업량에 따라 받는 성과급제였다.

여성들은 공장 노동 외에도 가내공업에 참여했다. 일제는 방직 금속 등의 공업제품을 각 가정에서 제조하는 가내공업으로 충당하기 위해 강습회를 개최하는 등 진흥책을 실시했다. 전체 공업 생산액에서 가내공업이 차지하는 비중은 1933년 40.1%. 1939년 21.9%로 감소했다.

열악한 노동조건과 노동환경은 건강을 악화시켜 피로와 두통은 거의 만성적이었고 폐결핵, 소화기병, 이비인후과 질환, 심지어 불임으로 이어졌다. 한때 "제사 여공에게는 장가들지 말라"는 말이 유행할 정도로 그들의 직업병은 심각했다.

2) 노동자의 요구와 투쟁

(1) 노동자계급의 투쟁

3·1운동 이후 노동자의 파업은 급격히 증가했다. 〈표 4〉에 따르면 1921년에는 발생건수 36건 동원인원수 3,403명에 불과하던 것이 1925년에는 1.5배 늘어난 55건, 동원인원수는 1.6배 늘어난 5,700명에 이르고, 1928년에는 3.3배 늘어난 119건, 동원인원수는 2.2배 늘어난 2만 7759명에 달했다. 1931년에는 발생건수 약 5.7배 늘어난 205건에 동원인원수는 5.5배 늘어난 7,140명이었다. 이것을 당시의

공업 노동자 증가상태와 비교해 보면 전 공업노동자의 6.0%, 1925년 에는 7.1%, 1930년에는 18.6%가 각각 참가한 것이었다. 특히 1921 년 부산 부두노동자들의 파업, 1923년 서울 고무공장 여공들의 파업, 1929년 원산 노동자의 총파업은 노동자 계급의 성장을 보여주고 있다.

<표 4> 1920~1930년 간의 노동쟁의와 소작쟁의

연 도	노동쟁의		소작쟁의	
	건 수	참가인원	건 수	참가인원
1920	81	4,599	15	4,040
1921	36	3,403	27	2,967
1922	46	1,799	24	2,539
1923	72	6,041	176	9,063
1924	45	6,751	164	6,929
1925	55	5,700	204	4,002
1926	81	5,984	198	2,745
1927	94	10,523	275	3,973
1928	119	7,759	1,590	4,863
1929	102	8,293	423	5,419
1930	160	18,972	726	13,012

자료: 노동쟁의 : 조선총독부경무국편, 1934, 『最近における 朝鮮治安狀況 昭和八年』, 142~144쪽.
소작쟁의 : 조선총독부농림국, 1940, 『조선농지년보』, 8~9쪽.

① 전반기(1920~24)

일본제국주의의 조선지배를 계기로 근대산업이 발전하고 동시에 노동자계급의 형성과 성장이 촉진되었다. 이 시기 조선에서 ML주의사상의 보급이 본격화하고, 곳곳에 그 소그룹연구단체가 생기고, 노동자농민과 각종 대중사회단체가 결성되어, 1925년까지 노동단체 128개, 농민단체 126개가 결성되었다. 이들 단체는 양적으로 증대되었을 뿐만 아니라 질적으로도 향상해 소규모 분산적인 데서 전국적인 것으로 성장했다. 1924년 조선노농총동맹 조선청년총동맹 조선여성동지회 등이 결성되었다. 이러한 각종 단체의 성장과 더불어 그 운동도 활발해져 1920~25년 사이에 노동쟁의는 33건, 소작쟁의는 610건에 달했다. 그것도 초기의 단순한 경제적 요구에서 고도의 정치적 요구 즉 반일운동으로 발전했다.

    1920년대 전반기의 노동자 파업은 자연발생적인 투쟁으로 주로 노동시간을 줄이며 임금인상의 요구나 임금인하 반대와 같은 노동조건을 개선하기 위한 생존권 요구 투쟁이었다. 그러나 지속적인 투쟁을 통해 광범위한 대중적 공감대를 형성하면서 그들을 투쟁으로 끌어들이는 데 일정한 역할을 했다. 지역별로 보면 식민지 수탈과 관련된 원료의 이출입을 중심으로 하는 항만 하역 노동이나 반제품 생산과 식료품 공업부문 등이 집중된 경기도나 경상남도 전라북도 등의 남부지역에 파업이 집중되었다.

    이 시기에는 다음과 같은 주요한 투쟁이 있었다.

    부산 부두노동자 총파업 한국 최초의 대규모적인 파업은 1921년 부산부두노동자 5,000여명의 파업, 1922년 경성 양화직공의 파업, 1923년 경성고무여공파업 등을 비롯한 크고 작은 파업이 계속 일어났다. 부산 부두노동자 파업은 1921년 8월 16일 부산의 석탄하역부 1천여명의 임금인상투쟁에서 비롯되었다. 8월 26일 5,000여명의 노동자가 가세했다. 경찰은 이 쟁의를 실질적으로 지도했다고 생각되는 부산노동야학교 교원 김경직(金璟直), 최낙렬(崔樂烈), 조동혁(趙東赫), 손명표(孫命杓) 등을 구속했다. 회사는 파업파괴 대책으로 임시노동자를 고용해 강경한 태도로 대처했으나 15일간에 걸쳐 파업을 계속했다. 드디어 7월 30일 노동자들의 승리가 확정되자 파업을 풀고 일단 현장에 복귀했다. 그러나 1925년 경전파업이 일어나기까지 파업 현장에서 아직 적극적인 반일구호가 나오지는 않았다.

    경성 고무여성노동자 투쟁 1923년 7월 3일 해동(海東), 뇌구(瀨口), 경혜(京鞋), 동양(東洋) 4개의 고무공장에서 여성노동자 수십명이 일제히 파업을 했다. 임금인하와 강제 노동에 반대하고 임금의 원상 회복과 여공에게 무례한 행동을 한 감독의 해고를 요구하며 파업에 들어갔다. 고무공장 대표들은 동맹파업에 참가한 여공의 해고와 고용 금지를 결의하며 위협했다. 그러나 여성 노동자들은 5일, 새로 파업에 참가한 한성고무공장 여공까지 합해 '경성고무여직공조합'을 조직, 조선노동연맹회에 가입하는 한편 아사동맹을 체결, 땡볕이 내려쬐는 공장 앞에서 연좌농성에 들어갔으나 경찰에 의해 해산 당했다. 한편 조선노동자연맹에서는 여공 대표에게 공장측과 교섭하게 하는 한편 서울의 여러 직공단체, 토요회, 서울청년회 등과 함께 '경성고무여공파업 아사동맹동정단'을 조직해 여론을 일으키고 동정 음악회를 열고 지원금을 모아 지원했다. 조선노동연맹회의 소속 경성양말직공조합 경성인쇄직공친목회 경성양화직공조합작업부와 반도고무공장 그리고 토요회 교육협회 등 사회단체들은 동정금을 보냈다. 마산노동동우회에서는 파업 여공을 위해 연설회를 열었고, 일본 노동총동맹 관동대회의 오사카 조선노동동맹회는 격려전보와 동정금을 보내 왔다. 이 과정에서 조선노동연맹회의 간부 몇명이 검속되기도10) 했지만 7월 19일 공장 측은 여공의 요구를 완전히 수락해 작업에 복귀했다. 뒤늦게 파업에 참가했던 한성고무와 경성고무 파업도 성공리에 끝났다. 이 경성고무 여공파업은 식민지 노동자 특히 여성노동자들의 대표적인 투쟁으로 여성운동을 자극했다.

한편 1926년 5월 노동조합의 간부 7명에 대한 회사측의 부당해고를 계기로 파업에 들어간 경성방직 노동자 360여명은 조합간부의 복직, 임금인상, 임금의 정당한 지불과 벌금제의 폐지, 악질감독의 추방 등을 요구조건으로 싸웠다. 노동자들은 공장점거까지 하면서 끝까지 싸워 요구의 대부분을 관철했다.

5·1절 투쟁 조선의 노동자들은 1920년부터 전 세계 노동자들의

---

10) 이 아사동맹은 단식투쟁의 효시이며, 구속 노동자의 형량은 2, 5개월 정도로 현재보다 짧았다.

명절인 메이데이 기념행사11)를 동맹파업, 시위행진 등의 형태로 산발적으로 전개하기 시작했다. 그 뒤 노동자들의 자주적 조직이 성장하고 대중투쟁이 활발해지면서 메이데이행사를 조직적으로 치렀다.

 1923년 조선노동연맹회는 서울의 각 노동단체와 연락해 5월 1일 각 공장 노동자가 모두 1일 동맹파업을 하기로 결정하고, 장충단에 모여 '노동시간 단축' '임금인상' '실업방지' 등을 주장하고 노동가를 부르며 시위행진을 하기로 계획했다. 이에 일제는 사전에 파업 시위 집회를 금지하고, 당일에는 노동자의 집결 예정지인 장충단에 정사복 경찰을 파견해 노동자들을 검속했다. 이 때문에 2,000여명의 노동자들이 서울 중앙 YMCA회관에 모여 박일병 연사의 '노동제 기념에 대해'라는 기념강연을 들었다. 슬로건은 '8시간 노동, 8시간 휴식, 8시간 교육'이었다. 이날 양화직공조합, 세창양화점, 신생활사의 인쇄직공, 반도고무 제조소, 서울양말 등의 노동자들이 파업을 했다. 지방에서도 마산, 진주, 대구, 무안군 지도면에서 각각 기념행사가 있었다.

 1924년에는 일제의 탄압으로 살벌한 분위기 속에 서울에서 열릴 예정이던 강연회는 금지조치로 무산된 반면, 신생활사의 인쇄직공, 서울의 9개 양말공장 노동자들이 하루 동맹파업을 했다. 마산, 함흥 등지에서도 옥외집회가 금지된 채 기념강연회를 열었다. 이날 조선노농총동맹은 8시간 노동과 최저임금의 확정, 4할 소작료와 지세의 지주 부담, 일제의 식민지 착취 기관인 동척에 대한 일본농민의 조선 이민 반대, 언론 집회의 자유 개방, 노농 민중의 문맹 퇴치를 요구하는 슬로건을 내걸고 각지의 노동자농민의 투쟁을 지원했다.(구로역사연구소, 1990b, 54~58쪽) 이후 메이데이 행사가 일제의 금지를 물리치고 지속적으로 열렸다.

---

11) 메이데이는 1986년 5월 1일 8시간노동제를 요구하는 미국의 전국적인 철도 파업에서 유래했다. 한편 여성의 날은 클라라 제트킨이 미국 뉴욕 여성노동자들의 참정권과 자주노동조합운동을 요구하는 시위를 기념해 1910년 코펜하겐 시위에서 제안해서 1911년 3월 8일부터 시작되었다.

② 후반기(1925~29)

1920년대 후반기의 노동쟁의는 1926년 81건, 1927년에는 94건, 1928년에는 119건, 1929년에는 102건이었다. 이 시기 노동운동은 1920년대 전반기보다 사회주의자와 노동단체들의 활동이 눈에 띄며 노동자들의 단결력도 강화되었다. 또 요구조건도 8시간 노동제의 실시를 비롯한 선진적인 요구가 많았다. 1920년대 쟁의 원인별 구성비를 보면 임금인상 요구 쟁의가 40.6%, 임금인하 반대 쟁의 25.4%, 대우개선 요구 쟁의 8.3%, 기타 25.4%였다. 역시 임금인상 요구가 쟁의의 가장 큰 원인이었다.

1920년대 후반 북부지방에 새로운 공업지역이 조성되고 광산 노동운동이 활발해지면서 함경남북도와 평안남도 등에서 파업 참가 노동자의 비중이 급격하게 늘어났다. 직업별로 보면 1920년대 전반 미미한 양상을 보이던 토목건축과 광산노동자의 진출이 활발하고, 중소규모 공장 노동자의 쟁의 비중도 커졌다. 투쟁의 지속성도 두드러져 목포 제유공 파업이나 영흥 흑연광산 파업에서 보듯이 50~70일의 장기 파업이 일어나고 공장 습격과 같은 전투성을 띤 파업도 자주 일어났다. 아울러 지역과 부문에서 노동자들의 동정파업도 빈번하게 일어났다. 단순한 경제적 요구를 넘어 5·1절 기념시위나 규찰대의 조직, 또는 일제 경찰과의 충돌과 같은 정치적 성격을 띠었다. 대표적인 파업투쟁으로 1925년 1~3월 전개된 경성 전차노동자 500여명의 파업, 서울 평양 부산 지역의 인쇄공 파업, 1926년 1~4월 약 70일간 계속된 목포 제유공 파업, 1926년 5월의 경성 방직공장 파업과 1927년 5월 1일 김제노동조합의 적기를 선두로 한 메이데이 기념시위 등을 들 수 있다. 이와 같은 성장 위에서 1927년 10~12월 지역노동자 전체가 하나의 목표를 내건 투쟁으로 함남 영흥 흑연광산노동자 총파업과 1929년의 원산총파업이 있다. 1927년 흥남 7개 제재공장과 군산의 정미공장, 평양의 국수공장, 원산의 1,300명의 짐꾼들, 평양~원산간 철도 건설노동자 300명, 대구의 방직공장 7백명의 파업이 있었다.

목포제유노조 파업 1926년 1월 15일 목포노련 산하단체인 목포제유노조에서 임시총회를 열고 임금인상, 노동시간 단축, 불량 감독자 추방을 요구하며 170여명의 노동자가 파업에 들어갔다. 당시 조선에서 노동조건이 가장 나빴던 목포제유는 파업이 시작되자마자 노동자 126명을 해고한 뒤, 시내 각 공장에 이들을 고용하지 말아 달라는 통지를 보내고 목포노동동맹이 세포단체에서 받은 돈을 유흥비로 유용했다고 허위 선전했다. 1900년대 초기 부두노동자 파업이래 단결이 잘되기로 유명한 목포 노동자들은 제유노동자와 동맹투쟁을 하기로 결의, 목포자유노동조합 목포인쇄직공친목회 등 많은 단체와 개인, 그리고 광주의 단체들도 지원금과 식량을 보내왔다.

　기업주는 탄압과 협박만으로 노동자의 투지를 꺾을 수 없다는 사실을 알게 되자 파업노동자를 회유하는 한편 파업파괴분자를 모집했다. 이에 대해 파업지도부는 1월 20일 직공총회를 열고 "직공단체 이사의 승인 없이 회사측을 방문하면 즉각 처벌한다"라고 만장일치로 결의하고, 목포노련 산하 노조와 긴밀히 연계해 파업기금을 모집해 장기전에 대비했다. 파업에 나선 노동자들의 투쟁이 완강하게 계속되자 경찰은 폭력으로 파업지도자와 노동자 검거를 시작했다. 하루 벌어 하루 먹는 노동자들은 파업이 2개월 이상 지속되자 이탈자가 생기어 공장에 복귀하는 자가 늘어났다. 이에 위기를 느낀 선진적인 노동자들은 결사대를 조직, 공장을 습격해 기계를 부수고 일하고 있던 이탈 노동자를 징치했으며, 배신자의 집을 두차례에 걸쳐 파괴했다. 또 파업 노동자들은 가두시위를 전개하면서 경찰서와 사법기관을 포위하고 검거된 간부와 동지의 석방을 위해 투쟁했다. 목포시내는 마치 계엄사태와 같이 노동자들을 검색, 검속했다. 결국 파업 지도부는 경찰이 강제하고 공장은 재가동되었지만 우리 노동계급의 집요한 단결력 투쟁력 조직성 그리고 높은 의식성을 일제에게 과시하는 계기가 되었다.(강만길, 1988, 151~153쪽)

영흥 흑연광산 파업 1927년 10월 26일부터 12월 7일까지 함경남도 영흥 흑연광산노동자 300여 명은 (직업동맹의 지도 아래) 8시간 노동제의 실시, 임금인상, 대우개선 등의 요구조건을 걸고 장기간 쟁의를 했다. 경찰이 파업지도자와 노동자를 다수 검거하고 회사측은 다른 지방에서 노동자를 모집해 파업을 파괴하려 했지만 노동자들은 몇 차례의 대중집회와 시위를 했으며, 시위에는 학생들도 참가한 것이 특기할 만하다. 여기에 다른 부문에 종사하는 영흥군의 노동자 400여명도 동정파업에 들어가 흑연광산 노동자를 지지했다. 이리의 인쇄공과 정미공장 노동자가 동맹 파업을 했다. 원산의 노동자들은 응모 규찰대를 조직해 투쟁을 직접 지원하면서 다가오는 자신들의 싸움을 준비했다. 결국 이 쟁의도 요구조건의 대부분을 관철시키며 노동자 계급의 단결력과 전투력의 강화를 과시하면서 50여일 만에 승리로 끝을 맺었다.

경전 1925년 1월 27일 저축분실 문제로 경전 종업원은 동요하기 시작했다. 2월 11일 태업을 개시해 전차 60대 가운데 10대만 운행했다. 경전파업은 결국 일제의 탄압으로 소기의 목적을 달성할 수는 없었으나 파업이 대규모인 점, 조직적인 점, 최첨예 도시노동자가 수행했다는 점, 투쟁이 반일적인 성격을 가지고 있었다는 점에서 역사적 의의가 크다.

원산총파업 1928년에서 1929년에 걸쳐 24개 노조와 3,000명의 노동자 그리고 지역주민이 함께 참여해 100일 동안 계속한 원산총파업[12]은 일제시기 최대의 노동운동으로 세계노동운동사에서 기록되고 있다.(포스터, 1987, 148쪽)

이 밖에도 강렬한 파업투쟁을 열거하면, 1920년 서울시내 금은직공파업, 1922년 부산방직회사 남녀 직공 7백여명의 파업, 1923년 인천 가토(加藤)정미소 5백여명 파업, 1924년 인천 만석정 사이토(齊藤)정미소 여공 파업, 1925년 평안 조옥(趙屋)노동자 파업, 원산 매축

---

12) 원산총파업의 상세한 내용은 제6장을 참조하기를 바란다.

(埋築) 인부 파업, 대구 노동친목회 회원 파업, 부산 인쇄직공 파업, 1929년 김제 노조원 파업, 통영 산십(山十)제사공장 노동자 파업, 부산 환태(丸太)고무공업회사 파업, 함북 부령군 미산(米山)공장 노동자 6백여명의 파업 등이 있다.

원산총파업 이후 1929년 4월 대전 군시(郡是)제사공장 노동자 파업, 부산 5개 고무공장 노동자들의 동맹파업과 전투적 시위, 평남 순천과 서울 등 전국 각지의 토목공사장에서 벌어진 파업투쟁과 사무소 습격 투쟁, 신흥탄광 노동자들의 폭동, 평양고무공장 노동자들의 총파업, 그리고 전국 각지에서 광범위하게 벌어진 5·1절 기념파업과 시위, 반전기념일, 러시아혁명 기념 시위 등 1919년에서 1931년까지 노동자의 파업 시위, 폭동 회수는 중요한 것만 헤아려도 466건에 연인원 44,379명이 참가했다. 조선 노동운동은 원산총파업을 계기로 급격한 앙양의 시기에 접어들었다.

여성노동운동 한일합방 이후 본격적으로 진출한 일본의 섬유방적 등 대공장의 수는 늘어났고 노동자 수도 1917년 1만여명, 1922년 5만 5천여명이 되었고, 이 가운데 여성이 20% 이상을 차지했다. 30년대부터는 더욱 증가해 노동자 수가 15만명을 넘었고 이 가운데 여성노동자도 33% 이상을 차지했다. 당시 여성노동자들은 대부분 방직업이 다수였고 점차 화학, 식품 등으로 그 수가 늘어났다. 그 밖에 1920년대 새로운 도시문화가 밀려들어와 여성만을 고용하는 전화 교환수(할로 걸, hello girl), 버스차장(버스 걸), 여점원(데파트 걸, 숍 걸) 등이 등장했다.

여성노동자의 근로조건은 장시간 노동과 폭력적 억압은 물론이고 여성노동자 임금은 일본남성의 1/4정도로 민족차별 성차별에 의한 저임금이었다. 앞의 여성단체들은 강연회, 교양강좌, 야학 등의 사업과 1920년대부터 시작된 3월 8일 여성노동자의 날 기념행사를 열어 이들을 지원하는 역할을 했다. 1923년 여성들만으로 구성된 최초의 노동조합이 여성노동자들이 주축을 이루던 고무공업계에서 '경성고무여자직공조합'의 이름으로 조직되었다. 조합원 수는 200여명이 되었다. 1919년에서 1940년 사이 전체 노동쟁의 123건 중 여성노동자만 참여한 쟁의가 94건, 남녀가 함께 참가한 쟁의가 28건이었다.(민주노총 외, 1999 참조)

공사장 막일꾼 당시 전체 노동자 가운데 가장 많았던 공사장 막일꾼은 공장노동자보다 노동조건이나 임금 수준이 더 나쁘고 낮은 상태였으므로 단체 결성 필요성이 더 높았지만 노동조합이 결성되더라도 효과적으로 유지되거나 정착하기 어려웠다. 이들의 투쟁은 노동운동사에서 공장노동자의 그것만큼 부각되지는 못했지만 임금투쟁과 파업이 곳곳에서 일어났다.

1926년 황해도 재령군 하호리면 상궁동 제방공사장의 1천여 노동자는 1평 공사에 1월 23전 예산으로 각기 분담을 맡아 일을 시작했다. 그런데 2, 4일간 종일 일한다 할지라도 임금이 1일 평균 몇십 전에 불과하고 도 당국이 청부시킨 4천여원 가운데 제방완축공사비로는 수천원 외에는 지급되지 않고 나머지는 잡비로 충당한다는 사실을 알고 1천여 노동자가 일제히 동맹파업을 하고 각자 집으로 돌아갔다. 이 공사장의 노동자는 전업노동자는 아니었고 노동조합도 없었지만 파업을 했다.[13] 1927년 태인의 동진 수리공사장 중촌조(中村組)가 1만 6천원의 노동자 임금을 지급하지 않자 수천명이 소동을 일으켰다. 정읍경찰서에서는 현장으로 출동해 종촌조에게 배급한 전표의 1/4를 순사주재소에서 지급하기로 해 수습하려할 사이에 다시 싸움이 일어나 노동자 수명이 중경상을 입고 중촌조의 영부(永富)는 권총을 발사했다. 이로써 싸움은 더욱 커져 수습하기 어렵게 되었다. 1922년 서울시내 인력거꾼들이 동맹파업을 일으켰는데, 당시 주동자 검거에 나선 인력거꾼 200여명은 천도교 중앙대교당에 모여 경찰과 대치하면서 최후의 총회

---

13) 『동아일보』 1929. 5. 7.

를 열었다.

막일꾼들은 어느 경우보다 노동조건이 나쁜 편이어서 노동쟁의가 자주 일어났지만 노동조합은 거의 결성되어 있지 않았다. 그러나 이들은 막일꾼이지만 교육수준이나 단체의식이 다른 노동자에게 떨어지지 않아 스스로 노동조합을 결성하거나 다른 노동단체와 연대하려고 노력했다. 1928년 5월 6일 동아일보는 평안 수리조합공사장 노동자와 청부업자 소사조(小寺組) 사이에 분쟁이 일어났는데, 이 공사장에서 해고당한 노동자들이 조선노동총동맹 평양연맹에 탄원했다고 보도했다.(강만길, 1987, 331쪽)

재일 조선인 노동운동 일본으로 건너간 조선인들은 대부분 노동자가 되었으며, 일용노동자가 많았다. 근로조건은 국내보다 상대적으로 나았지만 식민지의 구조적 모순에 대한 반감이 강했다. 이들의 노동운동은 민족해방운동 지향이 강했다. 일본인들은 관동대지진 때 조선인 6,000명을 학살했다.14)

1910년대 재일 조선인 노동자들은 친목단체에 속해 결속력을 다지는 한편 식민지의 구조적 모순에 눈떴다. 노동자들의 친목단체는 상호부조의 성격을 가졌으나 실제로는 노동자의 규합과 의식화가 목적이었다. 이 시기에 지식인 운동가들은 조선인 노동자들이 거주하는 조선촌에서 생활하면서 노동자들에게 익숙한 계와 같은 형식을 통해 조직화했다. 조선촌은 생활고와 일본인의 주택 임대 거부로 심각한 주택난을 겪던 노동자들이 일정한 지역에 모이면서 형성한 것이었다. 이렇게 밀집한 조선인 노동자들은 친목단체에 속하면서 지역별 조직화가 가능해졌다. 1922년 11월 일본에서 최초의 조선인 노동조합인 조선인노동동맹회가 도쿄에서 결성된 이래 오사카와 쿄토에 조선인노동동맹회가 결

---

14) 일본인이 쫓기는 조선인을 숨겨 준 사례들도 있다. 필자가 만난 사토요시유키는 아버지가 관동대지진 때 조선인을 숨겨주었으며, 자신은 고베대지진(1995) 때 동남아에서 온 이주노동자를 도왔다고 했다.(2001)

성되면서 조선인노동운동을 주도했다. 이들 노동조합은 노동자의 조직화를 주도하면서 국내 사회주의자와 조직적 연계를 맺으면서 일본의 조선인 사회운동단체와 연대했다. 〈표 5〉를 보면 조선인 노동쟁의는 1924년 29건으로 일본노동쟁의의 3%이었으나 1926년 84건, 1928년 245건 23.6%로 증가했다. 이 밖에도 노동조합은 노동자의 주택쟁의를 지도해 노동자들의 지역 정착을 도왔다.

재일 조선인 노동자의 노동조건은 비록 국내보다 상대적으로 낮지만 거의 대부분 일용노동자로 일하는 조선인들은 각종 대중운동에 참가해 민족독립을 주장했다. 이 점에서 이 시기 노동운동은 민족해방운동을 지향했다.

〈표 5〉 재일 조선인 노동쟁의 (단위: 건/명)

		1924	1925	1926	1928	1929	1931	1932	1934
조선인	건수	29	46	84	241	256	483	414	382
	인원	-	1,075	4,476	-	7,661	75,079	15,524	9,517
일본인	건수	933	816	1,260	1,202	1,420	2,456	2,217	1,915
	인원	94,047	89,387	127,267	103,350	172,144	154,528	123,313	120,307

		1936	1937	1939	1940	1941	1942	1943	1944
조선인	건수	386	297	185	687	588	467	324	303
	인원	8,228	6,332	13,770	41,732	38,503	24,505	16,693	15,230
일본인	건수	1,975	2,216	1,120	732	334	268	417	296
	인원	92,274	213,622	128,264	55,003	17,285	14,373	14,791	15,230

자료: 일본내무성, 『특고월보』『사회운동의 현황』, 해당연도.

(2) 민중의 투쟁

① 농민운동

농촌의 빈곤과 화전민 식민지 시기 농촌빈민의 이농현상은 도시지역에서의 노동시장 형성에 의한 노동력 흡인의 결과가 아니라 농촌 내부에서 생산수단을 잃고 노동자적 처지에 빠진 농민들의 실업, 빈민화, 파산에 의한 이른바 밀어내기식 이농이었다. 농촌을 떠난 인구를 도시 측에서 모두 수용할 수 없었다. 1920년대를 통해 1년에 15만명 이상의 농촌빈민이 농촌을 떠났지만, 공장노동자수는 1930년대 초기에 10만명을 밑돌고 있었으므로 이농민들이 공장노동자로 수용될 기회는 대단히 적었다. 이 때문에 그 상당 부분이 농민으로 주저앉되 이번에는 일반 농토가 아닌 깊은 산속의 산림을 태워 일정 기간 경작하다가 지력이 다하면 다시 다른 곳에 불을 질러 경작하는 화전민이 되었다. 당시 조선 전체인구 1,969만명 중 약 80%인 1,556만명이 농업인구였고 화전민 120만명이었고, 그 나머지의 절반이 자기소유가 거의 없는 농촌빈민이었다.

농민운동 조직 일제 식민지 아래 처음으로 조직된 전국적인 농민 대중단체는 1920년 4월 서울에서 조직되었던 조선노동공제회였다. 노동공제회는 노동자의 상호부조와 계몽사업을 하기 위해 창립되어 공장노동자와 자유노동자가 기본 구성원이었으나 하부조직인 지방 지부에 농민부 또는 소작인부를 설치해 농민의 결집을 꾀했다. 노동공제회의 지방조직은 소작인조합 결성을 위해 적극적으로 활동해 1922년 8월 "소작인은 단결하라!"는 선언을 발표하고 지주 자본가에 대항해 강력하게 투쟁하자고 소작농민에게 호소했다. 이러한 활동으로 지방의 여러 조직에 다수의 소작농민이 결집했다.[15] 1921년 3개이던 농민단체는 1922년 23개, 1923년 107개로 급증하고, 1924년 112개, 1928년 126개로 증가했다. 노동공제회는 1922년 10월 해산했으며, 삼남지방의 노농연합단체들의 결합운동을 바탕으로 1924년 4월 서울에서 조선

---

15) 예를 들면 노동공제회 진주지회에서는 1922년 3월 간부회의를 소집해 소작인문제를 집중적으로 토의하고, 같은 해 9월에는 한국에서 처음으로 군내 소작인대회를 개최, 군내 각면의 대표자가 참석한 가운데 동 지회 내에 임시소작인부를 설치하고 20명(후에 50명으로 증원)의 실행위원회를 배치했다. 이 소작인대회는 각지 농민들을 결속시키고 대 지주활동을 강화시키는 신호탄이 되었다.(강만길, 1988, 105쪽)

노농총동맹을 창립했다. 일제는 농민들의 주체적 결합조직을 두려워해 1921년 8월 서울에서 '조선소작인상조회'라는 어용조직을 조직했다.

1925년 4월 조선공산당의 창립 이후 농민조직의 변화는 첫째 소작인조합이 농민조합으로 개편된 것이고, 둘째 조선노농총동맹이 조선노동총동맹과 조선농민총동맹으로 발전적으로 분리된 점이었다. 먼저 소작인조합에서 농민조합으로의 개편은 소작인조합이 소작빈농의 조직인데 농민조합은 소작농은 물론 자작빈농과 자작중농도 가입했다. 여기에는 자작빈농과 자작중농이 일제와 지주의 갖은 압박과 수탈로 끊임없이 빈농으로 전락한 배경이 작용했다. 다음으로 노농총동맹의 노동총동맹과 농민총동맹으로의 분리는 공산당의 지도도 있었지만, 농민운동 자체로서도 항일농민운동이 조선노농총동맹이라는 통일적 지도기관을 가지면서 소작쟁의가 발생하면 노농총동맹이 직접 지원활동을 했다. 그 결과 노농총동맹의 지도부는 끊임없이 조선총독부 권력에 의해 검거 탄압당하게 되므로 노농총동맹에서 농민조직의 분리와 단일한 농민조직의 지도가 요청되었다. 1927년 9월 조선농민총동맹이 분리되었다. 그러나 농민조합으로 개편하는 과정에서 운동의 핵심세력이 되어야 할 빈농층을 강화하지 않은 채 중농을 비롯한 농민 일반을 대상으로 조직을 확대했다. 당시 농민운동 지도자가 조직의 대중화를 강조하면서 빈농과 중농의 계급적 처지와 농민운동에서의 역할 등을 명확히 인식하지 못한 한계를 드러냈다.

조선농민총동맹은 창립 당초부터 산하에 32개의 농민단체와 24,180명의 농민을 두고 있었다. 농민총동맹은 "농민들은 단결해 단체의 위력으로 자본가계급과 싸우고 농민계급을 해방해 완전한 신사회의 실현을 기한다"는 목표아래 활발한 활동을 시작했다. 조선공산당의 출현과 농민총동맹의 창립 이후 농민조합은 삼남지방뿐 아니라 평북 선천, 함남 북청 양가면, 함남 정평, 경기 부평, 강원도 양양과 삼척에 농민조직이 조직되어 1926년의 119개에서 1928년의 307개로 급증했다. 그러나 농민총동맹은 전국 각지 농민조합들이 간절히 바랐던 통일적이고 구체적인 투쟁지도를 할 수 없었다. 그 이유는 일제의 탄압, 상층 지도부의 합법주의적 경향, 지도적 간부들의 분파투쟁 때문이었다. 일제는 농민총동맹의 전국대회를 비롯한 모든 집회를 금지하고, 농민총동맹의 강령이 불온하다는 이유로 공표를 금지했다. 그 결과 1930년대 이후 농민운동은 비합법적인 혁명적 농민조합운동으로 바뀌어 갔다.

농민의 투쟁 농민은 반봉건적 지주-소작관계와 일제의 농민수탈 정책의 최대 피해자로서 노동자와 함께 가장 철저한 반제민족세력이 될 수 있는 잠재력을 가졌다. 1920년대 농민운동은 주로 소작쟁의를 중심으로 전개되었다. 소작쟁의는 초기 소작료 인하 투쟁이 많았으나, 지주들이 소작권의 취소나 강제이동을 무기로 소작료를 인상하면서 소작권박탈 반대투쟁도 활발히 전개되었다. 농민조직은 면단위 '소작인조합' 등을 출발점으로 해 점차 전국적인 조직과 연결되기에 이르렀다. 조선노동공제회가 해체된 뒤 성립된 조선노농총동맹은 소작쟁의를 지도했다. 이후 조선노농총동맹에서 '조선농민총동맹'이 분리됨으로써 최초로 전국적인 농민조직이 결성되었다. 이와 동시에 종래 소작인조합이 소작농 중심의 조직에서 점차 자작농을 포함한 농민조합으로 개편되었다. 이것은 제국주의 아래 자작농과 소작농의 물질적 기반의 근접성을 설명해 준다.

1916년 통계에 의하면 전농가호수 264만호 가운데 자작겸 소작농과 총소작농이 204만 호로 전농가의 79.4%를 차지했다. 1924년 통계에 의하면 전농가 호수 272만호 가운데 1년 수지가 적자인 농가가 127만 3325호로 44.6%를 차지하고 있어 농가의 약 반이 매년 빚을 져야만 살 수 있는 상황이었다. 1919년 3·1운동 때, 이와 같은 농촌의 궁핍화로 농민들이 민족해방운동에 적극 참여했다고 볼 수 있다. 그러나 민족해방문제와 불가분의 관계를 가지고 있는 토지문제의 해결방법은 제기되지 않고 일제는 이를 문화주의적 방식으로 대응함에 따라 농민운동은 새로운 국면에 들어섰다. 이와 같은 움직임은 1920년 이후 점차 심해진 소작쟁의에서 찾아 볼 수 있다. 조선총독부의 발표에 따르면 1921년 27건 2,967명, 1927년 22건 3,285명, 1928년 30건 3,285명, 1929년 36건 2,620명, 1930년 93건 10,037명, 1931년 57건 5,487명, 1932년 51건 2,909명이었다.(1922년에는 소작쟁의 24건에 참가인원 2,539명, 1925년 204건에 참가인원 4,002명, 1930년에는 720건에 참가인원 13,012명으로 증가했다.)

이러한 소작쟁의의 60%가 소작권 이동에 대한 반대였고, 다음으로 소작료 인하 요구가 18%를 차지했다. 이는 물론 소작쟁의라는 농민들의 경제투쟁뿐만 아니라 민족적 자각에서 오는 해방운동과 관련이 있다. 조선의 소작쟁의가 반제국주의에 입각한 민족해방투쟁이라는 근거는 소작쟁의가 초기부터 일본인 대지주 또는 토지회사 등을 상대로 일어났다는 사실이다. 불이농장(不二農場)·박간농장(迫間農場)·다본농장(多本農場)·웅본농장(熊本農場)·동척농장(東拓農場) 등에서 일어난 대규모 소작쟁의가 이에 해당했다. 또한 대지주에게 농지를 집중시켜 미곡을 상품화(일본수출)하려는 일제의 정책으로 한인지주들의 농지, 전라도 암태도(1924) 도초도 하의도와 함경도 재령 영풍 북률면(1924), 용천(1925~32) 등에서도 대규모 쟁의가 일어났다. 이 같은 쟁의가 생길 때마다 총독부는 무조건 농민을 탄압하고 지주를 옹호했다. 소작쟁의는 사회적 불평등의 시정을 넘어 그것을 조장하는 일제와의 싸움이었다.

특히 암태도 소작쟁의는 1923년 말에서 1924년 8월까지 약 8개월간의 장기적 집단 쟁의로 농민운동 전체에 큰 영향을 미친 사건이었다. 암태도 소작인회는 1923년 12월 결성과 동시에 소작료를 논 4할·밭 3할을 요구하고 2월 15일까지 이것이 해결되지 않으면 농사에 들어가지 않고, 마름을 인정하지 않을 것을 결의하고 이를 지주들에게 통고했다. 지주들이 이를 거부하고 경찰을 동원하자 농민과 무장 경관 사이에 격렬한 충돌이 일어나 10여명의 간부가 체포되어 목포로 압송되었다. 농민들은 이들의 석방을 요구해 6월 4일, 바다 건너 목포로 나가 시위를 했고, 다시 7월 8일 600여명이 목포로 나가 3일간 법원 마당에서 단식농성을 했다. 목포 시내 노동단체와 농민단체는 이들을 지지해 자금과 식량을 제공했고 조선노농총동맹은 서울에서 연설회를 개최해 진상을 폭로하고, 전국의 노동자 농민단체 대표들이 현지를 방문 격려했다. 결국 7월 14일 일본 경찰은 검속자 가운데 26명을 석방했다. 8월 30일 소작료 조정약정서가 교환되어 소작료는 4할로 하고 구속자에 대한 고소를 취하하는 선에서 합의를 보았다. 암태도 농민들의 투쟁은 같은 지주 문재철이 소유한 도초 하의 상태 하태 등 여러 섬들과 연계를 이룬 상태에서 전개되었다. 암태도 소작쟁의는 암태도만의 특수 현상에 의한 것이 아니라 1920년대 식민지 농민운동의 전형으로 농민운동 전체에 큰 영향을 주었다. 그러나 만주사변이 일어나던 1931년경부터는 일본의 한국 지배가 더욱 악랄해져 신간회 등의 정치조직이 해산되고 일체의 평화적인 운동이 불가능하게 되면서 농민운동은 무장투쟁의 양상을 띠었다.

한편 1931년 총독부의 통계에 따르면 세궁민(細窮民)이 약 520만명으로 총 인구의 25%정도에 이르렀으며, 거지도 16만명으로 증가했고, 농촌에 있는 소작농민의 75%가 크고 작은 빚에 시달리고 있는 형편이었다. 이처럼 절대빈곤상태에 놓여 있는 농민들이 일제의 식민지배정책에 적극적으로 저항하자 일제는 이러한 국면을 타개하려고 1925년 제정된 치안유지법을 확대 적용해 대중운동을 탄압하는 한편 민족개량주의운동과 문화운동을 부분적으로 허용했다. 1932년 시작된 '농촌진흥운동'은 대표적인 중소농민층과 빈농층을 회유하는 정책이었다. 조선일보가 중심이 된 '귀향학생 문자보급운동'과 동아일보가 주도한 '브나로드운동'은 일제의 농민 회유정책과 근본을 같이하는 운동으로 학생들이 귀향해 농민에게 한글을 가르치는 계몽운동이 주된 내용이었다. 브나로드운동의 농민각성운동의 관점은 조선민중의 불행이 근본적으로 식민지 지배 체제 때문이 아니라 농민의 무지와 이를 계몽해야 할 책임이 있는 학생 등 지식인들의 이기심, 나태함에 있다는 내용으로 총독부의 '농촌진흥운동'(1932년 시작)과 일치했다. 그러나 일제는 브나로드운동이 농민을 각성시킨다며 1934년 4차운동을 끝으로 이것마저 금지시켰다.

<표 6> 1920~1930년대 초반의 쟁의 현황

연도	농민운동	노동운동	청년운동
1920	0	33	251
1921	3	90	446
1922	23	81	488
1923	107	111	58
1924	112	91	742
1925	126	128	847
1926	119	182	1,092
1927	160	352	1,127
1928	307	432	1,320
1929	564	465	1,433
1930	943	561	1,509
1931	1,759	511	1,482
1932	1,380	404	863
1933	1,301	374	1,004

자료 : 조선총독부경무국편, 『最近の朝鮮治安狀況』 1933년판, 168~169쪽.

② 형평운동

조선에서 전통적으로 수육판매 도부(屠夫) 유기제조업 등에 종사하는 부락민들은 제도적으로 무적자(無籍者)일 뿐만 아니라 거처를 도읍 밖에다 정하고 거주의 제한을 받았고 사회적으로는 관혼상제, 의식주에서 상민(常民)과 다른 처우를 받아왔으며, 비인도적인 학대 속에 살아야 했다. 그러던 가운데 1894년 갑오개혁에 따라 40만명에 이르는 백정白丁은 계급적 차별이 철폐되었다. 하지만 오랜 세월 동안 계속되어 온 사회적 관습이 여전히 지배했다.

부락민들은 1922년 일본 관서지방에서 치열하게 전개된 수평운동

(水平運動)의 영향을 받아 진주 소재 보통민(普通民) 강상호(姜相鎬) 신현수(申鉉壽) 천석구(千錫九) 등에게 부락민의 고통을 호소, 그들의 찬동을 얻어 1923년 4월 25일 백정의 해방을 목적으로 하는 조선형평사(朝鮮衡平社)를 창립했다. 사무실을 진주에 설치, 부락민 해방운동의 첫걸음을 내디뎠다. 형평사운동은 전국에 지사 11개, 분사 67개소의 창설을 보았고, 회원은 1,000명이고, 조직 대상은 40만명이었다.

형평운동은 이후 크게 진전을 보아 1924년 2월 부산에서 임시대회를 열었다. 이 대회에서 백정들의 기록을 호적에서 삭제할 것을 총독부에 요구했다.

1926년 9월에는 서울 중앙총본부에서 대의원 10명의 참가로 임시대회를 열고 ① 경제적 조건을 필요로 하는 인권해방, ② 일반 사회단체와 손잡고 합리적 사회를 건설한다, ③ 형평운동의 원활화, ④ 백정계급의 당면한 실제적 이익을 위한 투쟁 등을 결의했다. 또 각지에 형평청년회를 조직하고, 아동교육을 목적으로 하는 형평학우동맹과 형평여성단체를 설치했으며 기관지 『세광(世光)』을 발행했으나 논조가 과격하다고 발행 금지처분을 받았다.

1929년 4월 전선대회에서 사회운동단체와 협동전선을 이루자는 주장과 전통적 수준의 운동을 고수하는 의견의 대립이 있었다. 1930년 말 일제 압력에 의해 조선사회단체 재조직을 위한 해소론이 제기되어 1931년 봄 민족단일당 신간회가 해소되자 이를 계기로 조선청년총동맹과 기타 사회단체의 해소기운이 농후해졌다. 이에 따라 형평사 내부에서도 신파를 중심으로 해소론이 제기되었으나, 4월 24~25일 서울에서 열린 정기대회에서 해소론이 부결되었다. 그러나 일제의 지속적인 압력으로 형평사는 1937년 5월 1일 해체되고 말았다.

③ 청년 학생 언론 교육운동

1925년에 들어서면서 사회주의 세력은 학생운동을 본격적으로 조직화하기 시작했다. 1925년 5월 북풍회계의 조선공학회에 이어 9월에는 화요회계의 조선학생과학연구회가 결성되었다. 이 밖에도 서울청년회계의 서울학생구락부, 북풍회계의 경성학생연맹 등도 있었다. 특히 조선학생과학연구회는 조공과 고려공청의 지도 아래 학생운동의 지도와 사회운동과 연계를 이루어 갔다. 조선학생과학연구회는 사회과학의 보급, 학생의 사상통일과 상호단결, 인간 본위의 교육 실시, 조선학생 당면문제의 해결 등을 강령으로 내걸었으며, 공산당과 공산청년동맹의 지도 아래 1926년 6·10만세사건을 대중적으로 전개했다. 1927년에 들어 '정치운동으로의 방향전환' 노선에 따라 일제의 노예교육 강제와 조선어와 조선역사 교육 폐지를 비판하고 각 학교의 학생회를 자치회로 만들었다.

1927, 28년경부터 각 학교에 독서회를 조직해 계급의식의 고양과 민족의식의 앙양에 노력했다. 1928년에는 고려공청에 별도의 학생부가 설치되었다. 당시 서울 등 전국 각지에서 발생한 학생 동맹휴교는 대부분 각 학교의 독서회나 학생 비밀결사의 영향 아래 전개되었다. 비밀결사 형태의 학생운동 지도조직으로는 서울의 ㄱ당, 대구의 신우동맹과 이후 이것이 변화한 혁우동맹과 적우동맹, 1929년 11월 광주학생운동을 지도한 성진회 등이 대표적이었다. 한편 일본 도쿄의 신흥과학연구회는 조선의 학생운동을 이론적으로 정립했으며, 학생운동에는 '전국총학생연맹'이나 '학생자치회연합회' 등 전국적인 학생단체를 조직하려는 움직임이 있었다.(강만길 외, 2000, 140~141쪽)

한편 조선인 기자들의 사회단체인 무명회無名會가 주축이 되어 1925년 4월 15일 서울 천도교 기념회관에서 전국의 20여 신문, 잡지사의 기자 700여명이 참가한 가운데 전조선기자대회를 열었다. 이 대회는 언론집회와 결사의 자유를 구속하는 일체의 법규 철폐, 동척을 비롯한 조선인 생활근저를 침식하는 각 방면의 죄상을 적발해 대중의 각성을 촉구할 것, 대중운동의 적극적인 발전의 촉구 등을 결의했다.

1910년대에 활발하게 전개되던 교육운동은 1920년대 들어 일제의 탄압, 민족주의자의 쇠퇴 등의 원인에 의해 후퇴했다.16) 실례로 1910년대초 2,000개이던 각종 사립학교가 1921년에는 662개교로 급격히 줄었다. 1922년 이상재 등이 조선민립대학 기성회를 구성하고 민립대학 설립을 추진했다. 그러나 일제는 이를 막고자 서둘러 1924년 5월 경성제국대학령을 공포했다. 이후 오산학교 연희전문학교 보성전문학교를 대학으로 승격시키려는 노력을 일제가 저지했다.

이와는 달리 노동자 농민의 각성이 높아지면서 1920년대 전반기에 노동야학이 급격하게 늘었다. 1920~22년에 진주 제1 노동야학, 인천 노동야학, 송정리노동야학, 원산 노동야학, 서울 노동공제회야학, 창원 노동야학, 청주 현암노동야학, 강진노동야학이 출현했고, 1923년에 박천읍노동야학, 대구노동야학, 나주노동야학, 강서포노동야학, 순천 노동야학, 해주 노동야학 등이 설립되었다. 1925년 전국의 노동야학은 113개로 늘었다. 노동야학의 수업연한은 대체로 1년이었다. 수업과목은 조선어, 한문, 산술 등이었다. 조선어 시간에는 반일민족의식을 고취했다. 1925년 이후 노동야학 탄압이 강화되면서 쇠퇴했다.(박득준, 1998, 188쪽)

한편 일제하 법률가 대부분이 민족의 수난을 아랑곳하지 않고 특권층의 명예와 부를 누리는 반면 김병로 이인 허헌 등 일부 변호사는 항일변호사 공동전선을 형성해 애국투자 무료변론과 생활보조 등 민족해방운동을 지원했다. 이들은 대동단 사건, 안중근 의거, 의열단 사건, 조선공산당 사건, 각지의 소작쟁의, 광주학생운동, 여운형사건, 6·10만세운동, 원산파업을 변론했다.(박원순, 2003 참조)

---

16) 1922년 당시 10명 이상의 노동자를 채용한 공장 노동자 가운데 초등학교를 다녀보지 못한 노동자가 81%, 초등학교 졸업 정도가 11%였다.(사회과학원, 1989, 160쪽)

④ 여성운동

여성은 봉건제도 아래 개인적 사회적 권리를 전혀 보장받지 못한데다 식민지 자본주의 아래 주변적이고 임시적인 여성노동자로서 민족적 계급적 차별과 성적 억압 등의 고통을 받았다.[17] 1920년대 전반기 여성운동은 근대교육을 받은 부르주아 지식인 여성과 기독교, 불교 등 종교 여성단체의 계몽적 여성운동이 중심을 이루었다. 그러나 사회주의의 수용과 함께 여성의 사상 청년단체가 증가했다. 1925년 경성여자청년연맹 여성해방동맹 프로여성동맹 경성여자청년회 등이 등장했다. 대부분의 여성운동단체는 성별 분리에 기초한 직업별 지역별 연령별 여성조직으로, 여성과 사회문제, 여성해방과 계급운동, 인습타파를 내용으로 하는 '부녀야학'이나 강연회를 열었다.

1920년대 후반에는 사회주의에 관심있는 여성들이 여성단체를 조직해 농민여성과 노동여성의 문제에 대응하기 시작했다. 1927년 4월 좌우익 입장의 여성지도자들이 "조선여자의 지위향상을 도모"하기 위한 근우회를 조직했다. 근우회가 천명한 행동강령은 ① 여성에 대한 사회 법률적 일제의 차별 철폐 ② 봉건적 인습과 미신 타파 ③ 조혼폐지 및 결혼의 자유 ④ 인신매매 및 공창폐지 ⑤ 농민부인의 경제적 이익 옹호 ⑥ 부인노동자의 임금차별 철폐 및 산전산후임금지불 ⑦ 부인 및 소년노동자의 위험노동 및 야업 철폐 등이었다. 1929년 전국대회에서는 '교육에서의 성차별 철폐 및 여자의 보통교육 확장'과 '언론출판결사의 자유' 그리고 '노동자 농민을 위한 의료기관 및 탁아소 제정 확립' 등의 3개항이 추가되었다.

1927년 전주시 지회를 시작으로 1930년에는 일본과 중국에 3개 지회를 포함해 64개의 지회로 확대되었다. 1931년 당시의 기록에 의하

---

[17] 기독교 전래 이전에도 여성의 권리의식에 눈을 떠, 동학에서 근대 지향적 여성관을 찾을 수 있고, 여성들은 국권상실기의 국채보상운동과 3·1운동에 적극적으로 참여했다.(박용옥, 2001 참조)

면, 가입 회원수가 6,542명이며 노동 농업 학생 직업부인 등 각계각층의 여성들을 망라했다. 이들은 기관지 『근우』를 발간하고 야학을 설치하는 등 농민과 노동여성들을 조직하기 위한 노력을 했다. 우익계는 애국계몽운동에 주력하고, 좌익계는 지하조직으로 노동 농민운동을 지원하면서 구속되고 탄압 당했다.

근우회는 1928년 5월말까지 약 30개 지회를 설치했으나, 종교계가 탈락해 사회주의적 성향의 여성들이 중심을 이루었다. 그러나 신간회와 마찬가지로 1920년대 말 근우회는 조직이 약화되고 활동도 침체했다. 특히 광주학생운동이 일어난 1929년 12월 서울지역의 학생운동 지도에 관련되어 간부들이 대거 검거되면서 더욱 위축되었다. 결국 근우회는 1931년 신간회 해소의 영향을 받아 해소 준비에 들어갔으나 전국대회도 열지못하고 해체되었다.

(3) 민족해방운동의 고양

임시정부 수립 3·1운동으로 승화된 민족의 열기를 타고 독립을 추구하는 움직임은 구체적인 정부형태의 모색으로까지 나아가 임시정부를 수립했다. 3·1운동 전후해 임시정부수립 움직임은 블라디보스톡 상해 서울의 세 곳에서 거의 동시에 추진되었다. 모두가 공화제 형태를 취해, 독립운동은 더 이상 왕정복고가 아니라 근대국가형태를 지향하고 있음을 보였다. 이 세 곳의 임시정부는 결국 이승만의 한성(서울)정부를 정통으로 인정하는 방식으로 통합했다. 그러나 상해에 임시정부를 설치한다는 것은 독립을 싸워서 쟁취한다는 의식을 약화시키고 오히려 외교를 통해 강대국에 독립을 호소하는 외교론적 독립운동을 전개하는 계기가 되었다. 식민지하에서 우리 민족을 대표할 것으로 예상했던 임시정부가 그 명칭에도 불구하고 독립운동의 주도체가 되지 못했던 것은 임시정부가 택한 독립운동 방식이 지닌 이 같은 문제점 때문이었다.
　상해에 위치한 임시정부는 실력양성론과 외교독립론의 입장에 서 있었고 이승만은 외교독립론에 서서 국제연맹 위임통치론을 주장하는 실정에 있었기 때문에 만주나 연해주에 있는 많은 독립군단체를 직접 통제하지 못하며, 이 지역 독립군운동의 주체가 될 수 없었다. 일부에서는 이 문제를 해결하기 위해 임시정부의 군무부를 만주 또는 노령으로 옮겨 적극적으로 군대를 양성하고 독립전쟁을 즉각 개시하자고 했으나 받아들여지지 않았다. 이후 임시정부는 파벌대립의 장으로 변했다.
　독립군의 활동　한편 해외에서의 독립운동에서 주도적 역할을 한 것은 오히려 의병전쟁의 맥을 잇는 독립전쟁의 흐름이었다. 이들은 만주나 간도, 연해주에 옮겨와 살던 교포사회를 기반으로 항일단체나 군사교육기관을 설치하고 독립군을 양성했다. 이들 독립군은 만주나 간도에 들어와 있던 일본군과 전투를 벌여 일제의 전력을 손상시키거나 국경을 넘어 국내진공을 시도했다. 이런 전쟁의 대표적인 사례가 청산리전투였다. 그러나 이들 역시 1920년대 중반에 들어서면서 활동이 침체했다.
　1910,20년대 독립군활동은 투쟁노선의 형식적인 면에서는 민족해방운동의 최고형태에 도달한 것이었지만, 조직노선과 정치노선이 취약하고 물적 대중적 토대가 빈약했기 때문에 만족할만한 성과를 거두지 못했다. 이들에게 가장 주요한 문제는 일제와 중국군벌이 합작해 일으킨 혹독한 탄압을 물리치는 것이지만 단순한 무력항쟁만으로는 근대적 제국주의인 일제를 무너뜨릴 수 없다는 인식이 생겼다. 이들은 이후에 참의부・정의부・신민부 등 몇 개의 세력으로 존속하다가 중일전쟁(1937)을 계기로 민족연합전선의 기치아래 임시정부의 광복군으로 통일했다.
　만주지역 이주자의 대부분은 국내에서 노동운동이나 농민운동을 통해 민족해방투쟁의 일익을 담당하다가 심해지는 일제의 탄압을 피해 유민이 되어 들어왔다는 점에서 만주지방 항일투쟁이 노동운동의 연장선에서 전환된 형태였다.(김윤환, 1991, 73~74쪽)

자치론의 대두 일제의 기만적인 '문화통치'는 새로운 친일파를 양성하는 한편 민족해방운동을 문화운동으로 유도하는 한편 나아가 참정권과 자치론 등을 제기하여 민족해방운동전선을 약화시키고 민족분열을 획책하기 위한 정책이었다.

이러한 조건하에서 독립운동 진영은 분열된 모습을 보이게 되었다. 이념적으로 크게 민족주의와 사회주의로 분열되는 모습이 점차 드러났고, 민족주의진영 내부에서도 3·1운동에서의 일제의 가혹한 탄압의 경험과 독립청원의 실현불가능성을 간파한 인사들의 '무력투쟁론', 제국주의 물리력의 압도적 우세 속에서 민족의 생존을 유지하며 장기적인 민족역량을 강화해야 한다는 '실력양성론' 혹은 준비론 그리고 독립을 위해서는 국제적인 협상과 지원이 필요하다고 인정하는 '외교론'으로 크게 나뉘었다. 이 가운데 국내 민족주의세력은 대체로 '독립의 시기상조'를 내세우며 개량적 타협적 노선을 걸었다.

조선총독부는 소에지마 미치마사(副島道正) 등 『경성일보』 간부의 건의를 받아들여 자치제 실시를 검토할 것처럼 행동했다. 송진우 김성수 최린 등 자치론자는 이러한 움직임에 주목해 현재 상태에서 조선의 독립운동은 불가능하니 차라리 자치운동으로 방향 전환해서 이에 대비해야 한다고 생각했다. 그들은 동아일보 그룹, 안창호의 국내 기반인 수양동우회, 천도교 신파 즉 최린의 기반인 천도교청년당과 조선농민사 등을 잠재적 기반으로 생각했다. 자치운동의 중심인물이었던 최린은 이 시기 일본으로 건너가서 "조선독립이 오늘날 불가능하다는데 대해 확신"하고 있으며, "조선의회 설치가 조선 민심의 안정을 꾀하는 데 가장 긴요"하다고 주장했다. 그러나 최린의 자치운동은 이렇다 할 성과를 거두지 못했다.

자치운동은 1926년 후반에 들어 비타협 민족주의자와 사회주의자의 강력한 반대로 일단 무산되었다. 오히려 1926년 말에서 1927년 초에 걸쳐 비타협 민족주의자와 사회주의자 사이의 민족협동전선체 결성 움직임이 본격화되었다. 이에 대해 조선총독부는 자치운동을 지원하는 한편, 장기적인 조선지배를 위해 자치의회 설치 계획안을 마련하는 등 그 동안 보류했던 자치제 실시 문제를 본격적으로 검토했다.

비타협 민족주의세력과 사회주의 세력이 신간회를 만들어 자치운동 배격을 대중적으로 확산시켜 나가는 상황 속에서, 동아일보 계열은 자치론의 공론화를 당분간 유보하고 수양동우회 등과 연대해 신간회 침투공작을 펼쳤다. 1927년 말 1928년 초 자치론자들은 독자적인 정치운동단체 결성 계획을 포기하고 일단 신간회를 자치운동에 활용하고자 했다. 그 결과 신간회 본부 내는 "타협적 민족주의 세력"의 영향력이 침투했고, 이에 대해 각지의 대중단체는 신간회 본부의 '우경화'를 강력히 비판하고 나섰다. 요컨대 자치운동은 '문화정치' 시기 민족해방운동전선에서 이탈한 세력이 일제의 분열정책에 호응하면서 나타난 결과였다.

이들 개량주의 운동세력의 일부는 비타협적 절대독립론을 견지하면서 이후까지 민족전선에서 이탈하지 않았으나, 상당수는 1920년대말 그리고 1930년대에 가서 대부분 일제에 투항하고 말았다. 국내의 민족주의자들은 무력으로 일제에 대항하는 것은 매우 무모한 일이라고 생각하면서, 교육 언론 등 문화사업을 도모해 민족의 생존을 유지하고 장기적으로 독립할 수 있는 역량을 길러야 한다고 생각했다. 특히 이들은 사회주의사상의 도입과 국내 민족운동의 좌경화에 상당한 거부감을 가졌다. 그러나 일제는 이들이 추진한 '물산장려운동' '자치운동' 등 일제와 정면대결을 회피하는 이들 운동조차 허용하지 않았다.

3) 노동자 민중의 조직

(1) 노동조합

노동조합의 조직 형태 1920년대 일제가 조선에서 식민지산업을 확장하면서 노동자계층이 증가했다. 그러나 이들의 노동조건은 식민지라는 상황 속에서 최악의 조건이었다. 이런 악조건은 당연히 노동자들의 저항을 불러왔고, 3·1운동을 경험하면서 높아진 노동자들의 정치의식은 노동운동의 중요성을 강조하는 사회주의 사상의 보급과 더불어 1920년대 노동운동의 성장을 가져다 준 주요한 원인이 되었다. 이러한 조건 속에서 1920년대 노동운동은 그 이전보다 더욱 강한 조직력과 정치성을 띠었다.

노동자 대중단체의 성장은 그 조직형태의 전진을 통해서도 알 수 있다. 초기에는 각종 직업을 가진 일체의 노동자를 망라한 일반조합(지역합동노조도 여기에 속함)에서 직업적 이해의 공통성에 기초한 동일 직종의 노동자를 포섭한 직업별 노조로 이행하고, 다음에는 직업별 노조의 지역연합체와 산업별 노조까지 불과 5~6년도 안되는 짧은 기간에 신속하게 성장했다.

1920년 4월 조선노동공제회 창립 전후 전국 각지에 '노동회' '노우회' '노동친목회' '노동조합' '노동계' 등의 이름을 내 건 노동단체들이 널리 조직되었다. 〈표 7〉에서 보듯이 1920년 33개 단체, 1921년 90여개, 1922년 81개, 1923년 111개의 단체가 조직되었다.

<표 7> 전국의 노동단체와 조합원수

연도	20	21	22	23	24	25	26	27	28	29	30	31	32	33	34	35
단체수	33	90	81	111	91	128	182	352	488	473	561	511	402	334	250	207
회원수									67220	61730			52988	41836	34460	28211

자료 : 회원수가 있는 연도와 1928년, 1929년 단체수는 『朝鮮の 治安狀況』 1930, 1933, 1936년판. 단체수만 있는 연도는 『最近における 朝鮮治安狀況』 1933년판, 169~169쪽.(고려대 노동문제연구소, 1999, 34쪽에서 재인용)

1920년대 초반 대부분 노동단체들은 봉건적 노무공급기구 성격을 지양하고 지식계발이나 상호부조, 환난상구 등을 주된 목적으로 하면서도 의식의 계몽과 단결, 연대성 촉구에 주력했다. 한편 이들 조합은 공장노동자도 있지만 대부분 자유노동자, 소작빈농으로 구성되어 지역 안의 다양한 직업을 가진 노동자를 망라한 지역노조였다. 그러므로 직업에 따른 공통의 이해 기반이 적어 조직의 공통 목표를 추구하는 데 일정한 한계가 있었다. 이에 따라 직업에 따른 노동조합을 조직하고 나아가 이들의 지역연합체 건설이 노동조합 조직의 대세가 되었다. 이러한 맥락에서 전국 각지 선진적 지식인과 선진노동자들이 기존의 노동조합이나 운동자간담회를 열어 직업별 노조를 결성하는데 역량을 집중했다.

3·1민족해방운동과 러시아 혁명을 배경으로 무산계급의 해방을 목표하는 새로운 단체들이 1922년 무렵부터 출현했다. 1920년 30여개이던 전국의 노동조합 수가 1920년대 후반 100여 개에 이르며, 1928년에는 거의 500개로 늘었다. 시기 업종 지역에 따라 차이가 있지만 노동단체의 조직률은 1920년대에 15% 내외로 추산되며, 각기 120~130명 정도의 회원을 가졌다.

노동조합 조직은 1920년대 초반 상이한 직업을 가진 노동자를 망라한 지역별 노조에서 각각의 직업이나 직능에 따른 직업별 노동조합 조직으로 발전했다. 초기 지역별 노조 형태는 두 가지로 나뉜다. 하나는 등짐지게 마차 등을 이용해 하물 운반에 종사하는 직종 등은 지역내 다양한 직업의 노동자들이 혼합되는데, 1920년대 초반 소도시나 농촌지역에 집중되었다. 다음은 운반과 운송에만 종사하는 경우는 적당한 직업의 명칭이 없고 또한 지역 자체가 노동권을 확보하는 기반으로 지역 명칭을 붙인 노동단체가 생겨났다.(고려대 노동문제연구소, 1999, 38쪽)

노동조합 결성은 다른 민중운동 영역과 밀접한 연관을 지녔다. 사회주의 운동의 영향 아래 노동조합은 당조직이나 사상단체의 지원 지도를 받았다. 선진적인 도시에서는 노동청년단체들이 직업별로 조직되고, 중앙의 청년동맹이나 지방의 청년회 청년동맹은 노동자 조직화와 노동운동 지원에 역량을 집중했다. 노동운동은 계급적, 민족적 과제를 해결하기 위해 사상운동 농민운동 청년운동 형평운동 여성운동 신간회 운동과 밀접한 연대 관계를 가졌다.

지역적 편차 노동운동의 발전에는 도시형성과 산업 발전 그리고 노동자 계급의식과 이데올로기의 보급에 따라 지역적 편차가 있다. 공장제도의 본격적 성립 이전인 1910년대에는 대부분의 노동자들이 항구지역에 모여 운수운반과 유통 등에 집중했다. 그러나 1920년대가 되면서 서울은 토착자본 형성이 제약되는 가운데 그것의 일정한 발전과 식민 자본의 영향력이 우세했다. 평양은 고무나 메리야스 등의 제한된 몇몇 토착 자본의 비중이 상대적으로 우세한 지역이었다. 이와 대조적으로 인구와 공업 발전의 일정한 사회적 기반이 있는데도 부산이나 대구는 노동운동이 활발하지 못했다. 이 두 범주의 중간에 해당되는 지역으로 목포가 있었다.

연맹체의 조직과 결성 일반적으로 노동운동의 발전은 일정 단계에서 보다 상위 차원에서 노동자들의 결합을 촉진했다. 우리의 경우 전국 각지에서 시 군 단위의 직업별 지역별 노조 결성운동을 바탕으로 먼저 1924년 4월 전국조직인 조선노농총동맹을 결성한 다음 1920년대 중반 전남북과 함남북 등 5, 6개 도연맹의 중간 연맹체를 조직했다. 도연맹은 조직결성 이후 이렇다할 활동을 보이지 못했다. 이러한 조직발전의 불균형은 조직 노동자의 내재적 발전에 따라 조직이 발전하기보다는 운동의 헤게모니 장악 차원에서 운동가들에 의해 조직되었기 때문이다. 노동조합의 조직과 노동운동의 고양에 따라 동일직종이나 산업부문에서 전국 조직 결성 움직임이 나타났다. 직업별 노조의 전국연합체는 신문배달업 철공업 인쇄업 양화 양말 양복 목공 노동자 등의 직업별 노조가 전국연합체를 조직했다. 직업별 노조의 전국조직은 전조선신문배달조합총동맹을 시작으로 1925년 하반기부터 시작해 1926년 2, 3월에 집중적으로 나타났다. 직업별 노조의 전국연맹체는 조선노농총동맹이 일제의 탄압으로 기능을 하지 못하던 상태에서 이를 대신하는 조직 위상을 가지고 추진되었다.

조선노동공제회 1920년대에 들어와 전국적 규모의 노동자 조직으로 조선노동공제회(朝鮮勞動共濟會)가 결성되었다. 1920년 2월 11일 서울 광무대에서 박중화 외 150명이 결성대회를 개최하고 4월 3일 명월관지점에서 발기인 총회를 열었다. 이 발기인 총회에는 박중화 외 240명이 참가하고 노동자가 100명 참가했다. 4월 11일 광무대에서 창립총회를 개최하고 회장에 박중화(朴重華), 총간사에 박이규(朴珥圭), 의사장에 오상근(吳詳根)을 각각 선출했다. 노동공제회는 "사람은 본연의 자유가 있으며 본연의 평등"이 있었지만 "인류생활상 계급이 발생해 자유평등을 구속하는 근거"가 되었으며 "자본주의는 독일에서 군국주의로, 영국에서 식민주의로, 불란서에서 사치주의로 전 세계를 진탕"하다가 드디어 "대서양을 건너서 동방각국을 침입"하므로 조직적 단체가 필요하다고 선언했다.18)

공제회는 노동자 계급의 대중적 기반이 취약했으므로 노자협조적이며 계몽적 사조을 띠었고 사회개량적이었다. 이것은 공제회의 목적에 잘 나타나 있다. 즉 공제회는 지식계발 품위향상 저축장려 위생장려 환난구제 직업소개 일반노동 상황의 조사연구 등을 목적으로 규정했다.

조선노동공제회는 조선에서 최초로 조직된 대규모의 노동단체이긴 하지만 노동운동을 위한 단체라기보다는 노사협조적 사회개량단체의 성격이 강했다. 그러나 기존 노동단체나 신설된 노동단체들이 지부의 형식으로 가입하면서 전국에 15개의 지부와 3개의 분회를 설립하고 기타 다수의 기존 노동단체를 자기 산하에 편입, 1만 5천여명에 달하는 회원을 가진 전국적 노동자 조직체로 발전했다. 뒤에 노동공제회는 조선노동총동맹으로 통합될 때까지 전국에 46개 지회와 6만 2천여명의 회원을 둔 큰 노동조직으로 성장했다. 그리고 초기의 사회개량적 성격

---

18) 동아일보 1922. 8. 2 노동공제회선언「소작인은 단결하라」.

도 점차 변화해 노동자단체로서의 성격이 확산되었다. 노동공제회는 『공제(共濟)』라는 잡지를 발간하면서 계몽 강연, 소비조합 설립, 노동쟁의 진상조사와 중재 등의 활동을 폈다.

이 조직은 의사 변호사 등 지식인 중심이고 실제 공장노동자수는 소수였고 또 그 중앙기구 안에는 차금봉(車今奉 : 1898~29)과 같은 선진적 노동자가 있는 한편 개량주의적 세력도 있었다. 또한 조합비를 징수할 단계가 되지 못했으므로 제반경비는 기부에 의존했다. 그러므로 "노동공제회 발기인 대부분이 용사계급(傭事階級) 내지 제3계급의 제군"19)이었고 그 지도부에 소시민적 인텔리가 많았으므로 "실제에 있어서는 노동조합이라기 보다는 정치적 사회적 집단이었으며 임금이나 노동조건에 관해서는 무관심했고 조국의 독립을 위해 투쟁했다".(박영기, 연도미상, 『Trade Unionism in Korea』 참조) 그 구성원이나 강령과 취지문을 보아도 사상의 통일이 안되었고 전근대적 성격도 엿보이는 미분화된 노농운동단체였다.(서중석, 1991, 90쪽) 공제회는 노동자의 계급적 이해에 입각한 단체는 아니었고 다만 노동사상을 보급하는 역할에 그쳤다. 한편 거의 같은 시기에 서울에 '노동대회'를 조직하고 각 지역에 지부를 두었다.

그러나 일본제국주의가 이러한 민족주의적인 성격을 띤 노동단체를 가만히 둘 리 없었다. 1922년 공제회장 박중화를 체포 투옥해 탄압을 개시했다. 그리해 공제회는 세력이 미약해져 1922년 10월 15일 인사동 회관에서 발전적으로 해체해 조선노동연맹에 흡수되었다.

조선노동연맹회 노동공제회가 해체된 뒤에 노동조합연합체로서 '조선노동연맹회(朝鮮勞動聯盟會)'가 결성되었다. 조선노동공제회가 창립 당초 조선노동연맹회는 막연하나마 자본주의 제도의 폐단을 느끼고 노동자의 단결된 힘으로 신사회 건설에 매진할 것을 결의하는 등 이념상

---

19) 동아일보 1920. 5. 1 유진희(兪鎭熙), 「노동자의 지도와 교육」.

발전한 모습을 보였다.

노동연맹은 1922년 10월 16일 밤 YMCA에서 인쇄직공친목회 전차종업원조합 양복직공조합 이발조합 공우협회(工友協會) 진주노동공제회 감포노동공제회의 대표가 참가해 결성준비 모임을 개최하고 18일 밤 장사동 동양염직회사 공우협회 사무실에서 결성식을 거행해 중앙위원으로 백광흠(白光欽)·김광근(金光謹)·김상진 외 26명을 선출했다.

노동연맹은 60여개에 달하는 노동자, 농민단체를 포괄했으며, 조직대중 3만여명을 포함했다. 노동자의 이익을 대표하는 단체로 조직되어 농민운동과 노동운동을 지도하면서 각 지방에 노동조합 결성에 주력했다. 1923년부터는 연해주 방면에서 서초(徐超)가 입국해 계급의식을 가진 사회주의 노선으로 지도이념을 내세우고 세력을 확장했다. 이 조직의 강령은 "오인은 사회역사의 필연한 진화법칙에 따라 신사회의 건설을 기한다" "오인은 공동의 힘으로 생활을 개조하기 위한 지식의 계발, 기술의 진보를 기도함" "오인은 현 사회의 계급적 의식에 의해 일치단결을 기도함"이었다.(신용하, 1989, 55~96쪽) 이 강령은 노동공제회가 노자협조적인 사회개량을 지향한데 비해 막연하나마 자본주의 제도의 폐단을 느끼고 노동자의 단결된 힘으로 신사회 건설에 매진한다는, 계급적 목표가 한층 선명한 것은 이 시기에 사회주의 사조가 상당히 퍼지고 그 사상단체들이 성립된 데 영향을 받은 것이다. 노동연맹회는 1923년 5·1절 기념 투쟁을 조직했다. 그리고 기존 조직이 개별가입이었던 데 비해 노동연맹회는 이미 결성되기 시작한 직업별 노동조합과 다양한 직업의 노동자들이 지역별 연합노동조합의 단체별로 가입하는 연합체였다.

조선노동연맹회가 성립된 뒤 전국 각 지역에는 남선노동동맹 전라노동연맹 평양조선노동동맹회 경기직공조합 서울양화조합 진주노동공제회 청진노동공제회 광주소작인조합 순천농민연합회 등 많은 노동 농민 단체들이 성립되었다. 그러나 노동연맹은 일제의 탄압과 노동자 계급의식을 높이고 노동자의 투쟁역량을 전국적으로 결집할 필요에 따라 1924년 4월 '조선노농총동맹'이 결성되자 이에 합류했다.

조선노농총동맹 조선노농총동맹은 1924년 4월 15일 82개 단체의 대표 97명이 서울 YMCA에서 회의를 가졌고, 4월 16일 88개 단체 대표 87명이 참가하고 4월 17일 전조선노동대회, 남조선노동동맹, 노동연맹의 135개 단체 대표 200여명이 YMCA에서 결성대회를 개최하고 4월 18일 167개 단체 대표 204명의 참가를 얻어 광무대에서 창립총회를 열고 중앙위원으로 정운해(鄭雲海)·이학수(李學洙)·김종범(金鐘範) 외 47명을 선출했다.

노농총동맹의 강령은 "노동자 농민 계급을 해방해 완전한 신사회의 건설을 기한다" "단결의 위력으로써 최후의 승리를 전취할 때까지 철저히 자본가계급과 투쟁한다"는 강령을 가졌으며 산하단체는 260여개, 회원수는 5만 3천여명이었다.

조선노농총동맹은 조선노동공제회나 조선노동연맹회에 비해 계급적 성격이 강화되고 전국 노동자 농민 단체를 총망라해 결성되었다는 점에서 크게 진전했다. 특히 주목해야 할 것은 조선노동공제회의 강령이 "조선노동사회의 개조"를 애매하게 명시했던 데 반해 조선노농총동맹의 강령은 "노동자 농민계급의 해방" "완전한 신사회 건설" "자본가 계급과의 철저한 투쟁" "노동자 농민 계급의 복리증진과 경제적 향상" 등을 선언했다. 이는 그만큼 노동자들의 계급의식이 성장했음을 반영했다.

그러나 조선노동공제회에서 조선노농총동맹에 이르는 1920년대 전반기의 노동운동은 지역별 조직 중심이면서 그 속에는 농업노동자 공장노동자 기타 자유노동자들이 혼재해 있었다. 아직 농민운동과 노동운동이 미분화 상태에 있었고, 도시 노동자들도 농촌에서 완전히 떠났다고 볼 수 없는 1세대 노동자들이 많았다. 실제로 많은 사회운동자들이 농업국인 조선의 노동문제는 도시보다 농촌에 있다고 주장했다.(서중석, 1991, 91쪽)

노농총동맹은 결성 이후 일체 집회가 금지되었으므로 표면적으로 적극적인 활동은 하지 못하고 다만 노동자 농민의 단체조직과 그들의 계급의식 앙양과 계급투쟁의 지도라는 범위를 벗어나지 못했다. 노동운동은 관념적 경제투쟁을 지도방침으로 했으며 자연발생적 원시적 비조직적 투쟁으로 전개되었다. 그러므로 당시 파업 47건 참가인원 약 7천명, 소작쟁의 2백건 참가인원 1만여명의 비교적 광범한 투쟁이 있었으나 적극적인 반일정치투쟁의 요소가 아직은 박약했으며, 오직 투쟁의 귀중한 경험을 축적했다는 의의가 있다. 1925년 경전파업의 여파로 노동운동은 종래의 운동방침을 개선해 반일투쟁을 더욱 전투적으로 수행하기 위해 노동계급의 정치적 의식을 환기할 필요성이 제기되었다.

조선공산당이 조직되면서 그 지도에 의해 1926년 12월 '조선노농운동에 대한 신정책'을 발표했다. 그 요지는 노농운동은 첫째 경제투쟁을 위주로 한 대중적 조합운동에도 불구하고 과거의 운동조직은 소수 선각자의 사상운동조직에 불과했다는 점, 둘째 노동자와 농민은 본디 계급적 차별성이 있는 존재임에도 불구하고 양자를 한 조합 내에 혼합해 운동의 발전을 저해했으므로 앞으로는 분맹(分盟)을 한 뒤 두 동맹 사이의 협조기관을 설치해야 한다는 점, 셋째 종래에는 정치투쟁을 부정해왔으나 이후에는 노동대중의 정치의식을 향상시켜 적극적 정치투쟁을 전개해야 한다는 점 등이었다. 그 해 11월 29일 농총과 분리를 결정하고 1926년 4월 22일 분립대회를 개최할 예정이었으나 집회는 금지되었다. 그래서 1927년 9월 7일 서면대회로 노농총동맹은 '조선노동총동맹'과 '조선농민총동맹'으로 분해했다.

조선노동총동맹 노동운동의 성장은 1920년대 후반기 들어서면 더욱 뚜렷한 모습으로 나타났다. 이는 노동운동만이 아니라 농민운동의 경우에도 마찬가지였다.

1925년 조공이 성립되어 그 지도 아래 1925년 11월 조선노농총동맹에서 노동단체와 농민단체를 따로 조직하는 것이 바람직하다고 결의,

각 지방의 조직개편 작업을 진행시켰다. 그러나 일제의 전국대회 방해로 1927년에 가서야 조직적으로 조선노동총동맹과 조선농민총동맹의 완전한 분리가 결정되었다. 이로써 지금까지의 노농 미분리의 혼합적 형태를 벗어나 노동자들만의 전국적 단일 조직이 형성되었으며, 보다 높은 차원에서 그 활동을 심화시켰다. 1920년대 후반기 지역별 산업별 노동조합 연합체가 나타나면서 노동운동의 조직이 더욱 심화했다.

노동총동맹은 조직단체수 56개, 조직대중 2만여명으로 조직되고(포스터, 『세계노동운동사』, 1987에서는 4만 4000명), 위원장에 이낙영(李樂永), 위원으로 남윤구·전경식·이수을 외 22명을 선출했다. 그리고 노동총동맹은 노동자의 계급의식 강화, 8시간 노동제와 최저임금제 실시를 강령으로 채택했다. 자유노동자와 소규모 공업노동자의 지역적 조직이었던 것을 대규모 공장 광산 교통기관 노동자의 산업별 조직으로 발전시켰다. 그러나 일제의 전면 탄압과 고문 검속 집회금지 등으로 합법적 활동은 못한 채 해방될 때까지 지하운동을 계속했다. 이와 같이 일제의 탄압 아래서도 노동총동맹은 지역별 산업별 노동조합 연합체를 만들기 위해 노력을 계속하면서 각 지방의 노동쟁의를 지도했다. 그러나 조선노동총동맹은 1920년대 말 개량주의로 규정되고 노동조합운동의 흐름은 혁명적 노동조합운동으로 전화했다.

1928년 3월 제3차 공산당 사건으로 이낙영 등 중앙간부가 대부분 검거돼 타격이 컸다. 노동총동맹의 중앙위원 차금봉이 제4차 공산당 책임비서가 되면서 조선공산당은 노동운동을 적극적으로 지도해 나갔고 이후 1928년 7월에 시작된 4차 공산당 탄압으로 노동총동맹이 다시 전면적으로 파괴된 뒤 한 때 침체기에 빠졌다가 1927년 9월 중앙기구를 재편했다. 노농조직의 분리 당시에 가맹단체 156개, 회원 2만 600여명이던 노동총동맹은 1932년 현재 가맹단체 56개, 회원 1만 8천여명으로 줄었다.

이 밖에도 전국적 규모는 아니나 비교적 큰 조직을 가진 노동단체도 상당수 있었다. 특히 1924년에는 조직화가 강력히 추진되어 남조선노동동맹 남조선노농동맹 노농연합회가 결성되었다. 일제의 통계에서 보더라도 1925년의 경우 노동단체 수는 128개에 이르렀다.

산별노조 조직의 배경 먼저 전세계 노동운동의 대세인 산별노조운동이 식민지 조선으로 '이입'한 점이었다. 조선문제에 대한 코민테른 결정서(1928. 1)에서 프롤레타리아의 대중조직은 산업별 조직이며 그것의 조직이 공산주의자의 임무라고 해 조선에 산업별 조합의 조직을 촉구했다. 조선노농총동맹 상무집행위원회는 노동 농민 양 동맹의 분리방침에 관한 규약 통과에서 산별노조로의 이행을 제시했다.(1927. 8) 1930년 이후 일본 독점자본의 투자에 따라 특히 군수산업 부문을 중심으로 양적 질적으로 급히 성장했다. 또한 1929년 대공황을 계기로 진전된 산업합리화 정책으로 숙련노동이 후퇴하고 미숙련 노동자가 급증했다. 이러한 상황에서 직능이나 숙련에 따른 직업별 노조를 기초로 한 지역적 협소함을 극복하고 전국적 조직 건설의 필요성이 제기되면서 미조직노동자의 조직과 아울러 산별노조로의 개편이 대안으로 제시되었다. 또한 1920년대 전반 운동의 성과를 통해 노동현장에서 일정하게 확립된 권리와 행동에 따라 그 내재적 근거가 마련되었다.

이 시기 산별노조 건설운동은 이전의 운동성과를 바탕으로 제기되었으며, 이 운동을 통해 ① 미숙련, 실업노동자의 증대에 따른 노동조합의 조직을 개편하고, ② 노조 활동과 조직 중심이 공장과 기업으로 설정되면서 공장반 등을 설치하고, ③ 전국적 조직을 건설하려는 새로운 조직방침과 전략이 시도되었다.

전국적 산별노조 조직의 구상은 각 작업장에서 3~5명으로 구성된 공장반(세포)을 기초로 노조 분회를 조직하고 각 지역에 산업별 좌익노조(지회)를 결성하는 한편 각 산별 지부는 지역적으로 지부(지방) → 도 → 중앙(전국)의 협의회를 아래로부터 위로 조직한 다음 이를 통일해 전조선 좌익 노동조합을 조직하려는 것이었다. 산별노조 재편과 관련해

이 시기 노조들은 부인부나 청소년부 실업부 등의 전문부서를 설치한 것도 미숙련노동자의 대다수를 이루는 여성이나 청년, 소년 혹은 실업자를 단일조직으로 묶으려는 노력이었다. 출판노조는 1931년 무렵의 조직부서로 이전의 인쇄공조합과 유사한 상무부 선전조직부 조사연구부 법률쟁의부 재정부 교육출판부에 더해 공제부 부인부 실업부 청소년부를 설치했다. 청소년부는 1928년 6월 원산노동연합회에서 '전위군'을 양성하기 위해 처음으로 신설했다.(김경일, 1992, 253~259쪽)

그러나 1931년 만주사변 이후 일제 경찰에 의해 산별노조 전환 노력이 금지되고 노동조합의 합법적 영역이 없어지면서 산별노조운동은 꽃을 피우지 못하고 서울 평양을 시작으로 혁명적 노동조합운동으로 전환했다. 표면적인 대중단체를 통한 산별노조의 결성은 결국 이루어지지 못했지만 합법영역에서 지속적으로 전개한 전국적 단일조직 건설 운동은 8·15 이후 산별노조 건설의 기초가 되었다.

산별노조의 전개 세계노동운동사에서 노동조합이 일반적으로 직업별 조합에서 산업별 노조로 이행하듯이, 일제 아래 노동조합은 비록 짧은 기간이지만 이러한 일반적 형태를 밟았다.

산별노조 방침은 1926~27년 채택되어 1928년 6월 서울 인쇄출판업에서 먼저 추진하고, 이후 1930~31년 전국 각지 노동단체가 추진했다. 서울인쇄직공조합(화요계)과 서울인쇄직공동맹(서울청년계)은 1926년 3월 전조선인쇄직공총연맹 창립총회에서 산별노조 건설 방침을 채택했다. 1927년 4월 인쇄직공조합과 인쇄직공연맹 양 단체의 합동위원회가 열려 서울인쇄공조합을 설립했다. 강령은 인쇄노동대중의 해방과 합리적이고 공정한 사회생활의 실현을 기한다는 것이었다. 아울러 노동자의 단결권 확립, 8시간 노동제의 실시, 야업수당 증가, 해고수당 제정 등 8개조의 주장을 채택했다. 이후 인쇄공조합은 이 지역에서 맹렬히 활동했다. 구체적으로 노동운동의 방향전환에 따라 신간회를 지원하고 1927년 5월 열린 조선사회단체중앙협의회에 참가해 정치운동에 적극 참여했다.

　인쇄공노조는 회령인쇄노동자 파업(1927. 8)을 적극 지원하고, 대동인쇄 파업(1927. 7), 대성당 인쇄노동자 파업(1928. 3)을 연대 지지했다. 연대의 배경에는 '투쟁의 힘은 단결'이라는 표어에서 보듯이 대립적인 노동단체가 통일되면서 역량을 집중했기 때문이다.

　서울 인쇄직공조합과 인쇄직공동맹은 합동해 만든 인쇄공조합은 1928년 6월 10일 출판노동조합이라는 산별 노조로 전환했다. 이 시기는 1926년 운동전선의 통일과 파벌주의 박멸을 도처에서 선전하고, 화요회 북풍회 노동당 무산자동맹회의 4단체 합동위원회(이후 정우회로 발전)와 전진회의 합동 간담회, 각기 화요계와 서울계의 주도 아래 있던 노총과 청총의 5·1절 연합준비 등의 움직임이 있었다. 정우회가 파벌주의 죄악을 밝히며 해산하고 1927년 2월 신간회를 설립한 것과 일치했다.

　이후 1931년까지 산별노조 조직 개편이 부산 원산 나남 평양에서 이어졌다. 1930년5월 서울출판노조 조합원 위안회에서는 "① 우리는 출판노동자의 경제적 이익을 획득하기 위해 투쟁했다, ② 우리는 출판노동자의 계급적 훈련을 획득하기 위해 노력한다"는 2개조의 기본강령 아래 다음 10개조항의 행동강령을 발표했다.(김경일, 1992, 247쪽)

　　1. 8시간 노동제의 실시
　　2. 최저임금 제정
　　3. 불법해고에 대한 보장
　　4. 해고수당의 제정
　　5. 노동자 단결권의 확립
　　6. 대우개선
　　7. 악공장의 규칙 제정
　　8. 임시공제도의 철폐
　　9. 부인 소년 노동자의 야업 철폐
　　10. 이병시(罹病時) 반액임금제도

이러한 내용은 노동자의 산업별 요구를 담은 내용이었다. 이에 기초해 출판노조(1931)와 평양, 원산 출판노조에서는 좀더 진전된 슬로건을 채택했다. 그러나 1931년 4월 서울출판노조 제4회 정기대회에서는 조선인쇄직공총연맹에 관한 안건이 채택되고 지방출판노조는 전국 파견 대의원을 선출하지만, 경찰의 금지로 이루어지지 못했다. 그런데 해방 공간에서 인쇄노동자들은 산별조직으로 출판노조를 결성하고 전평에서 주도적 역할을 했다.

인쇄업의 합동 이후 다른 부문에서도 노동단체들이 합동했다. 양말직공조합과 철공조합, 도형직공상조회 등 산하의 소규모 공장 노동자들이 경룡합동노조를 조직했다. 경성자유노동조합과 노동자치회의 광희동 의주로 일대의 자유노동자들이 합동해 경성노동자동우회를 조직했다.(1929. 1)

지역에서도 합동을 추진했다. 군산 노동연맹은 1928년 5월 노동자 출신만으로 구성된 대의원회를 설치하고, 스탠다드석유회사의 석유운반 문제로 분열된 유사 노동단체의 합병을 추진했다. 이에 따라 군산노동회와 공제회를 군산합동노조로, 철도노동회와 동신노조를 운수노동조합으로 하고 하차와 우차조합의 통합을 추진했다.

산별노조로의 조직 재편은 다른 부문에서도 추진했다. 서울의 경룡합동노조도 산업별 재조직을 전제로 한 것이었다. 이러한 맥락에서 부산노우회가 합동노조로 개편하고(1929. 5), 서울 목공조합과 경성가구수선공조합도 합동하고(1931), 평양에서는 신수구노조를 북부노조로 개편하는 것을 시작으로 동 서 남 북 지역노조를 추진하고 이를 다시 산별노조로 개편할 계획을 세우고, 노동대회는 교통운수노조로 개편했다.(1931. 4) 이 밖에 전주노동연맹은 8개 세포단체 가운데 철공 배달 인쇄 양화 제과 등 5개 조합을 우선 합동시키고(1928. 7), 1929년 총파업이래 일제의 금지로 집회를 가질 수 없던 원산노련도 산별로 재조직하려고 대회 소집을 결정했다.(1929. 11)

출판노조에 이어 조직된 전기종업원조합(1929. 7. 20), 전조선운수조합기성회(1930. 4) 역시 전국 산별조직을 목표로 한 것이었다.

노조활동과 문화 1920년대 전반기에 민족적 계몽이나 여가와 오락의 장으로 출발한 노동조합의 문화선전 활동은 중반이 되어 현실비판 활동을 통해 이념지향적인 문화형식을 갖는다. 노동조합은 조합원의 의식화를 위해 기관지 신문 혹은 회보를 발간했다. 서울 인쇄노동자는 1920년 초부터 1930년대까지『인쇄직공구제회보』,『경성인공조합월보』,『연우(鉛友)』,『인쇄공』,『출판노조월보』를 발간했다. 경성노동회의『노동운동』, 전주의『해방전선』, 원산과 함흥 노련의『노동운동』과 마산노동회의『첫소리』등이다. 계몽과 지식의 전파를 위해 강연회나 강좌, 연설회 또는 토론회를 열었다. 그 내용은 1920년대 전반에는 노동의 의의와 근검절약, 일반 교양이나 계몽 중심이던 것이 1920년대 중반에는 사회의식과 계급의식의 고양, 자본주의 사회의 이해, 마르크스레닌주의의 노동문제 인식 등이었다. 한편 조합원을 위한 위안회, 원족회遠足會, 야유회 혹은 운동회를 열었다. 1930년 5월 서울 천도교기념관에서 열린 출판노조 춘기위안회에는 여성 200명을 포함한 900여 명의 조합원과 가족이 참석했다. 연극은 교양과 조합, 야학, 공동숙박소 의 기금마련을 위해 열었다. 그 제목은『세속의 정』,『희생』,『노동은 신성하다』,『눈뜬자의 고민』,『혈루(血淚) 10년』등이다. 그 밖에 독서회, 학술연구반, 교양문고나 순회문고의 운영, 노동독본의 편찬 등의 활동이 있었다. 노동운동의 슬로건은「동일노동에 동일임금 지급」,「유년과 부인노동의 야업과 갱내 위험작업 금지」와 같은 노동에 관한 요구와「봉건허례 타파」,「여성과 청소년 차별 철폐」,「미성년 남녀의 결혼금지」,「인신매매 금지」,「공창 금지」등이다.

(2) 정치조직

사회주의 사상의 확산 3·1운동 이후 사회주의사상이 확산되었다. 러시아혁명의 성공과 민족자결주의의 허구성 확인, 민족주의운동의 한계와 변절, 특히 1920년대 전반기 소작쟁의, 노동쟁의 등 대중투쟁의 고양 등은 사회주의사상이 쉽사리 민족해방운동의 새로운 지주로서 보급될 수 있는 환경을 만들었다. 초기에 결성된 사회주의단체로 중요한 것은 북성회(北星會)와 신사상연구회이었다. 북성회는 1923년 1월 15일 동경에서 김약수(金若水) 등 60여명이 모여 조직한 단체로 조선에서 사회주의사상을 선전하는 데 주력했다. 북성회는 1925년 1월에 일월회(一月會)로 바뀌었는데, 회원들도 바뀌었다. 주요한 멤버로는 안광천(安光泉)·이여성(李如星)·하필원(河弼源)·최익한(崔益翰) 등이었다. 이것과 별도로 1923년 7월 7일 서울에서 홍명희(洪命熹) 등이 신사상연구회를 조직했다. 이 연구회는 1924년 11월에 화요회(火曜會)로 명칭을 바꾸었으며, 주요한 멤버로는 김재봉(金在鳳)·조동우(趙東祐)·조봉암(曺奉岩)·김단야(金丹冶)·박헌영(朴憲永)·권오설(權五卨) 등이었다.

이 무렵『동아일보』,『조선일보』등의 일간지가 「맑스사상의 개요」, 「맑스의 유물사관」 등을 연재했고, 『신생활』, 『신천지』, 『조선지광(朝鮮之光)』 등의 출판물이 사회주의 사상을 소개했다. 1926년 현재 3,380여 개의 사상단체가 조직되어 국내에서 조선공산당 성립의 배경을 이루었다.

러시아 극동지역에는 조선 이주민 약 25만명이 살았는데, 이들은 권업회라는 단체를 만들어『권업신문』도 발행했다. 러시아 혁명 뒤 전로한족회(全露韓族會) 중앙총회(1917. 5)를 결성했는데, 여기에는 이동휘 같은 국내 신민회 활동에 참여했다가 망명한 사람들이 참여했다. 이동휘·박애·김립·김알렉산드라 뻬뜨로브나 등 볼쉐비키에 찬성

한 정치세력들이 최초의 공산주의단체인 한인사회당을 창립했다.(1918. 5. 10)

1920년대 초 각 지방에서 성립된 조선인 공산주의단체들은 차차 국내외 전체 조선민족의 단일 공산당을 성립시키기 위한 운동을 벌여갔다. 그 과정에서 이르쿠츠크 공산당 고려부를 중심으로 '전로고려공산당단체중앙위원회'가 성립되어(1920.7) '이르쿠츠크'가 되고, 상해한인공산당이 치따에 본거를 둔 러시아공산당 극동국 한인부와 함께 '상해파'를 이루었다.(1920.10)

한편 코민테른에서도 상해파 이르쿠츠크의 통일을 위해 2차에 걸쳐 (1921, 1922) 조선문제 결정서를 채택하고 같은 수의 두 파 대표자로 고려공산당 임시중앙간부를 구성했다. 그리고 거의 같은 수의 두 파 대표를 베르흐네우진스끄에 모아 두 당의 통일을 위한 고려공산당대회를 개최했다.(1922. 10) 그러나 러시아 귀화인과 비귀화인 사이의 대립, 자유시사변의 응어리, 모스크바 자금 40만 루불의 사용문제 등이 해소되지 못해 베르흐네우진스끄회의도 실패했다.

이후 코민테른은 두 파의 고려공산당을 모두 해체시켰다.(1922. 12) 두 고려공산당 해체 후 코민테른은 상해파의 이동휘, 이르쿠츠크의 한명서(韓明瑞), 국내파의 정재달(鄭在達 : 1895~?) 등을 위원으로 하는 '꼬르뷰로' 즉 고려국(高麗局)을 블라디보스토크에 두고 조선공산주의운동을 관할했으나 상해파와 이르쿠츠크의 반목은 계속되었다. 코민테른은 다시 코르뷰로를 해체하고 조선공산당을 조직하기 위한 준비기관으로 '오르뷰로' 즉 조직국을 설치했다.(1924. 3)

조선공산당의 조직과 활동 1924년에는 사회주의자들의 주도 아래 대중단체들의 통일성을 기하려는 노력이 있었다. 1924년 서울에서는 조선노농총동맹과 조선청년총동맹이 결성되었다. 이와 같은 대중단체와 사회주의적 단체들을 기반으로 1925년 4월에 코민테른에서 파견된 김재봉(金在鳳 : 1890~1944)을 책임비서로 하는 조선공산당(1925. 4.

17)과 고려공산청년동맹이 결성되면서 조선에서의 사회주의운동은 새로운 단계에 들어갔다. 코민테른의 지부 승인을 얻은 제1차 공산당은 서울계가 배제된 채 화요회계와 북풍회계를 중심으로 조직되었고, 고려공산청년회도 박헌영朴憲永(1900~55) 책임비서 등 화요회계 중심으로 이루어져 공산주의운동의 통일성을 잃었다.

제1차당은 중앙조직이 검거될 때까지 강령을 채택하지 못했으나 총 12장 95개조로 된 당규약을 정했다. 그것에 의하면 당의 최고기관은 당대회이며 중앙집행위원은 당대회에서 선출하고 당의 기본조직은 야쩨이까(세포)로 하며 당원은 정당원과 후보당원으로 구성했다.

한편 조선공산당 당면문제 슬로건은 '일본 제국주의 통치의 완전한 타도, 조선의 완전한 독립' '8시간 노동제(광산은 6시간 노동), 노임증가와 최저임금제 제정, 실업자 구제, 사회보험제 실시' '부녀의 정치적 경제적 사회적 일체 권리의 평등, 노동부녀의 산전 산후의 휴식과 임금 지불' '언론 출판 집회 결사의 자유, 식민지 노예화교육 박멸' '민족개량주의자와 사회투기주의자의 기만을 폭로하자' '제국주의 침략전쟁을 반제국주의 혁명전쟁으로' '중국 노농혁명의 지지, 소비에트 연방의 옹호' '일본의 물화(物貨)를 배척하라, 조선인 관리는 전원 퇴직하라, 일본인 공장의 노동자는 총파업하라' '일본인 지주에게 소작료를 내지 말라, 일본인 교원에게 배우지 말라, 일본인 상인과의 관계를 단절하라' '재옥 혁명수를 석방하라, 군대와 헌병을 철거하라' 등이었다.

당시 국제공산주의운동은 코민테른의 통일적 지도 아래 각국 공산당은 코민테른의 지부로 승인을 받아야 했다. 조선공산당도 대표를 모스크바로 보내 1926년 4월 코민테른에서 정식으로 조선지부로 승인 받았다.

고려공산청년회는 합법단체인 조선청년총동맹에 가입해 27개의 군동맹과 9개의 도연맹을 조직하고 모스크바 공산대학에 21명의 유학생을 파견했다. 한편 『조선지광』을 인수하고 『신흥청년』을 간행할 계획을 세우기도 했다. 그러나 곧 신의주에서 청년회원이 변호사를 구타한 사건을 계기로 그 조직이 탄로가 났다. 220명이 검거되어 박헌영, 주세죽(朱世竹), 홍증식 등 101명이 재판에 회부되었고, 83명이 유죄판결을 받은 '제1차 공산당사건'20)이 일어나면서(1925. 11) 치명적인 타격을 받았다.

신의주사건이 일어나자 잠복 중이던 책임비서 김재봉은 조선일보 전주지국장으로 있던 강달영(姜達永 : 1887~1942)에게 당의 재건을 위임했다. 강달영을 책임비서로 하는 제2차 조선공산당이 조직되는 (1925. 12) 한편 권오설權五卨(1899~1930)을 책임비서로 하는 고려공산청년회도 다시 조직되었다. 제2차 공산당은 화요회 중심의 제1차당의 후속당이었으나 특히 공산청년회 쪽에서 서울파 중심으로 고려공산당청년동맹과 통일전선을 이루려는 움직임이 나타났다. 또 정치적 목적을 민족주의자와 사회주의자가 협동전선을 이루어 '국민당'을 건설하는 데 두려는 구상이 나타나기도 했다. 사회주의세력 내부의 통일을 이루고, 민족주의 세력과의 통일전선을 지향하는 이같은 움직임이 2차당 당시에는 실천되지 않았으나 제3차당 노선에 큰 영향을 주었다. 조선공산당 만주총국(1926, 책임자 : 최원택)과 일본총국(1927. 4)을 건설했다.

제2차 조선공산당의 조직은 6·10만세운동으로 탄로가 났다. 순종(純宗)의 장례를 계기로 만세시위를 벌인 이 운동에 고려공산청년회 책임비서 권오설이 격문과 전단을 인쇄 살포하려다 사전에 발각되었다. 그것이 계기가 되어 권오설, 강달영을 비롯한 전국 100여명의 당원이 검거되어 82명에게 실형이 언도되고 제2차당은 사실상 해체되었

---

20) 제1차 조선공산당 사건은 1912년에 일어난 데라우치(寺內正毅) 총독 암살 음모의 105인 사건, 기미년 3·1운동 당시의 48인 사건과 아울러 조선의 3대 사건으로 불렸다. 또 조선공산당 사건은 미국의 자코반제티 사형사건과 더불어 1927년에 들어 전 세계 노동계급의 격동을 일으킨 두 가지 사건이었다.

다.(1926~28)

제1, 2차 공산당사건으로 화요회계가 중요 간부들이 거의 검거되거나 해외로 망명해 크게 약세가 된 상황에서 김철수(金錣洙21) : 1893~1986)를 책임비서로 하는 ML당으로 불린 제3차 조선공산당이 조직되었다.(1926. 9) 이후 창당대회인 제1회 대회에 이어 개최된 조선공산당 제2회 대회는(1926. 12) 다시 일본에서 조직된 일월회계의 안광천(安光泉 : 1896~?)을 책임비서로 하고 화요회계, 서울파, 무파벌 사회주의자 등이 참가한 '통일공산당'의 성격을 이루는 한편 김철수를 코민테른에 파견해 그 승인을 받았다. 이 제3차 공산당을 ML당(마르크스 레닌주의 당)이라고 부르는데 종래의 분파투쟁을 청산한다는 기치를 걸고 활동했다. 그러나 당의 책임비서가 김철수(金錣洙) → 안광천 → 김준연(金俊淵) → 김세연(金世淵) 앞길이 순탄치 않았다.

제2차당 당시 안광천 등이 주도한 사상운동단체인 정우회(正友會)는 공산주의운동의 분파투쟁 청산, 비타협적 민족부르조아지와의 민족협동전선 조직, 계급투쟁 중심의 노선에서 민족독립 정치투쟁노선으로 전환 등을 표방한 '정우회선언'을 발표해(1926. 8) 민족협동전선 결성을 주장했다. 조선공산당은 안광천이 제2차당의 책임비서가 되고 "민족적 단일협동전선당의 매개형태로"의 신간회(新幹會) 결성에 적극 참가했다.

---

21) 김철수는 전북 부안에서 나서 1912년 일본 와세다대학 전문부 정치과에 입학하고, 1920년 서울에서 공산주의단체 사회혁명당 조직에 참여하고 1921년 상해에서 열린 고려공산당 창립대회에 국내 대표단의 일원으로 참가하고 코민테른 자금 40만 루블을 주관해 반일독립군 양성, 국내공작, 일본 효민(曉民)공산당건설, 중국공산당 활동에 지출했다. 1926년 조선공산당 책임비서가 되고 1927년 당내 ML파의 전횡에 반대하는 서울상해파 결성에 참여하고, 1929년 길림성에서 조공재건설준비위원회 위원장이 되고, 1930년 체포되어 10년형 선고를 받았다. 1945년 8월 출옥 뒤 조공 중앙위원에 피선되고 1946년 8월 3당합당 문제와 관련해 박헌영 중앙에 반대하는 성명서 「합당 문제에 대해 당내 동지 제군에게 고함」에 서명한 문제로 무기정권을 받았다. 1986년 고향에서 타계하고, 자서전을 남겼다.

한편 고광수(高光洙 : 1900~30)를 책임비서로 하는 제3차당의 고려공산청년회는 서울파 고려공산청년동맹과 합동해 조선공산당 제2회 대회의 승인과 코민테른과 국제공산청년동맹의 승인을 얻었다. 코민테른은 두 공산청년단체의 합동을 승인하면서 "혁명적 합동"이라 높이 평가했다.(강만길, 1997, 78쪽)

ML당은 강원도 이외의 각도에 도간부를 두고 국내에서 야쩨이까 약 40개, 당원 200여명을 확보했다. 또한 침체상태에 있던 만주총국과 상해지부를 재건하고 일본지부를 활성화했다. 일본에서 『대중신문』, 『이론투쟁』, 『현단계』 등의 기관지를 발행했다. 화요회계와 서울계의 청년회가 합동한 제3차당 고려공산청년회는 국내 야쩨이까 18개 회원수 50여명, 일본 야쩨이까 2개 회원수 20여명, 만주 상해 야쩨이까 50개 회원수 400여명을 확보했다. 또 각 파벌간의 분파투쟁을 청산하기 위해 서울청년회 구파(이영(李英)이 주도)가 중심이 된 조선사회단체중앙협의회를 해체시켰다. 그리고 민족협동전선의 일환인 신간회 근우회에 참여했다. 한편 지부조직도 강화해 각도의 지방지부를 조직하고 국외에서는 만주총국 상해부 일본총국 등을 신설 또는 강화했다. ML당은 대중조직을 강화하기 위해 조선노농총동맹을 조선노동총동맹과 조선농민총동맹으로 분리했다. 그러나 1928년 2월부터 또다시 ML당에 대한 일제검거가 시작되어 200여명이 검거되어 해체되었다. 이 '제3차 조선공산당 사건'과 관련해 조선노동총동맹 조선농민총동맹 신간회 근우회 등 각종 대중단체들도 큰 타격을 받고 활동이 한때 침체에 빠졌다.

제3차 당원에 대한 검거가 진행되고 있는 동안에도 조선공산당은 제3회 대회를 열어(1928. 2) 당규약 일부를 개정했다. 또한 분파투쟁 청산, 당지도기관에 노동자출신 배치, 산업별노동조합 조직, 민족혁명 대중당 조직 등을 지시한 「코민테른 결정서」를 승인했다. 「코민테른에 보고하는 국내정세」를 승인하고(1928. 3) 노동자 출신인 차금봉(車今

奉)22) (1898~1928)을 책임비서로 하는 제4차 조선공산당을 성립시켰다.(1928. 3)

중앙과 지방의 조직을 마치고, 농민 노동 청년단체 등의 대중운동과 신간회, 근우회의 활동에도 적극 참여하고, 만주 상해 북경 일본 등 해외에서도 활발히 활동했다. 특히 신간회와의 관계를 긴밀히 해 32개 지회에서 당원들이 활동했다. 한편 정간되었던 국내 기관지『조선지광』과 일본총국 기관지『대중신문』,『현단계』를 계속 간행하고 만주총국 기관지『혁명』을 간행했다. 김재명(金在明)을 책임비서로 하는 제4차 고려공산청년회 만주지부도 기관지『불꽃』을 간행했다.

제4차당은 코민테른의 자금을 받아 그 대회와 국제공산청년동맹대회 프로핀테른대회 등에 대표를 파견하는 등 활동을 펼쳤다. 그러나 곧 조직이 발각되어 170여명이 검거되고 차금봉, 김재명 등은 고문으로 학살당했다. 제4차당이 붕괴 상태에 빠진 상황에서 코민테른은 「12월

---

22) 차금봉은 서울에서 태어나 1917년 4월 이후 용산 기관차화부 견습공으로 일했다. 3·1운동 때 수천명의 노동자 시위를 지도했다. 1920년 2월 조선노동문제연구회 제1차 토의에 발기인으로 참가했고, 3월 조선노동공제회 창립총회에서 교양부 간사로 선입되었다. 1922년 최상덕(崔上德)과 함께 조선노동공제회 내의 지식인 배척운동을 전개했고, 9월 조선노동공제회 중앙집행위원장이 되었다. 이후 1923년까지 조선금물과 직공조합, 경성신문배달조합 창립, 서울 유기직공 동맹파업을 지도했고 서울파 공산주의 그룹이 주도한 조선노농대회 발기인이 되었다. 1924년 3월『시대일보』에「노동자의 입장에서 노동운동의 전도를 논함」이라는 글을 기고했고, 4월 조선노농총동맹 창립대회에서 중앙집행위원으로 선출되었다.
1926년 조선공산당에 입당, 다음 해 조공 경기도책이 되었다. 노농총의 분립에 주도적으로 참여해 9월 조선노동총동맹 중앙집행위원이 되었다. 11월 밀양 양화직공 동맹파업에 격문을 보내 선동한 혐의로 경찰에 검속되었다. 1928년 신간회 경서지회 간사가 되었고 신간회 전국대회 출석대표회원으로 선정되었다. 같은 달 조공 책임비서 및 경기도책이 되었다. 여기에는 제3차 조공간부들이 대량 구속된 점과 노동자 농민 출신 등 아래로부터 당을 조직하라는 코민테른의 12월테제가 영향을 미친 것으로 보인다. 7월 당중앙 간부 및 지방간부 대부분이 체포되는 '제4차 조공 검거사건"이 일어나자, 오오사카를 거쳐 도쿄로 피신했으나 일본경찰에 체포돼, 1929년 3월 서대문형무소에서 복역하다가 고문의 후유증에 따른 심장성 각기증으로 32세를 일기로 옥사했다.

테제」(1928)를 통해 당의 해체와 재건을 지령했다.

코민테른의 12월테제 1928년 말경부터 코민테른 등 국제공산주의운동 조직들에서 조선공산주의운동에 대한 비판이 나왔다. 그 가운데 국내 공산주의자들에게 큰 영향을 미친 것은 「조선의 농민과 노동자의 임무에 관한 테제」(12월테제)였다. 이 테제는 1928년 12월 10일 코민테른 집행위원회 정치서기국이 코민테른 6차 대회(1928. 6)에 보고한 「식민지 반식민지 제국의 혁명운동에 관한 테제」에 기초해 작성한 것이다. 12월테제는 공산주의운동에서 분파투쟁을 청산하고 지금까지 지식인에게 중점을 두고 있던 당의 조직방침을 고쳐 기반을 노동자, 농민에 두고 당을 재건하라는 것이다.(코민테른 6차 대회에 의한 조선공산당 해체는 좌편향과 혁명의 성급함, 그리고 종파주의에 대한 뜻밖의 선물로 나타났다. 만약 단일당의 조직이 보존되었더라면 공산주의자들은 전쟁기의 매우 어려운 사업을 좀더 용이하게 진행시키고, 종파주의도 쇠퇴시켰을 것이다. 샤브시나, 1996, 294쪽) 코민테른 6차 대회(1928)에서는 꾸우시넨의 연설에 의해 채택된 테제에는 민족 부르주아가 제국주의에 대한 반대투쟁 세력의 의미를 갖지 않는다고 언급되었다. 이후 소련공산당 제20차 대회에서 꾸우시넨은 그러한 평가가 '일정한 종파적 공격성을 갖는다'고 인정했다.(샤브시나, 1996, 291쪽)[23]

즉 이 테제는 "조선의 혁명운동이 어렵고 위험한 길을 걷고 있다"면서, 어려움과 위험은 일제의 탄압에서도 오고 있지만 "내부로부터도 분쇄"되고 있다고 조선공산주의의 파벌성을 지적, 규탄했다. 또 현재 일

---

[23] 6차대회 테제 가운데 조선에 관한 '농업혁명의 요구와 민족독립 투쟁의 밀접한 결합에 관해, 거대한 민족 종교조직(천도교와 다른 종교)의 포로가 되어 있는 노동자들 사이에 끈기 있는 사업의 불가피성에 관한' 내용이 들어있는 데, 이 테제는 좌편향을 반영했다. 공산주의자들은 프롤레타리아 공산주의자 지도아래에서 혁명인자의 연합결성을 목적으로 했다. 이 때 그들은 소부르주아 민족주의자의 호지부지함과 동요를 비판했다. 그것은 비현실적 과제였으며 반제국주의 단일전선 정책의 후퇴이었다.(샤브시나, 1996, 291쪽)

제의 탄압에 의해 조선의 노동자 계급과 농민의 투쟁적 의식은 분기하고 있으나 이를 지도해 나가야 할 공산주의 운동은 "내부적 분열상태에 의해" 사분오열되었다고 했다.

한편 현재 조선혁명은 부르주아적 민주주의 혁명 단계에 있으며, 중국의 경험에 비추어 조선공산주의자들의 과제는 첫째 프롤레타리아 혁명운동을 강화하고 소부르주아 민족혁명운동에 대해 프롤레타리아 혁명운동의 완전한 독립성을 보장하고, 둘째 부르주아적 민족주의자에 대해 강력한 투쟁을 전개해 민족혁명운동을 타협적 민족개량주의와 분리시켜 그 주도권을 장악하는 것이라고 했다.(강만길, 1988, 261~263쪽)

이후에도 12월테제에 의거한 당재건 움직임이 있었으나 일제의 탄압을 받고 모두 무산되었다. 그리고 만주총국과 일본총국도 1930년 3월 코민테른의 '일국 일당주의 원칙' 지시에 따라 중국공산당과 일본공산당에 통합되자 국외의 독자 활동은 사실상 끝을 맺었다.24)

조선공산당 활동의 평가 조선공산당은 1925년에 조직된 뒤 불과 3년 동안에 네 차례의 대량검거를 당하고 그 때마다 당이 해체되었으나 계속 후속당을 건설했다. 그것은 공산주의운동에 대한 일본의 탄압이 얼마나 철저했는가를 말해 주는 한편, 운동이 공산주의운동에만 한정된 것이 아니라 민족해방운동의 일환이었기 때문이다. 그런 혹심한 탄압 아래서도 노동총동맹 농민총동맹 청년총동맹 등 대중운동단체의 활동을 효과적으로 지도하면서 대중운동의 정치성을 높이는 데도 기여했

---

24) 12월테제는 8·15 이후 「8월테제」에도 상당한 영향을 미쳤다. 이 테제의 내용 가운데 특히 주목을 끄는 것은 '민족부르주아'에 대한 평가이었다. 한편에서는 이를 민족부르주아의 반동성을 일면적으로 강조해 한국 사회주의자에게 신간회를 기계적으로 해소하게 만든 주요한 계기의 하나로 보는 반면, 다른 한편에서는 부르주아와의 연합이라는 원칙을 견지하면서 단지 민족개량주의의 동요를 비판하고 신간회의 조직 개조를 제시한 것에 불과하다는 주장을 제기했다.(임영태 편저, 1985, 『식민지시대 한국사회와 운동』, 356~367쪽에서 재인용)

다.(강만길, 1997, 79쪽)

그러나 1920년대 후반기 조선공산당 운동은 많은 문제점이 있었다. 첫째 코민테른이 지적한 것과 같이 "지식인계급과 학생의 결합체로 되어 있고 노동자 농민은 비교적 소수가 포함되었다." 노동자는 아직 절대수가 적었기 때문에 그렇다 치더라도 국민의 절대다수인 농민층에 깊이 뿌리내리지 못한 '지식인 공산당'이고, 이 때문에 고려공산당부터 격심한 파쟁이 계속되었다. 둘째 조선공산당 운동의 어려움은 일본의 가혹한 탄압에 일차적 원인이 있었지만, 그에 못지 않게 내부의 파쟁에도 원인이 있었다. 제1차 조선공산당의 성립 때부터 내부의 통일성을 갖지 못한 채 화요파의 주도로 시작했고, 그 활동과정을 통해서도 분파문제가 계속 제기되었다. 이러한 상태에서 외부(코민테른)에 대한 의존은 상대적으로 커질 수밖에 없었고, 서울파 화요파 ML파 등이 각각 코민테른의 승인을 얻기 위해 상대방을 비난했다. 또한 식민지라는 특수한 조건에서 민족해방과 계급해방 문제의 통합이라는 이념적 문제도 있었다. 그러나 이 문제를 독자적으로 풀지 못한 채 끊임없이 외부에 의존해 내부의 분열을 불러왔을 뿐만 아니라 외부의 지시에 따라 활동을 저지당하는 사태를 초래했다. 이것은 특히 국외공산주의자들의 활동이 일방적인 일국일당주의원칙에 의해 해체 당한 것에서 드러났다.

(3) 코민테른과 아시아의 민족해방운동

코민테른 방침의 변화 1917년 러시아혁명이 성공한 후 러시아공산당을 중심으로 각국 공산주의 세력이 모여 단일한 국제적 지도기관이며 세계혁명운동의 본부로 1919년 3월 코민테른을 창설했다.[25] 코민테

---

25) 세계 1차대전 당시 유럽 사민주의당들이 반전의 대열에서 이탈해 전쟁에 협력, 세계 노동운동이 분열되는 것을 경험하고 베르사이유체제가 보수화하는 것을 우려한 레닌의 주창으로 세계의 16개 공산당과 여러 그룹이 '세계노동운동의 단결과 프롤레타리아 혁명을 위해' 1919년 3월 2일 모스크바에서 코민테른(CI)을 결성했다.

른은 소비에트 러시아를 중심으로 선진 자본주의 국가의 공산당과 노동자세력, 식민지 반식민지 민족해방운동세력을 아울러 세계적 차원에서 단일한 반제국주의전선을 구축하고자 했다. 이 가운데 통일전선은 처음에는 노동운동이 발달한 유럽에서 노동자계급의 단결을 강화하고 공산당의 영향력을 확대하는 주요전술로 택했다. 그러나 곧 식민지 반식민지 민족해방운동이 고양되자 이 지역 민족해방투쟁의 중심전술로 발전했다.

코민테른의 통일전선운동은 자본주의가 발달한 서유럽과 자본주의 발달이 미약한 식민지 반식민지 지역으로 나누어 볼 수 있다. 서유럽의 경우 각국 공산당의 대중적 기반은 노동운동에 있지만, 그 안에는 사회민주주의 같은 개량주의적 흐름과 아나코-생디칼리즘 같은 급진적인 무정부주의 그리고 공산당의 지도를 따르는 공산주의 세력 등 다양한 흐름이 있었다. 선진노동자들 사이의 이러한 사상적 차이뿐만 아니라 일반 노동자도 직업이나 연령 또는 경제적 차이에 따라 다양하게 분열되어 있었다. 이 때문에 유럽지역에서 코민테른의 통일전선은 노동운동의 분열을 극복하고 자본주의에 반대하는 단일한 대오로 통일하려는 '노동자통일전선'이 기본적 흐름이었다.

코민테른은 1차대전 이후 자본주의의 안정이 장기화하고 사회민주주의가 노동계급에 영향을 끼치는 상황에서 1922년 제4차 대회를 통해 부르주아권력에 대한 직접적 공격보다는 부분적이고 일상적인 이익을 획득하고 노동자계급의 세력을 강화하기 위해 노동자통일전선을 제시했다. 그 방식으로 노동자 대중 속에서 '아래로부터의 통일전선'을 기본으로 하되 경우에 따라 공산당과 사회민주당 상층부의 통일전선처럼 '위로부터의 통일전선'도 가능하다는 입장을 보였다.

그러나 코민테른은 1928년 제6차대회를 거치면서 사회민주당을 파시즘의 한 세력으로 평가하고 이들과의 일체 통일전선을 배격했다. 코민테른은 세계대공황의 위기가 다가온다고 전망하고, 이를 모면하기 위해 제국주의 국가끼리 전쟁을 하거나 소비에트러시아나 중국의 혁명운동에 무력간섭할 것이라고 보았다. 이와 함께 식민지에서 민족해방운동이 거세게 일어날 것으로 보았다. 혁명적 정세 속에서 파시즘과 손잡은 사회민주당과 노동자를 분리해 '혁명적(적색) 노동조합'에 가입시켜 혁명을 준비해야 한다고 결정했다. 그 결과 사회민주당 세력 가운데 아직 파시즘에 반대하던 세력마저 적으로 돌리게 되었고, 공산당과 적색노동조합을 대중으로부터 고립시키는 파시즘 공세에 적절히 대응하지 못했다.

코민테른 방침의 영향 아시아는 유럽과 달리 자본주의 성장이 미약했다. 이 때문에 자본가계급(부르주아)은 물론 노동계급(산업 프롤레타리아)도 성숙하지 못했고 식민지에서 독립한 자본주의 국가의 전망을 갖는 부르주아와 자본주의를 넘어 사회주의 국가를 지향하는 노동계급의 어느 세력도 독자적으로 민족해방운동을 주도할 수 없었다. 그리고 이들 배후에는 식민지 반식민지에서 봉건잔재와 제국주의의 착취에 고통 당하는 절대다수의 농민이 있었다. 코민테른의 식민지 반식민지 통일전선 방침도 노동자계급이 농민과 강력한 계급동맹을 맺은 기반 위에 반제적 민족부르주아 세력 또는 소부르주아층을 반제 민족통일전선으로 끌어들이는 것을 주된 임무로 삼았다.

1921년 코민테른 제2차대회는 식민지 민족해방운동에 대한 국제공산주의운동의 기본방침을 마련해, 식민지 반식민지에서는 민족부르주아도 일정하게 혁명성을 갖고 있기 때문에 사회주의 운동의 독자성을 유지하는 한 이들과 반제국주의 투쟁전선을 형성해야 한다고 제시했다.

아시아의 반제 민족통일전선론은 주로 중국혁명을 중심으로 논의했는데, 민족부르주아를 민족통일전선에 포함시키느냐 아니냐가 핵심 사안이었다. 1921년 코민테른 제3차대회는 중국공산당의 주요 임무로 부르주아 소부르주아 농민 노동자 네계급이 참여하는 통일전선 결성을 제시했다. 1922년 코민테른 제4차대회는 중국국민당을 모델로 해 반제 민족통일전선론을 체계화했다. 지주나 동요하는 민족부르주아의 한계를 폭로하는 한편, 노동자 농민을 중심으로 해 소부르주아 등 민족혁명세력을 포괄하는 민족혁명적 조직(당)의 결성을 제시했다. 그리고 이 조직은 식민지 반식민지의 노농동맹과 국제프롤레타리아 세력, 소비에트러시아의 국제적 동맹을 통해 '프롤레타리아 헤게모니'를 달성해야 한다고 주장했다.

중국의 1차국공합작이 실패로 돌아간 뒤 1928년 코민테른 제6차대회는 반제 민족통일전선의 폭을 매우 좁혔다. 쿠시넨이 기초해 대회에서 채택된 '식민지 반식민지 여러 나라의 혁명운동에 대해'에서 민족부르주아는 반제국주의투쟁에서 탈락했다고 평가해, 반제 민족통일전선의 대상에서 민족부르주아는 물론 소부르주아층의 상당부분을 제외시켜 결국 통일전선의 범위는 노동자 농민(특히 빈농)과 무산자화하는 소부르주아층으로 폭이 좁아졌다. 이와 함께 여러 계급이 섞인 민족단일당은 중국국민당처럼 쉽게 개량화한다고 보고 민족단일당 형태의 통일전선노선을 폐기했다. 노동자와 농민을 각각 혁명적 노동조합과 혁명적 농민조합에 결집시켜 이를 기초로 노동자 농민소비에트를 건설, 프롤레타리아 헤게모니 아래 반제 반봉건 부르주아민주주의혁명을 통해 독립을 달성하고 나아가 사회주의 혁명으로 이행해야 한다고 주장했다. 그리고 혁명적 정세가 고양되는 상황에서 당면 과제는 개량화 반동화하고 있는 소부르주아층과 그들이 장악하고 있는 조직의 본질을 폭로하고 대중을 혁명적으로 획득하는 것이라고 했다. 이러한 결정은 신간회 해소에도 결정적인 영향을 끼쳤다.(강만길 외, 2000, 21~22쪽)

중국 공산당은 1920년대 중반을 고비로 소련에 대해 독자적인 노선을 걸었다. 코민테른의 좌익적 경험을 중국에 도식적으로 적용하려는 방식에 문제가 발생했다. 중국에서는 장국도의 우경과 이입삼李立三의 좌경적 경향을 극복하고 모택동 중심의 대중노선이 자리를 잡게 되었다. 한국과 일본에서도 이러한 경향이 나타나고, 문제가 제기되었다.

한편 프로핀테른26)은 1921년 창립 이후 중국 조선 등 아시아 노동 조합운동의 발전에 관심을 기울였다. 그 결과 1920년대 중반 식민지 아시아의 거의 모든 국가에서 노동조합의 기반을 구축했다.27) 그리고

26) 프로핀테른(RILU)은 1921년 7월 좌익노동조합 세력인 국제산업노동조합 산업별평의회가 혁명적 노동조합 인터내셔날로 재조직됨으로써 구체화되었다. 여기에는 러시아 독일 이탈리아 프랑스 영국 미국 등의 독립조합과 보수적 조합내의 좌익 집단이 참가했으며, 가맹자는 1,700만명으로 추정된다.
27) 일본에서는 1912년 스스끼鈴木文治의 지도에 의해 설립된 노동자 친목단체 우애회(友愛會)가 해가 감에 따라 전투적 노동조합으로 변화해 1919년 3만 회원을 확보하고 그 이름을 대일본노동총동맹우애회로 개칭하고 1921년 다시 일본노동총동맹으로 바꾸었다. 1922년 7월 코민테른 일본지부가 설립되고 1922년 7월 일본공산당을 조직했다. 총동맹은 1925년 2개로 분열되어 좌파가 일본노동조합 평의회로 분리됨에 따라 총동맹은 우파의 성격을 분명히 했다. 평의회는 전투성을 발휘해 1926년 '태양이 없는 거리'로서 유명한 공동인쇄쟁의, 103일간에 걸친 일본악기쟁의를 지도했다.
중국에는 1921년 장신점에서 철도노조가, 상해에서 기계노조와 인쇄노조가 조직되었으며, 중공의 지도로 중국노동조합 서기부가 조직되었다. 1922년 5월에는 광주에서 처음으로 전국노동대회가 열렸고, 1925년 3월 제2차 전국노동대회에서 중화전국총공회를 조직하고, 총공회는 프로핀테른에 가입했다. 이어 1925년 5월 상해노동자의 반영 반일 파업(5·30투쟁)이 일어나 전국적으로 파급되었고, 이러한 정세를 배경으로 광동의 국민혁명군이 광동코뮨을 구축했고 1926년 7월 북벌전쟁 개시와 더불어 1927년 3월 봉기한 노동자가 상해를 점령했다. 당시 조직노동자는 280만명, 중공 당원수는 5만 7천명에 달했다.
베트남에서는 1928년이래 하노이 남딘 사이공 등지에서 노동조합이 조직되었다. 이를 전후해 임금인상과 노동시간 단축을 요구하는 파업이 각종 공장 광산에서 일어났으며, 1930년 엔바이봉기 실패 이후 반프랑스독립운동의 주도권은 민족부르주아 계급에서 노동자계급으로 옮겨졌다.
인도네시아에는 1908년 네델란드인 공산주의자 마린의 지도에 의해 국유철도종원원조합이 창립되었다. 1차 세계대전 많은 노조가 조직되어, 1919년 이슬람교도와 공산주의자의 협력으로 22개 조합, 7만 2천명의 중앙노동조합통일운동PPKB가 결성되었다. 이 조직에서 일부가 분리해 혁명중앙노동조합을 조직했다. 1926년 수라바야에서 인도네시아노동조합(SKBI)가 국민당에 의해 조직되었고, 이 조직은 네델란드 유학생에 의해 코민테른계의 피압박민족해방동맹에 가입했다.
말레이시아에서는 1916년 최초의 노동조합인 말라야선원협회가 조직되었다. 1931년 말레이시아 노동자는 약 1만명에 이르렀고, 1935년 남양노동총동맹이 결성되었다.
인도 최초의 노동자조직에는 1895년 결성된 인도·버마 철도노동자조합, 1905년 성립된 캘카타인쇄공조합이 있다. 이들은 사회사업가에 의해 지도된 복지단체로 근대적 노동조합은 아니었으나 근로조건 개선과 독립을 요구하는 파업을 했다. 1차 세계

1929년 8월 중국 한구(漢口)에서 범태평양 노동조합서기국을 설립했다. 이 설립협의회에는 조선 중국 인도 일본 필리핀 인도네시아 오스트렐리아 소련 프랑스 영국 미국의 노동조합 대표가 참석했다. 이 협의회는 행동강령으로 임금인상과 노동조건의 개선을 위한 투쟁, 증대하는 전쟁위기에 대한 투쟁, 제국주의 침략에 대한 투쟁, 민족적 인종적 편견의 재해를 타파할 것, 노동조합의 통일을 위해 노력할 것을 결정했다.(포스터, 1987, 140쪽) 중국의 항일전쟁이나 이에 이은 해방전쟁에는 노동자계급이 농민의 동맹을 넘어 선두에 섰다. 1931년 10월 조선에서도 「대농(大農) 10월서신」을 발간해 조선 노동운동의 지도노선 확립에 기여했다.

(4) 민족통일전선과 신간회

창립과정 1920년대 들어 자치운동 세력이 조선총독부와 연계하려는 움직임을 보이자 반자치운동 세력 사이에서는 결합의 필요성이 제기되었다. 1920년대 중반 각 사회주의 그룹은 민족주의자와 결합해 '민족당' 형태의 민족협동전선을 이루기 위해 구체적인 활동을 시작했다. 1926년 초 조선공산당 천도교 구파, 조선일보계, 기독교계 일부 지도자와 민족협동전선에 대해 논의한 결과 민족주의 사회주의 양자간에

대전과 더불어 물가폭등과 러시아 혁명의 영향을 받아 전후 인도노동조합운동이 급속히 발전해, 1918년 마드라스 노동조합 외 3개의 노조가 탄생했다. 1920년 10월 봄베이에서 노동자대회가 열려 전인도노동조합회의(AITUC)가 결성되었다. 1927년 AITUC의 지도권이 좌파에게 넘어갔다. 인도의 주요 산업인 섬유산업에서 노동자의 투쟁에 적극적이어, 1928년 전국에서 파업 203건, 참가인원 50만명이 넘었다. 이 때 봄베이의 방적공장에서는 15만명의 전노동자가 6개월 동안 파업을 하기도 했다. 영국의 인도당국은 전투적인 노동운동에 탄압을 가해, 당케, 고쉬(Kishliar Gosh) 등 32명 지도자에게 중형을 내렸는데, 이것이 유명한 메랏재판이었다. 이 탄압은 세계적인 항의를 불러와 영국의 라스키(H. Laski)와 독일의 아인슈타인(A. Einstein)이 항의서에 서명했다.(大河內一男, 『勞動事典』, 淸林書院新社, 1965, 31~57쪽 ; 平凡社, 『アジア歷史事典』 9권, 1962, 373~378쪽)

국민당 형태의 협동전선을 결성하자는 데 합의했다. 조선공산당은 서울을 중심으로 전개된 6·10만세운동을 통해 이를 실천하고자 했으며, 투쟁을 통해 '국민당' 형태의 민족협동전선 조직을 이루고자 했다. 조선공산당은 1926년 12월 제2차 당대회를 열고 민족단일당 조직을 결의했다. 조선공산당은 홍명희 안재홍 신석우 등을 중심으로 추진되고 있던 신간회 결성을 적극 지원하고 나섰다. 이처럼 국내 민족해방운동세력 사이에 형성된 민족협동전선에 대한 공감대는 마침내 신간회와 민흥회를 하나로 통일하려는 움직임으로 나아갔고, 1927년 2월 신간회의 결성으로 귀결되었다.

조직과 활동 안재홍 백관수 신채호 등 34인이 발기인으로 이름을 올렸고, 초대 회장에 이상재를 선임해 출발했다. 신간회의 회원가입 방식은 단체 본위가 아니라 개인 본위였는데, 조선노농총동맹과 조선청년동맹 등 대중단체 회원이 적극 참가하면서 회원과 지회가 급격히 확대되었다. 1927년 말 도쿄 오사카 용정 등을 포함해 총 104지회가 결성되었다. 이후 149개로 증가했으며 1931년 해소될 무렵 회원은 약 4만 명에 달했다.

공산당 활동이 철저히 탄압 받아 조선노동총동맹 조선농민총동맹 조선청년총동맹 등의 집회가 금지된 조건 아래 신간회는 합법운동을 전개할 수 있는 공간을 확보했다. 신간회는 3대강령을 채택했는데, 그것은 "1. 우리는 정치적 경제적 각성을 촉구한다. 2. 우리는 단결을 공고히 한다. 3. 우리는 기회주의를 일체 부인한다"이었다. 신간회는 조선인에 대한 착취기관 철폐, 일본인의 조선이민 반대, 타협적 정치운동 배격, 조선인 본위의 교육제도 실시, 사회과학과 사상연구의 자유 보장, 식민지 교육정책 반대 등을 주장하면서 파업 소작쟁의 동맹휴교 등을 지원했다. 도쿄지회는 단결권 파업권 단체계약권의 확립, 소년과 여성노동 보호, 8시간 노동제 실시, 공장법 광업법 해원법 개정 등 노동권 보장을 요구했다.

신간회의 중앙조직은 비타협적 민족주의 세력이 우세했고, 지회에서는 사회주의 세력이 우세했다. 신간회 본부는 정치경제, 노동 농민, 청년, 여성, 형평 등 각 과를 두었으나, 활동수준은 부문운동의 형편을 조사하는 정도였다. 각지의 노동운동가, 농민운동가, 청년운동가들이 신간회에 참여했지만 조직적 차원에서 부문운동을 적극 지원하기에는 한계가 있었다.

광주 '민중대회사건'으로 타격을 받은 신간회는 김병로를 새로운 집행위원장으로 선출해 본부를 이끌고자 했으나, 이후 점차 개량화되었다. 자치론자인 천도교파 신파의 최린 등과 협력해 합법운동을 주장, 옹호한 사람들이 중앙상무집행위원과 각 부서 책임자가 되었다. 이같이 신간회 본부가 온건 합법노선으로 전환하면서 사회주의자는 조선의 해방운동에서 부르주아민족주의자의 혁명성을 부인하기 시작했고, 대체로 사회주의 세력이 우세했던 각 지회에서도 해체론이 제기되었다.

신간회 활동의 전기에는 통일전선론, 후기에는 절대독립론이 내부에서 우세하게 되면서 결국 1931년 5월 해산했다.[28] 신간회 해체는 국제 혁명운동의 좌경적 경향과 임시정부내 좌익계의 좌편향 경향도 단일전선의 운명에 심각하게 영향을 미쳤고, 그 결과 애국적 민족주의자들 사이에서 영향력을 행사하기 어렵게 되었다.(샤브시나, 1996, 259쪽) 또 대공황 이후 축적의 위기에 처한 일본의 자본과 군사파시즘 체제의 성립이라는 조건도 작용했다. 대공황 이후 불안해진 일제가 좌익운동을 불법화하고 신간회의 우경화를 막지 못했고, 그 폐해가 커지자 좌익에서는 신간회 해체를 결정했다. 그러나 사회주의 계열 일각에서는 신간회 우경화의 폐해가 컸지만 신간회를 유지하는 것이 옳았다는 반성도 있다. 민족주의 계열의 안재홍도 「해소파에게 여(與)함」이

---

[28] 홍명희(1888~1968)는 좌우익 세력이 최초로 연대한 신간회의 실질적인 지도자로 활동하다가 투옥되었고, 석방된 뒤 태평양전쟁 동안 『임꺽정』을 집필하고, 8·15 뒤 북한 정권의 부수상 사회과학원장을 지냈다.

라는 글에서 "계급진영의 강고한 수립은 필요하다. 그러나 계급철폐의 민족단일당이 과오인 것과 마찬가지로 계급단일의 민족진영 철폐도 과오이다. 신간회 해소의 기본목표가 노동자, 농민의 영도 아래 협동전선을 파악하는 데 있다고 하면 민족진영으로 신간회를 존속시키고 발전시키는 것은 당연히 필요한 것이다. … 중국의 타도 국민당의 이론을 조선에 직수입하는 것은 특수정세를 망각하는 중대 과오이다"라고 했다.(권태억, 1994, 218~219쪽) 중국과 유럽에서는 외침과 파시스트 전쟁 위협이 높아지면서 통일전선과 인민전선을 형성한 것과 차이가 있다.

□ **노동자 민중의 문예**

민족이 처한 현실적 고통과 나날이 영락해가는 민중생활에 관심을 기울인 이른바 신경향파 문학이 대두했다. 1920년대 중반 이후로 민족해방운동전선에 나타난 사회주의 사조의 영향을 받고, 이 시기 의식면에서 큰 성장을 보였던 농민 노동자들 자극되어 식민통치에 대한 저항문학으로 발전했다. 신경향파 최학송(崔學松 : 1901~33)이 소설 「기아(饑餓)」와 「살륙(殺戮)」 등에서 가난한 농민들의 생활고와 지주에 대한 반항을 그렸고, 이상화(李相和 : 1901~43)가 시 「빼앗긴 들에도 봄은 오는가」에서 민족의 현실문제 인식과 식민지 통치자에 대한 적개심을 담았다.

이기영의 장편소설 『고향』은 식민지 현실을 문학적 형상화했다. 조선의 현실에서 노동계급의 현실을 그린 최초의 소설은 윤기정의 토목공사장 막일꾼을 그린 『공사장』이다. 노동자의 조직화에 따라 1920년대 말과 1930년대 초에 조직노동자의 삶과 투쟁을 그린 노동소설이 나왔다. 송영의 『석공조합대표』는 노조간부의 고뇌를 그렸고, 이기영(李箕永 : 1895~1984)의 『호외』는 파업 승리 이후의 싸움을 그렸고, 윤기정의 『양화굴뚝』이 있다. 박세현(시인)의 「산제비」가 있다. 원산총파업이 문학운동을 자극했다. 홍명희의 『임꺽정』(1928)이 있다.
　　신경향파 문학운동은 카프(KAPF, 조선프롤레탈리아예술가동맹)의 결성(1925)을 계기로 본격적인 프롤레탈리아 문학운동으로 나아가 기관지 『문예운동』을 발간했다. 카프문학은 민족적 현실에 대한 인식을 심화하지만, 소련의 이론논쟁들을 민족적 현실의 토대에 맞게 변용하지 못하고 공식주의적으로 경직화된 문학적 실천으로 이끌었다는 평가를 받았다.

　　공장 / 박팔양

　　덜컥 덜컥 덜컥
　　공장의 기계가 도라갑니다
　　무수한 직공의 피문은 기계가
　　소리를 지르며 돌아갑니다

　　덜컥거리는 기계소리
　　그것은 가련한 일꾼의 우름소리입니다
　　굴뚝에서 나오는 검은 연기
　　그것은 그들의 한숨의 모힘입니다

　　비오는 어느 날, 공장의 창문이 열니면서
　　피ㅅ기 업는 얼골 하나이 간엷힌 손으로 턱을 고이고
　　지나가는 비단옷 입은 행인을 내여다보다가
　　창 안에 호령소리, 그의 얼골은 살어집데다

　　지금의 공장은 그렇게 고생이라니
　　언제나 우슴소리가 그곳에서 새여나오릿가
　　『사람은 일해야 맛당하고, 일하면 반듯이 먹는다』고
　　이웃집 선생님은 가르칩데다.
　　—1923—
　　　　　　　　　　　　『조선 시인 선집』, 1926, 조선통신중학관

4. 사회주의 민족주의와 노동자 민중

지배이데올로기 일제는 3·1운동 등 민족해방운동에 나선 광범한 군중을 무력탄압만으로 제압할 수 없고 일제 자신이 희생을 치르게 되자 이른바 문화통치를 통해 대중의 사회적 심리적인 긴장상태를 무장해제하려 했다. 문화통치는 당시 일본 국내에서 초보적인 민주주의를 실시했던 다이쇼(大正)민주주의와 시기적으로 일치했다.

일제는 『경성일보』 『매일신보』 등의 신문사설을 통해 조선독립 불가론을 유포했다. 그리고 윌슨 미국대통령이 제창한 소위 민족자결주의가 러시아 오스트리아 독일 등 참전국에만 한정된 것이며 연합국측이나 중립국 여러나라에는 적용되지 않는다고 주장했다. 일본인과 조선인 사이의 차별도 경제력과 학력수준의 차이에서 오는 자연스런 것이며 따라서 이 차별을 없애기 위한 처방으로 실력양성론을 주장했다. (임경석, 1999, 259쪽) 또 일제는 3·1운동이 퇴조국면에 들어가고 1919년 6월 베르사이유강화조약이 체결된 뒤에는 조선독립운동이 실패했다는 주장을 폈다. 민족주의자는 일제의 개량화(자치론)와 회유에 넘어가, 민족해방과 사회변혁의 동력을 거의 상실했다.

노동자민중의 사상 첫째, 19세기 말과 20세기 초 근대 민족 국가 내적 동일성을 형성하기 위한 여러 운동과 반일운동이 전개되어 온 정세를 일단 정돈해 준 것이 3·1운동이었다. 3·1운동에 나선 민중의 정체에 관해 단재 신채호는 「민족독립혁명선언」에서 민중과 민족을 일치시켰다.(김진균, 2000, 302쪽) 신채호(1880~1936)는 3·1운동 후, 『조선혁명선언』(1923)에서 민중을 민족해방의 주체로 인식했다. 그는 민중을 민족과 거의 같은 뜻으로 사용했으며, 역사는 "아(我)와 비아(非我)의 투쟁"이라고 명제화했다.

둘째, 노동자 민중의 이념은 민족적 자본주의 노선과 민족적 사회주의 노선으로 대별되었다. 자본과 노동의 이해대치는 식민지 자본주의 발전의 산물이었다. 통일전선의 사상이 형성돼 신간회로 나타났다. 그러나 일제의 극심한 탄압 속에 형성된 내부의 협소한 시각과 코민테른의 노동자통일전선의 사고가 결합되어 좌경적 노선이 등장했다. 개량이냐 변혁이냐가 큰 쟁점이었으나 이는 1920년대 전반기 세력 대립과 치열한 분파 양상의 원인이 되었다.

일제 강점 10년을 거치면서 성장한 노동계급은 러시아 10월혁명의 영향 아래 마르크스 레닌주의 사상이 보급되던 시기에 부르주아 민족주의의 영향에서 점차 벗어나 독자적인 사회운동으로 자립했다. 3·1운동의 한계는 여기서 하나의 큰 전환점으로 작용했다. 3·1운동을 통해 조선 민중들은 부르주아 민족주의가 갖는 본질적 약점과 반제투쟁에서 무능한 점이 드러났기 때문이다. 사회주의 수용으로 자유주의는 퇴조했다.

민족해방과 계급해방의 길을 밝힐 수 있는 혁명적 기치가 요구되었으며 해방투쟁을 담보할 수 있는 사회세력의 출현이 요구되었다. 이에 새로운 전망으로 접근해 간 것이 마르크스 레닌주의였으며 사회세력으로 부상한 것은 노동계급이었다. 이로써 1920년대에 접어들면서 조선에는 새로운 사상이 급속하고 광범위하게 보급되었으며,[29] 노동자 계급이 반제반봉건 투쟁의 결정적 역량으로 나서기 시작했다.

마르크스주의 경제학 내부에서는 식민지 조선의 사회분석, 특히 1910년대 일제의 토지조사 사업의 성격을 둘러싸고 봉건적 잔재가 농후하다는 봉건론과 조선 사회가 이미 자본주의화했다는 자본파의 논쟁이 벌어졌다. 이는 민족해방운동의 전략과도 밀접하게 관련을 맺고 있었다.

이 시기에 아나키즘이 소개됐으나 사회주의의 강력한 영향으로 명

---

[29] 박헌영은 3·1운동으로 인해 사회주의운동에 처음 접했으며 직업혁명가라는 쉽지 않은 생애를 시작했다고 한다.(임경석, 「박헌영과 김단야」, 『역사비평』, 2000 겨울, 역사비평사, 2000, 125쪽)

맥만을 유지할 정도로 약했다. 동시에 협동조합적 경향도 원산 등지에서 발견되지만 노동조합에 비해 크게 약했다.

셋째, 1920년대 초기 노동운동은 전반적으로 민족주의 이데올로기가 우세했다. 사회주의가 보급되지만 사회운동 내부에서는 기존의 민족주의 운동단체 또는 그와 유사한 단체 내부에서는 아직 특별한 사회주의적 노력을 발휘하지 못했다. 예를 들면 조선노동공제회 또는 지역 내 전통적 유지들과 민족주의자들이 대거 참가해 1922년 9월 결성한 평양의 조선노동공제회, 기타 서울과 평양 대구 등지의 노동단체의 강령이나 목적은 지식계발, 품성도야, 근면저축의 장려, 사치품 배격, 기술장려 등을 표방했다. 이는 노동조합 발전 초기의 성격을 반영했다. (고대 노연, 1999, 33쪽)

이후 민중운동은 조선공산당의 지도를 바탕으로 노동자 농민 청년 학생 여성 등이 조직적으로 활동했다.

5. 성과와 과제

첫째, 1910년대를 정리하는 3·1운동에서 투쟁의 전면에 나선 노동자계급은 1920년대가 되어 우리 민족해방운동에서 지도적인 계급의 모습을 드러냈다.

둘째, 식민지 산업구조에 대한 저항이 노동운동의 주요 배경이었을 뿐만 아니라 쟁의의 주요대상이 일본인 자본가, 조선인 매판자본가였고 쟁의과정에서 일본경찰과 대결해 민족해방운동의 성격이 두드러졌다.

셋째, 요구와 투쟁의 측면에서 쟁의의 동기는 식민지 공업의 열악한 노동조건에 기인해 임금인상, 대우개선 등의 경제적 동기가 컸다. 경제적 동기에서 시작했지만 쟁의의 전개 과정에서 정치적 요구를 내걸고 노동자들이 정치적으로 빠르게 각성했다.

일제 시기 노동운동은 3가지 장애가 있었다. ① 현장 기반이 취약했다. ② 코민테른의 민족단일당 형태의 통일전선노선 해소지침으로 노동운동이 급진화되고, 중간층을 배제한 상태에서 노동운동은 급격히 대중과 유리되었다. 코민테른에 대해 조선공산당이 주체적 입장에 서지 못했다. ③ 일제의 탄압, 프락치와 교묘한 정책을 이용한 민족해방진영 내부의 분열이었다.

넷째, 일찍부터 노동단체들이 발전해 조직적이고 체계적인 투쟁을 전개할 수 있었다. 이후 조선의 노동운동은 1929년 세계대공황의 파급과 원산총파업의 영향을 받아 더욱 발전된 모습을 보였다. 농민운동에서 암태도 소작쟁의는 1923년 말부터 8개월간 지속되어 소작료를 4할로 인하시킨 중요한 사건이었다.

점차 고양되는 노동 농민운동의 강고한 투쟁을 조직적 사상적으로 지도하고 통일적으로 지도하고자 결성한 조선공산당은 분파적 요인과 한계를 가진 것이었만, 민족해방운동을 주도하고 투쟁을 고양시키는 데 기여했다. 공산당이 분열적인 모습을 보인데 비해 노동운동 농민운동 청년학생운동 여성운동이 비교적 통일적인 모습을 띠었다. 코민테른 6차대회의 좌경적 노선, 12월테제를 통해 우리 민중운동에 큰 영향을 끼쳤다. 그러나 그 노선에서 코민테른의 좌경적 노선이 조선에 와서 걸러지는 모습을 보이기보다는 맹동적 분열적 모습을 보였다. 노동운동은 그 선진성에도 불구하고 양적으로 비중이 적은 상태에서 민중의 80%를 차지하는 자소작농을 담는 노력이 부족했다.

다섯째, 민족해방운동이 독립전쟁론과 자치론으로 분화되었다. 신간회를 통해 통일전선이 이루어졌고, 이것이 민족해방운동사상 처음 이루어졌지만 좌익의 경쟁적 자세와 우익의 친일화에 따라 무너졌다. 이것은 중국과 유럽에서 외침과 파시스트 전쟁 위협이 높아지면서 통일전선과 인민전선을 형성한 것과 차이가 있다. 1930년대에 만주국경을 중심으로 민족통일전선을 수립하려는 노력이 있었지만 전면적인 것은 아니었다.

여섯째, 조선과 일본 민중의 투쟁으로 인한 문화통치의 아래 일시적으로 가능했던 합법적 민족해방운동과 대중운동이 일제의 탄압으로 더 이상 불가능하게 되면서 노동운동은 지하화하고 민중운동은 무장투쟁의 길로 나갔다.

6장 원산총파업

　1929년 일어난 원산총파업은 한국노동운동사에서 처음으로 일어난 지역 총파업으로 조선 노동자가 파업으로 일본의 자본가와 제국주의에 저항하고 있음을 국제적으로 알린 사건이었다. 원산총파업은 일본자본주의가 세계대공황과 맞물려 심각한 불황을 겪으면서 노동자를 탄압하고 만주침략으로 그 돌파구를 찾으려는 시기에 일어났다. 그리고 원산 노동자의 투쟁은 1920년대 조선 노동운동 경험의 축적을 바탕으로 1930년대 노동운동이 비합화하는 가운데 혁명적 노동운동과 항일무장투쟁을 전개할 객관적 조건을 만들었다. 이런 의미를 가지는 원산총파업의 전개과정을 살펴본다.

1. 총파업의 원인과 배경

　객관적 조건　원산총파업이 일어날 무렵 객관적인 정세에도 많은 변화가 있었다. 1929년은 세계대공황이 시작된 해이다. 일제는 이미 1920년대 후반기부터 만성적 불황에 빠져 심각한 위기에 처했다. 이에 일본 제국주의는 식민지 약탈정책의 강화와 함께 파쇼적 폭압을 더욱 혹독히 하면서 만주침략(1931)을 준비했다. 이와 같은 변화는 민족 계급적 모순을 더욱 격화시켰다. 더불어 원산노동회의 세력확장은 자본가들을 두렵게 했다. 비록 개량주의 범위 안에 묶여 있었지만 언제 전투적 혁명적 노동운동 단체로 바뀔지 알 수 없는 상황이었기 때문이다.

특히 원산노동연합회와의 단체계약권 문제는 일제와 자본가들을 불안케 한 주요한 원인이었다.

당시 원산에는 영국인 석유회사를 제외하고는 대부분의 기업은 일본인 소유였고, 수공업적인 약간의 소규모 기업주만이 조선인이었다. 그러므로 노동자들의 직접적인 투쟁 대상은 일본인 기업과 일본인 관리들이었다.

이 문제는 1927년 6월로 거슬러 올라간다. 원산노동조합연합회에 속하는 1,200명의 노동자가 운송업자연합회에 임금의 통일을 요구하며 제출한 것이 거절되자 즉시 총파업을 단행했는데 이것은 불과 1주일 후 노동자측의 개가로 끝났다. 이 쟁의로 노동자는 단결된 힘을 확인했고 그 뒤 수차 요구서를 제출해 파업을 암시하면서 임금을 인상시켰다. 이 때문에 하주와 운송업자는 임금지불액을 1년에 15만원 가량 증액을 해야 했다. 운송업자와 하주는 어느 사이에 노동조합의 존재를 두려워하게 되었다.

주체적 조건 원산은 반도와 섬으로 이루어진 천혜의 항구로 일찍부터 동해안의 해상운수와 군사상의 요충지였다. 원산항은 개항장의 하나로 1880년 개항되었는데, 일본은 이곳을 통해 조선에서 약탈한 부를 빼돌렸다. 일제는 1905년 이후 항만을 확장하고, 1914년 경원선, 1927년 함경선 철도를 부설하고 홍남지역 일대에 군수품 생산에 필요한 공장들을 건설하면서 원산의 지위는 더욱 높아갔다. 이렇게 원산은 동해안 최대 항구이며 일제의 새로운 전쟁 준비와 관련해 군대수송 군수품 식료품 등의 수송과 무기 제조, 군사전략지로서 일제에게 필요한 지역이었다. 원산항과 이웃한 함흥 홍남 일대는 원산과 더불어 일본의 대륙 침략의 전초기지로 일본질소비료주식회사(일질)의 화학공업단지와 금속공업 단지 그리고 전용 부두가 있었다. 한편 함경도 도시들은 소련의 연해주와 가까운 지리적 특성과 급속한 공업화의 결과로 원산 함흥 지역의 적색노조, 문천 영흥 지역의 적색농조 활동이 어느 지역보다 활발했다. 1930년대의 대표적인 노동소설가 이북만과 해방 뒤 남로 당 이론가로 활동한 이강국이 이 지역 출신이다.

그런데 원산은 3·1운동 뒤 반제민중역량이 착실하게 성장해 온 곳으로 일제의 정책 수행을 크게 위협했다.[1] 원산 지역은 1919년 3·1운동에 적극 참여하고, 1920년 9월 원산지역 주민들의 대규모 반일 폭동과 시위가 있었다. 노동자 대중 파업으로 1924년 5월 원산 고무공장노동자 파업, 1926년 인쇄노동자 동맹파업, 1927년 영흥총파업에 대한 동정파업, 1928년 5·1절 기념파업 등과 기타 1925년 이후 원산노동연합회가 직접 지도한 26건에 달하는 파업을 전개해 거의 모두 노동자의 승리로 끝났다.

원산에서 노동조합의 결성은 1921년 3월 원산노동회의 출범에서 비롯되었다. 본래 원산에는 1909년 도중(都中, 都衆, 단위조직)이라고 불리는 노무단체가 있었다.[2] 도중은 이른바 객주(고용주)별로 조직되어 십장(什長) 또는 도십장(都什長)이 이것을 지배하는 체계로 의식적인 노동자 계급의 조직체는 아니었다. 도중은 본래 한 부두에서 노동하는 노동자들을 출신지별로 모아 조직하는 동향도중(同鄕都中)이 일반적이었으나 나중에는 작업내용에 따라 하역, 결복(結卜), 두량(斗量) 등으로 나뉘었다. 도중의 우두머리인 십장은 자본가의 입장에서 볼 때는 노무공급자이며 노동통제 대행인으로, 노동자의 입장에서는 단체교섭권

---

[1] 당시 노동조직은 함경도와 전라도의 조직이 다른 지역에 비해 비교적 강했다.
[2] 부산이나 인천, 원산 등지와 같은 개항장에서 초기 부두노동자의 조직은 의형제 또는 만동생(萬同生) 등 자연발생적이며 전통적 형태를 띤 것에서부터 점차 근대적 형태의 노계(勞契), 또는 노동조합으로 발전해 왔다. 한편 노동회의 기본 단위로 1910년 무렵 조직된 '도중(都中)'이나 임금의 평등분배를 기반으로 적립금 마련을 위한 '공목(空木)'과 같은 제도들이 있다. 이 제도들은 '봉건적 청부노동계약'이나 십장의 온정과 전횡이라는 부정적 현상들과 연관되지만, 조합의 기금 등 재정적 기초를 마련하는 역할을 했다. 당시 원산노동연합회가 전국의 어느 노동조합에서도 찾아보기 어려운 노동자 복지시설을 갖춘 것은 바로 이러한 기반의 결과이었다.(김경일,「원산총파업, 노동운동의 큰 획」,『한국일보』1999. 3. 22)

자의 성격을 지닌 이중적 존재였기 때문에 노동계급의 이익을 올바르게 대변할 수 없었다.(전우용, 1989, 45쪽) 도중은 조선노동대회 원산지부로 개칭되었다가 원산노동회로 개편되어 노동조합으로 독립했다.

원산노동회는 출범 이후 1922년 곡물부 잡화부가 있는 소비조합을 설립, 노동자들에게 생활필수품을 20~40% 정도 싸게 공급했으며, 1923년 전용회관을 사들이고 식당 이발부를 갖추고 각 도중에 구제부를 두어 조합원의 관혼상제나 노동재해 등에 공동 대처하기도 했다. '규약저금' 제도를 실시해 회원의 질병 사망 등 우환에 대비했다. 1920년대 후반 전국 노동단체로선 거의 유일하게 노동병원을 직영했다. 또 각 단위노조마다 구제부를 두고 독특한 자금 분배 방법을 고안해 조합원이 병들어 일할 수 없을 때 최소 생활비를 보조했다. 노동연합회는 일상생활에서 노동자에게 복지와 이익을 배려해 이들에게 깊은 신뢰를 얻어, 총파업 당시 원산의 거의 모든 노동자를 망라한 2,200여명의 조합원을 포괄하는 큰 조직으로 성장했다.

원산노동회의 조직이 발전하면서 1925년 10월 회의 명칭을 원산노동연합회로 바꾸고, 종래의 이사회를 폐지하고 집행위원회를 두면서 40여개조(도중)를 7개 직업별 조합으로 재편성했다. 매년 여름 강연회를 개최하고 노동자 대중에게 교양과 계급의식을 높이기 위해 노력하는 동시에 노동자의 일상적인 이익획득을 위해 투쟁했다. 원산노련은 야학 등을 통해 노동자의 계급의식 민족의식을 높이기 위해 노력했다.

총파업 직전 원산노동연합회는 산하에 부두노조를 중심으로 17개의 직업별 조합과 50여 개의 세포단체를 두고 김경식 위원장을 중심으로 강력한 지도력과 투쟁력으로 노동자 대중과 깊이 결합하고 있었다. 파업기금도 3만여원을 축적했다. 이와 같은 원산노련 지도부의 노력과 김경식 위원장 등 간부들의 청렴결백한 점이 노동자의 지지를 받고 사업을 발전시켰다. 총파업 중에 일제당국은 각 사업부의 경리장부를 압수해 부정을 캤지만, 당시 조선은행 원산지점장의 보고에 의하면 단 한

푼의 부정도 없었다고 했다. 원산 노동자들은 원산노련을 지지하고 쟁의를 유리하게 이끌 수 있다고 믿었다.

이러한 결과는 전통적 요소와 근대적 요소가 결합하면서 가능했다. 이 시기 노동운동의 특징은 먼저 노동자대중의 기층조직인 노동조합과 노동운동의 지도를 표방하는 조직이 전국적으로 조직되고, 둘째 운동양상에서 단결과 조직을 기초로 하는 파업투쟁의 형태가 발전했다. 그리고 노동운동의 지도이념으로 마르크스-레닌주의가 보급되어 노동운동과 결합했다. 1920년대 후반에 이르러 서울계 지도부를 중심으로 온건한 사상적 경향을 띠었던 노련에 신진 활동가[3]들이 참여해 1927년 비타협적 표어가 제정되고, 공산주의 서적 강독, 1차 공산당 사건 공판 참가, 운동방침을 원산에 국한하지 않고 세계 노동자와 제휴할 것, 신간회와의 제휴, 문맹퇴치 주력, 중국혁명의 성원, 소비에트 러시아를 모방한 마크 제정이 주장되거나 이루어졌다. 이 시기에 원산지역의 각 부문운동과 연관을 맺으며 원산 각 사회단체연합협의회를 주관하고 운동선의 확대를 결의하는 등 노동운동의 질적 전환을 준비했다. (유현, 1990, 27쪽)

당시 프로핀테른(RILU) 4차 대회가 채택한 「식민지 반식민지의 노동조합운동에 대한 테제」가운데, 조선의 노동조합에 관해 언급한 부분에서 '조일朝日 노동운동의 연대'를 강조한 것도 영향을 미쳤을 것이다.

이에 따라 전통적 십장제나 봉건적 노동관행에 대신해 근대적 원리와 이론들을 받아들일 수 있었다. 조직 운영에서 전통적인 이사제가 집행위원제로 바뀌고, 다수결에 따른 의사결정 원칙과 근대적 회의방법을 도입했다. 노동현장에서도 십장제 폐지, 최저임금제와 퇴직금제도

---

[3] 이주하(1905~50)는 1928년 원산 부두에서 일고노동에 종사하며 원산노동연합처 재건에 노력하고, 원산무산청년연합회에 가입했다. 1929년 11월 조선공산당 재조직준비위원회에 가입하고, 신간회 원산지회 조직부원이 되었다. 그 뒤 구속된 이주하는 1936년 출옥하여 원산에 돌아와 이강국과 함께 적색노동조합운동에 착수했다.

의 도입, 성과급을 시간급으로 바꾸는 문제, 또는 8시간 노동제나 단체교섭권이나 단체계약권의 획득과 같은 근대적 쟁점들이 부각되었다. 1929년의 총파업도 이러한 지역연맹체로서 노동연합회의 대표성과 단체계약권을 일제가 부정한 데서 비롯되었다.

 이상에서 본 주객관적 사정과 관련해 일제와 자본가들은 원산을 택해 공격을 집중함으로써 적극적인 투쟁으로 진출하는 조선 노동자계급의 투쟁 역량을 약화시키고 자신들의 새로운 정책을 차질 없이 진행시키기 위한 음모를 준비해 놓고 기회만 기다렸다. 원산 총파업은 함남 덕원군 문평리의 라이징 선 석유회사 파업 과정에서 노동조합을 분쇄하려는 일제와 자본가측의 음모가 드러나자 이에 격분한 원산의 노동자대중이 "우리의 무기는 단결이다"라는 구호 아래 총궐기하면서 시작되었다.(김광운, 1989a, 166쪽)

2. 원산 노동자의 요구와 총파업

1) 문평석유의 조선인 노동자 구타 사건

 1929년 1월부터 4월까지 걸쳐 계속된 원산 노동자 총파업의 발단은 1928년 9월에 있었던 문평제유공 파업에서 비롯되었다. 정유공장은 비료공장과 더불어 당시 군수산업의 핵심이었다. 흥남 조선질소비료회사는 자본금이 6000만원으로 이전에 설립된 중공업 공장의 자본금이 100~300만 원인 것에 비해 거대자본이었다. 라이징 선은 자본금이 7억원이었다. 1928년 완공된 이 공장은 이 회사의 동양 총지점인 고오베(神戶)에서 들어오는 각종 석유를 정유해 조선 각지와 만주 간도에 공급했다. 함경남도 원산에서 북쪽으로 10리 떨어진 덕원군 문평리에 위치한 이 유조서를 이 지역 주민들은 흔히 '문평석유회사'라고 불렀다.

이 회사의 지배인은 영국인이고 주요 간부들은 모두 일본인이었다. 그들은 노동자의 대부분을 차지하는 조선인 노동자에게 심한 민족적 멸시와 차별대우를 하고 저임금 장시간 노동을 강요해 조선인 노동자에게 원성을 샀다. 그 중에서도 일본인 감독 고다마(兒玉)는 성격이 난폭한 자로 노동자에게 비난을 받았는데, 1928년 9월 8일 고다마가 또 노동자를 구타하는 사건이 발생했다. 분노한 120여명의 노동자들은 9월 8일 원산노련 산하 단체인 문평제유 노동조합의 지도 아래 작업을 거부하고 파업을 시작했다. 파업의 배경에는 일제의 탐욕스러운 수탈과 착취에 대한 저항도 있었다. 노동자들의 요구는 다음과 같았다.

"일본인 감독 고다마를 즉각 파면하라!"
"파업참가자를 해고하지 말라!"
"최저 임금제를 확립하라!"
"단체 계약을 체결하라!"
"해고별급제(해고 수당제)를 실시하라!"
"작업중 사상자에게 위자료를 지급하라!"

원산노련은 이 문제를 해결하려고 회사에 갔지만 회사는 원산노련이 제시한 조정안을 무시했다. 이에 이 회사의 사무직 노동자들까지 연명으로 사표를 제출했으며, 9월 16일에는 문평주유소와 직접 관계가 있는 원산노련 산하의 문평 운송조합원도 동정파업에 들어갔다. 회사는 경찰의 힘을 빌어 파업을 파괴하려고 파업단의 주요인물을 검거하고 파업파괴 노동자를 모집했다. 파업 1주일 뒤 일본인 노동자 10여명이 왔지만, 노동자들의 파업을 알자 모두 돌아가 버렸다. 원산노련집행위원회는 이에 맞서 산하 노동조합에게 물질적 조직적으로 원조하며 장기 투쟁을 준비했다. 노동자의 강경한 투쟁에 밀려 회사는 파업 20여 일 만에 해고수당과 상병(傷病) 위자료 최저임금 등을 3개월 후에 해결하고 동시에 다른 요구조건도 받아들이면서, 3개월의 시간을 달라고 했다. 노동자들은 일단 회사측의 태도를 지켜보기로 하고 다시 일을 시작했다.

문평석유의 약속 파기 그러나 회사가 약속한 3개월이 지나도 약속을 이행하지 않자 12월 28일 원산노련은 최고서(催告書)를 제출했다. 그러나 회사 쪽은 "최저임금의 문제는 회사 내부의 문제이므로 외부에 발표할 수 없다. 또 우리 회사는 노동 단체를 인정하지 않기 때문에 원산 노동연합회와는 토의할 수 없다"고 하며 단체교섭권까지도 거부했다. 노동자들은 분개해 파업을 결의하고 작업을 거부하며, 회사에게 1929년 1월 13일까지 약속을 이행하라고 촉구했다. 회사측은 최저임금에 대한 내규를 발표했지만, 그것은 오히려 과거보다도 후퇴하는 내용이었다.

2) 원산노동자들의 총단결

회사가 단체교섭까지 거부하자 원산노련은 문평노조에게 8시간노동제의 실시, 파업중의 임금지불, 지배인 사직, 취업규칙의 개정 등의 수락을 요구하고, 노동단체를 승인, 단체협약에 응하라고 하며 파업 돌입을 지시했다. 그리고 파업 후원을 위해 "원산 노동연합회 성원은 문평 노동자들이 파업과 함께 라이징 선 석유회사에 관계되는 일체의 상품 수송을 거절하고 동정 파업을 단행하라"고 지시했다. 이와 함께 원산노련은 노동자들에게 "조합원들은 술과 담배를 끊고 매일 5전씩 거둬 파업자금으로 충당할 것" 등을 지시하는 등 파업의 장기화에 대비했다. 이렇게 1929년 1월 14일부터 문평주유소는 또다시 파업에 들어갔다.

이와는 별도로 원산 부두노조에서는 회조점(回漕店) 대성상회 등 9개 회사에서 동맹파업이 일어나기 앞서 1월 3일 요금인상을 요구했다. 1월 10일에는 국제통운 국제운수에 임금인상을 요구했다. 그러던 중 1월 16일 라이징 선 석유회사의 화물이 들어왔지만, 국제통운 국제운수 부두노동자들은 원산노련의 지시에 따라 문평석유회사 화물의 하역을 거부했다. 그러자 두 운수회사는 450명의 노동자를 일시에 해고하고, 구체적 해결 방법을 일제 자본가들의 집단인 원산상업회의소에 일임했다.

회사측은 노동자를 해고하고 중국인 노동자를 대체해 일을 시키려 했다. 이에 원산노련은 원산상의가 중국인 노동자를 모집하지 못하게 하도록 중국 영사관에 요청하는 한편, 성명서를 발표하고 사건의 진상을 알리는 선전물을 배포했다. 사정을 알게 된 중국인 노동자들은 오히려 "조선 노동자들의 불행을 이용해 우리 이익을 얻고 싶지 않다"며 조선인 노동자들의 투쟁을 지지했다. 또 1월 21일 원산노련 소속 단체인 '원산운송노동조합'이 동정 파업에 들어갔다.

원산상의는 진작부터 원산노련을 파괴하려고 하던 터라 원산노련 인부는 일체 고용하지 않겠다는 원산회조업(回漕業) 조합의 통고문을 원산노련에 보내고, 각지에서 유휴노동자를 모집하기 위한 선전을 했으며 각 회사에게 완강한 태도를 취하도록 했다. 이에 따라 운송조합측은 파업노동자의 해고를 통지했으며 문평석유회사도 무단결근자를 퇴직으로 간주하겠다는 공고했다.

이렇게 되자 원산노련은 새로운 방법으로 대응했다. 원산노련은 1월 22일 집행위원회를 열어 원산상의가 적대적으로 나오므로 총파업으로 맞선다고 선언했다. 그 방법을 산하 각 단위노조가 자유로이 정하도록 세포단체에 위임하고, 식량확보와 폭동 경계에 힘쓸 것, 파업파괴 노동자의 모집에 미조직 노동자들이 응하지 못하도록 하는 운동을 벌일 것 등을 결의하고, 조선 각지의 사회단체와 노동자에게 총파업을 적극적으로 지지해 줄 것을 호소했다. 또 데모대는 파업경위에 대한 해설문과 전단을 원산 일대에 살포했다. 각 부문의 노동자들은 "외래자본의 착취를 파괴하라" "단결은 우리들의 무기다" 등의 슬로건 아래 차례로 파업에 들어가 자유노동자까지 포함해 파업 노동자수는 약 3천명에 달했으며 산업 운수 교통기관이 완전히 마비되었다. 이 파업은 유산(有産) 대 무산(無産), 자본 대 노동의 대결이며 일본제국주의 대 조선민중의 대결이었다.

1월 22일 두량(斗量) 노동조합, 해륙(海陸) 노동조합, 23일 결복(結卜) 노동조합과 운반노동조합, 24일 원산 중개(仲介) 제국(製麴) 노동조합이 파업에 들어갔다. 원산노련의 방침에 따라 1월 27일 양복 기능공 조합, 1월 28일 인쇄직공조합 화차조합이 파업에 들어가고, 2월 1일 양화직공 제국 노동조합이 재차 파업에 들어갔다. 이로써 원산노련 산하 전 조합원 2,200명(이 숫자는 원산 시민의 1/3)이 파업에 들어가 원산시는 모든 산업 운수기관이 정지된 상태에서 시내는 파업 기세가 높아지고, 총파업은 지구전으로 넘어갔다.

파업을 하는 동안 노동자와 그 가족 1만여명은 생활고가 극심했다. 원산 노련은 파업 시작 전에 파업기금을 준비, 6개월 분의 식량을 준비해 놓고 "한 잔의 술, 한 개피의 담배, 한 푼의 낭비도 역적!"이라는 표어를 내 걸고 1일 2식, 금주 금연의 내핍 생활을 계속했다.

일제의 반격 원산 노동자의 총파업으로 일본 제국주의와 자본가에게 타격을 가하자 일본 제국주의와 자본가는 그것을 출발선에서 진압하려고 계획해, 원산과 다른 지방에서 유휴노동자를 새로 모집해 파업단에 대항하는 한편 헌병 경찰 재향군인 소방대 어용청년단 국수회 등을 동원해 경계망을 쳤다. 함남경찰부는 이원 단천 등 전도의 경찰서에서 300여명을 뽑아 원산서로 급파하고 파업단 간부 7, 8명을 검거했다. 그리고 함흥 제19사단 보병대(제73, 74연대) 병력 중 400여명을 원산으로 파견해 공포분위기를 조성하고 파업단 간부들을 협박 폭행 검거하기 시작했다. 27일 밤 원산노련의 노동병원 간부 이인승(李仁承)을 괴한이 납치하는가 하면 28일에는 김경식 위원장 집에 유숙하던 박모가 납치되어 행방불명되었다. 일경은 후원회, 사회단체의 지원도 일체 금지했다.

원산상의는 원산노련을 비난하면서 어용 노동단체인 '함남노동회'를 조직하고, "앞으로 함남 노동회를 통해서만 노동자를 고용하겠다"며 노동자들에게 원산노련 탈퇴를 강요했다. 원산상의는 국수회 재향군인회

소방단 청년회 등에게 '위력단'이라는 폭력단을 만들게 해 파업 노동자들에게 협박과 폭력을 일삼았다. 1월 16일 비밀리에 인천에서 300여명의 노동자를 모집해 그 가운데 207명을 폭력단 '국수회'의 감시 아래 세관창고에서 하역작업을 시켰다. 그러나 노동자들은 인천노련과 신간회의 노상강연을 듣고 속속 도망하고 70 여명은 '자유노동조합'을 만들어 원산노련에 가입, 파업에 가담했다. 파업노동자들은 이에 대항해 규찰대를 조직하고 조직원을 요소 요소에 파견해 노동자 모집에 응하지 못하도록 비조직 노동자들에게 해설 선전하고 파업기금을 축적해 파업노동자들의 가정을 방문하고 격려하는 등 맹렬한 활동을 계속했다. 또한 장기전에 대비해 5개월분의 식량을 비축했다.

2월 2일 경에는 원산 시내의 미조직 노동자인 마차인부가 총파업에 가담하고, 2월 6일경에는 잡역일을 하던 노동자가 파업에 들어가 원산 시내에서는 한 사람의 인부도 구할 수가 없게 되었다. 사태가 이렇게 되자 일경은 2월 7일 원산노련 위원장 김경식(金瓊植)과 간부 40여명을 검거하고, 김태영이 위원장 대리가 되었다. 김경식4)은 이 사건으로 징역 6월의 선고를 받고 서대문형무소에서 복역, 10월에 출소했다.

3) 국내 국제 연대

파업투쟁이 계속되면서 각지에서 동정과 지지가 잇따랐다. 소수의 친일적인 대지주, 매판적 기업주를 제외한 전 민족이 원산총파업을 지지했다. 노동자와 농민 도시소시민 학생 등 광범한 대중이 집단적으로

---

4) 김경식(金瓊植: 생몰년 미상)은 전진회(前進會) 집행위원, 원산노련 집행위원장으로 경기도 수원 출신으로 외국어학교를 나와 대한제국 탁지부에 근무했다. 1919년 원산으로 이주했고 객주조합 부조합장으로 재직 중, 1921년 3월 원산노동회 창립에 참여, 회장이 되었다. 1925년 원산노동회가 원산노동연합회로 개편되자 집행위원장이 되었고, 1929년 1월 원산총파업을 지도했다. 4월 검거되어 6개월 형을 복역, 만기 출소했다. 해방후 이승만 정권에서 초대 노동국장을 지냈다.

혹은 개인적으로 파업기금을 모집해 보내고 지지 전문을 보내오고, 사회단체들은 연설회와 파업을 격려했다. 전국 여러 곳의 노동연맹과 노동조합 등에서 위문단이 찾아와 격려, 지원했다. 신포 노동조합, 신북청노동조합, 신창노동연맹, 밀양배달양화공, 수원노동조합, 홍원노동조합, 부산노우회, 군산철도노동회, 문천청년동맹, 신간회문천지회, 당만리 농민 일동, 중국 길림성 한성회, 일본 효고현 조양회, 일본노동조합 관동지방협의회, 전국금융산업노동조합 준비회 등 국내외 여러 단체들은 격려문을 보내고, 동정자금 모집운동을 전개했다. 특히 군산의 노동자들은 하루 임금의 반을 보냈다. 함경남도의 영흥 신흥 홍원 북청 등에서는 원산 주위에서 대체노동자들을 모집하려는 자본가의 시도를 막으려고 '특별 규찰대'를 조직했고, 평양노동연맹에서는 일제를 규탄하는 집회를 조직했다. 원산 주변 농민들은 1천단이 넘는 땔나무를 제공하고, 일본 만주 동포들은 항의 집회를 열고 격문과 원조금을 보냈다. 2월 12일 2차로 만주에 주문했던 좁쌀의 일부가 원산에 도착하자 이것을 차량에 싣고 원산 시내 전역을 돌며 시위를 했다. 이렇게 전국적인 관심이 폭발한 것은 민족주의운동이 일정한 정도 약화되고 운동의 전국조직이 와해되어 가는 탄압의 고양기에 파업투쟁이 일어났기 때문이다.

그러나 조선공산당이 해체되고 조선노동총동맹이 무력화되고 신간회가 개량적인 지도부를 가진 상태에서 원산노동자 지지 지원이 전국 단위에서 조직적으로 이루어지지는 못했다. 또 당시 노동자들이 자본가와 직접적 관계 아래 작업장에서 맺어지지 못하고 직업별 노동조합의 형태로 맺어져 있는 상황에서 운동의 최대치는 지역파업 이상을 넘지 못했다. 이 시기에는 각 도시가 개별적으로 일본시장과 직결된 채 고립되고 도시별로 노동조합이 만들어져 동직자간의 전국적인 연대조차 이루지지 못하고 있었다.

국제 연대 소련 일본 프랑스 기타 외국의 노조 사회단체가 지지 전문과 성원을 보내 왔다. 특히 원산항에 입항한 일본 선원들은 뱃고동을 울리고, 일본 고베(神戶)의 라이징 선 석유회사 노동자들과 홋카이도 오타루(小樽) 운수노동자들은 지지, 연대의 표시로 동정파업을 했다.5) 일본인 노동자들이 보여준 연대는 일본 국내에서 1927년 공황의 여파로 노동운동에 대한 침탈이 강화되고 일본노동조합전국협의회(全協)가 결성되는 사정과 관련된 것 같다. 프로핀테른의 조일노동자의 연대에 관한 방침도 있었고 조선과 일본 노동자가 연대해 일본 자본가 계급의 노동운동 탄압에 공동 대처할 필요가 있었기 때문이다.(유현, 1990 참조)

4) 파업의 종결

지도부 와해와 개편 국내외의 광범한 지지 지원 가운데 파업노동자의 기세가 고조되고 파업 투쟁이 장기화되자 일제 식민지 경찰은 외부 원조를 일체 금지하며 파업을 파괴하려고 했다. 경찰은 조합사무실, 병원, 이발소, 간부의 집, 조합원의 집을 수색했으며, 깡패들로 조직된 어용조직인 함남노동회를 조직했다. 또 함남지사는 급히 서울로 가서 총독부 법무국장, 경찰국장, 안보과장 등 고위관료들과 만나, 좀 더 강경하게 탄압하기로 했다. 일제는 총파업을 탄압하기 위해 폭력 사건을 일으키려 하지만, 원산노련은 폭력 사태를 철저히 경계했다. 노동자 규찰대는 일제 자본가들이 동원한 폭력단의 습격과 파괴에 맞서 용감히 싸웠다. 일제 경찰은 2월 2일 "쟁의기금에 의심나는 점이 있다"며 원산 노련 사무실을 수색하는 등 탄압을 강화했다.

원산노련은 2월 7일 김경식 위원장이 체포되자 합법투쟁을 계속하기 위해 2월 9일 서울의 변호사 김태영을 새 위원장 대리로 선출했다. 일제는 원산총파업을 사회주의운동으로 몰아 치안유지법으로 다루겠다

---

5) 『동아일보』 1929. 1. 28.

고 위협했으며 이에 겁먹은 김태영은 총독부 당국자를 찾아다니며 조정을 요청하지만 효과가 없었다.(김광운, 1989a, 168쪽) 원산노련은 3월 7일 강령을 노사협조주의적으로 바꾸고 마크를 고치고 간부들도 기회주의자로 교체했다. 원산 노련의 강령을 "노동운동의 통일과 무산자의 세계적 제휴를 도모하고 무산계급의 해방을 기한다"에서 "생활향상을 위한 노동자의 수양을 본위로 함"으로 바꿨다.6)

지도부의 이와 같은 패배주의와는 달리 파업 노동자의 기세는 여전해 3월 17일 새로 도착한 식량을 40대의 트럭에 싣고 가두시위를 벌였다. 그러나 원산의 하역업자들이 원산노련에 노동자들의 무조건적인 복귀를 요구하자 김태영을 비롯한 원산노련의 새 지도부는 파업단 일부에 현업 복귀를 지시했다. 3개월 동안 죽음을 무릅쓰고 전개했던 파업은 대세가 기울기 시작했다. 3월 21일 인흥노조원 8명, 24일 결복노조원 70명이 탈락해 함남노동회에 가입을 신청했으며 4월 1일에는 중사노조원 40여명이 원산노련을 탈퇴했다.

총파업의 종결 파업이 오래 계속되자 노동자들의 생활은 더욱 어렵게 되었다. 2월 10일 음력설을 맞지만 노동자들은 술, 담배를 끊고 하루 두 끼로 주린 배를 채우며 투쟁을 계속했다. 파업이 길어지자 주로 중소자본가인 조선인 자본가들이 흔들리기 시작했다. 주로 일제의 퇴직 관리, 친일 자본가, 민족개량주의자로 구성된 '원산 시민협회'는 일제의 눈치를 살피며 파업을 끝내라고 노동자들을 설득했다. 그러나 노동자들은 나라 안팎에서 온 수많은 격려와 성원을 받으며 파업을 계속했다.

그렇지만 조선에서 노동총동맹이 지도기관으로서의 기능을 상실하고 있던 상태에서 지방노동조합연합회 단위에서 동정파업이 전혀 없었다는 사실은 특기할 만 하다. 당시 원산과 인접한 덕원군의 농민을 비

---

6) 『동아일보』 1929. 3. 9.

롯해 순천 나주 김해 양양 정주 등 많은 지방과 농민단체들의 성원에 비추어 볼 때 지방노동조합연합체들의 무관심은 이후 일제의 각개 격파를 예고했으며, 노동조합 지도부의 지방주의적 개량주의적 성격을 폭로하는 것이었다. 조선공산당이 해체되고 개량주의적인 지도부가 들어선 신간회 역시 원산총파업지지 지원에 소극적이었다.

파업기금이 고갈되고 끼니가 어려워지면서 파업 이탈자가 생겼다. 일부 노동자들이 어용테러단체인 함남노동회에 가입하면서 파업단 대오가 흔들렸다. 4월 1일 노동자들이 함남노동회를 습격해 간부와 회원을 난타해 1명이 죽고 수명이 크게 다치는 사건이 발생했다. 그러자 경찰은 노련간부 모두를 구속했다. 수많은 간부와 회원들이 구속되고 파업자금이 바닥나고 식량마저 떨어진 상황에서 파업은 더 이상 지속하기 힘들었다. 일제 자본가들은 "앞으로 함남노동회를 통해서만 노동자들 고용하겠다"며 노동자들에게 원산노련 탈퇴를 종용했다. 이에 원산노련은 4월 6일 회의를 열고 모든 노동자를 함남노련을 통해 일을 할 수 있게 한다는 일제의 제안을 수락해 무조건 자유 복업하도록 산하단체에 지시하면서 원산총파업은 끝났다.

그러나 투쟁을 멈추지 않은 노동자들이 많았다. 4월 7일 일제 경찰이 김경식 전 위원장을 함흥 지법으로 압송하려 하자, 노동자들은 경찰서까지 밀고 들어가 항의했다. 그러나 파업 지도부의 항복 선언은 끝내 원산 노동자들의 총파업을 종결시켰다. 일제는 김경식 위원장에게 협박과 폭력의 죄명으로 6개월 실형을 선고했다. 이와 함께 많은 노동자들이 투옥되었다.

원산 노동자대중은 폭동으로 진출하면서 완강하게 싸웠으나 장기간에 걸친 투쟁으로 말미암아 역량이 크게 약화되었다. 여기에 일제의 탄압과 관련해 선진적인 노동자들과 파업지도부를 잃고, 김태영을 중심으로 하는 개량주의자들이 일제와 자본가들에 대한 투항적 자세로 투쟁대열은 분열되면서 결국 총파업 종결이 선언되기에 이르렀다. 원산

지역의 각 부문 노동자 2,000여명이 참가해 75일간 계속된 총파업은 종결되었다.

한편 조선총독부 조사에 따르면 이 총파업으로 원산자본가측의 쟁의 비용은 31,700원(圓), 원산노련이 쓴 식량 선전비 등은 30,000원, 1월부터 3월까지 원산항의 수입총액은 전년도의 같은 기간에 비해 411,452원이나 감소되었으며 원산 각 은행의 부도수표 또한 약 50만원에 이르렀다. 원산총파업은 일제와 일제의 지원을 받는 자산가층에 막대한 타격을 가했다.

3. 성과와 과제

한 회사의 파업에서 원산 시내 모든 노동조합의 총파업으로, 다시 전체 조선인 사회의 공동투쟁으로 발전한 원산총파업은 약 4개월만에 끝났다. 일본경찰의 탄압으로 파업자금이 고갈된 노동연합회가 노동자의 자유의사에 의해 직장복귀를 결정한 것이다. 그러나 이 파업은 자본가들에게 큰 타격을 주는 한편 전체 노동자의 사회의식을 크게 높였고, 식민통치자들의 조선 노동자계급에 대한 인식을 새롭게 했다.

첫째, 원산총파업은 1920년대 노동자의 대표적인 투쟁이며, 최초의 지역연대 총파업이었다. 원산노동자의 투쟁은 그 조직성과 지구적인 강인성, 구제부와 병원 등을 통한 생활대책, 농민들과의 연계, 그리고 국제연대 등이 서로 작용한 결과로 한국 노동운동사에서 중요한 하나의 모델이다. 원산총파업은 한 산업단위 파업이 도시전체로 동맹파업과 지원으로 이어진 점에서 1922년 홍콩선원대파업과 흡사하다.[7]

---

[7] 홍콩선원대파업(1922. 1. 12~3. 6)은 1922년 1월 13일에서 3월 5일에 걸쳐 5만명이 참가한 파업으로, 이 파업에 이르러 중국 노동운동은 비로소 조직적인 노동운동을 시작했다. 파업의 원인은 홍콩 선원들이 오랫동안 제국주의와 외국자본가들의 잔혹

포스터는 원산총파업을 『세계노동운동사』(포스터, 정동철 역, 1987, 148쪽)에 기록했다. 레닌도 한국의 노동운동을 재평가했다고 하며, 코민테른의 「9월테제」는 "원산 파업에 대한 조선의 전 프롤레타리아트의 지지는 이 나라의 혁명적 노동운동 발전에서 전환점을 이루었다"고 평가했다.(한대희, 1986, 251쪽)

둘째, 원산총파업은 제국주의의 위기가 심화되고 일제가 문화통치의 탈을 벗어 던진 전환기에 발생한 투쟁이었으며, 민족해방운동의 주도권이 민족자본가로부터 노동자로 옮겨가던 방향 전환기의 최고 투쟁이었다. 1929년 원산총파업이 경찰과 군대를 동원한 일제의 극심한 탄압에도 불구하고 석달간이나 지속하면서 3·1운동, 광주학생운동과 함께 일제하 대표적 민족해방운동으로 기록된다. 북한에서는 「노동자 농민들의 대중적 혁명적 진출의 선구」로서 총파업을 파악하면서 그것을 김일성을 중심으로 한 만주에서의 항일 무장투쟁으로 연결시켰다. 일본에서의 연구는 이와는 구분되는 시각 차이를 보였다.8)

한 억압과 착취를 당했던 데 있었다. 선원들은 또한 늘 세계각지에 멀리 항해하면서 국제 노동운동과 고조된 세계혁명의 영향을 받았다. 1921년 3월 중화선원공업연합총회가 설립된 뒤, 그들은 자신의 지위와 대우의 개선을 요구하는 투쟁을 전개했다. 파업은 수자오정(蘇兆徵)이 있던 하이강룬(海康輪 : 선박이름)에서 시작되어 홍콩의 모든 외항선과 국내선 선박의 중국인 선원들이 차례로 파업에 돌입했다. 파업 시작 일주일 뒤 파업 참가 선원수는 6천여명, 1월말 3만여명으로 증가했다. 영국 식민지 당국의 파업노동자들 살해에 자극 받아 홍콩의 전 업종 노동자의 동맹파업으로 10만명 정도로 급증했다. 선박운항의 중단과 공업 상업 무역의 중지로 물가가 상승하고 식품 생활용품이 부족해지면서 홍콩은 '죽은 항구'가 되었다. 파업은 선원노조와 수자오정 린웨이민(林偉民) 등의 지도 아래 시 전체 노동자들의 단결과 광범위한 시민들의 동정과 지지로 거의 2개월 동안 지속되었다. 홍콩 선원파업의 승리에는 광주 민중과 광동정부의 지지와 지원, 중국공산당 중앙과 광동지부의 지원이 있었다. 상해 무한 등 도시와 북방 철도노동자들은 '홍콩선원후원회(香港海員後援會)'를 조직해 각종 지원활동을 전개했다. 마침내 파업은 영국당국의 무력진압과 파괴음모를 이겨내고 임금인상 노조인정 등의 중대한 승리를 거두었다. 선원 대파업의 승리는 중국 노동자의 혁명의식과 노동운동을 고조시켰다.(중화전국총공회, 1999, 65~66쪽)

8) 김경일, 「원산총파업, 노동운동의 '큰획'」, 『한국일보』 1999. 3. 22.

셋째, 조직 면에서 1920년대 말 제기된 노동조합의 산업별 조직 원칙의 필요성이 제기되었다. 이미 지역총파업이라는 형태는 직업별 조합운동의 형태를 넘어서는 것으로 따라서 파업 시작 뒤 직업별 조합에서 제외되었던 자유노동자들이 조합을 조직, 노련에 가입했다. 이것은 십장제 폐지, 최저임금제 및 퇴직금의 요구로 나타났다. 이는 도중(都中)을 중심으로 한 조합의 배타성을 극복하는 계기가 되고 노련 재건 과정에서 산업별 조직원칙을 전면에 내세웠다.

원산총파업은 노동운동 내부 구성의 측면에서 볼 때 1920년대를 주도했던 부두노동운동이 쇠퇴하고 공장중심의 산업노동자들의 운동이 중심에 서기 시작한 시점에 위치했다. 이는 1920년 말 추진되기 시작해 1930년대 초에 본격화하는 군수공업 정책과 맞물리는 것으로, 총파업의 발단이 되기도 했던 문평의 중화학공장의 파업은 이후 노동운동의 중심 이동을 예시하는 상징적 사건이었다. 실제로 원산노련 와해 뒤 재건운동의 중심은 공업노동자에게 있었다.

넷째, 원산총파업은 일제에게 경제적으로 타격을 입힘과 동시에 전 조선 노동자들의 의식을 크게 각성시켰다. 이것은 조직적으로 공고한 단결을 이루자면 튼튼한 물질적 토대가 마련되어야 한다는 것을 말했다. 또한 전국적 조직의 지원 없이는 승리하기 어렵다는 교훈과 함께 일제의 잔인한 총검 앞에서 평화적 합법투쟁은 스스로 그 한계를 가질 수밖에 없다는 것을 뼈저리게 깨달았다. 조선 노동자들은 정당하게 자신의 권익을 찾으려면 일본 제국주의의 식민지 통치를 깨고 민족적 해방을 쟁취하는 길 이외에는 달리 방도가 없다고 인식했다. 원산총파업 뒤 전국 각지에서 전투적인 총파업과 시위가 계속 일어났다.

다섯째, 조선공산당이 해체되고 조선노동총동맹, 신간회에서 개량주의 세력이 지도부를 구성한 상태에서 원산총파업을 조직적으로 지도하거나 지원할 수 없었다.9) 일제의 파쇼 탄압과 관련해 중앙조직이나 지방의 단위 노동연합회 차원의 지원이나 동정파업이 전혀 없었다는 점은 활동가 내부에 뼈아픈 반성을 촉구했다. 당시 노동자의 혁명적 열기가 높아지고 투쟁이 계속되었지만, 개량주의 세력이 조선노동총동맹 신간회 등에서 주도권을 장악했다. 원산노련도 김태영의 경우처럼 부르주아 민족주의의 영향권 아래 있었다.

이어 1920년대 노동운동의 상호부조적 성격의 한계가 드러나면서 1930년대 사회변혁적 노동운동으로 전환하는 계기가 되었다. 개량적 태도를 가지고는 일제의 자본과 식민주의에 대해 승리할 수 없음을 알게 되었다. 원산총파업은 합법적으로 전개되지만 그 평화적 합법투쟁의 한계가 드러났다. 지도력이 대중의 요구에 미치지 못하고 먼저 무너진 것이다. 탄압 국면에서 전국적 지도의 필요성이 제기되었다. 이후 노동조합은 비합법으로 전환했다. 혁명적 대중조직, 혁명적 노동조합 운동이 전개되었다. 그것은 일제의 파쇼지배 강화와 코민테른의 노동자 전선 강화 방침을 배경으로 했다.

---

9) 공산당 신간회 등 노동자 민중의 전국적인 조직이 무너지면서 원산총파업을 전국적 차원에서 조직적으로 지원하지 못하고 각계 각층이 개별적으로 지지하는 선전 연설 성명 모금 등의 활동으로 지지 지원했다. 이러한 상태는 같은 해인 1929년 11월 일어난 광주학생운동이 이내 전국으로 번져 신의주 회령에서 부산 대구에 이르기까지 조선반도 전체에서 194개교의 5만 4천여명의 학생들이 가두시위와 동맹휴학을 전개하고, 이 가운데 580여명이 퇴학처분과 최고 5년의 징역형을 받고 2,330명이 정학처분을 받았던 것과 비교된다.

1930년대 이후의 노동운동

이 시기는 만주사변(1931)에서 중일전쟁(1937)에 이르는 시기를 전기, 그 다음 중일전쟁이 시작(1937)에서 해방(1945)까지를 후기로 나눌 수 있다. 1차세계대전의 결과에 대한 불만과 세계 대공황으로 위기에 몰린 제국주의 국가들이 서로 다투고 동아시아에서는 1931년 일본이 만주를 침략하고 1937년 태평양전쟁을 도발, 한국은 병참기지가 되어, 민중은 전시동원 체제 아래 놓이게 되었다. 민중은 생활이 어려웠고 일제의 탄압도 더욱 심해졌다. 1920년대 활발하던 노동운동은 1930년대에 크게 약화되어 지하화하고 만주를 비롯한 국외의 무장투쟁이 활발하게 전개되었다. 이념적으로 사회주의의 지향을 갖되 당면목표를 민족해방운동에 두었다.

1. 파시즘과 세계정세

1) 대공황과 파시즘전쟁

1929년 미국의 주식공황에서 시작된 세계공황은 그 이전에 볼 수 없었던 위력을 가지고 기존의 자본주의 체제를 뒤흔들었다. 1920년대 자본주의국가들이 누린 일시적 상대적 안정은 일거에 무너지고 새로운 위기의 국면을 맞았다. 선진자본주의국가들도 생산설비가 상당 부분 가동 정지하고 실업사태가 속출했으며 대중의 구매력은 급격히 떨어졌다. 사회적 불안은 고조되었고 국제관계에서도 자국 경제 보호를 위한 경쟁이 선진자본주의국들 사이에 치열했다.

이 위기 타개방식은 선진자본주의국가와 후발 자본주의국가 사이에 차이가 있었다. 국내시장을 기반으로 하고 있을 뿐만 아니라 상당한 정도의 식민지 반식민지를 소유하고 있던 미국 영국 프랑스 등의 선진자본주의국가들은 보호무역주의 일종인 블럭경제권을 형성하고 국가주도 경제부흥방식을 택했다. 대표적인 것이 수정자본주의정책이라고 불렸던 미국의 뉴딜정책이었다. 이것은 국가가 자금을 풀어 각종 산업을 재건해 실업을 구제하는 방식이었다. 영국 프랑스 같은 나라들은 식민지시장에 더 크게 의존했다. 어느 나라든 국가권력의 적극적 개입, 중소자본의 몰락, 식민지수탈의 강화에 기초한 독점자본의 비대화에 의존한 점이 공통적이었다.

그러나 후발 자본주의국가들의 상황은 달랐다. 독일 일본 이탈리아 등은 파행적 경제구조 때문에 국내시장이 좁았을 뿐만 아니라 식민지시장도 거의 확보하지 못했다. 이런 상황에서 대두된 선진자본주의국가들의 블럭경제화는 이들 국가의 상황을 더욱 악화시켰다. 결국 이들은 군국주의화의 길을 택했다. 일차적으로 기존시장 의존도가 낮은 군수물자의 생산에 주력해 과잉자본의 문제를 해결한 다음 궁극적으로 군사력 강화로 식민지체제의 재편을 도모하는 방식이었다. 이탈리아의 파시즘, 독일의 나치즘, 일본의 군국주의는 이런 경향을 대변했다.

독일의 침공을 받은 소련이 반파시즘편에 서면서 전쟁은 파시즘 대 '민주주의'를 표방하는 연합국의 전쟁으로 나타나지만 제2차 세계대전은 본질적으로 제국주의 상호간의 전쟁이며, 아시아 식민지 종속국 민중에게 아주 고통스런 전쟁이었다. 결국 식민지 쟁탈을 둘러싸고 양분된 경제블럭권과 군국주의권의 대립과 긴장은 제2차 세계대전을 겪고서야 끝났다.

미국과 일본의 관계는 1941년 일본이 진주만을 공격하기 이전까지는 적대적인 관계로 나아가지 않았다. 일본의 군부가 쿠데타를 일으켜 정권을 장악하고 1931년 만주사변을 일으켰지만 그것이 미국과 일본의 관계에 직접적인 악영향을 미치지는 않았다. 미국 정부는 1930년대 대공황으로 국내의 경제문제 해결에 몰두했고 일본은 1937년 기축통화를 파운드에서 달러로 바꾸어 미국과의 무역에서 발생한 장애를 제거했기 때문이다. 그런데 일본이 중국지배를 확고히 하고 중국 내륙과 동부 아시아 지역으로 팽창하려고 1937년 중일전쟁을 일으켜 몽고를 침입해 일본과 미국관계는 적대적 관계로 변했다. 그 다음 일본이 1941년 동북아시아를 포기한 소련과 불가침 조약을 맺은 뒤 미국이 지배를 강화하고 있는 동남아시아를 침략하기 위해 태평양전쟁을 일으켜 미일관계는 결정적으로 악화되었다.

일본의 파시즘체제는 서유럽 민주주의로 나타나는 다른 자본주의 체제와는 달리 제국주의와 파시즘이 복합된 체제이었다. 제2차 세계대전이 파시즘과 반파시즘의 전선으로 형성되고 소련이 반파시즘 전선에 가담한 것도 이와 관련이 있다.1)

러시아혁명과 소련 1917년 일어난 러시아혁명은 이미 세계 각국의 사회주의운동과 민족해방운동에 영향을 강하게 미치고 중국의 사회주의운동도 발전하기 시작했다. 한편 1937년 소련에서 스탈린 대학살이 전개되었다. 소련공산당 제17차 대회 참석 대의원 1만 9천명 가운데 1,100명이 체포되었다. 소련은 사회주의적인 길이라기보다는 독재적인 방향으로 나간 것이다.

일본의 군국주의화 일본은 1931년이 되면 일본자본주의는 금융자본주의 단계로 들어서 내부적으로는 파시즘을 채택하고 대외적으로 공격적이 되었다.

제1차 세계대전 이후 일본은 후발 자본주의국가들 가운데 비교적

---

1) 홉스봄, 『노동일보』 2000. 1. 5.

빠르게 성장했지만 공업구조는 심한 불균형을 내포했다. 국외시장을 겨냥한 방직공업과 군수공업만이 상대적으로 비대하게 성장했고 다른 산업부문은 후진성을 면치 못했다. 일본자본주의의 이런 약점은 공황의 여파로 한층 심화되었다. 공황 때문에 해외시장을 겨냥하던 방직공업과 금속공업은 시장 확보와 원료 구입에 큰 타격이 왔다. 일본경제의 타격은 일본의 노동자 농민의 생활에도 영향을 미쳤다. 방대한 실업자군이 형성되었고 인구의 절대다수를 차지했던 농민의 수입은 격감해 생활이 극도로 어려워졌다. 이러한 일본 경제의 파국과 노동자 농민의 빈곤화로 국내의 모순이 첨예화되자 일본의 자본과 지배세력은 식민지에서 탈출구를 찾으려 했다.

일본은 우선 유럽과 미국이 경제공황으로 국내문제에 몰두하는 정세 변화를 이용해 방위력이 약한 중국을 첫 제물로 삼았다. 1931년 9월 일제는 선전포고조차 없이 자신들이 조작한 '남만주철도 파괴사건'을 빌미로 만주를 침략했다. 일본군은 곧바로 만주를 점령한 다음 1932년 1월 상해를 침략하고 3월 점령지 만주에 만주국이라는 괴뢰정권을 세웠다. 이후 일본은 어떤 구속도 받지 않으려고 국제연맹을 탈퇴하고 군비를 확장했다.

일본경제는 전쟁 상태에 들어가면서 점차 회복되어 1933년에는 공황 이전의 수준에 도달했다. 그러나 이러한 회복국면이 일본 국내 모순의 해결이라기 보다는 좀더 심각한 모순으로 치닫는 계기가 되었다. 일단 전쟁에 들어간 일본은 국내외적으로 새로운 위기상황을 맞아 거듭 전쟁을 확대했다. 일본의 전쟁확대 정책은 중일전쟁(1937) 태평양전쟁(1941)을 거쳐 패망에 이르는 15년 동안 계속되었다. 또 일본은 대공황 뒤에 군국주의로 전환하고 한국을 병참기지로 전환하고 일본 자본이 한국에 집중적으로 진출했다.

중일전쟁이 일어난 뒤 1938년 일본 최고 법규로 국가총동원법을 만들었다. 이것은 파시즘체제의 법적 지표였다. 이 법안은 전시에 국가의 전력을 최대한 동원할 수 있도록 인적 물적 자원의 통제 운용을 목적으로 한 것이었다. 또한 자금 자재 노무 물가 임금 시설 등 모든 부문에 걸쳐 필요에 따라 칙령으로 정부가 통제 동원을 시행할 수 있게 하는 것으로 국민의 제권리를 제약하는 법률이었다. 1940년에는 군국주의 일국일당 체제가 되었다. 사회대중당 정우회 민정당이 해체되어 무정당 시대가 되었다. 파쇼체제 아래 일본의 민중은 전쟁에 동원되어 목숨을 바쳐야 했고 지식인들은 침략전쟁을 막지 못했다는 도덕적 자괴감에 시달렸다.

2) 세계의 노동운동

1929~32년 공황시기에 자본가들은 공황의 피해를 줄이려고 노동자를 대량해고하고 임금을 깎아 내렸다. 제2인터내셔날의 '생산 증대! 파업 자제!' 호소는 상품을 과잉 생산해 공황을 초래했다. 코민테른과 프로핀테른은 공황으로 인한 노동자의 고통을 줄이기 위해 파업을 일으켜 자본가들로부터 약간의 양보를 얻어냈다. 이 기간에 15개국에서 18,794건의 파업이 일어났다. 그러나 국제노동조합연맹과 제2인터내셔날은 배고픔에 시달리는 노동자를 외면했다.

공황이 되풀이되면서 노동자 투쟁이 사회주의 국가건설로 이어질 정도로 확대되자 자본가들은 각종 악법을 만들고 노동자를 감시 투옥 고문 살해했다. 특히 후발 자본주의 국가로 식민지가 적고 제1차대전 패전의 배상금 부담이 있는 독일은 노골적인 폭력으로 노동자 민중을 착취해 자본축적의 위기를 넘기려고 파시즘체제로 전환했다. 이탈리아 일본의 사정도 비슷했다. 영국 미국의 자본가계급은 조건이 이들보다 조금 낫고 노동자계급의 저항이 강력해 파시즘이라는 노골적인 방법은 쓰지 않았다.

그러나 파시즘의 대두는 식민지 쟁탈을 위한 또 하나의 전쟁을 예고했다. 파시즘과 전쟁을 막을 세력은 노동자뿐이었다. 코민테른과 프로핀테른은 국제 반파쇼 평화전선 즉 '인민전선'을 호소했다. 그리고 세계노동조합의 통일을 호소하고, 이를 전제로 프로핀테른을 해산했다.(1937) 각국에서 반파시즘 투쟁이 일어났다. 프랑스 노동자는 정권을 잡으려는 파시스트 세력에게 총파업으로 맞서 이들을 물리쳤다. 미국 노동자는 자국 내에 반파시즘 투쟁전선을 결성해 파시스트세력을 몰아냈다. 중국 공산당은 자본가와 지주세력(국민당)과 연합해 일본 군국주의 침략에 저항했다.

1939년 제2차대전이 일어나며, 소련이 미국 영국 등과 반파시즘 투쟁이 연합하면서 전선이 자본가 계급간의 싸움에서 파시스트와 전세계 노동자 민중의 전선으로 변했다.

유럽 이탈리아 공산당 창당(1921)에 기여한 그람시(1891~1937)는 당시 서유럽 여러 나라의 공산당에 광범하게 나타난 우익 편향의 이데올로기적 기초와 기계론적 철학을 폭로했다. 그는 레닌이 당이나 프롤레타리아트의 지도적 역할을 대중의 의식변혁에 두었던 점을 발전시켜 독자적인 헤게모니론을 전개했다. 그에 의하면 지배계급은 단지 정치 경제적인 지배권을 갖고 있을 뿐만 아니라 그 계급이 갖고 있는 도덕 정치 문화 등에 관한 가치관과 자연이나 사회에 대한 사고 방식을 피지배계급에게 받아들이게 해 그 지배의 헤게모니를 확립하려고 했다. 그러므로 혁명도 정치 경제적 권력의 탈취뿐만 아니라, 지배계급의 지배권에 대신할 새로운 헤게모니의 확립을 필요로 했다. 이 점에서 그람시는 지식인의 역할을 중시했다. 그는 혁명은 자본주의적 생산력이 충분히 발전할 때까지 기다려야한다는 마르크스의 『자본론』에 대한 해석과는 달리 엘리트가 아닌 사회대중이 사회를 변화시켜야 한다고 했다. 그는 이탈리아에서 혁명운동은 민족주의적 전망과 노동계급과 농민사이의 동맹을 필요로 하고, 노동계급이 자기계급만의 이해관계를 뛰어넘을 필요성과 이데올로기의 정치적 역할을 주장했다. 그는 사회의 사회주의로의 전화(轉化)는 민주적 지배의 확대이며, 국가를 전력과 동의가 합치된 것 또는 강제성이라는 외투를 두른 헤게모니라고 정의했다. 따라서 복잡한 제도와 대중조직을 포괄한 선진자본주의 국가에서 사회주의를 실현하려면 혁명정당은 노동계급에게 지식인과 양자택일하는 헤게모니를 개발해 시민사회의 동의를 구하는 진지전(러시아의 기동전과 달리)을 펴야한다고 했다. 그람시에게 시민사회는 지배계급의 헤게모니 지배가 이루어지는 공간이기도 하지만, 동시에 노동자계급의 대항헤게모니가 조직될 수 있는 장소이기도 했다. 그람시의 이러한 시도는 시민사회의 상대적 자율성을 인정하고 이를 이론화했다는 점에서 이후 시민사회론의 발전에 큰 영향을 주었다.

미국 1930년대 노동력 공급주의적 측면에서 케인즈가 기안한 뉴딜정책을 폈다. 20세기 초중반을 풍미한 2차산업 중심의 대량생산 체제에서 포드주의[2] 노동과정에 케인즈주의적 정치는 노조 통합에 대해 강력하게 대항했다.(고병웅, 2000 참조)

1929년 대공황 때 정부가 시장에 적극적으로 개입해 케인즈주의적 복지국가 정책을 시행했다. 재정의 확대, 공공투자, 보조금 등을 통해 경기의 선순환을 유도했다. 한편 산별노조를 허용하고, 산별노조의 틀 안에 노동자를 끌어넣었다. 노조는 대외적으로는 정치세력화 하지 못하고 관료화되었으며 노동당은 무력화되었다. 그 결과 미국의 노동운동은 조합주의에 고정되었다.

1935년 당시 최대의 노동조합인 산업별회의(CIO)가 창설되었다. 사회보장법은 당시 뉴딜정책 입법에 전기를 마련했고 노조에 단결권과 단체교섭권을 허용한 노동관계법(일명 와그너법)은 지금도 연방노동법의 기초가 되고 있다. 1936년 전미자동차노조연맹이 미시간주 플린트 공장에서 벌인 연좌농성과 1912년 섬유노동자 3만명이 참가한 '빵과

---

[2] 미국의 포드자동차회사에서 처음 컨베이어를 도입했다. 부품과 생산의 흐름이 기계(컨베이어 운반기 이동조립대)에 의해 이루어짐에 따라 노동 또한 통제되었다.

장미' 파업이 있었다. 최저임금제와 초과근로수당, 하루 8시간 근무 등을 규정한 근로기준법을 세계 최초로 제정했다.(1938)

중국 소련 코민테른의 전략은 통일전선의 폭을 크게 잡아 우경화의 경향을 보이다가 뒤에 좌경화로 전환했다. 그러나 중국 공산당은 코민테른의 방침과 달리 중국사회를 자본주의 사회가 아닌 반식민지반봉건 사회로 보고, 당면 투쟁의 과제도 사회주의 혁명이 아닌 민주주의 혁명으로 보았다. 중국공산당은 코민테른의 좌경화를 비판하면서 뒤에 만주사변 이후 국공합작을 추진했다.(1937. 9)

일본노동운동의 붕괴 일본 파시즘의 15년 대외침략 기간에 군수 인플레정책에 의한 중화학공업의 진흥, 환율 인하를 이용한 수출산업의 진흥으로 경제활동이 활발해졌다. 이제 고용증대로 실업은 줄었지만 물가인상과 노동강도 강화에 의해 노동자의 생활은 한층 악화되었으며 산업재해도 증가했다.

만주사변 이후 전쟁반대를 호소하며 투쟁한 공산당을 비롯한 사회주의자에 대한 탄압은 매우 강력했다. 1935년 공산당 중앙 지도부의 파괴 뒤 그 탄압은 자유주의자에게까지 미쳤다. 세계적으로 인민전선운동이 전개되지만 일본 공산당이 파괴되었고 합법적이고 혁명적인 일본 무산당과 그 산하의 일본노동조합 전국평의회(전평)는 인민전선의 거점이 될만한 힘을 갖지 못했다. 1937년에는 강좌파의 마르크스주의 학자와 프롤레타리아 문학작가와 노농파나 좌익 사회민주주의자가 검거되었다. 또 일본무산당과 일본 노동조합 전국평의회도 코민테른의 인민전선 운동을 꾀한다는 이유로 해산시켰다. 사회과학 연구 독서회나 유물론 연구회도 모두 금지되었다. 총동맹은 전쟁협력을 표명했으나 1940년에는 사회대중당(우익 사회민주주의당)과 함께 해산되었다. 대정익찬회와 대일본산업보국회(1938)가 조직되어 노동자를 전쟁협력으로 몰아 넣는 가운데, 일본의 노동운동은 개별 공장에서 고립되고 소극적으로 저항했다. 유럽 레지스탕스운동이나 중국 항일민족통일전선운동의 발전과 달리 일본의 통일전선운동은 끝내 발전하지 못했다. 일본의 노동운동은 1945년 패전까지 거의 공백상태를 벗어나지 못했다.3)

2. 일제의 조선 병참기지 정책과 군수공업의 진출

1) 파쇼체제의 강화와 민족말살정책

일제는 군국주의 경향의 강화와 함께 1930년 이후 식민지 조선을 중국대륙에 대한 침략전쟁을 수행하기 위한 '견고한 후방지' '병참기지'로 이용하려 했다. 이를 위해 조선민족의 민족해방운동을 철저하게 탄압 말살하고 조선민중을 더욱 가혹하게 수탈할 필요가 있었다. 1920년대에 실시한 기만적인 문화정책이 허용했던 형식상의 자유마저 박탈했다. 조선주둔군을 증강하고, 경찰관 수를 대폭 늘려 경찰보조기관인 경방단 비밀고등경찰 헌병스파이 등을 두어 조선민족을 감시했다.

일제는 강화된 경찰력으로 애국지사와 일제에 저항하는 노동자 민중을 검거 투옥 학살했다. 일제가 발표한 통계를 보더라도 '사상범'은 1930년 말 38,779명에서 1934년 66,055명으로 늘었다.(〈표 1〉 참조)

〈표 1〉 사상범 검거 상황

연도	건수	인원	기소	연도	건수	인원	기소
1930	397	4,025	1,107	1934	183	2,839	561
1931	436	3,659	1,106	1935	172	1,740	407
1932	345	4,989	1,414	1936	167	2,762	419
1933	213	2,641	705	1937	134	1,637	893

자료, 조선총독부, 1938, 『朝鮮における 治安狀況』, 15~17쪽.

---

3) 최근 일본의 노동운동이 역사교과서 왜곡에 반대하는 것은 전쟁 아래 노동자가 겪은 생활의 어려움, 노동운동에 대한 탄압의 고통에서 기인한 것이다.

일제는 '조선민중을 황국신민화한다'는 정책 아래 '내선일체(內鮮一切)', '일시동인(一視同仁)' 등의 슬로건으로 소위 국민정신총동원을 전개하고 조선인민에게 '황국신민'이 될 것을 강요했다.4) 일제는 조선인에게 일본국기의 게양, 궁성요배, 신사참배, 정오의 묵도, 황국신민의 서사 제창, 일본어 상용을 강제 실시했다. 1937년 중일전쟁 발발과 더불어 파쇼탄압을 더욱 강화하고 민족해방운동 탄압은 극에 달했다. 1940년 이후에는 일체의 조선어신문과 잡지를 폐간시켜 민족정신의 말살을 꾀하고 창씨개명을 강제로 실시해 조선사람의 이름을 일본식으로 바꾸게 했다. 1941년 소위 사상범예방구금령을 발표해 이전부터 민족해방운동에 참여했던 애국자들을 구금했다. 또 치안유지법을 고쳐 적용대상을 넓히고 사형을 언도하기 쉽게 만들었다. 그리고 선만일여(鮮滿一如) 대동아주의 범아시아주의 등의 슬로건 아래 중국민족과 조선민족 사이에 이간과 알력을 조장했다.

2) 경제정책과 자본

(1) 경제정책

일본자본의 중공업 진출 일제는 침략전쟁에 필요한 군사적 수요 충족을 위해 농업을 발전시키면서 공업과 광업의 급속한 발전을 촉진시킨다는 농공병진정책을 썼다. 이 정책은 조선의 필요가 아닌 전쟁 수행에 필요한 정책으로 식민지 한국에서 일본 독점자본의 이윤을 보장했다. 또 1931년부터 일본에서 「중요산업통제법」이 실시되면서 주요 산업의 조업시간 판매가격 제품수량 등이 제한되자 이 법이 제정되지 않은 조

---

4) 일제의 민족말살 정책은 조선인에게서 말·글·이름을 빼앗아 일본민족에게 동화시키는 정책이다. 일본의 동화정책은 홋카이도, 오키나와에서 성공하고 대만에서 상당부분 성공하고 한반도에서 실패했다. 일본의 동화정책은 프랑스의 알제리아 동화정책과 같다.

선으로 일본자본이 적극적으로 진출했다. 조선에는 아직 「공장법」이 실시되지 않아 조선인 미성년 노동자를 싼 임금으로 수탈할 수 있었고, 전력정책 토지가격통제정책 보조금정책의 지원이 있었기 때문이다. 일본 독점자본은 주로 군수산업의 기반인 중화학공업과 광업 분야에 진출했고, 이에 따라 조선은 본격적인 식민지 공업화의 길로 들어섰다. 일본질소 미츠이(三井)·미츠비시(三菱)·노구치(野口)·닛산(日産) 등이 이 시기 조선에 진출한 대표적인 독점자본이었다.

부전강 수력발전소와 석탄액화산업 석유 등의 에너지산업 제철 질소화학공업 부문에 일본자본이 빠르게 진출했다. 전쟁에 필요한 섬유제품(피복)을 현지 조달할 목적으로 섬유공업 부문에도 일본자본이 진출했다. 1933년 동양방직주식회사 인천공장, 1935년 종방 광주공장과 서울공장 등 섬유공장을 새로 세웠다. 파이프공장 콘스타치공장을 새로 세웠고, 이미 세워졌던 제철소 제련소 철공소 정미공장 제분공장 양조공장 등을 확장했다. 1930~36년 사이에 화학공업을 비롯한 중공업이 성장했지만 공업의 기형적인 구조는 면치 못했다. 중공업의 근간인 금속과 기계공업은 뒤떨어진 반면 식료품 방직공업 등 경공업의 발전속도가 빨랐기 때문이다.

농촌수탈 일제의 군국주의화는 조선농촌에 대한 식민지적 약탈에도 큰 영향을 미쳤다. 1930년대에 들어서 일제는 이른바 농촌진흥운동 남면북양(南綿北羊) 등의 슬로건 아래 이전의 미곡중심체제를 변화시켜 미곡은 여전히 수탈하면서도 전쟁 수행에 필요한 면화 양모 대마 기타 원료생산을 강화했다. 이 같은 생산 강요는 생산물의 수탈과정과 분리시켜 생각할 수 없었다. 농산물 가운데 가장 중요한 쌀은 이 기간에 수출량이 계속 증가해 일본의 부족한 쌀의 1/2이나 3/4을 채웠다.

1939년 이후 조선식량영단을 설치해 조선농촌에서 강제공출제도를 실시하고 조선쌀 거의 전부를 강제로 공출하고 수탈했다. 이 때문에 조선의 민중은 부족한 쌀과 잡곡 대신에 만주에서 들여온 대두박으로 연명했다. 또한 전시물자의 강제 동원 때문에 일어난 농촌노동력 축력 화학비료의 부족은 중일전쟁 이후 조선농촌에 심각한 영향을 끼쳤다. 그 영향으로 1939년 이후 경지면적이 줄고 농업생산력이 현저하게 쇠퇴했다. 일제는 각종 세금 국방헌금 강제저금 강제보험 등 공과금을 늘렸다. 수시로 부역노동을 시키고 마침내는 식기와 제기 등 생활필수품까지 전쟁물자로 빼앗았다. 농가의 파산과 기아는 극에 달해 1929년 128만호이던 소작농은 1940년 162만호로 늘었다. 이런 약탈 강화 속에 일부 친일 대지주를 제외한 조선의 전농민은 일제침략전쟁의 제물이 되었다.

(2) 일본 독점자본의 진출과 민족자본의 몰락

1937년 이후 전쟁이 중국 미국과의 전쟁으로 확대되면서 조선은 군수품공급기지 군사침략기지의 성격이 강화되었다. 일제는 조선을 대륙침략의 기지로 삼는 병참기지화정책을 택하고 이에 따라 조선에서 군수산업 발전에 더욱 박차를 가하고 중소기업 발전을 억제하거나 아예 없애버렸다.

독점자본의 대규모공장 건설은 공업생산에서 급속히 생산집중 현상을 가져왔다. 1936~39년 사이에 공장수 증가는 17%인데, 공장종업원 수 증가는 44%였다. 이것은 대규모 공장의 확대를 의미했다. 반면 중소기업은 억압 정리정책 때문에 파산했다. 1942년 실시한 중소기업정리령은 특히 조선인 중소기업을 몰락시켰다. 그런 가운데 조선인 예속자본가들은 일제의 군수공업에 편승해 기업을 설립했다. 김연수는 한강수력전기주식회사, 김연수 박흥식 한상룡 민규식 등은 조선공작주식회사, 박흥식은 조선비행기주식회사를 설립했다. 그 결과 조선인 자본의 상대적 비중은 지속적으로 작아졌지만 절대액은 커지는 기현상이 나타났다. 평양에서는 평양메리야스 공장 등 민족기업이 1930년대까지 일본기업을 압도하면서 평양시민들은 물산장려운동, 도서관 운동을 벌이고 전차운영 공영화를 쟁취했다.

이들 예속자본가의 대부분은 자본가이면서 대지주여서 농민들의 소작료까지 수탈하는 계층이었다. 그런 의미에서 이들은 농촌의 봉건적 관계를 유지시켜 자신들의 경제적 이익을 유지하는 극소수의 매판적 예속자본가 집단이었다. 1930년대 이후로는 도시수공업자와 중소상공업자도 경제공황의 타격과 일제독점자본과 국내 예속자본가들 때문에 경제권을 침탈 당하고 파산의 길을 걸었다.

자본가의 조직 일제는 조선상업회의소령을 1930년 조선상공회의소령으로 개정, 상공회의소에 대한 중앙통제를 강화하고 조선총독부의 준행정기관 역할을 담당하게 했다. 1915년의 조선총독부 사업령에서는 조선상업회의소의 연합조직에 관한 규정은 없었다. 1932년 1월 설립된 지방상공회의소의 연합단체인 조선상공회의소는 이 제령에 따라 공인단체로 조직되고 조선총독부 시정의 주요한 담당자가 되었다. 1937년 일제의 중국침략으로 전시체제가 되자 조선상공회의소는 지방상공회의소를 통합해 전시체제의 선봉에 섰다. 1944년 8월 전쟁의 수행을 위해 조선상공경제회령의 공포에 따라 조선상공회의소는 조선상공경제회로 바뀌었다. 이 영에 따라 종래 각지방 상공회의소는 도 단위로 폐합되어 도 상공경제회로 개편되고 필요한 곳에 지부를 두도록 했다. 그러나 일제가 패전 직전 상태에 있어 조선상공경제회는 사실상 큰 역할을 하지 못했다.(권두영, 1993, 200쪽)

3) 노동정책

(1) 노동정책일반

1920년대 후반에 들어와 농업공황으로 노동자 농민의 생활이 궁핍해지면서 투쟁의식이 고양되고 사회주의 사상이 점차 대중화했다. 이에 따라 조선총독부는 대중운동의 좌경화를 막기 위해 치안유지법 등을 확대 적용, 탄압을 강화하는 한편 민족개량주의운동 문화운동 등을 일정한 범위 안에서 활성화했다. 1930년대에 일어난 브나로드운동 조선학진흥운동 등은 이와 같은 분위기의 소산이었다. 이것은 신간회를 비롯한 각종 합법적인 운동단체들의 지도부가 점차 개량화되는데 영향을 미쳤다.

일제는 조선의 인적 물적 자원을 약탈해 침략전쟁에 동원하려고 1938년부터 국가총동원법을 실시했다. 일제는 노동력 조사를 실시해 농촌에 농업생산력 증강에 필요한 적정 인원만 남겨놓고 모든 노동력을 생산현장에 동원했다. 이른바 '모집' '알선' '특별알선' '징용' 등으로 노동력 동원 방식을 강화하고 '강제노동'의 성격도 점차 명확해졌다. 국가총동원법에 기초해 국민징용령(1939) 국민근로보국협력령(1941) 노무조정령(1941) (신)임금통제령(1940)이 제정되고 공장취업시간제한령은 폐지되었다. 1945년까지 조선에서 동원된 노동자수는 대략 460여만명으로 추산되었다.(1945년도 도내 동원 약 160만명, '학도근로보국대' 방식으로 동원된 인원 불포함) 공장의 노동자들에게는 '총후국민(銃後國民)의 의무'라는 명목으로 강제노동이 극심했다. 군수공장에는 특별한 규율이 있었고 헌병 군대 일본인감독의 감시를 받았다. 강제징용과 보국대에 끌려간 노동자는 강제노동에 종사하며 목숨을 지키는 것이 관건이었다. 이상에서 보았듯이 한국에서 일제의 노동정책은 노동력보호 정책이 아닌 노동통제정책이며 노동력수탈정책이었다.

또 1938년에 육군특별지원병령, 1943년에는 학도병, 해군특별지원병제도를 실시했다. 1945년 국민의용군제도를 실시해 청년뿐만 아니라 조선민족 모두를 전쟁터로 몰아넣었다. 1944년 여자근로정신대령을 공포해 여성을 정신대에 강제 동원했다.

강제노동의 이데올로기 1930년대 본격적인 식민지 공업화 시기에 일본 제국주의의 입장에서 조선인 노동자들의 열등성은 물론 근대적 노동자의 덕목인 시간관념과 위생관념이 얼마나 결핍되어 있는가를 강조했다. 이 같은 조선인의 특성이 생산성 저하의 원인이며 조선인에게는 보다 엄격한 규율의 강제와 저임금 장시간 노동이 불가피하다고 했다.

(강이수, 1997, 137쪽)

1940년대가 되어 일제는 전시체제 아래 광범위하게 노동력을 동원하려 하지만 기존의 강압적인 방법으로는 효과가 없고 조선 노동자가 공장노동에 적응하지 못하거나 도망하는 일이 속출했다. 이에 따라 조선인의 효율적 노무관리를 위해 노무관리의 방향을 조정해 조선인에게 노동 참여와 동원을 권장하고 황국신민으로서의 노동관을 조선인에게 심어주려고 했다.(강이수, 1997, 133쪽) 즉 조선인 노동자들에게는 '황국신민의 자질을 양성' '유능한 산업노무자의 육성'이라는 방침 아래 탄압주의적 노무관리, 병영적 노무관리, 이데올로기적 통제 가운데 강제노동이 이루어졌다. 뿐만 아니라 '충군애국'을 내용으로 하는 '황군훈련'을 중심으로 '국어훈련' '작업훈련' '생활훈련' '체련' '조선현지훈련' '취로예비훈련' '취로 후 재훈련' '불량자 특별훈련' 등 각종 훈련을 통해 황민화와 일하는 도구화를 강요했다.

(2) 노동관계법

일제는 전쟁이 장기화하면서 노동력 동원은 「국가총동원법」(1938. 4)으로 본격화했다. 그 내용은 징용제, 노동력수급(고용 해고) 통제와 노동조건(이동방지)의 규제, 노동쟁의 방지 조정, 직업능력신고(국민등록), 기능자 양성 등이었다. 1937년부터 시작된 전시 노동력동원이 장기화하면서 학생과 여성까지 동원했지만 더 이상 노동력을 동원할 수 없는 한계에 이르러, 1945년에는 국민동원계획이 실질적으로 정지되었다. 징용된 노동자는 모두 150만명으로 추정되었다.

일제는 직접적인 노동력동원 방법으로 '모집' '알선' '징용' 등을 실시했으나, 공권력을 통한 강제동원이라는 점에 차이가 없었다. 노동이동이 급증함에 따라 일제는 동원한 노동력을 '현원징용'으로 귀결시켜 강제노동의 성격을 명확히 했다. 숙련노동자 양성정책 또한 기계공을 중심으로 숙련노동자 양성이 부분적으로 이루어졌으나, 양성기간에는 실습 위주로 강습을 진행하면서 값싼 노동력을 현장에 배치했다. 양성소를 수료한 뒤에도 저임금으로 이들 노동력을 수탈했다.

일본은 후발 자본주의 국가 가운데 대자본과 밀착한 군부독재체제의 나라로서 특히 식민지인 한국에 '치안유지'라는 명목을 내걸고 노동운동도 불령선인들의 독립운동의 일환이라고 보아 가혹하게 탄압했다. 그래서 일제에게 조선의 노동문제는 아예 존재하지도 않았으며, 노동입법이라고 이름 붙일 법령도 거의 없었다. 경찰행정상 공장 광산 등의 재해발생에 대비하는「설비단속」「악질 직업소개인 단속」등의「단속규정」이 있었을 뿐이다.

중일전쟁 발발 이후 제2차 세계대전의 전시 아래 개별적 노동관계는 약간의 보호법규가 있었다. 1938년「조선광부노무부조규칙」은 20인 이상 사용하는 광산근로자의 고용, 해고, 근로시간, 임금과 산업재해의 보호규정을 두었다. 또 1940년「조선직업소개령」에서는 공익직업소개사업과 영리직업소개사업에 관련된 약간의 보호규정을 두었다. 이들 법규는 전시 아래 광산이나 공장에 필요한 노동력 확보를 위한 고육지책이었다.(이병태, 1994, 14쪽)

(3) 일제의 이데올로기선전과 친일파

주권이 없는 식민지 사회에서 구축된 친일파 보수세력은 ① 소작료와 조세의 부담을 높여 농민들을 피폐하게 만든 봉건 지주들 ② 총독부와 밀착해 자본가로 성장한 기업가들 ③ 일제에 항거하기를 포기하고 적당히 타협해 살아 남으려다가 마침내는 친일파로 전락한 지식인 집단(문인 교육자 종교지도자 변호사 등)이었다. 일제와 친일파 보수세력은 "조선이 식민지가 된 것은 조선 민족이 무지하고 나태하기 때문이다. 따라서 민족성을 개조하고 경제력을 키우면 민족을 발전시킬 수 있다"고 했다. 그러나 이들은 1930년대 후반에 들어서서 일제가 조선 민족 말살정책을 펴자 그 앞잡이로 전락해 '내선 일체' '황국 신민'을 내세우며 조

선의 젊은이들을 제국주의의 총알받이로 내모는 선동대가 되었다.5)

1930년대 일제의 파쇼침략 강화 이후 이미 변절의 길을 걷고 있던 친일지주 예속자본가 민족개량주의자들은 이제 노골적으로 일제와 결탁했다. 친일지주는 농업공황과 식민지농업약탈의 피해를 농민 착취 강화로 메웠다. 예속자본가는 전쟁이 만들어낸 중국 만주의 새로운 시장을 개척한다는 환상을 가지고 일제의 식민정책을 지지했다. 한편 이들의 정치적 대변자인 민족개량주의자들은 1920년대의 자치운동마저 포기한 채 일제의 식민지지배를 정당화하는 참정권운동을 전개했다. 또 이들이 주도하고 있는 천도교와 기독교 단체들을 앞세워 일제의 기만적인 농촌진흥운동 자력갱생운동 소비절약운동을 지원했다. 이들은 일제 아래 민중이 겪는 생활고의 원인을 일제가 아닌 조선사람의 '무지'와 '태만' 탓으로 돌렸다. 이것은 중일전쟁이 일어난 뒤 군수산업에 부분적으로 조선인 예속자본가를 끌어들이고 '귀족원'에 이들 계층 사람을 조금 더 확대시킨 것과 관련이 있었다. 이 때문에 중일전쟁 이후 일제의 폭압이 한층 강화되고 민중의 삶이 극도로 고통스러워졌는데도 이들은 완전히 친일파로 전락해 식민정책을 노골적으로 지지했다.

이들은 임전보국대 등의 친일단체를 만들어 일제의 침략전쟁을 지지하고 황국신민화와 반공정책에 앞장섰다. 김연수·박흥식·한상룡 등이 거액의 국방자금을 냈고, 최린·조만식·장덕수·이광수·최남선·김활란·노천명·정비석·홍난파·노수현 등은 시국강연 논설 문학 미술 음악 등을 통해 내선일체 황국신민화운동의 선두에 섰다. 이들은 대동아전쟁의 정당성과 일본군 필승을 선전하며 조선청년 여성들을 침략전쟁에 참가하도록 몰아갔다.

최재서 서정주는 1943년 10월 학병제 실시를 식민지 청년에게 학병에 나갈 것을 권유하며 "조선 청년들은 이러한 천재일우의 기회를 놓치

---

5) 이처럼 청산되지 않은 봉건 지주들과 매판적 친일관료들로 구성된 일제시대의 보수세력은 이후 한국사회를 지배할 기형적 보수주의의 원조가 되었다.

지 말아야 한다. 대동아공영권에서 조선의 발언권은 그냥 얻을 수 없고, 이 국가 비상시에 자기 몸을 던져 헌신함으로써 당당히 얻을 수 있다"고 했다. 조만식은 1942년 11월 16일 『매일신보』에 발표한 글 「학생 제군에게」에서 "… 지금 나는 61세의 고령으로 몸이 병들어 오랫동안 자리에 누워 있어 사회문제를 돌아볼 겨를이 없다. 그러나 작금의 이 나의 호소가 고등교육을 받은 사람의 호소로 간주되어 학생 제군에게 어떤 형태로든지 득이 되었으면 하는 바이다. … 우리 삶은 신에 의해 예정돼 있으니 동아시아의 번영을 위해 삶을 희생하시라. 조선 학생 제군이여 동요하지 말고 황군의 의용군으로 나아가라. 그것이 우리의 유일한 길이니…"라고 했다.(샤브시나, 1996, 175쪽 재인용) 김활란은 「징병제와 반도여성의 각오」6)에서 "국가에 속한 내 남편이나 내 생명이 국가에서 요구될 때 쓰인다는 것은 너무나 당연한 일이었다. 못 쓰인다면 오히려 그 얼마나 부끄러운 일인가. 꼬집어 말하자면 나라를 위해 무엇을 바친다는 것도 말이 안 된다. 나라의 것을 나라가 쓰는 것이지 내가 바칠 것은 아무것도 없는 것이다. 잠깐 맡았던 내 아들이 훌륭히 자라서 나라가 다시 찾아가는 것이다"라고 했다. 김활란은 8·15뒤 이화여대에 자리잡아 우리 여성운동이 친권력 친미 친기독교 중심으로 흐르는데 영향을 끼쳤다. 이러한 경향은 현재 여성 노동운동에도 일부 미치고 있다.

일제는 민족주의 사가인 박은식이 지은 『한국통사』와 『한국독립운동지혈사』가 국내에 유입되자 이에 대응해 『조선사』를 편찬해 식민화 동화정책의 근거로 삼으려고 했다. 안재홍 정인보 등 많은 독립운동사가와 같이 학계를 거의 떠났다. 그러나 이병도 신석호 등은 조선사 편찬의 주축이 되고 8·15 뒤 지배권력의 이데올로기를 창출하는 역사적 이론적 근거를 제공했다. 장면은 국민정신총동원 천주교 연맹을 조직해 청장년들을 지원병으로 지원하게 하고 8·15 뒤 가톨릭교회 주교 노기남의 주선으로 미군정과 친분을 쌓고 이승만 하야 뒤 내각책임제 아래 국무총

---

6) 『신시대』 1942. 12. 권태억, 1994, 287쪽에서 재인용.

리로 정권을 잡았다.

일제 시대 조선인 출신 경찰 1만 600여명 가운데 경시급(현 총경급)까지 올랐던 고급간부는 전봉덕・이익흥・노덕술・노주연・최연 등 21명이었는데, 이들은 해방 뒤까지 악질적으로 '인간백정' 노릇을 했다. 노덕술은 동래경찰서 사법주임으로 1929년 여름 동래노동조합 정치문화부장이며 신간회 동래지부 간부인 박일향을 검사 취조해 송국하고, 통영경찰서 사법주임으로 1932년 5월 ML당원 김재학을 메이데이 시위 참가를 이유로 혹독하게 고문하고 송국해 벌금형을 처하게 했다. 노덕술은 미군정기에 수도청 수사과장, 서울시경찰국 총경으로 임화(林和)를 고문해 죽게 하며 미군정과 정부 수립 뒤 경찰의 핵심부를 장악하고 있다가 반민특위에 체포되었다. 일제 아래 광주학생운동을 담당했던 노주연은 해방 뒤 미군정청 전남 경찰 위원장이 되어 건준과 인민위원회 산하 치안대 파괴 활동을 하다가 광주청년단에게 피살되었다.

민족지를 자처하는 조선일보와 동아일보는 새해 첫날이면 '천황폐하' 부부사진과 찬양기사를 1면에 싣고 일본국왕의 생일을 민족명절로 선전 선동해 '내선일체'의 앞잡이가 되었다. 두 신문의 사주 김성수와 방응모는 지원병제도와 조선교육령을 노골적으로 찬양해 조선 청년들을 일제 총알받이와 군대 위안부로 넘겼다. 조선일보 동아일보는 재벌지인 중앙일보와 함께 친제국주의 보수세력의 중심을 형성했다.

노동 부문의 친일 행위는 잘 알려지지 않고 있는데, 유민회의 고희준은 지주 자본가를 친일화하고 노동운동을 파괴했다. 재일노동자를 협박해 고혈을 짜내거나 독립운동가에 테러를 가했던 폭력배 이기동 박춘금7)은 일본 도쿄에서 조선인 노동자를 모아 상구회(相救會), 노동상애

---

7) 박춘금(1891~197?)은 1920년 이기동 등과 함께 도쿄에서 상구회(相救會)라는 단체를 만들어 소규모 노동자 합숙소를 설치하고 실비 진료체계도 갖추었다. 1921년 이를 사회사업단체인 상애회(相愛會)로 이름을 바꾸고 2년 뒤에 요코하마 나고야 오사카 등에 지부를 만들었다. 관동대지진 때 조선인이 학살되는 와중에 상애회는 노동봉사대를 만들어 시체처리와 복구작업을 자청해 일본에 적극적으로 협력한 결과

회를 조직하고, 관동대진 때 상애회 회원 300여명을 동원해 노동봉사대를 조직하고 일본 자경단에게 희생된 6,000여 조선인 희생자들의 시체 처리와 복구작업을 자청했다.

이러한 일제하 민족을 배반하고 일제의 앞잡이가 지식인 등의 친일 행위에 대한 공식적 기록이나 취득 재산의 처리는 1948년 반민특위 활동이 무산됨에 따라 진행되지 못했다. 이후 일제 지배에서 벗어난지 반세기가 넘도록 일제잔재 청산 문제를 덮어두면서8) 독립군을 잡아 승진한 일제 헌병이 군에서 장성을 지내고, 펜과 세 치 혀를 놀려 일제를 찬양한 자들이 대표적인 문인으로 대접받으며 각계에서 반민족행위자들이 권세를 누렸다.

3. 비합법 노농운동과 민족해방투쟁

1) 노동자계급의 상태와 노동운동의 과제

(1) 노동자계급의 상태

① 계급구조와 노동자계급의 구성

1930년대 항일민족운동의 정체에도 불구하고 노동운동은 지속적으로 발전했다. 그것은 한반도를 대륙침략의 병참기지로 삼으려는 일제의 정책으로 대규모 군수공장이 세워지면서 노동자계급의 양적 증대와

회원은 2만명으로 늘고 일본 주요 도시에 지방본부를 설치했다. 박춘금은 1932년 도쿄 제4구에서 중의원에 출마해 중의원 의원에 당선되었다. 이곳의 조선인 유권자는 1,236명인데 득표수는 6,966표로 일본인의 지지를 받은 것이다. 1940년 중의원 의원에 재선된 그는 태평양전쟁 기간에 친일파로 광기를 부렸다. 8·15 뒤 박춘금은 국내에 있지 못하고 일본으로 빠져나가 1970년대 죽었다.(『노동일보』 2002. 7. 5)

8) 친일 모리배의 후손들은 선조들의 매국 행위를 적극적으로 감추었다. 예들 들어 김연수 일가는 친일 기업행태를 밝힌 김용섭의 논문을 몽땅 사버리고, 카터 에커트가 쓴 책의 번역을 막았다.(오미일, 『한겨레신문』 2002. 6. 1)

이농인구의 급증에 따른 것이다.

1930년을 기준으로 하는 경우, 조선인 전체인구 1,969만명 가운데 약 80%인 1,556만명이 농업인구였고 공장노동자수는 15만명을 밑돌았다. 농업 인구 1,556만명 가운데 120만명의 화전민을 제외한 절반정도가 자기소유를 가지지 못한 농촌빈민이었고 10만명이 넘는 토막민과 그보다 훨씬 많은 공사장 막일꾼 또 전체 남자인구의 10%가 넘는 실업자가 있었다.

1930년대 일본의 제국주의적 팽창과 자본축적으로 우리나라에 식민지공업화가 급속히 진행되면서 조선의 임금노동자는 급격히 증가했다. 〈표 2〉와 같이 임금노동자의 숫자는 1933년 21만여명에서 1938년 60만명으로 5년 사이에 3배 가까이 증가했다. 그 가운데 공장노동자는 1930년대 말 18만명을 초과했다. 공장노동자 가운데 30% 이상이 방직 고무제품 성냥공장 등에 종사하는 여공이고 40% 정도가 중화학공업에 종사했다.

1930~36년 사이 공장노동자 수는 106,000명에서 207,000명으로 거의 2배 늘었고, 광산노동자는 35,000명에서 161,000명으로 4배나 늘었다. 그 밖에 토건 운수 등의 노동자들 포함하면 1936년에 실제 임금노동자수는 15만명에 이를 것으로 추산되었다. 1944년에는 200만명을 훨씬 넘었다.

〈표 2〉 임금노동자의 추이(1933~38년) (단위 : 명, %)

연도 구분	1933	1938
공장노동자	99,430(46.5)	182,771(30.5)
광산노동자	70,711(33.1)	223,790(37.3)
토건노동자	43,488(20.4)	193,237(32.2)
계	213,629(100.0)	599,798(100.0)

자료: 식산은행, 『식은조사월보(殖銀調査月報)』, 38호, 1941. 7. 홍두승 구해근, 1993, 『사회계층·계급론』, 다산출판사, 210쪽에서 재인용.

② 노동과정

일제는 공장노동에 대해 군사적 통제를 했고 노동자는 노예와 다름 없는 상태에서 작업했다. 노동자는 실업의 불안과 공포 속에서 자본가가 무리한 노동을 강요하더라도 저항하기 어려웠다. 산업합리화를 명목으로 노동강도는 유례 없이 강화되고 물자절약이란 구실로 노동자에 대한 안전시설 위생설비 등은 전무했다.

산업재해 이러한 상태에서 산업재해는 많을 수 밖에 없었다. 1936년 7,949건의 사고가 발생했으며, 310명이 죽고, 7,773명이 중경상을 당했다. 결국 이 시기 노동자는 영양실조에 걸릴 수 밖에 없는 기아임금과 무제한 장시간 노동 속에서 생명을 위협받았다. 1936년 직장에서 죽은 광산노동자의 수는 8,083명이었다. 이것은 광산노동자 총수의 5.2%에 해당했다. 흥남 질소비료공장에서 미나미타병(유기수은중독증)이 처음으로 발생했다.

노동시간과 임금 노동시간은 12시간 내지 14시간이 보통이고, 여성노동자가 근무하는 방직공장에서는 15~18시간이었다. 1930년 10인 이상을 고용하는 공장 가운데 46.9%가 12시간 이상 노동했다. 같은 해 일본에서 12시간 이상 노동하는 사람의 비율은 0.3%였다. 공장법과 같은 최소한의 법률적 제재가 없는 식민지에서 공휴일이 없는 공장도 전체의 3할 정도였다.

조선의 임금노동자들은 노예적 저임금과 열악한 노동조건을 감수했고 일본인 고용인과 관리자로부터 극심한 차별대우를 받았다. 당시 조선인 남성노동자의 임금은 일본 남성노동자의 1/2이고, 조선인 여성노동자의 임금은 조선인 남성노동자 임금의 1/2수준이었다. 일제의 통계에 의하더라도 임금은 해마다 저하했다. 1929년도 조선인 남자성년공의 1일 최고임금은 1원, 남자소년공은 44전이었다. 이것이 1937년에는 남자성년공은 95전, 남자소년공은 42전으로 저하했다. 당시 전쟁인플레 때문에 해마다 급상승하는 물가를 고려한다면 이 임금수준으로는 최저한의 생활조차 어려웠다. 특히 이 당시 40%를 차지했던 여성노동자와 유년노동자에 대한 착취는 훨씬 심했다. 특히 임금에서 공제되는 것이 많아 공제금을 제외하면 노동자 수중에는 단 몇 푼만이 남게 되었다. 1936년 현미 한 가마당 가격이 27.94원이고, 1930년대 서울의 전차와 버스요금이 5전이었다.

이 시기 노동자들의 상태는 노예노동 바로 그 자체였다. 공장노동자는 평균 12시간 이상의 노동을 해야 했고, 임금 또한 생계를 유지할 수 없을 정도로 낮아져 1936년의 수준을 100으로 할 때 1940년의 경우는 86에 불과했다. 더구나 강제징용에 의해 일본이나 남양 등지로 끌려가야 하는 상황이기 때문에 조선 노동자들은 거대한 노동감옥에 갇힌 노예의 상태를 벗어날 수 없었다. 당시 가계 보조적인 저임금을 받고 있는 여성노동자들의 삶은 더욱 고통스러웠다.9)

임금은 갈수록 낮아져 조선인 성인의 경우 1929년 1원 하던 것이 1935년에는 90전으로 떨어졌다. 더구나 그것마저 민족차별을 두어 조선인 남자의 임금은 일본인 성인남자 임금의 1/2, 조선인 성인 여자는 1/4, 유년 여자는 1/6도 못되는 낮은 임금을 받았다. 1936년 조선방직 여성노동자의 임금은 15, 16전이고 최고로 6, 7년 숙련공이래야 최고 30~40전이었다. 노동시간은 1936년 전체 작업장의 74.4%가 10시간 이상이고, 12.5%가 12시간 이상이었다.

탄광 노동자의 경우 갱내부 가운데 기계 운전 궤도 보안과 갱외부

---

9) "어두컴컴한 공장에서 감독의 무서운 감시와 100도 가까운 열도 속에서 뜨거운 공기를 마시며 골육이 쑤시고 뼈가 으스러지도록 노동을 하는 여성노동자는 대개 하루 임금 15~16전으로 6~7년간 동안 이런 환경 속에서 괴로운 훈련을 겪은 다음에야 겨우 40~50전을 받게 되었다. 기숙사라고 해도 한 방에 10명씩이나 처넣고 수위가 계속 교대하며 그들을 감시해 극도로 자유를 제한했다. 노동시간은 길고 식사는 형편없어 그들의 영향 상태와 건강은 극도로 약화되고 있었다. 이 여성들의 낯빛은 마치 중병 직후의 환자와 같고 몸은 쇠약할대로 쇠약해 졸도하는 일이 허다한데, 공장 내에는 특별한 규율이 있어 조금이라도 규율을 어기면 즉각 매를 맞을 형편이었다."(『조선중앙일보』 1936. 7. 2)

태반은 시간급이고, 전차운전수, 발전소 화부, 선탄부는 시간급과 청부제를 병용했다.

미쓰비시 일본강관 신일본제철 후지코시 등에서 일했던 노동자가 12시간 이상 노동을 시키고도 임금을 지급하지 않은 혐의로 최근 소송을 제기했다. 1991년 기준으로 당시 신일본제철 노동자의 미불임금이 5천만엔에 이르며, 통화가치 상승을 고려할 때 2,900억엔으로 추정되었다. 일본 쪽은 1965년 한일협정으로 전후보상에 관한 개인의 청구권은 말소되었고, 미불임금에 관한 소송시효가 만료돼 배상할 수 없다고 주장했다.10) 미불금 요구에 대해 일본정부는 '망각 무책임 미래없음'을 일관되게 보였고, 해당 기업들은 미불금에 대해 공탁금을 걸어놓고 본인에게 연락도 하지 않았다. 징용 노동자들은 "당사자가 죽은 뒤에 사과, 보상이 무슨 의미가 있겠는가!"11)고 했다.

노동시장 당시 군수산업이 주된 산업이었다. 석탄 비료 화학 제철 등의 중공업으로 중간재의 생산, 군수에 충당되었다. 남성 노동자가 많이 고용되었다. 일본 노동자들 가운데 다수가 전쟁터로 나가 조선인들로 초보적인 기술자가 되거나 중간 관리자가 되기도 했다.

조선인 노동자와 일본인 노동자 사이의 임금차별이 현저해, 조선인은 일본인의 절반 수준이거나 절반을 약간 웃도는 수준이었다. 또한 조선인 기숙사는 일본인의 기숙사보다 열악했다. 조선인 기숙사는 말이 기숙사지 그런 이름을 붙인 감옥이며, 강제노동을 강요키 위한 수용시설이었다. 동원 노동자의 생활상의 가장 큰 문제는 식비인데, 그 가운데 가장 중요한 것은 밥의 양이었다. 특히 '밥쌀규제(飯米規制)' 때문에 노동자들은 영양실조 상태에 있었다. 기타 복리시설이 있었다지만 그야말로 그림의 떡이었다. 뿐만 아니라 엄중한 노무감독 학대 등도 조선인 노동자에게는 참기 어려운 것이었다. 그런데 이와 같은 차별구조는

---

10) 『한겨레신문』 1999. 8. 24.
11) 태평양전쟁 희생자 유족회 회장 김경석의 말. MBC PD수첩, 1999년 8월 17일 방영.

일본인의 조선인에 대한 뿌리깊은 민족적 멸시관념을 수반했다. 이러한 민족적 차별정책은 직종 부서 임금 숙사 식사 등 생활의 모든 면에서 관철되었다.

③ 노동자의 생활

광산노동자 광산노동자의 경우 1931년 6월말 현재 12시간 이상 노동이 노동자수의 34.3%로서 최다수를 차지하고 10시간 이상 장시간노동이 77.4%에 달했다. 또한 임금을 보면 한국인 남자노동자의 경우 평균 54전으로 한국주재 일본인 남자 노동자의 평균임금 1원 16전의 1/3에 미달하며 한국 주재 일본인 여성 노동자 평균 임금 57전에 미달했다. 가혹한 노동조건을 견디다 못해 이동률이 1927년말 당시 100%를 상회했다. 1930년 5, 6월 파업을 한 함남 최대 탄광인 조선탄업주식회사 장풍탄광은 하루 12시간 이상의 지하노동, 비일비재한 산업재해의 발생, 감독의 잦은 구타와 중간착취 등 다른 산업 부문에 비해 노동조건이 매우 열악했다.

1942년 징용령이 발표된 뒤 1945년까지 4년간 72만명의 조선인이 일본의 홋카이도와 규슈 지역 광산에 끌려갔는데, 그 가운데 막장사고와 잔혹한 린치 그리고 질병 기아로 20여만명이 사망했다.[12] 징용 광부들은 하루 12시간씩 노동을 하며 강냉이와 보리가 섞인 잡곡밥에 소금국으로 끼니를 연명했다. 광부들은 이를 견디다 못해 야간에 도주하는 경우가 많았고 붙잡히면 린치로 숨지거나 불구가 되었다. 조선인 노동자는 산업재해와 질병 속에 강제노동을 했고, 전체 공장 노동자의 1/3을 조선인 훈련공이 차지했다. 탄광 의사는 환자 치료가 아닌 강제노동을 시키기 위한 수단으로 이용되었다.

공업노동자 공업노동자의 경우를 보아도 한국인 노동자의 임금은

---

12) 김문길, 『노동일보』 2002. 3. 1.

대체로 일본인 노동자의 50% 미달이었다. 또 노동시간은 1931년말 현재 12시간 이상이 46.9%를 차지했다. 더구나 당시 전시체제 아래 노무자 징용에 끌려나간 334만명의 경우 그 노동조건은 더욱 참혹했다.

여성노동자 노동자 농민 중산층의 궁핍한 상태는 전쟁이 확대되는 1937년 이후 극에 달했다. 그런 가운데 일제시대 전체적으로 여성의 1%만이 공업에 종사했으나, 1940년이 되면 1.8%로 증가했다. 여성노동자의 60%는 방직공장에서 일했고, 백화점이 등장하면서 점원도 판매서비스 종사자도 생겨났다.

공업 분야에서 차지하는 여성노동자의 비율은 1913년 15.38%에서 1920년 31.7%로 대폭 늘었다. 1930년 25.19%, 1938년 19.58%로 다시 감소 현상을 보였다. 업종별로 1934년 전체 여공 가운데 방직공업 50.27%, 화학공업(남자는 비료제조, 여자는 고무 제약) 23.82%, 식료품공업(정미업) 20.32%였다. 특히 방직업은 전체 방직 노동자의 80~90%가 여성이고, 이들 가운데 12~15세의 유년 여공도 많았다.

이들이 고용주와 체결한 노동계약은 공장에 따라 약간의 차이는 있으나, 평균 3~5년의 고용기간, 하루 평균 14, 15시간의 노동시간, 사생활까지도 침범당하는 기숙사 생활, 노동과정에서 발생하는 불량품에 대한 배상이나 지각 결근 등에 따른 벌금제 그 밖에도 일본인이나 한국인 남자 감독의 심한 욕설과 구타 심지어 성희롱이나 강간 등 성폭행 같은 비인간적 통제방법으로 여공들을 괴롭혔다.

또한 이윤확보에 혈안이 된 일본 독점자본은 여성 노동의 가치를 낮게 평가해 최저 생존비에도 못 미치는 저임금을 주었다. 실제로 일본인 노동자와 조선인 노동자, 남자 노동자와 여성 노동자 사이의 임금격차는 컸다. 평균적으로 한국인 남자노동자의 임금은 일본인 남자노동자의 1/2~1/3의 수준이었다. 한국인 여성노동자의 임금은 다시 한국인 남성 노동자의 1/2 수준에 불과했고 그것도 작업량에 따라 받는 성과급제였다.

　여성들은 공장 노동 외에도 가내공업에 참여했다. 일제는 방직 금속 등의 공업제품을 각 가정에서 제조하는 가내공업으로 충당하기 위해 강습회를 개최하는 등 진흥책을 실시했다. 전체 공업 생산액에서 가내공업이 차지하는 비중은 1933년 40.1%, 1939년 21.9%로 증가했다.

　중일전쟁 이후 많은 일제의 독점기업이 조선에 진출해 경공업보다 중공업이 성장했고, 가내공업과 중소공업을 주로 한 생산에서 기계제 대공업 생산으로 변화했다. 이에 따라 노동자가 급증했고 공장 여성 노동자도 지속적으로 증가했다. 여성 노동자의 수는 1930년에서 1940년의 10년 동안 2만 8천명에서 7만 3천여명으로 2.58배로 증가했을 정도였다. 이들은 중공업으로 흡수되는 것이 아니라 여성이 집중된 면방직공업 고무공업 등으로 더 유입되었다. 남성 노동력을 대체하는 여성 동원이라기보다는 여성 집중 공업으로 더 많이 유입되었다.

　여성이 노동자로 취업하기를 기피했기 때문에 주로 모집인을 통하거나 연고 소개로 여공을 충원하는 경우가 많았다. 그러나 모집이라고 하더라도 자유계약의 원칙을 빙자한 인신매매의 성격이 강했고, 농촌의 궁핍한 현실을 기반으로 강요된 것이다. 또한 당시 조선에는 일본에서 실시하고 있는 공장법이나 노동자 모집취체령이 없었기 때문에 모집인을 통한 노동력 확보가 어렵지 않았다. 이렇게 모집되어 공장에서 일을 시작한 여공들은 채무노예적 방식으로 공장노동자가 되었다. 2년간의 무임금 노동, 저임금 등의 불평등한 계약관계였기 때문에 기본적인 채무관계에서 벗어날 수 없었다.(한국여성연구소 여성사연구실, 1999, 368쪽) 하루 16시간씩 노동하며 개인적 자유는 실질적으로 박탈당했다. 시내에는 한 달에 한 번 정도 감시자와 함께 나갈 수 있었다. 이러한 생지옥을 벗어나는 사람은 불구자가 되거나 중병을 앓는 사람뿐이었다.

　일제말기로 갈수록 모집인보다는 관이 혹은 모집인을 쓰더라도 관의 협력을 얻어 여공을 모집하는 경우가 늘어났다. 노동력 동원을 위해 관에서 만든 제도인 근로보국대, 근로 정신대를 통해 공장에 들어오는 경우가 많았다.

1944년 이미 1939년에 공포한 '국민징용령'을 일반 국민에게 적용해 전면적인 강제 동원을 실시했다. 그러나 가족제도를 보호하기 위해 기혼 여성은 징용 대상이 되지 않았다. 기혼 여성은 가정을 꾸리면서 국내외로 동원된 남성들 대신 노동을 해야했고, 미혼 여성들은 근로정신대 근로보국대 위안부로 동원되었다.

이러한 노동력 동원의 결과 여성 유년노동력의 비중이 늘었다. 1943년 조사에 따르면 전체 노동자 중 유년 노동자 비중이 10.3%를 차지했다. 30인 이하의 공장에서 여자 유년 노동자는 10%(남자 1.4%), 30인 이상의 공장에서는 50.8%(남자 12.1%)였다. 1931년을 기준으로 할 때 1943년 공장 노동자는 3.88배 증가했지만 유년 노동자수는 무려 7.46배 증가했다. 유년 여공의 임금은 일본 성인 남성의 1/7 수준에 불과해 값싼 노동력으로 여자 유년 노동자가 선호되었다. 유년 여공의 증가는 기계화가 진전된 방직공업의 연속적이고 규칙적인 작업에 유년여공이 기혼여성보다 잘 적응하고 통제하기 쉬웠기 때문이었다.

전쟁이 확대되고 장기화되면서 군인 군속으로 나가는 남성들은 늘어나고 광공업 등의 수요가 증대해 이 부문에서도 노동력 부족 현상이 나타났다. 이에 여성이 배제되었던 광업, 부두 하역 등에도 여성 노동이 투입되었다. 여성의 광산 노동이 많았던 함경남도와 황해도에서 많이 이루어졌는데 주로 갱 밖에서 석탄이나 광물을 고르는 작업에 종사했다. 광산 노동의 임금 수준은 공장 임금보다 낮았는데 여성이 종사했던 선광부(選鑛夫) 임금이 가장 낮았다. 1941년 조사에 의하면 광산 노동에서 여성의 비율을 7.3%[13]로 이것은 이전 시기의 3% 정도보다 크게 높아졌다. 1942년 식산은행 조사에서도 광업에 종사하는 여성 노동자가 증대했으며 공장 노동자보다 연령층이 높게 나타나고 있어 기혼 여성이 일한 것을 알 수 있다.

농업 노동과 공업 노동에서도 성별 분업 범위는 축소되었지만 노동 범위가 확대되고 노동 강도가 강화되어 여성들의 생활은 더욱 힘들어졌다. 또한 노동조건이 열악한 업종일수록 여성 노동자가 많았으며 같은 업종이라도 가장 낮은 직종은 거의 여성이고 사무 기술직은 남성이 차지하는 등 여성들은 민족적 차별뿐 아니라 성차별에서도 벗어날 수 없었다. 뿐만 아니라 어머니에서 딸로 대물림하듯 여공생활이 계속되는 경우도 적지 않아 계급적 모순이 확대되었다. 결국 당시 여성노동자들의 노동은 자신과 가족의 경제적 독립이나 사회적 지위를 향상과는 거리가 먼 식민지 가부장제 사회의 체제 유지에 이용되었다.(한국여성연구소 여성사연구실, 1999, 317~319쪽)

강제징용 정신대 징병 1932년 만주사변 이후 일본은 처음에는 한반도 북부에 공업시설을 건설하면서 일본으로 유입되는 노동자를 북한 쪽으로 몰아 이른바 북선경기를 주도하는 한편 만주의 광활한 농지를 개간해 1937~41년 2만 3468호 인구 10만 3360명을 이주시켰다. 일본에서는 1939년 '국민징용령'을 발표하고, 이것을 한국에 그대로 적용할 경우의 저항을 우려해 한국에게는 '조선인노동자 모집과 도항취급요강'을 발표했다. 이에 따라 일본의 석탄광산 또는 토건업자가 일본 정부에 인원을 요청하고 이것을 조선총독부의 협력으로 고용주가 한인을 모집해 신체검사를 하고 일본 현지까지 인솔하는 형식을 취했다. 이러한 모집으로 동원된 인원은 1939년 11월까지 8만 5천명, 1942년 11만명, 1943년 12만명이었다.

조선총독부는 부족한 인원을 충당하려고 1942년 '선인 내지이입 관선요강'(관알선(官斡旋))을 발표했다. 이것은 말이 관의 알선이지 실제

---

13) 宮孝一, 1945, 『朝鮮の 勞動者』 참조.

행정조직을 이용해 각 도, 군, 면에 인원을 할당해 징발하고 후일에는 사람을 동원할 수 없어 장에 가는 사람을 길에서 잡아가는 식의 '조선인 사냥'을 강행했다.

강제연행과 같이 실시한 것의 하나가 여자정신대였다. 이것은 일본이 만주로 침입하면서 생긴 제도로 군대위안부라고도 했다. 일선에 근무하는 군인과 군속을 위한 매춘부로 군인을 위한다 해 여자애국봉사대라고도 했다. 이들은 17~20세의 처녀로 만주에서 태평양전쟁의 최전선인 미얀마 필리핀 인도네시아까지 배정되어 하루 20~30명의 군인을 상대했고 이러한 사이에 병을 얻어 사망하기도 하고 군인과 같이 일선에서 전사하기도 했다. 대략 20만명으로 추정했다.

태평양전쟁이 일본에게 불리하게 전개되자 일본은 한인에게도 1944년 '국민징용령'을 내렸다. 그러나 실제로 한인들은 1941년부터 군수공장 조병창 군사시설에 징발되었다. 이들은 일본 노동자의 절반 정도의 임금과 차별대우 아래 잡역 토목공사 탄광 등에 사역되었다. 재일 조선인의 열악한 처우는 일본인 노동자의 임금을 내리고 동시에 차별임금 차별대우로 일본인 민중과의 민족적 대립을 격화시키는 데 이용되었다.(高橋幸八郎 외, 1981, 258)

1943년 학도병 징용이 있었고, 1944년 '백지 응소'라고 해 징용장 없이 강제 연행해 군사시설 등에 복무하게 했다. 국민징용으로 동원된 한인은 26만여명이었다.14)

---

14) 김경석(태평양전쟁 희생자 유족회 회장)은 태평양전쟁이 한창이던 1942년 17살의 나이로 일본강관에 징용으로 끌려가 강제노역을 했다. 당시 그의 형이 징용대상자였지만 아버지가 장남은 대를 이어야 한다며 차남을 그를 대신 보냈다. 그러나 한달여 뒤, 형도 홋카이도 탄광으로 끌려가 거기서 병을 얻어 숨졌고, 그는 종전과 함께 귀국했다.
징용과 징병으로 끌려갔던 많은 희생자들이 일본정부의 사과와 배상을 받지 못하고 정부도 외면하는데 상처를 입은 그는 1992년 직접 일본으로 건너가 일본강관을 상대로 미불노임과 강제노역에 대한 위자료 청구소송을 도쿄지법에 냈다. 7년반 동안의 외로운 싸움 끝에 1999년 4월 6일에 그는 일본강관의 "미불노임지급과 사죄요구

징용령과 동시에 발표된 징병령은 군인으로 징발하는 것을 말했다. 그간 일본군에 동원된 한인의 수는 22만 9934명이나 되었다. 군경리부 요원 군수송부요원 미영포로감시요원 등 군속으로 동원된 한인 수는 14만 5000여명이었다. 군인 군속으로 동원된 한인 수는 37만 4944명이었다. 이들에 징용노동자를 합하면 64만 840명이 되었다. 한일합방 이후 한인 희생자 수는 정확하게 파악할 수 없으나 탄광노동자 희생자가 6만 4천여명으로 추산되고, 군인 군속 희생자가 15만명으로 추산되었다.(이광규, 2000, 67~71쪽)

1942년말 재일 한국인수는 약 184만명이고, 이 가운데 광업 공업 토건업 등에 종사하는 노동자가 90만 3천명이고, 상업과 유식직업자는 4만 3천명에 불과했다. 종전 당시 재일 한국인 약 200만명 가운데 다수가 귀환하고 일본에는 약 60만명이 남아 재일조선인사회를 형성했다.

일본은 만주괴뢰정부를 세우고, 1936년 이후 20년 동안 조선인 100만 가구 511만명의 강제이주정책을 계획해 조선인을 조직적으로 이주시켰다. 그 대신 좀더 기후가 좋고 문화적인 한반도에는 일본인을 대거 이주시키려고 했다.15) 그 결과 중국 동북의 조선인은 1939년 말 116만명, 1944년 165만명이었다.16) 그 가운데 8할이 농민이고, 과반수가 간도성과 구동변도(舊東邊道)에서 영농했다. 이들은 이후 220여만명의 만주지역 한인동포의 원류가 되었다. 1937년 소련이 '친일 간첩

에는 너무 오랜 시일이 지났고 나이도 있으니 이쯤에서 화해하자"는 요청을 받아들여 우리 돈 4천만원에 합의 보았다. 이 합의는 징용기업을 상대로 일본법원에 제기한 소송이 처음으로 결말난 점에 의의가 있다.(『한겨레신문』 1999. 8. 12)
15) 조선에 이주한 일본인은 1882년 3,622명, 1905년 42,460명, 1910년 171,543명, 1918년 336,812명, 1940년 708,488명(인구의 3.2%)였다. 이들의 직업은 총독부 관리, 상업, 공업의 순이었다.(그레고리 헨더슨, 『소용돌이의 한국정치』, 한울, 2000 참조)
16) 8·15 이후 상당수 귀국해 중공정권이 성립된 1949년에는 111만여명이 남아 살게 되었다. 연변의 노동자 농민 청년 여성 운동을 통일한 조직인 연변노농청년부총동맹은 1945년 10월 27일 연변민주대동맹으로 개칭되었다. 1952년 9월 3일 연변조선족 자치구 인민정부가 설립되어 만주의 조선인 동포들은 중국 소수민족의 하나로 편입되었다.(쩐원쉐, 2000, 191쪽)

혐의'를 씌워 20만명의 한인들은 중앙아시아로 강제 이주되고 그 가운데 핵심 지식인을 비롯해 2~3만명은 아사 동사 총살로 사망했다.17)

일제의 잔학행위18)는 우선 수치로 보자면 강제연행 징용 강간 학살 당한 우리 동포 수가 최대 8백만명에 이르고, 한반도에서 강제수탈한 물자만 무려 340억원(圓)에 이르렀다. 이 숫자는 유태인 600만명을 학살한 나치를 능가하며 인류 역사에서 그 유례를 찾기 힘든다.

8·15 이후 귀환한 징용 징병자 등 귀환동포는 100만명을 넘었다.19) 귀환동포에게 한 서울시의 수용 약속이 거짓으로 드러나면서, 그들의 고국에 대한 기대와 희망은 냉혹한 실망이었고 기아와 동사 위협이 그들을 기다렸다. 예를 들면 갈곳 없는 그들은 밤마다 서울역 대합실을 그들의 주택으로 삼아 추운 날 밤에는 매일 밤 서너명의 동사체가 발견되었다. 그러나 중국, 러시아의 연해주 사할린 중앙아시아 지역에 있는 동포들은 일본의 귀환 책임 회피로 고국으로 돌아오지 못했다.

2) 노동자민중의 요구와 투쟁

(1) 개요

노동자들의 대중투쟁은 공황을 전후한 몇 년 동안 양적 질적으로 최고조에 달했다. 이 시기 대중투쟁의 특징은 경제투쟁을 넘어 일제의 앞잡이인 지주와 자본가 그리고 일본 제국주의를 타도하자는 민족해방

---

17) 8·15 뒤 이들은 조직적 귀환 없이 현지에 잔류하고, 남한 정권은 소련이 무너진 뒤에도 북한 정권 봉쇄를 위해 러시아 달래기에 급급한 나머지 소련의 책임을 물은 바 없었다.
18) 강제연행은 1939~45년 사이 있었던 노무, 병력 준병력, 여성동원을 포괄하는 개념인데, 국내 동원을 제외하고 조선반도 밖으로 강제연행된 규모는 100만에서 200만명까지 아직 엇갈린다.(한일민족문제학회 강제연행 문제 연구분과, 『한겨레신문』 2001. 11. 10)
19) 1945년 8월 24일 강제징용 조선인 노동자 7,000여명을 태운 일본 해군함 우키시마(浮島)호가 쿄토 근해에서 내부 폭발로 침몰해 5천명이 수장되어 사망했다.

운동의 성격이 짙었다.

　노동운동의 경우 1930년에는 160건의 파업에 1만 8972명, 1931년에는 201건에 1만 7114명이 참가해, 식민지시기를 통틀어 최고 수치를 기록했다. 파업의 주요 원인 가운데 임금인하 반대가 가장 높은 비중을 차지한 것을 보면 당시 노동자들의 생활이 극도로 어려웠음을 알 수 있다. 그러나 노동자층의 투쟁은 이러한 자신의 상황을 개선하려는 경제적 요구에만 머무르지 않고 자본가와 일제의 수탈에 저항하는 정치투쟁으로까지 나아갔다.

　1929년 원산총파업, 1930년 조선방직공장 동맹파업, 신흥탄광 노동자 폭동, 평양고무공장 노동자파업, 1931년 평양면옥 노동자파업, 1932년 청진 부두노동자파업, 1933년 부산고무공장 노동자 동맹파업 등은 이 시기의 대표적인 노동자투쟁이었다. 이러한 투쟁은 일제와 그에 결탁한 자본가에게 큰 타격을 주었고 노동자계급의 정치적으로 크게 각성하게 했다. 아울러 민족해방운동에서 노동운동이 갖는 중요성을 크게 일깨웠다.

　그러나 노동자 대중투쟁이 격렬하게 일어났지만 이를 지도해야 할 조선노동총동맹은 조선총독부의 탄압으로 활동이 극히 제약된 데다가 주요 간부들이 조선공산당사건 관련으로 검거되었고, 안으로는 여러 세력들 사이에 갈등이 있어 영향력 있는 투쟁을 전개할 수가 없었다. 따라서 노동운동은 일제의 탄압과 개량주의에 대항해 1930년대에 새로 등장한 사회주의 계열의 혁명적노동조합과 결합하면서 비합법 지하투쟁으로 바뀌어가고 그 성격도 급진적으로 나아갔다. 동시에 노동자는 노동현장에서 파업 외에 태업을 통한 노동쟁의와 집단적인 직장이탈 또는 도주, 집단적 징용기피, 폭력적 항거와 반일 첩보활동 등을 전개했다.

　이 시기 노동자들의 혁명적 진출은 양적인 측면뿐만 아니라 질적인 면에서도 발전했다.

첫째 노동자들의 파업 투쟁은 전투적 폭동의 성격을 띠고 진행되었다. 1930년 5월 신흥탄광의 전투적 노동자들의 폭동이 대표적인 사례였다. 신흥탄광 노동자들의 영웅적인 투쟁은 일제에게 진압되었으나 이 투쟁에서 발휘된 혁명적 적극성은 노동자 농민들에게 광범한 영향을 주었다. 이제 조선의 노동계급은 과거의 소극적 투쟁의 단계에서 적극적 투쟁 단계로 나아갔다.

둘째 노동자 대중에 의해 노동단체의 개량주의자를 반대 배격하는 투쟁과 어용노동단체를 분쇄하고 경찰의 조정을 거부하는 등 계급의식이 크게 높아졌다. 1930년 8월 평양고무공장 노동자들의 총파업과 폭동은 이와 같은 성격을 분명하게 보여주었다. 평양노동연맹과 고무직공조합에는 개량주의적 간부들이 포진하고 있으면서, 당시 신간회의 간부였던 조만식 등의 개량주의들과 연계해 노동자를 배신하는 행위도 서슴지 않았다. 이들은 전투적 노동자들의 행동을 과학적으로 지도하지 못했을 뿐만 아니라 파업자들이 적극적인 공장점거투쟁으로 이행하자 노동자들을 방해하기까지 했다. 이에 선진적인 노동자들은 전체 노동자의 의사를 무시하고 일제 경찰과 자본가에게 굴복한 지도부의 배신행위를 계통적으로 비판하고 새롭게 노동자 파업지도부를 구성했으며 경찰의 조정안 역시 거부했다. 평양 노동자들의 파업 경험은 기존 합법적 노동단체 지도부의 개량적 방식으로는 결코 혁명적으로 진출하는 노동자 대중의 투쟁을 지도할 수 없음을 보여주었다.

셋째 파업투쟁의 발전과정에서 노동자들 상호간의 계급적 연대성이 한층 강화되었다. 이에 기초해 투쟁의 규모와 범위가 확대되었고, 동일직종은 물론 지역적 연대동맹파업도 조직되었다. 더불어 노동자 파업투쟁이 적극화되면서 농민 청년학생 등 각계각층 대중들의 투쟁이 상호 교차하면서 발전되어 갔다. 1930년 부산방직 노동자 파업에 부산청년동맹이 연계되었던 일, 신흥탄광 폭동시 인근 농민들의 지지투쟁 합류가 대표적 사례이다.

(2) 노동자의 투쟁

① 전반기

일제 전 시기 가운데 파업이 가장 활발했던 1930년의 경우 전체 노동자 8만여명 가운데 25%인 1만 9천명이 참가했으며 내용 면에서 기존의 합법적 틀을 뛰어넘어 시위 공장습격 폭동 아사동맹 등 비합법 폭력 투쟁이 빈번해지고 파업단 구성, 파업기금 마련과 연대투쟁 등의 새로운 양상을 보였다. 또한 파업투쟁의 지도부 또한 기존 지역별 노동연합회가 무력해지고 자생적으로 성장한 선진노동자와 각종 사회주의 서클 혹은 발전한 형태인 혁명적 노동조합 등이 노동운동을 주도했다.

1931년에서 1936년 사이에 일어난 주요한 파업건수는 1,040건에 달했으며 79,175명의 노동자가 참여했다.(〈표 3〉 참조) 조선총독부의 통계에 따르면 1930년 파업 160건 참가자 18,972명, 1931년에는 파업 201건 참가자 17,114명, 1932년 파업 152건 참가자 14,824명이었다. 더구나 1931년을 고비로 쟁의 건수와 참가자수는 점차 줄어든 것으로 나타났지만, 이것은 일제의 대륙침략 과정에서 노동운동을 무자비하게 탄압해 합법적인 쟁의를 제기할 수 없었기 때문이다. 그리고 일단 제기한 쟁의를 철회한 사건이 1920년 전반기 34.7%, 1920년 후반기 17.7%, 1930년대 16.7%로 감소했다. 이것은 노동자들이 파업 준비를 더욱 철저히 했음을 의미한다.

1931년 1월에는 대구 26개소의 정미공장 노동자 1,600여명과 운수노동자 1,000여명이 파업을 했다. 함흥에서도 제사공장 노동자 600여명이 파업을 했는데, 이 제사공장 노동자는 1934년까지 매년 파업을 감행했다. 5월에는 평양 평원(平元) 고무공장 노동자들의 파업과 시위, 청진 원산 북청 김해 등지에서 메이데이 시위, 6월에는 경성방직공장 노동자 400여명의 파업과 공장점거, 인천의 각 정미공장 노동자들의 파업이 계속되었다. 1931년 평양면옥 노동자는 임금인하 반대, 단체교섭권 인정을 요구하며 동맹파업을 감행하여 승리했다. 사용자측이 파업파괴 노동자를 고용하자 노동자들은 국수집을 습격하고 선전 전단을 배포해 노동자들의 사기를 높였다.

이 시기의 노동쟁의는 점차 격렬한 형태를 취하기 시작했다. 일제의 악랄한 탄압에 맞서기 위해 노동자들이 자기방어 태세를 취하지 않을 수 없었기 때문이다. 1932년 1월에는 청진 부두노동자 600여명이 파업을 단행하고 결국 폭동화했다. 부두노동자들은 작업장 습격, 가두 시위 등 격렬한 투쟁을 벌렸다. 5월에는 인천 조선성냥회사 400여명의 노동자가 임금 50% 인상을 요구하면서 파업에 들어가, 공장을 점거하고 싸움을 전개했다. 이후에는 서울 함흥 광주 대전 청주의 제사공장 노동자들의 파업이 각각 잇따랐다.

1933년에는 부산 조선방직공장, 서울 편창(片倉)제사공장, 평양 고무공장, 함흥 제사공장, 서울 소화제사공장 노동자들이 파업을 했다. 1933년 부산 고무공장 노동자 동맹파업에서 노동자들이 작업장 습격하여 가두시위 등 폭동 양상을 보였다.

1934년에는 발생건수 199건 참가 인원수 1만 3098인이었다. 1934년 역시 함흥 편창제사, 서울 편창제사 등 제사공장 노동자를 중심으로 한 파업이 연속 일어났고, 함흥제련소와 신의주 왕자제지 노동자들의 파업도 있었다.

1935년 일어난 평양 세창고무, 의주 금광, 일본광업주식회사, 진남포제련소, 인천 부두, 부산 삼화고무 노동자들의 파업이 역시 대규모로 전개되었다. 진남포제철소 노동자의 투쟁(1935)은 군수공업의 산물이었다.

1936년에도 부산 항만노동자, 신흥 탄광노동자, 광주 방직공장 노동자, 대전 제사공장 노동자들의 파업이 있었다.

<표 3> 노동쟁의 발생 상황

연도	건수	참가인원수
1932	152	14,824
1933	176	13,835
1934	199	13,098
1935	170	12,058

자료 : 조선총독부

　더욱 심해진 일제의 탄압 속에서 노동자들이 싸운 주요 사례를 살펴본다.

　신흥탄광 폭동 함경남도 신흥군 가평면 장풍리 소재 신흥탄광 500여 노동자 가운데 200여명은 회사측의 노동자에 대한 욕설과 폭행이 발단이 되어 1930년 5월 3일 임금인상, 처우개선, 위생기관 설립, 감찰계원 축출, 무조건 해고 절대반대 등 12개항을 요구하며 파업에 들어갔다. 이에 맞선 회사측도 강경한 태도여서 5월 10일에는 파업에 참가한 노동자 전원을 해고하고 신규모집 공고를 붙이는 한편 회사 사택에 입주한 노동자를 쫓아 버렸다. 사태가 이렇게 전개되자 조선노동총연맹과 함남 노동자연맹에서는 양측을 조정, 임금인상을 양보하는 대신 대우개선, 무조건해고 반대, 배급품 가격 인하, 갱내 위험 굴출역 반대, 위생기관을 철저히 할 것, 노조 설치 간섭반대 등을 들어주기로 하고 12일 복귀했다. 세계공황을 배경을 한 노동대중이 폭발적 진출하는 가운데 조선노동총동맹은 1929년 원산총파업과 신흥탄광 파업을 합법성 위주로 지도하고 공장주와 일제 경찰과의 협의, 강제조정, 탄원에 치중하면서 개량주의적 속성을 드러냈다.

　그런데 회사측은 노동자의 업무 복귀 후 20일도 지나지 않아 처음의 약속을 어기고 파업단장 이인창(李仁昌) 등을 해고시키고, 그 밖의 파업 노동자에게는 심한 일을 시키고 기숙사에서 내쫓는 등 불이익을 주었다. 이러한 회사측의 처사에 분노한 노동자들은 6월 22일 오전 2

시 신흥탄광 노동자 약 200명은 10개의 전투소조를 편성해 탄광사무소 전기발전소를 습격하여20) 파괴한 뒤 탄광 구내에 들어가 전선을 절단하고 광구의 인양기, 검탄소, 파수대, 물품배급소 기계실 2실, 욕탕 등 13개소를 파괴했다. 또 이단자 주택 8호를 습격해 여러 명을 부상시키는 등 탄광 일대를 전쟁과 같은 상태로 만든 뒤 뒷산에 올라가 파업만세를 불렀다. 이 사건 후 23명이 검거되어 체형을 받았다. 파업이 폭동화한 것은 조선에서 처음이었다. 신흥탄광 노동자들의 영웅적인 투쟁은 일제에 의해 진압되었으나 노동자를 배신한 회사도 결국 엄청난 손해를 본다는 것을 보여주었다. 신흥탄광 파업에서 선진노동자 조직인 '동생계' 조직의 준비와 지도가 있었다. 선진노동자의 이 투쟁에서 발휘한 적극성은 노동자 농민들에게 큰 영향을 주었다.

부산 조선방직 원산파업에 호응해 1930년 1월 일본인이 경영하는 부산조선방직 노동자 약 2,270명의 파업이 일어났다. 그 해 1월 9일 노동자들이 임금인상, 8시간 노동제의 실시, 기숙사의 식사개량, 취업중 부상자 치료비 부담 등 요구조건을 제시하자 일경은 노동자 김만귀(金萬貴) 외 4명을 검거했다. 이에 대해 10일 오전 5시경 기계운전을 중단했다. 공장 측이 직공의 외출을 금지하자 기숙사 안에 있던 여성 노동자 770명은 요구조건의 관철과 파업지도 직공의 즉시 석방을 요구하면서 단식투쟁을 했다.

그러자 회사측은 파업지도자를 석방하고 요구조건에 대해 이후 협

---

20) 함남 신흥 출신 이한빈은 1929년 신흥탄광 습격사건으로 망명하다가 1935년 검거되어 5년형을 마치고 정치예방구금소에 구금되었다. 그는 '정치운동자를 내놓아라' '예방구금소를 철폐하라' '야만적 박해와 비인간적 취급을 하지 말라'는 등 7개의 요구를 들고 두 번 단식에 적지 않은 승리를 했다. 그는 일제가 갖은 능욕을 하자 3월 1일 단식해 105일만인 6월 13일 39세를 일기로 세상을 떠났다. 그는 임종 3일전에 허성택에게 "나는 더 살 수 없으니 나의 뒷일을 동무들이 계승해 조선 독립을 완성하기 바란다"고 말했다.(1946년 5월 1일 메이데이 허성택 위원장 기념사 「메-데-에 제하야 노동자 동무들에게」, 박준성, 『노동운동사와 노동자의 삶』, 2002에서 재인용)

의하겠다는 조건으로 여공의 단식투쟁을 끝내게 했다. 그러나 요구 조건 가운데 가장 핵심적인 임금인상과 8시간 노동제 실시를 거부해 노동자들은 다시 파업에 들어갔다. 시간이 지나면서 파업단의 식량난과 경찰의 탄압, 회사측의 교활한 파업노동자 귀향 조치 등으로 파업단은 와해되고 파업은 끝났다.

1월 18일부터 21일에 이르는 4일간 공장측은 기술자 여공 등 모두 54명과 통근 노동자 300여명을 해고하고 파업지도자를 체포하고 1월 31일 천여명의 노동자가 현장에 복귀했다. 한편 이 파업에서 특이한 것은 일본인 사회주의자가 배후에서 지도, 후원하는데 그들이 처벌받으면서까지 조선노동자의 쟁의에 깊이 참가했다는 것은 그 만큼 노동쟁의가 강력한 계급투쟁적 성격을 가졌음을 의미한다. 부산 조선방직 파업에는 선진노동자 조직인 '중락회'의 준비와 지도가 있었다.

평양 고무공장 총파업 1930년 평양 총파업이 일어났다. 파업의 원인은 세계공황의 여파로 고무공업계는 휴업이 속출했다. 평양 고무공업계는 7월 28일 임금을 평균 17% 인하하기로 결정했다. 이에 노동자들이 저항하기 시작해 8월 10일 평양노동연맹 산하 10여개 공장의 노동자 1,800명은 백선행기념관에서 직공대회를 개최하고 임금인하 반대, 무리한 해고 반대, 대우개선, 휴업일에 임금지불, 야간작업 금지, 기계수선과 수선비 직공부담 반대, 단결권 단체계약권 확립 등 19개의 요구조건을 제시하고 총파업을 결의했다. 파업 노동자 가운데 2/3 정도가 여성 노동자였다. 요구 가운데 산전 산후 3주 휴가와 생활보장, 수유시간의 자유 같은 내용도 들어 있다. 파업 여공들은 작업량을 맞추기 위해 배고파 빽빽 울어대는 어린 자식을 밀쳐내야 하는 비극을 더 이상 참을 수 없었다. 여성노동자 중심의 투쟁을 신문들이 "계급 전쟁화한 평양"이라고 할 정도로 격렬했다.

8월 10일 대동 평안 공장에서 야간작업 중지를 기점으로 11일 정오까지는 서안 정창 구보다(久保田) 내덕(內德) 공장의 노동자들이 참가하고 더욱이 각 공장의 정급 기계공 300여명이 참가해 기세를 올렸다. 일경은 이에 탄압을 개시해 강덕삼(康德三) 외 150여명을 체포하고 기계공들에게 압력을 가해 현장에 복귀하게 했다. 23일 파업 노동자 1천여명은 정창공장을 습격해 기계를 파괴하고 이어 내덕 서경공장에도 순회 습격했다. 24일에는 동양 평양 각 공장에 투석하고 25일 여공 300여명이 평안공장을 습격했다. 그러나 일경의 탄압으로 23일의 분투에도 불구하고 20여일만에 파업단은 해체되고 29일 전부 현장 복귀했다.

    기업주측은 경찰의 힘을 빌어 강압적인 방법으로 파업을 진압해 일단 성공한 듯 했으나, 그뒤 1931년 1933년 1935년 계속해 각 고무공장에서 파업이 다시 일어났다. 1931년 5월 평원고무공장 직공들의 파업을 비롯해 7월 세창고무공장, 8월 대공고무공장과 대성고무공장 금강고무공장 등 평양부내의 각 고무공장에서 파업이 끊일 사이가 없었다. 특히 평양 선교리에 있는 평원고무공장에서는 회사측의 일방적인 임금인하 통고에 항의해 10여일 동안 공장을 점거하고 동맹파업중인 여성노동자 20여명이 일본 경찰에 의해 공장 밖으로 내몰렸다.

    이 때 여성노동자 강주룡(1901~31)이 광목에 돌을 매달아 대동강변 12m 높이 을밀대 위로 던져 올려 그것을 타고 올라갔다. 그는 9시간 반 동안 농성하면서 노동자의 참상과 식민지경찰의 간섭과 공장주의 횡포를 규탄하는 연설로써 여론을 일으켰다. 경찰에게 끌려 내려 체포되자 즉시 단식투쟁을 벌였다. 또 이로 인해 경찰에서 석방되자 바로 동지들의 등에 업혀 파업단 본부로 가 투쟁을 계속해 파업여공들을 격려했다. 사람들은 그를 '여류투사 강여사' '평양의 히로인'이라 부르면서 뜨거운 관심과 호응을 보냈다.

    파업단은 이에 힘입어 마침내 공장주의 타협각서를 받아냈다. 그러나 공장주는 '인분비례 채용'이라는 까다로운 말을 들이대면서 강주룡을 비롯한 강경한 여공들을 해고하려 했고, 강주룡은 다시 체포돼 "승리하지 못하면 차라리 죽고 만다"는 각오로 57시간 단식에 들어갔다. 강주룡 등 파업단 20명은 끝내 복직하지 못했다. 평원고무공장 직공의 임금인하를 막아낸 대가였다.

그 뒤 강주룡은 '극심한 신경쇠약과 소화불량'에 시달리다 1932년 8월 31일 평양 서성리의 빈민굴에서 숨겼다고 했다. 그러나 강주룡은 최초의 여성노동운동가로 역사에 기록되었다. 다음은 그의 인터뷰이다.

을밀대의 투사, 강주룡.
"고향은 평양 강계입니다. 14살 때 서간도 가서 농사짓고 살다가 20살 나던 해 5살 연하의 최전빈이라는 이에게 시집갔더랬어요. 혼인하고 1년쯤 있다가 남편이 독립단에 들어가게 돼서 나도 남편과 같이 독립단을 따라 다녔습니다. 나중에 나 혼자 시댁에 돌아와 지냈는데, 어느 날 남편이 위독하다는 소식이 왔어요. 그 날 밤 손가락을 잘라 피를 먹이면서 간호를 했는데 금새 숨이 끊어졌어요. 24살 때 조선으로 들어와 내가 버는 걸로 부모와 어린 동생이 살았지요. 그러다가 5년 전부터 평양에서 고무직공으로 밥벌이를 해왔어요. 비록 내 혼자 힘으로 우리 가족을 먹여 살리고 있는 터이지만 이건 문제가 아니에요. 이번 파업에 평양 전체 노동자의 목숨이 달려 있어요. 이기지 못하면 죽은 거나 다름 없으니 죽을 각오로 싸울뿐입네다."(박정애, 2001, 99쪽)

5·1절 투쟁 1930년 5·1절에 서울 평양 대구 인천 흥남 청진을 비롯한 전국 각지의 도시들과 농촌들에서의 노동자 농민들의 파업과 시위가 있었다.

그러나 일제는 만주침략을 준비하면서 조선에 대해서는 보다 강력한 지배체제 확립을 꾀했다. 일제는 지금까지 살펴 본 것처럼 노동쟁의가 일어나면 무조건 노동자들을 검속 투옥하고 노동자들의 조직과 집회에 대해 탄압을 가했다. 노동운동 또한 자연히 비합법적인 지하조직 폭동 그리고 무장투쟁의 길로 변화했다. 따라서 중일전쟁을 전후한 시기에 조선의 조직적인 노동운동은 점차 프로핀테른[21]의 도움 아래 적

---

[21] 프로핀테른(RILU)은 1921년 7월 3일 창립된 혁명적 노동조합 인터내셔날로 코민테

색노동조합을 조직하거나 일부는 항일 무장투쟁으로 발전해 나갔다.

② 후반기

중일전쟁 때 노동자 파업은 1930년대 전반에 비해 건수는 줄었지만, 노동통제가 강화된 실정을 고려하면 결코 노동운동의 침체기나 암흑기가 아니었다. 일제의 파시즘적 억압 아래 전반적으로 침체한 노동운동은 해방 이후 짧은 시간에 전국적 규모로 노동조합을 다시 세운 사실을 고려한다면 이 시기 노동운동을 잠복기라고 할 수 있다.

<표 4> 1939~41년의 노동쟁의 추이

	건수	참가 인원				원 인			결 과			
		조선인	일본인	중국인	계	임금	대우	기타	성공	실패	타협	미해결
1938	90				6,929							
1939	146				10,128							
1940	96				4,045	75	5	16	33	24	41	
1941	56				1,799	38	5	16	15	16	25	

자료 : 조선총독부경무국, 『제79회 제국의회 설명 자료』, 1941. 12.(1941년은 9월까지의 자료)

〈표 4〉에서 보듯이 중일전쟁 직후 파업 참가 노동자수는 1938년 7,000여명, 1939년에는 1920년대 후반과 비슷한 10,000여명에 이르렀다. 파업의 성격은 대체로 저임금 문제 등 생존권 문제이다. 일제 아래 임금 인상 요구가 일반적이지만, 특히 전시체제에서 임금을 통제하고 생필품 가격이 폭등하면서 노동자 생활은 더욱 어려웠다. 그 가운데

른의 외곽조직이다. 이 조직은 1919년 6월 서유럽 '개량주의적' 노동조합을 중심으로 조직된 암스테르담 인터내셔날에 대응해 '혁명적' 노동조합을 중심으로 창립되었다. 여기에는 러시아 독일 이탈리아 프랑스 영국 미국 등의 독립조합과 보수적 조합내의 좌익집단이 참가했으며, 가맹노동자는 1,700만명으로 추정되었다.(포스터, 1987 참조)

1937년 부산진 매립공사장 1,300여명의 노동자 파업을 비롯해 1938년 해주 시멘트공장 노동자 600여명의 파업, 인천 선내인부 200명의 파업, 대구 각 직조공장 290여명의 파업, 1939년 평양 동우고무공장 150여명의 파업 등이 주요한 파업이었다. 인천 부두노동자들은 임금인상을 요구하며 석탄하역을 전면 중지해 군수공장의 동력을 끊었고, 이는 곧 군수품 생산을 감소시켰다.

1940년을 경계로 파업은 급속히 감소하는 대신 노동자의 저항은 탈주와 태업이라는 다른 형태로 나타났다. 일제의 무자비한 탄압 아래 끈질기게 저항하는 방법으로 태업은 어떤 조건을 관철하기 위해서 뿐만 아니라 일상적으로도 나타나 작업능률을 떨어뜨렸다. 실제로 1936년을 기준으로 노동자 1인당 생산액을 비교해 보면 공장노동자의 경우 1936년을 100으로 볼 때 1938년에는 96, 1941년에는 81, 1943년에는 74로 떨어졌다. 그 뿐만 아니라 일부 노동자들은 일본제국주의와 정면 대결해 방화 파괴 첩보활동 나아가서는 무장투쟁까지 전개했다.

이처럼 노동자들의 폭력적인 저항이 많아진 것은 노동자들이 일제 파쇼체제 아래 더 이상 견딜 수 없는 한계에 도달했고, 일제의 강제노동에 종사하며 노예와 같은 생활을 하기보다 일본 제국주의에 정면으로 대항해 민족해방과 동시에 노동자 자신의 해방을 지향해 투쟁에 나섰기 때문이다.

태업 파업을 할 경우 일제 경찰이나 헌병대가 파업 지도자를 무조건 검거하기 때문에 노동자들은 생산을 방해하는 태업 형태의 쟁의를 했다. 조선인쇄주식회사 노동자 480명은 물가폭등에 견디다 못해 임금인상을 요구했으나 회사측이 냉담하자 1937년 7월 1일부터 태업을 시작한 지 이틀만에 임금인상을 쟁취했다. 7월 서울 소공동 긴사와(近澤)인쇄소 노동자 200명은 태업 하루만에 임금인상, 임시공제도 철폐, 제1·3주 일요일 유급 공휴일을 쟁취했다. 7월 7일 두 회사의 임금인상에 자극 받은 태평로의 대해당인쇄회사 노동자 100명도 태업을 했다.

7월 3일 수원자동차주식회사 노동자들이 운전수 1명과 차장의 해고에 반대해 태업을 했다. 원산 삼옥철공소 노동자들은 임금인상을 요구해 태업에 들어갔고, 이어 원산 택정철공소 조선인 노동자 100여명도 작업시간단축을 요구해 태업을 했다. 1938년 7월 부산성냥공장 노동자 150명, 12월 평양목공조합원 200여명의 태업이 있었다. 1939년 4월 10일 선광인쇄소 150명이 임금인상을 요구, 주도자 수명의 구속에 불구하고 태업을 계속했다. 10월 11일 서울 경성호모공업소 여성노동자 200여명은 임금인상 대우개선을 요구해 태업에 들어갔고 용산서 고등계는 주도자 20여명을 연행해 취조했다. 1940년 2월 13일 경전 승무원이 1시간 10전 5리의 임금으로는 생활이 안 된다며 태업에 들어가 13일 아침에는 190조 가운데 30개조가 무단결근 했다.

그런데 태업은 어떤 조건을 내걸고 하는 경우 외에 일상적으로 작업능률을 저하시키는 형태로도 나타났다. 탄광노동자의 채탄량이 1942년 101톤, 1943년 95톤인데, 이것은 일본 탄광노동자 160톤의 2/3 수준이었다. 공장노동자의 1인당 생산액도 1936년을 100으로 볼 때 1938년 96, 1943년 74로 떨어졌다.

집단적인 탈주 결근 전시 한국 노동자들은 파업이나 태업 외에 탈주 결근으로 저항했다. 일본측 자료에 의하더라도 1939~45년 약 22만명이 도주했다.(김민영, 1995, 254쪽) 조선총독부 노무과 조사에 따르면 1942년 한국의 노동자 이동률은 1개월 평균 공장 7.5%, 광산 10.2%였고, 결근율도 공장 20%, 광산 25%였다. 이들은 대부분 반강제적으로 농촌을 떠나 타향으로 온 알선노동자가 대부분인데, 토건노동자에는 적합하지 않고 일급 80~90전으로는 고향 송금은 물론 생활을 꾸려 나가기 어려웠다. 이들은 집단도주를 꾀했고 일제는 노동조건 향상 대신 경찰력을 동원해 단속했다.

1936년 11월 15일 준공된 종방(鐘紡) 경성공장은 1937년 2월 필요 노동자 3,000명 가운데 취업 노동자는 1,500~1,600명이었다. 노동자들은 고향에서 면사무소 학교를 통해 좋은 조건에 일할 수 있다는 말을 듣고 공장에 왔지만 12시간 노동에 겨우 25전을 받고 식비 등을 빼면 7, 8전 남기기 어려웠다. 그들은 차라리 고향으로 돌아가 부모형제와 함께 살기를 희망해 탈주하는 경우가 많았다. 2월 1일에는 7명이 고향 안동으로 갔다가 되잡혀 왔다. 1937년 5월 평북 만포철도공사장은 남부에서 온 알선노동자 1,042명 가운데 도주하거나 칭병한 자가 540명이었다. 1938년 해주 화약공장, 삭주의 수전과 철도공사장, 인천 부두노동자, 고원군 스미토모(住友)광산, 평안남도 단풍철도공사장, 평남 강동탄광 노동자의 집단 탈주가 있었는데, 단풍철도공사장에서는 2,000명이 집단탈주했다. 1939년 2월 함북지방의 알선노동자는 대우가 나쁘자 탈주해 청진 가두에서 지게벌이로 연명했고, 평북지방으로 보낸 알선노동자 대부분이 귀향을 희망했다. 1940년 군산 광공업계에는 숙련노동자의 도주가 있었다.

    한국 노동자의 파업 태업 도주로 전쟁수행에 지장을 받자 일제는 국가총동원령 국민징용령 노동조정령을 발동하고 근로보국대, 노력봉사대를 조직해 부족한 노동력을 보충했다. 노동자들은 이에 대해 칭병해 징용을 기피하고 징용 일선담당자인 면·군직원을 폭행 위협 습격 집단폭행을 했다. 경산에서는 징용을 기피하려고 결심대 27명을 조직하고 죽창 낫으로 무장하고 산꼭대기에서 농성했다. 그 밖에도 징용반대 집단기피, 수송중의 탈출, 노무관계 관공리에 대한 폭행 등이 잦았다. 또 끌려간 징용노동자는 파업 태업 집단도주로 저항하고 일제의 군사시설 군수공장 등 중요시설 파괴에 노동자들이 많이 참가했다. 1944년 6월 평양의 아사히경금속 노동자들은 일본인 감독의 폭력에 항의해 그를 때려눕히고 일본인 깡패 수백명을 연이어 뚫고 거리로 진출해 일본인 사택을 부수면서 밤새 투쟁했다. 결국 평양주둔 헌병대에 의해 투쟁은 잦아졌으나 구속되지 않은 노동자들은 1천 5백톤이나 되는 시멘트를 사장시키고 집단적으로 도주했다. 이래서 아사히경금속은 일제

패망까지 조업을 못했다.

일제가 식민지 조선에 요구한 것은 후방기지였다. 일제에게 조선은 후방이 아니라 치안유지에 골머리를 썩어야 하는 또 하나의 전장이었다. 그러나 지하노동운동을 충분히 형성하지 못한 채 싸움을 전개했기 때문에 일제의 대량검거가 있을 때 그 공백을 다시 메울 노동운동가들을 보충해 낼 수 없었다. 노동운동 위축의 내적인 원인이 되었다. 노동자의 투쟁은 일제식민지지배의 말기까지 음으로 양으로 전개되었다. 이는 민족주의자나 일부 사회주의자가 변절, 혹은 침묵으로 일관하던 모습과 비교할 때 좋은 대조를 이룬다. 식민지지배 아래 이들 노동자들의 저항이 얼마나 끈질기고 철저했는가는 해방 이후 다시 터져 나온 노동운동이 보여준 엄청난 조직력과 투쟁력이 말해준다.

재일 조선인 노동자의 생활과 투쟁 재일 조선인 노동자들은 주로 경상남북도 전라남도 제주도 출신인 재일 조선인들은 일본인들이 살지 않는 하천 제방이나 국유지에 움집이나 가건물을 짓고 살았다. 이들은 출신도별로 마을을 이루고 한 집에 20~30명씩 같이 살며 한 마을에 적으면 40여명 많으면 1,000여명이 모여 살았다. 이들은 서로 취업을 알선해주거나 공동구매나 계 형태로 서로 도왔다. 1920년대부터는 소비조합을 결성하고 조선인 마을끼리 연합해 경제적 이익을 극대화했다. 조선인 노동자는 하루 14시간 이상 위험하고 비위생적인 작업장에서 일해 사고와 질병에 걸릴 위험이 높았다. 그들은 마을에 한약방을 만들어 조선인 의사와 간호사를 두고 공동으로 운영했다. 경제난으로 일본인 학교에 갈 수 없을 경우에 대비해 야학과 학원을 설립해 한글과 민족의식을 가르쳤다. 이 조선인 마을은 1920년대 결성되는 조선인 노동조합의 주요한 동력이 되었다.(정혜경, 1999b 참조)

코민테른과 프로핀테른의 1국 1단체 방침에 따라 1929년 재일본조선노동총동맹이 해산되고 일본노동조합에 속하게 되었다. 조선인 노동자는 민족적 차별로 불황기에는 해고 1순위가 되고 노동운동을 통한 민족해방의 희망 속에 노동운동에 적극적으로 참가해 1931년에는 혁명적 노동조합인 일본노동조합전국협의회(전협) 조합원의 절반을 차지했다. 그러나 전협(全協)이 파괴되고(1935) 공산당 활동이 중단되면서(1935) 일본 노동운동은 1945년 패전 때까지 거의 공백상태가 되었다. 〈표 5〉에서 보듯이 이 시기에 노동쟁의 발생률이 가장 높았다.

1930년대 중반부터 일본당국의 조선인 통제책이 강화되면서 귀국조치가 빈번해지고 조선인 단체 탄압이 심해졌다. 그러나 조선인 노동자들은 소비조합 교육 문화활동을 강화하고 민족의 정체성을 유지하고자 했다. 특히 조선촌을 중심으로 결성한 각종 소비조합 운동과 주택쟁의를 통해 생활권을 지켰다.

〈표 5〉 강제연행된 조선인 노동자의 도주 상황 추이 (명, %)

구 분	연행자수	도주자수	발견자수	비고
1939	19,135	429(2.2)	56(13.1)	
1940	87,765	16,268(18.7)		발견자불명
1941	126,092	43,031(34.1)	6,956(16.2)	
1942	157,664	60,441(38.3)	2,693	모집노동자
1942	90,897	19,003(20.9)	250	알선노동자
1943	146,938	58,598(39.9)	2,639	모집노동자
1943	219,526	60,137(27.4)	795	알선노동자

자료 : 한일문제연구원, 1995, 189. 발견자수는 조선으로 송환된 자로 보인다.

1938년에는 이전부터 거주한 조선인 노동운동이 지하로 들어가면서 1939년부터는 강제 연행된 노동자가 노동운동을 주도했다. 강제연행 노동자는 이미 정착한 노동자와 생활조건에 차이가 있었고 집단적으로 합숙을 했고 기존 노동자가 감독 역할을 하는 경우가 많았기 때문에 상호간 공감대를 형성하기 어려웠다. 이러한 제약에도 불구하고 1930년대 후반 잠시 주춤하던 노동운동은 조선인 노동자수가 증가하면서 다시 활발해졌다. 이 시기 노동쟁의의 건수를 같은 시기 일본의 노동쟁의와 비교하면, 1924년 조선인 노동쟁의는 29건으로 일본노동쟁의 건수의 3%에 불과하나 1926년에는 84건으로 6.7%, 1928년에는 245건으로 23.6%, 1942년에는 467건으로 174%, 1944년에는 303건으로 102%로 증가했다.(고려대 노동문제연구소, 1999, 48쪽) 또 비밀결사와 연계해 쟁의 그리고 태업이나 도주 등 가능한 방법을 가지고 노동운동을 전개했다.(정정춘, 1993 참조)

(3) 민족해방 무장투쟁

중국과 만주지역 1930년대 우리 민족의 무장투쟁은 1910, 1920년대 독립군 활동이 투쟁형식에서 무장투쟁에 도달했으며, 그 물적 대중적 토대가 약했던 과거의 경험을 비판적으로 극복하면서 해방에 접근하는 기본적 동력으로 자리잡았다. 무장부대의 성격이 이전의 단순한 무장항쟁 주체에서 민족해방운동의 정치노선을 관철하는 무장력으로 발전했다. 또 무장투쟁이 개인테러에 입각한 의열투쟁을 넘어 조직적인 운동으로 발전했다. 1920년대 의열투쟁을 대표하는 김원봉(金元鳳)의 의열단이 1930년대 개인테러 활동을 조직운동으로 전환하면서 조선민족혁명당의 군사력으로 또 훗날 조선의용대의 모태로 변신해 간 것이 좋은 예이다. 또한 일회적인 폭동노선을 극복하고 지속적으로 전개했다. 중국공산당의 이입삼(李立三)식 폭동노선과 맥을 같이하는 1930년 만주 조선인들의 5·30폭동은 격렬했으나 대중에 뿌리를 내리지 못한 상태에서 감행되어 좌경모험주의라는 평가를 받았다.

1931년 만주사변으로 만주는 동아시아 민중과 일제가 격돌하는 최전선으로, 무장투쟁의 근거지가 되었다. 1920년대 정의부 참의부 신민부는 완전한 통일을 이루지 못하고 한족총연합회 혁신의회 국민부로 개편했다.

1930년 김좌진이 피살된 뒤, 그를 중심으로 모였던 한족총연합회는 1930년 7월 한국독립당을 결성했고 만주사변 뒤 한국독립군을 편성했다. 이청천이 이끈 한국독립군은 많은 전과를 거두었으나 일제의 대공세를 견디지 못하고 1933년 중국 본토로 물러났다. 국민부를 계승한 조선혁명당은 남만주를 무대 삼아 무장부대를 결성하고 일제에 대항해 싸웠다. 양서봉이 이끈 조선혁명군은 치열한 항일투쟁을 전개해 큰 성과를 올리다가 1930년대 중엽 중국 본토로 물러났다.

그런 가운데 중국공산당 만주성위원회는 1933년 동북인민혁명군을 조직했다. 일제라는 중국인과 한국인 공동의 적에 투쟁하기 위해 동북인민혁명군에 가담한 한국인들은 부단히 국내진공작전을 전개했다. 1935년 2월 동북인민혁명군 제1군 제1사장 이홍광이 주도한 평안북도 동흥공격이 있었다. 동북항일혁명군은 1936년 11월 광범위한 통일전선 무장력인 동북항일련군(東北抗日聯軍)으로 확대 발전했다.

코민테른 7차대회(1935) 이후 만주의 항일 독립운동가들은 새로운 통일전선 조직으로 1936년 6월 오성륜(吳成崙)·엄수명(嚴洙明)·이상준(李相俊) 등이 주축이 되어 조국광복회를 발족했다. 조국광복회는 "전민족의 계급 성별 지위 당파 연령 종교 등을 불문한 무장투쟁으로 조국 광복을" 주장했다. 비밀지하조직인 조국광복회는 신간회(1927)가 광범한 우파인사들을 망라한 것과 달리 민족주의계열의 조직적 참여는 천도교의 지방조직 정도였다. 조국광복회의 주요지도자들은 대체로 동북항일련군의 간부들로 군사활동 외에도 국내에 대한 정치활동에 주력했다.22) 1937년 조국광복회 갑산공작위원회와 이를 발전시킨 조선민족해방동맹은 국내에서 통일전선의 구축을 위해 활동하고 동북항일련군의 유격대활동에 가담할 청년들을 모집했다. 동북항일련군은 국내진공작전을 펴 1937년 5월 4일 4사가 무산으로 진출했고, 김일성이

---

22) 조국광복회 참여자들이 해방 뒤 북한의 지도부로 자리잡고, 김일성 등이 주축을 이룬 항일유격대가 북한의 중추지도부를 구성했다.(이종석, 「조국광복회와 김일성」, 『한국일보』 1999. 4. 12)

인솔한 6사는 6월 4일 보천보의 주재소 면사무소를 공격했다. 당시 국내 운동이 침체되고, 일제 측에서 만주의 항일부대가 소멸되고 '내선일체(內鮮一體)'체제가 확립되었다고 자신하던 때에 일어난 보천보전투는 일제에게 큰 충격을 주었다.

동북항일련군 산하 한인무장부대들은 일제와 만주국군대의 토벌작전에 대항해 유격활동을 활발하게 전개했으나 1940년대 위축되었다. 이에 동북항일련군은 대규모작전을 지양하고 소조 또는 소부대활동으로 전환해 무장역량을 보전하려 했으나, 일제의 공세에 밀려 1940년 가을 소련으로 근거지를 이전해 무장역량을 재편성했다.

중국본토에서도 무장투쟁을 끊임없이 전개했다. 1932년 12월 상해에서는 김원봉의 의열단, 상해의 민족운동가들, 만주에서 후퇴한 이청천 등 무장세력을 중심으로 한국민족혁명당을 조직했다. 한국민족혁명당은 1937년 당명을 조선민족혁명당으로 바꾸고 당의 무장부대로 조선의용대를 조직했다. 1937년 일제가 중국본토를 침략하자 조선의용대는 본부를 중국 남부 계림(桂林)으로 옮겼다. 그러나 이에 불만을 품은 청년들은 항일전쟁의 최전선인 화북지방으로 이동해 중국공산당과 손잡고 항일전쟁에 본격적으로 참가했다. 이들은 1941년 무정(無亭)을 중심으로 화북조선청년연합회를 결성하고, 그 군사조직으로 박효삼(朴孝三)을 지대장으로 하는 조선의용대 화북지대를 조직했다. 1942년 화북조선청년연합회는 조선독립동맹으로 확대 발전했고, 조선의용군을 창설했다. 독립동맹의 주석에는 김두봉(金枓奉), 조선의용군 총사령에는 무정이 각각 취임했다. 한편 독립동맹은 1942년 화북조선청년혁명학교를 열어 조선의용군의 간부를 양성했다. 조선의용군은 태항산지구에서 1941년 호가장 전투, 1942년의 반소탕전 등에서 전과를 거두고 이상조를 만주에 파견하고 북만지구 특별위원회를 조직해 만주에 유격근거지를 건설하고 국내와 연락을 강화하던 중 해방을 맞이했다.

한편 임시정부에서는 외교활동에 치중하는 한편 1940년 이청천을 총사령으로 해 광복군을 편성했다. 광복군은 인도 버마전선에서 영국군과 함께 전투에 참가하기도 했으나 훈련단계에서 해방을 맞이했다. (한국민중사연구회, 1986, 214~218쪽)

중일전쟁 당시 일본군은 넓은 중국 땅을 철도를 중심으로 '선'과 '점'으로만 장악하고, 일본은 스스로 '무적황군(無敵皇軍)'이라 부르던 만주의 관동군과 조선주둔군 200만을 믿고 결사항전의 자세로 나왔다. 이런 상황에서 미국에게 일본이 항복하기 한 달 전만 하더라도 전쟁이 끝나려면 약 1~2년의 시간과 미군 약 10~20만의 희생이 불가피하다고 판단했다. 그러나 전쟁 종결에 결정적 역할을 한 것은 일본이 최후의 보루로 믿고 있던 관동군의 궤멸이었다. 관동군은 소련군 참전 1주일만에 궤멸한 것은 소련군만의 힘이 아니라 만주의 조선과 중국 민중들이 조직적으로 전개한 투쟁의 결과였다. 일본군과 최후의 결전을 준비해 온 만주의 조선인들은 조선항일유격대(동북항일연군)의 일제에 대한 공격(8월 7일), 소련군의 대일선전포고(8월 8일)와 동시에 전 지역에서 봉기를 일으켰다. 이 봉기로 심리적으로 흔들리던 관동군은 저항을 하지 못하고 흐트러지고 만주지역을 공격해 들어오던 소련군은 각지 조선민중의 환영을 받으면서도 일본군과 싸우려던 자신들이 할 일이 별로 없음에 당황했다. 소련군의 진격로는 항일유격대 소조의 상세한 정보제공에 의해 이미 모든 것이 파악되었고 관동군의 중요 군사시설은 유격대 소부대에 의해 기능이 마비되었으며 주요한 지역의 관동군 무력은 모두 유격대의 최후 진공에 호응하는 민중들의 일제 봉기에 의해 와해되었다.(박현, 1998, 376쪽) 중국의 남북과 동서를 잇는 철도가 교차하는 동북지역에서의 관동군의 패배로 일본군은 주요한 군수물자 공급처를 잃고 또 미국 소련 등 연합군의 공격을 받아 결국 패망했다.

국내 남한 전역에서 농민 노동자 지하활동가 지식인 학생 부녀자 등 조금씩 다른 이유로 입산한 항일빨치산들이 통일전선의 원리에 의해 조직되고 활동했다. 일제 식민지 아래 국내 항일 빨치산은 8·15 이후 하산했다가 단정이 수립된 뒤 미군정과 이승만 정권의 폭압을 피해 다시 입산했고 일부는 6·25전쟁 시기 남한에 있던 빨치산으로 이어졌다.[23)]

---

23) 권운상은 대전교도소에 수감 중 장기수들의 구술을 바탕으로 쓴 소설 『녹슬은 해방구』에서 국내 항일 빨치산의 개략을 다음 같이 정리했다.(권운상, 1989 참조)
"42년 정도엔 집단 이탈하는 사람들이 많았어요. 주로 모이는 곳은 산이었죠 그것도 조선 본토에서 소백산 일대가 제일 많았을 겁니다. 중부지방 이상은 국경을 넘어 만주일원으로 넘어가 만주부대와 합류하게 됐고요. 그러다가 43년인가 44년에 이르러서는 징병제를 거부하고 산으로 들어온 진보적 지식인들이 대부분 지도부를 형성했다고 기억합니다. 그리고 국내항일유격대는 그 43년부터 44년 사이에 큰 변화를 겪었어요." 그 이유로는 "39년에 재건된 경성콤그룹 즉 조선공산당이 40년쯤에 검거되고 구속되어 그후 석방된 인사들이 산에 들어온 것입니다. 그 때부터가 국내 항일유격대의 방향전환기였다고 볼 수 있지요. 그후부터 연안의 무정과 연락이 닿기도 했고, 불투명한 조직인 44년의 건국동맹과의 관계에도 미묘한 문제가 있었지요." 이런 당시 상황을 "어떤 곳은 단지 도망자의 집단도 있었고, 또 어떤 곳은 천둥산부대보다 훨씬 규모나 짜임새가 있는 곳도 있었다"고 증언하는 회상은 "북의 전통을 알려면 만주를 알아야 하고, 남의 전통을 알려면 소백산맥을 알아야 할 거요. 소백에서 지리까지 칠백리 길 구비구비 한 서린 혁명과 해방의 목소리가 담길 골짜기"를 강조하면서 그 역사적 평가를 이렇게 정리했다.
"…만약에 국내 항일유격대의 소부대들이 건재하지 않았다면 45년 해방 이후 남로당이 그렇게 빠른 속도로 소백산맥 주변에 조직을 장악할 수 없었을 겁니다. 그런데 이 땅의 역사는 어찌된 일인지 남로당이 하늘에서 떨어진 전설의 것인 양 이야기들 하고 있는 모양인데, 아무런 역사적 전통과 투쟁적이고 대중적인 조직을 근거하지 않았다면 한두 달만에 이렇게 몇 십만의 조직으로 발전할 수 있었겠습니까? 국내 항일유격대는 해방 후 남쪽 혁명조직의 각 단위별 조직을 만드는 데 기둥이 되어 광범위한 농민대중과 지식인 대중 속에서 신뢰와 사랑을 받을 수 있었던 것입니다. 미국놈들은 그에 대한 대처능력이 없었죠. 국내 항일유격대는 각 소부대별로 그들이 활동하던 주변 마을로부터 더할 수 없는 신뢰 속에서 남쪽 전체의 광범위한 조직으로 발전한 것입니다. 영웅적이고 신화적인 동지들의 몇 마디에 의해 만들어 진 것도, 한 두 집단의 힘에 의해 형성된 것도 아닌 전체 인민의 고민과 고통 속에서 창출된 최후의 저항지가 국내 항일유격소부대였다고 저는 확신해요."
"우리의 활동은 비록 외롭고 힘들었지만, 국내의 많은 대중들은 우리를 아껴주었어요. 해방이 늦어졌다면 우리의 세력은 훨씬 커졌을 것이고, 반드시 국내와 국외의 항일유격부대가 일제를 한반도에서 박멸할 수 있었을 겁니다. 물론 그 당시는 암흑기였어요. 우리의 활동상황이 단 한번 신문지 쪼가리에 실린 적도 없었지요. 우리는 우리의 의지를 알리기 위해 농민대중을 한 사람 한 사람 설득하기 시작했고, 그 기세는 거의 소백산맥 전체에 파급되어 갔습니다."

3) 노동자민중의 조직

노동운동이 지하화 한 상태에서 노동자들은 전국조직을 갖지 못했다. 그런 가운데 혁명적 노동운동과 혁명적 노동조합, 공산당 재건 운동, 통일전선 운동, 그리고 이러한 운동에 영향을 미친 코민테른 방침의 순서로 서술한다.

(1) 혁명적 노동조합 운동

① 대중운동의 지하화

노동자들의 전국조직인 조선노동총동맹의 활동은 조합간부들의 체포 투옥으로 1920년대 마비상태에 빠졌으며 신간회조차 1931년에 해산되어 전국적인 노동자조직은 1930년대 초에 이미 공백상태가 되었다. 노동조합의 산업별 또는 지역적 연합체들은 간부의 검거와 집회금지 등으로 사실상 불법화되었다. 노동단체들은 1930년대 중일전쟁 발발 이전에 이미 지하로 들어가거나 활동을 정지했다.

이러한 상황 아래 혁명적노동조합이 조직되고, 항일무장투쟁 참가가 이루어졌다. 혁명적 노동조합운동은 기존의 공업중심지역과 1930년대 이후의 병참기지화 정책에 따라 새로 발달한 공업지대를 중심으로 추진되었다. 반(班)이나 공장그룹 등의 세포조직을 기초로 분회를 두고 분회 위에 공장위원회, 그 위에 지역 산업별 노동조합을 성립시킨 후에 그것을 통해 전국적 산업별 노동조합을 결성하는 방법으로 추진되었고, 공산당 재건운동의 토대가 되도록 계획했다.24)

---

24) "우린 지하노조를 놈들로부터 지켜내고 다른 지하노조와 연결하고 그렇게 주임무였지요. 지하조직이라고 해도 고용주가 탄압하거나 일어나서는 안될 일이 일어나면 그 부정을 폭로하고 탄원하도록 노동자들을 조직하고 때려부수기도 하고 이런 일이 조직의 힘에 근거해서 했지요… 이런 지하노조들이 다 통일된 지도를 받았지요. 조국광복회 같은 데 선이 닿는 사람도 있었고 나중에 안 일이지만 일하다가 없어졌는데 그 사이 항일유격대에 망라되었다가 나중에 유격대가 소련군과 함께 일본 놈들

대략 12월테제 발표 이후 1931년 무렵까지 운동의 목표는 전국적 차원의 당 재건이었다. 즉각적인 당 재건 선포나 당재건준비조직의 지도 아래 당세포나 공청(공산주의 청년동맹)의 세포를 건설하려는 경향이 우세한 가운데, 혁명적 대중조직의 건설을 공공연하게 표방하지만 실제 성과는 미미했다. 접근이 상대적으로 용이한 학생이나 인텔리 중심의 반제동맹과 같은 형태를 선호했다. 이에 따라 주요한 활동내용도 각 공장이나 경영 내의 활동보다는 학교나 가두를 중심으로 토론회, 독서회 등을 통한 의식화와 동지의 획득, 선전 선동을 위한 격문과 삐라 살포 등이 대부분을 차지했다.

혁명적 노농운동을 주도한 사람들은 1920년대 공산주의운동가들 가운데 전향하지 않은 사람들과 코민테른과의 연계 아래 들어온 사람들, 개량화하지 않고 사회운동의 비합법운동으로의 방향전환에 영향받은 각 지방의 사회운동가들, 기존 합법적 노농운동의 주역들, 광주학생운동 이후 직접 노농현장으로 투신한 학생운동 출신들, 1920년대 말부터 1930년대 전반에 걸쳐 배출되고 성장한 노동자 농민들 자신에 의해 이루어졌다.

혁명적 대중조직은 한편으로는 광범위한 대중투쟁을 전개해 전체 민족해방운동전선을 강화해야 하는 임무와 다른 한편으로는 비합법 상황과 극도의 탄압 그리고 전위조직이 없으면서 노동자 농민 등 대중에 기반해 조선공산당을 재건해야 했다. 혁명적 대중조직은 이러한 두 가지 임무와 비합법 비밀결사의 속성으로 그 노선이나 실제 활동에서 정치적 편향이나 좌편향적 오류를 드러내는 경우도 있었다. 그러나 혁명적 대중조직운동으로 이전 시기보다 노동 농민운동에서 조직성과 투쟁성이 강화되어 다양하고 풍부한 활동을 전개할 수 있었다. 또 이 과정

을 쳐들어 올 때 같이 온 친구가 우리 노조에도 있었어요."(금재성, 「지난날의 노동운동 이야기」, 『우리네 일터』 창간호. 부산노동자회, 1999, 「우리나라 노동운동사」 『IMF와 노동운동』, 222쪽에서 재인용)

에서 노동자 농민 학생 등 대중 속에서 훈련받고 투쟁을 통해 단련된 활동가를 재생산할 수 있는 통로를 마련했다. 이를 토대로 조선의 사회주의운동은 1920년대에 비판받던 인텔리 혹은 파벌 중심이라는 편향을 일정 정도 극복하는 계기를 마련했다. 그러나 대부분의 조직이 초기 단계에서 검거되어 8·15해방까지 전국적인 통일조직은 결성하지 못했다.

② 혁명적 노동조합운동

1931년 이후 본격적으로 전개한 혁명적 노동조합 결성을 위한 투쟁은 개량주의적 지도부가 노동조합을 무장해제하고 노사협조주의 정책을 노동조합운동에 강요하는 것에 대해 대항하면서, 운동의 주도권이 소부르주아에서 노동대중으로 넘어가는 과도기에 나타난 투쟁형태로 노동운동의 전투적이며 계급적인 발전을 지향한 것이다. 그러나 혁명적 노동조합도 원산총파업 이후 앙양된 노동자들의 대중적 투쟁 속에서 나타나고 있던 적극적인 새로운 투쟁 형태와 방법을 일반화해 조직성과 정확한 목적 의식을 제시하는데 한계가 있었다. 그 원인은 탄압의 강화에 대응을 조직적으로 지도할 당이 없었다는 점이다.

혁명적 노동조합운동은 이러한 운동양상을 비판, 극복하는 방향에서 전개했다. 먼저 전국 차원의 당재건은 당장의 과제보다는 다음 단계의 과제로 간주했다. 당면 목표는 일정 지역내 공장과 대경영을 기반으로 먼저 대중적인 조직기반 확립에 두었다. 이에 따라 활동 내용도 대중적 파업투쟁의 조직과 지도, 이를 위한 방침이나 강령, 전술전략의 수립과 노동대중의 교양 증대와 계급의식 고양을 강조했다.

조직방식 조직방식을 보면 혁명적 노동조합은 이전과 마찬가지로 산업별 조직방식을 채택했다. 구체적으로 각 공장이나 작업장에 3~5명으로 공장반이나 직장그룹(세포)을 조직하고 이를 공장별 노조 분회로 조직해 산별에 따라 통제하는 한편, 각 산별 조합 지부는 지역적으로 지부(지방) → 도 → 중앙(전국)의 협의회를 아래에서 위로 조직한 다음 이를 통일해 전국적 조직을 결성한다는 방침이었다.(고려대 노동 문제연구소, 1999, 52) 아울러 혁명적 노동조합 주위에 노동자 대중을 결집하려는 방침의 하나로 공장대표자회의 공장위원회 투쟁위원회 파업위원회 등의 다양한 하부조직을 세우고자 했다. 그러나 이것은 거의 실현되지 못하고 조직 준비 단계에서 좌절했다. 이러한 방침은 프로핀테른 「9월테제」(1930), 「10월서신」(1931) 등에서 제시한 것으로 국제 혁명운동의 일환으로 채택된 것이다. 이 방침들은 노동운동 수난기의 타개책으로 파업의 극복, 노동운동의 정치투쟁으로의 발전, 일본과 중국노동운동과의 연대, 민족개량주의의 반대, 산업별 조직과 공장 중심의 노동조합 활동 등을 제시했다.

대중조직이기 보다는 전위적 요소가 짙은 이들 혁명적 노동조합은 기존 합법 영역의 노동조합을 개량주의나 중간파라고 배격하고 이를 제국주의와 파시즘으로 완전히 기운 것으로 파악했다. 당시 국제노동운동의 좌편향을 반영한 이 방침은 실제로 의도한 바와 달리 노동대중과 분리되고 민족해방운동의 과제를 포기하는 결과를 초래했다. 또 이 방침이 채택되는 국내적 배경에는 일제의 노동운동자 체포와 구금 고문 학살 등을 통한 가혹한 탄압과 노련한 스파이정책, 과거 사회주의자나 공산주의자 일부의 매수로 노동운동을 전개하기가 아주 어려웠다는 점이 작용했다. 이러한 결과에도 불구하고 혁명적 노동조합운동을 노동대중에 뿌리내리려고 노력했다. 당시 노동운동은 아래로부터의 통일전선에 입각해 혁명적 노동조합을 건설하면서 소부르주아 인텔리와 학생층에서 벗어나 생산현장의 노동대중에 의한 조직적 기반을 구축하고 합법운동과 비합법운동이 결합해 좌경적 방침을 교조적으로 고수하는 경향과 결별하려고 했다.

이들은 8시간 노동제의 실시, 단체계약권 확립, 최저임금제의 확립, 동일노동에 대한 동일임금제의 실시, 피검거자 석방 등을 요구하면서 투쟁했다. 그러나 지하노동운동을 비롯한 전반적인 노동운동은 1936년 이후에는 점차 침묵하지 않을 수 없었다. 어떤 파업 시위를 불문하고 철저하게 탄압하는 일제의 무력 앞에서 노동쟁의 회수는 점차 줄었다. 일제가 파쇼체제를 강화하고 노동자의 투쟁을 무자비하게 제압했기 때문이다.

혁명적 노동조합운동은 대도시 공장지대와 일제의 병참기지화정책에 따라 새로 발달한 공업도시를 중심으로 추진되었다.

함흥에 본부를 두고 청진 원산 서울 평양 신의주 광주 목포 부산 등 공업도시를 중심으로 활동한 조선좌익노동조합전국평의회 활동을 비롯해 김호반(金鎬盤 : 1902~?) 이문홍(李文弘 : 1905~?) 등에 의해 1930년부터 1935년까지 4차에 걸쳐 추진된 범태평양노동조합 계열의 활동, 서울의 이재유 그룹이나 권영태 그룹의 활동 등이 대표적이었다. 이 밖에도 계경순(桂瓊淳) 등의 '신의주비합법공장노동조합' 김태석(金台錫 : 1875~1953) 정달헌(鄭達憲 : 1899~?) 등의 '평양혁명적노조' 주영하(朱寧河 : 1908~?) 등의 겸이포제철소혁명적노조, 김용환(金龍煥 : 1912~48) 등의 '여수혁명적노조', 장규경 이승엽 등의 '마산혁명적노조' 등 전국적으로 전개되었다.

서울의 경우 1932년부터 1936년경까지 이재유(李載裕 : 1905~44) 그룹 등이 중심이 되어 철도국공장 용산공작주식회사 등 금속공업부분과 대륙 경성고무 등 화학공업부분, 동성제사 소화제사 등 섬유산업부분, 경성전기회사 등 전기산업부분, 그리고 조선인쇄공장 전매국공장 화신상회 등 약 30개 이상의 공장과 각종 사업장에서 공장반을 조직하고 파업을 지도했다. 또한 여주 양평 등지의 혁명적 농민조합운동을 지도했으며, 서울의 각급 학교와 경성제국대학 등을 중심으로 학생층을 조직화했다. 이를 기초로 조선공산당 재건운동을 전개하고자 했다.

1931~35년 사이에 혁명적 노동조합 사건으로 검거된 사례가 70건에 이르고 그 관계자 1,759명이 투옥되었다. 그 주요한 것은 다음과

같다. 1930년에 결성된 비합법적인 신의주공장 노동조합은 시내 각 목재공장, 왕자제지공장, 전기회사 등에서 노동자들을 규합했다. 1931년 2월에는 흥남의 조선질소비료 공장을 비롯해 함흥 원산 이원 서울 평양 등지에서 혁명적 노동조합을 결성한 '흥남적색노동조합사건'이 발생했다. 1931년 6월에 조직된 '부산적색노동조합'은 정미 고무 인쇄 유리 방직공장 등에 하부조직을 산업별로 조직해 노동자 속에 침투했다. 이 시기 혁명적 노동조합 결성과 관련해 가장 규모가 광범한 것은 이재유 이관술 등이 지도한 '적색노동조합사건', 1935년 11월에 검거된 김희성 백윤혁 등의 '체신국 혁명적 노동조합 사건', 그리고 박영출 박진홍 이인행 등의 '용산 혁명적 노동조합 사건'을 포괄했다. 이 사건들 외에도 조선의 중요 산업지였던 원산 흥남 평양 청진 인천 겸이포 마산 여수 등지에 혁명적 노동조합 결성을 위한 투쟁이 있었다.

③ 지역과 산업별 혁명적 노조

함경도 함경도는 중화학공장을 비롯한 새로운 공장들이 계속 건설되면서 노동운동이 집중적으로 활발하게 전개된 곳인데, 적색 노조운동은 제1, 2, 3, 4차의 태평양노조 사건과 흥남 혁명적노조 사건 등이 발생했다.

'제1차 태평양노조 사건'은 공장노동자가 집결한 함흥에 주력을 두고 '프로핀테른 조선지부 함흥위원회'를 조직해 먼저 화학 금속 철도 목공부문에 세포단체를 조직하고 나아가 조선 각지의 도시에 같은 조직체를 두려고 했다. 이 사건으로 17명이 검거 투옥되었다.

'제2차 태평양노조 사건'은 흥남에 적색노조운동의 잠정적인 지도기관으로 1931년 3월 비밀결사 '흥남좌익'을 조직하고 흥남 조선질소비료공장을 비롯한 각 공장 및 운수부문 노동자들은 산업별로 포섭하기 위해 활약했으며, 기관지 '노동신문' 및 '태평양노조 10월서신' 등을 등사 인쇄해 몰래 배포했다. 그리고 함흥에서는 10월경 비밀결사 '함흥자유노동조합'을 조직하고 '붉은 주먹'이라는 기관지를 등사인쇄로 발행했다. 그 밖에 원산 신흥 평양 등지의 적색노조운동을 조직해 지도했다. 그러다가 1932년 메이데이에 격문 살포 등으로 기념투쟁을 하다가 500여명의 노동자가 검거되었다.

'제3차 태평양노조 사건'은 그 동안 중단되었던 혁명적 노조 기관지를 계속 등사, 발행하는 한편 지난번 검거에서 노출되지 않은 조직원들을 다시 연결해 함흥 평창제사, 홍남 조선질소비료공장, 홍원 본궁통조림공장 등의 노동자들 속에서 조직해 선전, 교양활동을 하게 하면서 다시 적색노조를 건설하려다가 검거된 사건이었다.

'제4차 태평양 노조사건'은 또 다시 홍남 조선질소비료 공장을 중심으로 적색노조를 재건하려다 드러난 사건이었다. '홍남적색노조 사건'은 프로핀테른과는 직접적인 관계없이 독자적으로 홍남을 중심으로 이원 단천 북청 문천 고원 등지에서 노동자 농민을 망라해 적색노조와 농조를 조직하다가 일어난 사건이었다.

원산   원산 혁명적 노조 사건은 1934년 9월이래 원산노동연합회와 함남노동회 등의 합법적인 단체에 침투해 적색노조를 조직하기 위해 활동한 사건으로 원산시내에 있는 부두노동자들과 조선모타회사 노동자들을 포섭하고 함흥 조선질소비료공장까지 조직의 손을 뻗쳤다. 그리고 '노동자의 기(旗)'라는 기관지를 발행해 선전 교양사업을 전개했다. 이 기관지는 사건이 일어나기까지 16호나 발행되었으며, 그 속에는 일제 전쟁침략에 반대하는 정치투쟁을 전개하라고 노동자에게 호소하는 글도 실었다.

평안도   평안도에는 일찍부터 공장노동자가 많아 노동운동이 맹렬했다. 평안도 지방의 주요 혁명적 노조 사건으로는 '신의주 비합법공장노조 사건' '평양 혁명적 노조 사건' '겸이포 적색비라 사건' '해주 혁명적 노조 사건' 등이 있었다. '신의주 비합법 공장노조 사건'은 일본에 유학 갔다가 여름방학에 귀향했던 계경순이 주동되어 신의주에 있는 각 공장 노동자들을 비합법적으로 조직한 사건이었다. 이들은 임금인상, 8시간 노동제 실시 등의 관철을 목표로 하는 비합법노조를 조직했다. 집행부 자유노동부 농민부 여자부 출판부 등의 부서를 두고 '공장신문'이라는 기관지와 '노동자 농민'이라는 소책자를 발간해 선전 계몽 활동에 주력했다. '평양적색노조 사건'은 1932, 33, 35년의 세차례에 걸쳐 있었는데, 특히 1933년의 정달헌을 중심으로 한 사건에서 30명이 검거되어 9명이 처형되고 2명이 옥사했다. 정달헌은 '평양노동대회'를 산업별 노동조합으로 개편하는 한편 '평양 양말공장직공조합'에 근거를 두고 적색노조를 결성했으며 이후 고무공장의 파업을 지도하다가 검거되어 처형당했다.

서울 경성지방에서도 일제의 탄압정책이 강화되면서 노동운동이 비합법적인 적색노조운동으로 전개되었다. 경성지방의 혁명적 노조 사건 가운데 가장 조직 규모가 컸던 것은 이재유, 이관술이 지도한 혁명적 노조 사건이었다. 이 사건은 주로 경성지방에 있던 공장노동자들을 포섭해 적색 노조를 조직하며 학생들 속에서도 적색독서회 반제국주의동맹을 결성하고 각종 비밀출판물을 발행해 교양 선전작업을 진행하다가 발각된 것이다. 특히 이 사건은 학생운동과 노동운동의 결합을 시도한 것으로 세력이 강력했다. 그 밖에도 '용산적색노조 사건' '산업별 혁명적 노조 점원조합 조직협의 사건' 등이 있었다.

전라도 전라도 지방에서는 1920년대에는 정미공장 노동자와 부두노동자들의 활동이 활발했으나, 1930년대에 들어와 공업의 중심지가 북부지방으로 옮겨가자 노동운동보다는 농민운동이 중심 활동이 되었다. 그러한 가운데서도 적색노조운동은 계속 진행되었다. '여수 적색노조준비회 사건'은 기관지 '노동자' '적기' 등의 인쇄물을 발행해 노동자들의 교육 선전활동에 주력하면서 여항운수회사 천일고무공장 철공장 전기공장 노동자들과 철도 종업원 등을 조직해 노동쟁의를 지도하다가 발생한 사건이었다.

경상도 경상도 지역의 혁명적 노조 사건으로서는 '교육노동조합 부산건설협의회 사건'은 초등학교 교사가 중심이 되어 교육노조를 결성하고 부산 마산 김해 의령 등 각지로 조직을 확대하고, '제사공' '노동자'를 출판, 배포하면서 동맹파업과 학생비밀결사를 지도한 사건이었다. 이 사건은 단순한 노동자가 아니라 학생들에게 많은 영향을 주는 교육자들의 적색노조라는 점에서 일제가 크게 경계했다. '마산 혁명적 노조 사건'은 마산 어시장 부근의 점원들과 노동자, 인쇄공 등을 모아 사상교육을 하고 등사인쇄물을 발간해 선전활동을 하다가 일어난 사건이었다.

항만적색노조 그 밖에도 동해안 일대의 항구도시인 부산 원산 청진 웅기 성진 인천 등에 출입하는 선박노동자들이 적색노조를 결성한 '항만 혁명적 노조 사건' 등이 있었다.

이상과 같이 혁명적 노조 운동 사건을 간단히 살펴보았다. 여기서 주목할 것은 당시 일제의 파쇼적 탄압 아래 노동운동이 비합법적인 지하운동이 될 수밖에 없었으며, 그런 조건 아래서도 대중 속으로 혁명적인 조직을 만들고 끊임없이 사상교육 선전활동을 강화하면서 격렬하게 싸웠던 것은 그만큼 노동운동의 주체적인 역량의 성숙을 말한다.

(2) 공산당 재건 운동

전기 조선공산당은 1928년 일제의 검거로 와해된 뒤 과거와 같은 방식으로 당을 재건하기 어려워졌다. 그러나 곧바로 「12월테제」에서 제시한 새로운 방식으로 당재건운동이 계속되어 8·15해방 때까지 이어졌는데, 특히 1920년대 말부터 30년대 전반기에 집중적으로 시도되었다.

당재건운동은 처음에는 과거의 계파나 인맥 또는 코민테른이나 중국공산당 일본공산당과 그 산하기구 등 여러 갈래를 통해 진행되었다. 1930년대 전후의 당 재건운동은 전국 단위의 당재건준비위원회라는 중앙조직을 만들고 그 지도 아래 산업중심지와 농촌에 세포조직을 건설하는 하향식 조직노선이었다. 이렇게 당재건운동 초기에는 과거 조선공산당의 인적 기반과 조직망을 활용해 전위당을 재조직하려 했다. '서울상해계'의 김철수 윤자영, 오성세 등이 1929년 6월에 조직한 조선공산당재건설준비위원회, 화요계의 김한, 정재달, 김단야 등이 1929년 11월에 조직한 조선공산당조직준비위원회, ML계의 강진 고광수, 박문병, 한빈, 한위건 등이 1930년 6월에 조직한 조선공산당함경남도간부기관 등은 이러한 조직노선에 입각한 당재건운동이었다.

그러나 1931년경부터 당재건 방식은 계파를 막론하고 상향식으로 바뀌었다. 당재건에 앞서 도시와 농촌에서 혁명적노동조합과 농민조합을 결성해 지역별 혹은 산업별협의회 나아가 전국적 대중조직 결성을 우선 과제로 삼았다. 이 과정에서 핵심활동가를 양성해 지역단위의 공산주의 그룹을 만든 후 대표자회의를 소집해 전국 단위의 조선공산당을 만들려고 했다. 중국공산당 조선국내공작위원회에서 1931년 국내에 파견한 한전종이 상향식 노선을 주장한 일, 서울상해계가 조선공산당재건설준비위원회를 해체하고 조선좌익노동조합전국평의회준비위원회를 조직한 사실, ML계가 공산당과 공산청년회를 먼저 결성하려던 방식에서 혁명적노농조합 결성을 본격적으로 추진하는 방향으로 나아간 것, 그리고 화요계의 김단야가 조선공산당조직준비위원회가 붕괴된 후 1931년 혁명적 노동조합 결성에 중점을 둔 것 등은 이를 잘 보여준다. 즉 혁명적 대중운동 가운데 새롭게 성장한 노동자 농민을 기반으로 당을 만들려고 했다.

이러한 상향식 조직방식에 입각한 1932, 33년 이후의 당재건운동은 주로 전국의 시 군을 단위로 혁명적 대중운동을 전개하면서 이를 지도하는 '지역전위정치조직'을 결성해 당을 재건하고자 했다. 이 과정에서 과거의 계파 성격을 넘어 서로 통합하거나 연결하려는 움직임도 컸다. 대표적으로 서울지역의 '이재유그룹'은 1933년 8월 경성트로이카,

1934년 11월 경성재건그룹, 1935년 9월 조공재건경성준비그룹 등으로 조직 변화를 거치면서 노동자 농민 학생 출신의 활동가를 양성하고 조직을 확대했다. 이 과정에서 다양한 계파의 활동가를 흡수했다. 특히 이재유[25)]는 코민테른과 연계된 '권영태그룹'에서 활동하던 경성제국대학 교수 미야케 시카노스케(三宅鹿之助)[26)]와 정세 및 운동노선, 파벌극복 방향 등을 토의하고 제휴를 모색했으며, 이 밖에 당시 서울지역에서 활동하던 '김승훈 그룹' '김희성 그룹'과 연대하고자 했다. 이들 그룹은 대

25) 이재유(1903~44)는 함경남도 삼수군 별동면에서 태어나, 1923년 상경해 보성고 2년에 편입했다 자퇴하고 송도고보 편입 1년만에 퇴학하고 일본으로 건너갔다. 1928년 고려공산청년회 일본총국에 가입했다 투옥되었다. 1932년 출소 후 경인지역을 근거지로 노동운동 등 생산현장의 기본대중을 밑으로부터 조직해내면서 1933년 조선공산당 재건 활동을 했다. 1936년 도피 4년 만에 일경에 붙잡혀 '조공재건경성준비그룹' 사건으로 6년형을 언도 받고, 1944년 공주감옥에서 옥사했다. 이 조선공산당 재건 그룹은 '경성트로이카' '경성재건준비그룹' 등의 명칭 아래 조직체계를 갖추지는 않았으나, 각자가 헌신적으로 노·농·학생대중 속에서 활동해 동지를 얻고 공장 학교조직을 완성해 그것을 산업별 지역별 전국적 조직으로 확대한다는 방침 실현에 우선적 목표를 두고, 전위정치조직은 혁명적 대중운동을 수행하는 오르그(조직가)들의 협의회 또는 연락기구의 성격으로 제한했다. 이 그룹에는 노동운동 책임 오르그인 이현상, 인천부두지역 노동운동 책임오르그인 김삼룡, 남로당의 이론가로 활동한 경성제대 법문학부 조수 정태식이 있었다. 또 동덕여고보 선후배 사이로 독서회를 통해 묶인 이순금 이경선 이종희 박진홍 등은 여성노동현장에 투신해 여성노동운동가로 활동했다. 그는 옥중에서 담당검사의 요구로 작성한 논문「조선에 있어서 공산주의운동의 특수성 및 그 발전의 능부」,『사상휘보』 11권, 신주백 편역,『1930년대 민족해방운동론 연구 I』, 1989~1990, 새길출판사)에서 "당 재건의 전제로 경성의 좌익전선을 통일시킬 필요가 있음"을 역설하고 "그 방법으로 다른 운동노선을 취하는 공산주의자와 사안별로 공동투쟁하고 그것을 계기로 운동의 합동통일을 도모할 것"을 강조했다. 김경일은 "이재유는 1920년대 공산당 운동에 전혀 참가하지 않다가 1930년대에 뒤늦게 활동을 시작했으나 노동운동을 중심으로 한 직접적 실천을 통해 1920년대 중반 화요파를 중심으로 지도자적 위치를 획득하고 있던 박헌영보다 강력하고 탁월한 지도력을 인정받은 것으로 보인다"고 평가했다.
26) 미야케는 타이완에서 중학교를 마치고 도쿄제국대학 경제학부를 졸업하고 미국 영국 프랑스 독일에 유학하고 1927년 경성제국대학 재정학 교수로 와 정태식 이재유 권영태 등에게 사회주의 운동의 정세를 토론하고 새로운 운동방침을 모색했다. 그는 5차례에 걸친 검거로 와해된 조선공산당을 재건하고 1934년 제7차 국제공산당대회에 정식으로 대표를 파견하고자 했으나 1934년 5월 '미야케 교수 사건'으로 119명의 관련자들이 체포되었다.

체로 코민테른이나 프로핀테른 등 국제공산주의 운동과 연관되었는데, 활동지역이나 하부조직활동에서 서로 중첩되어 그 필요성이 더욱 커졌다.(강만길 외, 2000, 178~180쪽)

이재유는 조선공산당 재건운동에 대한 영도권을 다투는 파벌의 성격을 두 가지로 정리했다. 첫 번째 경향은 어떤 경로로든 국제공산당의 선과 연락이 있다고 해 대중을 획득하려고 하지 않고 대중 앞에 군림하면서 활동하지 않는 것이며, 두 번째는 이와 정반대로 대중을 많이 획득했다고 해 국제적 연락을 전혀 고려하지 않고 이것만으로 조선의 당이 확립될 수 있다고 주장하는 것이다. 전자의 실례로 김호반, 정태옥, 김형선 등이 국제선에만 중점을 두어 국내의 대중적 그룹과 제휴하지 않았으며, 후자의 실례로 대중의 획득에만 치중해 국제당과 연락을 소홀히 한 공산주의자협의회 운동을 들 수 있다. 이재유는 국제선을 주장하는 전자에 대해 혁명적 투쟁을 통해 그 오류를 청산하도록 권유하는 한편, 대중적 기반을 가진 후자 그룹에게는 국제적인 올바른 노선에서 투쟁을 전개하도록 해야 한다고 했다.(김경일, 1993, 23~24쪽)

후기 1930년대 중반부터 반일민족통일전선전술이 부분적으로 수용되었지만, 1941년 12월 태평양전쟁 이전까지는 '지역공산주의그룹'에 의한 공산당재건운동과 혁명적 노동운동이 전국에서 전개되었다. 중일전쟁이 일어난 후 1937년 7월부터 1938년 12월까지 1년 6개월 동안 1건당 10명 이상의 검거자를 낸 조직사건은 21건으로 관련 검거자가 1,355명이었다. 함경도 홍원 정평 영흥 문천 북청 등지에서 크고 작은 그룹이 잇따라 검거되었다. 이들은 일제의 병참화기지정책으로 대규모 공장지대가 된 흥남, 함흥, 원산, 청진 등지의 노동운동과 국경 근처 농촌지대인 명천, 길주, 단천, 정평, 영흥, 문천 등지의 노동운동과 결합해 이를 지도했다. 특히 이 지역은 일제의 군수공업시설이 집중되고 만주 항일무장투쟁세력의 직접 간접적인 영향 아래 있어 반전 반제투쟁이 절실한 곳이었다.

이렇게 중일전쟁 이후에도 혁명적 노농운동을 기반으로 한 당 재건운동은 계속되었지만 정세변화로 운동양상은 조금씩 변해갔다. 첫째 전시파시즘으로의 전환에 따라 반전 반파시즘 투쟁의 중요성이 커졌다. 둘째 항일무장투쟁의 중요성이 확대되고 '무장봉기론'이 정착되면서 노동 농민운동 등 대중투쟁의 양상이 점차 폭동화했다. 셋째 비합법 활동을 근간으로 관제단체 등 합법단체를 활용하려는 전술이 확대되면서 반일민족통일전선전술을 시도하려는 움직임이 일어났다.

이러한 변화는 1937년 7월 중일전쟁과 1938년 두만강 하류 국경지대에서 일어난 소련 일본간의 대규모 군사충돌인 '장고봉사건' 등을 계기로 1940년대 이후 더욱 확대되었다. 이 예가 8·15 이후 조선공산당의 모태가 된 경성꼼그룹이었다. 경성꼼그룹을 마지막으로 태평양전쟁 이후 혁명적 대중조직운동이나 당재건운동은 진행되기 어려웠다. 사상탄압이 더욱 가혹해져 사회주의자들 대다수가 검거되어 더 이상 조직 활동을 할 수 없었기 때문이다. 1930년대 치열하게 전개되었던 혁명적 대중조직운동과 당 재건운동은 1940년대 이후 만주의 무장봉기 국가건설운동으로 연결시켜 그들이 지도력을 발휘하는 데까지는 나아가지 못했다. 그러나 중일전쟁 이후 사회주의운동의 변화는 노동자층의 '군수생산력 저하 파괴운동' 청년 학생층의 무장화와 반일연합화 경향 등에 영향을 주었다.(강만길 외, 2000, 230~232쪽)

경성꼼그룹은 1939년 말 이관술, 김삼룡 등이 전쟁의 장기화로 제2차 세계대전을 전망하면서 일제가 패망하는 결정적인 시기 즉 혁명적 상황을 예견하는 '무명의 결사'의 조직에서 비롯되었다. 무명의 결사는 1939년 12월 출옥한 박헌영을 지도자로 맞아들이고 다음해 3월 정식으로 경성꼼그룹이라 하고, 각지의 당 재건운동과 혁명적 노농운동 잔존세력을 결집해 최후의 투쟁을 준비했다. 이 그룹은 유격투쟁과 도시 폭동전술에 관심을 갖는 등 국제정세의 변화와 혁명전술의 모색에 주력했다. 특히 태평양전쟁 전후부터 '소련과 일본의 전쟁이 일어나는 시점'의 혁명적 시기에 무장독립을 달성하려고 구체적인 무장봉기계획을 세웠다.

경성꼼그룹의 기본방침은 여전히 「12월테제」, 「조선공산당행동강령」 등에 입각한 당재건운동과 혁명적 대중운동조직이었다. 김삼룡이 지도한 노조부는 금속 섬유 전기 출판 등 산업별 체계로 이루어졌고, 지역조직은 주로 함흥 흥남 성진 청진 등 경상도 함경도에 노동 농민운동 지도기관이 집중되어 전국을 아우르지 못했다.(강만길 외, 2000, 232~233쪽)

(3) 통일전선과 민중운동단체

① 통일전선조직

1920년대 후반 신간회는 패배주의에 빠져 일제에 투항한 민족계와 결별함으로써 1930년대 초기 통일전선은 노동자계급 중심으로 전개되었다. 당시 통일전선 하면 노농의 연대를 의미했다.

사회주의자들은 고양되어가던 대중운동과 「12월테제」(1928), 「9월테제」(1930), 「10월서신」(1931) 등 코민테른의 각종 지시에 힘입어, 1930년대로 들어서면서 이들 개량화되어가던 민족운동과의 결별을 시도했다. 이는 신간회를 비롯한 청총 노총 농총 등의 해소로 나타났다.

통일전선 또한 신간회 당시와 같은 위로부터의 통일전선은 부정하고 노동자 농민 학생층에 기초한 아래로부터의 통일전선운동을 지향했다. 이에 따라 1930년대에는 혁명적 노농조합이나 반대동맹을 조직하는 활동이 지속적으로 전개되었고, 이를 토대로 노동자 농민에 기초한 조선공산당 재건운동을 전개했다.

가. 1930년대

국내 1920년대 후반기 농업공황으로 생활이 궁핍해진 노동자 농민들의 투쟁의식이 고양되어 노동쟁의 소작쟁의가 활성화하고 광주학생운동 등으로 학생운동이 고양되면서 사회주의 사상이 대중화했다. 이에 따라 조선총독부는 대중운동의 좌경화를 막기 위해 치안유지법 등을 확대 적용해 탄압을 강화하는 한편, 민족개량주의운동 문화운동 등을 일정한 범위에서 활성화시켰다. 1930년대 브나로드운동 조선학진흥운동 등은 이와같은 분위기의 소산이었다.

이러한 변화에 따라 신간회를 비롯한 합법적인 운동단체들의 지도부가 개량화했다.

국외 그러나 국외 전선, 특히 중국에서는 일제의 만주침략에 대응하면서 다시 통일전선이 일어났다. 1932년 한국대일전선통일동맹의 성립이 그 시발점이었다. 동맹은 통일전선의 성격을 강화하기 위해 1935년 남경에서 극소수의 '임정고수파'를 제외한 한국 독립당, 신한 독립당, 조선 혁명당, 대한 독립단, 의열단 등 중국 내 우리 민족해방운동전선의 거의 모든 세력을 결집한 조선민족혁명당으로 발전했다.(정정화, 1987, 96쪽)

1935년 코민테른 제7차대회에서 인민전선론이 채택되고 그것은 아시아에서 반제 민족통일전선으로 나타나지만, 조선민족혁명당의 성립이 그 영향을 받지 않았다. 오히려 이 통일전선 정당의 성립은 우리 민족해방운동 자체의 요구에 의한 것이다.(강만길 외, 2000, 30쪽) 그러나 여기에 참가한 정치세력들은 노선과 이념의 차이를 극복하지 못했고, 곧 우익세력의 일부가 이탈해 통일전선의 성격이 약화되었다.

1930년대 후반기 중일전쟁 이후의 정세 변화와 코민테른 제7차 대회의 영향으로 다시 통일전선운동이 강화되었다. 중국 내 우리 민족해방운동전선에서는 1937년에 사회주의 세력과 무정부주의 세력의 통일전선체인 조선민족전선연맹이 성립했다. 우익전선 쪽에서도 한국국민당 한국독립당 조선혁명당을 중심으로 한국광복운동단체연합회라는 통일전선체가 성립했다. 이후 이 통일전선체 사이에 통일이 추진되어 1939년 전국연합진선협회라는 좌우익 통일전선체가 성립되어 공동의 정강 정책을 발표했다.

만주지역 한편 만주지역에서도 코민테른 제7차 대회 이후 중국공산당의 지도로 반일민족통일전선을 강화하고자 항일통일전선전부 수립과 동북항일연군 창설이 제시되었다. 이에 따라 동북인민혁명군이 동북항일연군으로 발전하고, 조선인의 통일전선체로서 조국광복회가 성립되어 각종 반일단체와 천도교 등 종교세력과의 통일전선을 추진했다. 조국광복회「10대 강령」은 민족통일전선에 기초한 인민정부의 건설과 인민정권의 구체적 내용을 밝혔으며, 조선민족혁명당의「강령」과 임시정부의「건국강령」과 더불어 1930년대 중반 이후 우리 민족해방운동세력의 국가건설론을 한층 구체화시켰다.(강만길 외, 2000, 252쪽)

나. 1940년대

국외 태평양전쟁의 도발로 일본제국주의의 패망이 가까워오자 우리 민족해방운동세력은 통일전선운동을 더욱 적극적으로 펼쳐나갔다. 우선 1943년 이후 임시정부가 한국광복운동단체연합회를 중심으로 성립된 한국독립당 세력과 조선민족전선연맹 세력과의 통일전선정부로 발전했다. 이로써 중국국민정부 지역 우리 민족해방운동전선에서 우익과 좌익 그리고 무정부주의 세력이 임시정부를 중심으로 통일전선을 형성했다. 조선민족전선연맹 군사력인 조선의용대의 주력이 중국공산군 지역으로 가고 남은 부대가 임시정부 군사력인 한국광복군으로 편입되어 군사적 통일전선도 어느 정도 이루어졌다.

통일전선 정부가 된 임시정부는 중국공산군 근거지인 연안의 조선독립동맹과 통일전선을 형성하기 위해 국무위원 장건상을 파견해 합의했다. 통일전선을 정식으로 성립시키기 위해 조선독립동맹의 주석 김두봉이 임시정부가 있는 중경으로 가기로 합의했으나 바로 그 때 일제가 항복해 통일전선운동이 중단되었다.

국내 한편 국내에서도 여운형을 중심으로 일제의 패망에 대비해 1944년 비밀리에 건국동맹을 조직했다. 건국동맹은 국내 좌우익 세력이 함께 참가하고 노농계급의 조직과 군사조직을 계획한 통일전선체인데, 다른 한편으로는 국외 민족해방운동전선과의 통일전선을 지향했다. 특히 연안의 조선독립동맹과 통일전선 형성에 합의해 독립동맹의 군사력인 조선의용군의 국내진공을 위한 군사조직을 계획하고 연안에서 민족대회를 개최하기로 합의했으나 일제의 패망으로 추진되지 않았다. 건국동맹은 임시정부와 통일전선을 기도했으나 역시 일제의 패망으로 추진하지 않았다.

② 농민운동 등 대중운동

이 시기 민중의 투쟁은 노동운동의 지하화, 무장투쟁의 적극화, 소작쟁의 격화의 세가지 운동의 결합이 특징이다.

가. 농민의 생활과 투쟁

농민의 생활 농민의 생활도 비참했다. 농업공황 때문에 쌀값은 폭락하고 농촌은 전반적으로 더욱 빈궁해졌다. 농촌을 휩쓴 만성적인 기근 농민파산 토지상실이 심해져 일제가 내걸었던 농촌진흥이라는 슬로건의 거짓이 드러났다. 일제의 통계에 의하더라도 1929년에 128만 4500호였던 소작농가 수가 1931년에는 139만 3000호로 늘고, 화전민수는 3만 4200호에서 15만 1400호로 늘었다. 이렇게 해서 토지가 없거나 영세한 토지를 소유한 농민수가 매년 늘었다.

한편 지주는 농민들의 토지기근을 최대한 이용하면서 농민들을 착취했다. 소작농은 물론 영세한 토지를 경작하고 있는 농민은 반봉건적이고 식민지적 착취 때문에 최저한의 생활조차 영위하기 힘들었다. 매년 춘궁을 겪는 농가가 전체의 70~80%에 달했다.

일제가 자작농을 창설한다고 농민에게 대출해준 영농자금은 고스란히 부채가 되었기 때문에 농가부채는 급격하게 늘었다. 조선농촌의 부채는 1930년에 약 5억 원이던 것이 1937년에는 약 30억 원으로 늘었다. 이것은 당시 1년간 농업생산물로도 배상할 수 없을 정도로 엄청난 액수였다. 부채를 못 갚아 지주와 고리대금업자에게 토지 생산도구 주택 가재도구를 차압당한 건수가 1931년 한 해에 9만 8715건이었다.

농촌에서 파산해 몸붙일 곳 없는 농민들은 군수공업에 취업하거나 해외로 유랑했다. 일본으로 도항한 조선인 수는 1936년까지 모두 70만 명으로 격증했고, 중국 동북지방으로 이주한 조선인 수는 1930년에서 1940년의 10년 동안 모두 60만명에서 154만명으로 늘었다.

혁명적 농민조합과 소작쟁의 전시파쇼체제가 강화되면서 농민운동 역시 지하로 잠복해 들어갔다. 그러나 농민의 투쟁은 1930년대 전반기에는 더 치열하게 전개했다.

1930년경부터 농민운동은 합법적 농민조합이 비합법적 조직으로 재편되기 시작했다. 1928년 조선공산당 해체 이후 공산주의자들은 노농대중 속으로 들어가 농촌 속에 "전투적 조직인 혁명적 노동조합"을 결성하기 시작했다. 특히 북부지방을 중심으로 전국에 걸쳐 군 단위의 적색농민조합이 속속 나타났다. 합법적인 농민조합이 비합법적 적색농민조합으로 개편되면서 지도부는 빈농출신의 젊은층으로 개편했다. 합법적 활동이 불가능해진 청년동맹 여성동맹 소년동맹을 편입해 각각 농민조합의 청년부 소년부로 만들었다.

혁명적농민조합의 결성은 군단위로 기존의 합법농조를 혁명적농조로 개편하는 방식과 새로 혁명적농조를 조직하는 방식의 두 가지로 진행되었다. 조직 과정은 먼저 3~7명으로 동·리단위로 농조반을 조직하고, 그것을 바탕으로 면단위 농민조합지부 군단위농민조합을 조직해

가는 순서를 밟았다. 초기의 혁명적농민조합운동은 대체로 빈농을 주체로 한 토지혁명과 노농소비에트 건설을 표방했지만 운동이 진행되면서 점차 중농과 부농도 포괄해 대중적 기반을 넓히려고 했다.

혁명적 농민조합은 당시 대중적 폭동형태를 띠면서 항일농민운동을 지하에서 지도했다. 농민조합은 대탄압과 대대적인 검거에도 불구하고 농촌 깊숙이 조직망을 확대하고 일제의 습격을 막는 방어수단을 강구했다.

1930년대 전반기 주요한 농민투쟁은 다음과 같다. 1931년 강원도의 양양 삼척 강릉의 동해안 일대 농민폭동, 영동 소작쟁의, 김해의 다목(多木) 소작쟁의가 있었다. 전라남도의 순천군, 벌교, 경상남도 김해 삼동면, 전라남도 강진, 평안북도 용성의 불이농장에서 농민폭동이 일어났다.

1932년 전라남도 보성과 경상남도 양산에서 농민폭동이 일어났고 김해 박간농장의 소작쟁의, 전라남도 영암군의 농민폭동, 용천 불이농장의 농민시위 등이 있었다.

1933년에는 전라북도 옥구의 웅본농장, 황해도의 수안군 안악군의 동화농장에서 각각 농민폭동이 일어났다. 그리고 1931년부터 계속해서 일어난 영흥, 정평, 홍원, 고원, 명천, 성진, 길주, 단천, 북청, 함주, 어대진을 위시한 함경남도 일대의 농민운동은 1930년대 전반기 농민운동 대표적인 것이었다.

함경도와 동해안 일대의 농민운동에는 또 다른 배경이 깔려 있었다. 즉 농민운동 역시 합법적인 형태를 취할 수 없으면서 지하화된 좌익농민조합 결성 투쟁이 전개되었다. 일제통계에 의하더라도 1931~35년 사이에 경찰에 검거된 좌익농민조합 사건은 43건, 관계자는 4,121명이었다. 좌익노동조합은 함경남북도에서 특히 현저하게 나타났다. 이들은 말단 조직에서 면 군 단위에 이르기까지 농민조합의 조직체계를 갖추고 군마다 농민운동의 통일적 지도기관을 두었다. 농민들 속에서 조직 선전 교육활동을 계속하고 청년 부인 소년운동을 포함한 투쟁을 위해 청년부, 부녀부, 소년부 등을 두었다.

함경도 일대의 농민들은 좌익농민조합의 지도 아래 일제의 토지와 식량약탈에 반대하고 혹은 일제의 보호를 받고 있는 친일기관인 향약회에 반대하는 싸움을 전개했다. 동료에 대한 체포, 투옥에 반대해 검거된 사람을 탈환하거나 소작계약서와 채권증서를 소각하고, 강제부역, 세금의 강제징수, 곡식의 강제징발에 항의했다.

특히 함경북도 명천농민조합은 1934년 봄, 고리대 착취와 소작권 박탈 납세 강제부역에 반대해 소작쟁의를 일으키고 빚문서를 소각했다. 일제와 지주의 살인적 약탈에 대한 분노에서 시작된 '기아반대투쟁'은 전군을 휩쓸고 농민들은 이들이 수탈한 양곡을 되찾았다.

또한 그들은 '농민투쟁기' '돌격대' 등 각종 출판물과 야학회 강연회 등을 통해, 혹은 일제가 만든 농촌진흥회 등을 역으로 이용하면서 싸움을 전개했다. 군용도로 부설공사 동원을 거부하고 군량미로 쓰일 양곡 수집을 거부하면서 일제가 군수품 공급을 목적으로 만든 양종장 설치와 군사훈련에 반대해 싸웠다. 이들은 동·면에 계엄대 동지탈환대 규찰대 연락대 등을 조직해 일제의 탄압과 검거에서 자기를 방어했다. 이 같은 명천 농민들의 싸움은 노동자 어민 학생 부인들에게 영향을 미쳤고 성진 일대 민중은 이들을 적극 지원했다. 그러나 이처럼 완강한 4년에 걸친 명천농민들의 투쟁도 일제의 탄압과 테러로 진압 당했지만 일제에게 준 충격이 컸다.

전라도 지방을 중심으로 소작쟁의가 끊임없이 전개되었다. 이 지역은 지주제의 토지겸병이 극심한 곳으로 농민들은 생존을 위해 쟁의를 하지 않을 수 없었다. 요구는 소작료 인하 요구, 수세 거부 투쟁 등의 생활상 요구였다. 암태도 소작쟁의 등이 대표적이었다. 1862년 민란과 흡사하게 동시다발적으로 전개되었다. 그러나 이상과 같은 혁명적 농민운동도 1940년대 태평양전쟁기의 암흑기에 들어서 숨을 죽이기 시작했다.

나. 여성운동

1930년대에는 노동자 수는 증가하고 노동조건은 더욱 악화됨은 물론, 경찰의 탄압은 더욱 심해졌다. 따라서 그 대응 역시 임금인상, 처우개선 요구만이 아니라 민족차별철폐, 노조활동의 자유, 경찰간섭 폐지, 구속자 석방, 8시간 노동제 실시 등의 성격으로 확대되었다. 사회주의 여성운동세력들과 연계된 이들 노조운동은 일제의 대대적인 탄압에 직면했다. 일제는 중국침략과 동남아침략을 목표로 군수산업과 병참기지로 조선반도를 만들면서 '정위안부' 강제동원으로 군인들의 성노예를 전쟁터에 보내고 '근로정신대'라는 이름으로 10대의 소녀들을 군수공장에 동원해 노예노동을 강요했다. 결국 이러한 당시의 피해문제가 현대 여성운동의 과제로 넘어왔다.

1931~32년 해녀의 항일 시위가 238차례 있었다. 제주도 구좌에서 잠녀(해녀)들이 일제가 입어료를 받고 어획물 판매권을 독점하는 수탈에 항의해 제주도 지사 다구치(田口)를 포위하고 시위를 벌였다.(1932. 1)

다. 청년학생운동

반제동맹은 학생 점원 회사원 고원(雇員) 등 반일적인 대중을 대상으로 전개되었는데 학생층이 중심이었다. 반제동맹의 조직화 경로 역시 혁명적 농노조와 비슷했다. 1931년 경성제국대학 반제동맹은 먼저 학교에 2인 이상으로 구성된 반제반 혹은 반제위원회를 설치하고 재생산 기반의 확보와 학내투쟁의 전개를 위해 그 아래 독서회를 두었다. 이들 반제반은 다른 학교의 반제반과 연결해 지역반제동맹을 결성하고, 이를 기반으로 학생반제동맹 조선지부를 완성하려고 했다. 학생반제동맹은 학생층의 일상적 이익을 옹호하고 식민교육정책의 본질을 폭로하며 일제의 만주침략 이후 반전반제투쟁에 앞장섰다. 당시 학생이 중심이 된 브나로드운동은 합법적인 계몽이었고, 반제동맹은 이를 개량주의라고 비판하면서 적극적인 반일정치투쟁을 주장했다. 반제동맹원들은 이후 혁명적 노농운동에 투신했다.(강만길 외, 2000, 182~183쪽)

광주학생운동은 3·1운동과 6·10만세운동 이후 가장 규모가 크고 격렬한 민족해방투쟁이었다. 1929년 11월 3일 광주시내에서 일본인 통학생과 시비가 붙은 것을 시작으로 광주시대에서 대규모 학생충돌이 발생하자 광주의 사회운동 조직은 신속히 '학생투쟁 지도본부'를 구성하고, 광주지역 학생들을 체계적으로 동원했다. 12월 9일부터 서울의 학생시위로 확산되면서 광주학생운동은 지역운동을 넘어 전국적인 민족해방투쟁의 단계로 발전했다. 서울지역의 서울청년회그룹의 사회주의 조직인 조선학생전위동맹, 신간회, 조선청년동맹, 해산된 조선공산당의 외곽단체인 조선학생사회과학연구회가 지도 지원했다. 학생시위는 해를 넘겨 계속되어 1930년 4월까지 194개교, 5만 4000여명의 학생과 많은 일반민중이 참여하는 대규모 투쟁으로 발전했다. 구호도 "일본 제국주의 타도" "피압박 민족해방 만세" "총독정치 반대" 등 본격적인 정치투쟁 구호와 사회주의를 선전 옹호하는 내용이 등장했다.

이 투쟁을 통해 학생층의 반제의식은 한층 첨예화되어, 이로 인해 1930년대 민족해방운동전선에서 학생 출신의 새로운 활동가가 많이 배출되었다. 광주학생운동은 1920년대 민족해방운동의 총결산이자 1930년대 민족해방운동의 본격적인 서막을 열었다는 점에 큰 의의가 있다.(강만길 외, 2000, 170~172쪽)

(4) 코민테른의 방침

코민테른 제6차 대회(1928)의 지침에 따라 1928년부터 1931년까지 아시아 특히 중국과 조선의 공산주의자들은 반제국주의 투쟁과 소비에트건설운동을 활발히 전개했다. 그런데 일제의 만주침략을 계기로 이후 만주에서는 좌우익이 함께 참여하는 광범위한 항일전선이 형성되었고, 중국에서는 항일전선의 통일을 요구하는 분위기가 고조되었다.

세계대공황 이후 프랑스 스페인 등에서 혁명적 상황이 초래되었고, 이탈리아 독일 등에서는 파시즘을 강화했다. 파시즘은 민주주의와 평화를 옹호해온 전세계 민중의 의지를 짓밟는 극단화된 반동공세였다. 이에 코민테른은 제6차 대회 이후 견지해온 '계급 대 계급 전술'을 수정해, 전세계 민중을 파쇼통치와 전쟁의 위협에서 보호하고 최소한의 민주주의 원칙과 자유와 평화를 수호하기 위해 반파시즘 반제국주의 운동을 강화했다. 그러므로 반파시즘의 입장을 갖는 모든 혁명세력과 민주주의 세력을 통합하는 새로운 전략과 전술이 필요했다.

1935년 7월 코민테른 제7차 대회에서 6차 대회(1928) 사회민주주의세력을 파시즘세력으로 평가하고 일체의 통일전선운동을 배격하기로 한 결정을 '좌편향적' 오류라고 반성해 종전의 노농소비에트전술을 폐기했다. 그리고 노동자통일전선과 이를 기초로 각계 각층의 진보세력을 망라하는 인민전선전술과 그에 따른 인민전선정부 방침을 채택했다. 이는 독일과 오스트리아 등에서 파시스트의 권력장악과 노동자계급의 패배 그리고 프랑스 스페인 이탈리아 브라질 등의 인민전선전술 경험을 바탕으로 한 것이다. 통일전선은 이전의 전술적 의미가 아니라 혁명운동에서 전략적 방침이라는 의의를 가졌다. 이는 제2차 세계대전을 거치면서 인민민주주의혁명으로 구체화되어 종전 이후 동유럽과 동아시아에서 인민민주주의 국가를 낳았다.

한편 코민테른 제7차 대회(1935)의 방침은 각 나라의 혁명운동 과정에서 구체적 역사적 조건을 면밀히 고려하고 각국 공산주의자의 창조적 활동을 강조했다. 동아시아의 민족해방운동에도 이 방침을 적용했고, 새로운 전쟁정세에 대항해 민족해방운동의 양상도 변화했다. 중국공산당의 제2차 국공합작이나 중국과 만주지역 항일민족통일전선의 결성이 대표적이었다.

이와 같이 제7차 대회의 새로운 방침은 서유럽의 반파시즘 인민전선과 아시아 등 피압박 식민지 국가의 반제민족통일전선으로 구체화되었다. 그러나 이 방침은 1930년대 조선에서 진행되던 당재건운동이나 혁명적 대중조직운동과는 배치되었다. 기존의 노선을 전면 폐기하고 새 노선을 받아들이는 데는 나라마다 시행착오와 진통이 따를 수 밖에 없었다. 우리 민족해방운동전선에서도 이 방침의 수용과 적용이 결코 쉬운 것은 아니었다.(강만길 외, 2000, 227~228쪽)

코민테른 방침의 수용 조선의 사회주의 운동은 코민테른의 방침에 맹동적으로 따라 좌경적 경향을 띠었다. 해방 후 좌우분열을 막지 못하는 원인의 하나가 되었다. 코민테른 제2차대회에서 레닌은 밑으로부터의 통일전선에 한정했고 그 입장이 6차대회까지 계속되었는데, 제7차대회로 들어가면서 그 범위가 반파쇼세력이면 다 포괄하는 것으로 바뀌었다. 이른바 위로부터의 통일전선도 필요하다는 것이다. 유럽에서는 자본주의가 상당히 발달해서 프롤레타리아계급이 형성된 상태에서는 프롤레타리아 헤게모니를 전제로 한 인민전선운동과 통일전선운동이 주창될 수 있었고, 중국처럼 좌익도 우익도 정권을 가지고 그 밑에 많은 인민과 물적 기반이 있는 조건 아래서는 좌익전선헤게모니를 바닥에 깔고 통일전선을 펴 나갈 수 있었다.

우리나라에서 좌익 정당이 없고 우익정당이 몇 개 있지만 통일전선정당이 없는 상황에서 헤게모니를 앞세우면서 통일전선을 이루기는 어려웠다. 그렇기 때문에 우리의 민족해방운동 추진과정에서 헤게모니 문제를 앞세우면 안되며 헤게모니 문제는 해방되고 난 다음 조국에 돌아가서 인민들의 선택에 맡기자는 얘기까지 나왔다.(역사비평사, 2000, 강만길, 217~218쪽)

9월테제(1930) 적색노동조합을 구체적으로 살펴보기 전에 먼저 이들이 활동지침으로 삼았던 1930년 '프로핀테른 9월테제'의 내용을 살펴보자. 프로핀테른 제5차대회의 '결의'를 바탕으로 1930년 9월 15일 프로핀테른 집행위원회는 '조선의 혁명적 노동조합운동의 임무에 관한 결의'를 채택하는데, 이를 세칭 '9월테제'라고 했다. 이 결의는 합법적 노동조합의 개량주의적 지도부에 반대해 노동운동 내부에 혁명적 좌익을 결성하라는 지침을 내린 것이다. 이 문건은 「12월테제」(1928)에 이어 「조선의 범태평양 노동조합 비서부 지지자에 대한 동 비서부의 비격(飛檄)」(태로 10월서신 또는 10월서신이라고 했다. 1931), 「조선 공산당 운동에 관한 쿠시넨의 의견서」27)(1932), 국제공산청년동맹(KIM) 집행위원회가 발표한 「국제공산청년동맹의 조선공산청년동맹에 대한지침」(공청 테제, 1932. 1)과 함께 세계대공황 전후 더욱 좌경화하고 있던 코민테른의 노선에 영향 받은 것으로 1930년대 한국 공산주의 운동에 큰 영향을 주었다.

프로핀테른 5차대회(1930. 8. 15~30)는 노동조합 내의 반대파를 독자적인 혁명적 노동조합으로 전화시키고(이중조합주의), 이들 혁명적 노동조합은 개량주의적 조합에 반대해 프롤레타리아의 경제투쟁을 독자적으로 지도해 노동자를 혁명에 적극적으로 나서게 해야한다는 방침을 택했다. 9월테제는 프로핀테른 집행국과 범태평양노동조합(상해) 비서부가 함께 작성했다고 했다.

9월테제는 노동운동에 대한 지침으로 혁명적 노동운동의 독자성을 강조하고 합법 비합법 투쟁의 결합과 노총 산업별 재조직과 평의회 활동을 제시했다. 다음은 9월테제의 전 11조의 내용이다.

> 1항, 일제 하에서 조선 노동자의 상태에 관한 내용으로, 노동자에 대한 착취가 임금인하, 노동시간 연장, 노동조건의 악화, 부인과 소년 노동의 강

---

27) 이 「쿠시넨의견서」는 조선 공산주의운동 진영 내부의 분파투쟁이 「12월테제」 이후에도 근절되지 않고 있음을 격렬하게 비판했다. 쿠시넨은 조선의 민족해방운동에서 부르주아 민족주의세력의 역할을 전면적으로 부정하는데, 그 뒤 공산당 제20차 대회에서 쿠시넨 자신이 '섹트주의적'이었다고 자기비판했다.(한대희, 1986, 171쪽)

화이다.

2항, 공황의 결과로 일제에 대한 민족해방투쟁, 특히 노동자 계급투쟁이 격화되어가고 있다. 그리고 원산총파업, 대중들의 총파업 지지, 학생투쟁과 대중시위 운동의 고조, 소작쟁의의 증가, 간도의 무장투쟁, 무수한 노동자의 파업 등은 노동자들이 새로운 대중운동의 시작이다. 그러나 일제는 민족개량주의적 부르주아에게 자치를 약속하는 대가로 그들을 매수해 혁명을 방해한다.

3항, 조선의 무산계급이 민족해방운동에서 중요한 역할을 하고 있으며, 노동자 파업에 대해 농민 대중의 지지는 노동자계급의 지도 아래 노동자 농민의 동맹 가능성을 보여 주는 것이다.

4항, 개량주의적 지도자와 노동자계급 사이의 문제이다. 조선의 노동자 계급이 독자적인 혁명적 노동조합 조직을 가지지 못하고 조선의 노동운동은 소시민적이고 민족개량주의적, 타협적인 사람들의 지도 아래 있어 중대한 결함과 취약성을 드러내었다. 또 경찰의 지배에 완전히 굴복한 당 지도자를 비판하고 앞으로는 '노동총동맹'의 조직을 혁명적인 조합으로 바꿔가야 한다.

5항, 조선노동조합운동의 당면 임무이다. 노동조합 운동가는 첫째로 노동자가 가장 많은 중심지에 세력을 형성하고 목표를 맞추며 개개의 직업과 개개 지역의 특수한 이익에 따라 노동자들의 요구를 구체적인 강령으로 만들고 그것으로 노동자를 결집시키며 그 요구실현을 위한 투쟁에 대중을 동원해야 한다. 그러므로 혁명적인 노동조합은 산업별로 조직하고 거기에 공장위원회나 노동자 상담실을 만들어 튼튼한 하부조직을 가져야 한다.

6항, 일본 제국주의의 군사적 경찰적인 식민지 지배가 이윤을 착취하고 노동자를 억압하는 조건 아래 그 어떤 경제투쟁도 정치투쟁 즉 반제국주의의 투쟁을 발전할 수 있도록 성숙되어 있으며 노동대중은 집회 결사의 권리, 언론 출판의 자유, 그를 위한 정치투쟁, 경찰의 살인적 폭력에 대한 투쟁, 정치범 석방 투쟁, 반일 투쟁, 농업혁명 투쟁 등의 문제에도 관심을 가지고 직접 투신해야 한다.

7항, 노동대중의 조직은 노총에만 국한시킬 것이 아니라 총동맹에 가맹치 아니한 다른 모든 노동조합에서도 활동해야 한다. 그리고 그 조직은 산업별 원칙으로 한다. 조선의 산업에서 부녀와 청년의 활약이 크므로 이를 포섭한다. 공황 생산제한 공장폐쇄 농민의 궁핍화 등등으로 양산되는 실업자의 이익을 보장한다.

8항. 파업에서 이니시어티브를 차지한다.
9항. 일본산업은 조선과 밀접한 관계가 있으므로 일본의 혁명적 노동자와 공동전선을 펴야한다.

10월서신(1931) 적색노조운동이 프로핀테른 9월테제와 함께 노동운동의 직접적인 지침으로 삼았던 것은 1931년의 '범태평양 노동조합' 비서부의 '10월서신'이었다. 여기서는 조선 노동운동이 제기해야 할 요구조건으로 ① 임금인하와 노동시간 연장 반대, 임금인상, 8시간 노동제의 실시 ② 성 연령 민족의 구별 없이 동일노동에 대한 동일임금 지불 ③ 불우한 경우, 질병, 불구자, 실업자 보험에 대한 국가와 공장주의 부담에 의한 전면적 사회보험의 실시 ④ 해고 반대 ⑤ 노동여성, 노동청년에 대한 전면적 보험의 확립 ⑥ 매주 1일의 유급휴가, 성인은 매년 2주간, 소년은 매년 1개월의 유급휴가 실시 ⑦ 파업권, 노동자의 혁명적 단체권 확립, 출판 집회의 자유 ⑧ 일체 정치범의 즉시 석방 ⑨ 조선과 만주에서 일본군 철퇴 등을 제시했다.

이상과 같은 내용을 활동지침으로 해 엄청난 인원이 구속당하면서 비합법 지하운동을 전개한 적색노조운동은 이전의 노동운동과는 다른 형태로 진행되었다. 임금인상이나 임금인하 반대 등 경제적인 요구를 실현하기 위해 파업을 전개한 1930년 초의 노동운동과 달리 철저하게 소규모 조직작업과 각종 기관지 격문을 동원한 교육 선전 작업을 기초로 해 적색노조결성이나 파업을 실천, 과감한 정치투쟁을 전개했다.

코민테른 방침의 영향 코민테른의 「12월테제」(1928) 「9월테제」(1930) 「10월서신」(1931) 등은 합법적 노동조합의 개량주의적 지도부에 반대해 노동운동 내부에 혁명적 좌익을 결성하라는 지침이었다. 이것은 세계대공황 전후 스탈린주의 아래 더욱 좌경화하고 있던 코민테른의 노선에 영향 받은 것이다. 이 테제들을 접수한 조선 공산주의자들은 1930년대 들어 부쩍 개량화한 민족운동과의 결별을 시도하고 이는 신간회를 비롯한 청총 노총 농총 등의 해소로 나타났다. 결국 조선 내부에서 좌우가 연합하는 민족연합전선을 깨는 결과를 초래했다. 조선은 소련과는 달리 민족문제가 무엇보다도 우선하는 과제였기 때문에 민족주의적 경향을 가진 중간층을 배제한 것은 잘못이었다. 중국의 경우도 소련의 지도는 이입삼(李立三)의 좌경노선으로 나타났고, 맹동주의의 결과 노동운동이 일단 좌절한 뒤 모택동을 중심으로 농촌이 도시를 에워싸는 전략으로 혁명운동을 재정비했다.28) 일본의 경우도 코민테른의 지도가 문제되었다.

조선공산당이 해체된 뒤 한국 내 공산주의운동은 중앙 사령탑이 부재해 코민테른과 그 가운데 12월테제가 유일한 권위일 수밖에 없었다. 더군다나 조선의 민족해방운동 또는 사회주의운동은 시베리아 일본 만주 중국에서 함께 진행될 수밖에 없었다. 그리고 조선의 혁명역량이 미약하다고 느꼈기 때문에 러시아와 중국 일본의 혁명역량을 강조하지 않을 수 없었고 국제주의를 강조하게 되었다.

그러나 코민테른의 12월테제의 노선을 수정하려는 움직임이 있었다. 1930년대부터 만주와 함경도 일대, 중국 관내(關內)의 화북일대, 상해 중경 등지에서 민족통일전선운동이 무장력을 보유한 채 폭넓게 전개되고, 국내에서도 일제가 패망하기 몇 년 전부터 건국동맹을 중심으로 민족통일전선운동이 벌어졌다. 또한 1930년대 국내 공산주의자들 사이에서도 이재유와 같이 주체적으로 조선의 현실에 적합한 사회주의운동 노농운동을 전개하려는 노력이 있었다. 이재유는 12월테제의 영향을 많이 받고 있으면서도 오랜 실천투쟁과 현실에 대한 투철한 인식을 바탕으로 12월테제와는 다른 주장을 많이 했다. 그 가운데 부르주아민주주의혁명에 다른 해석을 했다. 조선공산당재건 경성준비그룹을 조직한 그는 1930년대 전반기와 달리 후반기에는 부르주아민주주의혁

---

28) 중국은 일본과 싸우기 위해 1, 2차 좌우합작을 이룩했다. 중국공산당은 코민테른의 정책을 일방적으로 받아들이지 않고 독자노선을 걸었다.

명을 민족혁명으로 파악했고 좌익전선운동과 민족혁명전선운동의 동시적 전개를 주장했다. 그는 일제의 조선지배권력의 근본적 전복과 조선의 절대 독립을 가장 중시했다. 그는 노농대중이 '자기혁명'을 하려면 그 전 단계로 민족부르주아를 대신해서 민족혁명을 이루어야하고 프롤레타리아혁명은 조선의 독립 없이 불가능하다는 것을 강조했다. 그에 따르면 노농대중의 전위운동으로 공산주의운동은 민족혁명운동의 주체부대이고, 프롤레탈리아혁명의 주체부대로서, 조선내의 '일체의 반제적 요소'는 민족혁명전선에 동원한다는 것이었다. 그는 또 토지혁명이란 말 대신 보다 신축성있는 강령을 내세웠다. 역시 노농소비에트 건설을 주장하고 민족부르주아를 비판했지만 민족통일전선 형성을 위해 미약하나마 노력했다. 또한 독일에서 귀국한 이강국을 통해 인민전선운동을 강조하는 코민테른 제7회 대회의 결의내용을 구체적으로 인지한 이주하 최용달은 이강국 등과 인민전선운동을 벌이기로 했다.(서중석, 1993, 154~155쪽)

□ 노동자 민중의 문예

1920년대 말에 조직적으로 확대된 노동운동은 대공황 탓으로 쟁의가 더욱 가속화했고 비합법적 적색노조운동으로 구체화되었다. 1930년을 전후로 노동소설의 산출도 증가했다. 유진오[29]의 『여직공(1931)』은 공황시기 자본가들의 임금인하와 부당해고에 맞서는 여성노동자의 투쟁을 그렸다. 이적효의 『총동원』과 김남천의 『공장신문』(1931)은 평양고무공장 총파업을 그렸다. 작가 자신이 노동자생활을 3년동안 한 이북명의 『출근정지』(1932)는 산업합리화를 이유로 출근정지를 받은 노동자의 모습을 그렸다. 한설야의 장편소설 『황혼』은 지하로 잠복

---

[29] 작자 유진오(兪鎭午 : 1906~87)는 친일문학가로 고려대 총장을 지냈다. 『창』(정음사, 1948)의 작가이며 조선문학가동맹의 구성원이었던 시인 유진오(?~?)와 다른 인물이다.

하는 노동운동의 모습을 그렸는데, 조선의 농촌을 그린 이기영의 『고향』과 더불어 식민지문학사에서 중요한 위치를 차지했다.(김재용, 1990, 85쪽)

한 개의 별을 노래하자 / 이 육 사

한 개의 별을 노래하자. 꼭 한 개의 별을
십이성야十二星夜 그 숱한 별을 어찌나 노래하겠니

꼭 한 개의 별! 아침 날 때 보고 저녁 들 때도 보는 별
우리들과 아-주 친하고 그 중 빛나는 별을 노래하자
아름다운 미래를 꿈꿔볼 동방의 큰 별을 가지자

한 개의 별을 가지는 건 한 개의 지구를 갖는 것
아롱진 서름밖에 잃을 것도 없는 낡은 이 따에서
한 개의 새로운 지구를 차지할 오는 날의 기쁜 노래를
목안에서 핏대를 올려가며 마음 껏 불러보자

처녀의 눈동자를 느끼며 돌아가는 군수야업軍需夜業의 젊은 동무들
푸름 샘을 그리는 고달픈 사막의 행성대도 마음을 축여라
화전에 돌을 줍는 백성들도 옥야천리沃野千里를 차지하자

다 같이 제멋에 알맞은 풍양豊穰한 지구의 주재자로
임자 없는 한 개의 별을 가질 노래를 부르자

한 개의 별 한 개의 지구 단단히 다져진 그 따 우에
모든 생산의 씨를 우리 손으로 휘뿌려보자
앵속罌粟처럼 찬란한 열매를 거두는 찬연餐宴엔
예의에 끄림없는 반취半醉의 노래라도 불러보자
염리한 사람들을 다스리는 신이란 항상 거룩합시니
새 별을 찾아가는 이민들의 그 틈엔 안 끼여 갈 테니
새로운 지구엔 단죄 없는 노래를 진주처럼 흩이자

한 개의 별을 노래하자. 다만 한 개의 별일망정
한 개 또 한 개의 십이성야 모든 별을 노래하자
『풍림風林』12, 1937)

4. 민족말살정책과 노동자민중의 사상

지배이데올로기 일제는 민족의 사상 언어 문화를 없애는 민족말살정책을 폈다. 이는 일제가 주장하는 대동아공영권의 주장과 일선동조론을 조선에 정착시키려는 의도에서 진행되었다. 이 지배와 침략의 이념은 뿌리가 깊어 훗날 일본 역사교과서 역사 왜곡의 뿌리가 되었다.(1995)

일본에서는 대정익찬회와 대일본산업보국회(1938)가 조직되어 노동자를 전쟁협력으로 몰아 넣는 가운데, 일본의 노동운동은 개별 공장에서 고립되고 소극적 저항을 했다. 만주사변 이후 전쟁반대를 호소하며 투쟁한 공산당을 비롯한 사회주의자 탄압은 매우 강력했다. 일본 공산당은 파괴되었고 합법적이고 혁명적인 일본 무산당과 그 산하의 일본노동조합전국평의회(전평)는 인민전선의 거점이 될만한 힘을 갖지 못했다. 총동맹은 전쟁협력을 표명했으나 1940년에는 사회대중당(우익 사회민주주의당)과 함께 해산되었다.

일제는 '조선민중을 황국신민화한다'는 정책 아래 내선일체(內鮮一切), 일시동인(一視同仁) 등의 슬로건으로 소위 국민정신총동원을 전개하고 조선인민에게 '황국신민'이 될 것을 강요했다. 일제는 조선인에게 일본국기의 게양, 궁성요배, 신사참배, 정오의 묵도, 황국신민의 서사 제창, 일본어 상용을 강제 실시했다. 1940년 이후에는 일체의 조선어신문과 잡지를 폐간시켜 민족정신의 말살을 꾀하고 창씨개명을 강제로 실시해 조선사람의 이름을 일본식으로 바꾸게 했다. 1941년 사상범예방구금령을 발표해 이전부터 민족해방운동에 참여했던 애국자들을 구금했다. 또 치안유지법을 고쳐 적용대상을 넓히고 사형을 언도하기 쉽게 만들었다. 그리고 선만일여(鮮滿一如) 대동아주의 범아시아주의 등의 슬로건 아래 중국민족과 조선민족 사이에 이간과 알력을 조장했다.

노동자민중의 사상 첫째, 항일독립운동은 운동론으로 독립전쟁론과 실력양성론 외교론의 세가지 방향으로 전개되었다. 그러나 한 국가가 점령국가에 대해서 전개하는 독립운동은 무장투쟁이나 실력양성, 외교의 어느 하나에 국한되는 것은 아니다. 그러나 무장투쟁을 기피하는 실력양성론과 외교론은 허위였다.

둘째, 일제 시대에 민족주의는 1919년 3·1운동 전까지는 종족주의가, 3·1운동 뒤에는 국수주의가 주류를 이루었다. 국수주의 단계에서 민족주의로 발전한 것은 1920년대 후반, 특히 1930년대의 일이었다. 그 때부터 민족주의 논쟁이 활발하게 일어나면서 민세주의 삼균주의 신민족주의 등의 용어가 등장했다. 그것은 민족주의의 보편성에 착안한 주장이었다. 그것은 식민지지배 당국인 일본이 황도주의로 표현된 국수주의를 지배이데올로기로 삼고 있었기 때문에 독립운동의 저항무기로 필요했던 것이다.(조동걸, 2000 참조) 노동자의 변혁 요구와 지식인의 개량(패배주의)이 대립되는 가운데, 민족주의계열의 지식인 활동가들은 패배주의에 빠져 민족해방과 사회변혁을 포기했다.

1930년대가 되면서 지식인들은 '일제는 망하지 않는다, 대동아공영권은 영원하다'면서 일제를 공개적으로 지지하고 나섰다. 심지어 전쟁에 청년을 동원하는 데 앞장섰다. 이것은 식민지근대화론과 맥을 같이 했다. 그러나 민족해방의 과제를 부르주아도, 프롤레타리아도 독자적으로 수행하지 못하는 상태였다.

한편 1930년대 민족통일전선운동, 1940년대 전반기 통일전선운동의 확대 움직임이 있었고 이는 8.15 이후 좌우합작운동 남북협상운동의 바탕이 되었다.

식민지근대화론 비판 일부 경제사학자들은 식민지근대화론의 입장에서 일제 식민지 정책이 한국에 자본주의를 정착시키고 지배 기간동안에 일정한 경제성장이 있었다고 주장했다. 안병직 이영훈이 대표적인 논자로 그는 일제 지배 기간동안 경제성장을 계량적으로 산출하려고 했다. 그들은 식민 기간에 연평균 경제성장율이 2.8%였으며, 일본의 식민지 공업이 1960년대 이후 산업화의 기초가 되었다고 했다.

계수상으로도 안병직의 주장에는 한계가 있으며, 이것 마저 한국 노동자의 생산물, 축적물이었다. 6·25전쟁을 거치며 일제의 공업화 내용은 완전히 붕괴되었다. 자본은 완전히 붕괴되고, 인적 연결도 약해졌다. 일제 아래 노동자의 99% 이상이 하급 노동자로 독자적인 경영이 어려웠다. 따라서 일본에게 자본주의적 질서를 배웠다고 볼 수는 없다. 또 외자도입에 의한 "1960년대 경제성장의 요인이 일본 공업시설의 생산 패턴과는 전혀 다르다"는 연구결과가 있다.

일제 강점 아래 개혁과 근대화 혹은 성장이 있었더라도 그것은 한국민을 위한 것이 절대 아니었다. 조선 후기에 이미 자본주의 맹아가 발생했다. 일제 식민지배 시기에 전세계적인 상품경제의 발전에 대한 내적 발전의 조응이지 일제가 들어왔기 때문에 자본주의가 정착한 것은 아니다. 일제의 지배를 받지 않았더라면 한국사회는 이후 분단되거나 미국의 지배를 받지 않았을 가능성이 크다. 근대화라는 것은 철도를 놓거나 신작로를 닦거나 공장을 세우는 일만이 아님은 너무도 당연하다. 정치적으로 민주주의를 발달시키는 일, 사회 문화적으로 인권을 신장시키는 일, 교육 기회의 균등화를 확대하는 일 등이 불가결한 근대화의 요건임을 더 말할 필요가 없다. 그리고 더욱 중요한 것은 역사 운영의 주체가 누구냐 하는 문제다. 이러한 문제를 놔두고 몇 가지 경제지표만 가지고 식민지근대화론을 말하는 것은 잘못이다.(강만길, 1999 참조)

식민지 근대화론자의 주장은 관학의 입장으로 대동아 공영권, 미군정의 불가피성, 5·16 쿠데타 뒤의 개발독재론, 김대중 정부의 외환을 끌어들여 환란을 해결하겠다는 신자유주의로 그 맥락이 이어졌다. 따라서 이 주장은 외세와 연관된 이데올로기적 주장의 연장선상에서 제기되고 있는 것이다. 현재의 조선일보 동아일보와 같은 극단적 수구세력의 존재가 남아 있어 이러한 논리를 대변하고 있다.

안병직 등의 주장은 친일파 척결의 문제가 해결되지 못하면서 나오는 주장이다. 현 시점에서 일본 제국주의의 조선에 대한 침략과 수탈의 사실은 반드시 일본의 2세 국민 교육 과정에 포함해 가르침으로써, 오히려 그들을 앞 세대와 같은 침략주의자가 아닌 새로운 평화주의자로 교육하는 데 필요한 자료가 될 수 있다.(강만길, 1999, 35쪽) 더욱이 세계적인 지역주의 추세에 따라 동아시아 지역 협력의 전제로서 일제 지배의 공과에 대한 엄격한 평가가 있어야 한다.

5. 성과와 과제

첫째, 일제는 군국주의 경향의 강화와 함께 1930년 이후 식민지 조선을 중국대륙에 대한 침략전쟁을 수행하기 위한 '견고한 후방지' '병참기지'로 이용했다. 이를 위해 조선민족의 민족해방운동을 철저하게 탄압 말살하고 조선민중을 더욱 가혹하게 수탈할 필요가 있었다. 한계에 몰린 일본 제국주의가 한반도 민중을 강제로 최대한 동원했다.

둘째, 노동자들의 대중투쟁은 공황 전후 최고조에 달했다. 대중투쟁의 특징은 경제투쟁을 넘어 지주 자본가 그리고 일본 제국주의를 타도하자는 민족해방운동의 성격이 짙었다. 파업의 주요 원인 가운데 임금인하 반대가 가장 높은 비중을 차지한 것을 보면 당시 노동자들의 생활이 극도로 어려웠음을 알 수 있다. 1929년 원산총파업, 1930년 조선방직공장 동맹파업, 신흥탄광 노동자 폭동, 평양고무공장 노동자파업,

1931년 평양면옥 노동자파업, 1932년 청진 부두노동자파업, 1933년 부산고무공장 노동자 동맹파업 등이 대표적인 노동자투쟁이었다.

그러나 노동자 대중투쟁을 지도해야 할 조선노동총동맹의 활동이 조선총독부의 탄압으로 극히 제약된 데다가 주요 간부들의 검거와 내부 갈등으로 영향력 있는 투쟁을 전개할 수 없었다. 따라서 노동운동은 일제의 탄압과 개량주의에 대항해 1930년대에 새로 등장한 사회주의 계열의 혁명적노동조합과 결합하면서 비합법 지하투쟁을 바꾸어가고 그 성격도 급진적으로 나아갔다. 동시에 노동자는 노동현장에서 파업 외에 태업을 통한 노동쟁의와 집단적인 직장이탈 또는 도주, 집단적 징용기피, 폭력적 항거와 반일 첩보활동 등을 전개했다.

셋째, 일제 식민지 치하의 계급적 착취와 혹심한 민족적 탄압, 수탈이 공존하는 어려움 속에서 초기의 고립분산적인 생존권적 투쟁으로부터 조직적이고 의식적인 민족해방투쟁 및 사회주의 운동으로 변화 발전했으며, 조직형태도 사업장별 직능별 지역별 산업별 조직으로 발전했다. 적색농조는 함경도와 전라도 서해안지역에서 특히 활발했다. 전자는 만주와 함경도 지방의 무장투쟁과 통일전선의 영향을 크게 받았고, 후자는 이 지역의 발달한 지주제가 일제와 호응해 소작농민을 극도로 수탈한 데 대한 저항이었다.

이러한 노력은 8·15해방 이후 전평의 활동 등 노동운동 활성화의 토대가 되었다. 『녹슬은 해방구』에서는 이를 두고 "…만약에 국내 항일 유격대의 소부대들이 건재하지 않았다면 1945년 해방 이후 남로당이 그렇게 빠른 속도로 소백산맥 주변에 조직을 장악할 수 없었을 겁니다. 그런데 이 땅의 역사는 어찌된 일인지 남로당이 하늘에서 떨어진 전설의 것인 양 이야기들 하고 있는 모양인데, 아무런 역사적 전통과 투쟁적이고 대중적인 조직을 근거하지 않았다면 한두 달만에 이렇게 몇 십만의 조직으로 발전할 수 있었겠습니까?"(권운상, 1989 참조) 라고 적었다.

넷째, 대중운동은 전반적으로 기초가 약하고 좌경적 경향이 강했다. 이것은 일제의 극심한 탄압에 1차적인 원인이 있었다. 또 극심한 탄압으로 지하화하면서 대중운동의 지도력의 시야가 협소하고 코민테른의 협소한 통일전선 방침, 지식인들의 이탈 등에 원인이 있다.

코민테른의「12월테제」(1928),「9월테제」(1930),「10월서신」(1931) 등은 합법적 노동조합의 개량주의적 지도부에 반대해 노동운동 내부에 혁명적 좌익을 결성하라는 지침이었다. 이 테제들을 접수한 조선 공산주의자들은 1930년대 들어 부쩍 개량화한 민족운동과의 결별을 시도하고 이는 신간회를 비롯한 청총 노총 농총 등의 해소로 나타났다. 결국 조선 내부에서 좌우가 연합하는 민족연합전선을 깨고 민중 스스로의 힘으로는 민족해방을 달성하지 못하는 결과를 초래했다. 이러한 경향은 8·15 뒤 남로당의 정책에까지 이어져 좌우가 하나가 되어 정세에 대응하는 것이 아니라 분립하고 결국 상잔하게 되는 원인의 하나가 되었다.

그러나 코민테른의 12월테제의 노선을 수정하려는 움직임이 있었다. 1930년대부터 만주와 함경도 일대, 중국 관내(關內)의 화북일대, 상해 중경 등지에서 민족통일전선운동이 무장력을 보유한 채 폭넓게 전개되고, 국내에서도 일제가 패망하기 몇 년전부터 건국동맹을 중심으로 민족통일전선운동이 벌어졌다. 또한 1930년대 국내 공산주의자들 사이에서도 이재유와 같이 주체적으로 조선의 현실에 적합한 사회주의운동 노농운동을 동시적으로 전개하려고 한 노력이 있었다.

3부 해방 분단 전쟁 혁명의 시기

#8 1947년 4월의 철도 노조원들의 집단 시위

#9 1952년 조방쟁의를 보도한 기사

#10 진보당 사건 공판정의 조봉암

#11 한국교원노조연합회의 연좌시위

이 시기(1945. 8. 15~1961. 5. 16)는 해방 국면의 희망과 패배, 전쟁과 독재의 고통 그리고 4월 민주혁명을 통한 노동자 민중운동의 부활로 이어지는 기간이었다. 이 시대는 8·15에서 6·25전쟁 이전의 미군정기, 6·25전쟁 시기, 6·25전쟁 종전에서 4·19민주혁명 이전의 원조경제 시기, 4·19민주혁명과 민주당 집권시기의 4 시기로 구분한다.
 제8장 해방공간 노동운동의 희망과 좌절, 제9장 6·25전쟁과 노동자 투쟁, 제10장 원조경제기의 노동운동, 제11장 4·19민주혁명과 부활하는 노동운동으로 구성돼 있다.

# 8장 해방공간 노동운동의 희망과 좌절

1945년 8월 15일 우리 민족은 마침내 일본 제국주의 지배에서 해방되었다. 우리 민족의 해방은 일제강점기 또한 줄기차게 전개된 민족해방투쟁의 흐름에 이어진 것이었다. 한편으로 그것은 제2차 세계대전에서 연합국의 승리를 결정적인 계기로 해 이루어진 불완전한 것이었다. 이후 미소 양군의 남북한 분할점령 상태가 계속되면서 해방이 곧 자주독립국가의 건설을 보장하지는 못한다는 사실이 점차 분명해졌다. 이러한 상황에서 민중들의 지향은 식민지적 지배구조와 낡은 봉건적 유산을 타파하고 자주적이고 민주적인 국가 건설로 모아졌다.[1] 그러나 민중의 뜻과는 달리 남한에서는 미국이 주도하는 자본주의가 정착되고 남북은 분단되었다. 해방공간 노동자의 투쟁은 정세를 주도하지 못하고 결국 패배했다. 미소공동위원회가 결렬된 뒤 김규식 김구 등은 남북협상을 추진하지만 김구는 미군방첩대(CIC) 대원 안두희에게 암살되었다.[2] 1948년 8월 남한에 단독정부가 수립되고 이어 북한에도 단독정부가 수립되어 남북은 분단되었다.[3]

---

[1] 미군정 공보부가 실시한 「미래의 한국통치구조에 관한 여론조사」(8,000명 대상, 1946. 9. 10)에 따르면 노동자가 지향하는 정치체제는 자본주의 10%, 사회주의 73%, 공산주의 10%, 모름 7%였다. 조사대상자 전체는 자본주의 13%, 사회주의 70%, 공산주의 10%, 모름 8%이었다.(김인걸 외, 1998, 76~77쪽에서 재인용)

[2] 안두희는 이승만 정권의 핵심정보요원이며 CIC 요원이며 백의사 단원이며 1959년 일본의 북송선 폭파 공작 책임자였다. 백의사는 조선공산당 평남지구당위원장 현준혁을 암살한 대동단 후신이며, 김구말고도 여운형 송진우 장덕수 등 주요인사 암살에 개입하고, 김일성 김책 강양욱 암살을 기도했다.(KBS TV, 『인물현대사 안두희 편』 2004. 9. 24)

그러면 왜 이러한 민족적 과제가 왜 실현되지 못하고 실패했는가? 이 실패의 책임이 외세의 점령에 1차적인 책임이 있는 것이 사실이지만 우리 내부에도 있다. 그 원인을 살펴보는 것이 우리의 앞날을 위해 필요하다.

1. 8·15해방과 세계정세

1) 제2차 세계대전 종전과 미국 자본의 한국 지배

냉전체제의 전개 파시즘체제가 무너지면서 세계는 자본주의와 사회주의 국가들의 동서 진영으로 양극화했다. 미·소의 거래로 유럽에서 독일을 분할하고 미국이 이탈리아를 차지하고 동아시아에서 한반도를 분할하고 미국이 남한을 차지했다. 독일과 한반도가 분단에 저항하기에는 한계가 있었다. 미국은 유럽에서 마샬 플랜을 시행하고 아시아에서 일본과의 강화조약을 체결했다.(1951) 동아시아에서는 북한 사회주의 정권 성립과 더불어 1949년 중화인민공화국이 성립했다. 중국공산당 지도자 모택동은 이 정부를 '노동자계급이 공산당을 통해 지도하는 노농동맹을 기초로 한 인민민주주의 독재'라고 규정했다. 중화인민공화국의 성립으로 지구상 1/3의 인구와 1/4의 지역이 사회주의권이 되었다.

중국 공산당 정권이 들어선 뒤 미국은 아시아에서 중국봉쇄전략을

---

3) 제2차 세계대전의 결과로 연합국에 의해 분할 점령된 나라는 한국만이 아니었다. 독일과 오스트리아도 한국과 마찬가지로 양대 진영에 의해 분할 점령되었다. 그러나 독일과 오스트리아 사람들은 분할 점령을 패전이 가져 온 민족적 비극으로 시인하고, 그 누구도 한쪽 분할 점령자의 힘에 의존해 다른 점령자를 추방해 민족의 통일을 달성하려는 사람이나 정파가 없었다. 그래서 그들은 통일문제는 오직 분할 점령자들 사이의 국제적 화해를 계기로 자기 민족 자신의 힘으로 달성해야 한다는 생각을 가졌다. 그 결과 오스트리아는 1955년 중립국가로서 통일독립을 쟁취했고 독일은 민족상잔을 피하고 평화적 공존관계를 발전시켜 마침내 1990년 통일을 이룩했다.(김낙중, 1982, 137~138쪽)

세웠다. 중국을 에워싼 한반도와 일본 대만 필리핀 베트남 등이 그 기지 역할을 했다. 중국 봉쇄는 미국이 한반도에서 일어난 6·25전쟁과 베트남전쟁에 매달린 이유가 되었다. 미국은 1951년 일본과 단독으로 강화했다. 이 때 한국은 전승국의 대열에 들어가지 못했는데, 유럽의 프랑스가 전승국이 된 것과 비교된다. 미국은 자국의 이익이 보장되는 자본주의 체제와 군국주의 부활을 저지하는 정책을 폈다. 이것이 소련과의 대립, 냉전체제가 되면서 변화하고 독일 일본에서 독점자본의 부활을 용인하는 요인이 되었다. 전쟁 전의 파시즘구조가 되살아난 것이다. 일본의 경우 초기에는 사회당 정권이 들어서나 1948년 맥아더 사령부는 반공정책을 펴고, 좌익을 소탕하는 정책을 펴고 '55년 체제'의 등장으로 결말지어졌다. 맥아더는 '국내혼란을 막고 새 체제(미국식 정치체제)를 수립하기 위해서는 천황제를 유지해야 한다'는 일본 보수세력의 요구를 받아들여 천황을 인정하되 상징적 존재로 두었다. 또 도쿄 전범재판은 198년 11월 12일 종결됐는데, A급전범 46명을 포함해 모두 9,168명이 체포돼 3,726명이 유죄판결을 받았다. A급 전범 가운데 도조 히데키(東條英機) 전 총리를 비롯한 7명이 사형선고를 받았을 뿐이다. 나머지는 옥사한 4명을 제외하고 몇년 안 돼 석방되었고, 전쟁체제의 책임자인 천황에게 면죄부를 주었다. 731부대의 생체실험을 눈감아 주고 책임자 이시이 시로(石井四郎)를 미국은 '국익을 위해' 빼돌렸다. 이러한 미국의 조처는 일본 군사대국화의 길을 열었고, 풀려난 전범들은 다시 침략전쟁을 미화하는 군국주의세력의 중심인물들이 되었다.4) 이것은 전범을 끝까지 추적해 책임을 지운 독일 프랑스와 대비된다. 이렇게 미국의 동아시아 지배 거점이 마련되었다.

자유무역체제의 대두 1945년 이후 세계의 많은 식민지가 독립하면서 세계적인 자본축적 위기의 해결은 전쟁이 시장과 원료조달이 유일한

---

4) 『한겨레신문』 1999. 8. 17. 중국 황허이의 『도쿄 대재판』(백은영 옮김, 예당 펴냄. 1999)의 소개 글 참조.

수단이 아니게 되었다. 미국 등은 식민지를 넘어 상품시장 확보에 눈을 돌렸다. 1944년 7월 미국 브레톤우즈에서 열린 연합국 통화금융회의에서 승인된 IMF(1947. 3)와 IBRD(1946. 6) 협정을 중심으로 한 국제통화정책인 브레톤우즈체가 성립되었다. 이것은 금본위적이며 미국은 IMF에서 큰 출자액을 바탕으로 큰 영향력을 행사했다.

미소의 한반도 분할 지배 미국과 소련은 "전후 한국을 적당한 순서를 밟아서 독립시킨다"는 얄타회담(1943. 11. 27)의 결의에도 불구하고 남한과 북한에 각각 진입했다. 1947년 미국의 트루먼 대통령은 '미국 스스로의 판단에 의해 다른 나라의 내정에 간섭한다'는 '트루먼 독트린'을 발표했다. 미국은 마샬 플랜(1947)을 발표하고 북대서양조약(1947)을 조직했다. 중공 성립으로 미국은 한국에 대한 일시적 후퇴를 버리고 직접 군사적으로 개입했다.

전승국이 아닌 한국 앞장에서 살펴보았듯이 조선의 민중은 중국과 동북항일연군을 구성해 일본군과 싸우는 등 소련과 미국의 일본군 궤멸과 승리에 큰 역할을 했다. 일본군의 주요한 군수물자 보급처인 만주에서 관동군의 패배는 남방지역 일본군의 사기를 크게 저하시키고 미군의 대일전쟁 수행에 크게 기여했다. 그러나 조선 민중의 이러한 역할을 정당하게 평가받지 못하고 분단된 남한은 전승국이 아닌 패전 일본의 식민지로 미군에게 점령당했다. 냉전 체제가 고착된 1951년 미국과 일본의 단독 강화협상에서도 한국은 전승국으로서 협상 당사자가 되지 못했다. 대일전쟁에 대한 조선 민중의 역할에 대한 이러한 인식은 미국의 대한 정책에 나쁜 영향을 미치고 한반도 민중의 자긍심에 큰 상처를 입혔다.

2) 세계노동운동

제2차 세계대전 종전 이후 사회주의 국가가 확산돼 사회주의권이 성립되었다. 평화와 핵문제에 대한 인식이 높아졌다. 이런 가운데 민족해방운동이 확산되었다. 한국 중국 인도 동남아 여러 식민지, 반식민지가 1960년대 초까지 속속 독립을 쟁취했다.

세계 노동운동 역시 동서로 나뉘었다. 미소를 중심으로 한 냉전체제의 형성을 계기로 국제노동운동도 양분되었다. 전세계적으로 노동조합이 분열되어 세계노련(WFTU)은 1947년 미국의 유럽 원조계획은 마샬 플랜의 수용 여부를 두고 분열했다.

세계노련(WFTU)이 전세계 노동자가 침략전쟁을 막고 영구적인 세계평화를 이룩한다는 목적 아래 1945년 10월 결성되었다. 당초 미국 영국 소련 등 56개국 6700만 조직노동자를 결속한 조직이었다. 그러나 냉전이라는 국제정세를 배경으로 세계노조연맹(WFTU)에 가맹했던 영국의 TUC와 미국의 CIO 그리고 세계노조연맹에 가맹하지 않고 있던 AFL(뒤에 CIO와 합병) 등이 중심이 되어 세계노조연맹과는 별도로 1949년 11월 런던에서 국제자유노조연맹(ICFTU)을 결성했다. 대한노총이 1949년 12월 가입했다. 국제자유노련은 WFTU에 대항해 결성된 후 10여년 동안은 반공주의 노사협조주의의 입장을 강하게 나타냈다. 1968년 5월 파리혁명 등의 영향으로 유럽의 가맹조합들이 이 노선에서 벗어나기 시작해 이에 반발한 AFL-CIO가 1969년 탈퇴했다가 1982년 복귀했다. 1986년 폴란드의 '연대'가 가입했다. 1994년 당시 117개 가맹국, 164개 조합, 1억 1300만명의 조합원을 보유했다.

1945년 10월 세계노동조합연맹(WFTU, 세계노련)이 "파시스트 움직임의 절멸, 전쟁반대와 항구적 평화확립을 위한 노력, 모든 나라 노동자의 경제 사회적 권리획득과 완전고용, 노동조건과 생활조건의 개선, 실업 질병 재해, 노령에서 노동자의 보호 등을 위한 투쟁"을 목적으로 결성되었다. 세계노련은 노동자계급의 이익을 위해, 모든 중요한 파업의 지지, 세계적인 5·1절 기념 시위지지, 독자적이고 강력한 국제캠페인의 실시, 여성 청년 노동자의 권리 옹호, 세계평화를 위한 투쟁을 선언했다. 더불어 세계노련은 미조직 노동자 특히 흑인 농업 여성

미숙련 노동자의 조직화와 조합 내 민주주의의 실현을 위해 노력하고, 노동자당을 지지하고 강화하는 노력을 했다.

1949년 북경에서 세계노련 지도 아래 열린 아시아 태평양노동조합회의에는 중국 조선 베트남 몽고 소련 인도 세이론 인도네시아 말라야 미얀마 타이 필리핀 이란 등 13개국의 노조대표 117명이 참석했다. 회의는 제국주의와 봉건주의의 억압에 반대하고 민족독립을 주장했다.

북한에서는 1946년 4월 전평북조선총국이 분리되어 북조선 노동총동맹이 되고, 5월 북조선 직업총동맹(직총)으로 발전해 35만 노동자를 결집했다. 이후 120만명의 조직원으로 늘어난 북한 직총은 세계노련에 가맹했다.

제2차대전 후 동남아시아의 독립운동에서 노동자계급이 지도적 역할을 했다. 전후 시대의 특징은 이들 독립된 아시아 여러 나라에서 각기 대규모 노동조합의 통일 조직이 조직되었다. 조선의 전평, 베트남노동총동맹, 인도네시아 노동조합중앙조직(SOBSI), 버마노동조합회의, 필리핀전국노동조직회의(CLO) 등이 그것이다.

1945년 이후 미국은 태프트 하틀리법을 제정, 독점기업의 독점행위를 규제하는 한편 기업의 직장폐쇄와 노조의 불법파업을 규제하는 법안을 통과시켰다. 또 1947년 의회는 노동자들이 자신의 연금 관리를 금지하는 법률을 제정했다. 독일은 1951년에 노동자의 경영참여를 법제화한 공동결정법을 만들었다.

한편 미국은 일본 독일 등 패전국에 파시즘 재발 방치 차원에서 노동정책을 수립했다. 미국은 남한을 패전국의 식민지를 다루듯이 하면서 미군정의 일본과 남한에 대한 노동정책에 차이를 두었다.

태평양전쟁 종전 뒤 일본에서 노동조합은 공산당의 영향력이 강한 산별회의가 주도했다. 노동조합법, 노동관계조정법 및 노동기준법이 제정돼 노동운동이 전국적으로 발흥하고 조직률도 크게 늘었다. 일본은 노동조합을 손쉽게 조직하는 방법으로 기업단위의 전원조직 즉 기업별 노동조합의 형태를 취했다. 인텔리인 직원층이 선두에 서거나 더러는 회사 간부가 낙하산식으로 노동조합을 만들었다. 이 방식은 현장 노동자 한사람 한사람의 자각 아래 아래로부터 쌓아올리는 것이 아니며, 어용노동조합이나 전쟁 중에 산업보국회가 하던 방식과 형태상으로 동일하다. 이 기업별 조직은 당장은 조직의 대폭적인 확대로 나타나고(1954년 54%) 그 약점이 문제로 등장하지 않았지만, 6·25전쟁 이후 독점자본주의가 전열을 정비해 노동자를 공격하면서 문제점이 표면화됐다.(시오다 쇼오베, 1985, 102~103쪽) 한국에서도 8·15 이후 비슷한 현상이 나타났다.

전후 조직된 일본노동조합총동맹(총동맹)은 사회주의운동의 우파를 대변하고, 전국산업별노조회의(산별회의)는 사회주의노동운동의 좌파를 대변했다. 시간이 지나면서 산별회의는 점차 공산당의 영향권에 들어가고 1950년 총동맹 회원 대부분과 산별회의 일부 회원이 일본노동조합총평의회(총평)를 결성했다. 총평에는 국영 대기업 노조, 일본교직원조합, 국철노동조합이 포함되었고, 총평은 일본사회당의 조직과 자금원이 되었다.

일본공산당은 미군을 해방군이라고 규정해 노동자가 자본가와 싸우기 위한 준비를 갖추지 못한 채 1947년 2·1총파업을 선언했으나 결국 맥아더의 명령에 맥없이 굴복했다.(일본노동운동연구회, 2001, 30쪽) 총파업 실패 뒤 총파업 금지 조치가 내려지고, 연합군사령부의 노동정책도 보수화하면서 노동운동은 쇠퇴했다. 1948년 노동조합법이 개정돼 공무원과 공공기업 노동자의 단체행동권이 박탈되고 1950년 레드 퍼지(Red Purge)로 인해 공산당원뿐만 아니라 많은 노조활동가가 해고되었다.

한편 1948년 닷지 라인(Dodge Line)으로 재정긴축정책과 합리화 정책이 시행되면서 경영 측의 힘이 강해지기 시작했으며, 경제단체연합회(1946)와 일본경영자단체연맹(1948) 등 자본가 단체가 조직되었다. 이런 가운데 노동운동은 생산관리투쟁에 대한 탄압과 경영협의회의 개편, 임금체계의 전면 개편, 노동법개악, 인원정리를 통한 활동가 완전 제거 등 탄압을 받으면서 산별회의계 노조는 파괴되고 1950년대에는 이전부터 자리 잡기 시작한 기업별 노조주의가 전 산업에 정착했다.(박승호, 1992, 244쪽) 1952년 연합군사령부가 물러간 뒤 사회 전체가 보수화하는 과정에서 노동운동이 체제내화되었다. 1955~56년 시작된 춘투(春鬪)는 기업별 노조의 교섭력 분산의 약점을 극복하고자 하는 노조의 노력이었다. 일본의 노동운동은 미일안보조약, 6·25전쟁, 자민당 체제의 장기화, 비약적 경제발전 등의 사회적 조건 아래 계급투쟁 지향, 반공주의 반미주의가 분립과 결합을 반복했다. 그 과정에는 노조와 정당이 결합하는 노조-당의 블록화가 이루어지고 그 가운데 주도권을 장악하는 중심적 노조가 형성되었다.

세계 제2차 대전에 대한 반성의 산물로서 1948년 제3회 유엔총회에서 세계인권선언이 채택되었다. 이 선언은 전문과 30조에 걸쳐 개인의 기본적 자유와 함께 노동권 기타 경제적 사회적 문화적인 면에서 생존권적 권리를 규정하고 있다. 특히 "인간이 폭정과 억압에 대항하는 마지막 수단으로 민중봉기(반란)에 호소"하는 민중저항권을 인정했다. 세계인권선언은 조약과 같은 구속력은 없으나 인권보장의 준거틀 마련에 의의가 있다.

2. 미군의 점령과 분단체제의 형성

1) 민족국가수립을 위한 노력과 좌절

(1) 정치세력의 동향

해방 후 남한 정국은 강력한 지도력의 부재, 정치적 훈련의 결여, 식민지에서 장기간에 걸친 정치활동의 억압, 극단적인 이데올로기의 대립과 지역감정, 미군정의 '인공' 부인과 그 탄압을 위한 정당결성 지원 등의 이유로 수백 개에 달하는 정당, 사회단체가 난립했다. 대체로 이들은 그 정치적 성향에 따라 4가지로 구별할 수 있다.

해방 후 미군정기 3년간 남한의 정치과정은 각기 정치노선을 달리하는 이들 네 세력의 각축과정이었으나 미국의 한반도 내외 반공친미 정권수립정책에 이해 여타 정치세력은 제거되고, 이승만과 한민당을 중심으로 한 보수적 민족우파가 정권을 장악했다.

중도좌파 먼저 해방 초기정국을 주도했던 여운형으로 대표되는 중도좌파를 들 수 있다. 이들은 진보적 민주주의를 표방하고 노동자 농민 근로인텔리 양심적 자본가 등을 포괄하는 대중적 국민정당을 지향했다. 이들은 건준을 주도했다가 건준이 공산주의자들에게 장악되어 인민공화국으로 전환되는 과정에서 주도권에서 배제되자 조선인민당을 결성했다.(1945. 11. 12) 이들은 중간노선인 혁신정당으로서 후일 미군정이 주도한 좌우합작운동을 지지하고 이에 참여했으며, 신탁통치문제로 좌우익이 대립하자 공산당과 조선민주주의민족전선을 형성하고(1946. 1. 19) 노선을 같이 했다. 그러나 1차 미소공동위원회의 결렬과 좌우익의 협공으로 조선인민당은 해체되었다.(1947. 2. 27) 그 후 미소공동위원회가 재개되어 좌우합작이 다시 추진되자 이들은 다시 근로인민당을 결성해(1947. 5. 24) 활동을 재개했으나, 우익의 공격과 극좌세력의 침투에 의해 분열 약화되는 과정을 거치다가 여운형의 돌연한 피살로(1947. 7. 19) 근로인민당마저 해체되면서 중도좌파세력은 붕괴했다.

중도우파 민족주의 우파 가운데 한민당과 정치적 성격을 달리하는 정치세력으로 안재홍 김규식 등을 중심으로 한 중도우파 계열이 있었다. 안재홍은 건준에 참여했다가 건준이 점차 좌익에게 장악되고 인민공화국으로 전환하자 이를 탈퇴해 국민당을 결성했다.(1945. 9. 24) 임시정부를 지지하고 신민족주의 신민주주의를 표방한 이들은 좌우합작 당시 미군정의 강력한 지지를 받아 급속히 성장했으나 남한단정론에 반대해 단독선거에 불참함으로써 점차 정치세력의 장에서 밀려났다. 그 밖에 한국독립당의 김구 등 임정계는 임정법통론에 끝까지 매달리면서 비상국민회의(1946. 2. 1), 국민회의(1947. 2. 14) 등을 만들어 이를 중심으로 남한 정국을 풀어 가려고 했다. 한때 신탁통치반대운동으로 주도권을 잡기도 했으나 남한단정론 확정 후 남북협상을 주장했으며 김구가 암살된(1949. 6. 26) 뒤 몰락했다.

민족주의 우파 송진우 김성수로 대표되는 한국민주당(한민당)의 이른바 '민족주의 우파' 계열이었다. 이들은 대부분 친일행위와 개량적 독립운동 경력 때문에 해방이 되자 심리적으로 압도되어 세력이 위축되었다. 이들은 당시 좌익에 대항할 만한 독자적인 세력을 갖춘 정당을 원했던 미군정과 쉽게 결탁하면서 점차 정치 경제 사회적으로 실권을 장악해 남한에 반공친미정권을 수립하는 데 앞장섰다. 또한 정치적 야심은 있으나 정치적 기반이 약했던 이승만의 단독정부수립론을 지지해 이승만의 정권 장악을 도왔다. 이승만과 한민당은 독립촉성중앙협의회(1945. 10. 23), 민족통일총본부(1946. 6. 29), 한국민족대표자회의(1947. 7. 10) 등을 조직해 정국에 대응했다. 그러나 이후 정권참여 과정에서 이승만에게 배제되어 결별하고 대립하게 되어 이른바 '한국보수야당'의 뿌리가 되었다.

우익세력의 주된 대중조직은 청년단체였다. 이들은 이승만 김구 등 정치인들의 귀국과 반탁운동 전개과정에서 급속히 확대되었다. 우익 청년단체들은 우익의 전위조직으로서 군경과 협력관계를 가지면서 대좌익 실력투쟁을 전면적으로 수행하는 가운데 지방으로 조직을 확대했다. 청년단체들은 주요 우익 정치인들의 노선분열에 따라 이합집산을 거듭했는데, 그 가운데 주요한 것들은 대한민주청년동맹(회장 유진산, 1946. 4. 9), 조선민족청년단(단장 이범석, 1946. 10. 9), 서북청년단(위원장 선우기성, 1946. 11. 30), 대동청년단(위원장 이청천, 1947.

9. 21) 등이었다. 노동자 농민층에 대한 우익조직으로는 대한독립촉성 노동총연맹(위원장 전진한, 1946. 3. 10)과 대한독립농민총연맹(위원장 채규항, 1947. 8. 30)이 있었다.

좌익계열 박헌영 이강국 등 식민지하에서 파벌투쟁과 일제의 극심한 탄압으로 지하화 했던 공산주의자들은 해방이 되자 조직복원에 나섰다. 먼저 전 고려공산당계열이 고려공산당(장안파)을 조직했고(1945. 8. 16) 이어 박헌영 이강국 등의 '콤그룹'계가 조선공산당 재건위원회(재건파)를 구성했다. 이들은 1945년 9월 11일 양파합동으로 조선공산당(조공)을 재건했다. 이들은 중간파가 주도했었던 건국준비위원회를 해체시켜 인민공화국을 수립하고 계속해서 조선노동조합전국평의회(전평, 1945. 11) 전국농민조합총연맹(전농, 12. 8) 조선민주청년동맹(12. 11) 조선부녀총동맹(12. 21) 등의 대중조직을 결성해 활동하면서 노동자 농민 등 근로대중의 광범한 지지를 받는 대중세력으로 등장했다.

해방에서 한국문제가 UN에 이관되는 1947년 9월까지 조선공산당 전평의 투쟁노선은 전체적으로 볼 때 주객관적인 정세에 대한 낙관적인 전망을 기초로 해 미소의 협조를 통한 통일독립국가 건설을 전망하고 있었다. 1946년 7월 신전술의 채택은 이러한 기조 위에서 방법상의 차이를 나타낸 것이다.

신전술(1946. 7) 이전 시기 조공의 전술이 미군정에 직접적 공격을 삼간 채 위로부터의 협력을 통해 인공의 기정사실화와 행정권의 이양을 바랬다면, 신전술 이후에는 밑으로부터의 강력한 대중적 압력과 투쟁을 통해 미소공위의 합의를 이끌어 내고자 했다.(김인걸 외, 1998, 52~53쪽)

한편 1차 미소공위의 결렬 후 미군정의 좌익탄압이 강화되는 가운데 박헌영의 조공은 좌익정당을 합당해 남조선노동당(남로당)을 결성했다.(1946. 11. 23~24쪽) 또한 해방 후 결성된 여러 외곽단체들은 그 통일전선 조직인 민주주의민족전선(민전)을 중심으로 우익과 미군정에 대한 합법적 투쟁을 전개했다.

　미소공위가 완전히 결렬된 후 남한에서 공산당 활동이 불법화되자 남로당은 지하화 해 계속해서 남한대중의 동향을 주도하고 한편으로는 야산대(野山隊)와 같은 무력조직을 양성해 무장투쟁을 준비했다. 1947년 9월 이후는 단선 단정 반대와 미소 양군의 철수, 인민공화국 수립을 목표로 무장투쟁을 적극적으로 전개했다. 이러한 조공 남로당의 활동과 노선에 대한 평가는 일반적으로 현실적 불가피성을 감안한 가운데서도 조공 남로당 지도부의 조직 투쟁 노선의 오류와 실패가 지적되고 있다.

　대중조직　전위적 형태의 당조직이 완료되자 조선공산당은 신속하게 각종 대중단체들의 조직에 착수했다. 1945년 11월과 12월에 걸쳐 계급 계층별로 노동조합전국평의회(전평) 전국농민조합총연맹(전농) 전국청년단체총동맹(청총) 전국부녀총동맹 국군준비대 학병동맹 등 외곽 대중단체들이 창립되었다. 국군준비대와 학병동맹과 같은 무장단체도 조직되었는데 이들은 1946년 1월 미군정에 의해 해산되었다. 전평 전농 청총 등은 이후 조공 남로당의 커다란 조직적 기반이 되었고, 이들 단체들은 1947년 이후에는 미군정과 우익세력의 탄압 속에서 지하로 들어가 활동했다.

<표 1> 대중단체 창립 현황

단체명	창립일자	창립일 당시 소속단체 현황
노동조합전국평의회	1945. 11. 5~6	500여만명의 노동자대표 505명 참가
전국농민조합총연맹	1945. 12. 8~11	21시 218군에 걸쳐 239개의 농민조합 576명 대표
전국청년단체총동맹	1945. 12. 11	13도 22시 218군 2,397세포단체, 723,305명 대표 639명
전국부녀총동맹	1945. 12. 22~24	148개지방 부녀단체대표 458명
국군준비대	1945. 12. 26~27	경기도외 8개 사령부와 인천지대외 82개 지대의 대표 161명
학병동맹	1945. 8. 23	10월 이후 약 3,500명
조선문화건설중앙협의회	1945. 8. 18	

(2) 건국준비위원회

패전을 눈앞에 둔 일본의 조선 최고지배기구인 조선총독부는 해방과 함께 야기될 조선의 '치안부재' 상황과 그로 인해 발생할 '조선거주 일본인의 생명과 재산에 대한 위협'을 두려워한 나머지 당시 존경받던 인물인 여운형과 만나 일본의 항복 이후 조선의 치안을 담당해 줄 것을 은밀히 요청했다.(8. 14) 이에 여운형은 모든 정치 경제범의 석방, 3개월 분의 식량확보, 조선인의 정치활동과 청년 학생 노동자 농민의 조직활동 불간섭 등의 조건을 걸고 수락을 받은 뒤 곧바로 건국준비위원회(건준)를 발족시켰다.(8. 15) 이 건준은 곧장 활발한 활동을 전개해 미군이 남한을 점령하기 전까지는 당시 대중의 강력한 지지를 받는 가장 강력하고 또 거의 유일한 정치세력으로 존재했다.

여운형은 1941년부터 동경에 있으면서 세계정세를 주시하면서 곧 닥쳐올 조국해방에 대비해 인재 양성에 주력했고 국내에 돌아와 이들을 규합해 조선건국동맹(건국동맹, 1944. 8)이라는 비밀결사를 조직해 해방정국에 적극적으로 대비했다.

여운형은 조선민족이 자주 자위적으로 주권확립에 매진해 인민대중의 혁명역량을 중심으로 내외 혁명단을 총망라해 독립정부를 수립한다는 계획 아래 당시 보수적 민족우파의 대표격인 송진우에게 건준 참여를 제의했으나 거절당했다. 공산주의자들인 좌파, 비공산주의적 사회주의자들인 중도파, 그리고 민족좌파와 연합해, 조선민중의 강력한 지지를 받았다. 여운형을 위원장, 안재홍을 부위원장으로 하는 건준은 한편으로는 치안의 회복과 유지를 위해 지역 직장별로 건국치안대를 조직하고, 식량대책위원회를 두어 식량조사와 대책을 강구했다. 다른 한편으로 지방에도 조직을 확대해, 8월말에는 그 지부인 인민위원회 145개소가 설치되어 지방의 치안 행정권 등을 장악했다. 이와 아울러 중앙부서도 확대 개편해 12부 1국을 두어 중앙정부의 체제를 갖추었다.

건준은 내부에 좌우익의 주도권 다툼이 커지면서 부위원장 안재홍이 사퇴한 가운데 9월 6일 전국인민대표자대회를 개최했다. 대회에서 해방조선의 국호를 조선인민공화국으로 정하고 「조선인민공화국특별법」을 통과시켰다. 건준의 갑작스런 인민공화국 선포는 미군의 남한법령에 앞서 국내 정치세력의 연합체로 정부를 갖추고 있어야 연합국의 직접 통치를 받지 않고 통일정부를 수립할 수 있다는 기대 때문이었다. 건준은 민족우파의 끊임없는 파괴공작과 인민공화국을 좌익으로 간주한 미군정청의 불인정으로 실패로 끝났지만, 해방 직후 정치공백기에 나타난 대중적 기반을 가진 강력한 정치세력이었다. 건준은 '치안의 확보' '건국사업을 위한 국민 총역량의 일원화' '교통 통신 금융 식량대책의 강구'를 목표로 했던 일종의 좌우연합 통일전선체이며, 좌우익의 대립이 신탁통치문제로 극렬한 양상을 보이기 전까지는 통일민족국가 수립을 염원하는 조선민중의 유일한 정치적 구심체였다.

(3) 미군 주둔과 신탁통치를 둘러싼 대립

미군정의 수립 남한에 진주한 미군은 남한의 혁명적 상황을 목도하면서 미 국무부의 신탁통치안에 회의를 갖기 시작했다. 미군정은 남한의 우익세력을 보다 빨리 동원해 '과도정부'를 만들어 이후 한국 정부의 핵심으로 육성한다는 계획을 수립했다. 소련은 1945년 말까지 북조선임시인민위원회와 북조선 행정 10국을 창설해 북한지역에 독자적인 정권기관을 성립시켰고, 이를 통해 북한사회를 개조하고자 했다.

미군정은 일제강점기 총독부의 지배기구를 그대로 유지시켰다. 미군정은 친일행위를 한 지주 자본가 관료 경찰들을 온존시켜 사회적 갈등을 일으켰다. 일제 경찰과 관료 등 친일 관료들을 행정과 통치를 위한 기능적 인력으로 본 미군정은 이들을 오히려 우대하면서 미군정 기구의 핵심구성원으로 충원해 나갔다. 미군정의 인사정책은 좌익배제우익등용의 방침을 기본으로 했다.

신탁통치와 좌우대립 1945년 12월 27일 "미·영·중·소 4개국에 의해 최소 5년간의 신탁통치로 한국의 독립을 준비하고 구체적 방안으로 조선임시민주주의 정부를 수립하고 이를 보조할 미소공동위원회를 설치 운영한다"는 한국신탁통치안이 모스크바 3개국 외무장관회의(3상회의)에서 결정 발표되었다. 이 안은 전후 한반도 문제 처리 과정에서 미국이 신탁통치를 통해서 한반도 전역에 자신의 영향력을 확보하려는 의도에서 제안된 것이다.

이러한 결정이 국내에 알려지자 한국민들은 이를 민족 독립을 지연시키는 결정으로 보고 좌우익을 막론하고 즉각 대대적인 반탁운동을 전개했다. 특히 김구와 임정 계열은 반탁분위기를 주도하면서 조직을 전국으로 확대해 환국 이후 미군정의 인정을 받지 못해 위축되었던 분위기를 역전시켜 우익진영의 주도권을 장악했다. 이어 비상정치회의 참여를 거부하는 좌익을 제외한 민족주의진영만으로 비상국민회의를 결성하고(1946. 2. 1), 임정을 확대 개편해 임시정부를 수립한다는 계획을 발표했다.

한편 인공, 조공 등의 좌익단체들도 "신탁통치는 반대하나 그 방법으로 임정계와 같이 무조건 반대만 하는 것이 아니라 우선 민주주의적인 민족통일전선을 더욱 공고히 결성해야 한다"는 반탁성명을 내고, 즉각 홍명희를 위원장으로 하는 반파쇼투쟁위원회를 조직하고(1945. 12. 30) 우익과 공동보조를 맞추어 반탁운동을 전개했다. 그러나 이들은 소련이 장악하고 있었던 북한지역의 좌익세력들이 찬탁성명을 내놓자(1946. 1. 2) 나름대로의 의견 조정을 거쳐 급작스럽게 방향을 전환했다. 이들은 "임정의 반탁운동은 인민을 잘못 인도해 모스크바결정과 일제를 동일시하게 만든다"며 비난하고, "이 결정으로 조선의 독립이 약속되었으며 만약 단결이 이루어진다면 임시민주정부가 감독을 받을 5년이라는 기간은 단축될 수 있으며 그러므로 모든 조선인은 친일파,

민족반역자를 제외한 민주적 통일전선의 완성에 힘을 주어야 한다"는 논리로 찬탁입장을 밝히고(1. 3), 다음날 우익과는 별도로 민족통일 자주독립촉성 시민대회를 열어 찬탁의 입장을 굳혔다.

이와 별도로 모스크바 결정을 놓고 인공은 임정계에 통일정부수립에 대한 구체안을 토의, 결정할 민족통일위원회의 협상을 제안했으나 임정계는 이를 거부했다. 조공의 박헌영은 국내민족주의 세력인 한민당의 김성수, 국민당의 안재홍, 인민당의 여운형 등 3당 대표와 비공식 회담을 했으나 신탁통치 문제를 두고 결렬되었다.

이와 같이 통일전선 형성에 실패한 조공은 미소공위 개최를 앞두고 좌익의 결집을 위한 통일전선 구성에 노력해 모스크바의 지원을 통해 진보적 민주정권을 수립한다는 방침 아래, 여운형의 인민당과 공산당의 외곽단체를 망라한 민주주의민족전선을 결성했다.(2. 16) 우익에서도 신탁통치 문제를 우익단결의 촉매로 삼아 이승만의 독촉중앙위와 합세해 국민회의를 구성해(2. 17) 우익세력을 통합했다. 이상과 같이 신탁통치문제를 두고 '즉시 독립'과 '임시정부 수립을 위한 민족적 통일전선의 형성'이라는 노선 차이로 좌우가 격렬하게 대립했다.

(4) 통일민주정부 수립 운동

신탁통치 문제를 두고 좌우익이 대립하는 가운데 남한에서 모스크바 결정을 실현하기 위한 1차 미소공위가 서울에서 열렸다.(1946. 3. 20~5. 6) 그러나 이 위원회는 협의대상이 될 정당, 사회단체의 자격 문제로 미소간에 의견 차이로 결국 결렬되었다. 미군정은 1차 미소공위가 결렬되자 미군정은 통일된 임시정부가 공산주의자의 주도하에 수립되는 것을 막기 위해 조선공산당과 신탁통치를 극단적으로 반대한 김구 등을 배제한 상태에서 중도우파의 김규식 안재홍과, 중도우파의 여운형을 중심으로 좌우합작의 의도를 구체화했다. 미군정의 지원 아래 출발한 좌우합작은 미소공위의 재개촉진과 통일정부수립을 표방하면서 좌우합작위원회를 발족시키고(1946. 10. 7) 이어 남조선 과도입법의원을 개원했다.(12. 12) 좌우합작은 2차 미소공위 역시 전과 마찬가지로 협의대상의 자격 문제로 결렬되고, 미국의 정책도 이미 대소강경정책으로 선회해 남한단정론으로 기울고 여운형이 피살되면서 결렬되고 말았다.

이후 남한단정론을 표방한 이승만과 한민당은 역시 같은 결론을 내린 미군정과 밀월관계에 들어갔다. 좌우합작이 실패한 뒤 김규식은 좌우정치세력의 극단적인 대립을 막고 남북통일정부 수립으로 민족분단을 막자는 중간파 세력을 규합해 민족자주연맹을 결성했다.(1947. 12. 20)

2차 미소공위가 결렬된 두 미국은 '모스크바결정에 의한 한국 문제의 해결' 정책을 배제하고 한국문제를 UN에 상정했다. UN에서는 미국의 의도대로 남한단독선거에 의한 단독정부 수립이 확실하게 되자, 민족자주연맹은 김구의 한국독립당과 함께 UN의 남한단독총선거결정을 반대하는 입장을 표명했다. 북한의 김일성과 김두봉에게 남북지도자회의를 제의하고(1948. 2. 4) 이어 김구와 김규식은 평양에서 열린 '전조선정당사회단체 대표자연석회의'에 참석했다.(1948. 4. 19)

남북협상에서 돌아온 김구와 김규식은 평양에서 열린 남북협상의 경위와 합의사항을 공동성명으로 발표하고 남한에서 추진되고 있는 5·10선거에 '불반대 불참가'의 태도를 표명했다. 또한 남한 단정 수립과는 상관없이 김구의 한국독립당과 김규식의 민족자주연맹은 통일독립촉성회를 결성하는(1948. 7. 21) 등 통일정부 수립 의지를 포기하지 않았다.

이후 김일성은 남한 총선 실시에 대응해 북한에서도 단독정권수립을 준비하면서 김구와 김규식에게 해주에서 제2차 남북협상을 개최하자고 제의했다. 이에 대해 김구와 김규식은 남한단정 수립에 대항해 북한에서도 단정 수립을 하는 것은 민족분열행위라고 하는 답신을 보내

남북협상은 결렬되고 말았다.

(5) 단정 수립

이승만의 정읍발언에서 시작되어 1948년 8월 15일 정부수립으로 남한 단독정부 체제를 형성했다. 그 뒤 1949년 6월 반민특위 습격과 와해, 국회프락치 사건, 김구 암살 연이은 사건의 전개과정에서 민중운동의 단정 반대 투쟁은 파괴되었다. 이렇게 남북에 정부가 들어서고 단정 반대 운동이 완전히 파괴되면서 남북은 지리적 정치적 사상적으로 완전히 분단되었다. 이후 남한은 미국의 식민지이고 자본주의이면서 동시에 분단의 압력이 강한 사회가 되었다.

2) 미군정의 정책

(1) 친미세력 키우기

① 군사력을 바탕으로 통치

미군은 남한에 상륙해 바로 미군정청을 수립했다. 그리고 미군정청 성명(10. 10)을 통해 '남한에서 유일한 정부는 오직 미군정청'이라고 선포하고, 조선 노동자 민중의 지지 아래 만들어진 인민위원회와 조선인민공화국을 정면으로 부인했다. 또 친미 정권 수립에 도움이 되지 않는다는 이유로 상해임시정부를 부정했다.

다음으로 미군정청은 각종 포고령을 통해 노동자 계급의 투쟁을 불법으로 선언했다. 그리고 1945년 10월 5일 농민의 소작료 불납운동과 소작료 3·7제 납부운동, 또 '농지를 농민에게 달라'는 요구를 외면해 농민들의 투쟁이 격렬해졌다. 이후 미군정청은 농산물의 30%를 시중가격의 1/3~1/4 가격으로 강제 공출했다. 그러나 민중의 압력에 못 이겨 북한보다 2년이나 늦은 1948년에 가서야 연평균 생산량의 3배를 20%

씩 15년간 분할 상환한다는 불철저한 토지개혁안으로 제한하지만, 이것도 지주의 반대로 미루어졌다. 당시 인구 78%인 농민은 해방이 되었음에도 고율의 소작료와 양곡 강제공출에 시달렸다. 또 미군은 일본이 남기고 간 공장 토지 등의 재산 가운데 80%를 접수해 이 가운데 대부분을 지주와 자본가에게 헐값으로 팔아 넘겼다. 불철저한 토지개혁과 귀속재산 분배는 친일 친미 세력에게 조선을 지배할 힘을 주었다.

② 친미세력 키우기

미군정의 목표는 한국을 간접 지배하는 신식민주의 체제 수립이었다. 미국은 친미세력을 구축하기 위해 이승만류와 친일파를 바탕으로 행정관료조직 경찰기구 군대 법령과 사법기구의 재편과 같은 상부 지배장치를 구축했다. 관료 충원의 원칙은 영어를 구사할 줄 알고 미국의 자유주의 이념을 옹호하는 학력이 높은 인물이어야 하고 공산주의와 관계있는 인물은 배제했다. 일제 시기 민족해방운동에 참여했던 세력은 철저히 배제해, 우선 반민특위를 해체하고, 보수적인 김구 등 임시정부 세력마저 배제했다.

행정관료조직의 핵심지위에는 한민당계 친미인물을 선택했지만 실무행정을 담당하는 중하위 수준의 관료직위에는 구총독부 관료를 배치했다. 군행정기구의 대법원장 김용무, 경무부장 조병옥, 수도경찰청장 장택상, 문교부장관 유억겸, 노동부장 이훈구, 인사행정처장 정일형 등은 한민당 세력이었다. 8·15 직후 도망갔다가 미군 진주와 함께 복귀한 친일경찰이 조병옥 경무부장, 장택상 수도경찰처장의 추천으로 경찰의 요직을 차지해 경찰 간부의 80%를 차지했다. 경찰이 가장 악질적인 반민중적인 요소로 구성되면서 1946년 10월 인민항쟁, 1947년 8·15를 대비한 좌익인사 사전검거 선풍, 제주도 4·3항쟁 토벌, 지리산 대토벌작전 등 많은 민족세력 체포와 고문 살상을 저질렀다. 친일경찰의 처단을 주장하던 최능진은 조병옥에게 파면당했다. 1946년 미군정이 한국군을 편성할 당시 군사세력으로는 중국군과 광복군계, 일본군과 만주군계, 지원병과 학병계 등이 있었다. 미군정은 친미적인 군대로 만들려고 군사영어학교를 만들고(1945. 12) 일본 육사출신의 이응준과 만주군 출산 원용덕 등과 그들이 추천하는 만주군계와 일본군계가 다수 입학했다. 이것은 그 뒤 한국 군부가 일본의 군출신 정치실력자를 섬기는 결과를 초래했다. 광복군계는 국군의 모체가 광복군이어야 하며 일본군 출신과는 함께 할 수 없다며 군사영어학교 입교를 거부하고 국군준비대와 학병동맹을 구성했다. 미군정은 민청, 미군정 헌병대, 경찰을 동원해 국군준비대를 강제 해산시켰고, 국군준비대의 일부는 민중항쟁과 빨치산의 한 맥을 이루었다. 미군정은 일제의 치안유지법 등을 그대로 잔존케하고 사법기구도 일제 지배 아래 사법부에서 종사했던 자들을 중심으로 조직했다. 대법원장 김용무, 사법부장 김병로, 대법관 이인 등은 모두 일제 아래 사법계 출신이며 판사 검사 치안관도 대부분 같은 경력의 소유자였다. 이러한 사법체제는 변혁운동을 주도하던 주요 인물을 사법처리하고 투옥해 군정체제를 안정시키는 역할을 했다(장상환, 1990b 참조).

친미 이데올로기를 구축하기 위해 학문 교육 문화 예술 종교 등의 분야까지 철저하게 친일파를 전진 배치시켰다. 학문분야에서 역사학의 이병도, 대학의 이선근을 들 수 있다. 친미적인 학문 후속세대를 양성하기 위해 경성대학 등 일제 아래 식민교육기구를 국립 서울대학으로 재편했다. 군인 학생 등 유학생을 대거 미국에 보내고, 이들은 귀국 후에 친미세력 2세대를 형성했다. 종교 분야에서도 서북계를 중심으로 한 친미세력이 구축되어 선교제국주의에 앞장섰다.

미국은 일제가 남기고 간 적산에 대한 노동자 농민의 자주관리운동을 철저히 억압하고 이를 일부에게 특혜 불하해 친미 자본가 세력을 형성했다. 노동운동 분야에서는 남로당이나 전평과 같은 자주적 혹은 사회주의 세력을 철저하게 파괴하고 그 대체세력으로 대한노총을 조직했다. 이러한 세력은 현재까지 거대한 친미 세력을 형성하고 있다.

(2) 경제정책과 자본

농지개혁 해방 후 한국경제에서 농지개혁의 실시는 식민지경제가 구축한 반봉건적 지주소작관계를 청산하고 농민적 토지소유를 실현해 농업의 민주화를 달성한다는 의미를 갖는다. 이것은 또한 해방 전 민족해방운동에서 민족연합전선과 해방 후 형성된 여러 정당 사회단체의 일치된 정책이기도 했다.

해방이 되자 농지개혁을 통해 농민의 토지 소유 움직임이 본격화되었다. 8·15 당시 남한의 자소작별 농가호수 현황은 총 농가 약 200만 호 가운데 지주겸 자작농은 14.2%에 불과했고, 자소작농이 35.6%, 소작농이 50.2%의 높은 비율이었다. 또한 소유상황은 총경지 232만 정보 가운데 논의 70%, 밭의 56%, 전체적으로 63%가 소작지였다.

농민의 절대다수가 소작인인 상황에서 일본이 패망하자 소작인들은 동척 관리의 대농장은 소작인 대표를 뽑아 관리하고 소유자가 없는 일본인 토지는 소작인들 자신의 토지로 수용했으며, 각지방 인민위원회가 주체가 되어 이를 분배했다. 이와 함께 전국에서 300만명 이상의 농민들이 자신의 이해를 관철하기 위해 각지에서 농민동맹 농민조합 농민위원회를 구성하고, 나아가 13개 도연맹, 188개 부·군지부를 둔 전국농민조합총동맹을 결성했다.(1945. 12. 8)

그러나 미군정청은 농민이 접수한 일본인소유 농지를 군정청에 귀속시키고 소작료 3·1제와 미곡공출제(1946. 2)를 동시에 시행했다. 그리고 미군정청이 접수한 일본인 소유 농지인 귀속농지를 동양척식회사를 개편한 신한공사(1945. 11. 12)에서 관리하게 해 당시 농민적 토지소유를 실현하려는 한국농민의 자생적 노력에 쐐기를 박았다.

그렇지만 미군정은 토지개혁을 요구하는 농민들의 요구를 잠재우고 또 이미 북한에서 「북조선토지개혁법」을 공포하고(1946. 3. 5) '무상 몰수 무상분배'의 원칙에 따라 토지개혁을 실시한 것에 대응해 토지개혁을 부분적으로 실시했다. 미군정은 과도입법의원에 의한 토지개혁이 지연되자 5·10선거를 앞두고 서둘러서 일본인소유 농지인 귀속농지 총 32만 4천 정보를 분배하는 농지개혁을 실시, 단정 수립 시까지 대상 농지의 85%를 분배했다.

정부수립 후 이승만정권은 '유상매수 유상분배'의 원칙에 따라 농지의 보상액과 상환액을 평년작의 1.5배, 상환기간을 5년으로 하는 농지개혁안을 공포했다.(1950. 3. 10) 그러나 농지개혁이 해방된 지 5년간이나 지연되어 지주들은 충분한 여유를 가지고 농지의 방매, 소작지의 위장 자영화 등의 방법으로 농지를 처분했다. 그렇게 분배된 농지는 해방 당시 조선인지주의 소작지 총면적의 21.5%에 불과하고, 1946년 6월 21일 현재 국내 지주소유의 분배 예정 면적의 44.6%밖에 안되었다. 농민적 토지소유를 통해 자작농을 양성한다는 농지개혁의 본래 취지는 퇴색했다. 또 농지개혁 과정에서 정부는 토지자본을 산업자본으로 전환시키려는 의도에서 지가증권으로도 귀속재산을 매수할 수 있게 했다. 그러나 극심한 인플레 속에서 현금의 필요성에 쫓긴 군소지주들이 지가증권을 20~30% 싸게 팔고 그것이 신흥상인에게 집중되어 대지주를 제외한 군소지주의 산업자본화는 거의 불가능했다. 이와 같이 불완전하고 파행적인 농지개혁의 결과 종래의 소작인은 자작농이 되자마자 또다시 소작인으로 전락하고, 군소지주들 또한 대부분 몰락하고 말았다. 이것은 해방 직후 광범하게 전개되었던 농민적 토지소유운동이 미군정에 의해 좌절되고, 지주세력의 이익을 대변하는 미군정 한민당 그리고 이승만 정권에 의해 자작농 육성은 허울로 끝났다.

귀속재산 처리와 특혜자본의 형성 해방 후 한국경제가 당면했던 난관들은 생산감축, 높은 인플레이션, 대량실업, 식량부족, 저임금의 압박 등이었다. 그것은 지난 시대 일본 식민 경제가 남긴 산업의 기형적 구조에서 왔다. 이와 같은 상황에서 일본인이 소유했던 각종 생산공장을 비롯한 재산은 토지와 함께 국유화해 자립적 민족경제를 건설하기 위한 민족자본의 축적기반으로 전화시켜야 한다는 것이 당시의 지배적 의견이었다. 총독부와 일본인이 가지고 있던 재산은 당시 한국에 세워졌던 회사의 94%, 토지의 26%나 되었다. 일본이 남기고 간 귀속재산(적산)은 공장 2,700개, 주택 8천여호, 선박 2천여척이었다.

미군은 남한에 진주하기 전에 미태평양사령관 포고령 제1호에 의해 한반도의 국공유재산만을 접수하고 일본인의 사유재산은 보호한다는 입장을 밝혔다. 이러한 조처는 총독부가 대부분의 동산을 사전에 처분하고 일본인이 사유재산의 상당 부분을 처분하는 빌미를 주었다.

해방 직후 일본인들의 재산 매각이 노동자들의 자주관리운동의 강력한 반발에 부딪치자, 미군정은「패전국 소속재산의 동결과 이전제한의 건」을 발표해(1945. 9. 25)일본인 재산을 동결했다. 이어「재한국 일본인 재산의 권리귀속에 관한 건」을 공포해(12. 12) 일본인 재산을 귀속재산으로 접수하면서 노동자자주관리운동을 부정하고 이를 대신할 관리인들을 파견했다.

이 관리인들은 뒷날 귀속재산 불하 과정에서 우선권을 가지는데, 이들은 주로 식민지시대부터 기득권을 행사하던 상공인, 식민관료 등 친미 친일 인사가 대부분이었다. 이들은 머지않아 불하될 공장의 연고권을 꿈꾸며 노동자의 자주관리운동을 결사적으로 막는 한편 공장건물과 시설 등을 암매하기도 했다. 이러한 미군정의 귀속재산관리정책은 관리자들의 부정과 부조리로 인한 생산관계의 파괴는 물론 공업생산력의 감퇴를 낳아 대량실업 저임금 등의 주요한 원인이 되었다.

당시 미군정에 접수된 주요사업체는 총 3,551개(그 가운데 제조업 분야는 전체의 66.9%)였는데, 이 숫자는 남한 전체사업체의 28.1%, 종업원 기준으로 39.5%, 그리고 전체 생산액의 35%를 차지했다. 미군정은 자신의 무원칙한 공업정책으로 공업생산이 격감하고 실업이 대량

발생해 사회불안이 깊어지자 이 불안을 완화시키고 나아가 반공체제구축을 위한 자본주의 경제의 담당계층을 형성할 목적으로 귀속재산을 불하하기 시작했다. 그 결과 군정 기간에 기업체 513건, 부동산 839건, 기타 재산 916건이 처리되었고 나머지는 「한미간의 재정과 재산에 관한 최종 협정」에 의해(1948. 9. 11) 이승만 정권에 양도되었다.(한국민중사연구회, 1986, 249쪽)

미군정의 귀속재산 처리는 전체적으로 수효는 적었지만 불하재산의 주요 매입자들이 친미 친일파 관리자들이었기 때문에 이들은 해방 후 한국경제의 담당자로 복귀시키는 의미를 가졌다.

이승만 정권은 미군정이 양도한 귀속재산을 귀속처리재산법(1949. 12. 19)에 의해 총 33만 건을 처리했다. 이승만 정권은 이 과정에서 관리자들에게 우선권을 주고 가격도 시가보다 훨씬 낮게 책정하고, 낮은 금리의 은행자금 지원, 세제 지원 등의 특혜를 아끼지 않았다.5) 더구나 그 가격마저 높은 전쟁인플레이션으로 상환액의 실질가치가 크게 떨어졌다. 이러한 불하기업체에 대한 특혜조치는 당시 농지개혁 과정에서 이승만 정권이 농민에게 국가재정을 이유로 가혹한 부담과 희생을 강요했던 것과 같은 모습이었다.

귀속재산처리의 특징은 첫째 미군정의 귀속재산 접수 장악은 본질적으로 미국의 한국산업 지배의 기초를 마련하는 것이었고, 실제로 친미 인사 다수가 불하에 참여해 인적으로도 이를 뒷받침했다. 둘째 불하과정에서 국가권력과 밀착한 관료자본이 형성되었다. 마지막으로 귀속재산이 노동자 민중에게 민주적으로 불하되지 않고 일부에게 특혜 불하된 결과 독점형성의 단초를 마련했다. 결과적으로 귀속재산의 처리

---

5) 조선방직 대구공장의 시가는 1947년 30억환이었는데, 군정청은 이를 해방전 시가인 7억환으로 매기고, 이를 다시 3억 6천만환에 넘겼다. 시가의 1/20밖에 안되는 가격으로 넘기는 데다가 15년간 분할 상환하는 것이었다. 15년 뒤인 1961년에 물가는 300배나 올랐다.

는 한국자본주의의 전개과정에서 대미 의존적 관료독점자본이 형성되는 첫걸음이었다. 이 시기에 대자본가로 부상한 사람들은 주로 귀속재산의 염가 불하나 원조 수입물자의 특혜적 배정을 받은 사람들이었다.6) 그리고 그들은 전후복구를 위한 정부와 계약할 때 비경쟁적 특혜를 받아 처음부터 독점자본으로 출발했다.

(3) 노동정책

① 노동정책 일반

1945년 9월 남한에 진주한 미군은 점령군으로 정책의 기본적인 흐름이 남한 지역에 친미 자본주의 정권을 세우는 것이었기 때문에 노동정책도 이에 따랐다. 이러한 점에서 미군정은 한국 민중의 자발적인 움직임과 충돌하지 않을 수 없었다. 미군정은 당시 모든 혼란의 궁극적인 원인이 노동조합으로 조직된 한국 노동자의 공장 접수와 자주관리 운동, 그리고 그 배후에 있는 조선공산당에 있다고 보고 그것을 '민주주의적 형태'로 압살하는 방향으로 나갔다.

미군정이 진주한 뒤 1945년 10월 9일 법률 제11호를 발표, 일제가 제정한 치안유지법(1925. 3)과 정치범처벌법(1919. 4)과 예비검속법(1941. 5) 등을 폐기하고 근로자보호와 노동정책 수행을 위한 몇 가지 법을 제정했다. 그러나 노동입법은 노동조합의 자유를 보장한 것 이외에는 집단적 노동관계법은 찾아 볼 수 없다.

한국 노동자 대중이 점차 전평으로 결집하는 것을 본 미군정은 초

---

6) 박두병은 소화기린맥주를, 김종희는 조선화약 공판을, 최종건은 선경직물을, 김연규는 관동기계 제작소를 불하받았다. 동양방직 공사를 불하받은 서정익은 동일방직을 이룩했고, 고려방직고사를 불하받은 백낙승은 태창방직을 세웠고, 설경동은 군시공업 대구공장을 불하받아 대한방직으로 키웠다. 인천제철 장항제련소 한국타이어 신세계백화점 미도파백화점 대한전선 대전피혁 대한통운 단성사 스카라극장 등도 같은 예이었다.

기에 취했던 일본인 재산 처리에 관한 정책을 수정했다. 특히 전평 주도 아래 이루어지는 노동자 자주관리운동이 계속되자 미군정은 군정법령 제33호(1945. 12. 6)를 통해 일본인 재산은 군정청에서 임시로 소유하고 한국인 가운데 적당한 관리자가 나타나면 경영을 맡긴다는 관리인제도를 도입하고, 또 노동쟁의를 강제 중재하는 '노동조정위원회'를 미군정의 정책을 실현하는 대리기구로 등장시켰다. 한국인의 자발적 접수, 관리 행위는 '불법'이 되고 말았다.

미군정은 또 1946년 5월 6일 다시 초기의 노동조합 억제정책을 재확인하고 7월 23일에는 노동부 설치와 민주주의적 노동조합 장려를 표방했다. 그러한 정책변화의 배경에는 미군정이 미소공동위원회가 결렬된 뒤 남한의 정치 사회체제를 정비할 목적으로 좌우합작을 시도하는데 여기에는 노동조합의 참가도 필요했다. 우익 세력의 주도 아래 만들어진 대한노총과 전평 가운데 대한노총은 미군정의 정책을 지지하므로 문제가 되지 않지만, 전평의 경우에는 조선공산당의 힘을 약화시키기 위해, 전평 자체의 활동을 억제하지 않았다. 미군정과의 마찰이 불가피하기 때문에 민주주의적 노동조합이라는 명목 아래 조선공산당을 배제하고 그 범위를 노동조합으로 한정하게 된 것이다.

미군정은 일제 때부터 꾸준히 싸워 온 기반으로 조직된 전평 산하의 노동조합이 엄청난 조직력을 발휘하자 당황했다. 특히 전평 산하의 노동조합이 공장자주관리운동에서 미소공동위원회 참가에 이르기까지 강한 정치성을 띠고 그것이 미군과의 패권다툼을 벌이고 있는 친소적 정치노선을 띠고 있었기 때문에 미군정은 점차 전평을 배제하는 정책으로 전환한 것이다.

그리고 친미 우익단체로서 대한노총의 결성을 서둘렀다. 그리고 미군정은 세계노동조합연맹에 가입한 전평에 대해 친소적이라는 이유만으로 직접 탄압할 수 없었으나 1946년 9월 총파업이 일어나자 전평을 전면적으로 탄압, 타도의 길로 나섰다.

더구나 미군정은 1946년 5월 15일 공산당의 '정판사 위조지폐 사건'을 발표하고 당간부 10여명을 체포하고 점차 공산당 탄압정책을 펴기 시작했다. 이에 따라 전평도 미군정과 정면 대립하게 되었다.

미군정은 1947년 미국의 태프트 하틀리법제정의 영향으로 미군정은 1946년 군정령 제97호「노동문제에 관한 공공정책과 노동부설치에 관한 법령」을 공포함으로써 전평의 조직활동을 통제하기 위한 규제정책을 펴기 시작했다. 이 시기 미군정은 전평의 활동에 대한 대책으로 노동운동단체의 정리와 조정에만 관심이 있었을 뿐 노동입법정책은 없었으며, 이러한 미군정의 노동입법은 해방후 노동악법의 시효였다. 이렇게 1945년 이후부터 국가는 노동조합을 통한 직접 조정을 시도하고, 사용자의 배타적인 경영권을 국가가 보장해 주는 시기가 계속되었다.

주일 미군의 정책과 비교 해방 당시 우리 노동자는 해방과 더불어 노동입법에서도 당연히 '노동조합 활동의 자유'를 요구했으며, 더구나 미군정이 우리에게 내놓은 것은 일본의 맥아더 사령부가 패전국 일본에서 시행한 노동정책과 너무나 대조적이었다. 일본에서 미국의 정책은 군국주의적 군벌의 대두를 막는데 노동운동을 견제 세력으로 쓰는데 비해 한국에서는 친미 매판자본과 친미 정권을 반대하는 노동운동을 파괴하는데 주력했다. 이와 같이 일본에 대한 노동정책과 우리에 대한 노동정책에 차이가 있는 것은 연합군이 일본을 '간접통치'를 한 데 비해 미군정은 우리에 대해서는 '직접통치'를 한 데 원인이 있었다.

미국이 대일 노동정책 기본문서인「SWNCC-제92호」에 나타난 주요 내용을 보면 ① 노동조건의 향상 상호부조를 위해 자주적 노조결성의 자유를 인정할 것 ② 정당한 노조활동을 위한 법적 조처를 강구할 것 등 노동정책의 기본이 자주적 노조활동의 보호 조성에 있음을 명백히 했다. 공무원조차 1948년부터 노동조합 결성의 권리가 인정되었다.[7] 일본의 경우 노동조합법은 1945년 12월, 일본 정부에 의해 다듬어졌고 그 골격도 학자 경험자 주무관청 기업주 노동자 국회의원의 대표로 구성된 노무법제심의회가 담당했다. 그러나 한국에서는 '노동해방입법'은 아예 없었고 위에서 본 몇몇 노동보호입법만 있었다. 결국 이러한 현상은 일본이 전쟁 상대국인데 비해 한국은 패전국 일본의 식민지 노릇 밖에 하지 못한 열등민족이라는 선입견에서 비롯된 것이다. 제2차 세계대전을 겪은 뒤 노동법에 관한 세계적 조류가 '노동자보호입법'을 넘어 서서 노동3권을 핵으로 하는 '근대적 노동법'으로 크게 발전하는 추세와는 달리, 미군정의 노동정책은 시대에 뒤떨어진 것이었다.(이종하, 1991, 444쪽)

일본에서 미군정은 군국주의를 해체하고 민주주의 촉진을 위해 농지개혁과 재벌을 해체하고 노동조합을 장려했다. 또한 1945년 10월에는 치안유지법과 치안경찰법 등의 탄압법규가 폐지되고 공산당이 합법화되고 일본사회당이 결성되었다. 이후 냉전이 격화되면서 1949년 적색분자숙청을 기점으로 초기의 자유화 정책이 억압적 정책으로 반전되었지만 노동운동의 방향을 근본적으로 바꿔 놓지는 못했다.

② 노동관계법

미군정의 노동법령 미군정의 노동정책은 본질적으로 일제의 그것과 다르지 않았다. 미군정은 '일제하의 절대적 노예상태로부터의 구제'라는 구호를 내세웠으나 '노동자보호법'의 일부에 지나지 않는 군정법령 제14호(1945. 10. 10)의「일반 임금에 관한 법령」, 법령 제19호(1945. 10. 30)의「폭리에 관한 단속법규」, 법령 제97호(1946. 7. 3)의「노동문제에 관한 공공정책과 노동부의 설치에 관한 법령」, 법령 제102호(1946. 9. 18)의「아동노동법규」, 법령 제121호(1946. 11. 7)의「최고노동시간에 관한 법령」등의 '노동자 보호법'이 공포되었을 뿐 노동조합 활동 등 '집단적 노동관계'에 대해서는 아무런 법령을 내지 않

---

7) 일본에서 파업권 및 단체협약 체결권이 인정되지 않았지만, 직원조합주의를 강제해 국가공무원의 조직률은 2000년 현재 70~80%에 이르고 있다.

왔다.

군정법령 제19호(1945. 10. 30)는 각 개인의 자유를 보호한다는 명목으로 이를 방해하는 행위는 노조이든 파업단이든 노동자 각 개인에게 공동행동 참가를 호소하는 행동이라면 모두 불법이라고 규정했고, 군정을 방해하지 않는 쟁의이더라도 '노동조정위원회'에 의해 강제중재된다고 했다. 미군정은 노동자의 쟁의행위에 대비하기 위해 「노동조정위원회법」(1946. 3. 10, 법률 제19호, 동년 12. 8, 법률 제34호)을 마련하고 「노동문제에 관한 공공정책과 노동부 설치에 관한 법률」(1946. 7. 23, 법률 제97호)을 공포했다. 이는 결국 노동조합의 쟁의행위를 제한하고 사실상 모든 파업행위를 금지하는 '비상시기'의 노동정책이었다. 이것은 또 노동자는 자본가에 대해 항상 약자이어야 하며 강자가 된다는 것은 허용할 수 없으며, 그 대신 약한 노동자는 정부가 보호하겠다는 논리에서 출발한 것이다.[8] 이러한 정책은 1948년 7월을 전후에서 전환되는데, 미군정은 노동조합을 용인하고 단결권과 단체교섭권을 인정했지만 파업을 부인하는 정책을 취했다. 미군정은 이 제한된 노동입법으로 전평을 부정하고 대한노총을 자주성 없는 어용조직으로 존속시키는 근거로 삼았다.

헌법속의 노동조항 1948년 제헌의회에서 제정된 헌법은 '각인의 기회를 균등히 하고 국민 생활의 균등한 향상'을 위해 다음의 노동조항을 두었다.

> 제17조 모든 국민은 근로의 권리와 의무를 가진다. 여자와 소년의 근로는 특별한 보호를 받는다.
> 제18조 근로자의 단결 단체교섭과 집단행동의 자유는 법률의 범위 내에서 보장된다. 영리를 목적으로 하는 사기업에 있어서 근로자는 법률의 정

---

[8] 이러한 논리는 독일의 비스마르크가 '사회당 진압'이라는 강권을 발동한 대신 「질병보호법」(1883), 「재해보호법」(1884), 「양로폐질보호법」(1889) 등 일련의 노동자보호법을 19세기에 폭넓게 시행한 데서 볼 수 있다.

하는 바에 의해 이익의 분배에 균점할 권리가 있다.
제19조 노령 질병 기타 근로능력이 없는 자는 법률의 정하는 바에 의해 국가의 보호를 받는다.

헌법에 노동자의 이익 균점권과 같은 진보적 조항에는 다음의 배경이 있었다. 1948년 6월 14일 전진한 노총위원장 외 9명의 의원은 노동자는 기업의 이윤 가운데 30% 이상 50% 이내의 이익배당을 받을 권리가 있다는 조항 등 노동관계 조항의 헌법 삽입을 요구했다. 그리고 헌법 전문의 경제부분과 경제조항에 각인의 기회를 균등히 하고 사회정의를 실현시킨다는 취지 아래 중요 자원 산업 기업의 국유 국영화 규정 등 사회주의적 요소가 있었다. 헌법 제18조 2항에는 "영리를 목적으로 하는 사기업에 있어서는 근로자는 법률에 정하는 바에 의해 이익의 분배에 균점할 권리가 있다"고 규정해 노동자의 이익균점권을 인정했다. 그러나 헌법에 이익균점권이 포함된 것은 대한노총의 노력 때문이 아니라 한민당 등 일부 극우세력의 반대에도 불구하고 무소속구락부 등 진보적 의원의 동조가 있었기 때문이다. 또한 그것은 그 시기 대한노총에서 임금노예로의 전락을 거부하고 자본주의체제를 비판하면서 노동도 자본으로 간주해야 하며(노동과 자본의 공동출자), 귀속재산 임차 불하할 때 권익의 50%를 노동자에게 돌아가게 해야 한다고 주장할 수 있었던 사회주의적 분위기, 사회주의자들의 도전, 자본계급의 취약성과 같은 상황에 기인한 것이다.(서중석, 2000, 499~500쪽) 이익균점권 규정은 당시 실정에서 획기적이지만, 그 뒤 정세가 노동자에게 불리하게 전개되면서 구체적인 법률 제정 없이 사문화했다.

국가보안법 제정 단독정부 수립 이후의 일이지만, 국가보안법은 1948년 12월 여순사건 제압을 목적으로 일제시대 '치안유지법'을 근간으로 제정되었다. 국가보안법은 1953년 제정된 형법보다 5년 앞서 제정된 것으로, 이후 반세기를 넘어 21세기에 이르기까지 반독재와 민주화 요구 세력을 '빨갱이'로 엮어 신체적으로, 정신적으로 옥죄는 역할을 했다.9) 국가보안법은 전평이 미군정과 이승만 정권의 탄압으로 약화될 즈음 '국가를 변란할 목적으로 구성된 집단 또는 결사'에 가입하는 것만으로 처벌할 수 있게 해 전평에 가입만 해도 조합원을 처벌하는 '전평 말살 장치'가 되었다. 그 결과 세계적으로 희귀한 법률인 국가보안법은 헌법 위에 군림하는 악법으로 노동자에게 노예와 같은 삶을 강요하고 자주적인 노동운동을 가로막았다.10) 국가보안법이 제정된 직후인 1949년에 이 법에 의해 검거, 투옥된 사람만도 118,621명이고, 6·25전쟁 중에는 '특별조치령'과 결부되어 50여만명이 부역자로 처리되어 처벌되었다. 1968~2000년 사이에 30년 동안 제1심 공판에서 국가보안법에 의한 사형 인원수는 121명이고 내란의 죄가 1명이었다.(한국사형폐지운동협의회, 2001, 413쪽)

한편 국가보안법은 '피와 땀을 아끼지 않고 노자간 친선을 기한다'는 강령을 내세운 대한노총이 유일한 노동조직으로 자리잡는 주요한 근거가 되었다.11)

---

9) 국가보안법은 1948년 12월에 처음 제정되어 몇 차례 개정을 겪다가 2·4파동을 거쳐 현재의 체제와 비슷한 신 국가보안법이 제정되었다. 4·19 직후 악법으로 지목되어 폐지되었다가 1960년 6월 새로 제정되면서 대폭 수정되었다. 5·16 후 1961년 7월 반공법이 제정되었고 국가보안법도 강화되었으나 현실적으로는 대부분 반공법이 우선 적용되었다. 현행 국가보안법은 1980년 12월 국회가 해산된 상태에서 국가보위입법회의에서 통과되었다. 당시 국보위는 반공법을 폐지함과 동시에 이를 국가보안법에 흡수시켰는데 그것은 양자가 중복되는 점이 많다는 기술적 이유뿐만 아니라 이제까지 한국이 '반공법'이라는 이름의 법을 가진 유일한 나라라는 비판을 받아 왔고 비적성 공산국가와의 관계 정상화 추진에 장애가 된다는 명분도 작용했다.
10) 박정희 정권 아래 반공법과 결부되어 6천여명이 구속되었으며, 1980년대 이후 노동운동이 활발해지면서 노동운동가에게 국가보안법이 무차별하게 적용되기 시작, 지금까지 수만명이 국가보안법으로 입건 구속되었다.
11) 민주금속연맹, 「민중의 피로 범벅된 정권 유지 51년」, 『금속노동자 제7호』 1999. 10. 15.

3. 북한의 정권 수립과 정책

정권의 수립 북한에서는 과거 경험에서 일체 파벌투쟁을 청산하고 통일된 당 재건이 강하게 요구되어 1945년 10월 전국의 공산주의자 대표가 평양에 모여 중앙지도부로서 북조선공산당조직위원회를 조직하고 김일성이 위원장이 되었다.12) 이후 전국적 규모의 반제 반봉건 민주혁명을 수행해 북한에 민주기지 창설 강화노선이 실행 성공했고, 노동자를 중심으로 농민과의 동맹을 강화해 광범한 전근로대중 인텔리를 포함한 ML주의에 의한 새로운 형의 대중적 당창건 노선이 결정되고, 1946년 8월 북조선 공산당과 신민당이 합동해 북조선노동당이 결성되었다.

북한에서도 남한의 단독정부 수립(1945. 8. 15)에 대응해 해주에서 최고인민회의 대의원을 선출하고(8. 25), 이어서 북한헌법을 채택해(9. 3) 9월 9일 '조선민주주의인민공화국' 수립을 선포했다. 이는 소련군의 진주와 더불어 북한지역의 우익세력이 대거 남하해 정치지형이 단순해졌고 또한 토지개혁 등 반봉건민주주의 개혁이 비교적 단기간에 급속하게 전개되어 사회적 통합이 일정 수준까지 이루어졌기 때문이다. 그러나 북한의 급속한 개혁정책과 사회주의체제로의 이행 움직임은 남한의 우익세력과 미국에 커다란 경계심을 심어 주었으며, 이는 당시 좌우, 남북협력에 의한 통일정부 수립에 역으로 장애가 되었다.

북한의 노동조직에는 조선직업총동맹(직총, 1951), 조선사회주의

---

12) 소련 당국이 김일성을 지도자로 선택한 데는 여러 가지 논의가 있지만 대체로 다른 세력들을 부정적으로 평가한 결과라는 데 일치한다. 조선공산당 당수 박헌영(1900~56)은 소군정과의 연계가 미흡하고 과거 코민테른에 참여한 경력이 있으며 소련 지도부에 잘 알려져 있지 않았고, 오기섭(1903~?), 김용범(1915~6·25전쟁 때 전사) 등 북한의 국내파 공산주의자들도 비슷한 이유로 배제되었다. 또 무정(1905~51)이나 김두봉(1889~1961) 등 연안파 공산주의자들은 북한에 뒤늦게 당도한 데다가 중국공산당과의 밀접한 관계가 부담이 되었다.(안드레이 란코프,『소련의 자료로 본 북한 현대정치사』, 1995, 72~78쪽 ; 서주석, 1999, 15쪽에서 재인용)

로동청년동맹(사로청, 1946), 조선민주여성동맹(여맹, 1945), 조선농업근로자동맹(농근맹, 1946)이 있었다.

1946년 4월 전평 북조선총국이 분리되어 북조선 노동총동맹이 되고, 5월 북조선 직업총동맹(직총)으로 발전해 35만 노동자를 결집했다. 이후 120만명의 조직원으로 늘어난 북한 직총은 세계노련에 가맹했다. 9개 산업별 조직과 도·시·군 조직으로 구성되었다.

민주기지노선 1945년 10월 10일 개최된 서북5도 당 대회에서 민주기지노선이 구체적으로 언급되지는 않았지만, 조선공산당 북조선분국 설립 자체가 민주기지노선을 반영한 것이었다. 민주기지론은 소련군이 점령한 38선 이북이 혁명을 위해 더 유리한 조건을 가지고 있으므로 북한에서 먼저 혁명을 해 민주기지를 강화한 다음 남한을 포함하는 전조선혁명으로 발전시킨다는 내용이었다. 민주기지론은 민주개혁 시기 북한의 변혁과 통일의 총노선이었으나, 1960년대 초 남조선혁명과 조국통일론이 제시되면서 의미가 약화되었다.

식민유제의 청산 북한은 처음부터 실권을 장악하고 사회혁명의 일환으로 식민지 유제 청산을 급속히 진행했다. 친일세력은 보안대의 수색과 인민재판의 이름으로 처단되었다. 그리고 1945년 12월 소작제 '3·7제 투쟁'을 통해 소작농민의 의식을 개조시키고 농민조직을 강화했으며, 그 기반 위에 무상몰수 무상분배의 토지개혁을 실시했다. 1945년 말부터 준비된 토지개혁법령은 1946년 3월 발표, 일본인과 민족반역자의 토지 및 5정보 이상의 자작지를 무상몰수(약 1백만 정보)해 70여만 호에 무상분배하고, 경작농민에게 생산량의 25%를 현물로 수납토록 했다. 북한은 또 주요 산업을 모두 국유화했다. 철저하게 시행된 토지개혁과 산업 국유화는 단기간에 농업 및 공업생산력을 높이는데 기여했다. 그 결과 지주계급이 청산되었으며 북조선공산당에 대한 농민의 대중적 지지가 강화되었다. 북한의 토지개혁은 남한의 농민투쟁에 영향을 미치는 한편, 북한의 친일 친미파 제거, 토지개혁의 영향으로 월남한 100여만에 이르는 지주 상인 세력과 남한 지주 우익 세력에 의해 남한의 보수우익화를 촉진시키기도 했다.

중요산업 국유화와 '민주개혁' 북조선임시인민위원회는 1946년 8월 10일 '산업 교통 운수 체신, 은행 등의 국유화에 관한 법령'을 발표하고 일본인과 민족반역자 소유의 중요 생산 은행시설 등 당시 북조선 공장 기업소의 90%에 달하는 기업을 무상으로 몰수해 국유화시켰다. 그 뒤 개인소유의 생산 유통기관 등을 제외시키고 기술자 확보에 부심하는 등의 제반정책을 통해 산업부흥에 노력했다. 이외에도 북조선임시인민위원회는 8시간 노동제, 14세 미만 소년노동 금지, 의무적인 사회보험제, 성·연령별 임금차 폐지, 성문화된 등급체계에 따른 임금정책, 남녀간 평등한 권리보장 등을 추진해 나갔다. 북한은 여성의 노동계급화 정책에 따라 일을 할 수 있도록 동일노동 동일임금, 호주제 철폐의 남녀평등권과 모성보호를 법적으로, 제도적으로 보장했다.

4. 미국지배와 분단에 저항한 노동자 민중

1) 노동계급의 상태와 과제

(1) 계급구조와 노동계급의 구성

1945년에서 1955년에 이르는 기간은 부분적인 사실을 알려주는 통계는 있지만, 사회 전반의 계급구성을 살펴 볼만한 전체 인구에 대한 사회통계가 없는 통계의 공백기였다. 그러므로 이 시기의 계급구성을 살펴보는 것은 어렵고 부분적인 통계를 통해 당시 사회상에 가능한 접근하려 노력할 뿐이다.

먼저 1945년 직후 변화로 가장 주목할 만한 부분이 인구의 변동이다. 38선 이남의 인구는 1945년 1,588만명, 1946년 1,937만명, 1949

년 2,017만명으로 1945년부터 1946년의 1년 사이에 거의 300만명 이상 증대했다. 이러한 인구의 급증은 일본, 중국, 만주 등지로부터의 귀국자와 38선 이북에서 귀환 내지 월남한 사람 수에 기인했다.(공제욱, 1991, 63~66쪽)

당시 민중 구성에서 가장 큰 비중을 차지하는 층이 농민층이었고, 8·15 직후 농민층의 요구, 즉 토지개혁 요구가 가장 중요한 정치적 쟁점이 되었다. 당시 농민의 비중은 약 70%를 넘는 수준이었을 것으로 추정된다. 이는 일제시기에 공업시설이 주로 북한지역에 집중적으로 건설되었고, 남한은 주로 농업지역이었다는 사실과 연관이 있다. 그런데 귀환자 등에 의해 인구가 급증한 1946년에는 농가인구의 비중이 거의 10% 이상 감소했는데, 이는 통계상의 오차도 크겠지만, "…농촌생활에서 일본 만주 북한의 공업부문으로 이전된 한국농민들이 한국에 돌아왔을 때, 그들은 더 이상 농민도 아니었고, 그렇다고 전형적인 노동자도 아니었다"라는 브루스 커밍스의 말이 당시의 사정을 설명해 준다.(브루스 커밍스, 1981, 115~126쪽)

종업원 규모 5명 이상 사업체(정부부문과 공공부문 제외)에 종사하는 노동자수의 추이를 살펴보면 1944년에 9,323개이던 사업체의 수가 1946년에 5,249개로 줄어들고, 노동자수도 약 30만명(남한에 한정)이던 것이 12만 2천명의 수준으로 감소했다.(감소율 59.4%) 이것은 일제시대에 식민지적 재생산구조를 형성해 오다가 8·15이후 일본과의 관계가 단절되고, 일본인 소유 중심의 자본, 원료공급체계의 단절, 일본인 중심의 기술자들의 이출로 경제가 마비상태에 이르고 또 남북분단으로 부담이 가중된 데 따른다. 그러나 중소기업들의 설립 붐에 따라 회복세를 보였다.(공제욱, 1991, 67쪽)

1946년에 완전실업자는 105만명에 이르렀다. 이 가운데 귀환동포 실업자 58만 7천명, 기타 실업자 46만 3천명이었다. 노동자가 전 인구 가운데 차지하는 비율은 8%이고, 이 가운데 여성노동자 29.3%, 미성년노동자 10.7%였다.(노동자대학 교재편찬위원회, 1990, 141) 남성 노동자의 92%, 여성노동자의 96%가 초등학교도 제대로 졸업하지 못했다. 1948년 미군정 사업체 조사에서 제조업 여성노동자 수는 35,197명으로 전체 노동자 136,769명 중 25.7%이었으며, 전체 제조업 여성노동자의 66.1%가 방직공업에 종사했다.

(2) 노동과정

해방 이후 일본의 식민지 치하에서 건립되었던 공장은 그 가게와 건물만 남았고, 경영자와 기술자의 대부분을 차지하던 일본인들이 사라짐에 따라 운영을 하지 못하는 상황이었다. 일본에 종속적인 경제체제를 유지 강화하고 있는 시점에서 일본과의 관계 단절은 곧 생산 체제의 원료 구입, 기계 도입선, 해외 시장의 단절을 의미했다. 물론 대부분의 생산체제는 일본인이 경영주체로 등장했었기 때문에 경영권의 혼란 역시 초래했다. 이념적인 대결에 의한 공장관리운동, 경영진 배척운동을 통해 노사관계는 물론 작업조직의 변화를 야기했다. 이러한 국가체제와 경제체제의 공백기에 새로운 경제체제가 등장했으며, 이에 따른 국가체제와 공장 내 경영체제가 성립했다.

1945년 직후에는 일시적으로 자주관리제도가 등장해 집단적으로 작업을 평가하는 방식이 존속하기도 했으나, 이는 곧 경영자의 권한으로 넘어갔다. 생산공정의 설계, 생산계획, 생산 목표량의 설정을 주로 경영자가 하며, 그러나 이를 강제하는 방식에서는 전근대적인 단순한 위계적 인격적 통제를 통해서 이루어졌다.

일제가 일단 물러가 치안유지법 정치범처벌법 예비검속법 출판법 등이 폐지되고 그에 따라 노동자들은 상당히 자유롭게 활동할 수 있었다. 1930년 이후 일제의 탄압으로 지하에 잠복했던 노동운동은 다시 폭발했다. 결론적으로 미군정과 제1공 수립과정에서 가장 피해를 입은 사회계층은 조직노동자였다. 미군정의 군사문화가 작업 현장에도 영향을 미쳤다.

노동시간 노동자들의 하루 평균 노동시간은 12시간을 넘었고, 공휴일이 없는 사업장도 35.2%나 되었다. 미군정청의 「최고노동시간에 관한 법령」은 노동자의 노동시간을 1주당 48시간으로 정하되, 60시간을 초과할 수 없게 했다. 48시간을 넘을 경우 시간당 기본급료의 15할 이상을 지불하도록 규정했고 위반시의 벌칙도 정했다. 그런데도 군정청 조사에 따르면 1947년 11월부터 12월말까지의 2개월 동안 적발된 최고노동시간법 위반이 157건이나 되었다. 그러나 고용주가 처벌되지 않았으며 실제 위반 건수는 이보다 많았다.

임금 당시 경제상황은 일제의 산업형태가 군수산업이었기 때문에 해방이 되고나서도 급속히 평화적이며 자주적인 경제체제로 바꾸기 어려운 처지였다. 더욱이 각 기업체의 기술자나 관리인들이 대부분 일본인이었기 때문에 해방 직후에는 공장문을 닫거나 작업을 단축하는 경우가 많았다. 1947년 3월 남한의 경우 전매사업장과 국영사업장을 제외하고 1943년에 비해 작업중인 사업장 수가 55.3%, 노동자수는 47.5%로 줄어들었다. 그리고 패망한 일본인들이 귀국하기 전에 화폐를 마구 찍어냈고 미군정도 필요에 따라 화폐를 남발했다.

한국은행권의 발권 추이를 보면, 1945년 8월 60억 2천만원이던 것이 1947년 8월에는 19억 4천만원으로 남발했다. 이에 따라 물가지수는 1936년 100을 기준으로 1947년 1월에는 33,272, 1947년 12월에는 55,961로 급격히 상승하고, 반대로 실질임금은 1936년 기준으로 1947년 1월에는 34.41%, 1947년 12월에는 30.54%로 각각 저하했다. 또 전공장의 1.7%만이 의료시설을 갖추었다.

노동시장 1949년 실시된 인구 센서스에서 남한 인구는 2천만명으로 추계되었으며, 20세 미만의 인구구성은 1949년에 전체 인구의 51.6%를 점유했다. 1950년에 도시 인구의 비중은 18%에 불과했다.

산업체의 정휴와 귀국자의 증가로 실업자가 많았다. 1946년 11월 15일 현재 남한의 실업, 무직자의 총수는 약 110만 2천여명에 이르렀다.

1946년 통계에 따르면 실업률이 12.6%였고 1947년의 표본조사에 따르면 서울시와 경기도의 실업률은 각각 30%와 24%로 일제 때인 1932년의 11.7%보다 높았다. 그러나 민중들이 느끼는 실제의 실업률은 노동인구의 거의 반이었다. 또 귀환동포와 월남이주민의 급증으로 경제사정은 더욱 악화되었다. 그래서 치안유지법이 폐지된(1945. 10) 뒤 전국적 노동조직이 만들어지고 노동쟁의도 빈번해졌다.

(3) 노동자의 생활

근로민중의 생활자료를 생산, 공급하는 농업과 공업은 일제가 물러간 뒤 일종의 생산공황에 빠졌다. 남북의 분단으로 인한 산업구조의 분단과 기술 원료 공급의 중단 때문이다. 생산조직이 파괴돼 생산활동이 중단됨에 따라 생활물자의 부족으로 노동자와 농민의 생활 상태는 악화되었다. 1946년 남한의 공업생산력은 1939년에 비해 5분의 1로 줄었다.

물가는 1944년에 비해 1946년에 92배로 올랐는데, 임금은 이를 따라가지 못해, 1945년 5월 대비 1946년 5월의 임금은 물가가 오른 것에 비해 1/13밖에 안되었다. 특히 민중의 생활에 절대적인 영향을 미치는 쌀값은 계속 뛰어 구할 수도 없었다. 1945년 쌀 생산량은 1944년에 비해 60%나 늘었지만 미군정의 자유판매 식량정책 때문에 매점매석하는 일이 많았다. 쌀파동이 일어나자 미군정은 1946년 초부터 비로소 식량의 수집 배급을 본격화했으나 1945년산 미곡수집은 총생산량의 5.3%를 모으는 데 그쳤다. 쌀 부족을 견디다 못한 서울 시민들은 연일 기아 항의 행진을 벌였으며, 1946년 후반 지방에서는 지구, 군정 경찰, 관료들로 구성된 탈취대들이 쌀을 강제로 공출하면서 민중들의 원성을 불렀다. 이런 소용돌이 속에서 돈 있는 사람은 쌀이 남아도는데, 가난한 사람은 옥수수와 밀가루나마 끼니를 때우면 다행일 정도였다. 1946년 서울 사람들이 데모를 했는데 구호 가운데 "쌀 쌀 쌀을 다오. 쌀이 없으면 죽음을 다오"라는 구호는 식량난이 얼마나 심각했는지를 잘 보여준다. 입에 풀칠이라도 하려면 어린아이들까지 일터에 나가야 했다. 실업자들의 연초 등 일용잡화 행상이 격증했다.

2) 노동자의 요구와 투쟁

노동자 농민 등 민중의 어려운 생활의 요구에 따라 광범위하게 전개된 해방공간의 사회운동은 정치운동과 결합되거나, 정치운동으로 발전했다. 왜냐하면 민중들의 조그만 생활개선도 식민지 지배질서의 철저한 청산과 자주독립국가의 건설을 통해서만 가능했기 때문이다. 일본을 대신해 새로운 정치지배자로 등장한 미국 역시 민중의 자발적인 변혁운동을 철저하게 탄압하고 적대시했다. 미군정 아래 경제상태가 조금도 개선되지 않아 미군정과 민중의 대립은 더욱 첨예화되어 갔다. 미군정에 의해 재기용된 식민지시대의 경찰 관료 등 억압기구는 변혁운동을 저지했고, 식민지적 질서를 유지하는 첨병 역할을 수행했다.

이 장에서 노동자 투쟁은 생산현장에서의 투쟁과 노동자 민중의 연대 항쟁으로 나누어 서술하고, 시기는 1946년 7월 '신전술'을 전후의 소시기로 나누어 서술한다.

(1) 신전술 이전

큰 흐름은 노동자 자주관리 운동과 전평의 건설과 투쟁이었다. 해방 직후 노동자들은 공장위원회를 결성하고 적산과 친일자본가의 공장 기업소를 접수 관리하는 자주관리운동을 전개했다. 1945년 11월 조선공산당의 주도로 조선노동조합전국평회(전평)가 조직된 이후 노동운동은 미군정에 대한 정치투쟁적 성격을 강하게 띠었다. 이에 대응해 이승만 우익세력들은 1946년 3월 10일 대한독립촉성노동총연맹(대한노총)을 결성했다. 한편 해방 직후 농민들도 자발적으로 토지개혁, 소작료 불납 운동 등을 전개했으며, 1945년 12월 8일 전국농민조합총연맹(전농)이 조선공산당 주도로 결성되었다. 농민들과 전농은 소작료 3·7제를 관철 하고자 했다. 또 미군정의 강제적 식량공출에 광범하고 지속적인 저항 을 했으며, 토지개혁은 무상몰수 무상분배 방식을 주장했다.

대중들은 새로운 국가를 수립하면서 친일파를 반드시 척결해야 한다 고 생각했다. 때문에 친일파 처리문제는 계속적으로 좌우대립의 중요한 정치적 사안의 하나였다. 미군정과 우익이 친일파 처리를 정부 수립 이 후로 미루자는 회피적 전술로 나온 데 좌익세력과 대중들은 즉각적인 척결을 주장했다. 조선공산당은 미소공위 결렬 뒤 미군정의 좌익탄압 강화에 대응해 1946년 7월 26일 '신전술'을 채택, 적극적인 투쟁전술로 전환했다.

노동자 자주관리운동 8·15해방 당시 한국 광공업의 95%가 일인소 유였던 만큼, 해방 직후의 노동운동은 기업주에 대한 투쟁이 아니라 새 나라 건설을 위한 모든 생산수단의 확보라는 애국운동이었다. 특히 일 인들 소유의 공장, 광산에 대한 노동자들의 '자주관리운동'은 노동운동 지도자들의 지도 아래 전개되었다. 그리고 당시 조선건국준비위원회 또는 조선인민위원회 중앙위원회에서도 이러한 노동자들의 자주관리운 동이 앞으로 건국사업에 기초가 된다는 점을 인식하고 자주관리운동을 지원하는 성명을 발표했다.

8·15를 맞은 조선인들은 당시 모두가 일인들이 조선 땅에서 가졌 던 모든 재산은 원래가 일인들이 이 땅에서 조선인을 강제로 착취한 결 과물인 만큼 그것들은 모두 조선인이 접수 관리해야 할 것으로 생각했 다. 그러므로 일인 소유의 공장 광산 등에서는 조선인 종업원들이 즉각

일본인 경영주를 축출하고 스스로 이것을 장악하려는 움직임이 도처에서 일어났다. 또한 당시 일인 기업주들은 기업체 재산을 재빨리 처분하고 일본으로 귀환을 서두르고 있었던 만큼 이러한 종업원들의 접수행위는 일인들의 공장파괴행위를 미연에 방지하려는 애국운동이기도 했다. 또한 모리배의 비애국적 행위에 대한 자구운동이고, 민족자본 육성을 위한 경제재건운동이었다.13)

노동자들은 8·15 직후에는 직장폐쇄에 항의해 퇴직금 요구 투쟁을 전개했으나, 곧 공장을 노동자가 관리하는 '자주관리운동'을 전환했다. 이 운동은 노동자들 스스로 만든 '자치위원회' 혹은 '공장위원회'가 운영했다. 전평을 중심으로 한 노동자 조직이 생겨나면서 노동자들의 자주관리운동은 조선화물자동차 인천알미늄 오스카인쇄소 화신산업 조선피혁 경성전기 등 조직화한 공장에서 많이 일어났으며 운수업과 상업 분야, 나아가 극장, 학교까지 전개되었다. 노동자들이 기업체를 스스로 관리한다는 뜻과 엇비슷하게 조선 농민들은 일본인 소유 농지를 접수관리하기도 했다. 1945년 11월 4일 현재 16개 산별노조에 어림잡아 728개 공장관리위원회가 구성되었고 여기에 관련된 노동자 8만 8천 명이었다. 자주관리운동은 대부분 노동자가 공장을 접수해 관리했지만 드물게 노동자와 자본가가 함께 공장을 운영하는 경우도 있고 인민위원회가 직접 접수해 관리 감독하기도 했다.

대구 남선합동전기주식회사(남전)에서는 미군정이 회사를 수도경찰청장 장택상의 형인 친일분자 장직상을 사장에 앉히자 남전 대구지점 노동자와 대구시민들은 4개월 동안 이를 물리치기 위해 투쟁했다.(1946. 2) 친일자본가 배척 투쟁은 대구 각 사회단체의 중재에 따

---

13) 조봉암의 회고에 의하면, 인천의 많은 공장들에서는 노동자들이 자치적 조직해 공장들을 지켰고, 애초 인천의 인사로서는 부당한 수단으로 공장을 자기 것으로 차지한 일이 없었는데, 미군정이 들어서자마자 미군정 최고기관으로부터 명령서, 지시서를 손에 쥔 많은 모리배들이 달려들어서 공장을 접수했고, 그 공장들을 속속들이 팔아먹고 빈 껍질만 남겨 놓았다고 했다.(권대복, 『진보당』, 지양사, 1985, 388쪽)

라 장직상을 옹호하는 미군정과의 타협으로 끝났지만, 결국 9월총파업과 10월 대구 민중항쟁의 도화선이 되었다. 대구의 삼류화학공업주식회사에서는 일본인 사장이 물러간 뒤 노무과 관리자인 황인필이 공장을 차지하자, 이일재를 중심으로 한 노동자들은 공장을 접수해 자주관리에 들어갔다. 이들은 군수산업을 평화산업으로 전환시켜 일본의 '제오라이트' 회사에서 만들던 가루치약을 생산했다. 이들은 공장뿐만 아니라 관사도 접수해 노동자들이 들어와 살게 했으며 북성루에 따로 있던 사무실은 전농의 사무실로 내주었다. 이런 양상은 전국적으로 비슷했으며, 대구의 중심산업인 섬유와 고무공장에서도 비슷하게 진행했다.(방현석, 1999, 114~116쪽)

그러나 노동자들은 모리배들의 공장 접수가 또 하나의 자본가를 만든다는 것을 명확히 인식한 것은 아니고, '접수'와 '분배'에 치중하는 경향이 컸다. 그리고 자주관리운동이 미조직 노동자들까지 광범위하게 조직하는 계기가 되어야 한다는 것과 또 노동조합 사업의 일부분이라는 점을 자각하지 못했다. 이로 인해 노동조합활동을 일시 정지하거나 노동조합사업을 공장위원회사업과 같은 것으로 생각하는 경향이 나타났다. 전평은 1945년 11월 「산업건설 협력방침」을 제기하고 이에 기초해 『전국노동자신문』에 자주관리운동의 방향에 대한 입장을 발표했다. 즉 현재 가장 심각한 문제는 실업자와 물자부족 문제이므로 파업을 되도록 자제하고 정상조업을 통한 실업자 구제와 미조직 노동자의 조직화에 노력하자. 또 이를 통해 민중적 정부수립의 기초를 마련해야 할 뿐만 아니라 자주관리운동 역시 민중적 정부수립 투쟁에 종속시켜야 한다. 그리고 소련과 미국이 협력 관계를 유지하고 있으므로 미국의 반동적 성격이 약화될 수밖에 없고 이 협력관계가 지속되는 한 평화적 방식과 민중적 정부수립이 가능하므로 미국과의 충돌을 되도록 피하자고 주장했다. 이 방침에 나타나는 전평의 자주관리운동과 미군정에 대한 태도는 조선공산당의 8월 테제와 일치했다. 전평은 이미 전세계적으로

미소협력관계가 무너지고(노동자대학 교재편찬위원회, 1990, 144~
145쪽) 미소공동위원회가 전망이 없음을 예견하지 못했다.

한편 미군정 법령 제2호는 '국공유재산은 군정이 접수하고 일본인
사유재산은 매매를 허가한다'고 했다. 그러나 사유재산 존중을 내세워
자주관리운동을 봉쇄하려고 했던 미군정은 신변의 안전을 위해 꽁무니
를 내빼기에도 바쁜 일본인들이 자산의 공장을 매각할 여유가 없으며
결국 남아있는 노동자의 손에 떨어질 수밖에 없음을 뒤늦게 깨달았다.
그러자 미군은 '사유재산권 존중'이라는 말은 버리고 '공사유公私有를
막론하고 일본인의 모든 재산은 1945년 9월 25일부로 소급해서 조선
군정청이 소유한다'는 군정 법령 제33호를 1945년 12월 6일에 공포,
자주관리운동을 불법화했다. 그리고 노동자들이 관리하고 있는 공장을
군정청에 귀속시키라고 요구하면서 아놀드 군정장관은 "기업의 지배를
맡길 만한 적임자가 눈에 띄게 되고, 그런 인재가 육성되기만 하면 즉
시 한국인에게 경영을 맡길 것이다"라고 했다.

미군정은 오히려 자주관리운동을 탄압하고 귀속재산 불하와 불철저
한 토지개혁을 서둘렀다. 그 사례가 화순탄광 자주관리운동의 좌절이
었다. 즉 "화순탄광 노동자들은 8·15 직후 스스로 자치위원회를 조직
하고, 파괴된 광산을 부흥시키기기에 전력을 집중했기 때문에 점점 생
산률이 오르게 되어 10월경부터 상당한 성적을 냈다. 그럼에도 불구하
고 11월초에 미군이 들어와서 탄광을 무조건 접수하고, 서울에서 데려
온 임성록을 소장으로 앉히고 노조 간부를 불러다 놓고 '너희들이 군정
에 협력해 산업부흥에 전력을 다하기를 바란다. 만약 노동자들이 임금
투쟁이나 파업을 하면 너희 지도자들을 징역5년을 살리겠다'고 위협했
다"[14]고 했다. 자주관리운동은 1946년 8월 뒤에는 거의 찾아볼 수 없
었다. 미군정이 임명한 관리인 배척 운동은 1946년 9월까지 이어지지

---

14) 『해방일보』 1946. 4. 27. 『말』 1989. 9. 1에 실린 「미군의 화순탄광노동자 학살」 참조.

만 1946년 9월총파업이 탄압받은 뒤에는 이것마저 사라졌다.

전평이 노동자 자주관리운동을 발전시키려고 힘을 기울인 흔적은 그다지 많이 드러나지 않는다. 오히려 전평 지도부는 이 운동에서 나타난 '극좌적 편향'과 '소시민적 오류'를 걱정했다. 노동자들이 아래에서 밀어붙이는 투쟁 속에서 엄청난 힘이 숨어 있다는 것을 미처 깨닫지 못한 채 조선공산당이 세워둔 '산업건설운동' 방침 안에 노동자의 투쟁을 가두었다. 이 때문에 자주관리운동이 가졌던 힘은 날이 갈수록 사라졌으며 운동도 퇴조했다.(최규진, 1993b, 195쪽)

노동쟁의 8·15 직후 미군정 시기는 독립국가 건설에 따른 정치적 혼란 외에도 경제적으로 엄청난 물가상승과 실업자 증가로 노동자들은 하루하루 생계를 유지하기도 힘들었다. 이러한 현실은 노동운동에서도 잘 나타나 쌀값이 오르면 노동쟁의도 역시 증가하는 추세였다.

미군정청 노동부 조사에 따르면 1946년 총 170건에 5만 7434명이 참가했고, 1947년에는 총 134건에 3만 5267명이 쟁의에 참가했다. 1947년에는 이미 노동운동이 소극화되는 면이 보였다. 이것은 쟁의 원인을 살펴보면 더욱 분명하다. 즉 1946년에는 임금인상, 노동시간 단축, 감독자의 배척, 노조 승인, 휴일임금 지불과 미지불 급료 등 공격적 노동쟁의가 78%를 점하고 있는데 비해 1947년에는 18%로 감소했다.

그리고 쟁의 원인은 1947년 '3월 총파업'을 제외한다면 해고반대가 35건으로 가장 많았고, 그 다음이 임금인상 요구 16건을 차지했다. 이것은 1946년에도 비슷한데, 그 만큼 노동자에게 가장 절실했던 것이 우선 일자리가 있어야 한다는 점에서 당시 노동운동은 폭발적으로 전개되었다. 이 시기에 전평이 주도한 주요 노동쟁의로는 1945년 10월 친일파 박흥식 사장을 반대한 화신백화점 쟁의, 그와 같은 내용의 1946년 3월 남전 대구지점 노동자 쟁의, 1946년 5월 메이데이 기념행사를 이유로 제기된 동양방직 노동자들의 파업, 그 밖에 경전 전차승무원 파업 등이 있었다. 최초로 일어난 인천 노동조합의 파업은 미군이 미군 진주를 환영하는 군중에게 총을 쏜 것에 항의한 것이었다. 당시 노동자의 요구조건은 일본 헌병과 경찰관의 즉시 무장해제, 인천시 보안은 인천시 청위원회와 보안연대에 일임할 것, 방종한 경찰관과 책임자를 인천시청 접수위원회에 즉시 인도할 것, 조선인민공화국 만세, 연합군 환영, 전범자 처벌, 일제의 완전 구축, 일본 경관대의 무장해제 등이었다. 이 노동자의 요구는 노동자계급의 민중적 정부수립 의지가 있었다.(노동자대학 교재편찬위원회, 1990, 138쪽)

1946년 들어 전평은 미군정의 관리인제도에 의해 지금까지 추진해 온 자주관리운동의 기반이 침해받으면서 공장마다 친일파와 악덕 기업인이 관리인으로 등장하게 되자, 전평은 이들이야말로 악덕관리인이고 비양심적인 기업인이라고 선언하고 반대투쟁을 전개하기 시작했다. 또한 전평은 당시 식량부족으로 인한 민중의 고통을 대변해 쌀획득 투쟁을 전개하고 '쌀 요구회'의 조직화도 전개했다. 쌀 획득 투쟁은 노동자 대중의 일상적 이익에 기초를 둔 조직적 동원을 통해 민중적 정권을 실현해 나간다는 전평의 기본노선에 따라 전개한 것으로 1946년 봄 춘궁기(보릿고개)에는 연일 파업과 궐기대회가 계속되었다.

1946년 9월 총파업으로 전평이 미군정과 충돌하기 전까지는 비교적 노동조합이 강력하게 요구조건을 밀고 나가 쟁의를 성공적으로 마친 경우가 많았다. 그러나 미군정이 민중운동 세력을 제거하려는 의도로 9월 총파업을 탄압하면서부터는 노동자들의 파업이 성공한 경우는 거의 찾아볼 수가 없다. 결국 이것은 노동운동 세력의 역량이 미군정이나 통치권보다 힘이 약했고, 또 투쟁의 전개과정에서 이 한계를 극복하지 못한 점을 의미한다.

(2) 신전술 이후

조선공산당은 1946년 7월 하순경부터 '정당방위의 역공세'를 표방하며 소위 '신전술'로 전환했다. 이는 미군정측과 우익세력의 좌익에 대한 적극 공세에 대처한 수세적 대응이었다. 이에 대해 미군정청은 9월 들어 박헌영 조선공산당 당수 체포령을 내리는 등 탄압적 태도를 더욱 노골화했다. 경제도 최악의 상황이었다. 이에 전평은 9월 24일 철도노동자를 중심으로 총파업에 들어가고, 이것이 10월 들어 인민항쟁으로 발전했다. 인민위원회 파괴, 친일경찰과 관료 우대, 강제적인 식량공출 등 그간의 미군정 정책에 대한 노동자 민중의 불만이 일시에 터져나왔다.

1차 9월총파업(1946. 9. 13) 좌익은 신전술 채택을 고비로 총력 투쟁했다. 9월총파업, 10월인민항쟁으로 국면전환을 시도했으나 결국 좌절했다.

9월총파업은 해방 후 민군정에 대한 혁명세력의 수세적 위치를 공세적 위치로 전환시키려는 조선공산당의 '신전술'의 채택에 의해 전개되었다. 미군정에서는 9월 총파업이 북한공산당의 지원을 받은 것으로 보았으나, 그것은 처음부터 조선공산당의 박헌영계가 주도했다. 이에 대해 여운형은 총파업이 3당합당과 좌우합작을 어렵게 한다고 반대했다. 김일성은 미군정의 탄압이 예상된다고 하면서 지지했다.[15]

9월 총파업은 전평 조직 가운데 가장 강력하고 임금과 노동조건이 가장 열악한 철도부문의 서울 철도국 경성공장의 투쟁을 시발로 개시되었다. 당시 엄청난 물가상승과 식량난 때문에 도저히 생활을 유지할 수 없는 상태에서 9월 1일 월급제가 일급제로 바뀌자, 이 공장 노동자 3,000여명은 13일 노동자대회를 열고 다음과 같은 요구조건을 미군정청 철도국장 맥크라인에게 제출하고 태업에 들어가며, 1주일 안에 성의 있는 답변이 없으면 파업에 돌입한다고 결의했다. 이들은 '점심 지급, 노동자 사무원에게 1일 4홉, 모든 시민에게 1일 3홉 이상의 쌀 배급, 일급제 폐지와 월급제 실시, 가족수당 1인당 600원 지급, 현재의

---

15) 정병준, 1995, 『몽양 여운형 평전』, 한울, 326쪽.

물가수당 1,120원을 2,000원으로 증액할 것, 운수부 직원에 대해 같은 대우를 해 줄 것, 공장폐쇄 해고 절대반대, 노동운동의 절대자유, 검거 투옥중인 민주인사 석방' 등이었다.

그러나 노동자의 요구조건이 노동자대표와 운수부장 사이의 협의에서 관철되지 못하자, 9월 23일 3,000여 노동자들은 다시 운수부장에게 요구조건 수락을 진정했다. 그런데 운수부장 코렐슨은 "인도사람은 굶고 있는데 조선사람은 옥수수를 먹고 있으니 행복한 것"이라며 폭언을 하며 이들의 요구를 거부했다.

이러한 가운데 철도국 산하 부산, 전남지구의 공장에서도 경성공장의 결의에 호응해 똑같은 요구조건이 제출되고 9월 23일에는 부산 철도공장에서 파업이 시작되었다. 이 소식을 들은 철도 노동자들은 '남조선 철도종업원 대우개선 투쟁위원회'를 만들고, 9월 24일 전평의 주도 아래 '남조선 총파업 투쟁위원회'를 결성했다. 이렇게 되자 남한의 동맥인 철도는 일대 혼란에 빠졌고, 이에 미군정장관 러치는 25일 담화문을 발표해 파업에 강력히 대처할 것을 밝혔다.

그러나 경성 철도공장 노동자들은 이에 굴하지 않고 시위행진을 했으며 기관구 1,000여명의 노동자들은 직장에서 농성을 하고 자위대를 조직하는 등 강경한 동정파업을 개시했고, 26일에는 파업을 계속하자는 의견과 합법적인 투쟁을 하자는 의견으로 엇갈렸으나 결국 파업 계속론이 우세해 파업을 계속하고, 27일에는 각 산별노조가 동정파업에 들어갔다.

이리해 총파업은 본격화되었고 초기의 경제적 요구에서 민주인사의 석방, 미군정의 사과, 경찰 처단 등 정치적 이슈를 담았다. '남조선 총파업 투쟁위원회'는 9월 26일 총파업 선언서에서 다음과 같은 요구를 발표했다.

1. 쌀을 달라. 노동자와 사무원, 모든 시민에게 3홉 이상 배급하라!

1. 물가등귀에 따라 임금도 인상하라!
1. 전재민, 실업자에게 일과 집과 쌀을 줄 것!
1. 공장폐쇄, 해고 절대 반대!
1. 노동운동의 절대 자유!
1. 일체의 반동 테러 배격!
1. 민주주의적 노동법령을 즉시 실시할 것!
1. 민주주의적 운동의 지도자에 대한 지명수배와 체포령을 즉시 철회하라!
1. 검거 투옥 중인 민주주의 운동가를 즉시 석방하라!
1. 언론 출판 집회 결사 시위 파업의 자유를 보장하라!
1. 학원의 자유를 무시하는 국립대학교안을 즉시 철회하라!
1. 해방일보, 인민일보, 현대일본, 기타 정간된 신문을 즉시 복간시키고, 그 사원을 석방하라!

이어서 출판노조(26일), 중앙전신국 식료 토건 노동자, 대구 40여개 공장 노동자, 경전종업원, 선원, 부산전신국 노동자, 인천부두노조 등이 파업에 참가했다. 그리고 서울과 지방의 대학과 중학교가 국립대학 설립안에 반대해 이에 동조했다.

총파업에 서울의 295개 공장 노동자 3천여명, 사무원 6천여명이 참가했고, 20여개교의 학생 1만 6천여명, 교수 3백여명이 맹휴에 들어갔으며 그동안 시위 5회, 노동자, 학생과 일반시민 6만 3천여명이 대중 시위를 했다. 파업은 남한 각도시에 파급되었고 지방에서도 60여개 군이 가담했다. 대중적 봉기에 참가한 노동자 학생 소시민 농민의 총수는 1백 10여만명에 달했다. 이 결과 남한의 전 산업기관은 10여일 간에 걸쳐 완전 마비상태에 빠지고 말았다. 파업으로 인해 9월중에 테러 22건, 부상 71명, 피검자 297명, 10월 중 테러 34건, 부상 1,540명, 사망 17명, 피검자 1만 1624명이 발생했다.

이 파업은 물가폭등으로 인한 생활난의 해결보다는 정치적 요구가 주목적이었으므로 미군정의 강력한 제지로 자연 종식되고 말았다. 9월 총파업이 전국적으로 확산되자 대한노총은 26일 40여개의 우익청년단체가 결성한 파업대책위원회와 합해 '전선파업대책위원회'를 결성하고 전평의 파업을 파괴하는 공작에 들어갔다. 29일 하지 군정장관은 방송으로 종업원의 취업을 요청했고, 30일 미군정은 탱크를 앞세우고 군경 3,000여명과 서북청년회 대한독립촉성청년연맹 등 우익청년당원 2,000여명과 다수의 대한노총원 등을 동원해 용산철도공장에서 농성 중인 파업단을 습격했다. 이 습격으로 2명이 사망하고, 간부 16명 조합원 1,200명을 검거했다.16) 또 전평중앙본부를 습격 파괴하고 중앙간부 다수를 검거 투옥했다. 서울에서 대구에 파견된 청년들로서, 이들은 대구시내 중심지에 있는 귀속가옥을 근거지로 해 유치장을 만들고 영장 없이 마구 지방유지 교육자 신문인 실업인 등을 대량으로 잡아 들였다. 그들의 수사 구호는 "대구는 남한의 모스크바이다" "이번에 뿌리를 뽑아야 한다"였다. 그리고 철도 측이 제시한 요구조건은 대한노총이 그대로 다시 제시해 10월 14일 미군정청이 그것을 수락하면서 파업은 일단 수습됐다.

1945년 8월 15일부터 1947년 3월 31일에 이르기까지 쟁의 총 건수 2,388건 참가인원 약 60만명에 달하는 치열한 갈등이 전개되었지만, 이 과정에서 사망자 26명, 피검자 7,836명, 피해고자 1만 5534명이라는 엄청난 피해를 입은 채 자연 종식되었다.

9월총파업은 미군정에게 상당한 타격을 주었다. 그러나 당시 3당합당 문제를 둘러싸고 극심하게 대립했던 사회주의자들은 파업을 효과적으로 지도하지 못했다. 파업은 폭동주의적으로 전개됐으며 노조조직은

---

16) 대한노총 영등포 기계제작소 분회 선전부장이었고 이 작전에서 후문 소대장을 맡았던 김말룡은 "30일 아침부터 영등포지역 대한노총원들과 함께 출동해 외부세력이 들어오지 못하도록 경비를 섰습니다. 후문 쪽에서는 김두한이 쌍권총을 들고 서 있는 것을 목격했습니다" "파업노동자를 구하러 온 사람들은 모두가 반소매의 흰옷을 입고 있었는데, 흰소매부대들은 총을 피해 강으로 뛰어든 사람도 있고 사살된 사람도 수십명이 되었습니다"라고 했다.(『월간 노동자』, 1989년 창간호, 최규진, 1994, 237쪽에서 재인용)

큰 타격을 받았다. 9월총파업의 손실에 대해 전평의 활동적 이론가인 김양재는 9월총파업의 최대 교훈은 합법무대의 활동을 무시하는 여하한 비합법운동도 무의미한 것이고, 또 대중과의 연계를 유지하지 않고 조직을 확대 강화하는 것은 있을 수 없다고 비판했다.(서중석, 1993, 454쪽)

2차 총파업(1947. 3. 22) 9월 총파업 이래 조직은 완전히 마비되었지만, 또다시 1947년 3월 22일 철도노동자를 중심으로, '테러배격, 노조자유보장, 미소공위 재개, 토지개혁'을 내걸고 24시간 시한부 2차 총파업이 일어났다.(이강로[17], 1993, 12쪽) 이 파업에는 노동자 20만 3438명, 농민 소시민이 15만 6700명이 참가했으며 학생 8만명이 맹휴에 들어갔다.

이 때의 요구조건은 경찰 간부의 처단, 경찰의 민주화, 테러 방지, 실업 방지와 생활 확보, 구속된 좌익 지도자 석방 등이었지만, 이들이 파업을 하게 된 실제 원인은 미군정이 우익 노동단체인 대한노총을 옹호하고 전평을 타도하려는 방침을 진행하고 있는 데 대한 반발이었다. 이에 따라 전평은 24시간 시한부 파업을 전개했는데 파업이 전국적으로 확산되자 미군정 당국은 이들의 요구를 무시하고 오히려 대대적인 검거에 나섰다. 미군정 노동부장은 1947년 6월 "정치색을 띤 노동조합은 정당한 단체로 인정하지 않겠다"는 담화와 함께 완전히 전평이 불법화되었는데, 이 때부터 전평은 표면활동이 제한되었고 결국 비합법 지하투쟁으로 나아가지 않을 수 없었다. 이 시점에 세계노련 대표들이 서울을 방문해(3. 30) 한국노동운동의 실태를 조사했는데, 미군정의 폭력적인 탄압을 목격한 이들은 미군정의 노동정책을 비난하는 한편 전평을 한국 노동운동의 중심단체로 인정하게 되었다.

1948년 미국 주도하의 유엔한국위원단 내한 반대 '2·7파업'에는

---

[17] 이강로(1916~94)는 항일운동으로 수차례 투옥 당하고, 전평 충남지부장을 역임해 15년형을 받고 1961년 10년 옥고 후 사면으로 출옥했고, 그 뒤 민족자주통일중앙회의 상임고문, 전국노운협 고문을 역임했다.

노동조합을 선두로 200만명이 참가했고, 5월 10일의 남한 단독의 총선을 반대하는 '5·8파업'을 전개했다. 이 과정을 거치면서 전평은 조직기반을 거의 잃게 되었다.

3차 총파업(1948. 2. 7) 미국이 한반도 문제를 유엔으로 가져가면서 미군정은 전평을 불법화했다. 2·7파업은 '2·7구국투쟁'이라고도 한다. 2·7구국투쟁은 유엔한국위원단이 남한에서 단독선거를 수행하기 위해 내한하는 것을 저지하기 위해 남로당이 전개한 투쟁이었다. 2·7구국투쟁은 전국적으로 전개되었다. 경인 일대를 비롯해 경남북 일대와 전남북, 제주도에 이르기까지 거의 전국적인 규모로 파업과 폭동이 확대되었다. 파업으로 생산을 중단하고 교통 통신기관을 마비시키고 교량, 철도 기관차를 파괴했다. 부산항의 선박노조원은 해상파업을 하고, 장성탄광과 화순탄광의 노동자도 파업에 들어갔다. 목포 인천 강릉의 관상대와 측후소의 일부 노동자도 파업에 들어갔다. 민주학생연맹의 활동으로 일부 학생이 맹휴에 들어가고 수원과 경남지역 농민은 경찰관서를 습격했다. 1948. 2. 7~7. 20 사이까지 파업 30건, 맹휴 25건, 충돌 55건, 시위 103건, 봉화 204건, 총검거 인원 8,479명이었다.

당시 2·7구국투쟁에 남로당이 제시한 구호는 ① 조선의 분할침략 계획을 실시하는 유엔한국위원단을 반대한다 ② 남조선 단독정부 수립을 반대한다 ③ 양군 동시철퇴로 조선통일민주주의 정부 수립을 우리 조선인민에게 넘겨라 ④국제제국주의 앞잡이 이승만 김성수 등 친일파를 타도하라 ⑤ 노동자 사무원을 보호하는 노동법과 사회보험제를 즉각 실시하라 ⑥ 노동임금을 배로 올려라 ⑦ 정권을 인민위원회로 넘겨라 ⑧ 지주의 토지를 몰수해 농민에게 무상으로 나누어주어라 ⑨ 조선민주주의인민공화국 만세 등 9개 항이었다.

4차 총파업(1948. 5. 8) 5·10총선을 반대하는 4차 총파업(1948. 5. 8)과 미군철수 요구파업(1948. 11. 30) 등이 있었다. 4차 총파업 때는 경찰 발표에 따르면 "봉기 70건, 데모 103건, 봉화 204건, 파업 50건, 동맹휴학 34건이 있었다. 8,479명이 체포되어 1,279명이 송청되었다."

이 밖에 인민공화국을 지지하고 미군 철수를 주장하는 투쟁의 하나로 1948년 11월 30일 2시간총파업을 강행했다. 이날 서울 인천 대전 청주 부산 대구 단양 제천 등 8개 시군에서 파업한 공장과 기업체는 304개소이고, 노동자 5만명이 참가하고, 104개 학교가 동맹 휴학했다. 시위는 314개 소에서 15만 3,412명이 참가했다. 살포된 전단 수는 모두 211만 3550매였다.

(3) 단정 수립 이후

1948년 5월 10일 남한만의 단독 총선거를 통해 남한에 단독정부가 수립되었다. 정부 수립 직후 대한노총은 1949년말 현재 단위 노동조합 683개, 12만 8018명의 조합원을 갖고 있어 조합원수는 상당히 많았으나, 이들 조합 가운데 단체협약을 체결한 조합은 불과 2개뿐이었다. 이렇게 대한노총은 노동자들을 위한 조직이라 보기는 어려웠다. 대한노총은 전평을 타도한 뒤부터 내부에서 분열되어 계속 세력다툼을 일삼다가 결국에는 '3월대회파'와 '4월대회파'로 분열되었다. 그 뒤 이들 양파는 이승만 대통령의 조정에 의해 1949년 7월 31일에 통합했지만 노총의 파벌싸움은 그 뒤에도 계속되었다.

그러나 대한노총은 전평 세력이 완전히 제거된 뒤부터 노동조합을 인정하지 않으려는 기업주 정부에 조직으로 살아남기 위해 다시 투쟁할 수 밖에 없었다. 1949년을 고비로 대한노총 산하의 노동조합들은 자기 존립의 기반을 닦으며, 노동조합의 역할을 수행하기 위한 방안을 모색하기 시작했다. 정부귀속재산으로서 국영기업체인 조선전업회사에 새로운 노동조합을 결성해 6월에 조직을 인정받았으며, 국영철도

노동자들로 구성된 대한노총 철도연맹이 노동조합을 제거하려는 정부의 기도를 물리치고 합법적 지위를 획득했다. 대표적인 투쟁으로 철도연맹의 교통부에 대한 투쟁, 조선전업노동자들의 노조결성 투쟁 등이 있었다.

철도노조 지키기 철도연맹은 9월 총파업 때 전평 타도에 크게 기여했지만 대한민국 정부가 수립되자 철도노동자의 단결권을 빼앗기 위해 철도종업원을 공무원 신분으로 바꾸어 그들의 집단적 행동을 금지시키고 동시에 '현업원조합'이라는 어용단체를 만들어 철도부문에서 노동조합을 아예 없애려고 했다. 이에 철도연맹은 이승만에게 해방 이후 반공투쟁을 도맡아 온 철도노동조합을 대한민국 정부가 수립된 지금에 와서 해체시킨다는 것은 부당하다며 철도노조를 인정해 달라고 탄원했다. 그러자 이승만은 국가공무원에 대한 단결권을 제한하는 법안을 공포한 다음인데도 자신의 권력 획득에 공이 많았던 점을 감안해 대한노총 산하 철도연맹만 예외적으로 인정했다.

조선전업 노조 결성 1948년 8월 정부수립 후 조선전업 노동자들이 노동조합을 결성하려고 하자, 이 회사 서민호 사장은 임영신 상공부장관과 결탁해 조선전업은 국책회사이므로 노조를 결성할 수 없다면서 이에 저항하는 노동자들을 해고했다. 더욱이 사장이 중앙노동위원회의 결정까지 받아들이지 않아 노동자들은 파업을 준비했으나 이승만의 개입으로 노조를 결성할 수 있었다. 이승만의 이러한 행위는 당시 정부의 정책이 노조의 부정이었지만, 노동자들의 단결된 저항에 대해 탄압으로 일관하는 데 한계가 있었기 때문이다.

3) 노동자민중의 투쟁

그 내용은 생존권 요구, 공장과 토지의 자주관리 요구, 단정반대 미군철수 등의 정치적 요구 등이다.

(1) 신전술 이전(1945. 8~46. 7)

반민특위 활동 일제 강점 35년 동안 일제 식민주의를 옹호하고 민족 동포를 착취한 친일파 한인들이 있었다. 일제에 의해 부정된 민족사를 바로 세우는 일은 이들 '친일파'를 척결, 일제가 남긴 식민구조를 부정하는 일이었다. 그러나 친일파 척결은 실패하게 되고 일제 잔재가 온존하는 비극적 상황으로 이어졌다.

1948년 8월 5일 친일파 처단을 규정한 헌법 101조에 의거해 제헌국회는 김웅진 의원이 동의한 「반민족행위 처벌법 기초특별위원회」구성안을 가결하고 법안 기초작업에 착수, 우여곡절 끝에 반민족행위자의 처벌과 재산몰수를 규정한 「반민족행위처벌법」을 9월 22일 공포했다. 9월 29일에는 「특별조사위원회」를 구성하고 10월 23일 임정출신인 김상덕을 위원장, 서울 출신인 김상돈을 부위원장으로 하는 「반민족행위 특별조사 위원회」(이하 반민특위)가 정식으로 출범했다. 그러나 실제 활동이 이루어진 것은 「반민족행위 특별조사기관 조직법」이 제정 정비된 이후인 1949년부터다. 1949년 1월 8일 식민지 시대 최대 재벌인 화신 총수로 일제에 비행기를 헌납했던 박홍식 검거를 시작으로 3·1운동 33인이었던 최린 최남선 이광수 등은 물론 악질경찰관 출신인 노덕술 등 다수의 경찰과 밀정, 고위관리 출신인 김대우 등 고급친일파들이 속속 검거되면서 비상한 관심을 끌었다. 반민특위는 모두 590명을 송치하고, 이 가운데 220명을 기소했다.

친일파 처단은 타율적인 해방을 주체적인 해방으로 바꿀 수 있는 유력한 방안이었고 우리가 민족 공동체로서 거듭나기 위한 절대적 요청이었다. 그러나 한국사회는 이미 친일파의 손에 완전히 장악된 상태여서 친일파 청산은 쉽게 이루어질 수 없는 여건이었다. 반민특위가 본격적인 활동을 시작하자마자 제동을 건 것은 이승만 대통령이었다. 그는 민족분단과 냉전 기조 위에서 친일파의 등에 업혀 겨우 정권을 유지하고 있었기 때문에 반민특위의 활동을 적극 방해할 수밖에 없었다. 이승만은 김상덕 위원장과 신익희 국회의장을 자주 관저로 불러 특위의 부당함을 지적하고 1949년 1월 10일 담화를 발표하면서 "마음대로 사람을 잡아다가 난타, 고문한다"는 모략으로 반민특위의 활동을 방해했다. 최근에 밝혀진 바로는 밤에 직접 김상덕 위원장 집을 방문, 장관직 등을 미끼로 반민특위의 와해를 꾀하기도 했다. 그 외에도 많은 반대세력이 반민특위의 활동을 방해했는데 가장 위협적 존재는 이승만정권의 보루를 자처하던 식민시대 경찰들이었다. 국회에서 반민특위법이 논의되자 불안해진 노덕술은 서울시경 수사과장 최난수, 부과장 홍택희 등과 상의해 여운형 암살 실패 경험이 있는 백민태에게 국회의원 노일환, 이문원 등 반민특위 간부 7, 8명을 암살할 것을 지령하고 박흥식 명의의 수표를 주었다. 서울시경 사찰과장 최운하와 종로서 사찰주임 조응선은 직접 반민특위를 위협하는 대중시위를 조직하다가 혐의가 드러나서 특위에 체포되기도 했다. 그러자 내무부 차관 장경근(일제 판사 출신)은 1949년 6월 6일 이승만의 지시를 받아 중부서 경찰을 동원, 헌법기구인 반민특위를 습격하고 이 자리에서 45명에 불과한 특경대원을 무장해제하고 사무실을 봉쇄했다. 이 사건 이후 반민특위의 기세는 한풀 꺾이고 여기에 국회프락치 사건이 일어나면서 반민특위는 해체의 길로 접어들었다.

이후 이승만 정권은 당시 친일파 처단을 강경하게 요구하고 개혁적인 성향을 띤 소장파 의원들이 남로당 프락치로 활동했다는 혐의로 체포했다. 물론 여기에는 특위 위원들도 포함돼 있었다. 그러나 정재한이라는 여인의 음부에서 나온 문서가 단서가 되어 수사에 착수했다는 발표에도 불구하고 이 여인은 법정에 증인으로 나오지 않고 취조 형사가 대신 나와 증언하는 등 조작 가능성이 매우 짙었다. 그리고 재판 도중 6·25전쟁이 일어나 피고인들의 부재로 그 죄가 자동 인정된 사건이다. 반민특위는 조작된 반공의 덫에 걸려 친일파 청산에 실패한다. 이승만은 1951년 2월 반민족행위자의 처벌과 재산몰수를 규정한 '반민족행위

특별법'을 폐지했다.18)

반민특위의 좌절은 당시의 시대적 제약과 운영 주체의 한계에도 원인이 있었다. 반민특위는 '민족이냐 반민족이냐'라는 새로운 가치척도를 내세웠지만 이미 좌우의 이념대결로 정치세력이 나눠진 상황에서 대세를 움켜잡지 못했다. 특히 이승만대통령조차 자신의 권력기반을 유지하기 위해 친일파들을 비호하는 상황에서 냉전적 논리가 덧씌워짐에 따라 반민특위의 활동은 순조롭지 못했다. 실제 반민특위에 체포된 친일파들 대부분이 무혐의 처분을 받았고, 설령 법의 심판을 받았더라도 보석 등 갖은 명목으로 석방됐다. 특히 6·25전쟁이 일어나면서 친일문제는 실종됐고 친일파들은 반공애국 투사로 변신, 화려하게 부활했다. 이후 이들은 각계 각층의 요직을 장악해 자신의 기득권을 굳히는 한편 일제시대의 천황제 파시즘적 국가관과 온갖 비민주적 요소를 우리 사회에 온존시켜 사회 발전에 걸림돌로 작용했다. 그러나 무엇보다 큰 해독으로 '역사는 언제나 권력을 쥔 자 편에 선다'는 인식을 만연시키면서 우리 역사에 허무주의를 심었다는 점이다.19) 온전한 역사를 세우고 통일시키기 위해서는 친일역사의 청산은 현재적 과제이다.20)

---

18) 1997년 대법원은 이완용의 증손자가 1948년 농지개혁 때 토지관리인들이 차지한 땅을 돌려달라며 조 아무개를 상대로 낸 소유권 이전등기 청구소송에 대해 "친일파라고 해서 법에 의하지 않고 재산권을 박탈할 수 없고" "과거사에 대해 지나친 정의관념이나 민족감정만을 내세워 문제삼는 것은 오히려 사회질서에 어긋난다"면서 원고 승소 판결을 내렸다. 이렇듯이 친일파 후손들은 많은 재산과 높은 교육 수준을 바탕으로 지배계층으로 확대 재생산됐고 민족해방운동가들의 후손들은 가난과 낮은 교육 수준으로 사회현실로부터 멀어졌다.(『노동일보』 2002. 6. 17)
19) 김봉우, 「반민특위의 와해」, 『한국일보』 1999. 5. 31.
20) 독일에게 불과 5년간 점령당했던 프랑스에서는 200만명을 소환 조사, 99만명을 처벌하는 광범한 사회청산 작업을 했다. 그 가운데 사형 선고된 6,700명 가운데 760여명이 집행되었고, 2,700여명이 종신강제노동형, 1만 6000여명이 유기강제노동형, 2천여명이 금고형, 2만 2천여명이 유기징역형을 받았으며, 3,500여명이 공민권이 박탈되었다. 중국에서도 광범한 한간(漢奸 친일파) 청산작업이 이루어졌다.
친일파 청산이 무산된 뒤에도 4·19 이후에도 친일색이 짙은 장면정권이 서게 되었고, 그 뒤에도 구일본군 장교 출신 박정희 정권이 들어섰고, 김대중 정부는 일본과의

(2) 신전술 이후(1946. 7~)

10월 인민항쟁 9월 총파업의 고조된 분위기에서 10월 1일 대구에서 출발된 경찰들과 시민들의 유혈충돌은 경북을 비롯한 남한 전지역에서 농민과 경찰 우익인사들 간의 유혈대결로 비화되었다. 각 지방의 인민위원회와 농민조합은 대규모의 민중폭동을 조직 지도하는 중심으로 기능했다. 10월 항쟁은 식량공급정책 실패와 좌익세력 탄압이 상승작용을 일으켜 경상도 전라도 등지로 확대, 2개월 여에 걸쳐 300만명이 참가했다.

9월총파업과 10월 인민항쟁은 초기에 좌익세력의 지도가 있기는 했지만, 본질적으로 그 이전부터 지속해온 민중들의 식민지잔재 청산을 향한 변혁운동의 연장선상에 있던 것이고, 민생고에 저항하는 대중들의 자연발생적 힘에 의해 운동이 추진되었다. 10월항쟁이 엄청난 규모로 일어난 것은 인민위원회, 농민조합 등이 탄압받고, 미소공동위원회가 무기휴회로 들어가 민족국가 건설의 희망이 막힘에 따라 생기게 된 격렬한 울분이 기본적인 배경으로 작용했다.(서중석, 1993, 458쪽) 그리고 매우 파괴적이고 폭력적인 형태로 봉기가 진행되어 좌익세력에 대한 미군정의 탄압을 가속화시키는 계기가 되었다.

특히 대구지방에서는 노동자와 시민이 합세해 대규모 시위에 돌입했다. 대구에서는 9월 24일 전국노동조합대구평의회(노평, 위원장 윤장혁21)) 주도로 '남조선총파업대구시투쟁위원회'(시투)를 조직했다.

화해를 더욱 심화시키면서 대중문화를 개방해 가고 있는 상황이다. 학자들은 이러한 현실에 대해 '친일파인명사전' 편찬을 추진했다.(『한겨레신문』 1999. 7. 19)

21) 윤장혁은 1911년 경북 예천에서 태어나, 1926년 대구고보(현 경북고의 전신)에 입학, 1928년 '비밀학생결사' 사건의 주범으로 검거돼 3년을 복역했다. 1945년 전국노동조합평의회 대구지부위원장을 맡았으며 1946년 대구총파업을 주도, 10월인민항쟁의 주모자로 검거돼 5년형을 받았다. 1950년 가족과 함께 월북, 이후 1950년대 중반 정확산 시기는 알 수 없으나 남파간첩으로 내려와 자수, 전향해 치안국 대공담당 특수부서인 남의사 요원으로 활동하다가 1968년 사망했다.

철도파업은 미군정의 쌀 배급제에 반대해 자유판매제를 요구하면서 정치파업으로 번지고 여기에 대구우체국 섬유공장 출판노조 등이 가세해 29일부터는 신문발행마저 중단되었다. 27일 시투의 윤장혁 위원장은 미군정 경북지사 헤론 대령과 회담하나 결렬되었고 30일에는 5천명의 노동자들이 파업에 들어갔다.

10월 1일, '폭풍의 날' 오후 6시께 대구역전 노평 사무실 근처에 모인 1만 5천여 군중은 "쌀을 달라" "미군은 물러가라"며 시위를 했고, 시위대의 해산을 요구하던 경찰이 총을 쏘아 첫 사상자가 나오면서 총파업은 '인민항쟁'으로 폭발했다. 대구의전 학생을 중심으로 한 학생들이 '시체시위'를 하면서 10월 2일 대구경찰서가 군중에 의해 점령됐고 이날 낮 경찰의 발포로 많은 사상자가 생기자 흥분한 군중은 경찰서 파출소를 닥치는대로 부수었다. 사태가 이렇게 발전한 데는 '친일경찰의 재등용'에 대한 일반인들의 분노가 큰 역할을 했다. 경북도청 공무원들도 사직서를 냈고 구호는 '미군정 반대, 조선독립 쟁취'로 변해갔다.

2일 저녁 미군정은 계엄령을 선포, 진주해 일단락 됐으나 주변 각지로 흩어져나간 좌익인사들과 대중은 경북도내 19개군을 휩쓸면서 행정기관 경찰관서를 부수고 접수했다. 대구에 있던 윤장혁 김일식 최문식 등의 지도부는 10월 3일 미군정에 체포되었지만 보름 남짓 경북 일대가 '해방구'가 되었다. 그 뒤 항쟁은 전국으로 퍼져나갔다. 대구에서 시작된 항쟁은 2~3일에 경북 전역에, 7~14일에는 경남 전역으로 확산되었다. 곧이어 17~19일에는 충남의 서북부, 20~22일에는 경기도 일부와 38도선 부근에서 항쟁이 일어났다. 29일 이후에는 강원도 동해안지역과 전남에서 항쟁이 일어났는데, 전남에서는 좌익세력과 민중이 총력을 기울이는 양상을 보였다. 12월 중순에는 전북 전주에서 우발적인 이유로 민중과 경찰이 충돌했다.

11월에는 추수를 마친 농민들이 본격적으로 가세해 노동자와 농민의 연대투쟁 형태로 나타났다. 전평 산하가 아닌 많은 노동자 농민들이 이와 같은 전평의 저항투쟁에 동조하게 된 것은 그만큼 서민들의 생활이 어려웠기 때문이다. 특히 농민들에 대한 양곡의 강제공출제도는 봉기의 직접적인 원인이 되었다. 일제 때 독립운동을 하던 '건국준비위원회' 계통 사람들의 주동으로 거의 자연발생적으로 전국에 걸쳐 조직된 '인민위원회'를 미군정 당국이 무시하고 오히려 일제시대에 일본 제국주의의 앞잡이로 민중을 탄압하던 경찰과 조선총독부 등의 행정조직을 그대로 유지하고 있는 데 대한 불만도 여기에 덧붙여졌다. 그러나 10월 항쟁 이전에 지방지도부의 대거 체포가 있었기 때문에 봉기가 시작되었을 때 지도부는 공백상태였다. 농민들은 곡괭이 낫 죽창 등을 들고 미곡수집을 독려하던 경찰과 지방관리를 공격했다.

그러자 반격에 나선 경찰관들은 반란에 참가한 농민들에게 보복행위를 가했다. 그러나 경상북도 미군정장관은 보복행위를 하는 경찰은 체포하라고 명령했다. 그러나 당시 경무국장 조병옥은 "보복행위를 한 경찰관은 대구폭동 진압 후 내가 책임지고 체포해 의법처단할 것이니 지금 그런명령을 내리지 말라"고 주장해 경찰에 의한 보복행위를 더욱 부채질했고 실제로 사건이 진압된 후 보복행위를 한 경찰관에 대한 처벌은 시행되지 않았다. 항쟁이 가장 치열한 지방을 살펴보면 경남의 남부와 전남의 서부지방, 그리고 대구 중심의 외곽 지역이었는데, 이 지방들은 모두 조선후기 이래 민중봉기가 빈번하게 발생한 곳이었으며 일제 시기 농민조합운동과 소작쟁의가 강했던 지역이었고, 그러한 전통 아래 해방후 건설된 인민위원회가 파괴되지 않은 곳이었다.

사망자조치 정확히 집계[22]되지 않은 10월 인민항쟁은 민군정의 검거를 피해 산속으로 들어간 사람들은 '야산대'가 되었고, 이들은 1949년 사실상 소멸될 때까지 빨치산의 전신을 이루었다.

그리고 10월항쟁은 해방후 정치세력 관계에 하나의 전환점이 되었

---

22) 경찰의 과소평가한 기록에 따르면 사망자 136명(경찰 관리 63명, 일반인 73명), 부상자 162명, 건물 파괴·전소 776동이었다.

다. 10월항쟁을 계기로 당시에 열세에 있었던 우익측이 우위를 점하게 되었으며 전평 전농 지방인민위원회 등 지방의 노동자 농민 조직을 붕괴시켰고 많은 간부들을 잃었다. 아울러 극우진영과 미 점령군의 탄압이 극심해지자 중도세력의 지지가 현저히 줄었다. 그 결과 남로당의 정치적 하부구조는 붕괴되고, 극우집단에 맞설 대중 동원력은 현저히 약화되었다.

공식집계에 의하면 10월항쟁 참가자는 무려 300여만명, 사망 3백명, 행방불명 3천 6백명, 부상 2만 6천명, 체포인원 1만 5천명이라는 피해를 내면서 경찰 미군 우익단체에 의해 11월을 고비로 거의 진압되었다.

단정반대 제주 4·3항쟁 태평양전쟁 종전 직후 제주에서 주둔 일본군 6만명이 철수하고 6만여명의 제주인이 귀환하면서 급격한 인구변동, 실직난, 생필품 부족, 콜레라, 흉년 등이 겹쳤고 미곡정책의 실패, 일제경찰의 군정경찰로의 변신, 군정관리의 모리 행위가 큰 사회문제로 부각되었다.

이런 분위기 속에서 1947년 3월 1일 제주읍에서 열린 3·1운동기념대회에서 태극기와 마을기를 앞세우고 모여든 2만 군중이 이런 세상 못살겠다고 '완전독립'을 외쳤다. 일제 대신 "진짜 해방을 준비해야 한다"고, "사기그릇 깨지면 여러 조각나지만 삼팔선이 깨지면 한 덩어리가 된다"며 온 읍내가 떠나가라고 기염을 토했다. 그러나 미군정 경찰은 이에 총격을 가해 6명이 그 자리에서 즉사했다.

4월 3일 섬 백성은 5·10 단독선거를 실력으로 저지하려고 전 제주도민이 궐기하고 온 섬의 시장 학교 회사가 철시하고 파업을 했다.23) 그러자 육지에서 응원경찰대, 서북청년단 등이 대거 미 함정을

---

23) 북한의 『조선통사』는 '도내 14개소의 경찰지서들을 습격소탕하고 악질 반동과 테로분자 및 경관들을 모조리 처단하고 그 뒤 무장한 인민들이 한라산에 근거지를 정하고 계속 경찰지서들과 선거장을 파고했다'고 기록했다.

타고 들어와 마을별로 직장별로 검거선풍이 일어나 대규모 살륙이 시작되었다.(현기영, 1979, 432쪽)

5·10단독선거 투표날 단독정부 수립에 반대해 섬 민중들이 산으로 올라가자 미군은 제주도를 레드 아일랜드(Red Island, 좌익의 섬)로 낙인찍고 섬 주민을 무차별하게 살륙했다. 미군은 초토작전에 반대하는 연대장 김익렬을 해임하고 박진경을 앉혔다. 당초 토벌대가 파악한 무장대의 수가 500명인데도, 경무부장 조병옥과 진압군 연대장 박진경은 "대한민국을 위해서라면 제주도 전역에 휘발유를 뿌리고 불을 놓아 30만 도민을 한꺼번에 태워 없애야 한다"고 했다. 결국 군경은 제주도민의 15%인 3만여명을 살륙했다. 한가족에 한명 이상의 비율로 도륙 당한 셈이다. 5·10총선거는 제주도에서는 실시되지 못했지만, 제주도에서는 인간생태계가 파괴되고 말았다.

미국은 경찰을 포함한 토벌대의 장비와 무기를 공급했고, 초토화 작전을 지시하고 조장했고, 주민 집단학살을 목도했고, 그것을 체크하고 기록했다. 이런 주장을 뒷받침하는 근거는 다음과 같았다. "…모든 장비와 지원, 그리고 계획된 작전은 최소한의 미군 개입으로 적절한 지휘체계를 통해 한국인에 의해 조종돼야 한다. 현재 9연대 작전에 대한 모든 전술 병참 지원 업무를 5여단에 위임하는 것이 바람직하다. 그런데 5여단은 적절한 지원에 실패한 것으로 보인다. 이에 따라 미군 고문관들이 한국인 채널을 통해 즉각적인 수정 조처를 취할 것이 요구된다."(『PMGA단장 로버트 준장 공한철』 1948년 10월 9일. 한겨레신문 1999년 11월 경 재인용)

이 보고가 있은 이틀 뒤 제주도 경비사령부가 설치되고, 다시 6일 뒤에는 송요찬 9연대장의 초토화 작전의 시작을 알리는 포고문이 발표되었다. 다시 한 달이 지난 1948년 11월 계엄령이 이승만에 의해 선포됐다. 이는 4·3초토화 작전이 양민학살의 배후에는 미국이 존재하고 있다는 것을 분명히 말해 주는 것이다. 그러나 미국은 아직까지도 자신

들의 책임을 부인하고 있다.24)

여순군인 사건 해방 직후 여수순천을 비롯한 전남 동부지방은 자발적으로 조직된 건국준비위원회(뒤에 지방인민위원회)와 이 지역에 주둔했던 미군정의 제69군정단 사이에는 다른 지역과 달리 별 충돌 없이 공존했다. 그러던 중 좌우익의 갈등이 표면화되고 단정론에 의한 정부수립이 단계적으로 진행되어 가는 1948년 5월에 창설된 제14연대에는 단선반대투쟁에서 경찰의 추적을 받는 전남의 좌익 인사들이 은신처로 입대해 있었으며, 남로당 도당의 영향을 강하게 받고 있었다. 1948년 10월 19일 20시, 이 연대에는 제주 4·3봉기를 진압하기 위해 제주로 출동하라는 명령이 하달되고 M1, 카빈 등 신식무기가 지급되었다. 이 때 연대 인사계에 근무하고 있던 지창수 상사는 대대 핵심요원 40여명과 함께 무기고와 탄약고를 점령하고 부대를 집합, "지금 경찰이 우리한테 쳐들어온다. 경찰을 타도하자. 우리는 동족상잔의 제주도 출동을 반대한다. 우리는 조국의 염원인 남북통일을 원한다"고 외쳤고, 반대자 3명을 사살, 합류병력은 3,000명으로 불어났다. 이들은 20일 새벽 1시, 지창수의 지휘 아래에 여수경찰서를 공격 점령하고 이어 관공서 은행 여수역을 점령했으며, 9시에는 14연대 2개 대대 병력이 순천과 인근지역을 완전 점령하고, 21일에는 전남 동부 지역을 완전 장악했다.

반군에 대한 진압작전은 경비대 사령관 송호성 준장과 미군사고문관 하우스만 대위 지휘 아래 전개, 그 가운데 백인엽 소령 지휘의 12연대 2개 대대는 순천으로 진격해 반군의 주력부대를 무찌르고 입성하는 데 성공했다. 24일 교전에서 송호성 사령관이 부상을 당했으며, 그 사

---

24) 4·3사건 피해자들은 "지난 48년 4·3사건 발발 당시 미국이 한국의 치안과 행정권 등을 장악하고 있었던 만큼 모든 책임이 미국에 있다"며 미국을 상대로 집단소송을 준비하고 있다.(『경향신문』 1999. 11. 22) 한편 제주4·3사건 진상규명 및 희생자명예회복 위원회 2003년 10월, '4·3사건은 남로당 제주당이 일으킨 무장봉기가 발단이 됐다. 강경진압으로 많은 인명피해를 냈고 다수의 양민이 희생됐다'고 진상을 보고했다.(『중앙일보』 2003. 10. 16)

이 반군 1개 대대는 야음을 틈타 지리산 방면으로 도주했다. 남은 군대와 좌익 분자들은 26일까지 완강히 저항하다가 27일 오후, 봉기한지 8일만에 완전 진압되었으나 그 여파는 다음해 초까지 계속되었다.

이 사건으로 여수지역에서 1,200여명이 죽고, 순천지역에서도 인명피해가 400여명에 달했다.25) 육군사령부의 발표에 따르면 이 사건이 진압된 뒤인 1949년 1월 10일, 사건 관련자 총 2,817명을 재판에 부쳐 410명이 사형, 568명이 종신형, 나머지는 유죄형 또는 석방되었다. 그러나 재판에 회부되기 전에 사상된 반군과 양민의 수는 이를 훨씬 상회했을 것으로 본다. 여순봉기는 4·3사건과 더불어 해방 후 최대의 사건이었으며 대한민국의 새 정부를 최대 위기로 몰아넣었다. 이로 말미암아 군내 좌익세력이 숙군되고 이승만과 미군은 양민을 학살하고 제2공화국은 명실상부한 반공국가로 존립하는 결정적인 계기를 마련했다.

유격항쟁과 국가보안법의 제정 여순봉기는 일시적인 실패와 좌절에도 불구하고 미국의 비호를 받은 이승만 정부를 파멸의 늪으로 몰아넣는데 큰 역할을 했다. 여순봉기는 이승만 정부를 지탱해주는 보루이었던 군대 내부에 광범위한 동요를 불러일으켰다. 여순봉기와 관련해 이승만 정부는 군대 내부의 저항세력에 대해 대대적인 숙정작업에 착수, 제15연대장 최근남을 포함해 1949년 7월까지 약 4,700명의 장병을 총살하거나 유기징역에 처했다. 이러한 상황에서 대구에 주둔하고 있던 제6연대의 일부 장병이 여순봉기에 호응했다가 뒤에 필연적인 과정으로 탄압에 봉착하면서 1948년 12월 6일 함양지구 유격대 토벌에 동원되어 원대 복귀하던 도중, 부대를 이탈해 팔공산으로 입산해 유격대로 변

---

25) 14연대가 시내로 들어와 경찰과의 충돌과정에서 발생한 인명 피해는 경찰관 74명, 민간인 14명 등 모두 88명이었다. 그러나 14연대가 지리산으로 퇴각한 뒤 시내로 들어온 진압군의 과잉공격으로 무고한 민간인 1,300명이 희생되고, 미리 겁먹은 어린 학생들이 지리산으로 입산했다.(김계유,『한겨레신문』2000. 10. 18)

신했다. 같은 시기에 포항의 제6연대 제4중대 일부 장병이 포항 근방 고지로 입산했다. 이들은 광주 주둔 제4연대와 여수 주둔 제14연대와 마찬가지로 1946년 10월항쟁에 참여했던 청년들이 경찰의 추적을 피해 입대한 경우가 많았다.

여순봉기에 참가한 군장병들이 대거 유격대로 전환하면서 2·7파업 이후 야산대의 형태로 펼쳐지던 무력항쟁과 결합해 본격적인 유격전이 전개됐다. 초기 야산대는 전국 각지에 도 지구, 군 단위로 야산대가 조직되어 활동했다. 농촌을 근거지로 한 야산대는 대략 그 규모가 1개군에 50~100명 정도이었는데, 주로 일본에 의한 강제징용으로 군복무 경험이 있고 10월항쟁으로 경찰의 추적을 받고 있던 사람으로 주로 구성되었다. 이들의 활동은 미군과 이승만 정부의 무자비한 탄압을 뚫고 단정단선 반대와 인민공화국 수립을 지지하는 투쟁을 벌여 나가기 위한 자위수단이었으며 아직은 본격적인 무장유격대라고 보기는 어려웠다. 요컨대 베트남의 무장선전대와 같이 무장된 힘으로 정치활동을 벌이는 것을 주된 임무로 삼았다.(박세길, 1988, 163쪽)

여순봉기는 제주도에서 벌어지고 있던 무력항쟁의 불길을 전 남한 지역으로 확산시키는 계기가 되었다. 이렇게 해 봉기군 장병과 야산대를 골간으로 대체로 1949년 5월까지는 생존과 활동에 필요한 지반을 다지기 위해 유격전구를 창설하는데 주력했다. 이들 유격대는 식량과 정보를 제공해 주고 대원을 부단히 보충해 줄 지역 민중들에 대한 조직화 사업을 강화했다. 이를 위해 이들은 농민들의 요구에 적극 호응했다. 토지개혁의 지연, 정부에서 실시하고 있는 양곡의 강제매상, 세금 외 잡다한 납부금의 강제 징수, 주민들에 대한 군경의 불순한 태도와 유격대에 대한 지나친 복수, 체형 등의 주민 불만 가운데 특히 농민들의 토지혁명을 위한 투쟁과 유격투쟁을 상호 연계시키는 작업에 주력했다.

이렇게 해 형성된 유격전구는 호남 유격전구, 지리산 유격전구, 태백산 유격전구, 영남 유격전구, 제주도 유격전구 등이다. 이 가운데 지리산 유격전구는 경남, 전남북의 산악지대를 근거지로 해 남한 유격대의 총본산 역할을 했으며, 태백산 유격전구는 강릉, 삼척을 중심으로 하는 5·10단독선거 저지투쟁으로 경찰의 추적을 피해 입산해 형성되었다. 이렇게 남한 133개 군 중에서 118개 군에 유격전구가 형성되었다.

한편 남한 각지에서 유격전구가 확대되고 무장투쟁의 불길이 단계적으로 점화되고 있던 가운데 중대한 변동이 있었다. 주한 미군이 500여명의 군사고문단만을 남겨 놓은 채 완전 철수했지만 이승만 정권에 대한 경제원조는 계속되었다. 또 북한 평양에서는 6월 25일 남북의 정당사회단체 71개의 대표 676명이 참석한 가운데 남한의 민주주의민족전선과 북한의 민주주의민족통일전선이 상호 통합해 새로이 조국통일민주주의전선(조국전선)을 결성, 남북을 통틀어 반미 반이승만 운동에 대한 단일한 지도체계가 수립되었다. 조국전선은 '조국의 평화적 통일을 방해하는 미국의 즉각적인 철수', '남북한의 통일과 통일적 입법기관의 동시 선거'를 제안했다. 이렇듯 조국전선의 평화적 통일방안은 이승만 정부의 거부로 실현되지는 않았지만 남한 민중 사이에서 남북통일에 대한 열망과 미군 철수와 결합되어 남한 각처의 유격대에게 본격적인 공세를 취하는 객관적 정세를 조성했다. 지금까지 경찰지서 습격, '반동분자'의 처단에 목표를 두고 소총 수류탄을 주요무기로 하던 단계에서 탈취한 박격포 로켓포 등 중무장하고 경찰관서의 습격을 비롯해 대도시를 공격하는 이른바 '적의 아성을 향한 소탕전'을 전개했다.

아울러 그 동안 산발적으로 진행되던 유격투쟁을 보다 조직적이며 대규모로 전개하기 위해 각지의 유격대를 통합해 '인민유격대'로 재편했다. 그 결과 8월말과 9월초에 이르러 오대산 지리산 태백산 등의 산악지대를 거점으로 하는 3개 병단을 편성했다.

이승만 정부는 여순사건을 계기로 노동자 민중운동을 탄압하는 제도적 장치로 1948년 12월 국가보안법을 제정, 1949년 한 해 동안 미국과 이승만 정부의 압제에 저항하는 11만 8621명의 인사가 이 법에 의해 처형당했다. 이와 함께 1949년 11월 미군의 지원 아래 유격대에 대한 본격적인 초토화작전을 폈다. 토벌대는 유격대와 지역 민중의 연계를 차단하기 위해 유격대가 접근할 수 있는 부락을 강제로 불태워 버리고 주민의 야간통행을 금지하고 통행을 제한했다. 유격대는 상당한 역량 파괴를 극복하기 위해 민중들 사이에 파고들어 이른바 '월동투쟁'을 거쳐 1950년 3월부터 공세를 취해, 4월 한 달 동안에 교전회수 2,948회, 참가인원 연 6만 5005명에 이르렀다.

한편 1950년 5월 30일 실시된 제2대 국회의원 선거에서는 이승만 지지세력이 불과 30석 밖에 당선되지 못했으나 대미 자주노선과 평화적 협상에 의한 남북통일을 주장하는 진보적 인사들은 130여명이 당선되었다. 이렇게 이승만 정권은 민중의 이반과 유격대의 투쟁으로 궁지에 몰렸는데 우연치 않게 일어난 6·25전쟁을 계기로 가까스로 구출될 수 있었다. 이러한 점에서 구체적인 것은 확인할 수 없으나 이승만 정부의 치명적 위기 상태와 6·25전쟁의 발발 시기 사이에 일정한 연계관계가 있는 것으로 보인다.(박세길, 1988, 169쪽)

그러나 이러한 적극적이고 폭력적인 신전술에 따라 전개한 9월총파업과 10월인민항쟁 등 그 밖의 각종 투쟁을 전개하면서 좌경모험주의적인 성향을 띠게 되어 당과 노동조합 세력 확대에 도움을 주지 못했다.(김남식, 1995, 234쪽)

4) 노동자 민중 조직의 발전과 파괴

(1) 대중조직

① 조선노동조합전국평의회

해방이 되자, 정세는 민중들에게 유리하게 조성되었다. 민중과 노동자들이 공장의 주인이 되어 자주관리운동을 벌이고, 인민위원회를 결성해 자주적인 독립국가를 세우기 위해 투쟁했다. 이때 이미 노동자들은 노동자 계급의 요구만이 아니라, 전 민족의 요구를 내걸고 전체민중운동을 주도하고 투쟁의 선봉을 맡았다.

해방된 지 석달만에 조직된 전평은 1920년대 조선노동총동맹(1927. 9) 이후 최초의 공개적 전국적 노동조합 조직이며 직업별 노동조합을 극복한 산업별 노동조합 조직이었다. 전평의 조직에는 해방 직전까지 끊임없이 계속된 비합법적 형태의 노동조합이 대중의 신뢰를 받았고, 이를 이끈 공산주의자들의 사상적 영향력이 대중 속에 확대된 결과였다. 또 해방 직후의 물가 폭등, 양곡 강제공출에 따른 생활의 어려움으로 노동자 민중의 요구가 커지고 일제가 물러나며 압제가 일시적으로 이완된 조건도 작용했다.

결성 1945년 8월 15일~11월까지 1,000여개 이상의 노동조합이 결성되었다. 이를 바탕으로 조선노동조합전국평의회(전평)가 1945년 11월 5일 결성되었다. 전평은 1945년 8월 26일(?) 서울의 경성토건노동조합 사무실에서 열렸던 조선노동조합전국평의회(가칭) 준비위원회가 추진했다. 같은 해 11월 1~4일 '조선광산노동자조합'을 필두로 결성된 금속 철도 출판 통신 섬유 토건 화학 봉급인 식료 목재 전기 조선 교통운수 어업 해원항만 등 16개 산업별 노동조합 대표 51명이 참가해 해방 이후 각 공장에서 조직된 조합이 산별노조로 확대 발전하는 추세에 따라 민주주의적 중앙집권조직을 결성한다는 방침을 세우고 조직에 착수했다. 그러나 실제로는 산별노조의 확대 발전이 전평을 탄생시킨 것이 아니라 오히려 전평 결성준비가 산별노조를 결성하도록 자극한 셈이었다.

전평 결성대회는 1945년 11월 5~6일 서울 중앙극장에서 개최되어 전국 13도 40여 지역에서 1,194개 노동조합과 그 회원 50만명을 대표하는 505명의 대의원이 참석했다. 이 대회는 진행과정에서 전평의 성격을 여실하게 드러내, 먼저 명예의장에 박헌영, 김일성, 레온 치온

(세계노련WFTU 서기장), 중국의 모택동(毛澤東) 4인을 추대하고, 긴급동의 형식으로 조선공산당의 주류인 박헌영 노선의 지지를 맹세하고 그 반대파인 이영(1889~?, 고려공산당 책임비서) 등을 비판했다. 전평의 지도부는 중앙집행위원장 허성택(許成澤 : 1908~?)[26], 부위원장 박세영(朴世榮), 지한철(池漢鐵), 이인동(李仁同), 중앙집행위원 정재철(鄭載徹), 현훈(玄勳), 이성백(李成百) 외 78명으로 구성되었다. 이와 같은 구성에서도 알 수 있듯이 전평은 당시 좌익 정치세력의 구심이었던 조선공산당의 하부조직의 성격을 가진 것으로 혁명적 사회주의 이념과 노선을 견지했다.

실천요강으로 "1. 조선의 완전 독립 즉 친일파 민족반역자를 제외한 진보적 민주주의에 입각한 민족통일전선 정권의 수립에 적극 참가. 2. 민족자본의 양심적인 부분과 협력해 산업건설을 함으로써 부족공황(不足恐慌), 악성 인플레의 극복. 3. 이와 같은 운동을 통해서 노동자의 이익을 옹호하고 노동자대중을 교육, 훈련해 자체 조직을 확대, 강화한다"고 제시했다.

일반행동강령으로는 최저임금제 확립, 8시간 노동제 실시, 7일 1휴제와 연 1개월간의 유급휴가제 실시, 14세 미만의 유아노동 금지, 부인 노동자의 산전 산후 2개월 유급휴가제 실시 등 19개 항을 제시했다.

1. 노동자의 일반적 생활을 보장할 최저임금제를 확립하라.

---

[26] 허성택은 함북 성진 출생으로 1927년 반일운동에 투신, 성진에서 적색농민조합운동에 참가, 성진농민조합 선전부장이 되었고(1932), 웅기지역에서 항만노동자서클을 조직했다.(1933) 그 후 소련에 망명해 모스크바 동방노력자공산대학을 졸업하고, 1935년 코민테른 제7차 대회에 조선대표로 참석하고 귀국 후 1936년 일제에 검거돼 징역 4년을 선고받았다. 해방 후 출옥돼 공산당 서기국원이 되었고, 전평 위원장으로 1946년 9월 총파업을 주도하고 11월 남조선노동당 결성에 참여했다. 1947년 미군 정경찰에 검거됐다 풀려나 남북연석회의에 참가했다. 1948년 9월 조선민주주의인민공화국 노동상이 되고, 1957년 조선직업총동맹 중앙위원을 겸임했고, 1959년 종파혐의로 모든 공직에서 해임되었다.

1. 8시간 노동제를 실시하라.
1. 7일 1휴제와 연 1개월 간의 유급휴가제를 실시하라.
1. 노동자를 위한 주택 탁아소 오락실 도서관 의료기관을 설치하라.
1. 공장폐쇄, 해고와 실업을 절대 반대한다.
1. 일본 제국주의자와 매국적 민족반역자 및 친일파의 일체기업을 공장위원회(관리위원회)에서 보관하고 노동자는 그 관리권에 참여하라.
1. 실업, 상병(傷病), 폐질 노동자와 사망자의 유족생활을 보장하는 사회보험제를 실시하라.
1. 착취를 본위로 한 일체 청부제(도급제)를 반대하라.
1. 언론 출판 집회 결사 파업 시위의 절대 자유!
1. 조선의 자주독립 만세!
1. 세계 노동계급 단결 만세!

결성대회 선언문에서는 "노동자의 일상 이익을 위한 투쟁을 무시하고 정치적 투쟁만을 제도하려는 대중과 유리된 좌익 소아병적 경향과도 싸워야 될 것이다"라 강조하고, "노동자의 당면 이익을 위한 투쟁을 지도 조직하며 이 투쟁을 조선의 자주독립문제와 결부시켜 조선 건국 초의 경제건설의 추진력이 되어야 하며, 노동조합의 생산관리나 중대한 책임과 역할을 수행하지 않으면 안되고, 그 관리권의 참여를 확보해 조선산업의 건전한 발전에 공헌해 한다"고 전평의 조직 목적이 경제적 이익 추구에 있음을 밝혔다.

실제로 이 시기 전평의 가장 중요한 행동방침은 노동자의 공장관리운동과 산업건설 협력방침이었다. 해방직후 일본인 공장주와 기술자들이 물러간 산업체에서 노동자들이 위원회를 설치해 자주관리하고 있었는데, 미군정이 들어서면서 이를 제어하기 시작했고, 전평 지도부 역시 조선공산당의 미군정에 대한 타협책에 따라 하부노조의 자주관리운동에 대해 산업건설 협력방침을 내세워 제약을 가했다. 이에 따라 공장노동자들이 단위 사업장에서 실시한 경제투쟁은 노동자 공장관리 → 노동조합 → 인민정권이라는 급진적 방향을 포기하고 미군정의 통치방침

지원을 의미하는 '산업건설 협력방침'으로 전화했다. 이는 전평은 해방 직후 자연발생적으로 이루어지고 있던 노동자들의 '공장접수 자주관리운동'과 '해산수당요구운동'을 조직적 운동으로 대체해 나가 전평을 조직했던 과정과 배치된다.

전평이 내세웠던 '산업건설 협력방침'은 다음과 같다. ① 파업은 수단이고 목적은 아니다. 양심적이고 건전한 생산에 대해서는 파업을 하지 않을 뿐만 아니라 생산에 적극 협력한다. ② 조선 자주독립을 원조하는 미·소·중의 큰 공적에 대해서는 충심으로 감사와 경의를 표한다. 또 카이로회담 포츠담선언 전평대회 석상에서 로빈슨 학무과장의 언명 등 진보적 정책은 그대로 실시될 것을 기대하며, 그리고 자주독립과 민주적 자주경제건설을 원조하는 정책에는 적극 협력해 국내 안정을 도모한다. ③ 양심적 민족자본가와 협력해 부족 불황을 타개한다. ④ 비양심적 악덕 모리배를 배격한다.

전평의 이상과 같은 타협정책은, 그러나 미군정의 비합리적 경제정책으로 말미암아 1946년에 들어서면서 어긋나기 시작했다. 그것은 무엇보다도 점점 열악해져 가는 노동조건과 실업사태, 생필품의 부족으로 인한 물가의 등귀현상을 가져왔다. 당시 노동자의 실질임금은 일제시대에 비해 3분의 1로 폭락했다. 서울을 비롯한 각 도시에서는 쌀을 요구하는 노동자 실업자들의 자연발생적인 대중폭동운동이 일어나고 있었으며, 이에 당황한 미군정에서는 경찰력과 극우청년단체들을 동원해 이를 무력으로 진압하고자 했다. 대한노총은 이 시점에 설립되었다.(1946. 3. 10) 여기에다 미소공동위원회가 결렬되고, 서울에서 간행된 3개 조작 일간지가 정간되었으며 조공 당수 박헌영의 체포령이 내려져, 조공은 신전술을 발표하고 이제까지의 미군정과의 타협정책을 포기하고 지하화 폭력화 방향을 취함에 따라 해방정국은 급변하기 시작했으며, 전평 활동 또한 파업 시위라는 전투적 방법으로 급선회했다.

철도파업은 수습되었지만 그것을 시발점으로 해 전평이 개입한 각종 파업은 이후에도 계속되었다. 철도종업원에 대한 동정파업은 계속 확대되어 9월 28일부터 10월초에 걸쳐 남한 일대의 운수 통신 기타 각 산업기관은 마비상태에 빠졌고 학생들은 동맹휴학에 들어가 사회적 열기가 고조되었다. 대구에서는 노동자와 학생 시민이 합세해 경찰관서를 습격, 많은 희생자를 낸 10월항쟁이 일어났고, 그 여파가 경상도 전라도 강원도 지방으로 확대되어 갔다. 다음 해 3월에도 경찰간부의 처단, 경찰의 민주화, 테러방지, 실업방지, 검거된 좌익인사 석방, 생활확보 등을 요구하면서 전국적인 파업을 벌여 3월말까지 2,000여명의 검거자를 냈다.

9월총파업과 10월항쟁 진압과정에서 검거된 전평 산하 노동자수는 1만 1천여명에 달해, 이후 전평 조직은 현저하게 약화되어 갔다. 그러나 전평은 미소공동위의 속개 촉진과 통일정부 수립을 위한 3·1절 기념 시민대회, 테러방지 시민대회 등을 단행하며 꾸준한 자기존재를 과시했으나 1947년 2월 16일 전평 제2차 전국대회를 불법집회로 간주하고 전평 지도부를 전원 구속, 군사재판에 회부해 미군정의 전평 탄압은 최절정에 달했다. 이에 대항해 전평에서는 3·22총파업을 단행했으나 조합원 2,076명이 피검되고 6월에는 정식으로 미군정에 의해 불법화되면서 모든 사업장에서 단체교섭권을 상실함에 따라 비합법화의 길을 걸을 수 밖에 없었다.

전평은 그 뒤로도 비합법 노조로서 노동자들에게 영향력을 과시, 메이데이 행사 개최, 유엔한국임시위원 입국배격파업(1948. 1. 8), 2·7구국투쟁, 5·10단선반대 투쟁을 전개했으나 5·10총선과 대한민국 정부수립에 따라 비합법노조마저 와해되었다.

전평은 1930년대부터 지하운동화하거나 일시 중단된 일제 노동운동의 전통을 계승했다. 일제하 노동운동은 비록 대응한 자본가가 조선인이라 할지라도 대부분 친일파나 매판 자본가였으므로 당시 노동운동은 결국 자본가가 일본이든 조선인들 모두 적대적인 자본가로 여겼던 것이다. 거기에 일부 지식인의 사회주의적 이념 소지가 자연히 사회주의적인 활동가들은 독립정부에서 노동자의 지위를 염두에 두어 적극적으로 조직화했고, 또한 좌파의 주요한 동원역량이 되었다. 전평은 남로당의 지령을 받고 이를 통해 농민운동 등 민중운동과 결합했다.

조직력과 산별체제 전평의 발표에 의하면 1947년 4월말 현재 조합원수 35만 4417명, 1947년 9월말에는 더욱 급격히 증가해 조합원수는 52만 825명으로 늘었다. 전평의 조직률은 당시 사회가 농업사회였다는 점, 해방후 3~4개월만에 조직원수가 55만명에 이르는 점, 노동자 총수가 200만 정도인 점을 감안하면 전평은 대단히 높은 조직률을 갖고 있었다.

이러한 높은 조직률의 배경에는 해방 당시 일본이 물러간 시점에 현장 노동자에게 노조에 가입하는 것 외에는 자신의 권익을 확보하기 위한 마땅한 수단이 없었다는 점이 작용했다. 미군정과 제1공의 수립 과정에서 가장 피해를 입은 사회계층은 조직노동자들이었다. 조직가들의 노력 이외에도 일제가 물러간 해방에 대한 기대감이 스스로 조직을 택하게 한 점도 있었다. 전평 조직의 특색은 민주집중제였고, 이것이 전평이 신속한 정치투쟁을 조직할 수 있었던 요인이 되었다.

전평은 조선광산노동자조합을 필두로 금속 철도 출판 통신 섬유 토건 화학 봉급인 식료 목재 전기 조선 교통운수 어업 해원항만 등 16개 산업별 노동조합으로 구성되었다. 전평은 해방 이후 각 공장에서 조직된 조합이 산별노조로 확대 발전하는 추세에 따라 민주주의적 중앙집권조직을 결성한다는 방침을 세우고 조직에 착수했다. 그러나 실제로는 산별노조의 확대 발전이 전평을 탄생시킨 것이 아니라 오히려 전평 결성준비가 산별노조 결성을 자극했다. 전평이 실제 활동한 기간이 1945. 9~1946. 9까지 1년인 점을 고려하면 산별노조가 실제로 가동했는가는 의문이다.

조직노선 전평이 결성대회에서 채택한 선언을 기초로 해 전평의 운동노선을 살펴보면, 첫째로 노동조합 조직의 산업별 체계화와 그 결집에 의한 '전국평의회' 결성으로 조직을 보다 강화시킨다. 둘째로 일상적 요구를 기초로 한 광범한 대중적 노동운동의 전개에 의해 민족통일전선을 형성하고 진보적 민주주의 정부를 수립한다. 그러기 위해서 현재의 노동운동은 경제투쟁과 정치투쟁을 병행해야 한다는 것인데, 이것은 선언문에서 살펴보면 "…정치투쟁을 무시, 억제하려는…조합주의의 오류, …정치투쟁만으로 지도하려고 하는 대중과 유리된 좌익소아병적 경향도 물리쳐야 한다. …그러므로 우리는 노동자라면 능히 주저치 않고 참가할 수 있는 광범위한 의미에 있어서 대중적 노동조합 운동을 전개시켜야 할 것이다. 즉 노동자의 당면 일상이익을 위한 투쟁을 지도, 조직해 이 투쟁을 조선의 자주독립문제와 결부시켜 조선 건국 초의 경제건설의 추진력이 되어야 하며, 노동조합의 생산관리라는 중대한 책임과 역할을 하지 않으면 안되며, 그 관리자의 참여를 확보해 조선산업의 건전한 발전에 공헌해야 한다."

그러나 자주관리운동보다는 미군정과의 화해요구로 밑으로부터의 조직 강화를 꾀할 수가 없었다. 이러한 조직정책은 '신전술' 이후 전면적인 투쟁을 할 수 있는 대중적 근거를 상실하는 원인이 되었다.

행동방침 이상과 같은 운동의 기본노선에서 따라 전평이 제시한 행동방침은 첫째 해산수당 요구 투쟁, 둘째 노동자 공장 관리운동, 셋째 산업건설 협력 방침 등의 세 가지이다. 이 가운데 해산수당 요구투쟁은 일제가 지난 36년간 우리에게서 약탈해 간 것을 탈환한다는 의미이다. 그러나 해산수당을 획득한다는 것은 기업과 그에 따른 노동조직의 해산을 가져오기 때문에, 전평은 물가와 생활조건의 어려움으로 인해 단순하게 해산수당을 받는 것이 아니라 그것을 기금으로 해 노동자에 의한 공장관리나 노동자에 의한 실업해소의 방향으로 나가지 않을 수 없었다.

한편 노동자 공장 관리운동은 이미 전평 이전부터 나타났듯이 일제와 민족 반역자가 경영하고 있던 공장과 기업을 우리의 국민주권이 완전히 실현될 때까지 양심적 민족자본가와 기술자, 공장노동자로 구성된 공장관리 위원회가 보관, 관리해야 한다는 것이다. 여기서 군수산업을 평화산업으로 전환하고 휴업공장을 생산 개시하도록 해 노동자의 실업문제를 해결함으로써 휴업노동자와 취업노동자의 계급적 연대성을 자각시키고 전계급적 조직을 확대, 강화하는 데 목적을 둔 것이다. 그리고 산업건설 협력 방침은 군수산업이나 악덕자본가에 대해서는 파업 등의 실력행사를 하지만, 양심적이고 건전한 산업에 대해서는 자주독립을 위한 견실한 통일전선 결성과 민중생활 확보를 위한 산업부흥이 필요하기 때문에 생산에 적극 협력한다는 것이다.

그러나 전평의 이 같은 방침은 전평의 행동방침과 미군정의 개입과 국내 정치세력 간의 대립과 그에 따른 정치 경제구조의 변화로 끝까지 실행되지 못했으며, 변화하는 상황에 대해 정확하게 파악, 대처하지 못해 큰 좌절을 겪게 되었다.

미군정과의 관계 전평이 주도한 미 군정기 노동운동은 정치 지향적인 성격을 띠었다. 하지만 이러한 모습은 처음부터 드러난 것은 아니었다. 초기 노동운동은 전평의 「실천요강」에서도 나타나듯이 온건한 합법적 경제투쟁에 의해 대중적 기반을 확보하는데 그 중심이 있었다. 즉 "민족자본의 양심적 부분과 협력해 산업건설을 함으로써 (해방 직후의) 경제적 곤란을 타개하는 것"이었다. 이런 모습은 미군정과 우익세력의 탄압이 노골화되었음에도 불구하고 1946년 중반까지 일관되게 관철되었다.

전평은 결성대회 선언문에서 정치적 투쟁과 극좌적 방법을 거부한다고 했으나 일찍이 건국준비위원회가 선포한 조선인민공화국을 지지했고, 이후 찬탁운동을 지지했다. 1946년 7월 '신전술'의 국면전환에 따라 9월총파업 때는 미군정에 대한 적대관계를 분명히했다.

주요투쟁 이 시기 주요 투쟁은 ① 1946년 9월 총파업(철도노동자의 일급제 전환을 계기로 전국적인 공동투쟁 전개) ② 1946년 10월 민중항쟁으로 확산(3백여만명이 참가) ③ 1947년 3월 총파업(경찰민주화 테러방지 실업방지 생활보장 구속자석방 등 요구) ④ 1948년 2·7 총파업(조국의 분단 위기라는 정세 앞에 유엔 감시단의 방한 반대) ⑤ 1948년 5·8 남한 단독선거 반대투쟁 등이었다.

지금까지 전평의 운동노선, 파업투쟁 그리고 전평의 붕괴 과정을 살펴보았다. 여기에서 알 수 있는 것은 노동운동이란 그 사회의 현실조건을 정확하게 파악하지 않고서는 아무리 용감하게 싸우더라도 끝내는 이길 수 없다는 사실이다. 결국 싸움의 승패는 서로 싸우고 있는 세력들의 힘이 어느 쪽이 큰가에 따라 결정되기 때문이다. 이러한 점에 비추어 볼 때 해방 직후 강력한 군사력을 가지고 남한에 진주해 통치한 미군정과의 싸움에서 실패한 원인을 몇 가지로 나누어 보았다.

첫째, 전평이 초기에 미군정의 성격을 전혀 잘못 파악하고 있었다는 점이다. 미군이 남한에 진주한 것은 한국의 해방을 위해서가 아니라 일본을 점령하기 위한 것이었고, 미군정 또한 남한에서 소련을 견제하는 친미정권 수립이 목적이었다. 그러나 전평은 이를 간파하지 못하고 특히 초기에는 미군정과 직접적인 충돌이 없었기 때문에 오히려 미소공동위원회를 비롯한 외세에 의해 민족통일국가를 건설하겠다는 희망까지 가졌다. 그러나 미군정의 입장에서는 너무나 당연하게 전평 주도의 노동운동에 억압을 강화하고 미소공동위원회까지 결렬시키자 전평은 남한의 유일한 통치권자인 미군정과 정면 충돌했다. 그러나 만약 전평이 미군정의 성격을 정확히 판단했더라면 자주관리운동에 중점을 두어 철저히 대중적 조직기반을 강화해 운동역량을 축적해 나갈 수 있었을 것이다.

둘째, 전평 기타 운동단체들은 아직 세력다툼을 벗어나지 못하고 그 당시 무엇보다도 필요했던 통일된 운동역량을 만들어 내지 못했다. 특히 점령군인 미군정이 그들의 필요에 따라 좌우합작을 추진할 정도로 분열되었다.

셋째, 미군정의 탄압이 심해지고 전평에 대한 불법화가 시작되자 그에 대한 저항으로 정치투쟁에 치중하게 된 점이다. 그러나 이것은 9월총파업으로 조직이 크게 약화된 다음 연이어진 것이기 때문에 오히려 남은 조직마저 붕괴시키는 결과를 초래했다.

이처럼 해방 직후 폭발적으로 일어났던 전평이 당시의 객관적인 상황을 보다 정확히 보지 못하면서 자발적인 노동자의 공장자주관리운동을 결집해 기초적인 대중조직을 강화시키지 못하고 산업건설운동에 치중해 오히려 미군정에 협력하는 방향으로 나갔다. 이러한 사정으로 전평은 전국적 조직 또한 아래로부터의 통일적인 역량을 키우기가 힘들었다. 더구나 미군정과의 충돌로 전평의 주체역량이 줄어들었는데 싸움은 더욱 치열한 직접투쟁으로 나아가 전평의 조직기반은 점점 무너져 갔다. 그러나 계속된 대규모 총파업은 바로 남한 민중의 욕구와 그것을 결집해 왔던 전평의 역량이 폭발한 것이었다.

② 대한노총

1946년 3월 10일 결성된 대한독립촉성 노동총연맹(대한노총[27])은 전평에 대응해 조직된 우익노동단체로 1945년 12월 21일 조직된 대한독립촉성 전국청년총연맹[28](독촉청총)의 반공 반탁운동을 보다 원활하게 수행하려는 방편으로 미군정과 이승만 정권에 의해 결성되었다. 특히 모스크바 3상회의의 신탁통치 결정을 전평이 조직력을 동원해 저지하려는 움직임을 보이자, 그 때까지 대중적 기반이 없었던 우익진영이 미군정의 지원 아래 1946년 5월 12일 철도 경성공장에서 시작

---

[27] 대한노총의 정식 명칭은 정부수립 이전은 대한독립촉성노동총연맹이고, 그 이후는 대한노동총연맹이며, 1954년 4월 8일 이후에는 대한노동조합총연합회이지만 모두 대한노총으로 약칭한다.
[28] 불교청년회 기독교청년회 국민당청년부 등 우익계 청년단체의 연합회로 조직된 (1945. 11. 21) 대한독립촉성전국청년총연맹은 노동부를 두고 일부 공장에 조직을 침투시켰다.

한 것이다. 이 조직은 노동자들의 권익 향상보다는 전평 세력 타도와 반공 우익 정치인 또는 단체의 하부조직 역할을 했다.

독촉청총의 회원이었던 홍윤옥(洪允玉), 김구(金龜), 이일청(李一淸) 등은 용산 영등포 등지의 철도와 기타 공장에 침투해 노동자 조직에 착수했거니와 반공 반탁운동의 전선체인 비상국민회의를 결성했다.(1946. 2. 1) 1946년 11월 김규식, 안재홍, 조소앙, 원세훈 등 합작파 또는 중도파를 고문으로 하고, 부위원장에 유기태, 채규연을 선임한(위원장은 미정) 전국노농조합총연맹을 조직했다. 이어 대한독립농민총연맹과 대한독립노동총연맹이 결성되었다.

대한노총의 결성대회(1946. 3. 10)는 고문으로 이승만, 김구, 김규식, 안재홍, 조소앙, 엄항섭(한독당), 위원장 홍윤옥, 부위원장 이일청, 김구(金龜)를 선출했다. 이 날 다음과 같은 강령을 채택했다. 결성대회에 참가한 대표는 용산공작소 경성철도공장 경성전기회사 등 15개 직장에서 온 48명이었다.

1. 우리는 민주주의와 신민족주의를 원칙으로 건국을 기함.
1. 우리는 완전독립을 기하고자 자유 노동과 총력발휘로서 건국에 헌신함.
1. 우리는 심신을 연마해 진실한 노동자로서 국제수준의 질적 향상을 도모함.
1. 우리는 혈안불석(血汗不惜)으로 노자간의 친목을 도모함.
1. 우리는 전국 노동전선의 통일을 기함.

이 강령의 내용이 말하듯이 새로 결성된 대한노총은 아직 노동조합의 면모를 갖추지 못했다. 그 실체가 모체였던 독촉청총 노동부의 영역을 벗어나지 못했음은 위원장 이하 3인의 리더가 모두 독촉청총의 체육부 멤버였다는 점을 보아 분명하다. 독촉청총과 동 계열의 청년운동단체와 대한노총의 '친자 내지 형제관계'는 그 이후에도 계속되어, 서북청년회 대한민청 등 강력한 청년단체의 지원 아래 대한노총이 전평 타도의 전위역할을 했다. 이것은 철저히 노사협조를 기본으로 해 반전평 반공을 내용으로 한 것이다. 이러한 노사협조주의는 당시 노동자들이 처해 있는 조건을 고려할 때 사실상 노동운동을 하자는 것이 아니었다.

결성 당초에 중요한 역할을 했던 세력은 이승만=전진한의 반공주의 흐름과 함께 임정의 김구 계, 안재홍을 위원장으로 한 국민당의 중도노선의 역할도 컸다. 결성 당시 대한노총에 가장 총력을 기울였던 것은 실제로는 국민당이었다. 이승만을 비롯한 5명의 대한노총 고문 가운데 안재홍은 유일하게 국내에서 8·15해방을 맞이했던 사람으로 우파정당 가운데 노동조합의 중요성을 가장 깊이 인식했다. 노총기의 제작, 선언문의 기초를 비롯해 청년부장 이찬우를 통한 자금원조도 안재홍의 주선에 의한 것이었으며, 홍윤옥은 국민당 청년부 차장이었다.

그 조직방식도 철저한 하향식 조직으로 전국총연맹이 먼저 조직되고 그 다음 지구연맹을 구성했으며, 이 지구연맹이 단위조합을 결성해 나갔다. 이것은 대한노총이 이미 조직된 산별 단일노조를 기반으로 해 구성된 것이 아니었고 지방에 노동조합의 기반이 없는 상태에서 위의 우익 진영의 상층 지도부만 먼저 조직된 것이다. 이것은 결성대회에서도 명확히 드러났다. 1946년 3월 10일 결성대회에는 용산공작소, 경성철도공장, 경성전기회사 등 15개 직장에서 48명만이 참석했고, 집행부도 홍윤옥(위원장), 이일청, 김구(부위원장) 등 이미 1945년 11월 21일 결성된 '대한독립촉성 전국청년동맹'이라는 우익 청년단체의 간부진들로 구성되었다. 이는 우익 세력 확장을 위한 정치적 필요성에 의해 조직확대가 이루어졌음을 의미한다. 이 조직은 노동자 조직이라기보다는 좌익계 노동조직인 전평의 활동을 방해하기 위한 유령 테러단체였다고 하는 것이 초기 모습에는 적합한 표현일 것이다.

대한노총은 노동자나 노동단체가 아닌 반공 청년단체를 모체로 결성되어 그 산하 노동자는 매우 적었다. 그러나 우익 정치단체의 강력한 후원을 받고 전평 산하의 노동조합에 침투해 그것에 맞서는 '노총 분회'를 만들어 갔다.

대한노총은 결성 직후 1946년 5·1절 행사를 전평과는 별도로 개최했다. 이 행사는 전평 주최의 식전에는 노동자 3만명, 좌익단체원과 일반관중 10만명이라는 대군중이 집결했던 데 비해 약 3천명의 군중이 모이는 열세를 보였다. 그리해 5월 4일 열린 제1차 중앙집행위원회에서는 홍윤옥을 인책 사임시켰다. 그러나 전평이 조선철도노동조합 파업을 계기로 9월총파업을 단행하자 경찰과 우익계 청년단체와 더불어 대한노총은 파업본부를 공격, 이를 깨는데 중요한 역할을 했으며, 이를 정점으로 노총은 노동운동의 헤게모니를 장악했다. 특히 미군정은 전평을 무너뜨리고 대신 대한노총을 자리잡게 하기 위해 많은 시도를 했다. 이는 9월 총파업에서 나타났지만 그보다 더 노골적인 것은 대한노총 경전노조를 유일 합법노조로 인정하기 위한 기명투표 방식에서도 찾아 볼 수 있었다. 즉 경전에 전평 경전지부 외에 대한노총 경전지부가 생기자 미군정은 전 종업원에게 전평과 대한노총 가운데 택일하는 기명투표를 실시하게 했다. 당시 전평 산하 노조원들이 9월총파업과 3월총파업(1947) 과정에서 수천명씩 검거되는 상황에서 공개적으로 선택하라는 것은 바로 대한노총 선택의 강요였다. 미군정은 이러한 방법으로 운수부 해원노조 부두노조 등에도 전평 노조 대신 대한노총 노조를 유일 합법노조로 들어 앉혔다.

그 뒤에도 대한독립촉성노동총연맹은 단정 수립을 위한 5·10선거에 적극 참여, 이승만 정권 수립에 크게 기여했으며, 정부수립 후 그 명칭을 대한노동총연맹으로 바꾸었다. 또 부산정치파동, 4사5입 개헌에 개입, 이승만 정권유지를 위한 역할을 했다.

대한노총은 하향식으로 결성된 한계를 극명하게 드러냈다. 단적인 예가 1949년 6월말 현재 683개의 단위노조, 128,018명의 조합원을 가진 상당히 높은 조직률에도 불구하고 단체협약을 맺은 노동조합은 2개뿐이었다. 이와 같은 상황에서 정부에 의한 노동운동의 무력화 기도가 보이기 시작하자 1949년 공무원상 노동운동금지대상에서 철도노동자들을 제외할 것을 요구한 철도연맹의 대 정부 투쟁과 조선전업29) 노동자들의 노조결성 투쟁을 초래했다.

대한노총은 노동귀족의 집합소로서 소모적인 파벌싸움을 끊임없이 계속했다. 변혁은 물론 노사협조 노선에 미치지 못하는 노선부재의 상태였다. 노동조합의 상하가 괴리되는 상태가 1990년 전노협 결성 시점까지 계속되었고 노동자 투쟁은 반자본과 반어용투쟁의 2가지 전선을 갖게 되었다.

(2) 조공 남로당의 노선

8·15 뒤 사회주의자들이 중심이 되어 조선공산당 성립(1945. 9. 11)에 이어 조선인민당(위원장 여운형)을 결성했다. 조선공산당은 결성 이후 전평의 결성(1945. 11. 5)을 서둘렀다. 만주에서 항일투쟁을 하던 사람들도 귀국해 남조선 신민당을 결성했다.(1946. 7. 14) 그러다가 1947년 2월 3개 정당은 합당하고 북조선 노동당을 유일 정당으로 인정하면서 북조선 노동당의 남쪽 지부로서 남조선 노동당(남로당)을 결성했다.

공산당의 노선과 활동을 살펴본다. 첫째, 1945년 8월 10일 조공 재건파는 1928년에 해체된 조공의 정통적 계승자라는 생각을 가지고 '조선공산당 재건준비위원회'를 결성하고 「현정세와 우리의 임무」(8월테제)라는 결의안을 당의 정치노선으로 통과시켰다. 8월테제에서 조공재건파는 조선혁명의 현단계를 '부르주아 민주주의혁명'의 단계로 규정하고, 그 기본과업으로 민족의 완전독립과 토지문제의 혁명적 해결을 제기했다. 혁명의 동력은 노동자 농민이 중심이 되고 도시소시민과 인텔리켄챠 등이 참가하는 '인민정권'을 지향했다. 또한 그들은 2단계 혁명론의 도식을 나타내고 있으며, 국제관계 인식에서 미·소의 체제 차이

---

29) 한국전력주식회사의 전신.

를 인정하면서도 2차대전을 통해 형성된 반파쇼 국제(민주주의) 연합에 따른 대미 타협노선의 범위 안에서 정권을 수립하고자 했다.

8월테제는 미소의 협조관계가 상당 기간 유지될 것이기 때문에 민중정부의 평화적 수립이 가능하다는 것, 당면 조선혁명은 부르주아 민주주의 혁명이기 때문에 이 혁명의 주도세력은 노동자와 농민, 도시빈민과 진보적 인텔리켄챠라는 것, 지주와 자본가를 제외한 전 세력이 연합해 통일전선을 형성해 민중정부를 수립하는 것, 그리고 이 혁명을 사회주의 건설의 발판으로 만들어야 한다는 것을 밝혔다. 「8월테제」는 기본적으로 1928년 조선공산당 좌경화노선의 시발이었던 코민테른의 「12월테제」(1928)와 그 형식과 내용이 거의 같았다. 이는 박헌영과 조공이 통일전선전술을 전략적 단계로 설정하는 인민민주의혁명노선을 받아들이지 못했음을 의미한다. 부르주아민주주의혁명이라면서 좌익만의 힘으로 관철하려고 했다. 이는 주객관적인 혁명정세의 낙관적 전망과 통일전선운동에 대한 편협한 태도를 낳았다. 여기에 일제 강점기 오랜 지하활동에서 나타난 분파주의의 폐단들이 더해져 인민공화국의 조급한 결성, 좌우합작운동에 대한 공격, 조공 프락치 사건으로 귀결된 3당합동, 그리고 9월총파업과 10월항쟁에서 지도역량 부재 등과 같은 문제점이 발생했다.

한편 8·15직후 당시에는 조공 재건파 이외에도 장안파와 일본에서 귀국한 일부 공산주의자들은 '프로레탈리아 혁명단계론'(또는 동시혁명론) '연합성 신민주주의론'(백남운) 등을 제기했다.

둘째, 조선공산당은 8월테제에서 조선혁명의 성격을 부르주아 민주주의 혁명 단계로 설정하고 토지 문제의 혁명적(농민적) 해결에 의한 지주 소작관계의 철폐를 목표로 했다. 그리고 노농동맹에 기초한 인민정권의 수립을 위해 토지개혁의 일차적 대상은 일제와 민족 반역자의 토지가 되어야 하고 농민운동의 당면과제로 소작료 3·7제 인하와 농민조직의 결성을 강조했다. 그러면서도 미군정에 타협적이고 노동자의 자주관리와 농민의 투쟁을 억제했다. 가령 농민운동에서 자연발생성, 지역적 고립분산성을 극복하기 위해 노력하기보다는 치안유지와 같은 비본질적인 요소의 강조로 농민의 열기를 냉각시키는 결과를 초래했으며, 노동운동에서도 마찬가지였다. 노동자 농민 대중의 높은 열기를 조직화해 조직의 역량을 높이고 이를 바탕으로 정세를 풀어가겠다는 관점을 갖지 못한 것이다.

셋째, 1946년 중반에 와서는 이미 2월부터 나타나기 시작한 반박헌영세력(반콩그룹)의 도전, 북한에서 분국설치(4월)와 '북풍'의 영향 등에 직면해 대중정당의 필요성이 대두되고 3당합당을 모색하면서 남로당을 결성했다. 1946년 11월 23일 결성된 남로당은 기존의 조공과는 달리 어느 특정 계급의 전위당이 아니라 근로대중을 위시한 광범한 민족구성원의 대표(대중정당)임을 표방했다. 남로당의 강령에서 나타난 내용은 이미 1946년 3월부터 북한에서 실시한 각종 개혁조치를 반영했다. 즉 '8월테제'에서 드러난 전략적 노선의 한계점을 발전적으로 보완해 전략적 단위에서도 명실공히 '인민민주주의'의 노선으로 전화했다. 그러나 남로당은 여운형 백남운 세력을 배제한 채, 분파주의 권력투쟁을 전개하면서 '추수폭동'의 시기를 앞당기고 기층민중의 열기를 세력화 통일화가 아닌 고립화 분산화로 몰아갔다. 9월총파업과 10월 인민항쟁, 2·7구국투쟁 등으로 이어지는 비합법일변도의 투쟁은 무장유격대의 '야산대'의 출현으로 최고조에 이르렀다. 그 결과 사후적으로 방어적 의미의 무장투쟁은 지도력의 한계가 작용해 무참한 패배로 귀결되었다.

넷째, 남로당은 1946년 3월부터 시작된 북한의 개혁실시, 1차미소공동위의 결렬, 지방인민위원회의 파괴, 정판사 위폐사건, 3개 신문사 정간조치, 박헌영 이강국 이주하 체포령, 내분의 심화 등 대내외적 정세가 불리해지자 상실해 가는 운동역량을 가지고 전면적 투쟁을 시도했다. 조선공산당은 1946년 7월 '정당방위의 역공세'라는 구호 아래 적극적인 투쟁전술로 전환했다.

> 지금까지 우리가 미군정에 협력해 왔으며 미군정을 비판함에 있어서는 미군정을 직접 치지 않고, … 간접적으로 미군정을 비판했으나 앞으로는 우리가 이런 태도를 버리고 미군정을 노골적으로 치자, 지금부터는 맞고만 있을 것이 아니라 정당방위의 역공세로 나가자, 테러는 테러로, 피는 피로 갚자.

신전술에 따라 9월총파업과 10월인민항쟁 등 그 밖의 각종 투쟁을 전개하면서 좌경모험주의적인 성향을 띠게 되면서 당과 노동조합 세력 확대에 도움을 주지 못했다.(김남식, 1995, 234쪽) 1946년 11월 조직된 남조선로동당은 광범한 근로대중이 참가할 수 있는 대중정당을 표방했음에도 불구하고 합법적인 활동을 보장받지 못하고 또 쟁취하지 못한 채 지방 당에서는 처음부터 비합법활동을 전개했다. 따라서 남로당은 당세 확장에 한계가 있었고 미소공동위원회 개최 기간에 합법적인 당활동이 보장되는 것을 이용해 5배가·10배가 운동을 전개하는 방식으로 당세를 확장했다. 그러나 이와 같은 방식으로 확대된 당원에게 의식화 활동을 거의 하지 않았기 때문에 남로당원들은 근로민중의 전위대의 사명감과 헌신성을 갖지 못했다. 또 심각한 당내 분파투쟁은 진영의 분열을 초래했다. 또 신전술에 의한 전술전환 역시 기층민중운동의 역량을 당적 수준에서 올바로 결집하기에는 역부족이었다.

다섯째, 남로당은 노동조합과의 관계에서 전평에 대해 지도적이었으나 신전술에 따른 9월총파업 이후 조직이 무너져 방침을 관철하지 못했다. 10월인민항쟁 때부터는 노동자 농민 등 민중이 자발적으로 참여해 봉기하는 양상을 띠었다.(서중석, 1993 참조)30)

---

30) 여현덕의 견해에 따르면 국제정세 인식에서 조공은 8·15직후 줄곧 변혁운동과 정권의 수립을 국제노선이라는 외적 변수에 너무 의존했다. 가령 백남운이 "'국제노선'은 세계사적 견지에서 지침은 될지언정 척도는 아니다"라고 하면서 내부의 사회경제적 성격에 비추어 정치적 자주성을 역설하고 있는 것과는 좋은 대조가 된다. 조공은 1946년 2월 '민주주의민족전선'이 결성될 시기에는 ① 영·미의 대자본가

(3) 통일전선조직과 민중운동단체

민주주의민족전선 1945년 8월 말경 이미 145개 이상의 폭발적인 건준지부에서 파생된 지방인민위원회는 민족연합전선의 형태로서 아래로부터의 국가형성 단위를 형성했다.

1946년 2월 15일 결성된 민주주의 민족전선(민전)은 인민민주주의(PDR) 노선에 입각해 반제 반봉건적 투쟁에 입각한 여러 정치세력을 결집한 통일전선체이자 좁은 의미에서 조공 신민당 인민당을 중심으로 한 좌익세력의 외곽단체였다. 민전에는 조선공산당을 중심으로 조선인민당 독립동맹 전평 전농 청년동맹 부녀총동맹 조선문학가동맹 등 좌익계 29개 정당사회단체가 가맹했다. 이들은 대체적으로 조선인민공화국의 후신이라는 견해가 있으나 그 활동은 미군정과의 협력에 주안점을 두던 시기라 연구와 발표를 하는 정도였다. 민전의 주도 아래 9월 총파업과 10월 항쟁, 2·7구국투쟁이 있었다.

를 중심으로 한 국제독점자본주의의 파쇼세력과의 결탁 가능성 ② 동유럽에서 '인민적 민족전선' 방향의 당위성 등을 인정했다. 그러나 이들은 1946년 7월 '신전술'이 나타날 때까지 미국의 제국주의적 본질을 철저하게 인식하지 못했다.

당시 정세로 보아 제국주의의 침략이 허용되어서는 민족해방을 성취하지 못하므로 민주주의적 입장에서 중소민족자본을 포함해 동력의 범주를 상정할 필요가 있었다. 당시 혁명의 동력으로서 프로레탈리아와 빈농이 독자적으로 혁명을 주도할 역량이 없으므로 각계각층 또는 통일전선의 대상이 되는 당의 공통된 원칙(최소강령)을 중심으로 통일전선을 광범위하게 결성해야만 했다. 미군정의 지방인민위원회 탄압이라는 상황을 '전술적 수세기'로 설정하고, 그 시기에 적의 공격으로부터 완충지대를 설정해 주체역량을 튼튼히 확보할 수 있도록 통일전선을 강화시켰을 때 비로소 신전술 이후의 전술적 공세기에서 정세의 역전은 가능한 것이었다. 그러기 위해서는 상층통일전선이 유기적으로 결합해야 하는 것임은 물론이고 무엇보다도 하층통일전선(지방인민위원회)을 확고히 해야 했다. 그렇지만 조공의 지도부는 단결과 투쟁을 적절히 배합시키지 못하고 특히 민족문제 해결에서 타협적 합법적 방법만을 중심에 두어 무력한 존재가 되었다.

조공 지도부는 지방조직과의 연결노력이 부족했고 그들의 정치교육 결여로 대중교육의 대상은 미군정과 우익에게 양도했다. 10월인민항쟁 때부터는 노동자 농민 등 민중이 자발적으로 참여해 봉기하는 양상을 띤 것은 이를 반증한다고 했다.(여현덕, 1988, 83쪽)

이에 앞서 모스크바 3상회의에서 한국신탁통치안이 발표되자 이에 가장 먼저 반대의사를 표명한 김구 중심의 임정계는 1946년 1월 4일 비상정치회의를 소집하고, 2월 1일에는 이승만의 독립촉성중앙협의회를 비롯한 전 우익 정당사회단체와 중도파 정당들이 참석한 가운데 이를 비상국민회의로 발전시키고, 최고정무위원회로 민주의원을 발족했다.

민전은 토지정책(무상몰수 무상분배)이나 반제 반봉건에서는 우익, 중도세력과 대치했으나 미소 양군 동시 철수와 통일정부 수립 등 민족의 진로문제에서는 동일한 면이 많았다. 그러나 그들은 민전이 결성된 1946년 12월에서 미소공동위가 열리고 좌우합작이 진행되는 1947년 5월까지의 중요한 시기를 '찬탁진영에 반대하는 반탁진영의 반민주주의적 속성 폭로'와 미군정에 대한 비난의 성명서를 발표하면서 시간을 허비하고 말았다. 민전은 그간 미국의 대외정책이 빈센트와 같은 국제주의자가 영향력을 상실하고 맥클로이, 해리만, 케난 등의 봉쇄주의자들이 득세했으나(강만길, 1988, 179쪽) 이를 간파하지 못한 채, 4월 19일 삼상회의 결정을 지지하는 정당만이 공위의 협의대상이 될 수 있다는 미소공위의 성명에 고무되어 4월 20일에는 민전중앙위원회를 개최하고 공위 대책을 논의했다. 이 회의에서 임시정부의 조속한 수립을 촉진하고 민족 민주주의 원칙에 의한 통일, 제국주의세력과 파쇼세력의 잔재 소탕 등을 역설했다. 그러나 제1차 미소공위는 아무런 합의사항도 남기지 못하고 결렬되고 말았다.

이런 상황에서 민전은 그들의 상대역인 미군정이나 중도우익과 민족주의적 정당들과 적극적으로 대화를 펴지 못했다. 민전을 내부에서 실질적으로 주도했다고 볼 수 있는 조공의 경직성 체질이 있었다. 그러나 그것은 1946~47년의 미군정기를 비교적 유연하게 바라볼 때의 시각이고, 전술한 바와 같이 대소 봉쇄론자들이 미국외교정책을 입안했던 이 시기 좌익의 행동은 남한 단정수립을 위한 시간을 벌어주기에 불과했다.

남한의 좌익은 남한단정수립을 적극적으로 추진하던 1946년 초의 민전성명서를 계기로 미국과 미군정을 공식적으로 제국주의 세력으로 규정하고 반제투쟁을 선언하게 되며, 이념노선도 인민민주주의(PDR)에서 민족해방인민주의(NLPDR) 노선으로 전환했다.

농민운동 8·15 후 농민의 주체적 임무는 일제하 식민지 반봉건사회의 청산이었다. 농업과 농민이 갖는 비중은 양적으로나 질적으로 중요한 위치에 있었기 때문이다. 우선 반봉건사회의 청산은 농업에서 농지가 농민에게 주어져야 한다는 것이었다. 지주소작관계가 청산되고 일제가 수탈해 간 토지는 농민에게 분배됨으로써 농업이 봉건제가 청산된다는 것을 의미했다. 그러나 이를 방해하던 일제가 물러갔으나 1950년 농지개혁까지 이의 실현은 좌절했다. 1950년 농지개혁을 실시했어도 농지개혁의 본질적 목적이 실현되어 농민문제를 해결할 수 있었던 것도 아니다. 그러므로 8·15 이후 농민운동은 새로운 형태로 다시 전개되었다.

민족자주 국가 수립을 위한 민중들의 건국준비는 미군의 진주와 더불어 중지되었다. 일제가 소유했던 토지는 농민에게 분배되어야 하고 지주소작관계는 청산되어야 하며 일제 하에서 농민수탈을 위한 일체의 제도와 정책은 폐지되어야 했다. 그러나 점령군으로서 미군은 농업문제에서 일제의 정책을 그대로 답습했다. 일제침략자가 없어진 조건에서 농민들의 경제적 정치적 민주주의의 개혁 요구는 당연한 것이고 이것이 제약될 때 농민운동의 전개는 당연했다. 8·15 직후의 농민운동은 미군의 농민정책과의 싸움일 수밖에 없었다. 민중운동과 민족운동적 성격의 통일체로서 일제하 운동의 성격과 크게 다를 바 없었다.

미군정이 실시한 농업정책 가운데 중요한 것은 1945년 9월 25일 일본인 소유재산의 처분을 금지시켜 남한 전경제의 80%를 미군정의 소유로 하고, 1945년 10월 5일 최고소작료 결정을 공포해 소작료를 1/3로 하고, 1946년 1월 25일 미곡수집령을 공포해 양곡의 강제수집해 일제하 공출제도를 답습했다. 1948년 4월 8일 신한공사의 귀속농지를 우선 분배하는데 일제가 소유했던 농지는 전체 농지의 약 13.4%에 해당하며 전체 농민의 약 28.5%가 신한공사의 소작인이었다.(이우재, 1991, 282쪽)

해방이라면 당연히 이들 토지를 농민에게 주어야 했다. 물론 전면적인 농지개혁을 준비하는 과정이기 때문에 우선 분배를 유보했다고 할 수 있으나 이에 대한 입증 자료도 아직 발견된 바 없다. 소작제 실시는 우선 일제의 고율 소작료로부터 소작농을 보호한다는 의미에서 긍정적 조치이기는 하나 미군의 지주 온존정책으로 일부 지역에서 지주들의 횡포가 다시 고개를 들기 시작해 그 성과가 잘 이루어진 것도 아니며, 신한공사 소작인들에게 실시한 1/3 소작료 징수가 조선의 농민을 위한 것도 아니었다. 신한공사는 막대한 이익을 남기면서[31] 이모작 간작 이작까지도 소작료를 받고 수리비 농약비 볏짚까지도 소작료로 징수했다. 농민에게 미군은 해방군이 아니라 일제보다 더 강력한 지배자로 다가왔다.

미군정 농민운동의 가장 중요한 원인은 미군의 강제양곡수집인 공출제도였다. 강제공출이 이렇게 미군정 전 기간에 농촌에서는 물론 도시에서도 소요사태의 주요한 원인이 된 것은, 미군정의 정책이 일제 정책과 같다는 점, 식량을 도시민에게 공급하기 때문에 식량이 부족하다는 미군정의 설명과는 달리 식량이 국내수요에 부족하지 않은데 일본으로 수출하고 있기 때문이라는 의심, 공출할당량이 너무 많고 시가보다 너무 싼값으로 수집한다는 점, 무엇보다도 경찰력을 동원한 강권적 수집정책에서 1947년 5월 1일 현재 미곡수집 불응에 의한 수용자 일람표를 보면 체형언도자가 367명, 구류 6,339명, 심문조사 18명, 벌금 1,907명 합계 8,631명이었다.

---

31) 1947. 4. 1~ 48. 3. 31 사이의 신한공사 결산은 수입 15억 1178만여 원, 지출 9억 2404만여원으로 순이익은 5억 8774만여원이었다.(이우재, 1991, 284쪽)

이와 같은 문제점에 대해 미군당국도 다음과 같이 기록했다. "하곡수집 과정에서 관통되었던 부당성은 아직도 사람들 마음속에 생생히 살아 있다. 많은 경우에 공출할당량은 불공평했고 농민들은 필요량을 남기지도 못했을 뿐만 아니라 어떤 지역에서는 실제 생산량보다 많았다. 할당량은 추후에 알려졌고 농민들이 공출해야 할 양을 자신들이 알지 못할 때도 있었고 추수 후에나 알게 되었다. 많은 농민은 공출량을 충당하기 위해 암시장에서 양곡을 구입하는 경우도 있었다. 가을에 일어난 소요사건의 조사에서 하곡수집이 일반적으로 10월폭동의 원인이 되었다는 것을 알았다. 대구에서 양곡수집에 동원된 경찰이 자행한 야수적 행동이 대구폭동의 기본 요인이었다. 때문에 다가올 양곡수집에서 심각한 불안이 예기된다"32)고 보고한 것을 보면 얼마나 농민들의 미군정에 대한 저항이 심했던가를 알 수 있다.

미군정의 농민수탈은 신한공사 토지분배에서도 나타났다. 농민의 상환은 생산량의 3배를 20%씩 상환하기 때문에 부담이었다. 그리고 또 1950년의 농지개혁의 진정한 의도는 농민문제의 해결이 주안이었던 것이 아니고 남한에서 날로 성장하는 농민의 저항과 좌익세력의 영향을 막기 위한 것이었다.

이상과 같은 농민운동은 식민지 압박으로부터 농민의 이익과 민족해방을 위해 싸우던 농민운동세력의 재등장에 의해 진행되었다. 봉건제의 청산과 새로운 민주적 민족국가 건설을 위해 1945년 12월 8일 전국농민조합총연맹이 조직되었다. 전국의 조합원 330여만명과 조합수 239개에서 대의원 576명이 참석해 3일간의 대회를 갖고 출발했다. 대회에서 결정한 당면 운동방침으로 경제적 요구는 일제 친일파 소유지몰수 농민에게 분배, 조선인 지주의 소작권 이동 금지, 소작료 3:7제 실시, 임야

---

32) 「Survey of Grain Collection in South Korea, 1946. Prepared by National Economic Board in Cooperation with U.S. Department of State」, Administrative Study, No.2. 1 April 1947. 이우재, 1991, 283~284쪽에서 재인용.

공동이용, 수리조합 국가경영 농민관리, 고리채이자를 단리로 하고 이자율 감할 것, 공동경작 시도, 협동조합 조직 촉구였다. 당면 정치적 요구는 정치조직에 농민대표 참여, 지방행정관 사업과 공공단체 직원 선거제 실시, 노동운동과 연대였다. 계몽운동 방침은 농민의 정치의식 고양과 봉건유습 청산에 주력할 것 등(이우재, 1991, 282쪽)이었다.

자주관리는 농민운동에서도 전농을 중심으로 한 농민조직의 결성, 구일본인 소유 토지와 민족반역자의 토지점거와 몰수, 인민위원회를 통한 토지의 분배, 소작료 불납운동 등의 형태로 전개했다.

그것은 전체적으로 이 시기 농민운동의 지도부가 미군정과 타협전술에 의거해 문제를 해결하려고 시도했던 데 연유했다. 이는 미소공동위원회의 성공적 추진에 의한 민주주의 정권의 수립에 기대를 걸고 있던 좌익의 정치노선을 반영한 것이다. 바로 여기에 농민운동의 지도부인 전농과 각지의 농민조합과 토지획득과 강제적 미곡공출을 둘러싼 농민들의 끓어오르는 열기 속에 괴리가 있었다.

농민들은 9월총파업과 10월항쟁 시기에 "가혹한 공출중단!" "토지를 농민에게!" "정권을 인민위원회로!" 그리고 미군정의 폐지와 자주독립국가의 건설 등의 슬로건을 내걸었다.

대부분 지방인민위원회 농민조합 인민위원회 산하 청년단체 소속이었던 이들 농민들은 경찰서를 습격, 방화하고 경찰서장과 군수를 체포했으며 또한 신한공사의 양곡수집 창고를 점거, 곡식을 지방주민들에게 분배하고 미곡수집기록을 불살랐다. 그러나 이러한 농민들의 투쟁은 자발적이었고 지역적 한계를 넘어 연대를 확보하지 못해 미군정과 경찰, 그리고 '독촉' 산하의 우익청년단체가 우세한 무력을 바탕으로 야만적인 진압을 시작했을 때 완전히 진압당했다. 그 뒤로도 소규모 봉기들이 이어졌으나 대한민국이 건국되고 6·25가 일어남에 따라 농민운동은 완전히 자취를 감추었다.

전농의 영향 아래 계속 전개된 농민운동은 인공과의 관련에서 미군과 우익진영에 중대한 위협으로 작용되었기 때문에 이의 분쇄를 위해 1947년 8월에 '대한독립농민총연맹'이 결성되었다. 이 단체의 첫째 사업은 대 공산당 투쟁이고, 둘째 사업은 소작쟁의와 조정, 셋째는 5·10 선거에 농민을 동원하는 선거운동, 넷째는 유상몰수 유상분배의 농지개혁, 농촌계몽운동, 농학촌건설운동, 농업도서 출판사업, 협동조합운동 등이다. 그러나 이 단체는 단정수립과 농지개혁 실시 후 농민운동에 역할을 하지 못하고 자유당 산하단체로 존재하다가 1950년대 중반 뒤 유명무실하게 없어졌다.

학생운동 학생들은 해방이 되자 학생운동과 청년운동을 주도하면서 해방 후의 당면한 민족문제 해결을 위해 적극적으로 활동에 나섰다. 먼저 학생들은 학도대를 창설해 학원을 일제에게서 자치적으로 접수하고 진공상태의 치안 유지에 노력했다. 전장에서 돌아온 학병 가운데 좌익은 조선학병동맹을, 우익은 학병단을 결성했다. 신탁통치 문제를 두고 학생들은 찬반으로 나뉘어 우익은 반탁전국학생총연맹(1946. 1. 7)을, 좌익은 재경학생행동통일촉성회(학통, 1946. 1. 9)를 결성해 대립했다.

그러나 학생들은 식민지교육의 철폐와 학원민주화에 대해서는 일치해 미군정이 고등교육 장악을 위해 발표한 이른바 「국립서울대학교 설립안」(국대안, 1946. 7. 13) 반대에 일치했다. 미군정은 일본인이 빠져나간 대학의 질을 유지하고 건국을 위한 고급인력을 길러내겠다는 목표를 내세웠으나, 실제로는 미군정이 학생 교수에게 장악된 주요 대학을 접수하기 위한 것이었다.

국대안에 대해 서울대학교로 통합될 각 대학 학생들은 국대안이 학원의 민주주의를 근본적으로 말살하려는 기도라고 비판, 학원의 자치권을 요구하며 시위와 동맹휴학으로 맞섰다. 국대안 반대운동은 약 1년간 전개되어 전국적으로 동맹휴학 참가교 57개교, 참가인원 4만여명에 이르는 운동으로 발전했지만 끝내 1천여명의 학생들과 380명이 교수들이 복교와 복직을 거부당했다. 미군정은 휴교령 등으로 이에 맞섰고, 서울대학교는 예정대로 신설되었다. 그 결과 한국의 고등교육은 '한국교육위원회' 등 민족반역자와 친미 세력에 의해 장악되고, 대학에서 밀려난 좌익 교수 학생들은 월북했다.

유엔에 의해 남한단독정부 수립을 위한 5·10총선거가 결정되자, 우익 학생단체들은 단선 단정 지지성명을 발표했으나 1947년 부산을 필두로 시작된 단선 단정 반대 학생운동은 4개월간 지속되었다. 좌익 학생운동은 '민학련 서울시유격대사건'과 '민학련 7·20 데모사건'으로 관련자 199명이 검거되면서 막을 내렸다. 그러나 해방 3년의 학생운동은 내적으로는 좌우익으로 대립했으나, 그 대립 속에서도 외세와 억압에 대항해 민족해방과 민주주의를 실현하려고 했다.

여성운동 해방과 함께 일제의 탄압으로 단절되었던 근우회의 좌우익 지도자들은 '건국부인동맹'을 결성했으나 내부의 차이로 분열되었다. 우익계는 '독립촉성중앙부인회'를 조직해 남한 단독정부수립 지지운동을 했으며 자주독립국가의 건설과 여성의 지위향상을 위한 평등권을 강령으로 내세웠다. 좌익계는 '조선부녀총동맹'을 조직해 여성문제 해결없이 민족해방은 있을 수 없다는 결의에서 여성의 평등권확보에 적극적이었다. 이들은 각 지방에 강습소 설치, 순회강연, 공연 등의 운동을 전개했다.[33]

이 시기 주목할 만한 활동은 인신매매와 매춘을 반대하는 공사창폐지운동이었다. 공창은 일제침략과 함께 설치했고, 식민지시대의 빈곤화는 인신매매와 매춘을 부추겨 사회적 문제로 부각되었다. 좌우익여성들은 '공사창제 방지결의문'을 미군정에 제출해 1947년 미군정은 공

---

[33] 빨치산 투쟁을 하다가 체포되어 장기간 옥고를 겪은 박선애는 "여자가 차별 받는 것은 있을 수 없는 것이고 여성해방을 하려면 먼저 조국이 통일돼야 하겠기에 빨치산에 참여했지만, 빨치산 활동의 궁극적 목적은 여성해방이었다"고 했다. 그는 "빨치산 안에서도 여성은 밥하고 빨래하고 남성은 그 시간에 학습하는 차별에 대해 싸웠지만 그 뒤 50년이 지난 지금까지도 우리 사회에서 성차별이 조금도 변하지 않았다"고 했다.(「세상을 바꾼 여성들, 박선애」, 『한겨레신문』 2002. 7. 1)

창제폐지령을 내리게 되었고, 1948년 2월 법적으로 공창제를 폐지시켰다. 그리고 이들은 민주입법 건의문 제출 등의 연대활동을 전개했으나 민족국가 수립과정의 좌우정당간 싸움에 휘말리면서 여성운동의 자주성을 잃고 말았다. 근우회로 시작된 여성운동의 좌우익연대는 1948년 남한만의 단정수립으로 좌익운동이 단절되면서 막을 내렸다. 그러나 해방정국에서 이들이 요구한 평등권 확보는 대한민국정부의 헌법에서 기본권으로 보장되었다.

□ 노동자민중의 문예

해방 이후 전평의 조직과 노동쟁의를 다룬 노동소설이 잇따라 발표되었다. 이동규의 『오빠와 애인』, 홍구의 『석류』, 김영석의 『폭풍』과 『전차운전수』, 전홍준의 『새벽』 등이다. 『오빠』와 애인은 공장자주관리운동을 형상화했고, 『전차운전수』는 일제 파시즘 아래 고립적이던 노동자가 노동조합원으로 활동하는 모습을 그렸다.(김재용, 1990, 101쪽)

식민지 말기에 질식상태에 빠졌던 민족문화운동도 해방과 함께 활기를 띠어 각종 문화 학술 예술단체가 결성되어 민족문화를 일제의 오염에서 벗어나 새롭게 정립하려고 노력했다. 좌익계 문화예술단체들의 협의기관으로 8·15 직후 결성된 조선문화건설중앙협의회(1945. 8. 18)와 프롤레타리아예술동맹이 조선문화단체총연맹으로 결집되었다.(1946. 2. 24) 이 단체는 정치 사회 문화단체의 연합전선으로 민주주의민족전선을 지지했다. 이에 대해 전조선문필가협회 조선미술협회 전국음악문화협회 등 33개 우익 문화단체는 전국문화단체총연합회를 결성했다.(1947. 2. 13)

이후 단독정부가 수립되고 좌익계가 점차 사라지고 우익계의 문화예술단체가 전면에 나서면서 일제와 친일 문화예술가에 의해 오염되었던 민족문화의 정화작업은 다시 멀어졌다. 이러한 정세의 제약은 문화

예술운동의 민족문화 창조능력을 제약하고 약화시키는 요인이 되었고, 6·25전쟁을 거치면서 치유하기 어려운 상처가 되었다.

해방의 노래 / 조선음악동맹 글·김순남 노래

1. 조선의 대중들아 들어 보아라
   우렁차게 들려오는 해방의 날을
   시위자가 울리는 발굽소리와
   미래를 고하는 아우성 소리
2. 노동자 농민들은 힘을 다해
   놈들에게 빼앗겼던 토지와 공장
   정의의 손으로 탈환해라
   제 놈들의 힘이야 그 무엇이랴

5. 분단과 노동자민중의 사상

지배이데올로기 8·15와 더불어 남한을 점령한 미군은 민중의 자주와 해방의 자발적인 이데올로기와 권력화 시도를 깨고 반소 반공과 친미의 지배이데올로기로 구축했다. 그리고 정치 행정 군사 교육 문화 학문 종교 등 각 부분에서 친일 친미세력을 부식시키는 과정을 통해 이 이데올로기를 고착시켰다. 1948년 한시적으로 제정된 국가보안법은 이후 국민의 머릿속 생각까지 통제해 친일 친미 독재 천민자본의 세력을 온존하게 하고 사회 구성원의 민주적 사고와 사회발전을 가로막는 역할을 했다.

농촌과 도시에서도 민중의 자주적 조직이 깨진 뒤 도시에는 대한노총류의 관제조직, 농촌에는 농협(1960년대)이 역행적인 대안으로 등장했다. 이 구도는 1987년 6월항쟁과 노동자대투쟁을 거치고 전민련(1989), 전노협(1990), 전국농민회(1990)의 결성을 고비로 무너졌다.

노동자민중의 사상 첫째 해방을 맞이하며 노동자 민중은 자주와 사회변혁을 희망했다. 사회주의의 실현 이외에도 자주 반외세 분단반대를 주장했다. 4·3항쟁은 분단 반대의 의사를 강하게 표출한 경우이다. 9월총파업 다음부터는 노동운동이 거의 붕괴된 시점으로 이후의 투쟁은 전체 민중이 자연발생적으로 시위와 봉기에 참가하는 형태로 전환되었다.(서중석, 1992 참조)

둘째 조선공산당과 남로당은 대중성이 취약하고 좌익모험주의의 경향을 띠었다. 이것은 미군이 들어온 뒤 초기에는 미군을 우군으로 인식했으나 신전술 전환 이후에는 전면적인 적대화로 전환했다. 이런 좌우 대립 양상은 노동 농민 사상운동뿐만 아니라 문학 등 문화계에서도 나타났다. 6·25전쟁 기간에는 주민 속에서 좌우익이 상대방을 서로 죽이는 사태까지 나타났다.

셋째 1948년 남북이 분단되면서 남북의 이데올로기 지형도 완전히 분단되었다. 노동자를 위한 정당, 전위조직이 완전히 파괴되면서 노동운동은 대중의 분노가 집적되는 가운데 재기의 길을 기다리게 되었다.

6. 성과와 과제

첫째, 앞장에서 살펴보았듯이 조선의 민중은 중국과 동북항일연군을 구성해 일본군과 싸우는 등 소련과 미국의 일본군 궤멸과 승리에 큰 역할을 했다. 일본군의 주요한 군수물자 보급처인 만주에서 관동군의 패배는 남방지역 일본군의 사기를 크게 하락시키고 미군의 대일전쟁 수행에 크게 기여했다. 그러나 조선 민중의 이러한 역할을 정당하게 평가받지 못하고 분단된 남한은 전승국이 아닌 패전 일본의 식민지로 미군에게 점령 당했다. 냉전 체제가 고착된 1951년 미국과 일본의 단독 강화협상에서도 한국은 전승국으로서 협상 당사자가 되지 못했다. 대일전쟁에 대한 조선 민중의 역할에 대한 이러한 인식은 미국의 대한 정책에 영향을 미치고 한반도 민중의 자긍심에 큰 상처를 입혔다.

반민특위는 해산되고 1951년 2월 반민족행위자의 처벌과 재산몰수를 규정한 '반민족행위특별법'을 폐지했다.

둘째, 20세기 후반 우리 민족의 역사를 미리 결정한 해방 공간은 현상적으로는 한반도 전체가 들끓는 소용돌이의 연속으로 보일 수 있지만 사실은 몇 가지 중요한 흐름이 자리잡았다. ① 일본 제국주의가 내몰리고 자주 독립 국가로 서야할 한반도가 또다시 미국과 소련이라는 외세에 강점되고, 독립국가 건설의 주도권을 빼앗겨 결국 분단이라는 민족적 비극으로 이어졌다. ② 민중들의 자치적 조직인 인민위원회를 인정한 소련과는 달리 미군정은 인민위원회를 비롯한 모든 자주적 조직과 활동을 짓밟고 반민족 세력인 매판적 친일파와 자치적 뿌리가 없는 친미보수세력을 등용해 남한을 친미예속자본주의 국가로 만들었다. 정부는 외형상 독립정부의 형식을 갖게 돼 국민들에게 독립정권이라는 환상을 심어주었다. 이러한 상태는 20세기가 지나도록 계속되고 있다.

셋째, 9월 총파업과 10월 인민항쟁은 남로당의 지도를 넘어 대중봉기의 양상이었다. 노동운동의 전술운영이 미숙했다. 그것은 일제시기 노동운동이 장기간 지하화하면서 대중운동과 통일전선의 경험이 취약하고 세계 정세에 대한 정보가 부족한 데서 왔다.

당시 미군과의 협조노선은 노동자의 생활과 귀속재산에 대한 권리를 수호하는 투쟁을 중심으로 노동자 농민을 결집시키는 반제 반독점 통일전선을 결성하는 것이 아니었다. 결국 미국의 남한 종속화 정책을 과소평가하고 또한 그와 결탁한 이승만 정권의 본질을 제대로 알지 못했다.

미군의 개입으로 지주 자본가 친일파 등 체제유지 세력의 일방적 승리로 종결, 재편되었고, 사회변혁적 운동은 불법화되면서 사회운동가들은 체포 투옥 사살 당하거나 월북하는 등 이 시기의 진보적 노동운동은 유혈로 끝났다. 결국 민중은 일제 식민지배에 이어 미국의 자본주의적 예속화에 시달리게 되었다.

넷째, 일제가 물러간 뒤 노동자 농민은 친일 자본가와 친일 지주를 물리치고 자주관리를 통해 소유와 생산성 향상의 문제를 동시에 해결하고자 했다. 40여년에 걸친 식민주의의 질곡에서 벗어나 새로운 사회를 건설하고자 하는 열망은 아주 높았다. 전평 조직화의 열기가 이를 증명했다. 그만큼 국권상실 이후 민중의 고통이 컸고 해방에 대한 열망이 컸다.

그러나 정치와 노조활동 미분리되고 노동조합의 특성을 살리지 못했다. 전평은 초기에 산업건설운동 방침에 따라 미군과는 협조하면서 자주관리운동을 통해 대중의 열기를 조직으로 발전시키지 못했다. 전평이 노동자 자주관리운동을 발전시키려고 힘을 기울인 흔적은 그다지 드러나지 않는다. 오히려 전평 지도부는 이 운동에서 나타난 '극좌적 편향'과 '소시민적 오류'를 걱정했다. 노동자들이 아래에서 밀어올리는 투쟁 속에서 엄청난 힘이 숨어 있다는 것을 미처 깨닫지 못한 채 조공들이 세워둔 '산업건설운동' 방침 안에 노동자의 투쟁을 가두었다. 이 때문에 자주관리운동이 가졌던 힘은 날이 갈수록 약해졌으며 운동도 퇴조했다. 이것은 미군에게 기대는 정세 인식상의 문제였다. 이런 태도는 1930년대에 코민테른에 기대했던 것과 마찬가지였다. 전평은 미소공위 해체와 조선정판사 사건 이후에는 투기적 모습을 보였다. 전자의 다른 측면의 반영이다.

대중조직 운영이 미숙하면서(자주관리 운동) 민족주의 세력은 취약하고 친일 친미세력이 강세를 이루었다. 역설적으로 좌경적 모험주의가 불가피하게 된 요인이다. 좌우간의 의견의 대립과 조정이 아니라 아예 정적을 제거하는 사태가 전개되었다.

대외적으로 민족해방운동 과정에서 통일전선 추진 세력들 사이에서 완전 합의된 것은 아니었으나, 절충식이거나 아니면 일부에서 주장된 좌우 연립성 정부를 수립하는 길이 있었다. 그러나 근대 사회로 들어오면서 바로 식민지로 되어 근대적 정치 훈련 과정과 경험을 쌓을 기회를 못 가졌던 한반도의 정치세력들과 그 주민들은 모두 이 길을 택할 정치력을 발휘하지 못한 채 한반도는 분단의 길로 치달았다.

6·25전쟁과 노동자 투쟁

6·25전쟁을 말할 때 기존의 연구 대부분은 전쟁의 책임을 남은 북에게, 북은 남에게 전가하기에 급급했다. 이것은 지배자의 입장에서 선전쟁 분석으로 6·25전쟁이 남북의 체제 유지에 필요한 아직도 '살아 있는 전쟁'임을 의미한다. 또 이러한 해석은 우리의 일상생활에 전쟁과 냉전의 여파가 엄연히 작용하는 것에서도 확인된다.

전쟁이 전면적으로 폭발한 시점을 두고 말한다면 전쟁의 책임은 북한과 남한의 좌익계에게 있다. 전쟁의 근본적인 원인이 일제의 식민지배와 그것의 연장선상에서 이루어진 남북의 분단, 남북의 모두를 통치하고자 하는 남북의 정치체제, 또 세계의 어느 곳에서든 전쟁을 필요로 했던 미국 등이 있다는 점을 고려한다면 6·25전쟁의 규명은 단순히 남침이냐 북침이냐는 문제가 아니다. 그런데도 전쟁 연구의 단계가 여기에 머무르고 있음은 6·25전쟁이 아직도 끝나지 않았고 전쟁의 불씨가 살아 있는 것을 의미한다.

또한 냉전과 세계체제, 미국과 남북한 관계 등 6·25전쟁[1]의 껍데기가 분석의 주요 대상으로 등장한 대신, 전쟁을 겪어야 하는 민중의 고난과 시련에 초점을 맞추는 6·25전쟁의 알맹이는 대체로 무시되거

---

[1] 전쟁의 호칭과 관련, 남한에서 부르는 '6·25사변', '6·25동란', '6·25전쟁'은 '6·25'라는 '북한이 남침한 날짜'를 표시하는 의미가 강한 반면, 북한에서는 '조국해방전쟁'이라는 이름으로 미 제국주의와 이승만 정부의 반역적 행동에 초점을 맞추고 있다. '6·25전쟁'이라는 명칭은 미국의 입장이 반영된 것으로 전쟁의 국제전의 성격을 반영하지 못하고 있다. 이 책에서는 통상 '6·25전쟁'이라고 쓰고 국제관계에서는 '한국전쟁'이라고 쓴다.

나 간과되었다. 가해자 중심의 6·25전쟁 연구가 전쟁의 최대 피해당사자를 역사 서술에서 소외시키는 결과를 초래했다. 6·25전쟁 기간[2] 노동자들의 생활상태, 서울시민의 일상적 질곡, 부산 피난살이의 고통과 애환, 혹은 빨치산들의 처절한 생애와 같은 주제들은 연구대상에 들어가지 않았다.

여기서 우리는 전쟁 발발의 원인과 배경뿐만 아니라, 전쟁의 전개에 관한 고찰과 전쟁의 결과가 한국사회에 미친 영향을 살펴보고자 한다. 특히 전쟁이 전개되는 동안 노동자 민중의 삶은 어떠했고, 전쟁 속에서 야기되는 고통에 대해 노동자들은 무엇을 요구하고 싸워 쟁취했는가를 살펴보고자 한다.

1. 6·25전쟁의 전개

1) 통일지배를 꿈꾼 남과 북

6·25전쟁이 일어나게 된 배경은 몇 가지 요인이 함께 작용했다. 먼저 6·25전쟁은 비록 실패했지만 남과 북이 각기 한반도 전체의 통일적 지배를 염두에 두고 전개한 통일전쟁이라는 점에서 일치했다. 다음으로 미국을 중심으로 한 세계자본주의는 공황에 대한 대책으로 전쟁을 선택했다는 배경이 작용했다.

북한과 남로당 북한은 '민주기지론'(1945. 12)에 입각해 미군지배에 있는 남한사회와 '남조선인민'을 '해방'시켜 통일국가를 수립해야 한다(국토완정)는 것이 지상과제였다.(한국민중사연구회, 1986, 262쪽) 또한 4·3항쟁과 여순사건 이후 군경의 반격으로 조직력이 급격하게 약화

---

[2] 6·25전쟁은 3년여 동안 전개되었지만 길게 보아 우리 민중은 1937년부터 1953년까지 17년 동안이나 전쟁과 죽음의 고통 속에 살았다. 베트남전쟁까지 포함하면 무려 20여년 동안 전쟁과 함께 살아 온 것이다.

된 남로당의 절박한 상황도 '해방전쟁'을 재촉한 원인 가운데 하나였다.

남한 단독정부 수립과 함께 완전히 지하화한 남로당은 결정적인 시기에 대비해 무장세력을 조직하고 군부에도 남로당원을 침투시켜 조직을 확대해 왔다. 그 과정에서 제주도 4·3항쟁이 일어나 여수주둔 국군 제14연대에 그 진압명령이 내려오자 동 연대의 좌익들은 이를 거부하고 '여순사건'을 일으키고, 여기에 마산주둔 제15연대가 가세해 반란은 확대되었다. 이후 군부 내에서 '군부좌익분자' 숙청과 남로당에 대한 탄압으로 남로당의 세력은 급속히 약화되었다. 이런 과정에서 남한을 탈출해 월북한 남로당의 지도자 박헌영은 남로당 세력이 더 이상 약화되기 전에 전쟁을 일으킬 것을 강력하게 주장했다.

전쟁이 필요한 미국 미국은 남한 단정수립 직후에 미군을 남한에서 철수시킨 것이나 애치슨라인으로 한반도를 극동 대소 방어선에서 제외시킨 점을 볼 때 단정수립 단계에 북한까지 점령하겠다는 정책은 아니었던 것으로 보인다. 그러나 미국은 1950년대를 전후해서 중공 정권의 수립(1949), 소련의 원폭 보유로 동아시아 정세가 급변하자 중국 대륙 봉쇄정책으로 선회하고 일본의 재군비를 촉구하는(미일강화조약, 1951) 쪽으로 입장을 바꾸었다. 또 덜레스 미 국무장관은 개전 1주일 전에 38선을 관측했고, 개전과 함께 미국은 전격적으로 6·25전쟁 개입을 결정했다. 이러한 상호 모순된 미국의 태도에 대해 다양한 해석이 있다.[3] 계획적으로 유도된 전쟁이었다는 주장이 있다.[4]

---

[3] 통일문제 연구가 김낙중은 미국이 남한에서 미군을 철수하고 방어선을 후퇴시킴으로써 북한에게 6·25전쟁을 유도했다고 했다. 또 이희진 오일환은 전쟁 전 남한에 제공된 무기에 대한 미 육군성의 공식문서를 바탕으로, 현대 지상전에 핵심적인 전력의 하나인 대전차화기가 거의 전무하다는 점에 주목했다. 남한에 제공된 2.35인치 로켓포와 57mm대전차포가 북한의 주력전차 T-34에 무력했다는 사실이나 북한이 전차로 무장했다는 정보를 제2차 세계대전에서 충분한 경험을 쌓은 미국이 놓쳤을 리 없다고 추론했다. 이로부터 미국은 일단 전쟁이 터지게 놔둔 다음 군비를 확장, 세계를 주무르는 패권국가 대열에 들어섰다고 했다.(이희진·오일환, 『6·25전쟁의 수수께끼』, 가람기획, 2000 참조)

미국으로서는 전 세계적으로 냉전체제를 굳히기 위한 극적인 계기가 필요했고, 미국자본 특히 군수자본의 입장에서는 2차대전 동안 생산된 엄청난 잉여군수물자와 시설의 소화가 큰 문제였다. 기본적으로 제2차 세계대전 이후 현재까지 미국의 군수산업이 세계 어느 곳에서건 항상 일정 규모 이상의 국지전을 필요로 해 왔다는 점은 6·25전쟁에 대한 미국의 입장을 말해 주고 있다. 또한 1950년대에 미국에 의한 아시아권 재편 과정에서 일본의 역할이 강조되었는데, 일본은 6·25전쟁 특수를 통해 그 위치를 확보할 수가 있었던 점도 간과되어서는 안될 것이다. 결과적으로 미국의 한반도에 대한 입장은 '무력통일을 시키자니 세계대전이 두렵고 방치하자니 남한에서의 기득권이 아까운' 현상고착적 입장이었다.

한편 미국의 경제 상태는 전쟁을 요구하고 있었다. 2차대전 후 공산권의 정치적 위협을 경제적 수단으로 막으려는 마샬 플랜 등의 대외원조와 IMF 같은 국제조직이 과잉생산의 탈출구로 작동하면서 미국은 군비지출의 감소로 인한 경기후퇴를 피할 수 있었다. 그러나 1947년 말 미국 국내의 소비자 수요는 한계에 이르러, 1949년에 기업투자는 GDP의 4% 정도 줄었고, 실업률은 7.6%(500만명)로 늘었다. 이에 따라 미국은 축소되었던 군사비를 증대하는 방향으로 경제정책을 수립, 핵 보복력에 의한 전쟁억제와 함께 전면전 구상에서 소홀히 되었던 통상전력을 강화해 군비확장체제(NSC68)와 연동해 불황 타개를 시도했다. 이것은 적자재정으로 불황을 타개한다는 케인즈 경제학의 논리에 따른 것이다.

6·25전쟁은 1949년의 불황을 타개하는 계기로 작용했다. 1950년도의 130억 달러에서 1953년의 500억 달러로 급증한 미국의 대규모

---

4) 신복룡은 미국은 개전 사실은 물론 첫 공격 지점과 개전 일자까지 사전에 정확하게 알고 있었고, 1950년 6월 24일에 남한의 17연대가 이미 옹진반도의 해주에 있었다고 했다.(『한국일보』 2000. 4. 17)

군사비 지출에 따른 물자흡수는 생산을 촉진시켜 1953년 제조업 생산은 2차대전 기간의 정점을 상회하게 되었다. 6·25전쟁을 계기로 한 미국의 군비지출 증대는 다른 자본주의 국가들의 생산확대를 자극했고, 특히 일본경제를 침체의 늪에서 구해냈다. 일본은 전시 호황으로 1949~52년 사이에 수출액을 3배로, 이윤을 2배로 늘릴 수 있었다.

중국과 소련의 입장 중국은 한반도가 미국의 공격에 완충역할을 하기 바라다가 나중에 참전했다. 중공은 혁명에 성공한 지 1년 밖에 지나지 않았고 대만으로 간 국민당과 경제재건 문제가 보다 급했다. 소련 역시 북한에 강력한 친소정권이 들어서기는 바랬지만, 당시 소련은 유럽방위에 보다 치중하고 미국과의 충돌을 피하려는 입장에 있었다. 이는 전쟁 개시 전에 북한에 파견된 군사고문단의 수를 초기 150명 선에서 3~8명 선으로 줄인 데서도 나타났다.

1949년 말 1950년 초 한반도를 둘러싼 국제정세는 급변했다. 한 축은 공산주의세력의 팽창과 영향력 강화였고, 다른 한 축은 미국의 대한정책의 모호성이었다. 이승만 정부는 1949년 여름 내내 북진통일을 주장했지만, 이는 군사적 의미보다는 정치선전 내지는 반대세력 탄압용의 의미가 컸다. 이승만 정권 내부의 통합력도 현저히 약화된 상태여서 실제로 대규모 전쟁을 수행할 능력은 없었다. 이는 전쟁 개시 후 유엔군의 참전까지 남한군이 일방적으로 밀렸던 전황의 전개가 말한다.

미국은 남한 정부의 정치적 선전에 말려들지 않기 위해 추가 군사원조와 공격무기의 제공을 거부했다. 주한미군사고문단이 남한군의 장비와 보급을 장악했고, 미국은 남한군이 외부의 적이 아닌 내부의 전복활동을 제어하는 수준에서 무장되길 희망했다.

결국 6·25전쟁의 촉발은 한반도 내부에 주도성이 있었지만 세계전략과 관련해 미국과 소련 중국의 전략적 이해관계 때문에 국제전으로 확전되었다. 다시 말해 6·25전쟁은 소련과 중국의 지원 하에 개시된 '내전'이 중국과 미국의 '국제전'으로 확대된 것이다.(와다 하루끼, 1999, 52쪽)

2) 내전에서 국제전으로

개전 이전 6·25전쟁의 시발은 엄밀한 의미에서 1950년 6월 25일이 아니라 1948년 남한의 좌익이 분단을 막기 위해 5·10선거를 무산시키고 미군정과 이승만과 한민당 등 분단세력에 대해 공식적으로 무력투쟁을 전개해 통일을 이루려는 무력항쟁 선언인 2·7구국투쟁(1948. 2. 7)부터였다. 이 시점부터 1950년 6·25전쟁까지 인민항쟁, 야산대와 유격대 투쟁, 38선 무력충돌 등 크고 작은 전투가 끊이지 않았고, 이 시기에 무려 10만명의 인명이 죽음으로 몰렸다. 분단을 저지하기 위한 통일전쟁은 6·25전쟁 이전에 시작되었다.(강정구, 1999 참조) 그 뒤 1950년 6월 25일부터 3년 1개월 동안 계속된 6·25전쟁을 4단계로 나누어 본다.

개전 북한의 인민군이 총공격해 개전 4일만에 서울을 점령하고(6. 28), 계속 남진해 8월에서 9월 사이에 경주 영천 대구 창녕 마산을 연결하는 경상도의 일부만을 제외한 전 국토를 점령한 시기이다. 북한군은 개전 2개월 후인 8월말 남한 면적의 92%, 인구의 90%를 차지했다. 이승만 정권은 정부를 서울 대전 대구 부산으로 차례로 옮겼다.

미국은 6월 26일 북한을 유엔에 제소하고 북한군을 '침략군'이라고 비난했다. 유엔은 북한군의 38선 이북 철수를 결의했다. 이 결의안은 이미 전쟁 개시 전부터 비밀리에 미국무성에서 작성한 것이다. 이 무렵 소련은 중국 공산당정부와 국민당정부 간의 유엔의석 교체문제로 안전보장이사회의 참석을 거부했다. 이 때문에 유엔 안전보장이사회에서 유엔군 파견을 결정할 때 소련은 거부권을 행사할 수 없었고, 따라서 미국의 유엔군 파견안이 통과되었다. 그 결과 미국을 주축으로 영국 프랑스 오스트레일리아 남아공화국 등 16개국 군대로 이루어진 유엔군이 참전했고, 이후 중국군이 참전해 국제전의 성격이 한층 확대되었다.

또 미국은 북한을 제재한다는 명분으로 제7함대를 대만 수역에 파견하고, 필리핀에서 미군을 증강하고, 인도차이나에 군사원조를 증강했다. 이것은 미국이 중국혁명이 동아시아 전역에 확대될 것을 우려했기 때문에 취해진 조치이었다. 일본군은 점령군으로 주둔했던 맥아더 사령부와 자국의 국익을 감안해 인천(9월)과 원산(10월) 상륙작전 때 소해정 수십 척을 파견해 미군의 작전을 지원했다.5) 또한 소련 공군기는 조종사가 중공군 복장을 한 채 조종해 이 전쟁에 참전했다.(1950년 10월 이전)

미군의 북진과 중공군의 개입 인천상륙작전으로 단숨에 전세를 역전시킨 유엔군은 전쟁 이전상태로의 복귀가 아닌 북진을 결정하고 북진을 계속해 중공과의 접경지대까지 이르렀다. 이것은 미국의 전쟁정책이 통일을 위한 전쟁이었음을 말한다.

북한이 남한군과 유엔군의 진격으로 위기에 처하게 되자 중공은 '미제에 맞서 조선을 돕고 가족을 지키며 나라는 지킨다抗米援朝保家爲國'는 명분을 갖고 참전했다.(1950. 10. 25) 소련 공군 조종사 2,000여 명이 중공군의 복장을 하고 비밀리에 참전했고,6) 일본 자위대도 군수 지원 부문에 참전하고 중공군의 참전으로 다시 전선은 현재의 휴전선을 전후해 교착상태에 빠지게 되었다. 본격적인 국제전이 된 한국전쟁에서 그 누구도 완벽한 승리를 거둘 수 없다는 점이 분명해졌을 때 전쟁은 사실상 끝났다.

전선이 교착되고 휴전회담의 와중이던 1952년 초부터 중공군과 북한측은 미군과 유엔군이 세균전을 자행했다고 주장했다.7) 또한 공산측

---

5) 도진순, 『노동일보』 2000. 6. 12.
6) 『문화일보』 2000. 7. 18.
7) 미국은 중국이 6·25전쟁에 개입하자 1952년 3월부터 중국과의 접경지역에 장티프스 이질 세균과 같은 생물학무기를 사용해 중국군의 진전을 저지하려 하기도 했다. (『시사저널』 1999. 7. 29) 이 세균무기는 일제의 731부대가 만든 것으로 미국은 이 부대원들은 전범으로 처벌하지 않고 오히려 6·25전쟁에 이용했다. 북한과 중국은 미국이 6·25전쟁에서 세균전을 실시했다는 공식 성명을 냈다. 그 뒤 세계평화회의에서 각국의 과학자 7명을 중심으로 구성한 국제과학조사단이 현장조사를 통해 세

포로들은 거제도 포로수용소에서 폭동을 일으키는 등 다각적인 공세를 취했다.

확전반대와 3차대전의 저지 이 시기 최대 쟁점은 유엔군 사령부와 미국정부 사이의 전쟁확대론과 반대론의 대립이었다. 유엔군 사령관 맥아더는 자신의 판단과는 달리 중국군의 개입으로 전세가 밀리자 원폭사용, 만주지역 폭격, 대만 장개석 군대의 한반도 투입과 중국 남부지방 상륙으로 제2전선의 형성 등을 주장했다. 그러나 이 주장은 중국의 참전으로 전쟁이 제3차 세계대전으로 확대될 것을 우려하는 영국 등의 강력한 반대에 부딪혔다. 미국의 트루만 대통령은 1951년 4월 11일 맥아더 사령관을 파면해 조기 정전을 주장하는 동맹국과의 대립을 완화했다.

또한 6·25전쟁이 제3차 세계대전으로 발전하는 것을 막는 데는 전 세계 평화세력의 노력이 있었다. 1950년 3월 평화옹호 세계대회 위원회의 대표자 죠리오 퀴리에 의해 원자병기 사용금지를 요구하는 '스톡홀름 어필(Stockholm Appeal)'이 제창되었다. 6·25전쟁의 긴박한 상황 가운데에서도 전 세계에서 5억명이 서명했다. 일본에서도 미군 점령치하라는 어려운 상황에서 650만명이 서명했다. 세계 평화세력의 결집은 미국 정부에게 더 이상 전쟁을 확대시키지 못하도록 했고, 트루만 미국 대통령은 맥아더 사령관을 해임시켜 전쟁 확대 계획을 포기했다. 스톡홀름 어필의 서명운동은 2차대전 후 평화운동이 이룩한 최초의 승리였다.(시오다 쇼오베, 1985, 155쪽)

한편 일본에서는 맥아더가 6·25전쟁이 일어난 직후 '공산주의자는 일본의 민주주의를 위태롭게 하는 자'라고 규정하고 공산당 중앙위원회 전원의 공직 추방을 지령했다. 이어서 『아카하타赤旗』 편집국 간부와 노조간부들을 추방했다. 이 때 모두 1만 2000여명이 추방되었다.

균전이 벌어졌다는 결론을 내렸다. 이를 전면 부인한 미국에서 최근 기밀 해제한 비밀문서에서도 그 존재가 밝혀졌다.(『한겨레신문』 2000. 5. 15)

1950년 8월에는 전국 노동조합 연락협의회(전노련)의 해산명령이 나왔다. 10월에는 군국주의 지도자에 대한 대대적인 추방해제가 실시되어 반공의 방벽으로 보수세력의 재편이 이루어졌다. 이렇게 레드 퍼지(red purge)로 인해 1만 2천여명이 쫓겨 난 뒤, 노동조합은 전투성을 상실, 위축되기 시작했으며 노동자의 생활과 권리를 지키지 못하고 노동자는 조합과 간부에게 불신감을 가져 제각기 흩어져 고립된 채 자본의 압박 하에 놓여지게 되었다. 이렇게 전개된 상황 때문에 일본 노동운동은 6·25전쟁이나 일본 영토가 6·25전쟁을 위한 기지로 사용하는 것을 반대하는 싸움은 적극적으로 전개하지 못하고, 다만 부분적으로 군수생산 군수수송 거부투쟁8)과 같은 사보타지 활동을 전개했다. (시오다 쇼오베, 1985, 149쪽)

휴전협정 1951년 3월경 38도선 부근에서 전선이 교착되었고, 이에 소련이 휴전을 제의했다.(1951. 6. 23) 7월 초부터 유엔군과 북한 중국군 사이에 정전협상이 개시되었다.

당시 미국군 일부에서 전쟁확대론이 제기되었으나 소련이 개입해 세계대전으로 확대될 것을 우려한 미국정부는 이 휴전제의를 받아들였다. 미국은 이승만정권의 반공포로 석방과 강력한 휴전반대 의사를 한미상호방위조약의 체결과 장기간의 경제원조 그리고 한국군의 강화 등을 조건으로 무마시키고 휴전회담을 강화시켰다.9) 북한에서도 박헌영이 전쟁의 계속 수행을 주장했지만 결국 휴전이 성립했다. 양측은 협상

---

8) 1952년 6월 24일 재일한국인과 노동자 학생 1천여명이 오사카시 북쪽 스이타(吹田)에서 '군사기지 분쇄' '군수수송 분쇄'를 결의하고 화염병을 밤새도록 시위하고, 다음날 새벽 국철 철도차량 조차장에서 경찰과 충돌해 300명이 체포됐다.(西村秀雄, 大阪に鬪てた 朝鮮戰爭』참조.)
9) 미국은 1950년 7월 한국군의 작전통제권을 장악한 채로, 한국영토 내의 어느 지점 어느 곳에도 미군의 주둔이 가능하다는 '전토기지(全土基地)' 조항을 포함한 한미상호방위조약을 1953년 6·25전쟁 종결 직후 체결했다. 상호방위조약에 의하면 전쟁상태가 종결되었으므로 한국군의 작전통제권 반환이 당연한데, 1994년 12월에야 평시 작전통제권을 반환했을 뿐 지금까지 전시 작전통제권은 미국이 장악하고 있다.

에서 유리한 고지를 점령하기 위한 군사적 충돌을 동반한 채, 2년 1개월 동안 575회의 공식회의를 거쳐 1953년 7월 27일 6·25전쟁 정전협정이 타결되었다. 휴전협정의 후속조치로 제네바 정치회담이 1954년 개최되었지만 아무 성과를 거두지 못했다.[10]

전쟁상태가 지금까지 계속되고 있고 평화협정 체결이 과제로 제시되고 있다. 미군은 휴전협정 조인 1분전까지 북폭을 계속해 북한을 완전히 초토화시키고 북한의 민중에게 미군에 대한 적개심을 씻을 수 없을 정도로 높였다. 이승만은 휴전협정을 체결을 반공포로의 석방과 북진통일 시위 등으로 견제하려고 했으나 결국 남한 정권이 빠진 채 미국, 중국, 북한이 참여한 가운데 휴전협정이 체결되었다. 휴전협정은 다름 아닌 정전협정에 그쳐 평화협정 체결의 과제를 남겼다.

유격대 운동 전쟁 과정에서 남북한 양측에 의한 유격전이 벌어졌다. 전쟁의 제2단계 이후 유엔군의 인천 상륙으로 퇴로가 끊긴 인민군 잔여부대와 점령지역에서 재조직된 조선노동당의 각 도당 군당 요원과 그 가족들 그리고 6·25전쟁 이전부터 활약한 유격대의 잔여세력 등이 다시 각 도당별로 유격부대를 조직했다.

6·25전쟁 이전부터 활약한 유격대는 대구 10월 인민항쟁, 제주 4·3항쟁, 여순사건 이후 민군정의 체포를 피해 산으로 숨어든 야산대의 투쟁으로 비롯되었다. 당시 게릴라가 '민간인 전투원'이라는 의미에서의 게릴라전은 이 시기에 한정되며, 이 시점에서 게릴라운동은 6·25전쟁과 직접적인 연관은 없었다.

유엔군의 인천상륙작전(1950. 9)으로 북한군의 남침이 좌절되고, 북한군의 퇴로가 막히면서 다시 유격전을 전개했다. 1950년 10월에 공

---

[10] 이장희 "53년 7월 27일 맺어진 것이 정전협정이지만 이제 이를 '사실상 전쟁 종결일'로 보는 것이 국제법학계의 흐름"이라고 지적했다. "제이 스톤 같은 학자들은 모든 전선에서 무력행사가 중지되고, 이것이 오랫동안 지속되면 '사실상 전쟁종결'로 본다"고 했다.(『한겨레신문』 1999. 7. 26)

산유격대의 규모는 38선 이북지역인 양구 평강 곡산 양덕 일대에 약 1만명, 38선 이남 지역인 오대산 소백산 속리산 덕유산 지리산 일대에 약 1만 5000명이 있었다. 이들은 철의 삼각지대에 제2전선을 구축해 유엔군과 국군의 병참선과 작전에 영향을 주었다. 그리고 이현상 사령관의 남부군(조선인민유격대 독립 제4지대)이 결성되면서 한국군 전력의 상당부분을 호남 지리산 일대에 묶어두었다.

전선이 교착되고 휴전회담이 진행되는 가운데 고립된 유격대는 한국군의 대규모 토벌로 거의 전멸했다. 군사적으로 이들은 '병단'이나 '도당 유격대'든 거점을 중심으로 하는 '해방지구'를 설립하지 못했다. 특히 마지막 투쟁단계에서 남로당은 목표와 방향을 북한의 호응이라는 외부의 존에 의한 속결주의에 두고 해방지구건설에 총력을 다하지 않았다. 여기에는 게릴라전 전개에 알맞지 않은 지형 조건과 이승만 정부의 철저한 게릴라운동 진압 요인도 작용했다. '전쟁포로는 적극적인 적대행위가 끝난 뒤에는 지체 없이 석방되어 송환되어야 한다'는 제네바협정 제118조와 달리, 북한으로 "송환을 주장하는 포로는 직접 송환"하고 나머지 포로는 중립국 송환위원회로 넘겨 처리한다는 휴전협정 규정에 따라 정규군이 아닌 유격대원은 유엔군측의 '강제심사' 과정을 거치면서 죽거나 남측에 남게 되었다.(이인모, 1992, 159쪽) 이들 이른바 좌익수의 숫자는 수만명이 되는데, 대부분 당시 포로수용소에 수감되었다. 대부분 '앞줄 사형, 뒷줄 무기'식의 요식행위의 재판을 거쳐 사형 당하거나 옥사했다.(박현서, 1992, 15쪽) 살아남은 유격대는 이후 정전협정이 평화협정으로 전환되지 못하면서 장기수가 되고, 그 가운데 이인모 등 소수가 김영삼 정권 시기 북으로 송환되었다. 그리고 전쟁 중 남한유격대의 제2전선 구축실패는 휴전 직후 북한에서 곧바로 전쟁의 책임을 둘러싸고 권력투쟁으로 이어졌다.

3) 북한과 미군의 점령정책

북한의 남한점령 정책 전쟁의 전개과정에서 유엔군과 북한의 점령지역 정책은 전쟁의 성격을 반영했다. 북한은 점령지역에서 해방 후 자신들이 걸어갔던 '반제반봉건 민주주의 개혁'을 실시했다. 남한을 점령한 북한은 곧바로 인민위원회의 복구와 선거 실시, 토지개혁을 실시하는 한편 현물세를 강제 징수했다. 북한은 이미 1949년 남한에 적용될 토지개혁법안을 작성했다.

북한군은 토지개혁과 더불어 노동법령의 실시도 공포했다. 1950년 8월 18일 북한내각결정 146호 「공화국 남반부 지역에 노동법령을 실시함에 관한 결정서」에 의한 것이다. 이 결정서의 내용은 북한에서 이미 1946년 6월부터 실시한 노동법령의 남한 실시와 1950년 5월 결정된 사회보험에 관한 규정 및 기타 노동에 관한 제반 법규의 남한지역 적용을 규정했다. 그리고 미국과 이승만 정부기관(회사 포함)과 친미친일분자 및 민족반역자 소유의 온천 약수 피서지 휴양지 명승지의 시설과 건물 및 그 부속자산을 사회보험제 실시를 위해 정양시설 휴양시설로 이용했다.

북한 노동법령은 8시간노동제 실시(유해한 환경에서 노동하는 노동자에게는 7시간 노동제, 14세부터 16세까지의 소년들에게는 6시간 노동제), 14세 이하의 유년노동 금지와 성별 임금차별의 금지와 노동자에 대한 사회보장제 실시의 의무화를 규정했다. 특히 여성은 77일간의 산전산후 유급휴가제가 실시되었으며 임산부와 수유부의 시간외 노동과 야간노동이 금지되었다. 이 규정이 남한에도 확대 적용되어 노동부문의 개혁이 착수되었다. 그러나 전쟁의 과정에서 대부분 공장이 파괴된 상태이거나 휴업 중에 있어 법규는 선언적 의미를 가졌다.(장미승, 1990, 189~190쪽)

미군의 점령 정책 9·28서울수복과 38 이북 북진 후 남한과 유엔의 점령지역 정책은 전쟁 이전 원상회복과 공산주의 통치체제의 해체에 중점을 두었다. 38선 이북지역의 통치권을 둘러싸고 남한 정부와 유엔군은 의견이 대립되었다.

4) 6·25전쟁의 피해와 영향

(1) 전쟁의 피해

경제적 피해 전쟁 중에 행해진 무자비한 폭격은 한반도를 잿더미로 만들었다. 빈약한 산업시설은 완전히 파괴되었다. 휴전회담 기간 중에 협상에 보다 유리한 고지를 점령하기 위해 유엔군과 북한 중공군 사이에 치열한 교전이 벌어졌다. 북한 지역은 유엔군의 융단 폭격으로 주택이나 산업시설이 초토화했다. 8,700개의 공장과 기업소가 완전히 파괴되고 공업생산은 전쟁 전에 비해 64%가 줄었다. 농업 부문에서도 37만 정보의 농토가 피해를 입고 9만 정보의 농경지가 감소해 전쟁 동안 농업생산은 76%로 떨어졌으며 이로 인해 빈농이 40% 증대했다. 이 밖에도 북한지역에서 2,800만 평방미터의 주택과 5,000여개소의 병원과 진료소, 260여 개소의 영화관 등 문화시설이 파괴되었다. 북한의 전후 경제적 피해는 4,200억원(북한 구화폐)에 달했다.

남한의 경우 제조업에서 섬유 화학 요업 기계공업의 순서로 피해를 입었고 석탄 생산량이 줄고 전력 생산능력의 약 80%를 잃었다. 전쟁으로 인한 남한의 피해액은 약 4,123억환으로 1년 국민총생산액에 맞먹었고, 이 가운데 민간가옥 39.1%, 민간산업 20.2%, 교육부문 20%가 피해를 입었다. 수백년 동안 노동해 쌓아 온 재화가 한 순간에 사라져 이후 한국이 경제적으로 미국의 원조에 매달리는 원인의 하나가 되었다.

인명피해와 가족의 흩어짐 남한에서 60만명, 북한에서 70만명 등 170만명이 목숨을 잃었다.[11] 유엔군 전사자는 3만 5천명, 이 가운데 미군은 3만 3천명이었다. 인해전술을 쓴 중국군도 피해가 커서 90만명이 사망 또는 부상당했다. 남북한과 유엔 중국군12)을 합쳐 모두 520만명(또는 300만명)이 사망 혹은 중상을 입었다. 그리고 미군과 한국정부의 국가폭력에 의해 학살된 양민의 수는 60만 내지 120만명이었다.13) 북한 인구 150만명이 남하하고, 이산가족은 1000만명이나 되었다.

양민학살 6·25전쟁 중 저질러진 양민학살을 단계적으로 정리해보면 다음과 같다. 첫째 6·25전쟁의 첫 단계인 '작은 전쟁' 시기인 1948년 2·7구국투쟁에서 6·25전쟁까지의 양민학살이다. 이 기간은 주로 제주 4·3항쟁이나 여순항쟁과 같은 인민항쟁, 유격대투쟁, 38선상의 남북충돌이 특징이다. 이 기간에 10만명에 가까운 인명피해가 발생했다. 이 기간의 양민학살은 주로 인민항쟁에서 발생했고, 또 유격대 소탕전의 과정에서 청천벽력작전을 구사했으므로 주로 산간지역에 살고 있는 주민들이 학살당했다.

둘째는 6·25전쟁 초기의 양민학살이다. 무엇보다 전쟁 초기 주로 평택 이남에 있던 보도연맹원에 대한 이승만정권의 조직적이고 집단적인 학살14), 노근리나 이리역 폭파사건과 같은 미군들에 의한 체계적

---

11) 전쟁 중 숨진 군인을 기준으로 6·25전쟁(170만명 사망)은 제2차 세계대전(2천만명 사망)과 제1차 세계대전(850만명 사망)을 제외하고는 20세기 최대 희생자를 낳은 전쟁이었다. 중국 공산당 정부와 국민당 정부가 5년 동안 벌인 국공내전의 희생자가 120만명, 8년에 걸친 베트남전쟁 희생자 역시 120만명인 것을 고려할 때, 3년 동안 군인 170만명이 숨져간 6·25전쟁은 그 비극성이 두드러진다.(『한겨레신문』 1999. 10. 15)

12) 중국군은 6·25전쟁 동안 최대 135만명이 참전, 이 가운데 전투원만 36만명이 목숨을 잃은 것으로 알려지고 있다.(『한국일보』 2000. 10. 26)

13) '코리안 국제전범재판' 수석검사인 램지 클라크는 "당시 3천만 인구 가운데 10% 가 넘는 민간인을 몰살한 6·25전쟁의 본질은 '인종말살정책'이며, 유태인에 대한 독일 나치의 홀로코스트와 같은 맥락으로 우월한 백인병사들이 열등한 유색인종 전체를 작전 전투 대상으로 설정하고, 남과 북, 전방과 후방, 군인과 민간인을 가리지 않고 살육했다"고 했다.(『한겨레신문』, 2001. 6. 27)

14) 6·25전쟁 전문연구가들은 전쟁 초기 이른바 '보도연맹' 등 적어도 30만명의 민간인이 예비검속 차원에서 한국 군경에 의해 처형되었으며, 이 가운데 상당수는 무고한

학살, 북한인민군이 남한을 점령할 당시 토착 공산세력과 인민군에 의한 남한 양민학살(남한 정부의 공식적 발표는 약 129,000명이었다), 인천 상륙작전 이후 수복과정에서 전쟁중 부역자 혐의로 남한군과 경찰에 의한 무차별적인 학살 등이다. 대체로 남한에 대한 양민학살은 전선이 남쪽 땅에 형성되었던 기간에 집중적으로 이루어졌다. 물론 전선이 1951년 봄 이후는 중부에 전선이 고착되므로 단양의 곡계골과 같은 지역에서도 미군의 학살이 이루어졌지만 주로 남한 땅에서의 양민학살 사건은 지리산을 중심으로 한 제2전선인 빨치산에 대한 소탕작전 과정에서 저지른 거창 양민학살사건과 같은 것이다.

셋째는 미군과 남한군이 1950년 10월 1일 38선을 월북한 이후 북한을 점령한 약 40, 50일 동안 저지른 북한양민 학살이다. 이에 대해 북한은 172,000여명의 학살이 주로 미군에 의해 이루어졌다고 주장하나 실제의 학살은 미군, 남한 국방군, 서북청년단 등에 의해 저질러졌다.(강정구, 1999 참조)15)

넷째는 전쟁이 1951년 6월이 되면서 소강상태에 접어들고 전선이 지금의 휴전선으로 고착화됨에 따라 남한에서 집단적 양민학살은 이루어지지 않았으나,16) 미군의 북한지역에 대한 무차별 공중폭격과 함포사격으로 북한을 초토화시키는 과정에서 수십만의 북한 양민이 학살되었다.17)

양민이었다고 주장해왔다. 그 책임은 먼저 이승만에게, 최종적으로 맥아더 미국에 있다.(부르스 커밍스)
15) 북한은 이 때 황해도 신천에서 군민의 약 1/4인 35,388명이 학살됐다고 주장했다. (『한겨레신문』 2003. 8. 7)
16) 물론 이 기간에도 빨갱이 혐의로 재판과 같은 적법한 절차도 없이 권력기관에 의한 자의적 학살이 개별적 수준에서 지속되었다고 볼 수 있다.
17) 국방부 접수에 따르면 "6·25전쟁을 전후해 국군에 의한 민간인학살 피해는 19건 2만 2000여명, 미국과 캐나다 군에 의한 학살은 54건 1,600명이었다."(『한국일보』 2001. 10. 23)

(2) 전쟁의 영향

굳어진 남북분단 단기전으로는 사상 가장 파괴적이었다는 6·25전쟁으로 인한 피해는 인명과 재산에 그치지 않았다. 한반도의 민중은 6·25전쟁으로 인해 자주적 통일 민족국가의 수립이라는 과제는 분단 그 자체에 이어 두 번째 좌절을 겪었다. 6·25전쟁은 한미연합세력이나 조중연합으로는 한반도 전체가 통일될 수 없음을 입증한 전쟁이다. (강만길, 1999, 151쪽)

6·25전쟁이 가져온 민족 내부의 대결 대립구도의 강화, 상대방에 대한 증오심이 한 체제의 존재 정당성을 증명해 주는 민족적 비극이 생겨났다. 군사적 측면에서 북한은 군사력을 최우선시하는 병영이 되었고, 남한은 정규군이 63만명으로 강화되어 군이 남한 사회 전반에 막강한 영향을 끼치게 되었다. 경제적 측면에서 북한은 전후 복구를 거쳐 사회주의경제체제로 돌입하고 농업집단화, 상공업 국유화, 중공업 우선주의 노선을 걸었다. 남한 경제는 전후 미국의 잉여농산물과 소비재 원조에 의존하는 대외종속적 성격이 강화되었다.

남북은 사상적으로도 완전히 분단되었다. 남북 모두에서 체제 반대 세력은 모두 월북 월남했거나 체계적으로 제거되어 그들의 요구를 수용할 공간이 없어졌다. 남북한 각각에서 체제 통합과 상대방과의 체제 이질성의 정도가 너무 커져 상호 접근을 위한 이념적 정책적 요소가 표출되기 어려운 조건이 형성되었다.[18]

남으로 온 월남자와 북으로 간 월북자 사이의 적대의식은 아주 심해 그 영향이 반세기를 넘게 남북한 사회의 발전과 관계 개선에 질곡으로 작용했다. 전후 세대의 성장까지는 남북한의 깊이 있는 협력을 기대할 수 어렵게 되었다.

냉전과 대미일 예속 심화 6·25전쟁은 한민족의 독립과 자유가 아니

---

[18] 박명림, 「한국전쟁의 국내적 영향」, 『한국일보』 2000. 7. 10.

라 미국이 아시아에서 가질 정치 경제적 이익을 찾는 전쟁이었다. 전쟁의 결과 국제적으로도 6·25전쟁은 냉전심화와 동서진영의 이데올로기적 대결, 군비증강, 군사블럭형 군사대결의 심화를 가져왔다.

　미국은 한국전쟁을 거치며 경제난이 타개되고 호황국면이 베트남전쟁 국면까지 이어졌다. 미국이 한반도의 남쪽만이라도 그 영향권에 두어야 했던 이유는 대륙에서 소련이 강대국으로 등장하고 중국의 사회주의혁명마저 성공한 상황에서 한반도의 남반부가 일본의 안전을 지키는 전초기지나 보호벽의 역할을 해야 한다고 여겼기 때문이다. 그 뒤 미국은 남과 북을 분리해 긴장을 부채질해 싸움을 붙이고 미국의 이익을 지키려고 했다. 북쪽을 경제적으로 고립시키고, 남쪽을 경제적으로 예속시켰다. 한반도 민중은 '한국전쟁'이라는 국제전쟁의 전쟁터가 되어 임진왜란에서처럼 온갖 피해를 덮어썼다.

　제2차 세계대전 직후 승리한 연합국 측은 일본이 군사대국화하는 것을 막으려고 평화헌법을 채택하게 하고 일본의 재무장을 금지시켰다. 그러나 동북아 정세의 변화 속에서 일본을 지역방위의 축으로 해 한미일 3각동맹을 실현시키고자 한 미국은 1951년 샌프란시스코 강화회의에서 일본의 재무장을 공식 인정하고 바로 미일안보조약을 체결해 일본을 미국의 아시아전략에 끌어들였다. "일본은 중국인이나 조선인에게 몹쓸 짓을 하고도 패전 때 미국에 머리를 숙였을 뿐 중국이나 조선에 자신이 무슨 짓을 했는지 염두를 두지 않았다."19) 이후 일본은 1950년 7월, 7만 5천명의 경찰예비대를 편성, 6·25전쟁에 제한적으로 참전했고, 1954년에 '군대 아닌 군대' 자위대를 발족시켰다. 미국의 '한미일 3각군사동맹 체제' 구상은 미국을 정점으로 해 한일간의 군사적 결합을 강화시켰다.

　일본은 미국의 직접적인 지원과 6·25전쟁을 계기로 한국전 특수

---

19) 일본의 철학자 쓰루미 순스케,『한겨레신문』2001. 10. 24.

(特需)로 경제를 완전히 회복하고 동아시아에서 우월한 지위를 확보했다. 6·25전쟁 때 일본은 미군의 하청 군수공장의 역할을 했다.

이렇게 남한은 미국의 군사지배를 넘어 정치 경제 사회 문화적으로 장악되었다. 또 절름발이 주권과 미국에 대한 경제적 예속은 친일파를 청산하지 못하고 좌우의 협력을 어렵게 하는 요인이 되었다.

민주 자주세력을 파괴 많은 정치범들이 처형되었다. 대전형무소에서 좌우익 정치범 수천명이 처형되었다.[20] 또 좌우가 서로 학살했다. 이 과정에서 일제이래 항일 민족해방운동, 남북분단 반대운동에 참여했던 많은 선각자들과 선진노동자들이 죽음을 당했다. 전쟁 동안 "앞줄 사형, 뒷줄 무기"하는 식의 완전 요식 행위의 재판과 '유전무죄, 무전유죄'의 난장판이어서 돈 없으면 죽고 '5만환을 내면 사형수가 석방되고 3만환 밖에 내지 못하면 사형에서 무기로 감형된다'는 말이 공공연하게 나돌 정도였다. 이 시기 감옥의 실태는 세 숟갈만 먹으면 없다는 기아 급식, 추위, 그릇 없이 고무신으로 국을 받아먹어야 했던 심각한 물질적 결핍, 내부갈등 등으로 마치 생지옥이었으며 좌익수의 대부분은 사형을 선고받아 처형되거나 옥사했다. 흔히 좌익수들은 1950년대 감옥에서 살아남은 생존율은 흔히 '300 : 1'이라고 했다(김창규, 1992, 78쪽). 또 죽음을 피해 일부는 월북하고, 일부는 월남했다. 그리고 전쟁 가운데 학살 당한 사람들과 38선을 넘은 사람들의 가족 친지들 또한 전쟁이 끝난 뒤 오랫동안 연좌제로 지속적인 법적 사회적 탄압을 받았다.

특히 좌익단체로 규정된 많은 조직, 사회단체, 정당들이 극단적인 대립형태인 전쟁으로 대부분 제거된 뒤, 보수적인 사회단체들과 정당들만이 한국 사회의 주된 권력블록을 형성하면서 국가는 보수적 독재국가의 형태로 고착되었다. 독재국가는 1960년 4·19민주혁명으로 분출된 강력한 학생과 민중의 저항에 의해 일시적으로 붕괴되었으나

---

20) 『한겨레신문』 2000. 1. 6.

1961년 5·16쿠데타로 다시 등장했다.(신광영, 1993, 194쪽)

노동운동의 파괴 노동자 조직은 1948년 미군정 아래 조직이 붕괴된 뒤 6·25전쟁을 겪으며 철저히 붕괴되었다. 노동운동은 바닥부터 새로 시작해야 할 지경에 이르렀다. 6·25전쟁으로 변혁적 노동운동은 완전히 무너졌고 대한노총이 주도하는 극우적, 반공적 노동운동은 노동자의 사회경제적 그리고 정치적 지위향상을 외면한 채 이승만 정부의 산하 기간단체로 전락했다. 유일한 노조 조직이었던 대한노총은 오히려 정치권력에 밀착해 노동자를 위한 투쟁을 포기했다. 이후 노동운동을 대하는 일반인은 노동운동을 좌익시 했다. 지식인은 노동자 대중에게 접근하기가 어려웠고 노동자 역시 지식인의 노동운동에 대한 관심을 받아들이는데 주저했다.

계급구조의 변화 6·25전쟁은 사회를 변동시키고 계급관계에 변화를 가져왔다. 전쟁을 거치며 지주를 비롯한 구체제 지배계층들은 물적 토대를 상실했다. 기존의 지배층이 무너진 공간을 친미 세력이 차지했다. 6·25전쟁은 사회세력관계의 균등화를 가져오면서 한국사회에 오랫동안 존재하던 봉건잔재인 양반-상민의 양분의식은 이 전쟁을 계기로 크게 약화되었다. 세계적 규모의 전쟁 경험과 공산주의사회라는 신분질서의 역전, 총칼 앞에서 차별 없는 죽음 등은 평등주의 의식을 확산시켰다. 도시와 농촌, 지역과 지역, 남한과 북한 사이의 격렬한 인구 이동과 사회적 유동성의 증가 역시 전통적인 한국사회의 마을공동체의식을 뿌리뽑았다. 이렇게 전쟁은 평등의식과 근대 대중사회의 도래에 하나의 뚜렷한 전환점을 이루었다. 그 밖에 신분의 평등화에 이어 교육열의 폭발 등의 영향을 가져왔다. 미국의 북폭을 피해 많은 인구들이 남하해 남한은 과잉인구의 문제, 북한은 과소 인구의 문제를 겪었다. 농지개혁, 분단국가의 형성, 전통적인 가족 친족 질서 등이 새롭게 형성되기 시작한 6·25전쟁 직후의 1950년대는 한국사회가 실질적으로 자본주의화한 시대였다.

2. 6·25전쟁의 정치와 자본

이승만 정권의 독재와 부패 전쟁 중에 대통령 이승만은 의원내각제 하의 대통령 선거에서는 재선될 가능성이 적다고 판단해 발췌개헌을 했다. 부산 경남 일원에 계엄령을 발동하고 부산 정치파동(1951)을 유발했다. 이 헌법 개정을 통해 이승만은 대통령의 우월한 독재적 지위를 규정했다. 반공이데올로기의 강화와 군대의 폭발적 성장이 있었다. 미국은 부산정치파동과 휴전협정 반대 시에는 이승만 제거를 계획하는 등 남한 전반에 걸쳐 통제력을 행사했다.

이승만 정권은 1950년 12월 16일 국민방위군설치법을 제정, 군인과 경찰을 제외한 17~40세 장정들을 국민방위군으로 소집하는데, 방위군 간부들이 식량 등의 보급물자를 착복해 50만 방위군 소집자 가운데 무려 20% 이상이 아사 병사했고 남은 방위군들의 고통도 컸다. 국민방위군 사건은 국민방위군에게 지원할 예산 138여억원 가운데 23억원과 식량 20억원 상당을 방위군 간부들이 착복한 사건이었다.

전쟁상인의 자본축적 한국경제는 8·15 후인 1948년만 해도 농업 중심이어서 1차산업이 GNP의 44%에 달했고 총인구 가운데 농가인구가 70%를 넘었다. 따라서 공업화를 위한 물적 토대 형성에서 토지자본을 산업자본으로 전화시키는 문제가 중요했다. 이 때문에 정부는 지가증권을 귀속재산 매각대금으로 납부할 수 있도록 했는데, 1954년 현재 정부의 산출에 의하면 농지개혁에 따른 자본환원액은 1,327억환이었다.

해방 후 일제가 물러나고 남북이 분단되면서 남한의 경제구조는 절름발이나 다름이 없었다. 해방 당시 남한에서 가동중인 공장은 불과 몇 개의 고무공장 성냥공장 경성방직 동양제사 조선실크 정도 밖에 없었다(박병윤, 1982 참조) 이러한 상황에서 자본 없이 할 수 있는 외국무역만이 유일한 경제행위였다. 일본군들이 쓰다가 버리고 간 무기와 정크들을 국민당과 공산당 사이의 내전 상태에 있던 중국으로 수출하고,

그 대신 마카오에서 공산품을 수입해 왔다. 이것이 곧 정크무역 또는 마카오무역이었다. 홍콩 무역과 일본 무역도 있었다.

6·25전쟁은 이러한 경제 상태를 더욱 악화시켰다. 전쟁 중에 전력시설의 80%가 파괴되었고 대부분의 생산이 중단되었다. 정부는 극심한 생필품난을 외국상품 수입으로 극복하려고 상인 또는 무역업자들에게 특별 외화 대부제, 외화 선대제, 외화증서 대부제를 실시했다. 전쟁 인플레이션으로 물가가 아침과 저녁이 다를 정도로 뛰는 바람에 외화 대부로 상품을 수입해서 파는 무역상들은 전무후무한 호경기를 누렸다. 모든 소비품이 절대 부족한 상태에서 수입을 하면 수십배의 이윤이 남았기 때문에 외화의 대부는 무역업자들에게 축재의 원천이 되었다. 이 과정에서 정부 특혜로 외화 대부를 받아 수입 무역에 종사한 사람들이 1950년대 후반에 시작된 산업자본의 시작이었다. 금성사(LG) 삼성 등은 전쟁을 통해 많은 돈을 벌어 재벌의 발판을 마련했다.(〈표 1〉 참조)

〈표 1〉 한국 대기업의 근대기업 설립 이전의 주요 자본축적 유형

자본축적 유형	%	개수
무 역	40.4	23
상 업	15.8	9
중 소 제 조 업	22.8	13
정미업 및 쌀가게	21.1	12
귀 속 재 산 불 하	19.3	11
운 송 업	8.8	5
건 설 업	8.8	5
경 영 인	3.5	2
계	100	57

자료 : 서재진, 『한국의 자본가 계급』, 나남, 1991, 69.

3. 전쟁과 노동운동

1) 노동자계급의 상태

노동과정 부산에서 부두노동자의 파업이 일어날 당시, 부산에서는 몰려든 피난민의 상당수가 부두에서 군수물자 하역작업으로 연명했다. 쌀 20리터 1말의 가격이 11만 5천원인데, 이들 부두 일용노동자들의 월수입은 12만원에 불과했다.

노동자의 생활 전쟁 속의 민중의 삶은 매우 비참했다. 피난살이의 고통과 애환, 빨치산들의 처절한 생애, 남과 북이 교차하며 점령한 서울 지역 등의 좌우익 학살은 거의 누구에게나 해당되는 일이었다. 많은 노동자들은 군사작전의 뒷바라지를 해야만 했고, 직장을 잃어버린 채 피난민의 대열에 끼어 고통스러운 방랑생활을 하거나, 다행히 직장을 가진 사람들은 전시 수요에 응하기 위해 힘에 겨운 장시간 노동을 수행할 수밖에 없었다.

전쟁에 나가지 않고 공장에서 일하는 노동자의 현실 또한 매우 비참했다. 이것은 주로 부산지역에 한정되었다. 기업주는 비상식적일 정도의 높은 이윤을 얻고 노동자들은 거의 무한한 실업자의 압력 속에 자신의 노동력을 착취당했다. 더구나 전쟁에 필요한 물자 생산 때문에 노동자들은 장시간의 힘겨운 노동에 시달리면서 최소한의 생계유지조차 보장받지 못했는데도, 노동운동은 전시라는 이유로 완전히 금지되어 버렸다. 자본은 노동자들을 마음대로 착취했다.

6·25전쟁 때 북에서 내려온 피난민들은 미군들이 갖고 온 미송 등 목재를 이용해 주택을 짓기 시작하면서 서울의 토막집은 점차 사라지고 판잣집으로 바뀌었다.

2) 노동자의 요구 투쟁과 노동법 제정

(1) 노동자의 투쟁

비록 전시 상태였으나 노동자들은 고통을 견디기 어려운 한계에 도달하면 자신의 요구를 집단적으로 또는 개별적으로 표시해 투쟁했다.

1951년 12월의 부산 조선방직 쟁의, 1952년 2월 석탄공사 산하 광산노동자들의 쟁의, 7월의 부산 부두 노동자들의 파업 등이 대표적인 사례이다. 특히 조선방직 노동자들의 처절한 투쟁은 노동문제에 대한 법적 기준이 없을 때 생기는 문제를 보여 주어 뒤에 노동법을 제정하게 하는 역할을 했다.

부산 조선방직 쟁의 조선방직노동자 파업은 이승만 정권 수립 후 첫 번째 대규모 파업으로 당시의 노사관계, 노동단체와 정부간의 관계에 큰 영향을 미쳤다. 부산 조선방직회사 쟁의는 3개월 동안 지속되었으며, 부산 부두노동자의 파업은 노동입법을 쟁취하는 계기가 되었다. 이들의 투쟁은 전쟁과 같은 가장 혹독한 시기에 자신의 생존권의 쟁취를 위해 투쟁에 나선 전형을 보여주었다.

조선방직회사는 해방 후 일본인으로부터 접수한 귀속재산인데 6·25전쟁 전에 이미 인수받을 사람이 거의 정해져 있는 상태였다. 그러나 부산으로 피난 온 이승만 대통령은 이를 무시하고 자기심복인 강일매를 조선방직회사 사장으로 앉혔다. 이 강일매는 노동자들을 심하게 착취할 뿐만 아니라 폭행까지 해가며 노조 간부들을 해고했다.

이에 노동자들은 '폭군 강일매 물러가라'는 구호를 외치며 쟁의에 들어갔다. 강일매는 경찰과 폭력배를 동원해 노동자를 탄압하고 이승만의 정치권력을 믿고 대한노총 위원장과의 교섭도 거부했다. 노동자들은 강온파의 두 갈래로 나뉘어 일부는 사용자 편을 들었다. 대한노총은 조방쟁의 위원회를 구성하고(1951.12) ① 강일매 파면 ② 부당해고의 원상복구 ③ 자유노동의 보장 ④ 노동자의 인권보호 등을 내용으로 해 사회부에 쟁의조정을 신청했다. 또 여성 노동자 1천여명은 부산 국회의사당 앞으로 가 시위를 하자 국회는 진상조사단을 구성하기에 이르렀다. 이 때 상공부는 사장 강일매와 전무의 출근을 저지시키고 해고된 종업원을 복직시키겠다고 약속해 노동자들은 쟁의행위를 중단했다. 이에 한숨 돌린 이승만 정부는 강일매를 다시 유임시키고 경찰은 노조 간부들을 구속시켜 버렸다. 그러자 이승만 정권에 의해 완전히 우롱 당한 대한노총과 국회는 강일매의 퇴임과 노동자의 파업 중지를 결의했다.

그러나 정부는 국회의 결의를 무시했고, 강일매는 어용노조를 조직해 계속 탄압했고 경찰은 많은 노동자를 투옥시켰다. 이러한 탄압 속에서 전진한 대한노총 위원장은 뒤늦게 조방 노동자들의 총파업 실시와 세계 각국 노동단체에 이 사건을 알려, 연대를 호소할 것이라고 선언했지만 이승만 정부는 위협적인 경고를 했다.

조선방직 노동자들은 3월 12일 일제히 파업에 들어갔으나 경찰의 탄압과 이승만의 경고에 겁을 먹은 전진한 대한노총 위원장은 파업을 취소하고 직장에 복귀할 것과 국제 노동단체에 대한 호소도 보류하겠다고 했다. 이 쟁의는 소수파의 비극적인 패배로 끝을 맺고 소수파에 속한 약 1천명이 해고되고 약 500명이 노조를 탈퇴했다.(이원재, 1966, 473쪽) 이렇게 조선방직 노동자들의 처절한 투쟁은 막을 내렸다.

조선방직 투쟁에서 정치권력의 노동운동 탄압과 대한노총의 어용성을 확인할 수 있다. 그러나 전쟁의 한 가운데서 치열하고 끈질기게 전개된 이 투쟁을 계기로 노동법의 제정이 이루어졌다는 점이 높이 평가되었다.

부두노동자 파업 전쟁중의 부두노동자 파업은 전국 부두노동조합 연맹체인 대한노총 자유연맹이 1952년 6월말로 시효가 끝나는 미군 작업계약 갱신을 앞두고 하역용역회사들에게 임금 280% 인상을 요구한 데서 비롯되었다. 부산에 몰려든 피난민의 상당수가 부두에서 군수물자

하역작업으로 연명했는데, 이들 일용노동자들의 월수입은 쌀 20 리터 =1말이 11만 5천 원인데 비해 12만원에 불과했다. 이들은 미군 측이 임금인상요구를 기피하자 7월 17일 부산 제2, 제3, 제4 중앙부두 하역 노동자 1,600여명은 파업에 들어갔다. 파업으로 인한 군 작전수행의 지장을 우려한 정부가 나서서 임금 280% 인상을 약속했으나 이것이 이행되지 않자, 29일에는 제1·2·3 부두와 중앙 4 부두는 물론 수영, 해운대를 포함한 부산 전역의 군 작업노동자 전원이 파업에 들어갔고, 30일에는 외자(外資)하역노동자까지 파업에 들어가 부산항은 완전히 마비되고 파업은 31일까지 계속되었다. 결국 보건사회부장관, 미 제2 병참 사령관, 하역회사와 노총 대표가 회의를 한 결과 ① 청부 노동자 100% 인상 ② 일용 노동자 200% 인상 등에 합의해 전후 2차례에 걸친 파업이 끝났다.

한편 1952년 2월 대한노총 광산연맹은 정부와 대한석탄공사에게 초과작업시간에 대한 임금계산 기준의 개정과 밀린 임금과 미가보상금 지불 등을 요구했다. 이 진정에는 영월 도계 장성 은성 화순 등 주요 탄광노조가 참여했다. 광산노동자의 강경한 요구에 밀려 석공 측은 임금인상을 제외한 체불임금의 지불, 미가 보상금의 시가 환산 보상, 일용부에 대한 야간수당 지급에 합의해 쟁의는 끝났다.

(2) 노동법 제정

대한민국 정부가 수립된 지 5년만인 1953년을 전후해서 노동관계의 기본적인 4개 법률이 제정 시행을 보게 되어 한국노동운동은 그 법률적 기초를 완성하게 되었는데, 이는 대한민국 정부 수립 뒤 노동자들이 여러 가지 형태로 투쟁을 전개한 결과로 얻어진 것이다.(김낙중, 1982, 173쪽) 그리고 민주주의를 표방하면서 노동입법조차 못했다는 사실이 선진자본주의국과 국제 노동운동계에서 번번히 지적되는 등 원조물자를 받는 데서도 영향이 있어, 정부는 노동입법을 서둘렀다.

1948년 정부수립 전에 만들어진 제헌헌법(1948. 7. 17 공포)에서는 노동권과 노동3권을 국민의 기본권으로 규정했다. 특히 이 헌법제정 과정에서 당시 대한노총 위원장이던 전진한 의원 등이 주축이 되어 노동자의 이익분배권 경영참가권 등도 요구했고, 이 요구들이 수용되어 노동자의 이익분배 균점권이 헌법에 규정되었다. 그러나 헌법상의 이러한 노동기본권 보장에도 불구하고 그 실현을 구체화하는 노동법이 제정된 것은 5년이 지난 뒤의 일이다. 이는 당시 대한노총의 지도 역량 부족과 자유당의 정치적 속성 그리고 6·25전쟁이라는 요인이 복합된 결과였다. 그러던 1951~52년에 걸친 조선방직의 쟁의와 광산노동자 파업과 부산 부두노동자파업 등은 정부당국과 국회의원에게 노동문제의 중요성과 노동입법을 촉구해 전쟁의 와중인 1953년 3월 8일 노동조합법 노동위원회법 노동쟁의조정법 그리고 같은 해 5월 10일 근로기준법을 각각 제정 공포하게 했다.(최종고, 1996, 479~480쪽)

또 1954년 총선거를 앞두고 당시 노동자의 요구에 편승해 헌법에서 보장된 노동기본권의 구색을 갖추어서 선거에 활용하며 나아가서 반공을 위한 이론적 무기로 이용하려는 데 입법 취지가 있었다.[21]

1953년 제정 시행된 노동관계법은 형식이나 내용에서 당시 일본 노동관계법을 거의 그대로 받아들였다. 특히 조합규제가 크게 반영된 태프트 하틀리법(1947)의 영향을 받은 1949년 일본개정노동조합법을 거의 그대로 도입했다. 국가에 의한 조합규제는 당시 일본노동조합법보다 한층 더 심했다. 그러나 이 법률들은 그 바탕에 뉴딜정책 아래 제정된 미국의 전국노동관계법(National Labor Relation Act), 통칭

---

21) 조선방직 쟁의와 대한노총 분규로 대통령에 의해 위원장직에서 물러난 전진한 의원은 1952년 12월 당시 조야에서 팽배했던 노동관계의 입법요구에 호응해 노동자를 위한 기본법이 없이는 전쟁 위기를 극복하기 어렵다는 취지로 노동법 제정에 노력했다.(송종래, 「정부수립후의 노동운동」, 『한국노동운동사 대토론회』 자료집, 고대 노동문제연구소, 1999, 95~96쪽)

와그너법(Wagner Act, 1929)이 규정한 노동조합의 자유설립주의, 노조의 자주성과 민주성 확보, 자율적 단체교섭 및 자주적 쟁의조정의 원칙 등이 반영되어 그 뒤 군사독재체제 아래 제정 또는 개정된 기형적 법들보다는 노동조합의 자주성과 민주성을 상당히 보장했다. 또 근로기준법은 그 당시 국제적 수준을 도입한 일본 노동기준법을 계승해 내용에서 발전적인 법이었다.

노동법의 내용 대한민국 정부가 수립된 후의 노동입법은 전술한 미군정의 몇몇 '노동자보호법'만이 현행법으로 존재했다. 1948년 7월 17일 공포된 헌법 제17조 "모든 국민은 근로의 권리와 의무를 가진다", 제18조 "근로자의 단결, 단체교섭과 단체행동의 자유는 법률의 범위 내에서 보장된다. 영리를 목적으로 하는 사기업에 있어서는 근로자는 법률의 정하는 바에 의해 이익의 분배에 균점할 권리가 있다"것과 같은 '노동조항'을 법적 기초로 해서 새로운 전환점이 마련되었다. 특히 헌법 제18조에서는 단결권 단체교섭권 단체행동권과 같은 노동자의 기본권 인권인 노동3권을 보장했는데, 이것은 당시 제2차 세계대전 이후 탄생한 신생국가의 헌법에서 공통된 현상이었다. 또한 '이익균점권'이라는 다른 나라의 헌법에서는 찾아보기 어려운 기본권도 위의 노동3권과 규정되었다. 이것은 당시 건국초기에서나 찾아 볼 수 있는 '균등사회' 건설이라는 것 이상의 표현이기도 했는데, 현실적으로 불가능한 만큼 이 조항은 헌법에서 바로 자취를 감춰버렸다.[22]

노동3법의 초안이 헌법의 내용에 따라 작성되어 국회에 제출되기

---

[22] 대한노총 위원장으로 있던 전진한 의원 외 9인은 노동기본권 보장을 헌법에 충실히 반영해 줄 것을 내용으로 하는 요구 제안을 국회에 제출했다. 헌법 제17조에서 근로기준법의 제정을 예정했고, 제18조에는 근로 3권과 사기업 부분의 이익균점권을 규정했다. 이익균점권에 대한 규정은 당시의 정세에 비추어 '획기적인' 것이었으나, 그 후 구체적인 법률이 제정되지 않았기 때문에 거의 사문화되었다. 개원된 제헌국회에서 헌법초안을 심의하자 노총위원장이었던 전진한 의원은 다른 의원 9명과 함께 노동기본권을 헌법조문에 삽입하자고 주장했다.

직전에 6·25전쟁이 일어나서 노동입법의 제정이 보류되었다. 노동입법은 1953년 3월 8일 동시에 공포 실시하게 된「노동조합법」,「노동쟁의조정법」,「노동위원회법」과 1953년 5월 10일 공포되어 공포일로부터 90일 후에 실시하게 된「근로기준법」의 4대 노동법이었다.

당시 노동조합법 제1조는 "본법은 헌법에 의거해 노동자의 자주적 단결권 단체교섭권과 단체행동권을 보장하며, 근로자의 근로조건을 개선함으로써 경제적 사회적 지위 향상과 국민경제 발전에 기여함을 목적으로 한다"고 했다. 노동조합의 정의로는 "근로자가 주체가 되어 자주적으로 단결하며 노동조건의 유지개선 등을 기해 경제적 지위 향상을 도모하는 조직체 또는 연합체"로 규정했다. 노조법은 노동조합 가입 설립의 자유(6조, 11조), 부당노동행위제도(10조)를 도입해 단체교섭권 단체협약체결권을 확인했고(33조, 34조), 단체협약의 확장 적용을 인정했다.(40, 41조) 제35조에서는 단체협약 체결 단위를 공장 사업장 기타 직장으로 규정해 노동자의 집단적 세력 형성의 범위를 축소시켰다. 이 때부터 기업별 노동조합의 뿌리가 형성되었다.

노동쟁의조정법은 "노동자의 단체행동 자유권을 보장하고 노동쟁의를 공정히 조정해 산업의 평화가 유지되도록 함"을 목적으로 하고, 노동쟁의조정제도로서 행정관청에 의한 알선(15조 이하)을 정했다. 그리고 노동위원회법(1. 27 제정)은 "국민경제의 발전과 근로행정의 민주화를 기하기 위한" 것으로 3자 구성주의, 그리고 중앙노동위원회와 지방노동위원회의 2단계주의를 채택했다. 근로기준법(4. 15 제정)은 노동헌장, 근로계약, 임금, 근로시간의 보호 등을 편성해 "근로조건의 기준을 정함으로써 근로자의 기본적 생활을 보장시키며, 균형 있는 국민경제의 발전을 기한다"는 내용이었다.

노동입법은 국회 심의과정에서 다소 논란이 있었는데, 그것은 노동조합의 정치활동 금지에 관한 대목이었다. 이 부분을 "노동조합이 근로자가 아닌 자의 가입을 허용하는 경우"라고 우회적인 표현을 써 노동조합의 정치활동을 금지하고, 그 대신 "근로자가 아니더라도 노조의 연합체에 있어서는 임원이 될 수 있다"는 보충적 규정을 두어 집권당의 노조 개입의 길을 열었다.(이종하, 1991, 449쪽)

그러나 노동4법은 입법 당시가 전쟁 중이라 충분한 여유가 없는 가운데 급하게 제정해 그만큼 법과 현실의 차이가 커 그 뒤 오랫동안 공문화됐다.(신인령, 1995 참조)

4. 6·25전쟁이 남긴 과제

6·25전쟁의 의미는 다음과 같다.

첫째, 6·25전쟁은 내전인 동시에 국제전이었다. 남한과 북한의 두 정권은 각기 6·25전쟁을 자신이 주도하는 통일국가 마련의 기회로 여긴 점에서 내전의 성격을 지녔다. 또 세계적으로 총생산에 대한 총수요 부족, 소련과 중국 등 사회주의권에 대한 미국 등의 견제에서 비롯된 점에서 볼 때 6·25전쟁은 국제전이었다. 맥아더가 만주에 원자폭탄 투하를 주장했을 때 유럽 일본 등지에서 제3차 세계대전으로 이어지는 확전을 반대한 것도 이 전쟁의 국제적 성격을 반영했다. 6·25전쟁 뒤 베트남전, 중동전, 미국—이라크전 등이 계속 이어진 것에서 볼 수 있듯이 국지전은 자본주의 사회에서 전쟁의 계속이 불가피함을 말한다. 미군은 직접 민간인을 학살했을 뿐만 아니라, 한국 군경 등의 민간인 학살을 명령 방조한 책임이 있다.

수백만의 민간인 학살이 자행된 6·25전쟁은 한민족의 자존이 뿌리부터 흔들린 전쟁이었다. 전쟁의 피해와 상처는 전쟁의 승패를 넘어, 우리 민중에게 민족 상쟁뿐만 아니라 어떠한 전쟁도 다시 있어서는 안 된다는 교훈을 남겼다. 이것은 분단국가의 통일이 자주적이지 못하다면 언제든지 전화에 휘말릴 수 있음을 말한다. 21세기 들어와서도 한반도에서 전쟁 가능성이 있다는 점에서 그 의미가 크다. 특히 노동운동은 해방 정국의 전개 과정에서 크게 약화된 데 이어 6·25전쟁을 겪으며 좌익에 대한 인적 청소로 완전히 무너졌다.

둘째, 8·15 이후 친일파의 재등장, 6·25전쟁을 통해 등장한 전쟁상인은 뒤에 재벌로 변모했다. 또한 전쟁을 통한 파행적인 자본축적으로 이후 경제구조는 더욱 왜곡되었다.

셋째, 전쟁 시기의 혼란과 전쟁을 이유로 한 노동운동의 억제는 노조를 통한 노동쟁의를 사실상 불가능하게 했으며, 더욱이 노총을 둘러싼 노조간부들의 다툼은 정상적인 노동운동에 장애가 되었다. 이 시기에 노동조합의 어용화는 반공을 위한 정치 제세력의 일원화라는 구실 아래 더욱 구체화했다.

그러나 이 시기에도 생존을 위한 하층 노동자들의 투쟁이 있었다. 1951년 9월 인천 부두노동자들의 임금투쟁과 노조맹비의 과중징수문제, 1952년 조선방직 투쟁, 1952년 2월 주요 광산노동자들의 밀린 임금 지불과 식량대책을 위한 투쟁, 상공광산, 하천광산 노조의 임금지불방법 개선을 위한 투쟁, 1953년 3월 조선전업노조 밀린 임금 요구 투쟁 그리고 전시 철도노조의 식량배급 개선과 노동시간 단축을 위한 투쟁 등이다. 이러한 사실은 전쟁시기에도 노동자의 투쟁은 계속된다 점을 말한다.

전쟁시기 노동자의 투쟁은 처음에는 조선방직파업(1951), 부산 중앙부두노동자 파업(1952. 7. 17)에서 보듯이 생활상의 요구에서 출발했으나 노동법의 제정으로 상황이 발전했다. 노동법제정은 이후 노동운동에 대한 새로운 형식적 가능성을 부여했다.

넷째, 6·25전쟁은 사상 이념적으로 이전부터 축적된 성과를 무너뜨리고 미국과 지배측이 강요한 자본주의 반공이데올로기 반북한이데올로기가 지배이데올로기로 등장하는 이데올로기의 전쟁이었다. 6·25전쟁은 1980년대 사상의 부흥과 논쟁의 시기에 새로운 혼란을 겪어야 하는 과제를 남겼다.

　한편 6·25전쟁을 겪으면서 많은 민중이 희생되고 남북 사이에 인구이동이 커지고 이전부터 있었던 지주제와 같은 사회의 기존질서가 무너지면서 민중 사이에는 사회를 평등하게 바라보는 생각이 심화되었다.

# 10장 원조경제기의 노동운동

이 시기 미국은 과잉농산물과 같은 원조를 이용해 남한을 경제적으로도 예속체제로 만들어 갔다. 미군정과 6·25전쟁을 통해 철저하게 파괴된 노동자 조직은 이승만 정권을 거치면서 자생적인 투쟁을 했다. 이승만은 독재를 하며 대한노총을 철저하게 이용했으나 단위 노조의 투쟁이 새롭게 전개했다. 어용노총 안에서 민주노조를 지향한 전국노협은 전쟁으로 철저히 파괴된 민주노동운동의 새로운 태동이었다. 그리고 전쟁의 상처를 씻고 평화를 원하는 민중의 지향이 진보당의 약진으로 나타났다.

1. 냉전과 세계정세

1) 세계적 과잉생산과 미국의 대한원조정책

소련과 함께 중국에서 사회주의 정권의 등장은 2차대전 후의 세계질서를 미국과 소련이 대결하는 냉전체제로 바꾸어 놓았다. 미국은 자본주의 진영의 맹주로 유럽의 독일, 아시아의 일본을 두 축으로 삼아 세계를 지배했다.

미국에서는 매카시즘이 맹위를 떨쳤다. 미국에서 변혁적 노동운동가들은 크게 탄압을 받았다. 1950년 2월 미국 공화당 상원의원 매카시가 국무부의 진보적 성향을 띤 100여명의 추방을 요구했으며 많은 지도층 인사들을 공산주의자로 몰아 공격했다. 그의 이름을 따서 '매카시즘'이라고 불렀다. 이 '공산주의자 사냥'은 2차대전이 종결되고 미국과 소련간의 연합국 동맹이 분열되면서 사회주의 진영과 식민지 민족해방 운동 세력의 급속한 성장에 직면해 체제보존의 위기를 절감한 지배층의 보수 강경파가 전시 총동원체제로부터 전후체제로 순조롭게 체제를 재편성하고 헤게모니의 기반을 다지고자 의도적으로 일으켰다. 그러나 매카시즘은 미국 사회 여론과 심지어 공화당 안에서조차 격렬한 비판에 부딪쳐 국제관계의 긴장완화와 더불어 점차 사라졌고 매카시는 1954년 분과위원장에서 해임되었다. 그 후로도 골드워터 공화당 대통령 후보로 대표되는 보수주의 흐름은 간헐적으로 지속되어 '신 매카시즘'이라 불렸다.

1955년 서유럽에서 유럽경제공동체 논의가 시작되었다. 유럽공동체 논의는 처음에는 반공전략 차원에서 시작되었으며 나중에 유럽연합(EU, 1999)으로 발전했다. 1948년 유고의 티토 대통령은 나치 독일군에 대한 해방투쟁 과정에서 국민적 지지를 획득, 동유럽의 다른 공산당 지도자와는 달리 소련의 종주권에 대항해 독자노선을 걸었다. 유고의 독자적인 노선은 서유럽 지식인들에게 '인간의 얼굴을 한 사회주의'의 모델로 비쳤다.

한편 1950년대에 중소 대립과 동구권내의 반소경향이 발생했다. 1956년 소련공산당 제20차 전당대회에서 발단이 된 이 논쟁은 중소국경 문제, 알바니아 문제 등으로 더욱 심화 확대되었다. 국제공산주의 운동의 원칙에 관한 중소간 이념분쟁의 주요 쟁점은 현대 세계의 기본 모순문제, 전쟁과 평화의 문제, 평화공존의 문제, 과도기를 둘러싼 문제, 프롤레타리아 독재의 문제, 스탈린 비판에 관한 문제 등이었다. 1956년 흐루시초프는 스탈린을 비판하고 미국과 일정하게 교류를 시작했지만 냉전 체제가 약화된 것은 아니었다. 1956년 폴란드와 헝가리에서 소련에게 자율권을 요구하는 파업과 시위가 일어났다. 소련은 폴란드에게 약간의 자율권을 허용한 반면, 헝가리 시위를 무력 진압하고 시위 지도자를 처형했다.

1955~56년에 걸쳐 일본경제는 세계적인 호황에 따른 수출의 확대로 급속한 발전을 보이면서 기술혁신이 주요산업 부문에서 이루어져, 소위 진무(神武)경기를 구가했다. 이것은 동시에 독점자본주의 체제의 완전한 부활을 보여주는 현상이었다. 반면 중소기업에 대한 압박이 심해져 대기업과의 격차가 심해졌다. 이러한 현상은 대기업의 노동자와 봉급자층의 소비생활 향상에 따른 현상 유지와 현실안주의 분위기를 확대시키는 한편, 저소득자와 생활보호자의 증가도 초래했다. 보수체제 형성의 흐름이 노동운동에도 작용했다. 안보조약개정 논쟁중인 1959년 사회당에서 우파 일부가 분열해 1960년 1월 민주사회당을 결성했다. 1960년 1월 미일 신안보조약이 체결되었다.

1955년 4월 인도네시아 반둥에서 열린 제1회 아시아 아프리카회의에서 29개국 참석자들은 이 나라들 사이의 긴밀한 관계 수립을 모색하고 냉전 상황 속에서 이들 나라의 중립을 선언하는 한편 식민주의의 종식을 촉구했다. 이 회의에서는 반제국주의 반식민주의 세계평화의 강화를 주된 내용으로 하는 '반둥 10원칙'[1]을 발표했다. 이 회의는 수세기 동안 서유럽과 북미 열강의 식민주의와 제국주의에 시달려 온 아시아 아프리카 민중이 외세에 대한 저항을 집단적으로 선언했다는 의미가 있다.

제국주의 국가들은 각 민족국가의 경제를 식민지적으로 지배하는 방법으로 예속적 독점자본과 종속적 지배계층을 육성, 장악해 식민지 대행체제를 만들어 경영함으로써 제국주의와 식민지적 관계를 민족 내

---

[1] 이 선언의 내용은 기본적 인권과 국제연합 헌장의 목적과 원칙의 존중, 주권과 영토 보전의 존중, 인종과 국가 사이의 평등, 내정 불간섭, 국제연합 헌장에 입각한 개별적 집단적 자위권의 존중, 대국의 이익을 위한 집단적 군사동맹 불참가, 상호 불가침, 평화적 방법을 통한 국제 분쟁 해결, 상호 협력의 촉진, 정의와 국제 의무 존중이다.

부의 모순으로 전화시키려 했다. 이렇게 손쉽게 반식민지적 저항 투쟁을 민족내부에서 파괴, 말살시켜 강대 제국주의의 지배 효과를 극대화하려고 했다.

남한에서 이승만정권은 미국 세계전략을 옹호하고 '평화를 위한 식량 원조' 계획에 따라 미국의 잉여농산물을 처리해 미국 독점 자본을 살찌게 해 남한의 농업을 파괴하고 미국 의존 경제체제를 고착시켰다.

2) 세계 노동운동

세계노동운동의 분열 2차대전 종전 직후 국제노동운동의 특징은 국제자유노련(ICFTU)과 세계노동조합총연맹(WFTU)의 정치적 분열이었다. 전자는 사회민주주의적 성향의 유럽인들에 주도되었고, 후자는 주로 공산주의권 국가에 지배받는 노조에 의해 주도되었다. 물론 기독교에 기반한 소규모 세계노동연맹(World Confederation of Labor)도 어느 정도 기반을 유지했다. 냉전체제 아래 노동진영의 냉전 참여는 노동운동을 약화시키고 타락시키는 많은 부정적인 효과를 가져왔다. 동구권 노조들은 국가로부터 어떠한 독립성도 갖지 못했으며, 서유럽 노조들은 자본주의의 편에서 세계적 분쟁에 참여하기 위해 종종 그들 국가와의 관계에서 독립성을 상실했다.

가장 타락했던 미국의 경우, 미국 중앙정보부(CIA)는 몇몇 노조들과 미국노총산별회의(AFL-CIO)에게 공산주의에 대항하고 보수적인 '실리적 노조주의'를 전 세계에 퍼뜨릴 자금을 제공했다. CIO는 공산주의 성향을 가진 노조를 축출했다. AFL-CIO는 미국 노조정부의 베트남전쟁 개입 결정에 일관되게 찬성했다. 미국의 매카시즘 선풍에 의한 노동운동의 탄압과 파괴는 민족해방운동의 고양을 억제하고 노동운동을 파괴하고 세계 지배를 위한 내부 단속이었다. 규모는 작지만 영국정부도 영국 노동조합회의(TUC)에 해외업무용 자금을 매년 제공했다.

국제자유노련은 동구권 어용노조에 반대하면서도, 냉전기간 중 정치적 편의에 따라 한국의 한국노총, 대만의 중국노동연맹(중국총공회), 필리핀의 노동조합회의(Trade Union Congress), 싱가포르의 전국노조회의(National Trade Union Congress), 멕시코의 노동총동맹(CTM) 등 제3세계의 우익 어용연맹의 가입을 용인했다.(킴 무디, 1998, 371~374쪽) 물론 국제자유노련은 한국 등 여타지역의 새로운 노조에게 재정 원조를 어느 정도 제공했고, 이는 당연히 자본의 새로운 도전에 적합한 노동운동의 발전에 아무런 도움이 되지 못했다.

일본노동운동의 붕괴 일본 최대의 노동조직인 총평은 1950년 결성했다. 처음에 맥아더사령부의 지원을 받아 좌익의 전노련에 대항하는 반공 민주화노선으로 국제자유노련 가맹을 목표로 삼아 결성되어 경제투쟁에 중점을 두었는데, 한국전쟁을 계기로 급속히 좌선회, 1960년대의 반안보조약, 미군기지철수운동에서 주도적인 역할을 하고 춘투에서도 중심적인 역할을 담당했다. 전후 일본에서 총평은 단순히 노동조합 이상의 의미를 가져 정치 경제 사회 교육계를 격동시킨 사건의 배후에는 총평이 있었다. 즉 전후 일본 양대 세력의 오른쪽에는 정부 자민당 재계가 위치했다면, 그 왼쪽에는 총평이 있었다. 총평은 1981년 자진해산을 결의, 1989년 새로 창설된 전국조직 일본노동조합총연합회(연합)에 흡수되었다.

1952년 메이데이 행사에는 군사기지화와 식민지화나 악법 반대 소리가 높아 일황궁 앞 시위에서 참가자와 경찰이 충돌해 많은 사상자를 냈다. 이 사건 뒤에도 총평 중심으로 6월에는 50만명을 동원한 두 번의 총파업을 단행했다. 이 투쟁을 통해 총평과 사회당은 혁신운동의 중심이 되었다. 그러나 공산당은 화염병 사건과 산촌공장 등 극좌모험주의로 치달아 점차 대중의 지지를 잃었다.

1952년 7월 민중운동을 탄압하고, 언론 집회 결사의 자유를 억압하는 파괴활동방지법이 성립되었다. 1952년에는 총파업규제법을 만들어 노동운동 탄압을 한층 강화했다. 1955년 봄에 총평 산하의 단위 산별노조들이 연대투쟁을 시작한 이래 일본에는 춘투가 하나의 전통이 되었다. 일본노동운동은 해마다 3월 무렵이 되면 산업별로 통일된 요구 아래 각 노동조합이 임금인상을 비롯한 요구들을 내걸고 일제히 춘투에 돌입했다.

1957, 59년 철강노련의 파업, 1953년 닛산 도요다 이스즈 등 자동차산업노조의 총파업 등 대자본을 상대로 한 전투적인 투쟁력을 발휘했다. 그러나 수개월씩 총파업 연대파업을 수행했던 일본노조들이 전투성 민주성 계급성을 상실하고 노사협조주의로 전환되었다. 그 결정적인 원인은 첫째 대공장노조의 붕괴에 있었다. 산업 원자재를 수급하는 철강노조는 총파업을 벌일 때 철강 자본가보다 더 강력하게 단결했으나 내부 이견으로 쟁의에서 패배하고[2], 우파들이 득세하면서 일본노동운동의 핵심적 위치에 있던 철강의 민주노조운동이 무너졌다. 둘째는 자동차 산업 총파업에서 제2노조가 노동조합을 결정적으로 무력화시켰다. 1953년 6월부터 시작된 총파업이 자본가들의 강력한 저항에 부딪치며 장기화될 때 사무직 직반장 등 부분 이탈이 가속화되자 도요다와 이스즈노조가 8월초 파업대열에서 이탈하면서 닛산노조가 고립되었다. 한편 자본가들은 가장 전투적인 닛산노조를 와해시키기 위해 노조의 완전 항복을 요구하면서 시간을 끌고 과장 계장급 등 하급관리자를 중심으로 제2노조를 결성해 그들에게만 직장폐쇄를 풀고 현장 출입을 허용해 지원했다. 결국 닛산 노조는 3개월이 넘는 장기파업을 했으나 노조의 요구를 관철하기는 커녕 회사 요구를 전면 수용하는 '항복'을 선언하고 9월 24일 파업을 종결했다.

---

[2] 파업에 참가하지 않았던 가와사키제철소 노동자는 자신들이 만든 제품에 파업중인 회사의 브랜드를 달아서 유통시켜주는 방식으로 지원했다. 그러나 파업 중 고로를 30%만 가동하거나 불을 완전히 끄자는 논쟁, 현장과 중앙의 괴리에 의해 자중지란에 빠졌다.

2. 원조경제와 지배정책

1) 이승만의 독재정치

이승만 독재정치는 1949년 12월 24일 이른바 '24파동'으로 불리는 사건을 유발하며 경위권을 발동해 야당 국회의원을 무력화하고 국가보안법을 날치기 통과했다. 1954년 11월 27일 초대 대통령의 중임을 가능케 하는 '사사오입(四死五入) 개헌', 사회 전반에 만연된 부정 부패, 거듭되는 부정 선거 등 헌정과 민주주의 원칙을 지키지 않다가 이 개악된 헌법 아래 이승만 정부는 1960년 3월 15일 부정선거를 했다. 결국 이 사건이 도화선이 된 4·19혁명으로 권좌에서 끌려 내려왔다.

진보당 사건을 일으켜 진보당의 조봉암 당수를 사형에 처해 정적을 제거하고 진보진영을 말살하려고 했다. 그러나 이승만 독재는 결국 민중의 분노를 사고, 미국도 이승만 정권을 한국 지배정책에 걸림돌이 되는 존재로 여겼다.

2) 남북관계

북한의 정치 경제 1950년대 후반에 이르면 북한에서는 일단 사회주의제도가 완성되고 도시와 농촌의 계급관계도 이전보다 훨씬 단순화되었다. 이 시기 북한은 자립적 경제건설노선을 제기하고, 우선 중공업 성장과 함께 경공업 농업의 발전을 목표로 하는 사회주의공업화 노선을 채택했다. 경제건설 과정에서 지도층 내부에 논쟁이 전개되었는데 그것은 김일성 중심의 지도체제에 대한 당권 도전의 성격을 띠었다. 그러나 1950년대 후반의 '반종파 투쟁'을 거치면서 김일성과 항일유격대 출신 인사들 중심의 권력체제가 확립되었다.

전쟁 중인 1950년 12월 연안파 군사지도자 무정이 평양 함락으로 숙청되었다. 1953년 8월 3일 박헌영을 비롯한 남로당원 12명이 체포되어 재판을 받고, '미 제국주의와 결탁'해 북한 정권을 전복하려는 '미 제국주의의 고용간첩의 두목' '공화국 전복 기도' 명목으로 다음해 7월 19일 사형을 받았다.3) 소련에서 스탈린 사후에 권력을 장악한 흐르시쵸프는 1956년 2월의 소련공산당 제20차 대회에서 대대적으로 스탈린 비판에 나섰다. 그 영향은 즉각 북한의 정치에도 영향을 미쳤다. 1956년 8월 29일 개최된 당중앙위원회 전원회의를 앞뒤로 심각한 당내투쟁이 일어났다. 연안파 윤공흠(당시 상업상)이 같은 파 최창익(당시 내각 부수상), 소련파 박창옥(내각 부수상) 등과 공동전선을 펴 김일성의 '개인숭배'와 '중공업 우선정책'을 비판하고, 김일성의 실각을 기도했다. 그러나 윤공흠의 연설은 김일성파에 의해 제지되고 주모자들은 중국으로 망명했다. 이른바 '8월종파사건'이었다.(정창현, 2000, 109~109쪽) 북한은 양명산이 이중간첩이었는데도 그를 믿고 일을 추진해서 1956년의 진보당사건이 터지고 조봉암까지 희생당했다고 했다.(정창현, 2000, 187쪽)

이 과정에서 북한은 6·25전쟁 이후 한층 강해진 소련과 중국의 영향을 극복하고 독자 노선을 모색하기 시작했다. 김일성은 소련의 해빙 분위기에 맞서 '소련으로부터 배우는' 정책을 버리고 자주외교를 선언해 소련과 중국 사이에 등거리외교 노선을 걸었으며, 이 때 북한 사회주의의 특성을 대변하는 '주체'라는 용어가 등장했다.

북한은 1년여에 걸친 전쟁 복구, 3개년 계획과 5개년 계획의 성공으로 전쟁의 경제적 피해를 빠르게 회복해 북한은 1970년대 초까지 남한보다 경제적 우위를 점했다. 1959년 3월부터 시작된 천리마운동은

---

3) 1953년 3월 31일 김일성은 소련대사와 가진 대담에서 박헌영과 그 추종자들이 해방 직후부터 당내에서 종파를 조직했고, 당 기밀을 미국에 누설했으며, 6·25전쟁 패배의 원인을 만들었다고 주장했다. 그러나 체포된 직후 박헌영은 자기에게 쏠린 혐의사실을 부인했다. 그는 자기비판을 수행하지 않았으며 오직 자신에게 주어진 질문에 답하는 데 머물렀다.(임경석 「박헌영과 김단야」, 『역사비평』, 역사비평사, 2000년 겨울, 145쪽)

자립경제를 위해 노동력을 효과적으로 동원했으나, 외국과의 교류를 제한해 컴퓨터 등 과학기술의 도입이 늦어졌다.

남북한의 통일정책 1950~60년대 냉전 시기에 남북한은 아무런 대화와 협상 없이 극단적으로 대치했다. 다른 분단국들과는 달리 한국은 분단이 전쟁을 유발했으며, 그 과정에서 분단이 고착화된 것이 특색이다.

1953년 7월 휴전협정 타결로 3년간의 6·25전쟁은 종결되었다. 그러나 휴전협정은 전쟁의 종식과 한반도의 항구적인 평화정착과 통일의 가능성을 열어놓은 것이 아니었다. 평화유지와 통일을 위한 제반 정치 군사적 문제는 휴전 이후로 떠넘겨 졌다.

1953년 7월 체결된 휴전협정 제60항에는 휴전성립 90일 이내에 한국 통일문제에 대한 국제정치회담을 열어 통일문제를 논의하도록 규정했다. 우여곡절 끝에 1954년 4월 제네바에서 정치회담이 개최되었다. 여기에는 남한과 UN군 참전 15개국과 소련 중국 북한이 참가했다. 제네바정치회담 과정에서 서방측은 UN의 권위와 공정한 선거감시를 내세워 UN 감시 또는 국제 감시의 총선거를 주장했고, 공산측은 외세의 개입 없는 남북한 당사자의 해결을 주장했다. 이러한 입장 차이로 회담은 아무 성과 없이 끝났으며, 휴전선을 경계로 한 양측의 군사 대치가 현재까지 계속되었다.

제네바 정치회담이 성과 없이 종결된 뒤, 남한의 이승만 정권은 이른바 무력북진통일론을 주장했고, 이를 밑받침하는 통일방안으로 UN 감시 아래 북한만의 총선거론을 주장했다. 북진통일론은 반공이데올로기를 빌미로 해 억압적 사회통제를 강화하고, 미국에게서 원조를 더 많이 획득하기 위한 정치 외교적 수단으로 기능했다. 한편 북한은 전후 복구과정에서 적극적인 대남정책이나 통일정책을 취하지 못했다. 이 시기 북한은 내부 체제안정에 주력하면서 이를 밑받침하기 위해 제네바정치회담에서부터 남북한 감군, 한반도에서의 항구적인 평화를 보장하기 위한 협상을 주장했다. 1950년대 중후반부터 전후 복구와 경제개발이 궤도에 오르자 북한정권은 대남정책과 통일정책을 강화했다. 이 무렵 북한은 남북적십자회담과 경제교류의 제안으로 평화통일공세를 강화했으며 한편으로는 다수의 '공작원'을 남파했다.

남한은 UN위원단이 주관한 5·10선거를 통해, 북한은 남북연석회의를 통해 각기 건국되었던 만큼 이러한 통일론은 자신의 정통성을 강조하는 논리와 밀접한 관련이 있었다.

3) 경제정책과 독점자본

미국원조에 의존하는 경제정책 6·25전쟁이 끝나면서 부산 피난 시절에 외국무역으로 돈을 모은 사람들이 공장을 설립하여 산업 자본주의가 새로운 단계를 맞았다. 예를 들어 이병철은 1953년 부산에 제일제당을 짓고, 1954년에 대구에 제일모직을 지었다. 40여개의 공장들이 1950년대에 세워졌다.

상업자본이 산업자본으로 전환되는 데는 이승만 정권의 정치, 귀속재산의 불하, 외국 원조의 세 가지 요인이 관련되어 있다. 첫째 이승만은 1951년에 자유당을 창당하고 토지개혁을 통해 한민당의 정치 자금원인 지주계급을 붕괴시키고, 대신에 자유당에 정치자금을 댈 수 있는 자유당계 기업인을 양성했다. 1960년대까지 자유당의 2인자인 이기붕은 29개 공장건설에 관여했고, 자유당은 미국 원조를 받는 공장 건설의 50% 이상에 개입했다. 자유당이 기업인들에게 특혜를 주는 방법에는 수입쿼터와 수입허가의 비경쟁적 배분, 귀속 재산의 불하의 수의 계약, 원조자금과 물자의 선택적 배분, 은행 융자의 특혜, 정부와 미군의 전후 복구사업의 비경쟁적 계약 등이 있었다.

둘째 귀속재산 불하이다. 해방 전에는 80%가 일인소유였는데(그것의 70%가 북한에 편재), 해방으로 모두 정부에 귀속되었다. 이 때 남한에는 2,707개의 대소 공장이 있었다. 1949년 귀속재산 처리법이 공포되었으나 실제 불하는 전쟁으로 지연되었다. 1953년 말까지 1,649개 공장 불하가 완료되었고 459개 공장은 폐쇄되었으며 나머지 599개는 대기업으로 분류되어 정부관리 아래로 넘겨졌다. 그러나 6·25전쟁으로 1/3 가량이 파괴되었고 많은 수의 공장이 기업 경영 경험이 없는 자유당 관련자들에게 불하되었다. 이 경우에 대부분의 공장은 시설 기계 땅을 각각 팔아 공장은 해체되어 버렸다. 결국 40~50개의 공장만이 가동되었다.

셋째 한국의 자본축적이 중요한 역할을 한 것이 미국의 원조와 차관이다. 특히 UNKRA와 ICA를 통해 온 미국의 원조이다. 1953~62년 사이에 경제원조는 약 20억 달러이고 군사원조는 약 10억 달러에 달했다. 이 기간 동안에 한국에서 외국원조는 총수입의 69%를 충당했는데, 이것은 고정자본 형성의 77%, GNP의 8.1%에 해당되었다.(서재진, 1991, 72쪽)

미국 원조의 절반 정도가 원당 밀 목화 등의 잉여농산물이었는데 1955년 미국농업교역 발전 및 원조법 제1관에 의한 대한민국과 미국 사이에 잉여농산물 공여협정을 체결해 1969년까지 13년에 걸친 동 원조액은 2억 3백만 달러에 이르렀다. 도입된 잉여농산물은 한미간의 약정에 따라 현금으로 판매, 그 가운데 10~20%를 미국에서 사용하고 나머지는 국방비에 충당했다. 도입된 농산물은 밀이 전체의 40%이고 면화 보리 쌀 등이 50%를 차지했다. 미국의 잉여농산물 원조는 6·25 이후 악화된 한국의 식량사정을 해결하는 데 결정적으로 기여했다. 그러나 국민경제가 비교적 안정되고 식량 자급도가 97%까지 이른 1960년 이후에도 잉여농산물은 계속 과잉 도입되어 국내 곡물가격을 하락시키고, 농업과 공업 사이의 불균형을 심화시켜 그 후에도 한국경제를 공업 위주로 발전케 했다. 미국 농산물의 과잉도입에 따른 저곡가 현상에 따라 농가소득을 감소시키고 농민의 생산의욕은 감퇴, 농가의 부채는 지속적으로 쌓여 가는 한편 한국은 만성적인 식량수입국으로 떨어뜨렸다. 또 밀과 면화 재배가 희생되면서 쌀밥 중심의 식생활 패턴이 밥과 빵으로 옮겨가는데도 밀의 재배는 거의 전무한 상태가 되었다.4)

미국에서 들여온 원자재는 설탕 밀가루 무명 즉 삼백(三白) 산업의 원료가 되었다. 원자재는 미국의 원조에 의존했고, 공장 짓는 자본은 UNKRA와 ICA의 원조에 의존했다. 1950년대 말까지 15개의 대기업 그룹이 형성되었는데 이들은 대부분 원조물자와 해외저축을 토대로 성장했다. 이 가운데 8개는 50대 재벌(1991년 현재)에 속할 정도로 규모를 키웠다. 이 구상은 농업잉여와 광물 및 석유대금으로 포디즘적 생산재의 수입에 쓰도록 유도해 왔다. 당시 주력 수출상품은 김 버섯 등 1차 산품이었다.

한편 1960년대 이후 전개된 경제성장의 국내적 기초는 1950년대 중후반에 마련되었다. 해방과 전쟁 등으로 평준화가 급속히 진전하면서 교육열에 불이 붙고, 이승만 정부는 교육비에 많은 예산을 투입했다. 교육의 질은 낮았지만 대량으로 한글세대가 배출된 것은 이후 산업화를 이루는 인적 동력을 형성했다. 또 1950년대 후반에는 테크노크라트라고 불릴만한 전문적 관료가 형성되어 1959년 초에는 '산업개발 3개년 계획' 초안도 만들었지만 실행하지 못했다.

관료자본의 형성 농지개혁의 완료와 더불어 지주계급은 몰락하지만, 1950년대에는 지배계급으로서 관료적 독점자본가층이 성장했다. 1950년대 자본가계급은 매판적이고 관료적인 독점자본가층과 토착적인 중소 영세 자본가층으로 이원화되었다. 그리고 관료적 독점자본가층과 기능적 자본가로서 고위관료층이 당시의 지배계급을 형성했다.5)

---

4) 미국의존 정책은 농업기반의 파괴, 곡물의 미국의존도를 높여 장기적으로 농업과 농업 파괴의 발단이 되었다. 이 정책은 일본이 잉여농산물 도입을 거부했던 것과 비교된다.

5) <표 1>에서 보듯이 1960년의 경우에 전체 경제활동인구 가운데 자본가계급에 해당하는 인구는 3만 4천명이었다. 이의 내부구성은 개인기업주 1만 8천명, 고급관리자 1만 3천명, 고급공무원 3천명이었다.

1950년대 관료적 독점자본가층은 귀속재산의 불하, 미국의 원조, 정부의 각종 특혜로 형성되었다. 이는 기본적으로 가치창조보다는 가치이전, 내외 국가자본의 사적 자본으로의 전화를 통해서 형성의 계기가 마련된 것이다. 한국사회는 제2차 세계대전의 패전국의 식민지였던 관계로 막대한 재산이 적산(敵産)으로 되어 미군정을 거쳐 한국 정부에 귀속되었다. 이는 국가자본으로 민중적 민족경제의 토대가 될 수도 있었다. 하지만 한국사회는 미군정, 단정수립, 6·25전쟁을 거치면서 미국자본주의의 식민지로 편입되고, 국가자본은 관료적 특혜에 의해 거의 무상에 가까운 형태로 소수의 수중으로 이전되었다. 또한 원조도 각종 특혜를 통해 소수의 관료적 자본가층에 막대한 이득을 주어서 사적 독점의 초기 형성에 기여했다. 귀속기업체는 6·25전쟁 동안 전쟁 수행의 물적 토대 확보를 위해 가장 많은 수가 불하되었으나 비교적 큰 기업체는 전후에 불하되었다. 특히 대규모 기업체의 경우 일반 공매에 의한 불하는 몇 건에 지나지 않았으며, 대부분 정치권력과 밀접한 관련을 가진 특정인에게 불하되었다. 또한 저렴한 불하가격과 당시의 급속한 인플레 아래 장기 분할 납부가 허용된 점, 그리고 불하대금마저 특혜융자로 메워진 점을 볼 때, 귀속업체는 거의 무상으로 사적 독점자본으로 전환되었다. 또한 원조 물자를 배정 받는 것 자체가 당시의 공정환율과 실세환율의 차이로 구매이득이 되었다. 그리고 원조물자의 판매로 형성된 대충자금과 기타 산업부흥국채 등의 방식으로 조성된 정부 보유자금이 소수의 자본가들에게 저리로 융자된 사실, 거기에 더해 당시의 높은 인플레이션이 부의 독점적 소유가 이루어질 수 있는 여건이 되었다. 결국 1950년대의 관료적 독점자본가층은 대외예속성에 기초하면서 유통과정에서 저환율 인플레 조세감면 편중대부 독점가격 등의 정책적 특혜에 편승하고, 생산과정에서는 생존 이하의 저임을 기반으로 거대한 부를 쌓아올렸다.(김양화, 1991, 78~81쪽) 관료적 독점자본가층이 주도하는 분야는 완전 소비재공업이 주류였으나 1958년경에 이르러 과잉투자와 과잉경쟁에 직면해 불황에 빠져들고, 미국의 대한원조 감소에 따라 경제 전반이 위기에 빠져들면서 독점을 강화했다. 그리고 1957년에는 은행귀속주의 민간불하까지 단행됨에 따라 관료독점자본가층은 금융까지 장악했다. 1950년대에는 제조업 유통업 금융업 등에서 재벌로 불리는 독점 대기업의 등장은 처음부터 관료 독점자본의 성격을 가졌다.(공제욱, 1991 참조) 이 때문에 한국사회에서 자본가계급에 대한 태도는 극히 비판적이고 부정적인 경향을 나타냈고 자본가계급이 이데올로기적으로 헤게모니를 행사하는 지배계급으로 발전하지 못했다.

당시의 영세토착자본은 전통적인 농촌형의 유통체계를 기반으로 국지적 분업의 기초 위에 있었는데, 1950년대는 재래시장을 중심으로 한 시장권이 재생되는 양상을 보였다. 그런데 원조와 결합된 일부 소비재 영역에서는 관료적 독점자본이 성장함에 따라, 토착 중소기업은 위축되었다. 그러나 아직 독점 대자본이 침투하지 않은 못 전기기기 자동차부품 봉합기 재단기 등을 생산하는 중소기업은 대중적인 수요에 기초해 명맥을 유지했다.

재벌 체제의 형성 1950년대 중반은 재벌형성의 태동기였다. 해방 전의 물적 유산은 해방과 6·25전쟁의 격변기를 거치면서 대부분 파괴되었다. 1955년을 전후해 제당 제분 방직 봉제 등 본격적인 공장이 건설되면서 재벌의 물적 토대가 새로이 형성되기 시작했다. 1997년 현재 10대 재벌 가운데 대우그룹을 제외한 나머지 9개 재벌은 1950년대 후반에 이미 상당한 규모의 기업을 형성하거나 창업한 상태였다.

재벌 축재의 주요 원천은 내부수익이나 경영능력에 의한 자금조달이 아니라 대정부 관계 활동에 의한 자원 획득이었다. 기업활동은 무역이나 상업을 중심으로 이루어졌으며, 제조업에서도 수입 원자재의 국내가공을 목적으로 수입 대체적인 소비재산업에 치중했다.

일제하 친일 기업인이었던 김연수와 박흥식은 일본의 정치집단과 한국의 소비자 집단 사이에 외줄타기식 사업을 전개했다. 이런 방식으로 재벌이 된 삼양사 화신그룹은 향후 국내 재벌형성의 모델이 되었다.(이한구, 1999, 43쪽) 이 시기의 재벌은 삼성과 삼양이 기업집단을 구성했고, 나머지는 대부분 독점 업종에 전문화된 상태에서 재벌의 발판을 마련했다. 다음은 재벌들의 이름이다.

> 삼성(이병철, 삼성물산 제일제당 한국타이어 안국화재 한국기계 동양방직 효성물산 조흥은행 동양테레비 라디오서울 신세계백화점), 삼양(김연수, 삼양사 경성방직 삼양염업 삼양제당 동아일보 고려대학교 동아방송), 삼호(정재호, 삼호무역 삼호방직 조선방직 제일화재 제일은행), 개풍(이정림, 대한양회 배아산업 개풍상사 대한철강), 동아(이한항, 동아상사 대한제분 한국제당 국제손해보험), 락희(구인회, 반도상사 락희화학 금성사 한국케블), 대한(설경동, 대한방직 대한전선 대동증권), 동양(이양구, 동양시멘트 동양제과 한국정당), 화신(박홍식, 화신산업 화신백화점 신신백화점 홍한방직 홍한비니론6)), 한국초자(최태섭, 한국유리), 극동(남궁련, 극동해운 극동통상 한국정유 한국흄관), 현대(정주영, 현대건설 금강슬레이트 현대시멘트), 금성재벌(김성곤, 금성방직 쌍룡시멘트), 판본(서갑호, 태창방직) 등.

자본의 조직 1954년 대한상공회의소(대한상의)가 법정단체로 조직돼, 기업들의 경영애로 조사, 대정부 건의 등의 역할을 했다. 대한상의는 2000년 5월 현재 6만 3천여 개의 회원사로 구성되었으며, 유통업체의 비중이 크다. 한국에 와 있는 미국의 자본 기업들은 1953년 주한미국상공회의소를 조직해 미국 자본의 대변에 앞장섰다.

4) 노동정책

노동정책 일반 이승만은 '부산정치파동'을 계기로 정치적 반대파를 대한노총에서 쫓아내고, 그의 재선을 지지하는 자유당의 기간단체로

---

6) 원진레이온의 전신.

만들어 노동단체를 정치 도구화했다. 이승만이 3선을 위한 '4사5입' 개헌을 강행한 뒤 짐짓 선거 불출마설을 흘렸을 때, 대한노총은 우마차를 동원해 시가행진을 하면서 그의 재출마를 '염원'했다.

불법적인 사사오입 개헌과 부정 선거로 1956년 대통령 선거에서 가까스로 집권한 이승만은 미국의 매카시즘의 영향을 받아 1958년 메이데이를 없애는 대신 대한노총의 결성일인 3월 10일을 노동절로 할 것을 노총에 지시했다. 노총이 이에 따라 이 땅의 노동자들은 메이데이를 빼앗겼다.7) 이 해 노동절 행사는 서울운동장에서 이승만 등이 참석한 가운데 열려, 이승만에 대한 '절절한 충성'(구로역사연구소, 1990, 132~138쪽)을 맹세했다. 권력과 자본이 이러한 조치를 취한 것은 메이데이를 통해 고양되는 노동자의 계급 의식과 그로부터 분출되는 노동자들의 단결 투쟁, 국제 연대가 두려웠기 때문이다. 또한 식민지시대 이후로 민족해방과 변혁에 앞장서 왔던 노동운동의 전통과 정신적 박탈이 향후 자주적이고 민주적인 노동운동에게는 '암흑시대'의 예고였다.

노동관계법 조방 쟁의 이후 노동조합법(1953. 1. 27), 노동쟁의조정법(1953. 1. 30), 근로기준법(1953. 4. 15)이 제정되었지만, 최저임금제나 노동보험제는 1950년대 이후에도 실현되지 않고 근로기준법은 세칙 없이 1년이 지나도록 낮잠을 잤다. 그 뒤 근로감독관 규정 등이 마련되었으나 연례행사처럼 근로감독관 배치를 추진한다는 주장만 있었다.

노동조합법 자체에도 문제가 있었다. 노동조합운영을 행정관청이 지도하게 돼 있어, 행정관청은 조합운영을 검사할 수 있는 권리(제30조), 노동조합의 결의를 취소 변경케 하는 권리(제19조), 노동조합의 임원을 개선시키거나 노동조합을 해산시킬 수 있는 권리(제32조) 등을

---

7) 당시 미국에서는 한국전쟁 이후 격화된 냉전 분위기를 이용, 미국내의 진보적인 노동자 단체는 물론 자신의 영향이 미치는 세계 곳곳에서 민중의 이익과 진정한 민주 발전을 위한 세력들을 '빨갱이로 몰아치기 선풍'(매카시즘)으로 탄압하고 제거했다. 미국은 이 무렵 1894년부터 시작된 메이데이를 없애는 대신 독점자본의 주장을 반영해 매년 9월 첫째 월요일을 '노동절'(Labor Day)로 삼았다.

보유했다. 또 노동조합법 제35조에 단체협약 체결 단위를 공장 사업장 기타 직장으로 규정해 노동자의 집단적 세력 형성의 범위를 축소시켰다. 전형적인 유니온샵제로 노동자의 의사와 상관없이 특정 노동조합에 가입해야 하는 것도 노동조합 간부나 정부에 의해 악용될 소지가 있었다. 한편 이 시기 교원과 일반공무원의 단결권을 금지한 해당 법률에 대한 위헌소송이 전개되었지만 1959년 법무부장관과 보사부장관 공동 명의로 교원노조의 단결권은 부인되었고, 이 상태는 장면 정권 아래에서도 마찬가지였다.(김삼수, 1999, 99쪽)

근로기준법에서 취업규칙의 적용실태를 보면, 1959년 취업규칙을 준용하지 않고 구두로 고용된 노동자수가 20만명이나 되었다. 이 해에 근로기준법 적용 대상 사업장 4,015개 가운데 취업절차를 밟은 업체는 1,800개소에 불과했다. 근로기준법 제42조의 하루 8시간 주48시간 노동과 초과 노동에 대한 평균임금 50% 가산 규정은 지켜지지 않았다. 섬유공장과 제약공장 노동자들은 대부분 나이 어린 소녀들이었는데, 1일 평균 12시간 이상 근무했다. 자동차운수사업 노동자들은 하루 18시간 노동을 강요받았다.(한국노총, 1979, 433~434쪽)

노동관계법의 운용에서 대한노총의 자주성 상실은 많은 문제를 일으켰다. 국영기업체에서 장기간 체불이 있어도 그것의 고발은 보건사회부가 대행했다. 의료 실업보험이나 최저임금제와 직업안정법 등의 부수적 입법사업도 대한노총이 거의 방관하고 관계 관청이 추진하는 식이었다. 물론 대한노총이 아무것도 하지 않은 것은 아니다. 1958년 대한노총은 서울 자동차업자들을 집단 고발하고, 1959년 대구의 181개 직물공장을 노동조합법과 근로기준법 위반으로 집단 고발했다. 노동자들이 "일요일을 공휴일로 정할 것, 임금지불일을 정할 것, 8시간 노동제로 할 것, 단체협약을 체결할 것" 등을 요구했다. 이에 사업주는 해고로 맞서다가 행정당국의 조정으로 일단 합의했으나 그 뒤 사업주가 합의사항을 지키지 않고 노동조합을 탄압했기 때문이다.

국가보안법의 개악 국가보안법의 3차 개정은 제정 국가보안법이나 1, 2차 개정안보다 외형적으로 훨씬 많은 조항으로 구성되었다. 그 내용도 단순히 북한과 남파간첩만을 대상으로 한 것이 아니라 언론, 야당, 일반 국민들을 상대로 했다. 국가기밀의 범위를 정치 군사적인 것에서 경제 사회 문화의 영역으로 확대하고(제4조, 제11조, 제12조), 인심의 혹란을 적을 이롭게 하는 것으로 규정하고(제17조 제5항), 헌법기관에 대한 명예 훼손을 처벌하고(제22조 1, 2항), 자백이 유일한 증거인 경우에도 유죄의 증거로 삼고, 구속적부심과 보석허가 결정에 대한 검사의 즉시 항고 인정 등을 담았다. 이것은 자유당 일당 독재체제를 강화하려는 정치적 의도가 내재된 것으로 야당과 사회단체는 찬반 양론으로 엇갈렸다. 결국 무술경위를 동원해 반대 의원을 국회의사당 밖으로 끌어낸 채 통과시킨 '보안법 파동'(소위 2·4파동, 1958. 12. 24)을 불러왔다. 보안법 파동은 자유당을 파멸로 이끌어 가는 신호탄이 되었다.(박원순, 1994, 125~155쪽)

1957년 5월 1일 부산 한미석유회사의 노조결성 시도에 대해 경찰이 노조간부들을 사상이 불순하다며 연행해 부산역 앞에서 노동절 기념식을 마친 다음 시위를 한 일이 있다. 그러나 이 시기 노동운동에 대한 국가보안법의 적용사례는 거의 발견할 수 없다.

3. 폐허 위에 싹튼 노동자 민중 운동

1) 노동자의 상태와 노동운동의 과제

(1) 노동자계급의 구성

1950년대의 계급구성을 살펴보기에 앞서 6·25전쟁 기간동안의 인구이동을 간단히 살펴본다. 6·25전쟁 동안 일어난 인명손실은 정확하지 않으나, 사망자가 민간인과 군인을 합해 약 40만 3천여명이며, 납치 포로 실종 등 북한으로의 유출이 55만 9천명, 월남자 수는 약 45만명으로 추산되었다. 다음으로 전쟁기간에 피난이동의 결과로 부산을 중심으로 한 경남 경북 도시지역의 인구가 격증했다. 1949년에서 1955년 사이에 농촌지역에서 도시지역으로 약 72만 2천명의 인구가 이동했다. 1960년에 도시화율은 28%에 이르렀다. 6·25전쟁의 영향과 1950년대에 지속된 농업희생정책으로 1950년대는 농촌에서도 도시지역으로 인구유출현상이 일어난다. 〈표 1〉에서 보듯이 1955년에서 1960년 사이에 농민층의 비중이 약간 줄어든 대신 노동자계급과 비농 쁘띠부르조아 비농 반프로레탈리아층이 약간 늘었다. 이는 농촌을 떠난 농업종사자들이 일부는 서비스 노동자 와 산업노동자로 흡수되고, 나머지는 주로 비농 자영업에 종사하게 되었음을 보여 준다. 여기서 실업자의 통계는 부정확하며, 실업자 층에 의해 주도되는 주변적 무산자층의 비중 변화는 큰 의미가 없다.

<표 1> 1950년대의 계급구성 (단위 : 천명, %)

연 도	1955	1960
경 제 활 동 인 구	6,639(100.0)	7,656(100.0)
A. 자본가계급	20(0.3)	34(0.4)
B. 신중간계층	260(3.9)	325(4.2)
임금취득중간층	145(2.2)	180(2.4)
국가부문	110(1.7)	130(2.4)
민간부문	35(0.5)	50(0.7)
인텔리층	115(1.7)	145(1.9)
C. 비농쁘띠부르조아층	480(7.2)	790(10.3)
D. 비농반프로층		
E. 농어민층	4,507(67.9)	4,907(64.1)
농민층	4,437(66.8)	4,792(62.6)
어민층	70(1.1)	115(1.5)

연 도	1955	1960
경제활동인구	6,639(100.0)	7,656(100.0)
F. 노동자계급	520(7.8)	788(10.3)
단순사무원	50(1.1)	71(0.9)
단순판매원	30(0.5)	45(0.6)
서비스노동자	69(0.9)	140(1.8)
산업노동자	310(4.7)	432(5.6)
G. 주변적무산층	852(12.8)	812(10.6)
개인서비스노무자	280(4.2)	241(3.1)
가사고용인	50(0.8)	137(1.8)
실업자	522(7.9)	434(5.7)

자료: 1955년, 『간이인구조사』, 1960, 『인구주택 국세조사 보고』.
비고: 서관모, 1987, 『한국사회 계급구성 연구』, 서울대 박사학위논문, 64~65쪽 참조.
공제욱, 「1950년대 한국사회의 계급구성」 『1950년대 한국사회와 4·19혁명』, 71쪽에서 재인용.

 1950년대에는 농민층이 65%로 역시 가장 큰 비중을 차지했으며, 노동자계급에서 산업노동자는 5% 수준이었다. 그리고 실업자를 포함한 주변적 무산자층의 비중이 크다. 노동자계급은 1955년 7.8%의 비중을 차지하고, 1960년 10.3%를 차지해 약간 증대했다. 여기에는 농어민층을 제외한 모든 산업에 종사하는 노동자들이 전부 포함되며, 5인 미만의 사업체에 종사하는 노동자, 그리고 국가부문이나 공공부문에 고용된 노동자들이 전부 포함되었다.(공제욱, 1991, 95쪽)
 제조업 노동자 가운데 방직업에 종사하는 사람이 가장 많으며, 다음으로 식품업에 종사하는 노동자가 많았다. 모든 산업의 종업원(5인 이상 사업체)에서 1958년의 경우 종업원수가 236,401명인데 이는 기술자 46,425명(19.6%), 사무원 33,921명(14.3%), 기술습득자 10,994명(4.7%), 선원 4,019명(1.7%), 노무자 133,084명(56.3%), 기타 노동자 7,958명(3.4%)으로 구성되었다. 또한 연령별 분포는 18세 이하의 종업원이 8.8%를 차지했다. 제조업의 경우 18세 이하가

12.2%를 점하고 있어 이 부분에 보다 젊은 층을 고용했다. 이들의 교육수준은 대체로 낮았다. 1958년 종업원 총수 236,401명의 학력은 무취학 16.8%, 초등학교 졸업 58.5%, 중졸 11.8%, 고졸 8.3%, 전문대졸 1.3%, 대졸 2.1%으로 초등학교졸 이하가 75.3%를 차지했다.(김양화, 1991, 96~98쪽)

1955년의 경우 가구주의 본수입이 실수입에서 차지하는 비중이 75%이며, 총수입에서 차지하는 비중은 53%였다. 그러므로 가장 이외의 가족이 가계 보조적인 수입을 얻고, 또한 근친자에 의한 생계보조가 있어야 가계가 꾸려질 수 있었다. 그리고 차입금이 총수입에서 점하는 비중은 11%나 되었다. 또한 차입금이 차입반환금보다 매년 많기 때문에 빚은 계속 늘었다. 또한 보건사회부가 1957년 실시한 조사에 의하면 사태는 이보다 더욱 심각했다. 101개 사업체의 37,909명의 노동자를 상대로 한 이 조사에 의하면, 노동자의 평균임금은 20,153환인데, 세대당 생계비는 40,509환으로 임금이 생활비의 반밖에 되지 않았다.[8]

(2) 노동과정

노동과정 1950년대를 통해 노사관계는 정치적인 하향식의 노동조직으로 변모했으며, 작업조직은 전근대적인 특징을 온존한 채 발전했다. 작업조직 또한 노동통제를 강화하기 위한 방향으로 다시 재편되었다. 이후 1950년대에는 미국의 원조로 해외에서 완성된 형태의 기계를 도입했다.

1955년에 경제활동인구는 820만명 가운데 농림어업직은 79.5%, 생산직은 8.7%였다.

직업통계가 가능한 1955년 이후의 추세를 보면 전체 취업자 가운데 전문기술직은 1.6% 사무직은 2.4% 판매직은 4.4% 서비스직은

---

8) 『동아일보』 1957. 5. 14.

2.1%를 점유했다.

해방 이후 1950년대의 노동시간은 기록에 따르면 10~15시간이었다고 보고되었으나, 사실상 노동 시간에 대한 제한은 없었다. 노동시간이 노동자의 의사로 결정되기보다는 전력 공급의 제한과 물자 수급, 수주량 등 경영적인 요소에 의해 결정되었다. 따라서 노동시간 몇 시간으로 관습화되었다는 표현은 적절치 못하며, 그대로 수치로 나타내자면 주당 47시간 정도로 추정한다. 특히 유아와 여성 노동자들이 다른 노동자들보다 더 장시간 노동했다. 노동시간은 당시의 미국이나 일본의 노동시간보다도 더 길고, 사실상 무제한이었다. 이러한 양상은 구체적인 사례에서 야간 노동의 일상화, 일주일에 휴일 없이 일했다는 기록, 2교대 24시간 노동제의 성행에서 나타났다. 또한 이에 대한 노동자들의 불만 표출에서 확인되었다.(이은진, 1997, 137쪽) 작업방식은 1960년대 이전에는 청부제를 통해 작업량과 생산량의 관리를 위임하는 방식을 주로 사용했다. 그 뒤 지각 조퇴 결근과 임금을 결부시키는 방식이 등장했다.

산업재해 당시 노동환경이 극도로 나빠 전국 노동자의 약 1/3이 결핵 등 만성질병에 걸려 있다는 보건사회부의 조사결과가 있다. 1958년 513개 사업장 노동자 78,180명의 건강진단 결과 16.5%인 12,927명이 각종 질병에 걸려 있었다. 업종별로는 질병환자가 방직업 26.2%, 운수보관업 16.4%, 화학공업 12.7% 순이었다. 특히 방직업에 종사하는 노동자 가운데 폐결핵환자가 가장 많았다.[9]

노동시장 당시에는 실업문제가 심각해 취업자가 적었고 취업 자체가 사회적 신분 향상을 의미했다. 노동자의 투쟁도 이러한 상황의 영향을 받았다. 6·25전쟁이 끝난 뒤 전쟁피해 복구작업이 어느 정도 이루어졌으나 이 기간에도 노동자의 생활은 어렵기만 했다. 1957년에 보건사회

---

9) 『조선일보』 1958. 10. 29.

부가 전국 101개 사업체의 3만 7909명 노동자에 대해 실시한 조사에 따르면, 월 평균 수입은 2만 153환에 비해 월평균 생활비는 4만 509환으로 기타소득을 합해도 생활비의 32.5%인 1만 3178환이 적자였다. 저임금과 노동조건의 악화 때문에 파업은 계속되었다. 미국의 경제원조 감소로 산업이 침체하고 실업률은 높아져 실업자는 1957년 27만 7천명에서 1960년 43만 4천명으로 늘어났고, 전쟁중의 독재와 반공체제 강화에 눌려 있던 노동운동과 농민운동이 활성화되었다. 그 밖에 이승만 정권에 대한 미국의 지지마저 약화되어 4·19민주화 운동은 독재정권을 타도할 수 있었다.

여성노동자 해방 이후 4·19까지 여성노동자들은 전쟁물자 생산과 원조 물자로 유지되던 제분 제당 방직 등 '3백산업'에 주로 종사했다. 일제 강점기에 활발하던 여성노동자 운동은 6·25전쟁을 거치고 1950~60년대에 공장 노동자 수가 적어지면서 활동이 적어졌다. 1958년 전체 취업자의 4.3%인 377,000명이 제조업에 종사하고, 그 가운데 85,000명(22.5%)이 여성제조업 노동자였다. 또 1960년에는 총취업자의 5.0%인 427,000명이 제조업에 종사하고, 그 가운데 여성노동자는 36.8%인 157,000명이었다.(이옥지, 2001, 68쪽)

(3) 노동자의 생활

농업부문에 잔류하던 위장실업자 또는 잠재실업자들이 대거 도시로 이주하면서 실업률이 1955년 0.9%에서 1960년 6.8%로 늘어나는 등 도시의 취업상황은 갈수록 악화되었다. 1950년대 말 식량 원조의 삭감은 식량난을 초래해 '보릿고개'라는 말이 생겨났다. 농민들은 부족한 식량을 소나무껍질 등으로 보충했으며, 부황이 일기도 했다. 군부는 '가난의 극복'을 군사쿠데타의 명분으로 삼았다.

도시빈민의 증가 1950년대 도시화는 급격히 진행해 1960년에는 도시화율이 28%에 이르렀다. 추가로 월남한 64만여명과 농촌의 피폐로 인한 도시로의 이농, 그리고 1950년대 후반 제대군인의 증가는 도시빈민층을 현저하게 증가시켰다. 그렇지만 전쟁으로 폐허가 된 도시는 이들을 수용할 수 없어 도시빈민은 절대빈곤에서 날품팔이로 생계를 이어갔다. 전쟁으로 총주택의 30%가 파괴되어 주택이 부족해지자 도시빈민은 유휴지에 미군들이 쓰고 남은 각종 건자재를 이용해 판잣집을 짓고 살았다. 1960년 서울의 주택 75,804동 가운데 16.4%가 움집, 토담집, 판잣집일 정도로 주거문제가 심각했다.(장세훈, 2000, 70쪽) 이 시기의 빈곤은 급격한 사회변동에서 오는 '보편적 빈곤'인 동시에 '일과성 빈곤'이기 때문에 새로이 도시빈민으로 유입된 해외동포나 월남민들 그리고 이농민들은 경우에 따라 도시 중간층에 편입될 수 있었지만 그 뒤부터는 빈민이 사회구조화되면서 빈곤의 늪을 벗어나기 어려웠다.

2) 노동자의 요구와 투쟁

(1) 노동현장의 투쟁

쟁의 건수의 증가 귀속재산이 불하된 이후 노동통제가 강화되었으나 노동관계법의 제정과 실질임금의 하락에 따른 생활고 때문에 1953년 이후 노동쟁의가 급격히 증가했다. 1953년에 불과 9건에 참가인원 2,271명이었고 1957년에는 45건 9,347명, 1959년에는 95건 49,813명이 참가했고, 4·19가 일어났던 1960년에는 227건 65,335명이 참가해 쟁의 건수가 점차 증가했다.(〈표 2〉 참조)

그러나 노동관계법이 입법화된 뒤 노동운동의 정당성 보장으로 노동운동이 자연발생적으로 전개되는 면을 보여주면서도 1950년대 말에는 경제구조가 독과점 중심으로 발전하면서 노동자들의 생활기반과 노동조건이 악화된 사정을 반영했다. 이 기간에 노동자수가 증가하지 못하고 대체로 정체상태에 있었으나 노동자들의 의식수준이 높아지고 또 각 단위조합들이 질적으로 충실하게 성장했다. 노동자들의 근로조건은 개선되지 못한 상태에서 궁지에 빠진 노동자들이 생활을 유지하기 위해 각종 쟁의와 투쟁 형태로 몸부림칠 수밖에 없었다는 사실을 말해 준다.

<표 2> 노동쟁의 상황(1953~1960)

구분	구분	1953	1954	1956	1957	1958	1959	1960
발생상황	발생건수	9	26	32	45	41	95	227
	참가인원	2,271	26,896	-	9,394	10,031	49,813	64,335
쟁의원인	총 수	9	27	-	77	41	113	256
	임 금	9	18	-	38	21	76	127
	근로시간	-	-	-	28	-	8	6
	보건후생	-	-	-	-	-	4	2
	감독자배척	-	-	-	1	-	4	10
	조합운영	-	1	-	1	1	3	-
	해고반대	-	7	-	3	13	11	33
	공장폐쇄	-	-	-	2	-	1	4
	기타	-	1	-	4	6	6	74
쟁의종류	총수	9	26	-	45	41	95	227
	동맹파업	2	10	-	-	2	1	44
	태업	1	1	-	-	-	-	2
	직장폐쇄	-	-	-	1	-	-	1
	기타	6	15	-	44	39	94	180

1954년의 쟁의건수의 원인별 건수는 집계상의 착오로 발생건수와 상치되는 것으로 보인다.
1956년은 동계 7~12월의 건수이다.
자료 : 김인걸 외 편저, 『한국현대사 강의』, 돌베개, 1988, 195쪽.

① 전반기의 주요 투쟁

6·25전쟁 직후 체불임금 청산을 요구하며 석탄공사 노동자 7천여명이 파업했다.(1954. 12) 임금인상과 한국의 근로기준법 적용을 요구하며 부산 미군부대 한국인 종업원 1만 2천명이 파업했다.(1954. 8) 역시 임금인상을 요구하며 수입비료 하역노동자 1만 7천여명이 금융조합연합회를 상대로 파업했다.(1954. 8) 8시간노동제 확립과 단체협약 체

결을 요구하며 성공한 서울 자동차노동조합 파업(1954. 9) 등이 일어났다.

6·25전쟁 직후, 석탄공사 산하 노동자 7,000명이 체불임금 청산을 요구하며 파업했다.(1954. 12)

1952년 6월 대한노총자유연맹(전국부두노조의 연맹체)에서 계산한 부양가족 4명의 노동자 1세대 당 소요 생계비는 91만 3천원이었다. 당시 부산 쌀값은 20리터들이 한 말이 11만 5천원이었다. 그렇지만 부두노동자들의 월수입은 일용노동자 12만원, 청부노동자 24만원에 미치지 못하는 수준이었다. 1952년 6월 자유연맹에서는 미군에게 280%의 임금인상을 요구했다. 국회도 '부두노동자 노임 인상에 관한 대 정부 결의안'을 통과시키고 노동자들은 7월 29일 파업에 들어갔다. 다음날 미군은 25% 인상안을 발표했다. 노동자들은 파업을 계속하고 정부도 대책을 논의했다. 7월 31일 일용노동자 임금 200%, 청부노동자 임금 100% 인상 등의 타결안이 나왔다. 미군당국에 대한 노조의 발언권 강화는 미군이 하역작업의 일부를 일본 회사에 주고 있는 것에 대해서도 나타났다. 부산 부두노조에서는 일본인의 부산부두 취업에 반대하는 운동을 폈고, 미군당국은 이 해 10월 일본 선박과 일본인에 대신해 한국 선박과 한국인에게 전적으로 하역을 맡긴다는 회신을 보내왔다.

부산 미군부대 한국인 종업원 1만 2000명이 1954년 8월 임금인상과 한국 근로기준법 적용을 요구하며 파업을 감행했다. 사회부는 쟁의가 일어난 지 반년이 되도록 아무런 조치를 취하지 않다가 파업이 일어나자 파업 중지를 지시했다. 이에 대해 한 신문은 사설을 통해 미군은 근로기준법에 규정된 사업주가 아니고 우리나라를 원조하기 위해 온 우방의 군대이므로 인내와 성의로 '국가적 노무'에 복무하라고 했다.[10]

서울 자동차노동조합의 버스 운전사와 차장들이 8시간노동제의 확

---

10) 『한국일보』 1954. 8. 12. 사설 「미군노조 파업과 사회부의 직책」.

립과 단체협약 체결을 요구해 성공했다.(1954. 9) 수입비료 하역노동자가 1만 7000여명이 임금인상을 요구해 파업을 했다.(1954. 8)

② 후반기의 주요 투쟁

쟁의와 파업은 이승만 정권의 독재체제가 강화되어 간 1950년대 후반기에도 끊이지 않았다. 이승만 정권에 의한 대한노총의 어용화에도 불구하고 그 산하 노동자들의 쟁의와 파업은 꾸준히 계속했다.

비교적 규모가 큰 경우는 남선전기회사 노동자 4천명이 보상금 지불을 요구한 쟁의(1955)를 비롯해, 부당해고에 항의하고 단체협약을 요구한 대한방직 노동쟁의(1956), 석탄광노동조합연합회(1956), 밀린 임금 지급을 요구하며 농성해 성공한 삼척시멘트 노동자들의 쟁의(1956) 등이다. 이승만정권의 말기인 1959년에는 정부 수립 뒤 가장 많은 건수의 쟁의가 있었다. 그 참가인원도 가장 많아서 독재정권 최후의 전야와 같았다. 1957년에는 인천POL(미군 유류보급창) 노동자들의 부당해고 반대 투쟁이 있었고, 밀양에서는 한국모직 노동자들이 부당해고와 체불임금에 저항해 투쟁을 전개했다.

대한방직 대구공장의 파업(1956)은 대한노총의 어용성과 부패에 저항한 것으로 국회의 결의까지 무시하고 회사측이 경찰력을 동원해 탄압해 파업이 실패한 경우로 중요한 의미가 있다.

1958년, 대구 시내에 산재한 280개 이발관 종업원들로 구성된 대구지구 이용사노동조합은 1958년 1월 13일 대구 노총회관에서 대의원대회를 열고 현재 업주 6할, 종업원 4할의 수입분배 비율을 5 대 5로 바꿀 것과 노동시간을 여름에는 11시간, 겨울에는 10시간으로 할 것 등을 요구, 8일간의 파업 끝에 임금은 그대로 두되 노동시간은 30분 줄이고 휴일도 월 2일에서 3일로 늘리기로 합의하고 파업을 풀었다.

부산의 대한조선공사는 상공부 소관의 국영기업체로, 다시 종업원은 350명 정도밖에 안되었지만 사업의 성격상 매우 중요한 국영기업체의 하나였다. 대한조선공사 노동자들은 1958년 11월 1일 7개월 분의 밀린 임금 지불을 요구해 국영기업체인 회사를 상대로 6,000여 노동자가 쟁의에 승리했다.

1959년 전국섬유노조연맹 3만 6500명의 노동시간 단축 쟁의를 통해 노사간에 8시간 노동제를 인정하는 단체협약을 체결했다. 부산에서는 임금인상을 요구하는 부두노조의 쟁의와 단체협약 체결을 요구하는 택시노조의 파업이 있었다.

1959년 대한석탄공사를 상대로 한 석탄광노조연합회 산하 8,700명 노동자의 임금인상 요구 쟁의 등이 계속되었다.

남선전기의 노조결성 남선전기주식회사는 경전이나 조선전업주식회사와 마찬가지로 상공부 산하의 귀속 업체였는데, 이승만이 하와이에 있을 때부터 친분이 있던 박만서(朴萬西)가 사장이었다. 남선전기 노동자들은 1953년 노동조합법이 공포되자 그 해 9월 6일에 노동조합 결성준비위원회를 만들어 결성대회를 가지려고 했는데, 이를 안 박만서 사장은 노동자를 속여 결성대회를 늦추게 하고 노조 결성에 앞장선 노동자들을 지방으로 전출시키고 탄압했다. 그러나 어려운 조건 아래서도 노동자들이 2년이 지난 1955년 2월 19일 노조를 결성하고 서울시로부터 설립신고증을 받게 되자, 이승만과 가까웠던 사장은 노조결성 준비위원을 해고시켰다. 이에 노조측은 쟁의를 제기하는 한편 국회에 진정서를 제출해 국회와 보건사회부 중앙노동위원회로부터 쟁의가 발생한 지 5개월만에 조정안을 받아 냈다. 그러나 사장은 전혀 이에 응하지 않고 오히려 어용 제2노조를 만들어 이미 결성된 노조를 무너뜨리려고 했다. 이에 분노한 노동자들과 대한노총이 회사측의 부당노동행위를 규탄하며 전조직력을 동원해 실력투쟁에 들어가기로 결의하고 사회여론도 이를 지지하자, 이승만의 지원만 믿고 마음대로 행동하던 사장은 더 이상 버틸 수 없어 결국 노조를 인정했다.(1955. 12. 9)

대한방직 쟁의 원래 이 공장은 조선방직의 대구공장이었는데, 1955

년 자유당 재정부장이었던 설경동이 권력층과 결탁해 불하받았다. 설경동은 공장을 인수하자 지금까지 근무해 온 노동자 2,600명을 경영합리화를 이유로 전원 해고시키고, 그 가운데 자기와 가까운 200명만 재고용하고 어용노조도 만들었다. 더구나 채용한 노동자를 인간 이하로 다루고 수시로 해고하며 계속 횡포를 부리자 노동자들은 더 이상 참을 수 없어 어용노조 간부를 쫓아내고 새 간부를 임명한 다음 임금인상과 해고노동자 완전 채용, 노동운동 간섭 금지, 단체협약 체결 등을 요구하며 쟁의에 들어가기로 결의했다.(1956. 2. 1) 그러나 설경동이 노동자 폭행 해고 구속까지 자행하면서 계속 탄압하자, 국회 보건사회부 중앙노동위원회는 회사측에 조정안을 제시했다. 설경동은 이승만 권력을 배경으로 이를 완전히 무시하고 검찰까지 설경동을 옹호하고 나섰다. 설경동은 부분파업이 지속되는 동안에도 어용노조를 만들었는데, 대한노총은 처음에는 이를 인정하지 않다가 몇 개월 뒤 주도권을 장악한 김기옥 일파는 어용노조를 인정하고 권력의 편을 들었다. 그러나 해고 노동자 100여명은 회사출입조차 할 수 없는 상태에서 서울지방법원에 설경동 사장을 상대로「복직 및 해고 후의 임금지불 청구」의 민사소송을 제기했는데, 재판이 진행되는 동안 4·19민주혁명을 맞아 설경동은 무조건 굴복했다.

대한방직 쟁의는 자유당 요직을 맡고 있는 기업체의 장과 자유당 기간단체 산하 노동조합의 싸움으로 주목받았다. 이 쟁의의 와중에서 대한노총은 이승만 대통령의 삼선을 위해 '우의마의 소동'의 대규모 관제시위(1956. 4)까지 벌이면서 여러 차례 노동조합원을 동원하지만, 이승만은 국회나 보건사회부와 달리 설경동의 불법행위와 횡포, 노동조합원의 곤경에 침묵했다.

1955년 말부터 1960년 4·19에 이르는 5년 동안 계속된 대한방직 투쟁을 감행한 노동자들은 대한방직 투쟁 과정에서 어용 노릇을 한 '대한노총 경북지구연맹'에 반대해 '대한노총 대구지구연맹'을 조직했고, 대구지구연맹은 1959년 '대한노총 광산지구연맹'과 더불어 어용 대한노총에 대항해 노동운동의 민주화를 시도한 '전국노동조합협의회'의 주축이 되었다.

(2) 노동자 민중의 투쟁

평화와 민주화 요구 6·25전쟁을 겪은 민중에게 평화와 민주주의는 절실한 문제였다. 이승만 정권은 반공주의와 북진통일을 주장하며 독재정치를 했다.

6·25전쟁 이후 남한 민중운동세력 가운데 먼저 남로당계를 비롯한 좌익세력은 핵심간부들이 대체로 월북하거나 파르티잔 투쟁과정에서 도태하면서 인적 기반 자체가 대단히 약화되었다. 또 근로인민당계 역시 1947년 당 자체가 불법화된 후 6·25를 겪으면서 양분되어 잔류세력은 1950년대에 잠복하다가 후에 4·19 이후 혁신계로 일부 정치무대에 등장했다. 한편 한민당 중심의 단정수립에 반대했던 비타협적인 우파 민족주의세력이나 중도세력 역시 친미반공 분단종속체제의 강화에 따라 존립할 수 있는 정치적 입지를 상실하면서 잠복했다. 따라서 1950년대 바로 지배체제의 본질적 성격을 둘러싼 논쟁이나 정치적 공간 자체의 이데올로기적 성격을 타파하고자 하는 저항은 부재했다.

오히려 1950년대 지배체제의 정치적 균열은 그러한 본질적 문제를 둘러싸고 표면화되기보다는 극우적 지형 안에서 제한된 정치적 주제를 둘러싸고 표면화되기 시작했다. 즉 친미반공 분단종속체제의 본질적 성격에 대한 도전이 아니라, 이승만 정권의 반복되는 독재와 부패에 대한 도전으로 1950년대 지배체제의 균열이 현재화되기 시작했다.(조희연, 1990, 64쪽)

이러한 가운데 이승만의 장기집권과 독주에서 소외된 그룹은 1955년 12월 '민주당'을 결성했다. 그리고 1956년 대통령 선거에서 민주당 대통령후보 신익희의 급서 직후 이루어진 선거에서 진보당의 조봉암 후보는 총투표수 900만표 가운데 216만표의 지지를 획득했는데, 1952년 선거의 79만표에 비해 지지가 거의 3배로 증가한 것이다.

이 선거에서 진보당의 부상은 민중운동사에서 일정한 의미를 가진다. 진보당의 정책은 극우적인 이데올로기적 지형에 비추어 볼 때 '변혁'적 성격을 가졌다. 그러한 변혁적 정책이 대중적 지지를 획득할 수 있었던 것은 남한사회의 친미반공 분단종속체제로의 재편에 따라 잠재화된 대중들의 진보적 요구의 '우회'적 발현으로 볼 수 있다. 그러나 진보당의 지지기반 확대가 곧 전후 한국사회의 극우적 재편에 의해 배제된 변혁적인 운동세력의 복귀나 대중성 획득 의미는 아니다. 예컨대 조봉암 자신은 과거 좌익운동에서 전향해 이승만 정권에 참여했던 경우로서,11) 전통적인 변혁적 민중운동세력의 정치적 복귀라는 의미보다 이승만 정권에서 이반한 성격이 강했다.(조희연, 1990, 66쪽)

1950년대 말 이후 이승만 정권에 대한 국민들의 저항이 점차 확대되었다. 조봉암의 사형과 진보당의 해산 등으로 인한 1인독재 체제의 강화, 극우적인 정치기반을 공유하고 있는 정적에 대한 탄압, 제1공화국 관료체제의 부패와 비효율성 등으로 대중들의 정치적 불만은 보다 심화되어 갔다. 여기에 친미반공 종속체제를 경제적으로 지탱하고 있던 원조경제의 위기와 함께 자생적인 민족공업의 소멸과 대중들의 궁핍화는 대중들의 정치적 불만을 크게 했다.

이승만 퇴진의 촉진 요인 가운데 하나로 1957년부터 구체화되기 시작한 미국 동북아전략의 변화를 들 수 있다. 1949년 중국혁명의 성공 이후 동북아 정세에서 균형을 잃었던 미국은 전후복구를 완료한 일

---

11) 조봉암은 대다수 좌익계 혹은 민족주의 세력이 거부했던 5·10총선에 참여했다. 이에 그치지 않고 그는 이승만 정권 초대 농림부장관에 입각, 친여 정당인 대한국민당 활동에 이어 1952년 이승만 영구집권 야욕이 낳은 발췌개헌에 국회부의장으로 협조했다.

본을 하위동반자로 하는 한·미·일 군사 경제블록을 기반으로 동북아 반공전선의 재편 강화를 지향했다. 이승만의 반일태도(한일회담 반대)는 미국의 이러한 동북아 정세재편에 큰 장애가 되었다. 이것은 이승만 퇴진의 한 요인이 된 반면 쿠데타로 들어선 박정희 정권에게 한일국교 수립이 우선 과제가 되었다.

언론은 자유민주주의의 절차적 중요성을 강조했고 이에 따라 정권의 탄압도 강했다. 1955년 9월 『대구매일신문』은 '학도를 정치도구로 이용말라'는 사설 때문에 피습당했다. 그러나 경찰은 '백주의 테러는 테러가 아니다'라며 테러를 정당화했다. 1958년 2월 진보당 기관지 『중앙정치』가 발매금지되었다. 보수적이지만 이승만 정권에 비판적인 『경향신문』은 1960년 대통령선거를 앞두고 발행허가를 취소 당하고 오소백 등 4명이 구속되었다.(1959) 1953년 장준하가 『사상계』를 발간하는데 함석헌이 이 잡지 1958년 8월호에 「생각하는 백성이라야 산다」라는 글을 발표, 구속되었다.

이승만정권은 정·부통령선거를 앞두고 국가보안법의 개악을 강행했다. 개정된 국가보안법은 처벌의 범위를 자의적으로 확대해 비판의 자유를 봉쇄하고 언론의 자유를 말살해 야당의 활동을 억제하고 국민의 기본권을 제한하려는 의도로 만들어졌다.

대한노총 농민조합총연맹 대한청년당 대한국민회 대한부인회 등은 자유당의 외곽단체가 되었다. 각 단체의 최고위원은 자유당의 중앙위원이 되고 대통령이 모든 단체의 총재를 겸임했다. 이런 어용조직은 노동자 민중의 평화와 민주화 요구에 역행하고 있었지만 내부에서 민주화의 요구가 잉태했다.

학생운동 학생운동은 당시 이데올로기적 정치적 조건 때문에 변혁적 지향을 갖는 흐름은 극히 미약했다. 1950년대 후반에는 학생운동 안에서조차 1957년 '이강석 부정입학사건 규탄시위'가 있었던 정도이고, 북송반대 시위 등 관제시위가 지배적으로 존재했던 것을 보더라도 당시 학생운동 역시 극우적 이데올로기적 지형에 갇혀 있었다. 그러나 1950년대 후반에 이르면, 이전의 좌익운동과는 직접적 연관이 없는 이념적 학생운동의 흐름이 태동했다. 그러한 흐름을 반영한 학내 서클로는 서울대 문리대의 '신진회', 서울대 법대의 '신조회', 고대 법대의 '협진회', 부산의 '암장' 등을 들 수 있다. 4·19 이후 이 서클들이 망라되어 학외 '신조회'가 만들어지는데, 신조회의 진보적 인자들이 그 후 '통일민주청년동맹', '민주민족청년동맹'의 핵심멤버가 되었다.(조희연, 1990, 66쪽) 1957년 신진회 멤버인 '유근일의 필화사건'이 있었다. 진보당을 지지하는 여명회가 각 대학에 조직되었다.

여성운동 1950년대 이승만 정권은 신민법제정에서 성차별적 가족제도를 입법화했다. 6·25전쟁 이후 신민법을 제정하는 과정에서 대한부인회 YWCA 여성문제연구원 등 11개 여성단체들이 건의서 청원서 호소문 등을 제출했고 여권옹호위원회를 발족시켜 강연회 좌담회 등을 계속했다. 그러나 1957년 입법위원들은 평등은 시기상조라는 입장에서 조선시대의 관습법을 신민법으로 통과시켰다.

3) 노동자 민중의 조직

(1) 노동조합

① 대한노총의 반노동자 행위

대한노총의 조직 상황 대한노총이 정치권력에 예속되어 있다 할지라도 노동조합의 조직률은 꾸준히 상승했다. 1953년 조합수 194개 조합원 11만여명에 불과했고 1956년에는 조합수 529개 조합원수 23만여명으로 증가하고, 1960년 4·19 이전에는 조합수 621개, 조합원수 30만명으로 급격히 확대되었다.[12] 한편 1957년 체신노조가 결성되고,

---

12) 노동조합 및 조합원수

교원노조의 결성 움직임이 태동해 민주노동운동은 더욱 힘을 지닐 수 있었다.

그러나 이러한 조직화에도 불구하고 쟁의건수는 군정기간에 비해 훨씬 감소했다. 1946년에는 쟁의총건수 170건, 참가인원 약 6만명이었으나 1954년에 28건, 1957년에 50건에 불과하며 이 시기에 가장 치열했던 1959년에도 109건에 불과했다. 이처럼 노동운동이 소극적으로 전개된 것은 대한노총이 자유당의 기간단체로 전락했으며 대부분 지도층들이 투쟁의식을 상실해 버린 결과였다. 그나마 이러한 쟁의의 대부분은 행정당국의 압력으로 노동자들의 원래 요구와 다른 방향으로 해결되었다.

그러나 노동운동의 이러한 소극성은 쟁의발생 원인[13)]을 살펴보면 노동자들의 의식이 점차 강화되고 있음을 알 수 있다. 임금인상, 급료지불 등 공격적 노동쟁의가 1957년에 40건에 불과하던 것이 1959년에는 79건을 점했다. 그러므로 대한노총이 어용조직으로 지도층은 주도권 쟁탈에 여념이 없었지만 노동자들의 권리의식은 강화된 것이다. 이와 같이 이승만 집권기간에 노동운동은 노동조직의 어용화와 노동자들의 점진적인 의식강화가 특징이다.

연도	조합수	조합원수
1953	194	112,171
1956	529	230,175
1959	587	285,461
1960(4.19이전)	621	307,415

13) 노동쟁의의 원인

연도	임금인상	근로조건	해고반대	급료지불	단체협약	계
1957	39	5	3	1	10	59
1958	23	5	17	-	5	50
1959	79	4	7	-	19	109
1960(4.19이전)	7	1	2	5	15	30

대한노총의 비노동자적 성격 대한노총은 단독정부 수립을 위한 5·10 선거에 적극 참여해 대한민국 정부수립에 크게 기여했고, 정부수립 뒤에는 이름을 대한노동총연맹으로 바꾸었다. 6·25전쟁으로 인한 한국사회의 극우 반공적 조류에서 대한노총은 여전히 자주성과 대표성 그리고 민주성 모두를 결여한 어용단체 성격을 지녔다.

그런 가운데 대한노총은 곧 공무원 노동조합 문제로 이승만 정권과 맞서게 되었다. 대한노총 철도연맹은 정부수립 후 국가공무원법의 공무원노동조합 불허원칙과 싸워 노동조합을 유지했다. 조선전업 노동자들도 정부와 회사측의 방해를 물리치고 노동조합을 결성했다.

'부산정치파동'(1952)을 계기로 이승만은 정치적 반대파를 대한노총에서 몰아내고 그의 재선을 지지하는 세력에게 대한노총을 넘겨 자유당의 기간단체를 만들어 정치 도구화했다. 이 때문에 대한노총의 전국대의원대회는 추악한 파벌싸움장으로 변했거나 아니면 권력에 대한 충성경쟁장이 되었다.

대한노총의 제7차 전국대의원대회(1954)는 결의문에서 "이 대통령 각하의 외교정책을 절대 지지한다"는 항목을 넣었다.

1954년 4월 6일 대한독립노동총동맹은 대한노동조합연합회(대한노총)로 개편되었다. 대한노총은 연합체 8개, 단위노동조합 194개 도합 202개 단체로 구성되고 그 가운데 단체협약을 체결한 노동조합수는 33개이며 전국의 조합원수는 11만 2700명에 달했다.

1955년 12월 대한노총은 자유당에 가입했고, 자유당으로부터 정치자금을 조달 받았다.

이승만이 3선을 위한 '4사5입' 개헌을 강행한 후 선거 불출마설을 흘렸을 때(1956. 3) 대한노총(최고위원 정대천)은 우마차 800대를 동원해 우의마의(牛意馬意) 이승만 출마 요구 시가행진을 벌이고, 다음날 대한노총 전국대의원 60명은 이승만을 만나 그가 출마하지 않을 경우 총파업까지 하겠다고 했다.

5·1절을 노동절로 격하 1958년 11차 전국대의원대회에서 이승만의 지시에 따라 메이데이를 대한독립촉성 노동총연맹의 결성일인 3월 10일을 '노동절'로 바꾸고 보사부의 인준을 받았다. 이어 노총은 다음해 3월 10일 서울운동장에서 열린 제1회 노동절 기념대회에서 노동절로 바꾼 이유를 「국제자유노동자연맹 사무총장에게 보내는 메시지」를 통해 내외에 천명했다.

> …금수 3월 10일을 노동절로 결정, 기념하게 된 것은 과거 5월 1일 메이데이를 경축 기념해 왔으나 이는 적색 공산 국가들간에 공통적으로 기념되는 날로 오직 자유와 평화를 사랑하는 대한의 노동자 대표들로는 폭압하고 잔인 무도한 공산 도당과 같은 날에 함께 즐길 수 없다는 의도하에 …… 대한의 참다운 민주노동자들이 공산당과 전평을 타도하고 민주 대한 노동자들의 총 집결체인 대한노총을 창립한 3월 10일을 한국의 노동절로 축하하고 기념하기로 결정했습니다.(한국노총, 1979, 477쪽)

노총이 노동자단체의 자주성을 포기했을 때 가게 되는 종착점과 마지막 모습이 어떤가는 4월 혁명의 도화선이었던 3·15부정 선거 직전에 열린 노총 제12차 전국 대의원 대회(1959. 10. 7)에서 잘 드러났다. 이날 노총은 「이 대통령 각하에게 보내는 메시지」에서 "숭배하옵는 이 대통령 각하 … 특히 명년 정부통령 선거를 성공적으로 수행하기 위해서는 우리들은 조직의 정비와 강화를 더 더욱 공고히 하고 우리 노동자 농민의 당인 자유당에서 추대한 정부통령 후보자의 당선을 위해 총 역량을 투입하고 평소에 존경하옵는 각하를 지지하는 열의를 다시금 가다듬는 바입니다"라고 천명했다. 이에 앞서 자유당 중앙당부조직위원회는 1960년 정부통령 선대 대책으로 노조 간부들에게 자유당의 강령을 주입할 것, 노조가 있는 지역의 각급 지방당 사회부장은 대한노총 지방조직에서 선임할 것, 각 단위노조 대표자는 당원획득과 세포조직 강화에 치중하라는 대한노총 조직강화 지침을 작성했다.

노총은 내부에 선거대책위원회를 구성, 3·15부정선거에 '전투적'으로 참가한 결과 이승만 정권과 운명을 같이했다. 그러나 대한노총의 이름은 한국노총으로 바뀌나 독재정권과의 하수인으로서 어용노총의 역할은 1987년 노동자 대투쟁까지 계속되었다.

조직률과 조직운영 대한노총의 조합원수는 전국대의원 대의원수가 고무줄처럼 늘어난다는 말처럼 정확하지 않았다. 1959년 행정당국이 대한노총의 유령조합원 12만명을 정리할 것을 요구했는데, 이는 전체 조합원의 절반에 해당되었다. 5인 이상 종사하는 사업체 노동자는 1949년 26만 6천명(10인 이상), 1958년 25만 5천명(10인 이상), 1958년 23만 6천명, 1960년 23만 5천명으로 나왔다. 그런데 1949년 단위 노동조합 683개 조합원 12만 8018명으로 상당히 높은 조직률을 보여주었다. 보건사회부 자료에 의하면 1955년 말 조합수 562개 조합원수 20만 5511명, 1958년 조합수 634개 조합원수 24만 8507명, 1960년 조합수 914개 조합원수 32만 1097명으로 조직률이 대단히 높았다.

대한노총이 자유당의 기간단체이지만 단체협약을 제대로 맺은 경우는 아주 드물었다. 1949년 683개 노조 가운데 단체협약을 맺은 조합은 단 2개이며, 1953년 202개 가운데 33개, 1954년 396개 조합 가운데 39개이며, 1955년에는 13개, 1957년 49건, 1958년 68개에 불과했다. 단체협약의 내용은 거의 다 원칙 제시에 머물고 기타 비경제사항만 상세하고 광범위하게 서술했다. 경전노동조합 협약에는 임금조항이 단 7개이고, 다른 곳도 수당 등 임금체계 명시조차 없는 훈시적인 내용이었다.

노조 조직체계는 대한노총 — 지구연맹 — 단위노조 또는 대한노총 — 산업연맹 — 단위노조의 체계로 조직되었다. 한 사업장에 2, 3개 복수노조가 인정되고, 경전의 단체교섭에서 보듯이 단체교섭을 위해 투표로 대표노조를 선정했다. 철도 체신 전매 광산 등의 공공부문은 산별연맹체가 결성되어, 그 지도자가 대한노총의 주도권을 장악하고 단체교섭도 정부와 산별 차원에서 전개되었다.14) 반면 기업 단위 노조는 전형적인 기업별 노조로 단체교섭도 기업 수준에서 이루어졌다. 노동조합법 35조(1953년 제정)에서 단체협약의 체결 단위를 공장 사업장 기타 직장으로 한 것은 노동자가 산업별 또는 계급적으로 단결할 기회를 봉쇄하고 단결의 규모를 기업내로 축소했다.(김진웅, 1960 참조)

② 전국노협의 추진

1959년 말에 이르러 대한노총의 어용행각에 실망한 노동자를 중심으로 민주화 요구가 표면화되었다. 대한노총 상층부의 부패 어용화 파벌투쟁을 비판하는 일부 노동조합 지도자들이 별도로 노동조합의 전국적 연합체를 만들려는 움직임을 보이다가 마침내 전국 37개 노동조합연합체 가운데 24개 연합회 대표 32명은 정대천이 위원장인 경전노동조합 사무실에서 가칭 '전국노동조합협의회 설립준비위원회'를 구성했다.(1959. 8. 11)

대한노총 제12차 전국대의원대회에서 정대천이 김기옥에게 패하자 정대천은 김기옥의 비행을 공개 고발하고 전국노동조합협의회 결성준비위원회에 가담 활동하고, 김기옥은 정대천의 비행을 공개고발하는 동시에 경전을 대한노총에서 제명하고 경전 내에 별도조직을 추진했다. 그러나 정대천은 1960년 3월의 정·부통령 선거를 고려해 1959년 10월 6일 전국노협과 손을 끊기로 선언했다.

1959년 10월, 14개 노동조합 대표 21명이 비밀리에 모여 결성된 전국노동조합협의회(전국노협, 의장 김말룡)15)은 그 강령에서 첫째

---

14) 그러나 공공부문 노조도 산별노조 성격을 가지지만 사용자가 정부 일개 기업이므로 조직적으로는 기업별 노조라고 해야 할 것이다.(고려대 노동문제연구소, 1999, 101쪽)
15) 김말룡(金末龍: 1927~98)은 경북 출생으로, 1954년 국학대 경제학과를 졸업하고, 노총 창립대의원(1946), 조직부장, 경북위원장을 거쳐 1959년 전국노협 위원장이 되었으며 1960년 노총 의장을 지냈다. 1967년 전국연합노조 위원장을 거쳐 1979년 천주

"자유로우며 민주적인 노동운동을 통해서 노동자의 인권 수호와 복리증진을 위해 투쟁한다", 둘째 "민주노동운동을 통해서 건전한 국민경제의 발전을 기하고 노자평등의 균등사회 건설에 이바지한다", 셋째 "민주노동을 통해서 민족의 주권을 확립하고 국제 노동운동과 제휴해 세계평화에 기여한다" 등을 밝혔다. 전국노협 준비위원회의 발표에 따르면 전국 총노조수 541개, 27만명 중 311개, 14만명이 전국노협 참가를 결의했다. 그러나 보사부 노동당국에서는 전국노조협의회의 합법성을 인정하지 않았다.

1960년 4·19혁명과 자유당의 몰락으로 권력에 의해 양성되어 온 대한노총이 해체되었고, 노동운동은 양적 확대와 함께 질적으로 새로운 단계로 들어갔다. 그러나 전국노협은 대한노총의 반노동자적 형태를 분명히 인식했으나, 노동운동의 비약적 발전기에 노동대중들이 나아갈 올바른 방향을 제시하는 데 실패하고 대한노총을 중심으로 제기되는 '총단결' 요구에 밀려 대한노총과 통합을 했다. 이렇게 해 전국노협과 대한노총은 조직을 통합해 '한국노동조합연맹'(한국노련)을 출범시켰다.

이 시기에는 노동조합이 활발하게 조직돼 1959년 말 559개 노조 28만명이었던 것이 1960년 말에는 914개 노조 32만명으로 늘었고, 중소기업은 물론이고 언론 은행 교원 등 화이트칼라 노동자들에게도 노동조합이 설립되기 시작했다.16)

한편 1950년대 후반부터 교원노조를 결성하려는 움직임이 있었다. 1953년 일부 노동법 학자들은 사회부에 교원노조결성의 합법성 여부를 질의했고, 사회부의 의뢰를 받아 법무부는 "노동조합법이 국가공무원법보다 뒤에 제정되었으므로 '후법 우월의 원칙'에 따라 교육공무원은 노동조합법의 적용을 받을 노동조합을 결성할 수 있다"는 유권해석

교 노동문제상담소장, 1992년 14대국회의원을 지냈다.
16) 김말룡은 나중에 정동호 등과 연결되었다. 1963년 '한국노동조합총연합회'(한국노련)는 불법화되며 노조의 민주적 흐름은 중단되었다.

을 내렸다. 이에 따라 1958년 후반기 대구를 중심으로 일부 교수들이 학교경영자의 독단을 막기 위해 교원노조 결성을 추진했다. 1959년 서울 시내 일부 사립대학교수들이 교원노조를 추진했으나 정부는 "노조를 결성하더라도 이를 불법시하겠다"는 부정적인 입장을 밝혔다.(이철국, 1991, 184쪽)

한편 가톨릭계 노동자들은 노동운동단체로 1958년 가톨릭노동청년회(JOC)를 조직해 소외된 인간과 노동문제를 다뤘다. 이 단체는 1970년대 여성노동자의 투쟁, 1987년 노동자 대투쟁 때 노조결정, 1990년에 전노협 결성을 도왔다.

(2) 진보당

진보당은 1955년 12월 진보당 창당준비위원회를 구성했다. 진보당은 평화통일을 내세운 통일정책을 빼고는 당시의 보수정당과 정책상 별다른 차이가 없었다. 주로 조봉암(曹奉岩 : 1899~1959)[17] 개인의 정치력에 바탕을 둔 상층연합의 성격이 짙어 대중적 기반을 갖지 못했다. 진보당은 노동자 조직과 직접적인 연관은 거의 없었다. 그러나 조

---

[17] 조봉암은 강화도 빈농의 아들로 태어나 3·1운동에 참가했다가 체포되어 1년 동안 투옥되었다. 1921년 일본에 건너가 쥬오대학(中央大學)에서 공산주의 사상을 수용했다. 1924년 4월 조선노농총동맹 결성에 참여했고, 1925년 고려공산당 청년회 창립에 참여하고 1926년 조공 만주총국 책임비서가 되었다. 1932년 일본경찰에 검거, 7년간 복역한 뒤 출옥한 뒤 인천에서 미강(쌀겨)조합 일을 보았다. 1945년 1월 해외와 연락했다는 혐의로 예비검속되었다가 해방과 함께 출옥됐다. 1946년 2월 민주주의민족전선 인천지부장이 되었다. 6월 인천에서 조공과 결별하는 성명서를 발표하고 이어 '3천만 동포에게 고함'을 발표했다. 그 후 좌우합작운동에 참여했고, 1948년 5·10선거에 참여, 제헌국회의원이 되었다. 이승만 정권의 초대 농림부장관이 되었다. 1950년 5·30선거에서 재선되어 국회부의장이 되었다. 1952년 8월 대통령선거에 입후보해 79만여표를 획득해 차점자가 되었다.
조봉암은 8·15 이후 조선공산당에 대해 독자노선을 걸었는데, 이에 대해 두 가지 견해가 있다. 그가 우경화 했다는 견해와 조선공산당의 좌경 경향에 대한 반향으로 독자노선을 걸었다는 견해이다.

봉암과 진보당의 득표력은 폭발적이었다.

조봉암은 1956년 5월 대통령 선거에 출마해 대통령에 이승만, 부통령에 장면이 당선되었지만 진보당의 대통령 후보였던 조봉암이 총투표수 900만표 가운데 216만표(유효표의 30%)를 획득했다. 당시 진보당은 신익희 후보가 급서, 후보가 없는 한민당에게 선거연합을 제안했으나 한민당이 거부했다. 대구에서는 이승만의 득표를 상회했다. 부정선거가 아니었더라면 조봉암 후보가 대통령에 당선되었을 것이라는 평가도 있다. 조봉암의 득표는 6·25전쟁에도 불구하고 살아남은 진보적 성향의 표현이다.(손호철, 1997, 204쪽) 비록 전향을 했지만 식민지 시기 유명한 공산주의자였고, 북진통일론에 대해 '평화통일론'을 전면에 내세우고 그 구체적인 방안으로 '국제연합 감시 아래의 남북한 총선거안'을 주장하며, '피해대중은 단결하라'는 구호를 내세웠다. 이 '승리'가 이승만 정권을 위협하고, 급기야는 진보당 사건을 불러오는 직접적인 계기가 되었다.

조봉암은 선거의 여세를 몰아 그 해 11월에 진보당을 창당해 창당대회에서 당수로 선출되었다. 대한민국 수립 이후 첫 진보정당인 진보당은 6·25전쟁에 대한 반성의 의미에서 이승만 정권의 '북진통일'에 대해 '평화통일'18)을 내세우고 계획경제, 민생개혁 등 각종 혁신정책을 잇따라 내놓았다. 진보당은 대중정당을 표방하면서 1950년대의 자유당과 민주당이라는 보수정당에 대항해 진보세력을 결집했다. 진보당은 단지 당명만을 내걸었던 것이 아니라 각 지역에서 지방조직을 확장해 나갔다. 1956년 12월 경남도당의 창당을 시작으로 1958년 진보당 사건으로 당의 핵심인사들이 구속될 때까지 제주도를 제외한 모든 지역에서 지방조직을 조직하거나 추진했다. 또한 일반조직 외에 특별조직

---

18) 이 부분에 관한 진보당 강령은 "우리는 안으로 민주세력의 대동단결을 추진하고 밖으로 민주우방과 긴밀히 제휴해 민주세력이 결정적으로 승리를 얻을 수 있는 평화적 방식에 의한 조국통일의 실현을 기한다" 이었다.

을 두어 각계 각층을 수평적으로 조직하고자 했으며, 미래의 지도자를 양성하기 위한 비밀조직을 결성했다. 1950년대를 통해 경찰 주먹조직과 연결돼 있던 자유당을 제외하고는 각 지역에 정치조직이 없었던 상황을 감안할 때 진보당 지역조직의 건설은 상당한 의미를 가졌다.

첫째 당시 전민족적으로 생존권을 위협했던 이승만의 '북진통일론'에 대응하는 '평화통일론'19)이 상당한 지지를 받았다. 조봉암은 『중앙정치』 1957년 10월호에 기고한 「평화통일의 길」이라는 글에서 "무력통일은 동족상잔의 비극을 재현할 가능성이 있고, 남한은 미국과 상호방위조약을 맺고 있고 북한은 소련과 조소방위협정을 맺고 있는 상황에서 곧 세계대전을 의미하는 것이니 국제 정세상 실현가능성이 없으며, 현대 핵무기 개발을 염두에 둘 때 무력통일론은 지극히 위험한 논리"라고 지적했다. 또한 "남한과 북한이 동등한 위치에서 동일한 시간에 총선거를 실시하는 방안이 타당하다"고 했다.(전상봉, 1999, 55쪽) 평화통일론은 후에 진보당이 탄압을 받는 가장 중요한 근거가 됐지만, 당시 대중들이 원하는 바를 정확하게 짚었던 과감한 정치노선이었다.

둘째 조봉암이라는 한 인물의 활동배경이 큰 작용을 했다. 그는 1946년의 좌우합작운동으로 진보적인 지식인들과 가까이 접촉할 수 있었으며, 1948년 초대 농림부장관을 하면서 농촌조직을 만들기 위한 노력을 통해 비록 관권이 개입되기는 했으나 농민운동을 하는 인사들과 가까워질 수 있었다. 또한 1952년 제2대 대통령 선거에서 비록 큰 표 차이로 떨어지기는 했지만, 민주당의 전신이었던 민국당의 대통령 후보를 앞서 상당한 명망을 얻었다. 그의 주위에는 다양한 성향을 가진 수많은 인사들이 모였고, 이는 진보당이 빠르게 성장할 수 있는 원동력이 됐다.

---

19) 이승만의 북진통일론에 앞서 제헌의회 소장파 의원들의 평화통일 7원칙은 국회프락치 사건으로 좌절되고(1948), 1950년대 초 미국과 일본에 거주하던 김삼규와 김용중의 중립화 통일론이 있고 김낙중의 통일독립청년공동체안 구상이 있었다.

그러나 1958년 1월, 제4대 총선을 앞두고 이승만은 진보당의 강령 가운데 '남북총선거에 의한 평화통일"이 국시에 어긋난다며 진보당 자체를 불법화하고 위원장 조봉암을 비롯한 모든 간부들을 구속했다. 조봉암은 1958년 7월 간첩, 불법무기 소지 등의 죄목으로 징역 5년을 선고받았다. 10월 항소심 선고 공판에서 간첩죄 등이 적용되어 사형선고를 받고 1959년 7월 31일 사형 당했다. 당시 이승만 정권은 "조봉암을 그대로 두어서는 이승만의 대통령 재선이 불가능하다"는 판단아래 "진보당의 강령과 정책, 포고문 등을 수집한 뒤 이를 공산당 이론이나 북한 노동당강령 등과 연계시켰다."20) 진보당은 조봉암이 죽은 뒤 두 달 만에 해체되었고 진보당의 싹은 4월혁명 후에 다시 피기 시작했다.

물론 진보당의 정신과 평화통일론은 4.19 이후에도 계속됐다. 그러나 진보당 사건이 터지고 조봉암이 사형 당한 이후 4월혁명이 일어나기까지 진보당 탄압에 항의하는 어떠한 움직임도 일어나지 않았으며 진보당을 잇는 정치적 움직임도 나타나지 않았다. 이것이 또한 진보당의 특징을 보여주는 일면이다.

이렇게 된 것은 진보당이 조봉암 개인에게 깊이 의존하고 있었다는 점에 기인한다. 진보당사건의 공판기록에 의하면 1957년 말 현재 당원 수는 1천명이 안 되었다. 조봉암 개인의 인기가 진보당이 빠르게 성장하는데 큰 힘이 된 것은 분명한 사실이지만, 역으로 조봉암이라는 인물이 없을 때 당 역시 큰 힘을 발휘하지 못하고 깨질 수밖에 없었던 것이다. 진보당 당헌 제3조에서 중앙당부와 지방당부로 구성된 일반조직과 노농 대중조직을 염두에 둔 특수조직을 설정하지만 구체화되지 못했다. 만약 진보당이 중간간부들의 성장을 통해 보다 조직적이고 대중적인 힘을 가지고 있었다면 조봉암의 부재 속에서도 새로운 정치세력화가 가능했을 것이다.

---

20) 당시 서울시 경찰국 조사요원이었던 한승격의 증언(『동아일보』 1999. 8. 16)

셋째 조급성을 지적할 수 있다. '평화통일론'은 이승만정권이 허용할 수 없는 것이었는데 너무 조급하게 들고나 온 구호라는 주장도 있지만, 보다 중요한 점은 정당 결성을 너무 조급하게 서둘렀다는 점이다. 진보당이 1950년대의 많은 혁신세력들을 결집한 것은 사실이나 서울에서 활동했던 중요한 혁신세력들을 포괄하지 못했다. 여기에는 진보세력 내부에서의 상호간 불신이 중요한 원인이었다. 만약 시간을 더 가졌다면 모든 진보세력들을 진보당의 틀 안에 묶을 수 있었겠는가 하는 의문이 있다. 결국 진보세력들을 보다 더 끌어 모으지 못했던 것은 진보당의 치명적인 약점이 됐다. 진보당 사건 이후 4·19에 이르기까지 혁신세력들은 공개적으로 힘을 모을 수 없었으며 4월 혁명기에 혁신세력들이 사분오열됐다. 이런 분열은 진보당 창당 과정에서 나타난 진보세력 분열의 연장선상에 있다. 1958년 총선을 앞두고 중앙당의 창당과 지역조직의 건설이 시급하게 요청되었지만, 내실을 다지지 못한 조급한 조직화는 결국 빠른 파국을 불러왔다. 미국대사관은 진보당 사건 이후 (진보당 사건에) '항의하는 움직임이 없는 것이 이상하다'는 전문을 본국에 보냈다.

그러나 진보당의 이름으로 사회민주주의와 평화통일과 피해대중을 위한 정치를 주장해(서중석, 2000 참조) 우리 현대사는 "진보정당이 커 나가기엔 기름진 땅임"[21]을 입증했다. 6·25전쟁을 겪고 난 뒤 조봉암의 평화 통일론은 되살아나거나 더 강화되었다. 비록 전향은 했다 해도 사회주의 운동 출신으로서 제2대 대통령 선거에 출마해 의외의 지지를 받고 남한 안에 아직도 상당한 진보 세력과 평화 통일론의 실존을 확인해 진보 정치 세력의 규합에 의한 평화 통일을 생각할 수 있었다. 이 때문에 진보당 창당을 계획했고 또 대통령 선거에 출마했다. 조봉암의 진보당 창당은 6·25전쟁 뒤 뿌리를 뽑히다시피 한 사회민주주의

---

21) 손석춘, 『한겨레신문』 2000. 4. 20.

세력을 재집결하는 계기가 되었다. 역시 6·25전쟁으로 사실상 이론적으로 취급된 평화통일론을 다시 공론화 하는 계기가 되었으며, 그것이 4·19 뒤 평화 통일 운동을 폭발하게 했다.(강만길, 1999, 61~62쪽)

□ **노동자 민중의 문예**

6·25전쟁이 끝난 뒤 문예계도 사회 일반과 마찬가지로 재편성되어 프로레탈리아 문예의 성과는 전면 부정되고 그 자리를 반공 안보논리가 차지하고, 순수 문인의 작품성이 높게 평가되었다. 그런 가운데서도 '사회와 싸운' 모더니즘 시인인 박인환의 시를 소개한다.

자본가 / 박 인 환

나는 너희들의 마니페스토[22]의 결함을 지적한다
그리고 모든 자본이 붕괴한 다음
태풍처럼 너희들을 휩쓸어 갈
위험성이
파장처럼 가까워진다는 것도 (중략)
그러므로 자본가여
새삼스럽게 문명을 말하지 말라
정신과 함께 태양이 도시를 떠난 오늘
허물어진 인간의 광장에는
비둘기 떼의 시체가 흩어져 있었다.

4. 민주주의 평화와 노동자 민중의 사상

지배 이데올로기 첫째, 일반적으로 식민지배에서 해방된 직후의 민족사회에서는 대체로 민족해방운동에 종사했던 정치세력이 집권해 식

---

[22] 마니페스토, money pest는 자본가를 돈벌레에 비유한 것이다.

민지 잔재를 청산하고 민족적 주체성을 확립하기 위해 반민족 세력을 숙청하게 마련이다. 그러나 이승만 정권은 친일 세력을 오히려 비호했고, 장면 정권이나 5·16 군사쿠데타 세력 역시 친일 세력을 비호했다. 분단과 생존의 위기 속에 자주의식이 급격히 떨어졌다. 특히 이승만 정권에게 준 100억 달러에 이르는 원조는 민중의 자생 노력에 찬물을 끼얹고 미국에 대한 의존도를 높였다. 정통성에 취약점을 가지고 성립한 이승만 정권은 반공주의를 강화해 정권을 유지하면서 민주성을 잃고 독재 체제로 나갔다. 6·25전쟁의 발발로 반공주의의 '정당성'을 확보하고 전쟁 중에 이미 독재체제를 강화해 갔고, 휴전 성립 후에는 계속 그 정도를 높여나가다가 결국 4·19 민주 통일운동의 폭발을 자초했다.(강만길, 1999, 158쪽)

둘째, 이승만은 반공이데올로기와 반일을 가장한 식민주의 이데올로기를 가지고 있었다. 자본의 이데올로기는 반자주 분단 친일친미파시즘을 가지고 좌우 대립 속에 민족 공동체 내부의 민주적 의견수렴의 과정은 완전히 배제했다. 이승만은 북진통일론을 주장해 호전적 분위기를 조성했고, 반도를 폐허화시킨 전쟁이 끝나면서 전체 국민에게 반공 이데올로기를 어렵지 않게 강제할 수 있었다. 자유당 보수 지배집단은 일반인의 참혹한 전쟁 경험을 확대 재생산해 극단적 반공 이데올로기 반북한 이데올로기로 고착시켰다. 그 이후 극단적 반공 이데올로기는 한국형 보수주의의 핵심 이념으로 자리잡았다. 제1공화국의 보수 지배세력은 입법부와 사법부를 무력화시키고 국회 프락치사건(1949), 진보당 사건과 보안법 파동(1958) 등을 일으켰다.

셋째, 1956년 대통령 선거에서 가까스로 집권한 이승만은 미국의 매카시즘의 영향을 받아 1958년 메이데이를 없애는 대신 대한노총의 결성일인 3월 10일을 노동절로 할 것을 노총에 지시했고, 노총이 이를 받아들여 노동자들은 메이데이를 빼앗겼다. 이 해 노동절 행사는 서울운동장에서 이승만 등이 참석한 가운데 열려, 이승만에게 '절절한 충성'(구로역사연구소, 1990, 132~138쪽)을 맹세했다. 권력과 자본이 이러한 조치를 취한 것은 메이데이를 통해 고양되는 노동자의 계급 의식과 분출되는 노동자들의 단결 투쟁, 국제적 연대가 두려웠기 때문이다. 또한 식민지시대 이후로 민족해방과 변혁에 앞장서 왔던 선배노동자들과 노동운동의 전통과 정신의 박탈이 향후 자주적이고 민주적인 노동운동에게 '암흑시대'의 예고였다.

넷째, 1950년대 반공이데올로기와 결합한 기독교가 성장했다. 일반 서민은 '가난한 자는 복이 있나니'라는 말과는 달리 가난한 것은 내가 신에게 무엇인가를 잘못했기 때문에 온 것이므로 가난은 곧 죄였다. 종교인들은 이 가난을 해결하기 위해 단결과 요구의 관철, 사회의 변혁이 아닌 기복으로 일관했다. '사회변혁을 생각한다'는 자체가 국가보안법 위반 대상이므로 서민들은 이를 피해 교회로 몰렸다.

노동자민중의 사상 첫째, 6·25전쟁을 거치면서 무너진 노동자의 권리의식이 되살아나기 시작했다. 1950년대 취업자는 특수한 신분일 정도 사회적으로 안정성을 가진 계층이었다. 노동자는 계급으로서 영도성을 가지는 의식이 깔려 있지만 현상으로는 맹아에 불과했다. 사실상 새로운 시작이었다. 노동자의 자주성에 반하는 어용노조에 대한 반대 의식이 발전했다.

학생운동은 당시 이데올로기적 정치적 조건 때문에 변혁적 지향을 갖는 흐름은 극히 미약했다. 1950년대 후반에는 '이강석 부정입학사건 규탄시위(1957)'가 있었던 정도이고, 북송반대 시위 등 관제시위가 지배적으로 존재했던 것을 보더라도 당시 학생운동 역시 극우적 이데올로기적 지형에 갇혀 있었다. 동시에 1950년대 후반에 이르면, 이전의 좌익운동과는 직접적 연관이 없는 이념적 학생운동의 흐름이 태동했다.

둘째, 1950년대 말 이후 이승만 독재정권에 대한 국민들의 저항이 점차 확대되었다. 조봉암의 사형, 진보당의 해산 등으로 1인 독재체제가 강화되면서 극우적인 정치기반을 공유하고 있는 정적에 대한 탄압과 제1공화국 관료체제의 부패와 비효율성 등으로 대중들의 정치적 불만이 심화되었다. 여기에 경제는 친미반공 종속체제를 경제적으로 지탱하고 있던 원조경제의 위기와, 이 속에서 자생적인 민족공업의 소멸과 대중들의 궁핍화는 대중들의 정치적 불만을 크게 했다.

셋째, 전쟁의 참화를 다시 겪어서는 안 된다는 평화통일의 의지가 나타나지만 이승만 정권에게 무참히 탄압받았다. 전쟁 반대, 평화통일의 의식은 조봉암의 평화통일론, 4·19 이후의 평화통일 선언 등으로 나타났다.

5. 성과와 과제

이 시기는 전평을 타도한 대한노총의 정치도구화, 어용화와 부패, 그리고 노동법 제정을 기반으로 한 노동운동이 새로 대두한 시기이다.

노동운동은 제정된 노동관계법의 보장을 기초로 전쟁기간 동안의 부재 속에서 새로이 싹트기 시작했다. 노동조합수는 1955년 562개, 1958년 634개로 늘었고, 1959년에는 자유당 정권의 정치적 탄압으로 558개로 줄었으나, 조합원수는 증가했다. 그리고 노조를 기초로 한 노동쟁의 또한 계속적으로 건수와 규모가 증가했다.

이러한 노동운동의 고조는 전쟁기간 동안 반공과 국가적 이익이라는 명목 아래 억제해 온 노동계급의 생활상의 요구가 휴전에 의한 정치적 해빙, 노동관계법의 제정에 의한 합법적 제시로 구체화되었다. 그러나 노동쟁의의 내용을 보면 노동계급의 권익 옹호를 위한 이니시어티브보다는 대중의 생활상의 절실한 요구에 대해 노조 상층부를 장악하고 있는 노동귀족들이 자파세력을 확충하기 위한 방편으로 대중에 추수해 온 측면이 보다 강했다. 쟁의의 원인은 대부분이 임금관계이고, 그 다음이 해고반대였다. 이 시기 노동운동은 지난 날 한국의 노동운동이 지녀 왔던 짙은 정치적 성격이 퇴화하면서 부정적 측면만 남고 지극히 소박한 경제투쟁의 범주로 퇴화했다. 자유당의 노조 어용화로 노조운동은 노동자의 이해와 상관없는 정치집단의 정치투쟁을 위한 수단으로 전락했다. 곧 노동운동은 지난날의 정치과잉의 노동운동을 밑으로부터의 대중적 요구와 결합시키지 못하고 반공이라는 명분으로 낮은 차원의 경제투쟁으로 후퇴시키고, 그것마저 노동계급 일반의 연대가 아니라 기업단위로 해결하는 퇴화현상이 나타났다.(박현채, 1983, 228쪽) 그리고 대한노총의 주도권 장악을 위한 파벌투쟁은 더욱 더 심화되었다.

그러나 이러한 부작용은 노조 민주화와 노동자의 당위적 위치를 찾으려는 투쟁을 촉발했다. 밑바닥부터 다시 싸우며 권리를 되찾으려는 의식이 형성되고 대중투쟁이 일어나기 시작했다. 자주적인 조직을 지향해 전국노협이 태동했다. 아울러 6·25전쟁의 참화에 대한 반성으로 평화통일의 요구가 나왔으나 지배측은 미국의 매카시즘 바람몰이와 궤를 같이 해 진보당 사건을 일으켰다.

4·19민주혁명과 부활하는 노동운동

4·19민주혁명은 8·15해방 이후 희망과 좌절 이후 굴절된 역사를 새롭게 세우는 역할을 했다. 4·19혁명에서 학생들이 먼저 봉기해 많은 희생을 치르면서 큰 역할을 하지만, 노동자들도 비조직적이지만 학생 못지 않게 참여해 많은 희생을 치렀다. 노동운동은 6·25전쟁 전후의 침체를 딛고서 4·19혁명을 통해 부활했다.

4·19민주혁명은 해방 직후의 노동자 민중의 총파업, 6·29선언 이후 1987년 노동자 대투쟁의 폭발과 비슷한 양상을 띠었다.

1. 4·19민주혁명의 전개

1) 민주혁명의 배경

먼저 6·25전쟁이 끝난 뒤 1950년대 후반기로 접어들면서 이승만 정권의 독재체제 아래에서 청년 학생층을 중심으로 하는 지식인들의 민주주의에 대한 요구가 다시 높아졌다. 4·19혁명이 폭발한 직접적 동기는 제4대 정·부통령 선거에서 자유당이 저지른 파렴치한 선거부정에 있었다. 4·19운동은 식민지 시대의 친일세력을 토대로 한 이승만 정권의 장기집권에 저항한 민중운동이었다. 이승만의 반일주의는 일본에 대한 하나의 외교상의 전략에 불과했다.

둘째 요인은 경제적 문제였다. 한국경제는 원료가공형 소비재공업의 비대화를 특징으로 한다. 1950년대의 경제구조는 대공업과 중소공업, 공업과 농업의 유기적 관련성이 사상된 채 오직 무상증여에 의해 확보된 원료와 시설재를 기반으로 협소한 국내시장 수요에만 의존했기 때문에 그 근본적으로 취약했다. 또 중소기업을 중심으로 하는 민족자본은 권력과 원조에 기반을 둔 대기업에 밀려 정체와 쇠퇴의 길을 걸었다. 또한 잉여농산물의 도입과정에서 보듯이 식량원조를 기반으로 하는 저곡가정책은 농업정체를 촉진하고 아울러 농촌의 영세농이 분해되어 무작정 도시로 유입되었다. 농촌인구의 도시유입은 도시의 만성적 과잉노동력인구를 형성함으로써 저임금구조를 장기간 정착시켜 노동문제를 악화시켰다.

    1950년대 말 세계적 불황의 여파가 한국에도 닥쳐오자 원조하의 한국경제는 도처에서 취약성을 드러냈다. 경제성장률은 1957년을 정점으로 하락하기 시작했고, 공업의 성장률은 둔화했다. 한때 소위 삼백경기를 구가했으나 미국원조가 점차 삭감되면서 소요원자재의 공급이 감소되자 이 부문 역시 불황의 늪에 빠졌다. 삼백 공업의 독점자본은 원조감소에도 불구하고 국내시장을 조기에 독점하고 원료를 보다 많이 배정 받을 목적으로 시설을 계속 확장함으로써 결국 과잉시설을 초래했다. 그 결과 1961년 삼백 공업의 가동률은 제당 26.1%, 제분 23.3%, 방직업 49.2%이었고 기간산업인 제철부문의 선철, 강봉 등의 가동률은 각각 14.2%, 34.5%로 아주 낮았다.

    한편 미국의 원조정책은 과잉군사비 지출에 따른 재정적자 그리고 만성적 국제수지적자와 달러화 위기의 해소를 위해 원조의 총규모를 삭감하고 이것을 무상대여 대신 유상원조 즉 공공차관이나 상업차관으로 바꾸었다. 그러나 피원조국의 입장에서는 이러한 미국 정책의 변화는 선진국 독점자본의 자본수출 방식으로, 원조에서 차관으로 구조적인 초과이윤 착취를 위한 계기적 발전과정이었다.

    독점 자본의 이윤축적을 위해 희생당했던 농업 노동 중소기업 문제도 경기의 침체 속에서 극히 악화되었다. 특히 농촌사정은 심각해 농촌의 평균가계비 지출은 도시노동자 가계지출의 37%에 못 미쳤다. 따라서 4·19혁명은 경제적 측면에서 보면 심화된 대외의존성과 빈부격차를 극복해 민족자립경제를 달성하고자 하는 민중적 열망이고 혁명 과정에서 "부정축재자 처벌 요구"로 드러났다.(정병호, 2001, 21쪽)

    1945~61년 사이에 걸쳐 들어온 미국의 원조는 31억 달러 정도였는데 이는 한국의 민족경제를 파괴하고 대미 의존적인 것으로 만들었다. 그런데 1958년을 기점으로 3억 2천만 달러, 1959년 2억 2천만 달러로 감소했다. 미국 원조의 감소는 사실 '무상원조 → 공공차관 → 상업차관 → 직접투자'라는 미국 자본의 운동논리에 따른 것이다. 한마디로 '원조로 닦은 길, 이제 돈 좀 벌어 보자'는 속셈이었다. 원조의 감소는 공장의 조업률을 낮추게 했고 실업자가 넘쳐나게 했다. 1958년 초 실업자는 약 420만명에 이르렀고, 1인당 국민소득은 1958년의 85달러에서 1959년의 84.3달러로 오히려 감소했다. 노동자 농민 도시빈민은 '보릿고개'니 '쌀 고개'니 하는 단 경기를 맞을 때마다 굶주림을 겪어야만 했다. 산업의 침체와 실업률의 증가는 전쟁중의 독재체제와 반공체제 강화에 억눌려 있던 노동운동과 농민운동을 활성화시켰다.

    정당성을 잃고 독재체제로 치닫는 이승만 정권에 민중운동은 국민주권회복운동으로 출발했다. 이승만 독재체제가 횡포를 부릴 때마다 야당 정치인들이 하던 일정한 테두리 안의 반독재운동은 호헌동지회(護憲同志會)의 발족과 민권수호국민총연맹의 결성으로 이어졌으나 직접 이승만 정권을 무너뜨리지는 못했다.

    셋째의 국제정세의 배경으로 미국 힘의 약화와 전세계적인 민족해방운동의 고양을 들 수 있다. 6·25전쟁이 휴전으로 끝난 것은 미국의 힘에 한계가 있음을 말한다. 이후 1950년대에 제3세계라는 신생 독립국가군이 광범하게 형성되고, 특히 이 가운데 민족혁명을 지향하는 비동맹세력이 정치적 주도권을 행사했다. 아시아에서 1954년 5월 월맹

군이 디엔비엔프 전투에서 승리해 프랑스군을 아시아에서 축출시켰다. 1956년 나세르 정권이 수에즈운하 국유화를 발표한 뒤 이집트와 서유럽 국가가 대립하고 결국 영국 프랑스군이 철수하는데 이것은 유럽 식민주의의 종언을 의미했다. 1957년 소련이 사상 최초로 인공위성 스푸트니크 1호를 발사하고 미국이 최초의 달러 공황을 겪으면서 미국의 세계적 지위는 약화되었다. 미국의 위신은 1959년 쿠바사회주의혁명으로 더욱 추락했다. 이러한 제3세계의 변화는 한국의 민중운동을 자극했다.(이종오, 1991, 224쪽)

2) 시위와 이승만 독재의 퇴진

앞선 제3대 정·부통령 선거(1956. 5. 15)에서 자유당 부통령 후보 이기붕(李起鵬 : 1896~60)이 낙선하고 야당의 장면 후보가 당선된데다 고령인 이승만의 사후 정권유지에 위협을 느낀 자유당은 제4대 정·부통령선거에서 이기붕을 부통령으로 당선시키기 위해 수단과 방법을 가리지 않았다.

자유당이 전체 투표의 85%를 확보하기 위해 내무부장관 최인규(崔仁圭 : 1919~60)는 사전 투표에서 먼저 40%를 확보하고, 정식 투표에서도 3인조 9인조 투표를 조장 감시아래 감행하게 해 다시 40%를 확보하도록 각 행정기관에 비밀 지령했다. 또 이 계획이 실패할 경우 투표소 안에서 바꿔치기와 투표함 교환을 통해 목적을 달성하도록 지시했다. 부정선거의 결과 이승만은 민주당 후보 조병옥의 죽음으로 독주해 92%의 표를 얻어 제4대 대통령으로 당선되고, 자유당의 부통령 후보 이기붕도 72%의 표를 얻어 민주당의 장면을 누르고 당선되었다.

민중들의 분노에 가장 먼저 불을 당긴 것은 대구의 고등학생들이었다. 1960년 2월 28일 경북고 학생들은 이날 열린 예정인 민주당 선거 강연회에 참석하지 못하도록 하자 이에 항의해 학교를 빠져나와 시위를 했다. 고교생의 시위는 대구 대전을 비롯해 전국으로 확대되었다.

선거 당일 마산에서 부정선거를 규탄하는 민중시위가 일어나 시위대가 경찰서를 습격하다 80여명의 사상자를 냈다. 부정선거를 규탄하는 학생시위가 서울 부산 등지로 퍼져 나갔다. 마산에서도 피살된 시위학생 김주열(金朱烈 : 1943~60)의 시체 인양을 계기로 두 번째 민중시위가 일어나 무려 42일 동안 시위를 했다. 이승만 정권은 흔히 써오던 책략대로 마산사건의 배후에 공산세력이 개입한 혐의가 있다고 조작해 사태를 수습하려고 했다. 그러나 4·18 고대생 시위는 학생시위의 주역을 2·28시위 이래의 고등학생에서 서울의 대학생으로 바꾸어 놓았고, 그 대상도 부정선거규탄에서 독재타도로 전환시켰다. 4월 19일에는 2만명 이상의 서울지역 대학생과 민중들이 일제히 일어나 시위를 했다. 시위대들은 "3.15 부정선거 다시 하라!" "이승만은 하야하라!" "1인 독재 물러가라!"고 부정선거를 규탄하고 체포된 학생의 석방, 언론 출판 집회의 자유를 요구했다. 또 이승만 독재의 미화에 앞장선 관제 언론인 서울신문사를 비롯해 반공회관, 경찰관서에 불을 지르고 부정선거를 규탄했다. 다급해진 이승만은 계엄령을 선포하고 계엄군이 서울에 진주해 상황은 소강상태가 되었다. 이날 하루 전국적으로 186명의 사망자와 6,026명의 부상자가 발생했다.

4월 23일에는 미국의 뉴욕 워싱턴 보스턴 로스앤젤레스 샌프란시스코와 일본의 도쿄 오사카에서 교민들이 일제히 부정선거를 규탄하고 이승만의 사퇴를 촉구하는 시위를 벌였다.

4월 25일 전국 27개 대학의 교수 약 400여명이 "쓰러진 학생의 피에 보답하라"는 구호 속에 서울 부산 대구에서 평화적 가두시위를 벌여 사태는 다시 급전했다. 이승만의 완강한 권력욕에 고심하던 미국도 교수단데모를 명분으로 이승만에게 하야를 권고했다. 이승만은 4월 26일 하야성명을 내고 12년 독재의 막을 내렸다.1)

이승만의 사임으로 정권은 외무장관 허정에게 넘어갔다. 허정 과도

정권 아래 내각책임제 개헌이 이루어지고 총선거가 실시돼 장면을 국무총리로 하는 민주당 내각이 성립되었다.

3) 4·19혁명과 노동자

노동자 빈민 농민의 참여 혁명의 전개과정에서 학생2)의 뒤를 이어 가장 중요한 역할을 한 것은 노동자와 도시빈민층이었다. 4·19 무렵 식민지 시대의 반봉건적 계급관계는 명확히 해체되었으나 자본 임노동을 축으로 하는 근대적 계급관계는 아직 형성되지 않았다. 인구의 대부분을 차지하는 농민은 사실상 지주세력과는 단절되어 최빈층을 형성했다. 노동자계급은 과거 8·15 정국에서 정치적 노동조합운동의 경험을 가지고 있었으나 정당 전위조직은 6·25전쟁 때 거의 붕괴되고 준국가기구화된 대한노총의 전일적 통제 아래 자주적 조직을 결성할 수 없었다. 노동자계급은 4·19 혁명 당시 조직적으로 참여할 틀을 갖지 못했지만, 1950년대 한국경제가 낳은 모순의 직접적 산물로서 생존 그 자체의 극한적 상황 때문에 혁명 과정에서 가장 능동적으로 참여했다.

내가 목격한 바로는 1960년 4월 25일 교수단 시위가 종로 5가 큰 거리로 들어섰을 때 지게꾼이 지게를 벗어 던져버리고 구경하며 서있는 군중을 향해 "박수를 치시오!" "길을 비키고 교수를 보호해요!"라고 하며 대오를 짜며 뛰어들었을 때 내 가슴이 메어졌다. 민초의 일어남이고 피해대중의 항거를 몸으로 말하는 것이었다. 특히 종로 3가 사창가의 몸을 파는 불쌍한 여인이 구두

---

1) 대학교수단의 데모가 미국의 사주에 의해서 나왔다는 말에 대해 임창순은 "그것은 있을 수 없는 얘기"라면서 "그것은 사전에 대사관을 비롯해서 외국기관, 언론계에다 이 날 행사를 미리 통고했는데, 미 대사관에서 교수단에 대해서는 발포하지 말라 했고, 그 다음날 대통령이 하야성명을 냈으니 그렇게 말할 수도 있겠지만" 사실은 그렇지 않다고 했다.(임창순, 『학문의 길 인생의 길』, 역사비평사, 2000, 137~142쪽)
2) 서울 수유리에 있는 4·19국립묘지의 비문에 4·19혁명을 '수많은 학생들의 혁명'이라는 표기는 '노동자 민중'을 포함해 적는 것이 옳다.

닦이 소년들과 함께 시위대열의 앞장을 서는 광경은 새 세상을 갈구하는 민중의 몸부림이었다. 아주 우리의 가슴을 메어지게 한 것은 고아원의 고아들과 보모들의 부패정권과 그 세력에 항의하는 침묵시위였다. 감격한 거리의 군중들은 그저 박수를 치며 눈시울을 닦았다. 4·19혁명의 한 쪽에는 밑바닥 인생의 부르짖음이 있었다.(한상범, 2002 참조)

도시실업자 반프롤레타리아 하층청소년(구두닦이, 껌팔이, 신문팔이, 중국집 심부름꾼 등)은 시위가 계속되면서 적극적으로 시위에 참가해 선두에 섰다. 사상자 통계를 통해 볼 때 이들의 참가 정도는 학생과 맞먹었다.3) 이들은 아직 자본-임노동 관계가 전면화되기 이전인 당시의 사회구성 조건에서 볼 때 사회적 모순의 최대 피해자였다고 볼 수 있고, 따라서 가장 과격한 행동을 보일 수 있는 잠재력을 가지고 있었다. 이 계층이 가지고 있는 잠재적 혁명성은 4·19민주혁명 등 많은 혁명에서 입증되었다. 그러나 이들 스스로 운동의 주체로 자기를 조직하고 독자적인 이데올로기를 창출하기에는 한계가 있었다.

혁명 과정에서 경찰의 발포로 숨진 186명 가운데 노동자 61명, 고등학생 36명, 대학생 22명, 초등학생 중학생 19명, 회사원 10명, 기타 5명이었다. 사망자 가운데 노동자의 비율은 43.5%에 달했다.4)

당시 도시빈민층은 노동자 농민과 함께 상호 유기적 연관을 가지면서 당시 민중의 기층부분을 형성하고 있었다. 즉 도시빈민과 노동자는 생성기반을 농촌에 두고 있으며, 이농현상에 따라 형성된 광범한 실업자와 불완전 취업자들은 상대적 과잉인구를 형성, 노동자의 임금과 근로조건에 직접적인 영향을 미치고 있었다. 이들은 미국의 원조경제 아래 전개된 관료독점자본의 직접적인 피해당사자였으나, 각 계급 계층 나름의 특수성과 독재체제의 탄압에 의해 조직화되거나 상호연대를 형

---

3) 김기영은 마산 사태에서 부상자 191명 중 122명이 실업자로 분류하고, 30세 미만이 76%를 차지하고 있다는 사실을 밝히고 있다.(김동춘, 1994, 209쪽)
4) 사망자 186명 가운데 노동자 회사원 기타를 노동자 빈민층으로 본 경우이다.

성하지 못함으로써 혁명과정에서 산발적이고 비조직적으로 대응하는 한계가 있었다.

4·19혁명 과정에서 노동자들의 조직적이고 능동적인 참여는 없었지만 1950년대 대한노총의 어용화와 독재정권의 가혹한 탄압을 무릅쓰고 전개한 각종 쟁의투쟁은 이승만 정권과 자유당의 부정부패와 독재성을 국민 앞에 폭로하고 이승만 정권의 붕괴를 촉진하는 역할을 했다.

미국의 입장 1957년부터 구체화되기 시작한 미국 동북아 전략의 변화를 들 수 있다. 1949년 중국혁명의 성공 이후 동북아 정세에서 균형을 잃었던 미국은 전후복구를 완료한 일본을 하위동반자로 하는 한·미·일 군사 경제블록을 기반으로 동북아 반공전선의 재편 강화를 지향했다. 이승만의 반일태도(한일회담 반대)는 미국의 이러한 동북아 정세재편에 큰 장애가 되었다. 이것은 이승만 퇴진의 한 요인이 되었고, 5·16군사정권의 주요한 역점사업의 한가지가 한일회담의 성사와 한일관계의 개선이었다는 점이 드러났다. 미국은 민중의 투쟁을 이용해 미국은 의도와는 달리 나가는 이승만을 배제하고, 미국의 말을 듣는 정권을 세우려는 의도였다.

의의 4·19혁명은 학생운동의 선도적 투쟁에 일반시민이 광범하게 동참하는 '도시대중봉기'의 형태를 띠었는데, 봉기의 직접적인 투쟁목표는 친미반공 분단종속체제에 대한 본질적 대결이라기 보다는 이승만 정권의 비민주성과 부패에 저항한다는 낮은 수준의 것이었다. 이는 6·25전쟁 이후 1950년대 민중운동을 전반적으로 제약하고 있었던 반공 냉전이데올로기와 극우적인 정치적 지형의 규정에 기인했다. 4·19는 민주주의와 진정한 민족해방의 실현을 위한 미완의 민중혁명이었으며, 민중 자신이 아닌 학생에 의한 대리혁명이라는 한계를 가지고 있다.(박현채, 1984 참조) 다시 말해 4·19혁명의 한계가 '시민민주주의 수준' 즉 민중 자신이 주체로 나서지 못한 혁명이었다.[5] 이 점은 이후 정권이 민주당의 수중에 떨어져 민주혁명을 불완전하게 하는 한계로

작용했다.6)

그러나 낮은 수준의 투쟁목표에서 출발한 4·19혁명은 친미반공 분단종속체제의 내재적 불안정 때문에 곧 지배체제 전반의 위기로 이어졌다. 4·19혁명은 분명 해방 이후 한국사회에 누적되어 온 모순의 총체적 표현이자 표출이었기 때문에 민중은 일시적인 독재정권의 타도만이 아니라 해방 이후 이승만 정권이 붕괴되기까지 저지되고 방치되어 왔던 민족통일문제, 민족경제문제 그리고 반외세 문제를 광범하게 제기했다. 아울러 이 공간 속에 노동운동이 발전했다.

이념적으로 민족주의적 경향이 부활했다. 최문환의 『민족주의의 전개과정』, 박종홍의 『한국철학사』, 박희범의 『후진국 개발론』 등이 나왔고, 제3세계 이념이 들어와 4·19세대를 새로운 이념을 가지는 세대로 만들었다. 네루 수카르노 나세르 모택동 등의 민족주의 노선이 젊은 이들에게 일면 신선하게 다가왔다.

4·19혁명은 헝가리 봉기(1956)나 쿠바 혁명에 비견되었다. 그리고 4·19혁명은 터키에서 봉기를 유발하고, 1970년대 타이 학생운동 세력이 1973년 장기 군사 독재를 무너뜨리는 데 영향을 주었다.7)

---

5) 북한의 4·19의 한계점에 대한 평가는 다음 4가지로 요약된다. ① 혁명당의 부재 ② 명확한 투쟁강령의 부재 ③ 기본대중인 노동자 농민의 광범한 참여 부재 ④ 봉기 자체를 철저한 반제반봉건투쟁으로 발전시키지 못한 점 등이다.(조희연, 1990, 67~68쪽)

6) 4·19혁명이 그 후 한국 학생운동 및 민중운동에 미친 영향은 여러 가지가 있겠으나, 변혁노선에 끼친 영향도 간과할 수 없다. 4·19혁명은 그 후 변혁노선에서 '학생시위 → 시민동참 → 민중봉기'라는 도시봉기모델을 정착시키는 계기가 되었다. 1949년 중국혁명 성공 이후 1950, 60년대 제3세계에서 지배적인 혁명노선은 '반제반봉건 민주주의혁명론'에 기초한 '농촌 근거지를 중심으로 한 무장투쟁'이었으나, 한국에서는 파르티잔의 소멸과 4·19혁명이라는 독특한 경험 때문에 변혁론에서 도시봉기의 중요성이 강조되었다. 1960년대 비합법단체들 간에 강조 점의 차이가 있으나 '도시중심의 대중봉기'가 전략적 사고의 중심에 위치했다는 판단을 갖게 했다.(조희연, 1990, 68쪽)

7) 타이 출라롱콘대 교수 수리차이에 따르면, 타이학생연맹이 4·19의 성공과 좌절을 소개하는 소책자 2, 3천 권을 출판했다.(『한겨레신문』 2002. 10. 19)

2. 민주당 정권의 통치정책

1) 정치일반

이승만의 대통령직 사퇴 후 정권은 이승만에 의해 수석 국무위원인 외무장관에 임명되었던 허정(許政 : 1896~88)에게로 넘어갔다. 허정 정부는 첫째 반공주의 정책을 한층 더 견실하고 착실하게 전진시키고, 둘째 부정선거 처벌대상을 책임자와 잔학 행위자에게만 국한하며, 셋째 혁명적 정치개혁을 비혁명적 방법으로 단행하고, 넷째 4월혁명에서 미국의 역할을 내정간섭 운운하는 것은 이적행위로 간주하며, 다섯째 한일관계의 정상화를 위해 노력하고 일본인 기자의 입국을 허용한다는 '과도정부 5대시책'을 발표해 그 성격을 드러냈다.

총선거까지의 과도정부가 된 허정 정권은 우선 부정선거의 원흉으로 지목된 이승만 정권의 각료들과 자유당 간부들을 구속하고, 부정축재자8)의 자수기간을 설정하는 등 어느 정도 4·19항쟁의 정신을 뒷받침하는 정책을 펴기도 했다. 그러나 허정 정권은 이승만을 하와이로 망명하게 해 그의 12년간의 실정과 4·19항쟁 당시의 살상에 대한 직접적 책임을 묻지 않았다.

이승만이 하야한 뒤 자유당 의원이 다수이던 국회에서는 비상시국 대책위원회를 구성해 첫째 3·15 정·부통령선거는 무효로 하고 재선거를 실시할 것, 둘째 과도내각 아래 완전한 내각책임제 개헌을 단행할 것, 셋째 개헌 통과 후 민의원 총선거를 즉시 다시 실시할 것 등 3개안을 통과시켰다.

---

8) 당시 검찰이 조사한 1959. 8~1960. 3 사이에 자유당에 1억환 이상 제공한 기업인과 경제단체는 다음과 같다. 대한양회(이정림 : 12억 3천만환), 삼호방직(정재호 : 6억 5천만환), 락희화학(구인회 : 1억 3천만환), 태창방직(백남일 : 5억환), 대한방적(설경동 : 3억환), 중앙산업(조성철 : 2억 6천만환), 동양시멘트(이양구 : 2억 3천만환), 삼성물산(이병철 : 5억환), 소모방협회(1억 9천만환), 석유협회(1억 1천만환).

이후 국회는 부정선거 관련 국회의원의 구속에 동의하고, '2·4파동'으로 통과된 국가보안법을 비롯해 신문 정당등록법, 집회에 관한 법 등을 개정함으로써 이승만 정권아래 극도로 제한되었던 국민의 기본권을 확대시켰다. 또한 내각책임제 개헌안을 통과시키고 새 헌법에 따라 시·읍·면장을 직접 선거하는 지방자치법 개정안과 경찰중립화법의 기초위원회를 각각 구성했다.

내각책임제 개헌과 함께 제4대 국회는 자동적으로 해산되고 새 헌법에 의해 민의원과 참의원을 선출하는 7·29총선거가 실시돼 민주당 후보가 압승했다. 한편 조봉암의 처형과 진보당에 대한 이승만 정권의 탄압으로 크게 위축되었던 혁신계 정치세력도 4·19 후 다시 정계 표면에 등장했으나, 구심점을 가지지 못한 채 사회대중당 등 몇 개의 세력으로 분산되어 123개 선거구에서 출마해 5명이 당선됐다.

민주당 정권은 한국민주당의 후신인 민주국민당, 흥사단 계통과 가톨릭세력, 일제시대 관료 출신 등이 결합한 보수정당으로, 창당 초기부터 지주세력 중심인 민주국민당계의 구파와, 가톨릭계나 일제관료 출신으로 이루어진 신파로 양분되어 대립이 심화되었다. 국회 투표 결과 대통령에는 구파의 윤보선(尹潽善 : 1897~90)이 당선되고 내각책임제 국무총리에는 신파의 장면이 당선되어 정권은 신파에게 돌아갔다.

4·19항쟁 이후 학생과 노동자 등 민중과 언론이 정치 사회 경제적 개혁과 민족 통일을 요구했으나, 보수적인 장면정권은 그 기대에 응할 수 없었다. 혁신계 정치세력과 학생층이 앞장선 통일문제에 대해서는 적절한 방안을 제시하지 못하고 오히려 '데모규제법'과 '반공법'9)을 제정해 이에 대처하려 했다. 그것이 오히려 시위를 격화시키는 결과를 가져왔고, 결국 군부와 외세개입의 합작품인 5·16군사쿠데타가 일어나 장면정권은 불과 8개월만에 무너졌다.

---

9) 민주당의 반공임시특별법안의 고무 찬양 조항 등이 5·16 뒤 제정된 반공법의 모델이 되었다.

2) 남북관계

1950년대 말 1960년대 초에 이르러 남북의 통일정책은 다소 변화를 보였다. 이 무렵부터 원자탄과 유도무기의 발달로 말미암아 전세계적인 핵전쟁의 위험을 감수하지 않는 한 미·소 양 진영은 서로를 무력으로 평정할 수 없는 상태에 놓였다. 때문에 미소는 불가피하게 장기적인 공존상태에 들어갔으며, 냉전은 군사적 대치 위주에서 경제, 사회적 경쟁이 부각되는 양상으로 변화했다. 1950년대의 냉전이 군사적 대치 위주였다면 1960년대 초반 이후의 냉전은 양자간의 공존을 인정한 바탕 위에서 '경제 사회적 경쟁' 즉 어느 체제가 더 많은 역사 사회적 발전을 보장하느냐는 체제경쟁을 중심으로 전개되었다. 이러한 추세에 적응한 남북한 정권은 통일정책에 변화를 보였다.

장면 정권은 북진통일론을 공식적으로 폐기하고, 통일방안으로 UN 감시하 총선거론을 표방했다. 또한 실질적으로 통일보다는 경제건설이 선행되어야 한다는 선건설 후통일론을 주장하며 '경제적 경쟁'이라는 냉전체제의 변화에 적응해 나갔다. 그러나 장면 정권은 공존이라는 질서에 적응하면서도 민간통일운동세력들이 주장한 북한과의 교류와 협상 자체를 체제 위협으로 간주하고 거부하여 통일정책 면에서 소극적인 모습을 보였다.

반면 남한에서 4월민중항쟁이 발발하자 북한은 평화통일공세를 적극적으로 전개한다는 차원에서 남북한 당국자로 구성된 과도적 연방제안을 주장했다. 과도적 연방제안은 남북 양 정부의 대표로 '최고민족회의'를 구성해 통일에 필요한 제반 조치를 취한 다음 총선거로 통일을 이루자는 것이다. 이는 전례 없이 남한 정부 자체를 협상 대상으로 인정하고, 남북교류와 협력에 적극성을 보인 것이 특색이다.

3) 경제정책과 자본의 성격

민주당은 7·29 총선거의 공약으로 부정 축재 회수, 특혜와 독점의 배제, 국민 소득의 공정한 분배, 실업자 구제, 농어촌 부흥, 중소기업 육성, 금융의 대중화 등을 내세웠다. 선거 결과 성립된 장면 정권도 총 투자액 400억원 규모의 '국토건설사업'을 계획하는 한편, '중소기업 육성을 위한 종합 대책'을 마련하고 경제개발계획을 세워 자립 경제 수립의 기초를 마련하려고 했다. 그러나 극심한 정쟁 때문에 착수하지 못하다가 5·16쿠데타로 무산되었다.

원조경제하 아래 특혜자본가의 부정축재 처리 문제는 미국이 양성해 놓은 독점자본과 국가권력이 깊이 연결되어 있기 때문에, 부정축재 처리법안의 적용범위를 3·15 부정선거에 선거자금 3천만환을 제공하거나 조달한 경우에 한정했다.

3. 노동운동의 부활과 민중운동

1960년대의 시작을 알렸던 4·19혁명과 뒤를 이은 1년 남짓의 변혁기는 청년 학생과 지식인들이 주도한 것 못지 않게 교육받은 중간계급과 도시 하층 계급 등이 광범위하게 참가했던 시기였다. 4·19혁명 이후 곧 이어 교원과 금융, 언론인 노조 등의 형태로 지식인 노조가 대두했는가 하면, 혁명이 있었던 1960년에는 노동조합이 단독정부 수립 이후 가장 활발하게 결성되었다. 그럼에도 불구하고 4·19혁명의 주도층이라고 말해지는 청년 학생이나 진보적 지식인들과 노동운동으로 대표되는 민중운동이 실질적으로 분리되었다.

1) 노동자의 상태와 과제

노동자의 상태, 노동과정, 노동자의 생활 토지개혁의 결과 지주계급은 거의 소멸하고 소작농은 영세자작농 또는 소작농으로 재편되고, 지주는 일부 신흥자본가로 성장했으나 대부분 몰락했다. 귀속재산 불하와 각종 특혜, 원조에 힘입어 소비재 산업을 주축으로 하는 독점 자본이 형성되었다.

소비재 위주의 공업발달에 따라 노동자 계급도 약간 있었다. 반면 도시에는 월남민과 생활고를 이기지 못하고 도시로 이주한 농민이 모여 광범한 반프롤레타리아층을 형성했다.

전체 계급구성에서 노동자가 차지하는 비중은 10.5%였다. 당시 실업자를 포함한 주변 무산자층과 비농 반프롤레타리아, 비농 쁘띠부르주아가 이와 비슷한 규모인 10.6%와 10.3%를 차지하고 있었다.(서관모, 1987, 64~65쪽) 따라서 당시 한국의 계급 구성은 아직 자본—노동관계가 전면화되는 토대가 마련되지 않았다.

노동자계급은 과거 해방 정국에서 정치적 노동운동의 경험을 가지고 있었지만 어용 대한노총의 지배 아래 자주적인 조직 결성을 봉쇄당했다. 그리고 6·25전쟁을 거치며 정당 전위조직이 모두 무너져 객관적으로 근대 자본주의의 계급구조가 형성되었으나 계급투쟁의 정치적 지형에서 볼 때 1950년대는 적어도 '계급관계의 부재', 혹은 '미형성'의 단계에 있었다.(김동춘, 1994, 182~183쪽) 따라서 당시 노동자들이 계급의식을 견지한 노동계급으로 형성되었다고 보기는 어렵고, 또한 정치제도 속에서 민중의 정치적 의사가 반영될 가능성은 거의 존재하지 않았다.

2) 노동자의 요구와 투쟁

이 시기 노동운동은 세 단계로 전개과정을 구분할 수 있다. ① 4·

19로부터 새 정부가 수립되던 시기로 자유당의 잔재요소를 제거하고 조직을 민주적으로 개편한 시기로 쟁의양상이 과격한 것이 많았고 즉흥적이고 비현실적인 요구가 많았다. ② 새 정부가 들어선 뒤로 노동자들의 생활 향상을 위한 임금 근로조건 개선을 요구하는 노동쟁의를 전개했다. ③ 1960년 말부터 5·16 쿠데타에 이르는 시기로서 노동조합의 양적 증대와 함께 노동쟁의도 조직적이며 다양하게 전개된 시기였다. 쟁의 사유는 임금인상 요구가 가장 많았으나 어용간부의 축출, 노조의 중간착취 규탄, 악질 기업주 배격, 회사기구에 관한 것, 해고자 복직 문제 등 다양했다. 투쟁방법도 쟁의 발생 신고를 한 다음 냉각기간을 거치는 준법적인 방법보다 절차를 무시하는 즉각적인 파업과 데모, 단식농성 등 비합법적 쟁의가 많았다. 4·19직후 노동조합운동은 흥분의 단계요, 말기에는 본래의 운동방향을 찾기 시작한 냉정과 안정의 시기였다.(조창화, 1977 참조)

(1) 노동현장의 투쟁

노동조합 조직의 양적 증가와 함께 쟁의건수로 1961년 4월부터 1961년 5월까지 282건에 이르러 1953~59년의 연평균 41건의 6.8배가 넘을 정도였고, 동맹파업도 연평균 7% 미만에서 1960년에는 발생쟁의의 19% 이상이 동맹파업을 수반해 개별단위사업장 차원을 넘어선 연대투쟁으로 발전했다.

따라서 이 시기는 일찍이 볼 수 없었던 노동운동의 고양기였다. 그리고 이와 같은 노동운동의 고양은 노사간의 힘의 균형관계에서 노동자가 우세해 쟁의요구의 관철률이 지극히 높았다. 당시 조선일보는 이에 대해 4·19 이후 발생한 252건의 노동쟁의는 대체로 쟁의의 목적을 달성해 쟁의에 참가한 노동자의 임금을 15~50%선까지 인상시켰다고 보도했다.

<표 1> 취업과 쟁의 동향 (단위 : 1천명, 쟁의 참가인원은 명)

	취업자		완전실업자		노동쟁의			
	인원수	지수	인원수	지수	발생건수	지수	참가인원	지수
1957년	8,076	100	277	100	45	100	9,394	100
1958년	8,748	108	334	121	41	91	10,031	107
1959년	8,768	109	347	125	95	211	49,813	530
1960년	8,521	106	434	157	227	504	64,335	685

자료 : 김낙중, 『한국노동운동사―해방후 편』, 청사, 1982, 294쪽.

쟁의의 원인을 보면 임금관계, 해고반대 등이 가장 많아 당시 경제 현실을 반영하기도 했지만, 한미행정협정(SOFA) 반대, 밀수근절 촉구 등 민족이 당면한 문제에 자기의사를 제시하고 그 방법도 가두진출을 택하는 등 노동자의 현실 정치참여와 정치의식이 성장했다. 이승만 정권 아래 크게 제약을 받았던 철도 체신 등의 공무원 노조가 정부를 상대로 임금인상, 수당지급, 법정공휴일과 휴가제 실시 등의 요구를 파업을 통해 관철했다.

4·19 후 장면 정권 아래 중요한 노동쟁의는 단체협약의 즉시 체결, 급료 30% 인상, 법정 지급률에 의한 시간외 근무수당 지급 등을 요구한 해원노조의 파업(1961. 1), 임금인상과 8시간 노동제와 어용 노조간부 사퇴 등을 요구한 홍한방직(1960. 5), 경성방직(1960. 9), 제일모직(1960. 6) 등 섬유공업 부문 여성노동자의 파업을 들 수 있다.

해원노조 파업 한국해원노동조합은 1960년 5월 극동해운주식회사에 대해 임금인상을 요구했는데, 사용자측이 교섭에 성의있게 응하지 않자 파업에 돌입했다. 이 회사 사장 남궁련은 자유당 정권과 밀접한 관련을 맺고 있었지만 4·19 이후 사회적 지위에 영향을 받지 않고 파업과정에서 경찰의 도움을 받으면서 파업을 방해했다. 그러나 쟁의 발생 1년 가까이 지나면서 4차례의 파업 단행과 한국노련 김말룡 의장의 도움으로 결국 승리할 수 있었다. 이 쟁의의 성공은 그 뒤 해운분야에 종사하는 노동자들에 영향을 끼쳐 해운공사 대양기선 한염회사의 쟁의가 성공적으로 끝나는데 도움을 주었다. 그 밖에도 중요한 투쟁으로 섬유부문의 쟁의, 공무원 노조의 쟁의, 부두노조의 파업, 농업은행의 노조결성 등이 있었다.

(2) 노동자의 정치투쟁

2대악법 반대투쟁 4월혁명이 민주주의의 요구에서 점차 민족통일과 사회평등에 대한 요구가 높아지자 보수적인 장면정권은 노동운동과 반정부시위를 막기 위해 '반공임시특례법'과 '데모규제법'을 제정하려고 했다. 이 두 법률은 민주적 민족적 지향점과는 정면으로 대립되므로 전국의 언론, 혁신적인 정당, 사회단체, 노동조합 등이 연대해 두 법안을 '자유당 때보다 더한 악법'으로 규정하고 반대투쟁을 전개했다. 특히 노동조합을 자극한 것은 '반공임시특별법안' 7조였다. 한국노련은 "정부가 발표한 반공법안 제7조에는 '법적용 배제'라고 해 '본법 또는 국가보안법의 죄를 범한 자에 대해 노동쟁의 조정법 제13조의 규정을 적용하지 않는다'고 되어 있어 '근로자는 쟁의기간 중에는 현행법 이외에는 여하한 이유로도 그 자유를 구속하지 않는다'는 쟁의조정법 제13조를 완전히 사문화했으며, 이는 근로자의 단결권, 교섭권 및 행동권을 보장하고 있는 민주노동조합운동을 제압하기 위한 의식적인 간섭이라는 견지에서 조직적인 투쟁을 전개할 것"을 결의했다. 한국노련에서는 먼저 전국 각 산별, 지역별 조직을 망라해 투쟁위원회를 구성해 대 정부 투쟁을 전개하고, 1961년 4월에는 '반공법 제7조'를 삭제하는 데 성공했다.(황현옥, 1990, 60쪽) 또한 한국노련을 비롯한 노동조합조직들은 민주노동운동의 말살을 우려해 데모규제법을 반대하기로 결의해 정부안에 반대하고, 한국노련은 법 수정안을 국회와 정부에게 제출했다.

교원노조는 2대악법 반대를 결의하고 "반공 임시특별법 자체가 노동운동을 무자비하게 탄압할 수 있는 악법"이므로 반대한다는 성명서를 발표했다. 경북 교원노조와 정당, 사회단체, 노동단체가 주최한 3월 21일 대구 집회에는 1만 5천명의 민중이 참여했다. 3월 22일 서울에서 열린 집회에서 시위군중과 경찰이 충돌하고 사회대중당원 등 123명이 구속되었다. 4월 2일 대구에서 열릴 예정인 집회가 무산되고 다수의 노동자가 연행되고 경북교원노조 위원장 김문심이 구속되었다. 이에 따라 교원노련은 4월 7일 대구에서 한국교원노조 대표자대회를 열어 2대 악법의 철회와 구속자 석방을 요구하고 휴가투쟁을 벌였다. 민주당 정부는 범국민적 반대에 부딪혀 국회통과를 포기했다. 이 같은 2대 악법 반대투쟁은 5·16 뒤 군사정권이 교원노조를 탄압하는 주된 이유가 되었다.(이철국, 1991, 202쪽)

한미행정협정 체결 요구 미국과 관련된 산업의 노동자와 미군 종업원은 한국과 미국 사이에 노무협정이 체결되지 않아 한국의 노동법에서 소외된 상태에 있었다. 1959년 11월 8일 결성한 미군종업원 노동조합연맹은 먼저 한미행정협정의 조속한 체결을 촉구했지만 미국정부의 회피로 진전이 없었다. 그러던 가운데 4·19 뒤 미군노련은 여타부문의 노조민주화 투쟁과 임금투쟁의 영향에 힘입어 1960년 7월 14일 노조대표자회의에서 임금인상과 퇴직금제 실시와 한미행정협정의 체결을 촉구했다. 1960년 9월 20일 미군노련 주최로 서울을 비롯한 전국 주요도시에서 한·미행정협정 체결을 촉구했지만 장면정부와 미국정부는 반응을 보이지 않았다. 1961년 1월 20일 서울지구 미군종업원 1,500명과 부평지구 미군종업원 400여명이 임금인상, 노동법 준수, 해고수당을 요구하며 파업에 들어간 것을 시작으로 2월까지 전국의 미군 종업원 노조가 파업에 들어갔다. 그 결과 5월 5일 미군노동자의 임금은 30~60% 인상하고 퇴직금제도와 야근 근무자 수당을 신설했다. 한·미행정협정은 당시에 이루어지지 못하다가 1966년 불평등하게 체결되었다. 그리고 한·미특별위원회가 미국의 ICA 자금을 가지고 지은 충주비료

공장의 가동이 지연되자 노동자가 1960년 5월 14일 노조를 결성하고 시간외수당의 지불을 요구하며 투쟁했지만 당시 한·미행협이 체결되지 않는 상태에서 노동자는 보호받지 못했다.

한미경제협정 반대운동 민주당 정부는 1961년 들어 한국경제의 대미 예속관계를 공식화하는 한미경제협정을 체결했다. 이 협정은 미국이 한국의 재정·예산·무역·경제개발 사업을 제약없이 감독하도록 허용하고, 한국은 미국이 통고하는 외국인을 무조건 접수하도록 규정한 굴욕적인 불평등 조약이었다. 이에 전국의 학생과 진보적 사회단체들은 일제히 반대운동을 전개하여 이 "협정을 즉각 철회할 것", 그리고 "대미 대일 관계에서 민족자주성을 고수할 것"과 "미국과 일본의 경제적 재침 기도를 배격할 것" 등을 요구했다.

피학살 진상규명 운동 6·25 전쟁과 이승만 독재 치하에서 무고하게 처형된 거창, 산청, 문경, 영덕, 남원, 순창, 함평, 영암 등 전국 각지의 피학살 양민의 유족들은 양민학살의 진상을 폭로하고 당국의 책임있는 해명과 사후 처리를 요구하는 운동을 전개했다.[10]

(3) 노동자 민중의 자주 민주 통일운동

이 시기의 민중운동을 전후의 두 시기로 나눌 수 있다.(조희연, 1990 참조) 첫 시기는 4·19혁명에서 1960년 후반에 이르는 시기로 민주당정권에 혁명의 사후 추진을 위임하고, 4·19혁명의 주력이었던 학생운동이 '신생활운동' '국민계몽운동' '학내민주화운동' 등 비정치적 하위 수준의 개선운동에 몰두하는 시기였다. 이러한 한계는 4·19혁명이 지배체제의 본질적 성격을 대상으로 하는 것이 아니라 민간 권위주의 정권의 재생산의 비민주성 자체에 제한된 투쟁으로 이념이나 조직적인 전망을 가진 세력에 의해 주도되지 않았다. 당시 전반적인 대중의

---

[10] 사월혁명회, 『사월혁명회보』 2004. 4 참조.

식이 극우적인 냉전이데올로기에 젖어 투쟁의 대중적 인식이 제한되었고, 투쟁의 주력이 학생이나 일반시민이었고 노동자 농민 등 계급 대중이 광범위하게 참여하지 못했다.

두번째 시기는 1960년 후반부터 5·16에 이르는 시기로 혁신적인 정당과 대중운동이 활성화되고 학생운동이 '급진화'되면서, 친미반공분단종속체제의 본질적 제도문제와 관련된 제반투쟁을 전개해 나가던 시기였다. 1960년초의 2대악법 반대투쟁과 1960년 봄의 남북학생회담추진투쟁이 이 시기의 주요한 내용이었다. 이러한 변화를 가능하게 했던 요인은 먼저 학생운동의 이념적 심화와 급진화를 들 수 있다. 4·19 직후 대학 안에는 여러 이념 서클이 형성되어 이념적 논의가 활성화되고 그러한 것이 여러 조직형태로 나타났다. 그 대표적인 것이 바로 '민족통일학생연맹' 등이었다. 또 이 시기에는 7·29총선에서 패배한 혁신계 정당들이 대중운동의 차원에서 발전해 대중적 조직기반을 확대해 나가기 시작했다.

통일운동 이승만정권은 성립 직후부터 북쪽의 협상 제의를 거부하면서 김일성 정권의 해체와 유엔감시 아래 북한지역만의 자유선거에 의한 통일을 주장했다. 6·25전쟁 전에 이승만정권의 통일방안은 북진통일론으로 바뀌었고, 전쟁 후에 개최한 제네바회담에서는 참전국가들이 권유한 '유엔 감시 아래서의 남북한 총선거안'을 거부하고 "북한에서는 유엔 감시 아래서의 총선거를 실시하고 남한에서는 대한민국의 헌법절차에 따라 총선거를 실시할 것"을 주장했다. 그러나 회담이 결렬된 뒤에 다시 '북한만의 유엔 감시에 의한 총선거안'으로 되돌아갔다. 조봉암 중심의 진보당이 '남북총선거에 의한 평화통일안'을 제기하자 그것이 국시에 어긋난다는 이유로 진보당 체제를 불법화하고 조봉암을 간첩 혐의로 처형했다.

여전히 정통성이 취약한 장면 정권 역시 이승만 독재정권이 붕괴한 4·19 후의 조건에서도 평화적 민족 통일 문제에 능동적 전향적으로 대처하지 못했다. 이승만 정권식 유엔 의존의 통일방식에서 벗어나지 못했다. 이 때문에 통일 문제의 주도권은 혁신계 정치세력과 4·19 주체로서의 청년과 학생층이 장악했다. 그것이 민족적 정통성에 취약한 반평화 통일 세력에 의해 '혼란'과 '위기'로 강조되면서 박정희가 주도한 군사 쿠데타의 중요한 구실의 하나가 되었다.(강만길, 1999, 159쪽)

4·19운동으로 이승만 독재정권이 무너진 후에 통일론에도 변화가 왔다. 그 변화의 가장 큰 요인은 혁신세력의 정치활동이 가능해진 데 있었다. 혁신정치세력은 4·19 후 사회대중당과 혁신동지총연맹 등으로 분립되어 7·29총선에 임했다가 참패한 후에도 구진보당계의 사회대중당, 구근로인민당계의 사회당과 혁신당, 구민주혁신당계 중심의 통일사회당 등으로 분립되었다. 그러나 통일론은 대체로 통일되었다. 그것은 유엔과 강대국의 개입을 배제하는 민족자주통일론, 남북 사이의 직접협상을 통한 평화통일론, 한반도의 국제적 중립화를 지향한 통일론으로 압축되었다.

7·29총선 참패를 교훈으로 해 혁신세력의 통일이 모색되었다. 그 결과 유도회 김창숙(金昌淑 : 1879~62)을 대표로 하는 민족자주통일중앙협의회(민자통)가 발족되었다.(8. 30) 민자통은 혁신정당들 외에 민족건양회와 천도교, 유도회, 교원노조 일부, 교수협회 등이 참가해 성립되었다. 민자통은 형식이 협의체이지만 단일조직의 성격을 가졌으며, 전국조직을 목표로 도별 지방조직까지 갖추어 활동했다.

민자통은 민족통일을 위한 국민운동의 실천방안으로 즉각적인 남북협상, 남북 민족대표자에 의한 '민족통일건국최고회의' 구성, 외세배격, 통일협의를 위한 남북대표자회담 개최 등을 제안했다. 민자통은 '자주 평화 민주'의 3대 원칙에 입각해 '남북통일을 실천하기 위한 국민운동 전개'를 표방했다. 구체적인 통일방안으로 중립화통일방안을 발표해 제1단계 민간단체의 교류와 서신왕래 및 경제 문화 교류, 제2단계 남북 두 정권 사이의 통일적 견지에서의 경제발전과 통일 후의 제반 예비사업 진행, 제3단계 민주주의적 선거방법의 제정과 여러 자유의 보장과 자유선거 등을 제시했다.(1961. 2. 23) 또한 장면정권이 체결한 '한미협정(1961. 2. 8)반대운동, 반공법 데모규제 반대운동, 통일운동 등을 추진했다.

장면정권은 '유엔 감시 아래 남북한 총선거를 통한 평화적 자유민주통일안'을 일단 유엔총회에 제시했다. 그러나 이 통일안에 대해 보수세력은 "남북총선거는 대한민국과 북한을 동격에 놓는 것이며 따라서 대한민국을 부정하는 것"이라고 비판했다. 언론은 "민주당 정부가 이번에 유엔총회에 제시한 유엔 감시 아래 남북총선거 주장이란 영원한 수평선상을 왕래할 뿐 미소냉전의 선전무대에서 이니시어티브를 잡자는 것 이상 아무것도 아니"라고 평가했다.

장면정권과 국민들 특히 혁신세력의 통일론 사이에 이와 같이 큰 차이가 나타나자 4·19운동의 주역이었던 대학생을 중심으로 하는 청년층의 통일운동은 오히려 가속화되어 급진적 방향으로 나아갔다. 민족통일운동이 가장 활발하게 전개했던 1961년 상반기에 고려대학교 학생회는 남북간의 서신왕래 인사교류와 기술협정 등을 주장했다. 서울대학교의 민족통일연맹도 남북간의 학술토론대회 체육대회 기자교류 등을 포함한 남북학도회담을 제안했다. 또 전국 18개 대학과 1개 고등학교 대표 50여명이 모여 '민족통일전국학생연맹'을 결성하고, 이어서 5월에는 혁신 정당과 진보적 사회단체들이 전폭적 지지를 표명하는 가운데 남북 학생 회담을 제의하는 결의문을 채택했다. 남북 학생회담을 5월 이내에 열 것을 결의하고, 5월 13일 서울운동장에서 5만 군중이 '남북학생회담 및 통일촉진궐기대회'를 열고 시내를 행진하며 "나가자, 통일의 광장으로!" "통일만이 살길이다!" "가자 북으로! 오라 남으로! 만나자, 판문점으로!"라는 구호를 외쳤다.

민족운동이 반드시 민족의 통일만을 문제삼은 것은 아니었다. 그것은 미국 예속에 반대하고 민족의 자주성을 확립하는 과제와도 연결되었다. 1961년 2월에 민통련 학생들이 주도해 투쟁위원회를 조직하고 성토대회를 개최하면서 당시 진행되던 한미간의 경제 협정을 '불평등한 굴욕적 조약'으로 항의했다.

4·19민주혁명은 이승만 독재정권에 대항하는 반독재 민주주의운동으로 출발했으나, 이승만정권이 무너지고 장면정권이 성립된 후에 급속히 민족통일운동으로 발전해 갔다. 일제 식민지 시대의 민족해방운동 과정에서 항일운동과 민주주의운동이 함께 추진되고 있었다면, 8·15 후 분단시대의 민족운동은 민족통일운동과 민주주의운동이 같이 추진되었다. 그것은 식민지시대의 민족통일전선운동, 8·15 후의 통일민족국가 수립운동으로 건국준비위원회 활동, 좌우합작운동, 남북연석회의 등의 연장선상에 있었다.

학생운동 4·19라는 정치투쟁을 통해서 정권을 타도한 학생운동은 '대학 민주화'와 국민계몽운동에 몰두했던 3~4개월 동안의 과도기를 거쳐 곧장 통일운동이라는 또 다른 정치 투쟁의 장에 몰입했다. "대중과 유리된 존재의 상아탑에만 칩거하지 않고 직접 나서서 명실상부 국가의 간성으로, 민족의 선봉으로 궐기"할 것이라는 대중에 대한 관심은 농촌 계몽운동에 일부가 눈을 돌렸을 뿐,11) 통일운동의 형태를 띤 국가와 민족에 대한 관심이 민중에 대한 시선을 압도했다.

당시 수준에서 학생운동과 노동운동은 동일한 시각 안에 포착되지 않고 아직 별개의 것으로 인식되었다. 이 점은 진보적 지식인들에 의해 주도되었던 이른바 혁신계 운동에서도 마찬가지였다. 이 운동 또한 학생운동과 마찬가지로 정치적 범주에 한정된 채 관심의 범위를 기층운동으로 확장하지 못했다. 일부 예외가 없는 것은 아니었지만 노동운동 또한 이들과의 결합 관계를 갖지 못했다.(박현채, 1988, 346~347쪽)

---

11) 이 운동은 5·16쿠데타 이후 서울대 학생회에서 4·19와 5·16은 동일한 목표라는 지지 성명을 발표하고 6월 하순에 대학 내의 15개 농촌 단체가 모여 발기한 서울대 향토개척단연합회 흐름이 이어졌다. 군부 권력에 의해 유도되었던 이 운동의 성격과 의의에 관해서는 박태순·김동춘,『1960년대의 사회운동』(까치, 1991)이 있다.

사실 1960년대 초반만 하더라도 시장의 영역은 국가로부터 명확하게 분리되지 않은 상태에 있었다. 이에 따라 노동운동에 대한 관심이 사회운동 일반의 관심으로 부각되는 데는 일정한 한계가 있었다. 실질적인 시장 영역의 부재 상태에서 그 존재의 창출에 대한 추구가 오히려 진보적인 성격을 띨 수 있었다. 이미 보았듯이 5·16군사정권이 표방한 '조국 근대화'와 이를 위한 경제발전의 추진이 학생층의 일부에서 환영받는 분위기였다. 이런 점에서 노동운동의 부재는 국가 경제, 또는 국민 경제의 발전이라는 국가주의 사상의 지배와 성장 이데올로기의 득세를 반영한 것이었다.(김경일·이창걸, 1997, 330쪽)

이와 같이 서유럽 의회민주주의의 실현 가능성에서 출발했던 민주화 운동은 민족 통일 운동을 계기로 민족운동의 내용을 포함하는 것으로 민주주의의 개념을 확장했다. 학생들의 주도에 의한 감상적이고 맹목적인 추구였다는 나중의 비판이나 비난조차도, 분단의 현실에 항의하고 자주적 통일 국가를 지향한다는 이 운동의 대의를 손상시키는 것은 아니었다. 오히려 문제로 지적할 수 있는 것은 이 운동에서 노출된 정치투쟁적 편향이었다. 이 시기에 전개된 민족통일촉진궐기대회에 대한 대중적 호응은 비단 통일에 대한 염원만이 아니라 가난에 찌든 민중들의 요구를 반영했으나 이 시기 민주화 운동은 이 차원까지를 포괄하지는 못했다. 이들은 노동운동을 비롯한 민중운동의 현실에 눈뜨기보다는 국가권력의 물신성에 사로잡혀 있었으며, 이러한 정치 지향적 편향은 이후 광주학살에 이르기까지 민주화운동의 본질적 성격을 규정했다.

3) 노동자민중의 조직

(1) 노동조합

4·19혁명을 계기로 용기를 얻은 노동자들은 노동조합을 활발하게 조직했다. 1959년 말 559개 노조 28만명이었던 것이 1960년 3월말

589개 조합에서 12월말에는 914개로 크게 증가했다. 조합원수는 약 2만명 정도가 증가한 321,079명에 이르렀고, 신규조직은 평균 조합원수가 61명으로 영세했다. 1960년에 신설된 노동조합들의 특징은 자유당 치하에서 노조 결성이 곤란했던 중소 기업에서 현저했다는 점이다. 기존 노조도 아래로부터 자율적으로 개편이 이루어졌다.

　장면 정권 시기 노동운동 특징의 하나는 지식인노조와 공무원노조 활동의 대두였다. 은행원 교원 기자 등 지식인들이 정치하수인이었던 과거를 반성 비판하고 자신들의 권익을 보호하기 위한 노조운동을 전개했다. 특히 주목을 끄는 것은 공무원법의 규정 때문에 노조결성이 금지되었던 교원이 반기를 들고 노동조합을 결성하고 합법화를 요구했다. 그 투쟁대상이 정부인 철도노조 전매노조 체신노조 등 공무원노조 운동은 이승만 정권 아래서는 크게 제한받았는데 4·19 이후 불만이 함께 폭발하면서 활성화됐다.

　한편 1950년대 광범한 실업자군을 바탕으로 4·19 뒤 '전국실업자구호대책투쟁위원회'를 설립해 실업 대중에 대한 사회보장과 취업기회의 보장을 요구했지만 이 역시 군사쿠데타로 시작 단계에서 좌절되었다.(노민영, 1990, 118쪽)

　① 지식인 노조의 대두

　4·19 이후 비교적 자유로운 분위기 속에서 교원 은행원 신문기자 등 사이에서 노동조합을 결성하려 했다. 4·19 이전에는 이승만과 자유당의 독재가 지식인들의 단결을 두려워해 이를 탄압했기 때문이다.

　1959년 후반기에 대구를 중심으로 교사, 대학교수 등 교원들이 교원노조를 결성하려는 움직임이 있었고, 1959년 2월 20일에는 은행노조의 창립대회가 열리기도 했으나 그 결실은 4·19혁명을 지나 맺게 되었다.

　교원노조　교원노조가 처음으로 그 모습을 드러낸 것은 4·19혁명의 분위기가 고조되고 있는 1960년 4월 29일 대구에서였다. 교원노조 운동은 1958년 이후 대구지방을 중심으로 전개된 운동의 연장선상에 있었다.12) 1960년 4월 29일 대구시내의 공·사립고등학교 교원들은 자신들의 경제적, 사회적 지위향상과 교권의 확립을 목적으로 하는 복리단체를 구성하기 위해 이날 모임에서 단체의 명칭과 12개항의 강령을 채택하고 교원의 신분보장과 정치적 중립, 학원의 완전자유보장 등을 목표로 선언했다.

이후 전국의 초·중·고·대학 교원들은 "10여 년 간 독재정권의 압제 밑에서 허위를 가르치고 아동들의 경멸을 받았으나 이제 스스로의 힘으로서의 참다운 교육을 되찾겠다"고 다짐하고 학원의 민주화와 자유화 교원의 권익옹호와 지위보장, 대한교련 탈퇴, 교육행정의 쇄신 등을 목표로 내걸었다.

1960년 5월 7일 대구시내 교직원노조(위원장 김장수)와 국민학교 교직원노조(위원장 정호강) 결성을 출발점으로 해 5월 29일 경북지구 교원노조연합회(위원장 김문심13))를 만들어 교원노조운동이 전국적으로 확대되었다. 5월 15일에는 부산시내 1천여명의 공·사립 중고교 교사들이 부산지구 교원노조를 결성했다. 이어 5월 22일 전국의 초·중·고 교원 및 대학교수를 망라한 300여명이 서울대학교에 모여 대한교원노동조합연합회(위원장 조일문)를 결성하며 전국적인 운동으로 발

---

12) 대구는 해방정국 시기에 10월인민항쟁이 발원한 지역으로, 6·25전쟁 기간에도 북한 인민군에게 점령되지 않았다. 따라서 다른 지역에 비해 상대적으로 과거 노동운동을 했던 사람들이 학살된 비율이 적었다. 이것이 이 지역에서 교원노조운동이 먼저 일어날 수 있던 배경의 하나이다.

13) 김문심(1912~87)은 1912년 평북 초산에서 나서 서울경신중학교와 일본 와세다대학 경제학교를 졸업했다. 그는 경신중학교 교사(1938)를 거쳐 해방 후 1년 남짓 평북 초산군인민위원장을 맡았다가 1·4후퇴 때 월남해 경북고 등에서 교사로 재직하다가 1960년 경북지역 교원노조연합회 위원장을 맡았다. 1961년 반공 임시특별법 데모규제법 등 2대악법 반대투쟁을 주도한 혐의로 구속돼 무기형을 받고 10년만에 석방되어 프랑스문학사 번역 등의 일을 하다가 1987년 사망했다.

전했다.14) 교원노조연합회는 "교원의 경제적 지위향상을 위해 투쟁한다" "학원의 자유와 민주화를 기한다" "민주국가 건설로써 세계평화에 공헌한다"는 강령을 채택했다.

물론 교원노조운동은 전국적으로 통일된 형태로 전개된 것은 아니지만 교원노조 형성의 물결은 구정권 아래에서 권력유지를 위한 어용적 기구였던 대한교육연합회를 압도하는 단계까지 이르렀다. 5월 29일 부산초등교원 노조가 결성되고, 5월 24일 대한교원노조 연합회와는 별도로 부산초등교원 노조가 결성되어 서울시 중등교원조합 결성추진대회가 개최되었다. 6월 19일에는 서울시 중등교원조합결성 확대 대회가 열렸다. 그리고 6월 26일 인천에서 중등학교 교원노조 결성대회와 6월 29일 경북지구 교원노조연합회 결성대회가 열렸다. 이 운동이 가장 활발했던 경상남도는 전체 교원의 90%가, 경상북도는 약 70%가 교원노조에 가입했다.

이와 같이 노동자로서의 교원들의 노조결성운동이 전국적으로 번져가자 정부는 5월 9일 문교부차관의 발언을 통해 교원노조 구성에 정부는 간섭하지 않으며, 다른 문제에 대해서는 법률에 의거해 해결한다는 입장을 표명했다.

그러나 정부는 교원노조가 일본의 일본교원노조총연맹처럼 혁신정당의 전위기관이 되는 것이 아닌가 의심했다. 5월 29일 이병도 문교부장관은 교원노조가 국가공무원법 제37조 및 교육공무원법 제24조 위반이라는 법무부 유권해석을 이유로 교원노조는 불법이라고 규정, 해체를 지시했다. 또한 허정 국무총리도 교원노조의 부당성을 강조하고 법무부에서는 교원노조가 불법이라고 법령해석을 내려 정부는 교원노

---

14) 당시 교원노조서울시지부 부위원장이었던 강기철은 7년동안 복역했다. 그는 "교원노조는 4월혁명 때 목숨 바친 제자들의 죽음을 헛되이 하지 않겠다는 교사들의 열망에 의해 태동, 당시 전국 초·중등·대학 전체 교원의 절반인 4만여명이 가입한 노조였다"고 술회했다.(『대한매일신문』 1999. 5. 4, 김윤환, 1991, 141쪽에서 재인용)

조에 대해 부정적 입장을 분명히 했다.

이러한 정부 태도가 교원노조 추진을 막을 수는 없었다. 왜냐하면 교원노조는 결성 당초부터 조합결성의 합법성 쟁취, 조합수호를 위한 투쟁, 그리고 교원의 생활과 지위 문제 등 교원의 권익 향상을 위한 활동에 매우 적극적인 자세를 취해 왔기 때문이다. 그리고 이러한 교원노조의 기본입장은 5월 29일 교원노조연합회의 성명에 이어 곧 실력행사로 구체화되었다.

6월 22일 마산 교원노조원들의 시위, 23일 2,100명의 부산 초등교원 노조원의 시위, 29일 전국노동조합 협의회의 문교부장관 고발 등을 거쳐 7월 17일 열린 제1차 한국교원노조총연합회15) 전국대의원 대회에서는 보사 법무 문교장관의 즉각적 사임요구 결의문이 채택되었다. 이와 함께 대한노총과 전국노협의 교원노조 지지·지원 성명이 있었고, 24일에는 철도 체신 전매 등 공무원노조가 교원노조와 연합전선을 구축하기로 결정했다.

이러한 상황 속에서 정부가 1960년 8월 9일 경북도내 초·중·고교 교원 400여명을 전근시키자 교원노조운동은 더욱 격화되게 되었다. 8월 13일 경북교원노조 연좌데모대의 경북도 학무과장실 농성, 700여명의 가두시위, 경남 충남 전북 등지의 대표 1,500여명의 참가 속에 이루어진 8월 15일 경북지구 교원노조 긴급대회를 가진 교원들은 집단사퇴운동을 전개했다. 한편 경북교원노조연합회는 조준영 경북지사를 상대로 노조간부 전보발령 취소 및 동 정지가처분신청을 대구고등법원에 제기했다.(대구 교원노조는 자유당 시대의 어용단체인 대한교련의 해체를 요구하기도 했다.)

교원들은 문교장관의 강경한 불법화 선언에도 불구하고 계속 사퇴서를 모으고 철도 체신 전매 해원 공무원 관계노조는 8월 14일 각 도

---

15) 대한교원노동조합연합회를 한국교원노동조합총연합회로 개편했다.

교원노조 대표 등 14명의 대표자와 회의를 열어 '교원노조 부당인사조처 반대투쟁위원회'를 결성하고, 이 조치가 철회될 때까지 투쟁한다는 성명을 발표했다. 이와 함께 8월 20일에는 정부의 사용불허에도 불구하고 대구 달성공원에서 교원노조 탄압반대 전국 조합원 총궐기대회가 3천여명이 운집한 가운데 열렸다. 여기서 교원들은 8월 25일까지 인사조치가 철회되지 않으면 26일 총사퇴한다고 결의했고 경남교원노조에서도 이와 보조를 같이한다는 결의를 했다. 이렇게 정부와 교원노조의 대결이 심화되면서 대구고법에서는 교원노조가 합법단체라고 판시하고 전근 교원의 인사정지를 판결함으로써 교원노조는 법적 승리를 쟁취했다. 그리고 정부에서도 경북도지사에게 법원판결에 상고하지 말라고 지시하고 내각에서는 교원노조 문제를 3부장관에 일임하여 처음의 입장에서 후퇴했다.

당시 교원노조에 대해 전면부정의 입장을 취해 오던 정부는 교원노조의 계속되는 전국적인 투쟁에 부딪쳐 교원단체 조직을 허용하되 그 행동권을 제약한다는 방향에서 ① 교원노조 명칭을 교원연합회 또는 교원조합으로 바꾸고 ② 생활권익을 위한 단결권은 인정하되 학생교육에 지장이 없도록 한다는 조건을 붙여 교원노조를 허용하겠다고 입장을 취했다. 이 문제와 관련해 정부는 교원노조측과 아무런 협의없이 교장 교감 장학사 중심의 교육회를 일반교사 중심제로 전환하기 위해 대구시 초등교육회 개편추진위원회를 재구성했다. 또한 국회 민의원에서 있었던 질의에 정부는 교원들의 단결권은 인정하되 행동권은 제약한다는 방침을 시사했고, 대구교원노조의 항의에 대해 새 법이 통과될 때까지 분규조정위원회를 설치, 운영하겠다고 발표했다.

이러한 가운데 교원들은 9월 8일 대구역 광장에서 대정부 교원노조법 천명 촉구대회를 열어 대한교련의 죄악상을 폭로하고 단체교섭권 단체행동권을 쟁취할 때까지 투쟁할 것을 결의했다. 이에 대해 대한교련도 전국대의원대회를 열어 자체조직 강화를 꾀하고 민의원에서도 노동조합법 개정안이 제출되는 등 교원노조운동을 제약하려 했다.

이러한 움직임에 대해 9월 19일에는 부산에서 교원노조 궐기대회가 열렸고, 9월 26일에는 30일까지 요구조건이 관철되지 않을 경우 총사퇴한다는 결의와 함께 대구역전과 전주, 부산에서 단식투쟁이 전개되어 졸도자가 속출했다. 그런데도 문교부는 9월 26일 교원노조들의 단체교섭권은 인정하지만 행동권은 불허한다는 내용의 '교직원단체법안'을 법체처에 회부하고 중앙과 지방의 교직원조정위원회 조직계획을 발표했다.

이에 대해 전국교원노련은 9월 28일 서울 사직공원에서 교원노조 전국대회를 열고 상기 법안의 철회를 요구하고 학원모리배와 반민주 국회의원의 축출을 외치며 국회 앞에서 연좌데모를 벌였다.

한편 경북교원노조는 단식 3일째가 되어 졸도교사가 82명으로 증가하고 학생 3천여명이 교원들에 합세, 농성에 들어가자 9월 29일 1만 4천여명이 모여 집회를 열고, 187명의 단식교사가 중태에 빠지자 국회는 교원노조법을 폐기하고 노조법 개정안 심의위원회에서 노조를 결성할 수 없는 공무원 가운데 교원을 제외하기로 결정을 내렸다. 여기서 국회 앞 연좌데모를 중단하고 교원노조 불법화 반대 전국대표자회의에서는 전국 4만여 교원노조원들의 단식 투쟁 중지를 결정했다. 이렇게 승리를 거둔 교원노조는 법정수당의 지급을 요구하는 투쟁을 전개했다.

국제자유노련ICFTU에서도 한국교원노조 투쟁을 지지하면서 한국 정부의 교원노조 탄압정책이 세계인권선언과 국제노동기구 헌장에 위배된다고 비판했다.

교원노동조합은 장면 정부가 '반공임시특례법'과 '데모규제법'을 제안했을 때 그 법의 철회를 요구하는 결의문을 채택했고, '남북학생회담'과 한미경협체결 반대투쟁에도 참여했다. 그러나 5·16 군사쿠데타로 이 운동은 불법화되어 군사정권은 교원노조를 강제 해산하고 교사 1,500여명을 용공분자로 몰아 구속하고, 복역을 마친 조합 간부들을 보안처분 대상자로 몰아 공민권을 박탈했다.

은행노조 4·19 후의 지식인 노동조합운동으로는 앞에서 교원노조 운동을 들었지만, 그 밖에 특히 은행노조의 결성과 활동이 두드러졌다. 이승만 정권 아래서 몇 개의 은행들이 민영화를 구실로 재벌들의 소유로 되고 그 대부분 이승만 정권의 정치자금 조달원이 되었다. 그 때문에 4·19 이후에는 금융의 민주화와 은행원들의 권익을 보호하기 위한 노동조합운동이 활발하게 일어났다.

조흥은행 노동조합을 위시해 한국상업은행 제일은행 한일은행 서울은행 등의 노동조합이 결성되었고, 다시 전국은행노동조합연합회가 결성되었다.(1960. 7. 23) 부당한 외부간섭의 배격을 통한 권익 옹호, 불건전한 음성적인 발전 등을 강령으로 내세운 은행노조연합회는 먼저 단체협약 체결을 교섭해 성공했다.

농민과 농업협동조합 및 기타 농업단체들이 출자해 이루어진 농업은행에서도 노동조합이 결성되어 임금인상과 단체협약 체결을 요구하며 쟁의를 벌였다. 은행 당국은 노동조합 간부를 탄압했고 이에 부산 시내의 점포들이 파업에 들어갔으나 곧 이탈자가 생겼다. 특히 농민층보다 나은 처지에 있는 은행원들이 임금인상을 이유로 파업한다는 것은 옳지 못하다는 사회적 비난이 일자 경남지구조합 서울지구조합 등이 해체성명을 내기에 이르렀다. 지식인 노동조합운동의 한 단면을 보여준 것이다.

언론노동조합으로 대구일보 등 3개 신문사에서 노조를 결성했다.

② 공공부문 노조의 발전

노동조합을 쇄신하고 민주화하기 위한 투쟁은 중앙조직 뿐만 아니라 단위조직에 이르기까지 전국적으로 파급되었다. 밑으로부터 대중투쟁에 의한 자율적 노동운동이 활성화되어 노조의 민주적 개편, 임원 개선이 있었고, 노동자들의 민주의식이 크게 높아 졌다. 다수의 노동귀족과 어용간부들을 축출하고 노동조합 민주화를 추진했으며 노동자들의 각성에 의한 민주노동운동의 새로운 맥이 형성되었다. 4·19 이후 노조의 전반적 개편추세에도 불구하고 전국전업노련의 조직에는 별다른 변화가 없었으며, 철도노련 전국전매노조 전국체신노조 등에서도 조직의 민주적 개편이 별달리 이루어지지 않았다.

철도노조의 경우 봉급 위험수당 여비 인상과 작업시간 개정, 단독 보수제 책정 등을 요구하면서 쟁의에 들어갔다가 위험수당 여비 및 작업시간 조정에 합의했으나 임금인상에는 실패했다. 이에 통신 시한파업, 차표판매 거부, 기관차 연료보급 중단, 역구내 시내 신호 중단, 전면파업의 차례로 단계적인 파업을 결의하고 그 1단계를 실시했다. 당황한 정부가 30% 임금인상에 동의해 파업은 중지되었다.

전매노조의 경우도 임금인상, 기술수당 지불, 생산장려금 지불, 단체협약 갱신 체결 등을 요구하며 태업을 했다가 성공했다. 체신노조도 임금인상, 법정수당 지급, 법정공휴일의 완전 실시, 휴가제 완전 실시 등을 요구하며 조합원들의 투표로 파업을 결정해 요구를 관철시켰다.

③ 전국조직

대한노총의 해체 노조민주화 운동은 부산 부두노동조합에서 시작해 인천 자유노조, 철도노조, 경전(京電) 노조, 섬유노조 전체로 확대되었다. 이 운동으로 전체 조합운동이 개편된 것은 아니나 4·19 이후 노동자들의 민주의식은 급격히 높아졌다.

한편 대한노총은 4·19 이후 조직을 유지하기 위해 부통령 당선자 이기붕의 공직사퇴와 전체 국회의원의 사퇴를 요구하는 성명을 내어 (1960. 4. 23) 잔명을 유지하려고 했다. 그러나 이승만은 3일 뒤인 4월 26일 대통령직에서 물러나 미국 하와이로 망명했다. 이승만 정권이 물러난 뒤 대한노총의 간부들이 퇴진했다.

전국노협의 활동 이와 달리 이승만 정권 말기에 탄압을 이겨내면서 결성된 전국노동조합협의회는 성명서를 발표해 기아임금과 임금체불을 규탄하고, '관권과 기업주의 앞잡이 노릇을 한 대한노총 간부의 사퇴' '기업주와 야합한 노조 간부의 사퇴' '노동조합의 민주적 개편, 경찰의 노동운동 간섭 반대' '노동행정 책임자의 사퇴' 등을 요구하는 성명을 발표했다.(1960. 5. 1) 4·19혁명을 배경으로 어용노조 민주화운동을 전개한 결과, 전국노협은 1960년 5월 한 달 동안에 170개 단위노조를 포섭 개편해 16만명의 조합원을 흡수했다.

한국노련의 성립 이승만이라는 대부가 없어진 대한노총은 더 이상 전국노협과 양립하는 것이 무의미했다. 4·19혁명과 자유당의 몰락으로 대한노총은 해체되었고, 노동운동은 양적 확대와 함께 질적으로 새로운 단계로 들어갔다. 그러나 전국노협은 대한노총의 반노동자적 형태를 분명히 인식하고 있었음에도 불구하고, 노동운동의 비약적 발전기에 노동대중들이 나아갈 올바른 방향을 제시하는 데 실패하고 대한노총을 중심으로 제기되는 '총단결' 요구에 밀려 대한노총과 통합을 했다. 이렇게 해 1960년 11월 25일 두 단체는 발전적으로 해체하고 대한노총, 전국노협, 기타 무소속노조의 대의원 723명이 참석한 가운데 '한국노동조합연맹'(한국노련)을 결성했다.16)

한국노련은 민주적 노동운동을 통한 노동자의 인권 수호와 경제적 사회적 지위 향상을 위한 공동투쟁, 생산성 앙양을 통한 산업경제 재건과 노사평등의 균등사회 건설, 민권확립을 통한 완전한 국가적 자유의 구현과 국제 자유노동조직과의 제휴에 의한 세계평화 공헌 등을 기본강령으로 내세웠다. 또 8시간 노동제, 단체협약권 확립, 파업권 확립, 최저임금제 실시, 사회보험 실업보험제 실시 등 21개 사항의 행동강령을 내세웠다. 집단지도체제인 운영위원회 제도를 채택했으나 각파의 내부 갈등으로 제대로 역할을 수행하기 어려웠다.

---

16) 대의원 분포는 대한노총계 439명, 전국노협계 86명, 무소속계(4·19 뒤 노총을 탈퇴했거나 새로 결성한 노동조합) 198명이었다.

한국노련은 1961년 5월 1일 '빼앗긴 메이 데이'의 원상 회복을 요구하며 독자적인 메이데이 기념행사를 개최했다. 그러나 한국노련은 정통적인 것과 비정통적인 것, 민주적인 것과 비민주적인 것의 갈등 속에서 정통성을 살리지 못하고 비정통적인 것에 다시 휘말리고 말았다. 즉 5·16 군사쿠데타의 발생으로 해산되었다.

(2) 혁신정당

조봉암의 처형과 진보당에 대한 이승만의 탄압으로 크게 위축되었던 혁신계 정치세력도 4·19 이후 다시 정계의 표면에 나타났다. 그러나 구심점을 가지지 못한 채 사회대중당 사회혁신당 혁신동지총연맹 등 4개의 세력으로 분산되어 7·29선거 때 125개 선거구에 출마해 233석 가운데 6석(5석?)이 당선되는 데 그쳤다. 혁신세력은 그 패배를 계기로 대체로 세 갈래로 재편되었다. 그것은 좌파 혁신계인 김달호(金達鎬)를 중심으로 한 사회대중당(1960. 11. 24)과 최근우(崔謹愚)의 사회당, 그리고 중도 혁신계인 민혁당계의 서상일(徐相日), 진보당계의 윤길중, 사회혁신당계의 고정훈 등이 주축이 된 통일사회당(통사당) 그리고 우파 혁신계인 민족통일당이었다.

혁신계의 인적 구성은 주로 진보당 잔류세력과 1950년대를 통해 잠복했던 좌익세력의 일부[17]로 구성되었다. 여기에 중간청년세력은 해방 이후 6·25까지의 시기에 진보적 이념에 공감하거나 하부 조직활동에 관여했던 제세력 및 학생운동출신 세력으로 구성되어 있었다. 이러한 청년조직으로는 '민주민족청년연맹' '통일민주청년동맹' 등이 있었다. 1950년대 이후 변혁적 사회운동의 맥은 바로 4·19 이후의 열린 정치공간에서 성장한 청년 학생들에 의해 계승된 것이다.(조희연, 1990 참조)

---

[17] 여기서 구남로당계의 경우 노출되지 않은 경우를 제외하고는 6·25전쟁 시기까지를 통해 제거되었거나 공식적 활동을 할 수 없었으며 근로인민당 계의 비남로당계 잔류세력들이 이에 해당한다.

혁신세력들은 남한에서 자본주의와 현존의 사회 경제질서가 경제적 불평등을 일으키고 그 불평등은 궁극적으로 분단에 기인하며, 미국이 남한을 식민지화하고 있기 때문에 통일의 장애가 된다는 인식 아래 이러한 모순과 불평등의 해결을 위해 '민주사회주의 체제 지향', '북한과의 경제교류', '미국과의 불평등 경제 관계의 시정'을 주장했다.

혁신세력은 세 개의 쟁점을 놓고 운동을 전개했다. 그것은 통일문제, 한미관계, 반공법과 집회 시위규제 입법문제였다. 먼저 혁신세력들은 장면정권의 '선건설·후통일'정책은 "통일을 않겠다"는 주장이라고 비판하면서 중립화통일방안을 제시했다. 한미관계에서 한미경제협정 체결을 반대하고 이 협정체결로 한국의 대미예속성이 강화된다고 비판했으나 이 운동은 당시로서는 반미적 색채가 지나쳐 큰 호응을 얻지 못했다. 그러나 '2대악법 반대투쟁'으로 불리는 '반공법 및 집회 시위규제법' 입법 반대운동은 분열된 혁신계의 단결을 가져왔고, 언론 노동계와 학원의 광범한 지지를 받았다.

□ 노동자 민중의 문예

껍데기는 가라 / 신동엽(1930~69)

껍데기는 가라.
사월四月도 알맹이만 남고
껍데기는 가라.

껍데기는 가라.
동학년東學年 곰나루의, 그 아우성만 살고
껍데기는 가라.

그리해, 다시
껍데기는 가라.
이곳에선, 두 가슴과 그곳까지 내 논

아사달 아사녀가
중립中立의 초례청 앞에 서서
부끄럼 빛내며
맞절할지니
껍데기는 가라.
한라漢拏에서 백두白頭까지
향그러운 흙가슴만 남고
그, 모오든 쇠붙이는 가라.

4. 노동자 민중 이데올로기의 복권

4·19혁명에서 5·16에 이르는 기간은 1950년대 민간 독재정권이 붕괴되면서 친미반공 종속체제의 일시적 이완상태가 조성되고, 이를 계기로 1950년대에 잠복했던 변혁적 민중운동세력인 혁신계 운동세력, 진보적인 청년학생운동과 노동운동이 대중운동의 장에 대두한 시기이다.

지배이데올로기 그러나 보수적인 장면정권은 상황 변화에 대한 적절한 방안을 제시하지 못하고 그 대신 '데모규제법'과 '반공법'을 제정해 이에 대처하려 했다. 친미반공의 이데올로기는 이승만 정권의 붕괴와 허정, 장면 정권의 약체로 동요하기 시작했다. 한편 장면정부는 경제개발의 내용을 설정하는데 이는 박정희 정권으로 부분적으로 계승되었다.

친미반공 분단종속체제의 본질적 문제를 중심으로 한 이러한 균열은 미국 및 군부, 국내 보수주의 세력의 재반격을 낳고 여기서 1950년대 식의 민간 독재정권이 아니라 '군부파시즘을 매개로 한 친미반공 분단종속체제의 재생산기'(조희연, 1990, 69쪽)로 이행했다. 이것이 바로 5·16군사쿠데타였다.

이러한 한계 때문에 4·19혁명은 민주당정권의 계급적 성격, 당시의 지배체제의 성격에 대한 명확한 인식이 없는 상태에서, '학생은 학원으로' '시민은 직장으로' 복귀하고 개혁은 자유당과 이념적 계급적 기반을 공유하는 민주당 정권에게 위임되는 결과를 낳았다. 당시 이러한 한계는 4·19 이후 이루어진 7·29총선에서 민주당의 압승과 혁신계 정당의 의회진출 좌절에서도 나타났다.

4·19항쟁 이후 학생과 노동자 등 민중과 언론이 정치 사회 경제적 개혁과 민족통일을 요구했으나, 보수적인 장면정권은 이에 대한 적절한 방안을 제시하지 못했다.

노동자민중의 사상 6·25전쟁의 결과로 기층계급의 해방이데올로기는 대중지배력을 상실했으며 이는 4월혁명 뒤에도 대중적 수준에서 복원되지 못했다. 한국사회가 가지고 있던 객관적 사회경제적 조건은 급진적 변혁운동의 태동을 예고했다. 4·19혁명을 통해 해방 이후 미군정과 지배세력의 무자비한 진보세력 파괴, 분단과 전쟁의 질곡을 딛고서 민주주의 외세 의존에서 자주 해방의 이념을 세웠다.

그러나 지배이데올로기로 발전하지 못했고 민중적 대체권력의 실현 전망이 불투명했다. 노동자 농민이 4월민주혁명에 조직적으로 참가할 정도로 성장하지 못한 상태에서 대학생층을 포함한 지식인층의 입장은 모호했다. 8·15와 전쟁을 겪으면서 무력화된 민중운동은 학생의 궐기에 힘입어 민중의 참여로 발전했다. 지식인층은 학원민주화운동, 신생활운동, 국민계몽운동 등 모호한 태도를 취했다. 이러한 모호함은 5·16 군사정권의 개발독재에 대해서도 일부 지식인이 동요하는 태도로 나타났다. 학생을 선두로 하는 노동자 민중의 자생적인 움직임은 "순수하고 정의감이 넘치는" 행위였지만 이것은 변혁운동의 입장에서 보면 한계였다. 특히 1980년대를 거치면서 변혁적 관점을 획득한 노동자민중운동의 관점에서 보면 이는 명백하다.(이종오, 1991, 209쪽) 변혁적 관점의 획득은 노동자가 계급적 사상적으로 성장한 광주민중항쟁 그리고 1987년 노동자 대투쟁 이후로 미루었다.

당시 반공임시특별법 및 데모규제법 등 2대 악법 반대 시위와 통일운동에서 나타난 구호는 "통일만이 살 길"(경상북도 민족통일연맹) 등의 표현처럼 민중 생활의 어려움에서 시작된 점이 강하다. 이것은 1980년대 민중운동이 제기한 자주 민주 통일의 관점과는 차이가 있다.(이종오, 1991, 208쪽)

5. 성과와 과제

첫째, 4월혁명은 이승만 정권의 구조적 모순의 반영이지만 동시에 분단 이후 한국사회 모순의 총체적 집약체이며 귀결이었다. 변혁 운동의 주체 역량이라는 측면에서도 4월민주혁명에서 보여준 학생들의 선도적인 역할은 1987년 노동자 계급의 진출까지 계속되었다. 이것은 민중이 아직 학생세력이 수행하는 것 이상의 정치투쟁의 역량을 보여주지 못하고 있음을 의미했다. 변혁운동의 전개에서도 4월혁명에서 나타난 도시를 중심으로 하는 가두투쟁과 대중투쟁을 통한 정치권력과의 대결 현상은 이후 부마항쟁(1979), 광주민중항쟁(1980), 6월항쟁(1987), 미군의 두 여중생 학살에 항의하는 시위(2002) 등에서 재현되었다.

둘째, 4월혁명 과정에서 노동자가 시위에 활발하게 참여했다. 4·19혁명정신은 노동자 대중 속에 뿌리박아 그들을 각성하게 하고 그 뒤 노동운동의 새로운 물줄기를 형성하게 했다. 한마디로 말해 4·19혁명기의 노동운동은 과거를 반성하고 흐트러진 자세를 바로잡으려는 시도였다. 민주당 집권기간에 교원 은행원 언론인 등 지식인 노동자(화이트칼라)의 조직화가 전개되었다.

4·19 이후 노동운동에서 주요한 특징의 하나인 공무원법에 의한 노조결성 금지에 대한 문제제기는 미해결의 상태로 남겨졌으나 한국

노동운동의 방향에 하나의 시사점을 제시한 것이다. 비록 이 문제가 민주당 정부의 통일되지 못한 내부견해 때문에 해결을 보지 못했으나 결국 당시 헌법 13조(모든 국민은 언론, 출판, 집회, 결사의 자유를 제한 받지 않는다.)의 규정에 의해 교원의 단결권을 인정하고 교육법 80조와 85조를 수정해 지역별 제한과 교육회라는 명칭을 없애고 쟁의권을 갖지 않는 조합으로 인정하기에 이른 것은 오늘날 국가기관에 종사하는 민족 인텔리겐치아가 대다수라는 정황에 비추어 볼 때 진일보한 조치였다.(박현채, 1983, 229쪽)

그러나 노동조합 조직이 한국노련으로 재편될 때 전국노협은 민주노조의 주도성을 살리거나 민주노조의 블록을 지키지 못했다.

4·19 이후 이와 같은 노동운동의 고양과 노동운동이 단순한 경제투쟁의 범주에 그치지 않고 2대 악법 제정저지와 한미행정협정 체결 요구와 같은 정치적 차원까지 이르렀다는 점은 비록 과도기 때의 일이라고는 하지만 한국 노동운동에서 밑에서부터의 대중운동과 높은 차원의 민족적 이익이 결합해 한국적 구체성을 띤 새로운 형태의 노동운동의 발전시킬 가능성을 보인 것이다.

1960년 4·19혁명으로 독재는 물러갔지만 이승만 정권에 대한 심판과 부정축재 몰수를 하지 못했다. 4·19 이후 노동운동의 고양과 다원화에 의한 시행착오적 과정은 과도기 때의 일이라는 부정적인 측면이 있기는 하지만 지극히 가치 있는 역사적 과정이다.

4월민중항쟁으로 등장한 장면 정권은 북진통일론을 공식적으로 폐기하고, 통일방안으로 UN 감시하 총선거론을 표방했다. 남한에서 4월민중항쟁이 발발하자 북한은 평화통일공세를 적극적으로 전개한다는 차원에서 남북한 당국자로 구성된 과도적 연방제안을 주장했다. 이것은 이전의 군사적 대치에서 경제사회적 경쟁과 협력으로 나가는 남북한 통일정책의 변화였다.

셋째, 4월혁명에서 학생운동을 비롯한 사회운동 세력은 지배집단의 반민족적 반민중적 성격을 제대로 파악하지 못하고 변혁운동의 경로를 제대로 제시하지 못하고 사회 제 조직의 이념을 정립하는 데까지 이르지 못했지만, 냉전 질서가 국내의 정치사회적 영역을 질식시키고 있던 암울한 상황을 돌파하려 했다는 점에 의의가 있다. 그러나 비조직적 대응의 한계가 드러나는데, 이것은 이후 민중운동 진영의 고민으로 넘겨졌다.

찾아보기

가지무라 히데끼(梶村秀樹) 92
갑오개혁 165
갑오경장 166
갑오농민전쟁 156
강달영 282
강만길 93
강상호 257
강제징용 351
강주룡 363
강화도조약 137, 142
개성상인 101
개인숭배 550
개화파 165
객주협회 188
거창 611
건국동맹 391
건국부인동맹 503
건국준비위원회 425
걸인 205
결근 366
경강 101
경성꼼그룹 387
경성트로이카 384
경인철도회사 153
경전 246
경제주의 179

경종법 104
계 125, 167
계층형성 113
고공 97, 105, 108
고려 96
고려공산청년회 281
고무여성노동자 241
공동결정법 418
『공산당선언』 43, 137
공산당재건 운동 383
공산주의자동맹 43
공장노동자 192
공장위원 451
공제 269
공화주의 214
관동대지진 195
관료자본 554
관영수공업 108
광복군 262
광산노동자 147
광점군 108
광주분원 109
광주학생운동 396
괘서 132
교수단 시위 598
교원노조 617
9월총파업 458
「9월테제」 378, 398

찾아보기 633

구제부 306
국가보안법 442, 475, 560
「국가총동원법」 337
국공합작 52, 291
국군준비대 424
국대안 반대운동 502
국유화 446
국제 연대 314
국제노동기구 179
국제노동자협회 44
국제노조네트워크 78
국제자유노조연맹 55, 417
국제주의 76
국토건설사업 605
군국주의 325
군정법령 440
권의식 97, 120
귀속재산 434
균전론 126
그람시 328
근로기준법 559
근로인민당 421
근우회 261
금광채굴권 141
금난전권 102
기동전 329
기업별노조 64
김경식 313
김구 413, 422
김규식 413
김달호 626
김두봉 372
김말룡 580
김문심 618
김삼룡 388

김연수 339
김영호 93
김용섭 93
김원봉 370
김윤환 97
김일성 371, 429, 550
김재봉 280
김주열 597
김창숙 613
김철수 283
김활란 339, 340

나로드니즘 179
날품팔이 108
남로당 513
남반구노동조합연대 78
남북분단 526
남북협상 429
남선전기 570
남조선 노동당 492
남한대토벌작전 201
납속수작 120
내각책임제 603
노덕술 341
노동과정 149
노동법 제정 535
노동병원 306
노동야학 209, 259
노동운동 40
노동쟁의조정법 538
노동절 578
노동조합법 538, 558
노동조합전국평의회 424

노비제도 166
노천명 339
녹색당 61
농민항쟁 121
농업노동자 158
농지개혁 433
농촌수탈 333

단독정부 464
닷지 라인 419
당현광산파업 173
대공황 323
대동법 101
대전교도소 374
대정(大正) 민주주의 219
대한노총 488, 575, 577, 624
대한방직 570
대한부인회 575
대한상공회의소 557
대한자강회 166
덕대 110, 147
도고 102
도시빈민 234
도요타생산방식 64
도중 305
독립협회 166
동경대전 172
동북항일련군 371
동학사상 159
두량꾼 145
등소평 75

라티푼디아 84
라틴 아메리카 51
러시아혁명 48, 217
러일전쟁 182
레닌 40, 218
레이거노믹스 63
로자 룩셈부르크 179

마르크스 26, 37
마르크스 레닌주의 219, 299
마샬 플랜 416
막스 베버 35
막일꾼 248
만민공동회 28
만주 211
만주침략 303
매뉴팩처 143, 191
매카시즘 543
메이데이 47, 139, 243
메이지유신 136
멘셰비즘 179
명천농민조합 394
명학소 96
명화적 132
모립제 109
모작배 108
모집 336
모택동 52, 402
목포 152
목포제유노조 245
무단통치 183

찾아보기 635

무명회 258
무장독립전쟁 163
무장투쟁 370
무정 372
문평석유회사 308
문화대혁명 59, 66
문화통치 223
미국원조 552
미군부대 568
미군정 426, 431
미소공동위원회 421
미쓰이(三井)상사 87
미야케 시카노스케 385
미일강화조약 513
민간수공업 109
민족개조론 225
민족분열정책 224
민족자본 334
민족자주통일중앙협의회 613
민족통일학생연맹 612
민족해방 214
민족해방운동 398
민주기지노선 445
민주기지론 512
민주당 572
민주주의민족전선 496

반공 588
반동 10원칙 545
반민특위 466
반제동맹 395
반핵운동 61
백광흠 270
백남운 493
105인 사건 184
범태평양노동조합 54
베른슈타인 46, 179
베트남전쟁 59
벽서 132
변두 210
보도연맹 524
보천보전투 372
복전덕삼(福田德三) 91
봉건사회 96
부두노동자 145, 152, 534
부르주아 85
부르주아독재 59
부산 부두노동자 241
북간도 161
북성회 279
북진통일 551
북진통일론 583
북학론 127
브나로드운동 396

박은식 201
박제가 127
박중화 268
박춘금 341
박헌영 281, 423, 550
박홍식 339

4·3항쟁 472
4·19혁명 593
사파티스타 75
사회개량주의 170
사회대중당 626

사회제국주의 56
사회주의 214, 279
산미증식계획 226
산별노조 274
산업별 국제노련 78
삼선개헌 반대 3선개헌 반대 58
삼성 557
삼양 557
3·1운동 202
3차대전 518
생태환경운동 79
서북학회 166
선대제 109
성노예 395
성폭행 238
세계교회협의회 77
세계노동조합연맹 54
세계노련 417
세계대공황 223
세계여성의 날 139
소련 56
소비조합 306
소작료 207, 452
소작쟁의 392
손화중 156
수공업 96
수적 132
수전(논)농업 105
수정주의 179
수평운동 256
스웨덴모델 64
스톡홀름 어필 518
스펜서 170
시민사회 329
시민운동 28

「10월서신」 378, 401
식민사관 91, 170
식민유제 445
식민지 자본주의 185
식민지근대화론 407
신간회 293
신돌석 162
신동엽 627
신민회 201
신분의 해방 120
신사상연구회 279
신사회운동 61
신의주사건 282
신전술 458
신채호 201
신탁통치 427
신한공사 499
신해통공 102
신흥탄광 359
실업자 233, 617
실학 126
「12월테제」 286, 388, 401, 493
십장 149, 210, 305
쌀 배급제 470

아사동맹 242
아시아 52
아시아 아프리카회의 545
아시아연대론 166
아시아적 정체성 89
아옌데 60
아우토노미아 62
아프리카 52

안광천 283
안병직 407
안악사건 184
알선 336
암태도 소작쟁의 254, 394
애국계몽운동 166
야철 109
양민학살 473, 524
어음 150
언론노동조합 623
8시간 노동제 378
6시간 노동 281
여성운동 61
여순군인 사건 474
여운형 421, 425
여전론 126
연대노조 66
연대임금정책 63
연해주 144, 161, 211
영학당 156
영흥 흑연광산 246
오브리법 62
와그너법 50
외교론 207
우애회 180
운산금광파업 173
움집 566
원산노동연합회 306
원산노동회 306
원산총파업 53, 246, 303
월러스틴 136
위정척사파 165
유격대 운동 520
유격항쟁 475
유계춘 124

유기 109
유러코뮤니즘 57
유럽경제공동체 544
유럽노조연맹 72
유리농민 105
유수항 127
유인석 162
유형원 126
6·10만세 282
6·25전쟁 512
68혁명 58
윤보선 603
은행노조 623
을사조약 188
의병 156, 161
의열단 370
의주상인 101
이강국 423
이광수 339
이규순 168
이낙영 273
2대악법 609, 627
이동휘 162
이병철 552
이승만 422, 530, 597
이시이 시로 415
이완용 141
이육사 404
이익 126
이익균점권 442
이인영 163
이일재 454
이재유 379, 384, 385
이적효 403
이주노동자 149, 194

이주하 307
2·7구국투쟁 463
이한빈 360
인도 52
인도네시아 53
인민민주주의 397, 496
인민민주주의 혁명 50
인민위원회 425
인민전선 50
인민전선론 389
인종차별 철폐 75
일본 54
일본공산당 222
일본노동조합총연합회 65
일본자본 227
일용노동자 234
일자리 나누기 73
일한동맹론 166
임금인하 반대 197
임노동 96
임노동자 97
임술농민항쟁 123
임시정부 261
임용사공 97

자강운동 166
자본주의 35, 84, 214, 529
자본주의 맹아 84
자유무역체제 415
자율 329
자율운동 62
자주관리운동 452
자치론 263

장면 603
장인 103
재벌 556
재일 조선인 249
쟁고 119
적군파 59
전국노동조합연락협의회 65
전국노동조합연합 65
전국노사관계법 50
전국노협 580, 624
전국농민조합총연맹 423, 424
전국부녀총동맹 424
전국청년단체총동맹 424
전봉준 156
전쟁상인 530
전조선인쇄직공총연맹 275
전진한 537
전태일 5
전태일 분신 58
정신대 351
정약용 108, 126, 129
정우회 276
정우회선언 283
정운해 271
정전론 126
정한론 213
제1차 세계대전 217
제1차 인터내셔날 44, 138
제2인터내셔날 139
제2차 인터내셔날 45
제3세계 67, 75
제4세계 75
제국주의 135
제네바 정치회담 551
조국광복회 371

조만식 339
조병옥 431, 473
조봉암 453, 582
조불수호통상조약 142
조선공산당 280
조선공산당행동강령 388
조선교육령 189
조선노농총동맹 271
조선노동공제회 268
조선노동연맹회 269
조선노동조합전국평의회 423, 478
조선농업근로자동맹 445
조선독립동맹 390
조선민족해방동맹 371
조선민족혁명당 389
조선민주여성동맹 445
조선민주청년동맹 423
조선방직 360, 533
조선부녀총동맹 423
조선사회주의로동청년동맹 444
조선상공경제회 335
조선상공회의소 335
조선인 자본 186
조선인노동동맹회 249
조선인민공화국 426
조선인상업회의소 188
조선전업 465
조선직업총동맹 444
조선형평사 257
조일문 618
좀바르트 35
좌우합작 429
중공업 332
중국 56
중일전쟁 323

중화인민공화국 52
지게꾼 145
지구화 70
지식인 노조 617
직업별 노동조합 174
진보당 582
진주농민항쟁 122
진지전 329
집강소 157
징병 351
징용 336

차금봉 269, 284
차비군 108
차티즘운동 43
찬양회 167
채단 132
채제공 108
천주교 131
철도노동자 146
철도노조 465
청일전쟁 136
체 게바라 68
초군 124
초산역 151
최근우 626
최린 339
최병무 93
최익현 162
최제우 172
최한기 127
춘투 420
친미세력 431

칠통꾼 145

카스트로 68
카프 297
컨베이어 329
코민테른 48, 220, 281, 288, 396
코민포름 55
콜레라 112

탈주 366
태업 365
태평양노조 사건 380
태평천국 136
토담집 566
토막민 234, 237
토지겸병 130
토지사유제 185
토지조사사업 185
톰슨 24
트로츠키 49

파리코뮨 45
파시즘 50, 323
판잣집 532, 566
「8월테제」 493
8·15해방 414
평안도 농민전쟁 110, 122
평양 고무공장 361
평화운동 61

평화통일론 583
폐정개혁 157
포교권 142
포드주의 60
포스터 273, 319
폴란드 544
프랑스대혁명 46
프로핀테른 48, 221, 292, 363
프롤레타리아 독재 59
피학살 진상규명 611
필리핀 53

하륙꾼 145
하와이 144
학도병 352
학병동맹 424
한국광복군 390
한국광복운동단체연합회 390
한국노련 625
한국민주당 422
한국전쟁 511
한미경제협정 611
한미행정협정 610
한설야 403
한인사회당 211
한일협정 반대 58
한전론 126
항세운동 119
항조 119
해도진인설 131
해방신학 69
향·소·부곡 96
『허생전』 104

찾아보기 *641*

허성택 480
허정 602
헌법 441
헝가리 544
혁명적 노동조합 377
혁명적 농민조합 392
혁신정당 626
홍경래 130
홍난파 339
홍명희 295
홍범도 202
홍윤옥 489
홍콩선원대파업 318
『화성의궤』 108
화전민 250
화폐경제 104
환경운동 61
활빈당 156
황현 141
회사령 187
휴전협정 519
흥남 혁명적노조 사건 380
『흥부전』 107

UN 감시하 총선 604
YWCA 575
CAW 78
PT 68
TIE 76

AFL-CIO 417, 546
APEC 72
APWSL 76
ASEAN 72
EU 72
IBRD 70
ILO 27, 51
IMF 70
ML당 284
NAFTA 72